编辑委员会

张江莉　余履雪　车　浩　罗　彧　胡　凌　陈天一
白　麟　王卫明　李　晟　王斯曼

本期执行主编

王斯曼

声　明

　　本刊的各篇文章仅代表作者本人的观点和意见，并不必然代表编辑委员会的任何意见、观点或倾向，也不反映北京大学的立场。特此声明。

《北大法律评论》　编辑委员会

目 录

克里斯蒂·朱斯、凯斯·R.孙斯坦、理查德·H.西拉　王卫东、童颖琼 译
　　法和经济学的行为学方法 …………………………………（460）

全喜
　　论宪法政治
　　——关于法治主义理论的另一个视角 ………………………（498）

舒东燕
　　自由的危机：德国"法治国"的内在机理与运作逻辑
　　——兼论与普通法法治的差异 ………………………………（541）

张千帆
　　从管制到自由
　　——论美国贫困人口迁徙权的宪法演变 ……………………（564）

赵西巨
　　欧盟法中的司法审查制度：对《欧共体条约》第230条的释读
　　——以欧洲法院的判决为视角 ………………………………（593）

霍海红
　　证明责任：一个功能的视角 ……………………………………（616）

丁春艳
　　论私法中的优先购买权 …………………………………………（649）

许德风
　　论合同法上信赖利益的概念及对成本费用的损害赔偿 ………（688）

评论

赵晓力
　　要命的地方：《秋菊打官司》再解读 ……………………………（707）

北大讲坛

约翰·H.法勒　洪艳蓉 译
　　寻求比较公司治理恰当的理论视角与方法论 …………………（719）

编后小记 ……………………………………………………………（735）

第 6 卷·第 2 辑

北大法律評論

PEKING UNIVERSITY LAW REVIEW

《北大法律评论》编辑委员会

北京大学出版社
PEKING UNIVERSITY PRESS

图书在版编目(CIP)数据

北大法律评论.第6卷,第2辑/《北大法律评论》编辑委员会编.—北京:北京大学出版社,2005.6
ISBN 7-301-09008-0

Ⅰ.北… Ⅱ.北… Ⅲ.法律-文集 Ⅳ.D9-53
中国版本图书馆 CIP 数据核字(2005)第 037967 号

书　　　名:北大法律评论
著作责任者:《北大法律评论》编辑委员会　编
责 任 编 辑:陈新旺　王　晶
标 准 书 号:ISBN 7-301-09008-0/D·1173
出 版 发 行:北京大学出版社
地　　　址:北京市海淀区成府路 205 号　100871
网　　　址:http://cbs.pku.edu.cn　电子信箱:pl@pup.pku.edu.cn
电　　　话:邮购部 62752015　发行部 62750672　编辑部 62752027
排 版 者:北京高新特打字服务社　51736661
印 刷 者:北京大学印刷厂
经 销 者:新华书店
　　　　　787 毫米×1092 毫米　16 开本　25.75 印张　476 千字
　　　　　2005 年 6 月第 1 版　2005 年 6 月第 1 次印刷
定　　　价:36.00 元

未经许可,不得以任何方式复制或抄袭本书之部分或全部内容。
版权所有,翻版必究

目　录

编者按语

死刑专辑

陈兴良
　关于死刑的通信

陈兴良
　受雇佣为他人运输毒品犯罪的死刑裁量研究
　——死囚来信引发的思考

梁根林
　中国死刑控制论纲
　——立足于具体国情的制度设计

周光权
　死刑的司法限制
　——以伤亡结果的判断为切入点

汪明亮
　死刑量刑法理学模式与社会学模式

论文

刘广三、单天水
　犯罪是一种评价
　——犯罪观的主体角度解读

Peking University Law Review
Vol. 6, No. 2 (2005)

Contents

EDITOR'S NOTES ··· (331)

DEATH PENALTY

Chen Xing-liang
    Correspondence Concerning Death Penalty ··························· (341)

Chen Xing-liang
    A Research on the Criminal Liability of the Employee in Drug
    Transportation Crime ·· (360)

Liang Gen-lin
    The Macroscopical Perspectives on the Control of Death Penalty
    in China ·· (375)

Zhou Guang-quan
    The Judicial Limitation of the Death Penalty ························ (400)

Wang Ming-Liang
    Jurisprudence and Sociology: Two Patterns during Adjudicating the
    Death Penalty ·· (411)

ARTICLES

Liu Guang-san, Shan Tian-shui
    Crime is A Kind of Evaluation ······································ (436)

Christine Jolls, Cass Sunstein and Richard Thaler
translated by Wang Wei-dong, Tong Ying-qiong
    A Behavioral Approach to Law and Economics ············· (460)
Gao Quan-xi
    On Constitutional Politics ························ (498)
Lao Dong-yan
    Freedom in Crisis: Rethinking the Mechanism and the Logic Foundation
    of the German Rechtsstaat ······················· (541)
Zhang Qian-fan
    From Regulation to Freedom ······················· (564)
Zhao Xi-ju
    Judicial Review System in EU Law: Study on Article 230 of
    EC Treaty ···································· (593)
Huo Hai-hong
    The Burden of Proof: A Perspective of Function ············ (616)
Ding Chun-yan
    Right of Preemption in Private Law ················· (649)
Xu De-feng
    On the Definition of Reliance Interest and the Recovery of
    Expenditures ································· (688)

NOTES & COMMENTS
Zhao Xiao-li
    Fatal Injuries: An Interpretation of Qiuju goes to Court ········· (707)

LECTURES
John Farrar
translated by Hong Yan-rong
    In Pursuit of an Appropriate Theoretical Perspective and Methodology
    for Comparative Corporate Governance ················ (719)

POSTSCRIPT ································ (735)

第6卷·第2辑

北大法律評論

PEKING UNIVERSITY LAW REVIEW

《北大法律评论》编辑委员会

图书在版编目(CIP)数据

北大法律评论.第6卷,第2辑/《北大法律评论》编辑委员会编.—北京:北京大学出版社,2005.6
ISBN 7-301-09008-0

Ⅰ.北… Ⅱ.北… Ⅲ.法律-文集 Ⅳ.D9-53
中国版本图书馆 CIP 数据核字(2005)第 037967 号

书　　　名:北大法律评论
著作责任者:《北大法律评论》编辑委员会　编
责 任 编 辑:陈新旺　王 晶
标 准 书 号:ISBN 7-301-09008-0/D·1173
出 版 发 行:北京大学出版社
地　　　址:北京市海淀区成府路 205 号　100871
网　　　址:http://cbs.pku.edu.cn　电子信箱:pl@pup.pku.edu.cn
电　　　话:邮购部 62752015　发行部 62750672　编辑部 62752027
排 版 者:北京高新特打字服务社　51736661
印 刷 者:北京大学印刷厂
经 销 者:新华书店
　　　　　787 毫米×1092 毫米　16 开本　25.75 印张　476 千字
　　　　　2005 年 6 月第 1 版　2005 年 6 月第 1 次印刷
定　　　价:36.00 元

未经许可,不得以任何方式复制或抄袭本书之部分或全部内容。
版权所有,翻版必究

Christine Jolls, Cass Sunstein and Richard Thaler
translated by Wang Wei-dong, Tong Ying-qiong
    A Behavioral Approach to Law and Economics ············(460)
Gao Quan-xi
    On Constitutional Politics ············(498)
Lao Dong-yan
    Freedom in Crisis: Rethinking the Mechanism and the Logic Foundation
    of the German Rechtsstaat ············(541)
Zhang Qian-fan
    From Regulation to Freedom ············(564)
Zhao Xi-ju
    Judicial Review System in EU Law: Study on Article 230 of
    EC Treaty ············(593)
Huo Hai-hong
    The Burden of Proof: A Perspective of Function ············(616)
Ding Chun-yan
    Right of Preemption in Private Law ············(649)
Xu De-feng
    On the Definition of Reliance Interest and the Recovery of
    Expenditures ············(688)

NOTES & COMMENTS
Zhao Xiao-li
    Fatal Injuries: An Interpretation of Qiuju goes to Court ············(707)

LECTURES
John Farrar
translated by Hong Yan-rong
    In Pursuit of an Appropriate Theoretical Perspective and Methodology
    for Comparative Corporate Governance ············(719)

POSTSCRIPT ············(735)

Peking University Law Review
Vol. 6, No. 2 (2005)

Contents

EDITOR'S NOTES ·· (331)

DEATH PENALTY

Chen Xing-liang
   Correspondence Concerning Death Penalty ·················· (341)

Chen Xing-liang
   A Research on the Criminal Liability of the Employee in Drug
   Transportation Crime ·· (360)

Liang Gen-lin
   The Macroscopical Perspectives on the Control of Death Penalty
   in China ··· (375)

Zhou Guang-quan
   The Judicial Limitation of the Death Penalty ·················· (400)

Wang Ming-Liang
   Jurisprudence and Sociology: Two Patterns during Adjudicating the
   Death Penalty ··· (411)

ARTICLES

Liu Guang-san, Shan Tian-shui
   Crime is A Kind of Evaluation ······································ (436)

《北大法律评论》第6卷·第2辑(总第11辑)

目　录

编者按语 …………………………………………………………（331）

死刑专辑
　陈兴良
　　关于死刑的通信 ……………………………………………（341）
　陈兴良
　　受雇佣为他人运输毒品犯罪的死刑裁量研究
　　　——死囚来信引发的思考 ………………………………（360）
　梁根林
　　中国死刑控制论纲
　　　——立足于具体国情的制度设计 ………………………（375）
　周光权
　　死刑的司法限制
　　　——以伤亡结果的判断为切入点 ………………………（400）
　汪明亮
　　死刑量刑法理学模式与社会学模式 ………………………（411）

论文
　刘广三、单天水
　　犯罪是一种评价
　　　——犯罪观的主体角度解读 ……………………………（436）

克里斯蒂·朱斯、凯斯·R.孙斯坦、理查德·H.西拉 王卫东、童颖琼 译
　　法和经济学的行为学方法 ………………………………………（460）
高全喜
　　论宪法政治
　　　　——关于法治主义理论的另一个视角 ……………………（498）
劳东燕
　　自由的危机：德国"法治国"的内在机理与运作逻辑
　　　　——兼论与普通法法治的差异 ………………………………（541）
张千帆
　　从管制到自由
　　　　——论美国贫困人口迁徙权的宪法演变 ……………………（564）
赵西巨
　　欧盟法中的司法审查制度：对《欧共体条约》第230条的释读
　　　　——以欧洲法院的判决为视角 ………………………………（593）
霍海红
　　证明责任：一个功能的视角 ………………………………………（616）
丁春艳
　　论私法中的优先购买权 ……………………………………………（649）
许德风
　　论合同法上信赖利益的概念及对成本费用的损害赔偿 ………（688）

评论

赵晓力
　　要命的地方：《秋菊打官司》再解读 ……………………………（707）

北大讲坛

约翰·H.法勒　洪艳蓉 译
　　寻求比较公司治理恰当的理论视角与方法论 …………………（719）

编后小记 ……………………………………………………………（735）

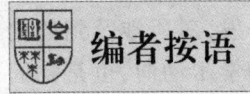

编者按语

  本辑主题研讨：死刑问题。自贝卡里亚以降，死刑存废的论争一直是各种社会心理与价值判断之间激烈交锋的场所。而当死刑存废问题在一个国家成为矛盾的焦点时，几乎必定是这个国家的制度与社会观念同人权保障等新兴诉求在新旧交叠之际产生了冲突。21世纪初叶的中国，正是处在了这样一个关节点上。于是一些与死刑相关的刑事案件受到社会舆论的空前关注，决策者应对公众舆论挑战的过程，也许就酝酿着即将到来的巨大变革。这正是我们将站在这个领域最前沿的学者的声音作为本辑主题研讨内容的原因。作为一个不仅仅限于智识领域的社会问题，死刑问题的根本解决取决于学者、民众与决策者在法律、道德、社会情感以及政治生活等领域里的多重博弈，最后达致一个结构复杂的均衡状态。本辑收录的死刑专辑五篇文章揭示出研究这个复杂结构所可能展开的更为丰富和多元化的思路。

  陈兴良《关于死刑的通信》以书信体的形式展现了专业学者与一个普通公民在死刑问题上的对话与交流。人道与宽容是这篇文章的基调。作者认为死刑的真正废除有赖于政治家的决策，而后者则常常掣肘于民意，因此需要通过宣扬和培育社会宽容来淡化乃至祛除一般民众的复仇心理。该文的有趣之处，不仅在于书信体的写作方式本身，更在于这一次并非是将学者理想赋予虚拟的波斯人，而是来源于一位中国公民的真实来信。这就使得作者的阐述具有了坚实的附着，也成为知识分子在专业话题上参与和影响公众舆论的一次个人实践。

  陈兴良的另一篇文章《受雇佣为他人运输毒品犯罪的死刑裁量研究》虽然同样源起于一封死囚的来信，但是更具体地着眼于两个具体案例，通过分析裁判理由,对于受雇为他人运输毒品犯罪的死刑适用提炼出相应的裁判规则。不是单独研究规范或案件,而是从法院公开的司法判决书出发,对所涉及到的相应罪名进行"判例刑法学"研究,是作者近年来值得关注的学术动向,也是我们收录这篇文章的原因之一。此外,文中由毒品案件的死刑适用延伸到死刑复核权上收至最高人民法院的论证,在当下极具现实意义。

梁根林的《中国死刑控制论纲》立足于当下具体国情和犯罪态势的现实制约,从十个方面就我国死刑控制的路径选择和制度建构进行了系统的设计。尽管主题和结构使得文章以一种宏大叙事的面目出现,但是作者在把握宏大蓝图的思路与细致的技术论证之间张力上的深厚学术素养,使得该文的内容坚实有力。论文中随处可见作者在具体制度设计上的良苦用心:在缩小死刑适用范围方面,提出"规限、转让、废止"死刑罪名的三种解决途径;制定具有操作性的死刑案件量刑指南;以及对刑罚结构与刑罚环境趋轻的深入分析等等。

周光权的《死刑的司法限制》的视角切近更为具体的微观层面,以司法实践中适用死刑几率最大的犯罪为研究对象,寻求限制死刑适用的具体司法措施。目前死刑适用率最高的犯罪当属故意杀人罪、抢劫罪和故意伤害罪,其是否适用死刑,很大程度上取决于有无伤亡结果的出现。文章以此为切入点,就限制相应犯罪的死刑司法适用问题加以分析,批驳了实务中一旦有被害人死亡,就需要有人"偿命"的习惯性思维和做法,展示出一种在现行刑法规定趋重的条件下限缩死刑适用可能性的务实态度。

汪明亮的《死刑量刑法理学模式与社会学模式》提出两种死刑量刑模式:一种是所谓的法理学模式,系指严格依照刑法条文规定,对已有的可能判处死刑的犯罪事实加以判定,并据此作出死刑裁量的过程;二是死刑裁量的社会学模式,系指在刑法条文规定之外的可能判处死刑案件的社会结构对刑罚裁量产生影响的过程。文章指出,死刑量刑之社会学模式是导致"同罪异罚"、量刑不平等的原因,进而提出避免该社会学模式发生作用的具体途径。尽管对于死刑问题中所蕴含的社会因素能否予以简单的价值判断以及作者的社会学分析模式是否规范,可能见仁见智,但是在过往以哲学探讨为主的死刑存废问题研究之外,拓展出新的视角和研究路径,作者的探索和努力是值得嘉许的。

除了死刑专题的讨论,本辑还收录了一篇犯罪学论文:刘广三和单天水的《犯罪是一种评价》。该文鲜明地提出"犯罪是一种评价"的命题,从国家、社会以及犯罪学学者三种评价主体的角度展开,分别对各个主体内容的评价共性和个性予以评述。该文的视野宽阔,思路清晰,一定程度上推进了我国犯罪学理论在价值论方面的研究进程。

孙斯坦的名字在中国学界已经不陌生了,他和另外两位作者合作的《法和经济学的行为学方法》是其编辑的同名著作的导论部分。该文应用行为经济学的相关原理对传统法律经济学的基本假设提出了质疑和挑战,并试图建立一种新的法律经济学研究进路,是行为主义法律经济学的纲领性论文,也是西方法律经济学的最新发展。该文同时暗示,法律经济学流派众多,方法并非一成不变,在中国学界刚刚引入法律经济学研究的今天,扩展思路、关注理论发展的前沿动向也许是有必要的。

本辑刊载的几篇思想史和制度史研究的文章,都从某种历史的演进中发现了以往研究忽视的问题,并在此基础上进行了推进。高全喜的《论宪法政治》是作者一个写作计划中的先导部分,通过对西方思想史的梳理,试图找到一条有别于日常政治的宪法政治的理论路径。作者特别对比分析了施米特与阿克曼德宪法政治思想,认为两者之间存在着某种异曲同工之妙。当然,梳理思想史并非最终目的,作者的旨趣在于中国的宪法问题,希望借由这种思想为我们提供一种可资借鉴的新视角。

张千帆的《从管制到自由》考察了英美国家处理流浪乞讨问题的历史经验以及迁徙权的宪法保障在美国的历史演进,得出结论:迁徙权是市场经济和人权意识发展到一定程度的必然产物。在法制统一的国家里,它是公民权的题中应有之意,应当受到宪法保障。迁徙自由的宪法保障不仅对于市场经济的发展是必要的,而且也是国家统一和公民平等的重要体现。显然,中国问题也是作者思考的立足点所在。

劳东燕的《自由的危机:德国"法治国"的内在机理与运作逻辑》一文则通过梳理德国"法治国"概念的流变,发现"法治国"代表者国家结构中将个人主义与国家目的相统合的一种努力,它所固有的注定导致自我毁灭的内在紧张在于:其目标是要促进具体的个人自由和解放,但这种目标却试图借助于抽象的不受限制的国家权力,依靠国家的立法性控制和个人的完全服从来实现。作者还对"法治国"与普通法法治进行了比较,认为两者差异的重要根源之一在于双方为经营自由的事业所凭借的制度技术,即"法治国"的体系性建构方式与普通法法治中实践导向的技艺理性。

在上述历史研究之外,赵西巨的《欧盟法中的司法审查制度:对〈欧共体条约〉第230条的释读》是具体制度研究方面的优秀之作。文章评述了在欧盟司法审查体制中处于核心地位的基于《欧共体条约》第230条的无效行为之诉,着重梳理了欧盟法院司法审查权限的范围,自然人和法人作为非特权申请者在涉及较为广泛公共利益的无效申请之诉中所面临的障碍与困境以及法院司法审查的依据。作者对欧盟法有过专门的深入研究,笔触与视角精准细腻,为我们准确理解欧洲司法审查制度的机理提供了有价值的参考。

本辑收录了三篇民法和程序法方面的论文。霍海红的《证明责任:一个功能的视角》是程序法方面不可多得之作。文章对证明责任的功能进行了系统的梳理和界定,试图将人们从举证责任作为提供证据责任这一狭窄的视点中带出,从除了裁判功能以外的效益功能、批判功能、规则功能以及立法技术功能的角度,全面且深入地考察了证明责任在理念和制度上的价值。该文一个突出的特色在于主张并充分论证了证明责任的实体规范属性,认为其预置于实体法中而主要通过诉讼程序得以实现,而证明责任同实体规范的关系在于,证明责任的分配使得实体规范的目标在法律技术上能够得以实现。

丁春艳的《论私法中的优先购买权》对优先购买权作了总论性的梳理和分析。文章的梳理工作非常充分,其分析不仅建立在法律基础之上,而且将司法解释、行政法规、规章和规范性文件考虑在内,使得论证在十分坚实的基础上展开。该文最突出的特点在于其逻辑上的细密和周延,充分考虑了各种可能的情形并给出有说服力的解决方案,作者扎实的理论功底和素养可见一斑。

许德风的《论合同法上信赖利益的概念及对成本费用的损害赔偿》在分析了期待利益存在的缺陷之后,讨论了信赖利益制度。由于信赖利益也存在诸多缺陷,促使作者试图探索一种新的解决方法。文章指出,信赖利益与期待利益的核心是净利润、成本与费用的支出两个要素,并在此基础上建立了自己的关于成本费用损害赔偿的理论。该文主要的贡献在于其对传统概念的努力超越,在一种新的解决问题思路的背后蕴涵着作者另辟蹊径的勇气和智慧。此外,该文提供了一个很好的比较法背景,对我国的立法及司法实践均有参考价值。

本辑惟一一篇评论是赵晓力的《要命的地方:〈秋菊打官司〉再解读》。与以往解说该影片的风格和内容不同,他把电影文本分为5个主题,通过对文本全面细致的阐释,试图揭示出台词对话中隐含着的易为观众所忽略的"微言大义"。《秋菊打官司》不仅仅是"法律多元"的问题,也不仅仅是"送法下乡"的问题,它更多表达了对中国乡土社会中一种原始的生命力观念的赞颂。现代的国家法律可以不承认这种生命的本能,但却不能忽视它的力量。同样,我们可以不赞成秋菊,但一定要先理解她的诉求。

北大讲坛收录了著名公司法学者约翰·H. 法勒(John H. Farrar)2004年在北京大学法学院进行的演讲《寻求比较公司治理恰当的理论视角与方法论》。法勒从社会科学层面为比较公司治理研究与比较法之间的关系这个根本性难题的解决,提供了更为开放的视野。法勒指出,比较法因过于狭隘和混乱而无法为处于复杂变革时期下的比较公司治理提供一个恰当的方法论上的进路,因此有必要超越法律考察自治规则和惯例。值得注意的是,法勒通过对路径依赖和全球化现象的分析,得出全球性的合同概念和自治规则网络可能比公司和民族国家更为重要的结论。比较公司治理的方法论是这个领域研究中最富哲学性和开放性的部分,法勒不仅提供了新的视角,还为反思和领悟比较公司治理学术中的历史偏见及现实发展提供了一条新的进路。

EDITOR'S NOTES

Death penalty is our focus topic in this volume. Since Cesare Bonesana Beccaria, there is never short of debates on death penalty which has long been concerned by various social psychology and values. When whether death penalty should be preserved comes into highlight of debate in a country, there must a clash between the existing system and emerging appeals of protection of human rights. At the beginning of 21st century, China is faced with the same difficult choice. Death-penalty-related cases drew great attention from the public with an expectation of abolishment of death penalty, which challenge the decision-makers. As an issue far beyond intellectual area, death-penalty-related issue would be solved through sophisticated reaction among scholars, the public and the decision-makers in the process of legislation, politics as well as moral life. The articles in this volume try to enhance and improve the conventional approach in this area.

Correspondence Concerning Death Penalty by Chen Xing-liang shows us the dialogue concerning death penalty between a scholar and a citizen by correspondence. Chen's attitude is humanism and tolerant. He argue that the abolishment of death penalty relies on the decision of legislators, who are representatives of the public, therefore it is important to cultivate social tolerance in pubic awareness to eliminate revanchism. The author's inspiration comes from a real Chinese citizen's letter instead of a fictitious Persian. The appeal of a prisoner sentenced to death provides us with a rare opportunity of understanding humanism and tolerance. The article is also an effort made by scholars to influence the public opinion on a professional issue.

A Research on the Criminal Liability of the Employee in Drug Transportation Crime by Chen Xing-liang also comes from a letter from a prisoner awaiting for execution. Compare with the general conclusion in Correspondence Concerning Death Penalty, this article concentrates on two cases. Chen concludes the judgment rule by analyzing the application of death penalty in the two being employed to transit drug fro others crime cases. Recently, Chen put an emphasis on the "criminal case law" study based on the judgment by courts. Moreover, it is significative to extend the discussion of application of death penalty in drug-related-cases to retraction of the power of check of death penalty by the Supreme Court.

Established in the current restrictions, The Macroscopical Perspectives on the Control of Death Penalty in China by Liang Gen-lin systematically designs the path of control of death penalty in China. Although the article's topic and structure is very extensive and grand, the suggestions on detailed institutions are included: three solutions on restricting application of death penalty; a feasible guidance of condemnation in death-penalty-related cases, etc. obviously, the author is good at shifting between inspiring general idea and making use of delicate techniques of argumentation.

The Judicial Restraint on Death Penalty: On the Point of Judging the Result of Casualties by Zhou Guangquan is more microscopical. Zhou concentrates on the judicial restraint on application of death penalty by studying those crimes in which the criminals have greater probability of being sentenced to death, including intentional homicide, robbery and intentional harm. whether criminals who commit these crimes will be sentenced to death depends on the result of casualties. On this point, Zhou rebuts the current practice of linking death penalty simply to the death of victim, showing a practical attitude of constricting application of death penalty under the severe punishment in the penal code.

In Jurisprudence and Sociology: Two Patterns during Adjudicating the Death Penalty by Wang Ming-liang, nomological pattern refers to the process of adjudicating on existing malefactions according to the penal code; sociological pattern refers to the process of exerting influence on the adjudication of death penalty by those malefactions beyond the policing of penal code. Wang argues that the sociological pattern is the reason of unequal adjudications, and suggests an approach to avoid the working of sociological pattern. Granted, the value of social factors in death-death-related-issues cannot be evaluated simply, and people will have different opinions on the sociological approach adopted by Wang; but past and current discussion on the issue are mostly philosophical, therefore Wang's efforts on exploring new approach is praiseworthy.

Apart from the death penalty, we have another article in criminology: Crime is a Kind of Evaluation by Liu Guang-san. Liu constructs his argument from three points of view: the state, the society and scholars. He discusses the proposition "crime is a kind of evaluation" by analyzing the individuality owned by and commonness shared by different evaluators. The article improves the research of axiology in criminology by its broad perspective and strong contemplative faculties.

The name of Cass Sunstein is not strange to Chinese academe. A Behavioral Approach to Law and Economics written by Sunstein and another two co-authors is the introduction of a book with the same name edited by Sunstein. The article oppugns and challenges the basic assumptions of traditional law and economics with correlative principles of behavioral economics. As an outlined paper in this field and the latest development of western law and economics, it attempts to find a new approach to the law and economics research. The article also implies that law and economics has many genres and various research approaches. It is necessary for Chinese academe, into which law and economics research has just been brought, to extend its thought and pay attention to the latest development of this theory.

This volume also contains several articles concerning intellectual and institutional history, all of which find some problems neglected by previous research from certain historical evolvement and do further research on them. On Constitutional Politics: Another Perspective of the Rule of Law Theory by Gao Quan-xi is part of one of his writing projects. This article demonstrates a development of western intellectual history on constitutional politics, and seeks to find a theoretical path different from the normal politics theory. He particularly compares the thought of Carl Schmitt with that of Bruce Ackerman, holding that they are almost equally satisfactory in result. The Chinese constitutional problems could be enlightened by the demonstration of history. In this aspect, the theory provides us with a new perspective.

From Regulation to Freedom: the American Constitutional Transformation on the Freedom of Movement and Its Implications for China by Zhang Qian-fan explores the British and American historical experience in the treatment of beggars and vagabonds, and the evolution of American constitutional protection of the freedom of movement. The final conclusion is that the freedom of movement is a product of simultaneous development of market economy and rights consciousness. In a state uniform in law, the freedom of movement is inherent in citizenship, thus necessarily requiring constitutional protection, which is not only indispensible for economic development, but the very symbol for national unification and equality. This research is obviously oriented towards Chinese problem of the freedom of movement.

Freedom in Crisis: Rethinking the Mechanism and the Logic Foundation of the German Rechtsstaat by Lao Dong-yan holds that the Rechtsstaat represented an effort to combine individualism with the state goal in state structure by demonstrating the history of the Rechtsstaat theory and its features. There is an inherent self-destructive danger threatening the Rechtsstaat. That is, the goal of Rechtsstaat was to promote personal liberty, but it tried to achieve the goal by exercising the boundless state power. The article also compares the Rechtsstaat with the rule of law under Common Law tradition and comes to the conclusion that the distinctness between two concepts stems partly from different institutional techniques supporting personal liberty in the mode of systematic construction in the Continent Law family and artificial reasoning in the Common Law family.

Judicial Review System in EU Law: Study on Article 230 of EC Treaty by Zhao Xi-ju describes and comments on the annulment action based on Article 230 which is central in the EU judicial review by observing its interpretation and application by European Court of Justice. The author is an expert on the study of EU law, who makes a convincible argument based on reliable material and literature. The article examines the scope and extent of the judicial review by ECJ, the obstacle unprivileged applicants including natural and legal persons face when challenging decisions addressed to other persons with the concern of social welfare, as well as the standards of judicial review. The article provides us with a profound understanding of the mechanics of judicial review system in EU law.

We have three articles in civil law and procedure law. The Burden of Proof: A Perspective of Function by Huo Hai-hong is trying to define the burden of proof systematically. It breaks the traditional narrow perspective regarding the burden of proof simply as a burden of providing evidence in courts. In addition to its function of judgment, the article examines the conceptional and institutional value of the burden of proof from a comprehensive perspective including benefit-cost function, criticism function, obligation attribution function as well as legislative techniques function. A contribution of the article is to prove that the burden of proof is attributed to substantive law essentially whereas realized in procedural law. The relationship between the burden of proof and substantive law is that the former makes purposes of the latter impossible technically.

Right of Preemption in Private Law by Ding Chun-yan comprehensively analyzes the right of preemption in the private laws in China. The author thoroughly combed current laws, regulations and judicial interpretations, which constitutes a solid base for the argumentation. The most distinguishing feature of the article is its detail-oriented examination. It takes into account all kinds of possibilities which may occur in practice, and provides convincible solutions.

On the Definition of Reliance Interest and the Recovery of Expenditures by Xu De-feng explores the reliance interest after analyzing the defect of expectation interest. A considerable limitation of reliance interest stimulates the author to try a new way out. He argues the core of expectation interest and reliance interest is profit and expenditure, on the basis of which he builds his own theory on the compensation of expenditure. The article's main contribution is avoiding the contradiction of traditional methods and advancing a new theory. Besides, it provides an elaborate background of foreign legal practice valuable for our legislation and judicatory.

The only comment contained in this volume is Fatal Injuries: An Interpretation of Qiuju goes to Court by Zhao Xiao-li. Different both in content and style from previous interpreters on the movie, the author divides the movie text into five separate but related themes. Through its thorough and delicate interpretation, the article attempts to reveal the words, prone to be neglected by readers, with deep meaning implied in the text. Qiuju goes to Court is not only about legal pluralism or sending law to the countryside, but expresses admiration for the wisdom of aboriginal life in rural China. Even though the instinct implicated in this aboriginal life is denied by modern national law, its power couldn't be ignored. Meanwhile, Qiuju's appeal is debatable only after we make it fully clear.

In the Peking University Forum, we choose In Pursuit of an Appropriate Theoretical Perspective and Methodology for Comparative Corporate Governance by Professor John H. Farrar, a prestigious scholar in corporate law. At the level of social science, Farrar provides a more open research perspective for resolving the abstruse difficulty of relationship between the study of comparative corporate governance and comparative law. This article focuses on questions of theory and method under comparative corporate governance and argues that comparative law is too narrow and confused to provide an adequate theoretical and methodological approach to comparative corporate governance at a time of complex change, on the basis of which the author creatively discusses the applicability of social science approach upon this problem, points out the necessity of transcending the law and observing self regulation and other practices and conducts relevant theoretical and positivist analysis. Moreover, through the analysis of path dependence and the phenomenon of globalization etc. the author reaches the conclusion that global concepts of contract and networks of self regulation may be more important than the corporation and the nation state. To sum up, the article not only provides a new insight in comparative corporate governance, but also provides a new approach in reviewing past prejudices and understanding current developments in its scholarship.

关于死刑的通信

陈兴良*

Correpondence Concerning Death Penalty

Chen Xing-liang

一、引言

2004年4月16日,我收到一封寄自上海的来信,写信人名叫蔡翔,一个公民,也是我主编的《中国死刑检讨》一书的读者。在这封信中,蔡翔系统地陈述了他对死刑的一些观点,并自称是一名坚定的"严格限制死刑论"的支持者。2003年11月,我曾经收到一位名叫李倬才的死囚来信,信中李倬才谈了他对死刑的亲身感受,尤其是对死刑核准程序的看法。作为死刑的适用对象,李倬才对死刑的立场不会引起我们更大的诧异。而读完蔡翔来信,使我惊讶于他对死刑这样一个专门问题的深入分析,这是我所见到的法律圈外之人对死刑最深刻的见解。在一片喊杀的喧嚣声中,蔡翔的声音也许是微弱的,但绝对是令人深思的。同时也使我对中国死刑限制乃至最终废除的前景有了更为乐观的期许。

---

* 北京大学法学院教授、博士生导师。

二、来信

尊敬的陈兴良教授:

您好!

我读了您所编著的《中国死刑检讨》一书,感想极多。在此,我把自己的一些观点呈现给您,供您参考。我的水平有限,而且您工作也很繁忙,我的来信恐怕要担(耽)误您不少时间了,在此先表示歉意吧!

我是一名坚定的"严格限制死刑论"的支持者。我阅读了不少死刑方面的法学著作,作者有您,还有高铭暄、赵秉志、邱兴隆、胡云腾、李云龙、沈德咏……和你们理性的论述不同,我对死刑所带的感情因素要多些。

触(促)使我关心这一沉重话题的起因很偶然。1995年1月初的一天上午,我的眼球被报上一段文字抓住了,一个年仅27岁的幼儿园女出纳为了男友贪污公款被判处死刑。临刑前,这个本来活泼可爱的女孩拉着看守的手,哭着嚷着:"救救我!"于心不忍的看守替她穿上洁白的羊毛衫,并几次"违反"规定打开手铐让她最后活动活动。把女孩送上开往刑场的囚车后,几位看守忍不住泪水长流……

这是个真实的悲剧,发生在我的故乡——上海。随信附上一份材料:《一个政法女记者的手记》(著者:陆萍),其中"生命透支的悲哀"一文,是发生在那个姑娘身上的悲剧再现。您如果抽出时间读读它,一定会被深深震撼的!

我第一次读到"生命透支的悲哀"一文时,泪水难抑,以后每次读它,心中都痛苦不已。我为发生如此悲惨的悲剧感到非常难过。有理由相信,那个姑娘要是能活下来,一定能够忏悔赎罪,改过自新的。要是判的不是"死刑立即执行",而是"死缓"就好了!

陆萍老师是上海优秀的作家、诗人、政法类新闻记者,像她那样,对死囚给予了极大的人道主义角度的关注的记者其他地方也有。如果您进入 google 网站,打入"刘伊平"并搜索,会有几条关于"刘伊平、周小瑾"的信息。周小瑾是在广东工作的政法记者,她和陆萍老师一样有着一颗怜悯、人道的心。而网页上的文字同样让人悲哀。

广州:易芳27、刘伊平22,西藏拉萨:扎西措姆23。这三个名字属于民航系统的工作人员,都犯了贪污重罪(数额的确是巨大的),并都在20世纪90年代初严厉打击经济犯罪的高潮时期被处决,没有得到悔罪改造的机会,数字是她们死时的年龄:27、22、23,这些数字难道不让人悲哀么?

这里,请允许我插入一段题外话。广州的易芳和刘伊平(当然还有许多其他死囚)被处决之时,是广东原高院院长麦崇楷主持工作之时。曾有文章描述麦的优秀事迹,我感到难以理解的是,麦犯罪时是否也曾想到过签发过的那些

死刑判决书？他是否心中有愧？（以他犯罪的案值和所受惩罚来看,他是够幸运的）

今年年初,有一本潘军先生所写的小说《死刑报告》深深打动了我,其中和您在一些刑法（死刑）著作中引用的案例相类似。当然他采用了文学艺术的形式表现了出来。那是一部好作品啊！

我支持您所提出的"严格限制死刑"的观点,是的,我坚决支持您和您的同事们所大声疾呼的"限制死刑"的观点。我相信你们并不是在简单讨论一个学术上的问题,而是带着强烈的、对生命价值的尊重,对生命被毁灭的惋惜来讨论这一问题,是带着强烈的人道主义的关注的。

我从网上看到：既有对您的支持和理解,也有对您的攻击。我愿意相信反对您观点的人们是完全因为痛恨犯罪,"疾恶如仇"。但我站在您的一方,我相信您绝非同情犯罪和罪犯,而是站在更高的起点,思考什么是真正的惩罚,到底怎样才是真正意义上的伸张正义,以及最重要的人道主义！

经过反复思考,我支持您在书中提出的一个观点,对于贪利型的经济罪犯,不处死而长期监禁并处财产刑。这从逻辑上是有说服力的,人的生命是无价的,用无价的生命赔偿有价的物质有很大的不合理性。我和其他人一样痛恨腐败,但我不认为一定要用毁灭生命的最极端形式。严格监管、堵住漏洞更加重要。北欧国家和我国香港特区、新加坡可以成为我们学习的对象,而断头台不是最好、最有效的选择。

为了研究、思考死刑问题,我查阅了许多案例和记载。从建国前的斗争岁月到建国初的一长段时间,"镇反"常常是和死刑紧密相联的。"镇反"有其必要性和正当性（敌我斗争的确是残酷啊！人与人像动物一样互相杀戮）。但是"死刑扩大化"似乎从来就不是新鲜的话题。死刑扩展到长期放弃敌对活动的原敌对人员、已悔罪人员、有不同观点的人,乃至敌对分子家属,无辜者就不用说了（似乎每次运动都会产生无辜者被冤杀）,和平时期处决的犯人数量不亚于又一场战争造成的死亡！在非常的"文化大革命"时期经过司法程序和没有经过任何程序的处决真正体现了"红色"恐怖。在国家重新走上正轨后,刑事犯罪的确有增多的现象。从这个情况来说,"严打"有合理性,符合人民的利益。但是"死刑扩大化"的现象又一次出现。看看当时的死刑数量！

我读到一些案例,（非致人死伤）的抢劫,盗窃的案值即使以当时的标准来说,也难以称之为巨大,而罪犯依然被处死。在20世纪80年代,有一条让许多犯人被处决的罪名是"流氓罪",许多案例显示,这个罪涉及了淫乱、集体乱交……是的,这些行为即使以现在的道德标准来衡量,也毫无疑问是极不道德的,但是以死刑来惩罚,也许符合我们这个民族的文化传统,但实在是太不人道了。有不少性罪错的死囚,其罪行是淫乱,（非强暴）恐怕不一定有害人之心吧！更多的是处于年轻时那种冲动,消除空虚……那么,动用死刑,这难以让人信服吧!

我不得不提到一点,被处决的死囚中,许多人的年龄低得让人心颤呀!有的刚满18岁!

潘军先生的《死刑报告》中提到的涉外死刑案件,在我所在的城市上海同样发生过:20世纪80年代末,一个小偷潜入美国领事馆,偷窃物品价值数万元,最后他被处决。

非常坦率地说,我对这种漠视生命价值的死刑极为厌恶,尽管它以法律的名义。我认为这种死刑也无助于我国的国际形象。

作为一名"死刑严格限制论"的支持者,我认为我国的司法机关对死刑的成效过于夸大,过于把死刑作为一种工作成绩,而对于死刑给死囚及其家属带来的巨大肉体、精神痛苦过于漠视,对生命价值过于轻视,把死刑所必然包含的非人道主义因素过于淡化了!

这样一种推崇死刑的文化,继承的封建主义因素过多,与社会主义倡导的刑罚文化、刑罚本质不相符合,不能算是先进的和文明进步的。

前党中央总书记江泽民同志提出:生存权是最基本的人权。我完全支持这一论断,从尊重人权的角度说,应当严格限制死刑!

从我国的司法实践来说,我发现国家领导人对司法审判的影响是巨大的。正如伟大的毛主席号召开展了各种暴风骤雨的政治运动那样,他虽然提出了"杀人要少"的原则,但仍然要求坚决杀掉那些敌对分子。在20世纪80年代初,伟大的邓小平同志也提出要"严打",坚决主张"杀一批人"。老一辈革命家都极为强调死刑的正面意义,这是可以理解的,因为经历过那么残酷无情的敌我斗争岁月,很自然会接受国家暴力的合理一面。

当然,无论是镇反,还是严打,政策本身的目的是正确的,愿望是美好的,符合绝大多数人民的利益。但是,政治家不可能关注每一个死刑案件,特别是像我国这样死刑数量惊人的国家,这就对司法官员提出了较高的要求。死刑针对的绝不仅是抽象的整体概念:敌对分子、反革命、犯罪分子,而更是针对个体,单个的、活生生的生命,司法官员有义务对生命的毁灭慎之又慎。客观来说,罪犯一旦被捕,犯罪行为即被中止,就停止了继续危害国家利益和他人利益。司法官员有职责慎重思考:罪犯是否邪恶到非杀不可,是否无药可救,是否有悔罪改过的可能……"从重从快"的提法,若针对的是非死刑的刑罚,没有什么大问题。一旦涉及死刑,就应慎重慎重再慎重!

从我国的刑罚文化传统来说,历代都是极为推崇死刑的,而对生命价值的尊重几乎就是多余的奢侈品。这种情况在建国后似乎没有太大的改观。一项(带有暴力色彩的)政策的执行从上到下,似乎有一只无形的晶体管在起"放大"的作用。死刑所造成的冤案就不必说了,即使罪犯真的有罪,"死刑扩大化"现象远比"死刑谨慎论"来得普通。这不仅反映在我国的死刑数量,也反映在司法官员的政策阐述中,无论是向人大提交的报告,还是在一些会议上,高级司法官员都坚持了"动用死刑绝不手软"的原则,似乎从来不讨论死刑所涉及的非人道主义问题。当然,从我国国情来说,这是可以理解的,因为其工作职务对工作人员的要求之一就是强化死刑意识、淡化生命价值吧!

从资料来看,国外有不少国家在整个社会这一层面都进行过有关死刑的讨论。上至政治家、议会,下至平民百姓,当然包括法律学者,而且司法官员也既从执法者,也从自然人的角度来进行讨论:关于死刑的功效性、人道主义矛盾、是否与人权理念宪法精神相符……这是值得我们借鉴的。

在这里,我想提及一个似乎与死刑不相关,但实际上极说明问题的话题。尊敬的前最高人民法院副院长、主管刑事审判的林准同志已经去世了,《林准文集》收录了他的一系列工作讲话和文章。其中有一篇文章,谈到了他参加的一次外事活动:在1991年末,向日本来访者赠送了一本书《正义的审判》,此书描写了日本战犯是怎样受到宽大处理,怎样被"改造好"的!

非常坦率地说,尽管这一宽大政策是由伟大的毛主席和敬爱的周总理作出的决策,我仍然表示坚决的反对。这一审判根本和正义与公正无关,是完全的政治宣传上的需要。

退一步说,即使宽大这些日本战犯是有利于我国形象的,那么有一个问题就是非常值得商讨了。既然在对外政策上,我国可以给那么凶残的日本战犯以宽大,既然在司法实践中,日本战犯被改造的"很好",那么在国内政策上,在死刑方面,为何会采取如此明显的双重标准?我不否认,从政治宣传的角度看,日本战犯的价值大于国内罪犯,那从生命价值的角度来说,谁轻谁重?从改造的可能性来说,谁大谁小?

这难道不值得我们反思么?

"生命透支的悲哀"一文中那个已被处决的姑娘死在1993年初,冬天尚未过去,春天尚未来到的二月。《九三年》,也是一部伟大的文学作品的名字。雨果是伟大的,他的著作也是伟大的,作品的伟大之一就在于它深刻反映了作者本人的人道主义理想,闪耀着人性的光芒。郭文是一位优秀的统帅、一名勇敢的战士,他不是,也不愿成为一名行刑者。是否应该释放朗德纳克我们暂不讨论,但他这一释放敌人的行为与战场上英勇的拼杀一样震撼人心。他在死牢中与恩师的彻夜长谈闪耀着理性、人道的光辉,他是一个真正的英雄、真正的革命者。真正的革命者为胜利和正义而战,但他不会像罗伯斯比尔那样对断头台狂热崇拜,不认为罪恶只有用鲜血才能洗去……

比较一下,我们已处于21世纪了,难道我们比古人更缺乏怜悯和人道精神么？

死刑不一定代表正义，但一定代表（国家）权力。对断头台鼓掌当然比向它质疑更保险。但是，"死刑"是有理由让人们来讨论的。

有一点我承认，我国在死刑制度上有一个巨大进步的地方：一个人如果有了不同的观点，不大可能会被处死了。我并没有经历过非常的"文化大革命"时期，我间接地了解到发生在林昭、遇罗克、张志新、李九莲、钟海源身上的事。他们总算在我国追求法治的漫漫长路上留下了自己的名字。更多的人有着同样的遭遇，他们默默无闻地被虐杀，消失无踪，有的人所犯的"罪"只是说"错"了一句话……

的确，现在宽容多了（宽容，不也是一部优秀著作的名字吗？）。

我相信，犯罪是丑恶的，但也是悲剧性的。而死刑同样是一场悲剧。可以相信，未来这种悲剧会越来越少，因为它不属于自然规律，而是可以避免的，希望越来越大。今年的人代会中，人大代表提出了死刑复核权回归最高人民法院的提案，高级司法官员也作出了相应的积极答复；人权保障也明文入宪，最近，人民陪审员又有可能加入实质性的审判过程……这些措施，都是有助于严格限制死刑的啊！

陈教授，不瞒您说，我在1995年初读到上海那个因贪污而被处决的姑娘临刑前哭救的文字后，也收集了一些关于限制死刑的论述，再加上我自己的一些感想，寄给了一些司法机构和新闻机构，呼吁限制死刑，不过结果嘛……我是一个普通人啊！

学者、作家、记者理应成为一个社会的良心。因为他们手中的笔显示着正义感，具有强大的社会召唤力！笔的力量大于剑！您的著作和您所举办的研讨会绝不会白费，人们会思考、反省，最终，您会得到大家支持的！您和您的同事们会被证明是正确的！

生命是多么宝贵啊！难道不应被好好珍惜么？

此致

敬礼

公民、读者：蔡翔

2004.4.8

三、回信

蔡翔先生：

您好！

来信收悉，你对"严格限制死刑论"的坚定支持使我感动。信中系统地阐述了你对死刑的见解,尽管如同你在来信中所说,这不完全是理性的论述,更多的是带有感情因素的理解。但我认为,这丝毫也不影响你的这些见解的深刻性,甚至比某些对死刑的空洞议论意义更大。因为这些见解都是发自你的内心,是你的真情实感之流露。

死刑问题本来是一个社会问题,也是与公民休戚相关的问题。然而,当死刑没有落到我们自己头上的时候,我们总以为那是一个"他者"的问题。一个与自身并没有直接关联的问题。更由于长期以来正统意识形态的熏陶,我们对死刑已经熟视无睹甚或麻木不仁了。没有对其正当性产生任何质疑。总以为被判处死刑者均是一些十恶不赦者——"死当其死"。我们没有认真地思考过:国家有权力剥夺一个公民的生命么?被判处死刑的是一些什么人——他们不是我们这个社会的成员么?说到麻木,我不禁想起鲁迅在《药》这篇小说中对死刑看客的生动描述:"——一阵脚步声响,一眨眼,已经拥过了一大簇人。即三三两两的人,也忽然合作一堆,潮一般向前赶;将到十字街口,便突然立住,簇成一个半圆。老栓也向那边看,却只见一堆人的后背,颈项都伸得很长,仿佛许多鸭,被无形的手捏住了的,向上提着。静了一会,似乎有点声音,便又动摇起来,轰的一声,都向后退……"至于吃人血馒头,更是惊人的一幕。如果你看过莫言的小说《檀香刑》,一定会对中国古代凌迟的场面,也就是千刀万剐的死刑执行场景留下深刻的印象。

我总是在想,鲁迅描述的是一个世纪以前的"故"事,一百年过去了,人们对死刑的看法会有所改变。可惜,这种改变并不显著。当一个社会的公民对死刑停留在一种肤浅的认识水平上时,这个社会对于死刑就会有高度的认同。在这样的社会里废除死刑就是一种天方夜谭。因此,在我们这个社会,需要的是死刑的启蒙。

今日国际上死刑废除运动之所以蓬勃发展,与二百五十年前意大利刑法学家贝卡里亚关于死刑的启蒙是离不开的!贝卡里亚站在人道主义的立场上对死刑进行了发聩振聋的抨击,认为死刑是一种酷刑,指出了死刑制度的一个悖论:体现公共意志的法律憎恶并惩罚谋杀行为,而自己却在做这种事情:它阻止公民去做杀人犯,却安排一个公共的杀人犯。贝卡里亚认为,这是一种荒谬的现象。[1] 贝卡里亚对于死刑不仅有理性的思考,例如首次提出死刑不是一种权利。而且,贝卡里亚更是从感情的角度,对死刑的影响进行了分析。贝卡里亚指出:刑场与其说是为罪犯开设的,不如说是为观众开设,当怜悯感开始在观众心中超越了其他情感时,立法者似乎就应当对刑罚的强度作出限制。[2] 这

---

[1] 参见贝卡里亚:《论犯罪与刑罚》,黄风译,北京:中国法制出版社,2002年,页57。
[2] 同上注,页54。

里的怜悯感,是指观众对死刑的残酷性的情感反应。正是这种观众的反感,才是死刑废除的社会心理基础。对此,日本学者大谷实也有十分深刻的论述:当死刑冲击一般人的感情,使其感到残忍时,便应当废除死刑。[3] 对于这一观点,我深以为然。确实,在一个死刑不能引起公众的残忍感,甚至还会引起公众的观赏欲的社会,是不具备废除死刑的心理基础的。

显然,死刑涉及社会心理。以往我们对死刑的思考,大多是从政治制度与经济制度入手的,对于死刑的社会心理基础关注是不够的。德国学者布鲁诺·赖德尔指出了"死刑是为了正义吗?"这样一个天问式的问题,指出:在这里,人们常常产生的疑问是,国家为什么可以杀死一个公民?有充分的道理吗?国家在道德上有这种权利吗?还有,国家有那项任务和必要吗?启蒙时期以来,250 年里,这个问题被哲学家、法学家、政治家谈论不休,也成为广泛的社会舆论关注的对象。但是,争论来争论去,都没能得到满意的答案。就是说,最终把死刑问题嵌入现代的世界形象中是不可能的。其理由为,人们常把死刑问题当作法律问题加以谈论,然而,实际上,它远不止是法律问题。它是整个社会的问题。在这里,不用说它与正义无关,而是与一种完全不同的社会心理的欲望相联系的。因此,在法院里,死刑问题往往是过于沉重的负担。从现代的一般观念来说,主持正义需要冷静的合理性和客观性。然而,对死刑的需求出自情绪的深层。无论怎样想对死刑进行理性的思考,但遇到这种事态时常都无法应付。[4] 这种死刑存在的社会心理,起源于远古时代的以血还血为内容的复仇心理。恩格斯曾经指出:死刑只不过是原始社会同态复仇习俗的文明形式而已。显然,血亲复仇在古代社会具有社会整合作用,为个人提供保护。当然,血亲复仇形成复仇的恶性循环,同样具有一种社会破坏作用。血亲复仇随着国家权力的扩张而逐渐受到限制乃至于最终废弃,但复仇心理却沉淀在人们心中,成为一种稳定的社会心理结构,并以死刑来满足这种社会心理。对此,赖德尔深刻地指出:正因为以血复仇在人类意识的原始初期为复杂的精神冲突提供了宣泄口,起到了重要作用,所以它通行古今东西。正因为这种精神冲突是人类普遍的现象,所以每个人对它的反应都一样。随着人类意识的进一步提高,尤其是发现了个人和个人责任后,以血复仇也最终被放弃。但是对替罪羊的需求仍未改变,并企图变换形式来实现这一目的。所以,国家执行的死刑也是一种以血复仇,是改换形式的对替罪羊的需求。[5] 因此,死刑在一定程度上满足了复仇的社会心理。

正因为复仇是死刑存在的社会心理基础,因而死刑的最终废除,有待于复

---

[3] 参见大谷实:《刑事政策学》,黎宏译,北京:法律出版社,2000 年,页 113。
[4] 参见布鲁诺·赖德尔:《死刑的文化史》,郭二民编译,北京:三联书店,1992 年,页 2。
[5] 同上注。

仇心理的淡化乃至于祛除。而要做到这一点,应当在社会上宣扬宽容心。宽容是一种社会的美德,仁政就是建立在宽容基础之上的,而专制是以残暴为特征的,宽容恰恰是与残暴相对立的。在一个缺乏宽容的社会里,死刑必然有其存在的心理基础。长期以来,宽容这种美德是不见容于我们这个社会的,尤其是在斗争哲学的影响下,对抗是受到赞扬的,宽容是受到诋毁的。"对敌人的宽容,就是对人民的残忍",这样的语录同样可以引申为:"对罪犯的宽容,就是对被害人的残忍"。在这样一种以二元对立为理念的意识形态中,复仇之心进一步得到强化。因此,从长远计,为最终废除死刑,我们这个社会需要培育宽容,培育人道主义精神。

为培育宽容,我们应当揭露死刑的残酷性。死刑是一种杀人,而且是一种"合法"的杀人,它在本质上与"非法"的杀人并无二致。如果说,"非法"的杀人在大多数情况下是激愤性的,而"合法"的杀人则是国家理性的体现,具有国家暴力的特征。你作为一个普通公民,并没有亲眼看见死刑的执行,为什么会对死刑的残酷性有如此深刻的体验?你的来信说明了这一切,你还给我寄来了记者陆萍所写的"生命透支的悲哀"一文[6],正是读了该文以后,才使你开始关注死刑,并成为一个死刑的严格限制论者。该文的主人公孙某,是上海长宁区某幼儿园的出纳,因贪污16万元公款而被判处并最终执行死刑。陆萍在文中详尽地描述了死刑执行前后的情况,由于记者本身也是女性,又兼作家与诗人,富有更多的同情心,因而她的描写打动了你,也打动了我。尤其是临刑之前打扮的那一段:"她梳洗一新,从里换到外,空气里有一股香皂的芳香。她用热水洗过,两颊显得青春红润;洗过后的湿发,黑乌乌的梳得整整齐齐;紧贴在额前的一绺刘海有点参差,但很显秀雅。她红肿的眼泡,发青的眼窝,有点浮肿的脸面以及整个苗条的身架,却一点也没有消退勃发生命期中的光彩。她里面露出棉毛衫粉红色的领子,外套一件红碎纹的羊毛衫,早上那件被手铐磨破袖口的腈纶衫已经换去了,里面一件新腈纶衫的小方领子整整齐齐地翻在外面的羊毛衫圆领上,她站在铁栅前的小空地上,神情沮丧又无奈地望着我……"面对此情此景,陆萍的感想是:"为一个将赴黄泉的女囚,作毫无价值的精心准备梳理,抑或是女人的天性使然?我这样想着的时候,马上又感到在这种场合下作这类判别实在过于冷漠。我的脑海中不是黑云白浪翻滚就是一片沙漠一片空白。有很多次我对自己说等她这段话说完我马上离开此地。但是又不知是一种什么原因,使我的采访又连缀到下一段时刻。我与所有的人一样,很想知道有关罪恶深处以及生死交界地的神秘境遇与心态,但一旦身临其境时,我的灵魂与躯壳常常会出现背道而驰状。"在此,陆萍描写的是一个女囚临死之前对美的

---

[6] 参见陆萍:《一个政法女记者的手记》,上海:上海人民美术出版社,1996年,页1—36。

追求与向往。死亡结束了这一切。

　　这个真实的案件之所以使人对孙某同情,不仅仅因为她是一个女囚,更因为她犯的不是杀人罪,而仅仅是贪污16万元。尽管在1993年,16万元还是一个天文数字,但今天它也只不过是中产阶级一二年的收入而已。但它却要了一个人的命。显然,像孙某这样的案件,现在已经是不可能判处死刑了,现在贪污数百万元,甚至上千万元的贪官,判处死缓的也不是多得很么? 前不久号称"安徽第一贪"的尹西才,法院认定其身为国家工作人员,利用职务上的便利侵吞公款共计902万余元,其行为已构成贪污罪。尹西才的家庭财产中,尚有人民币1901万余元,美元66万余元不能说明其合法来源,其行为构成巨额财产来源不明罪。法院认为,尹西才贪污数额特别巨大,情节特别严重,依法应予严惩。鉴于尹西才归案后,能够催要120万元欠款用于退赃,因此判处尹西才死缓。[7] 尹西才贪污的数额差不多是孙某的60倍之多,仅仅在10年以后,尹西才贪污900万元可以不处死,孙某却为其16万的贪污款而命丧黄泉。当然,从法律上说,不能认为对孙某判处死刑是错了,因为法律规定贪污10万元以上就可判处死刑。但经济犯罪判处死刑,其正当性确实是值得怀疑的。我在1990年出版的《经济刑法学(总论)》一书,就提出了对经济犯罪废除死刑的观点。[8] 其中一个重要理由就是经济犯罪适用死刑违背刑罚的等价观念。如果说,杀人者死是刑罚等价观念的体现,它为杀人罪保留死刑提供了正当性根据。那么,经济犯罪适用死刑即使与等价报应的观念也是有悖的。如果说,在一般情况下,报应观念是死刑存置论的根据;那么,就经济犯罪而言,报应观念恰恰是死刑废止论的根据。这里存在一个生命的价值问题。生命是无价的,对经济犯罪适用死刑就是使生命物化为一定的价值,是对生命的贬毁。

　　更为重要的是,物质价值是处于变动之中的,并且总是贬值的,而生命价值是永恒的。不仅物质价值如此,某些道德价值也是如此。你在来信中叙及20世纪80年代以死刑惩罚淫乱的往事,现在想来恍若隔世。我清楚地记得在1983年严打当中,一个王姓女子因与十多名男子发生性关系而以流氓罪被判处死刑。面对死刑判决,这王姓女子说了这么一段话:性自由是我选择的一种生活方式,我的这种行为现在也许是超前的,但二十年以后人们就不会这样看了。不幸而被言中,在二十年后的今天,尽管性自由仍未成为主流的社会道德,但人们对于性行为已经宽容多了。在刑法中流氓罪已经取消,与多人发生性关系,只要不妨害公共秩序,连犯罪也构不上了,更不用说判处死刑。我们可以将王姓女子的命运与时下网上流行的木子美比较一下。木子美不仅放纵性行为,

---

[7] 参见《法制与新闻》2004年第5期,页59。
[8] 参见陈兴良主编:《经济刑法学(总论)》,北京:中国社会科学出版社,1990年,页137。

而且在网上公开记载性爱体验的日记名曰《遗情书》。据《遗情书》记载,木子美性放纵的方式多种多样:不仅频频更换性伴侣,还曾经当着朋友的面与朋友的朋友性交。此外,日记内容显示,木子美并不拒绝参加多男多女集体性派对。著名社会学专家李银河在听说木子美其人其事后,认为这标志着"在中国这样一个传统道德根深蒂固的社会中,人们的行为模式发生了剧烈的变迁"。[9] 木子美性滥交而走红一时,名利双收。但王姓女子却为此丧失了生命,这真是一种悲哀。你在信中谈到,现在一个人如果有了不同的观点,已经不太可能会被处死了。相比之下,这确是一个重大的进步。这表明我们这个社会已经在一定程度上实现了政治宽容,但宽容应当是更广泛的,道德宽容、法律宽容都应是题中之义。死刑,恰恰是不宽容的产物。

孙某这个案件还使我想到文学作品在死刑启蒙中的作用。以往我们的文学作品都是为阶级斗争服务的,充满意识形态色彩,培育的是人们的仇恨心理,一有温情便是资产阶级人性论受到批判。及至十年浩劫,在造反有理的名义下暴力以一种赤裸裸的形式在我们这个社会张扬。政治斗争以侮辱人格的方式展开,有多少人像老舍那样为维护自己的人格尊严而自杀? 至于他杀,在武斗中更是司空见惯。1967 年我正好 10 岁,在家乡一个仲夏夜的街头,曾经亲眼目睹一名老者在乌合之众的残酷虐杀中呻吟并死去。他是完全无辜的,之所以被群殴弃尸街头,仅仅因为他儿子是对立派参与了一场武斗致死人命。在这样一种氛围中长大的人,从小在心里埋下了仇恨的种子。这种仇恨的种子像革命样板戏《智取威虎山》中小常宝所唱的那样:"要发芽,要开花。"这种仇恨的芽、仇恨的花使我们这个社会缺乏宽容,缺乏同情,并成为死刑存在的社会心理基础。你对死刑的残酷性的认识来自于陆萍"生命透支的悲哀"一文,对死囚临死之前生活状况的真实描述。我也看了该文,发现陆萍仅仅以一个生者的姿态表达了对一个即将死去的人的一种人道意义上的同情。文中言及面对女囚执行死刑之日的临近,作者的心情格外沉重:"因而对一个生命同类的即将消失,不管这消失是属于自然意义上的还是社会意义上的,我们都从生命消失本身的折射中,清清楚楚切切实实地读到了死亡的阴影,这震撼是这样强烈,这样深刻,这样无可逆转。当她为她所犯下的罪恶,已经交付出她的全部生命;当她走到了人生的终极,已经受到了法律最严厉的制裁时,活着的人往往会站在生命的断崖处,以生命同类的人道眼光,给以象征式的关怀、安慰与温情。"[10]我在这里说陆萍"仅仅"是一种同情,尽管这种同情已属不易,但并未涉及对死刑的更深层次的思考。在"生命透支的悲哀"一文中,陆萍点题的话是这样说的:

---

[9] 转引自王建民:"中国社会现代性与后现代性的矛盾共生——以'大话西游'和'神舟五号'为例的阐释",载中国社会学网 www.sociology.cass.net.cn/shxw/shll/t20041220_4023.htm。

[10] 参见陆萍:《一个政法女记者的手记》,上海:上海人民美术出版社,1996 年,页 10。

"她的死原本罪有应得,但这份透支生命的悲哀,在当今社会变革、观念交替冲撞的生活大背景前,是可以演绎成一种财富,也可以重复一种灾难的,问题全在于或目睹或耳闻这场生命悲剧的人的自身的思考了。"[11]因此,作者是在"罪有应得"的前提下来表示对死者的同情的,这种同情尽管是有意义的,但又不能不说是肤浅的、廉价的。陆萍对死刑存废问题并非没有任何思考,在文中有一情节,当她听到孙某已被处死时,愣在电话机边,久久无语。想起有个叫韩述之的人在一篇对死刑存废问题的思考的文章中所阐述的主题:杀其必杀,才能少杀。[12] 陆萍基本上是以这样一种死刑观为前提表达其对死囚的同情之心的。韩述之是上海的一位老法学家,他的死刑观其实与中国古代法家的死刑观是一脉相承的,可以说是一种功利主义死刑观,这就是韩非所说的"以杀去杀,虽杀可也"的命题。死刑,只要是为止杀,其杀就是正当的。这是一种典型的以目的的正当性论证手段的正当性的谬误逻辑。

你在信中提到了作家潘军和他的作品《死刑报告》,并对该作品予以赞赏。潘军在《死刑报告》出版后给我寄来一本,并在信中谈到因为该书的写作,阅读了一些中外关于刑罚,尤其是死刑方面的著述,包括我的著作。因此,在《死刑报告》一书中可以看到潘军作为一名作家对死刑的深刻思考。在与潘军见面时,我曾对他说,就我所知,《死刑报告》是中国第一部对死刑从正面加以思考的文学作品,该书的意义就在于以文学作品的形式将法学家关于死刑存废的思考表达出来,从而引起了社会的广泛反响。正如内容简介所言:"这是当代中国第一部关注死刑的小说。小说通过对一个叫落城的地方几宗死刑案件的解析,对当代中国的死刑制度进行了深入的思考,并以文学的方式第一次近距离地探讨死刑问题。某种意义上,作家潘军这回是以文学的形式探讨法学的课题,但就小说文本而言,依然有着可贵的探索。小说以女警官柳青、记者陈晖和律师李志扬的视角展开故事,与之并行的是多年前美国那宗被称为'世纪审判'的辛普森案件的审理过程,如此的交织,形成了两种司法体系和刑罚观念的比照,同时也不得不对似乎恒定不变的刑罚观念和今天的死刑的适用进行深思。作家娴熟的叙述方式,使作品洋溢着人类终极关怀的精神,而显示的思辨色彩和独特视角,更让人心灵震撼。"《死刑报告》对死刑制度作了全方面的探讨,将社会上发生的一些曾经引起轰动的案件以文学形式表现出来,涉及错杀问题、死刑复核程序问题。尤其是作品穿插叙述美国辛普森案,表明作家是更想在证据与程序上讨论死刑案件。从错杀角度讨论死刑当然是有意义的,但它还不能从根本上动摇死刑制度。死刑问题,归根到底还是一个人性与人道的问

---

[11] 参见陆萍:《一个政法女记者的手记》,上海:上海人民美术出版社,1996年,页23。
[12] 同上注,页3。

题。《死刑报告》结尾处言及法国雅克·德里达教授在北大的一场讲演,题为"宽恕:不可宽恕与不受时限",德里达指出:"宽恕的可能在于它的不可能,宽恕不可宽恕者才是宽恕存在的前提条件,宽恕的历史没有终结,因为宽恕的可能性正来自于它看似不可能、看似终结之处。"[13] 因此,只有宽恕以及建立在宽恕之上的人道精神,才能真正克服死刑的悖论:对犯罪人的仁慈就是对被害人的残忍。其实,德里达2001年中国之行,在香港中文大学曾经作过一场"关于死刑"的讲演,对死刑进行了历史的解构,这是我所见到的关于死刑的最深刻的思考之一。在这篇讲演的末尾,德里达阐明了死刑与宽恕的对立性:尽管宽恕语义与法律及刑法的语义存在着极端的异质性,我们还是禁不住认为正是基于死刑作为合法机制,作为法制状态下由国家管理的刑罚,死刑在其概念、目的、断言中企图成为,我强调它企图成为不同于杀戮,不同于犯罪,不同于一般杀人的别的东西,禁不住去思考死刑对于被判者的生命来说,不可逆转地终止了任何改正、赎罪,即便是懊悔的前景。因此,在德里达看来,死刑意味着无可补偿或不可宽恕,不可逆转的不宽恕。[14]

  欧洲,恰恰是欧洲,成为国际死刑废除运动的策源地。这也许与欧洲的文化传统有关。除了在《死刑报告》中提到的法国著名学者雅克·德里达,另一位同样是法国著名学者利科,也在北大作过讲演,其题目是"公正与报复",在这篇讲演中论及报复之于公正的意义。此外,在"从道德到制度"的座谈中,同样论及死刑。利科将取消死刑归结为国家的自制。[15] 因此,死刑存废是一个国家理性的问题。当然,国家又是由人民构成的。因此归根结底,死刑存废还是一个人民的选择问题。但人民又需要有人代表,这里就涉及一些伟大人物对于死刑废除的推动作用。往前追溯,在法国历史上著名的思想家伏尔泰,在其一生中,曾经为三起案件的死刑犯辩护,房龙在《宽容》一书中对此作了描述。尤其是卡拉斯案,在整个社会都认为审判是合法和公正的时候,伏尔泰敢于单枪匹马,面对整个社会。房龙指出:伏尔泰打击的这一点已经开始奏效了,它即使不是为了宽容,至少也是为了反对不宽容。[16] 在欧洲,法国并不是最早废除死刑的国家,甚至是最后一个废除死刑的国家。法国死刑的废除经历了艰难而曲折的过程,对此,法国前司法部长罗贝尔·巴丹戴尔在《为废除死刑而战》一书中作了精彩而详尽的描述。巴丹戴尔长期担任律师,曾经为多名死刑犯辩护,此后成为一名废除死刑运动的中坚分子,在其担任司法部长期间卓有成效地推动了死刑在法国的废除。巴丹戴尔自述其在担任司法部长后,为时还不到

---

[13] 参见潘军:《死刑报告》,北京:人民文学出版社,2004年,页274。
[14] 参见杜小真、张宁主编:《德里达中国讲演录》,北京:中央编译出版社,2003年,页206。
[15] 参见杜小真编:《利科北大讲演录》,北京:北京大学出版社,2000年,页25。
[16] 参见房龙:《宽容》,迮卫、靳翠微译,北京:三联书店,1985年版,页340。

两个月,在大多数法国人的心目中,其中也包括在左翼的心目中,已经成了宽容的化身,是犯罪的保护人。就是在这样的气氛中,准备着废除死刑的法案。[17]

现在欧盟正在东扩,今年5月1日又有10国加入欧盟。而加入欧盟的前提条件之一就是废除死刑。欧洲正在以这样一种方式推进着废除死刑的进程。欧盟逐渐扩大的版图,也就成为无死刑国家的版图。当废除死刑如同禁烟、禁酒一样深入人心的时候,距离死刑制度的死期也就不远了。你在来信中谈到政治家与司法官在死刑废除中的作用,谈到原广东省高院院长麦崇楷犯罪时是否也曾想到过签发过的那些死刑判决书?他是否心中有愧?答案当然是否定的,签发死刑判决书对我们的司法官员来说只是一种例行公事,甚至用不着自己亲自动手,办事人员把院长的大印给盖上就可以了。相比之下,外国的司法官员对于死刑判决又是一种什么心态呢?我在"从'枪下留人'到'法下留人'"的讲演中,曾经谈到这样一段话:"我记得,在欧洲的一个国家,这个国家当时是保留死刑的,死刑的执行令是由这个国家的司法部长签署的。在这个国家,死刑都是夜间在监狱里面执行的。就在签署死刑命令的这个晚上,这个签署死刑令的司法部长一个晚上都睡不着觉。他想到经过自己签署的死刑执行令今天晚上就要执行,一个活生生的人经过他的手被执行死刑了,他的心里总是有一种挥之不去的郁闷,心里总是忐忑不安。第二天早上他碰到了一位贵妇,这位贵妇看到这位部长满面憔悴,就问怎么回事。这位部长就说,因为昨天晚上执行了我所签署的死刑执行令,所以一个晚上都没有睡好觉。这时这个贵妇就对部长说,你真可怜,要签署死刑执行令,而我不用。这样一个描述,已经记不清从哪本书上看到的了,当时我看了之后有很深的感触,这就说明了像这些国家它们的官员,掌握生杀予夺大权的司法官员,他们由于心理上对死刑的这么一种抵触,而不愿意判处死刑。"[18] 上面这段话中涉及的那个故事的出处记不清了,但我在巴丹戴尔的《为废除死刑而战》一书中看到有两段与此相关的描述。第一段是1970年时任法国总统的蓬皮杜所说的:"每一次当我面对一个被判处死刑的人犯,每一次当我并且只有我一个人作出决定时,对我都是一场良心的演示。"另一段是1976年时任法国总统的德斯坦,因收到被害女子的母亲来信,请求不要反对处决那个杀害她女儿的凶手,否则她将永远不再相信司法,从而促使德斯坦总统作出不特赦杀人犯拉努奇的决定,该年7月的一天晚上,拉努奇在监狱被处死。德斯坦在其回忆录《权利和死亡》第1卷中,对于执行拉努奇死刑当天黎明的情形作了以下叙述:"我呆在爱里舍宫。我看了看有着日出时

---

[17] 参见罗贝尔·巴丹戴尔:《为废除死刑而战》,罗结珍、赵海峰译,北京:法律出版社,2003年,页188。

[18] 参见陈兴良主编:《中国死刑检讨——以"枪下留人案"为视角》,北京:中国检察出版社,2003年,页57—58。

间计算内容的日历,将闹钟调到日出时间。在清晨4时,虽然在这个季节,仍然是黑夜。街道上没有任何声音。我打开了窗帘。在远方,有市政清洁车在街道上轻缓滑行。我试图在模糊不清和充满睡意的大脑里对执行事件进行排序:打开牢门,穿过走廊,来到院子……突然,我发觉天空已经变得灰白,在树的边缘已经出现了亮色。我看了看闹表:6点钟了! 也许我又重新入睡了。死刑应当已经执行了! 我划了一个十字。为什么要这么做呢? 我只是将我做过的记下来罢了。我打开了收音机,听6点的新闻。记者念了一张贴在监狱门上的通告:死刑犯已于今晨4点多被执行。我直躺着,很疲倦,心中波澜不惊。"[19] 有这样尽管未能赦免死刑犯,但对死刑的执行有着强烈的负疚感的总统,此后法国终于废除死刑就不难理解它是逻辑之必然。

你在信中提到了罗伯斯比尔,他是法国大革命时期著名的革命党人。罗伯斯比尔对待死刑存废态度的变化及其最终被推上断头台的命运是耐人寻味的。在法国大革命胜利的初期,罗伯斯比尔是一个坚定的死刑废除论者,主张"把规定杀人的血腥法律从法国人的法典中删去,因为公共利益比起理智和仁爱更禁止杀人"。罗伯斯比尔还提出:从人道和正义的观点看来,社会所如此看重的那些令人厌恶的场面(指死刑执行的场面——引者注),只不过是整个民族进行的隆重的谋杀行为而已的。[20] 但后来在处置路易十六的问题上,罗伯斯比尔主张判处死刑,此后又主张将死刑适用于叛国罪。罗伯斯比尔在论述关于改组革命法庭时指出:"这个法庭必须由十个人组成,这十个人只应担任侦查犯罪和运用刑罚的工作。增加陪审员和法官的人数是无益的。因为这个法庭只是处理一种犯罪,即叛国罪,只是运用一种刑罚,即死刑;对于这种犯罪行为让人们去选择刑罚,那是荒谬的,因为对这种犯罪行为应该只有一种刑罚,并且也正在运用这种刑罚。"[21] 这样,法国就进入了一个红色恐怖的时代:这种恐怖就是以断头台为象征并通过死刑而制造的,其始作俑者就是罗伯斯比尔。房龙以"革命的不宽容"为题对此作了生动的描述:1794年5月7日早晨,法国人民被正式告知说上帝又重新确立了,灵魂的不朽又一次被公认为是一种信仰。6月8日,新上帝正式向盼望已久的信徒们亮相了。罗伯斯比尔身着一件崭新的蓝色马甲,发表了欢迎词。他得到了一生中最高的地位,从一个三流城市里的默默无闻的法律执事变成了法国革命的高级教士。……为了确保万无一失,两天后他又通过了一项法律,法律规定,凡被怀疑犯有叛国罪和异教罪的人(二者又一次被视为一体,就像宗教法庭时代一样)都被剥夺一切自卫手段。这个

---

[19] 参见罗贝尔·巴丹戴尔:《为废除死刑而战》,罗结珍、赵海峰译,北京:法律出版社,2003年,页6、43注[1]。

[20] 参见罗伯斯比尔:《革命法制与审判》,赵涵舆译,北京:商务印书馆,1965年,页68—69。

[21] 同上注,页156—157。

措施非常奏效,在后来的六个星期中,就有一千四百多人在断头台倾斜的刀下掉了脑袋。[22] 最后,死刑终于降临到罗伯斯比尔头上。尽管法国大革命给后世留下了宝贵的政治遗产,但它给后人留下了值得思索的问题。著名作家林达在论及伯斯比尔之死时指出:由于罗伯斯比尔,从象征激进革命开始,已经走到了象征恐怖,他也就失去了同情者。巴黎人似乎早已在期待这一天,期待他的断头。他们隐隐地感觉,这将预示着恐怖时期的结束。他们也没有去想,这样的以牙还牙又意味着什么? 不论是对于旧制度的终结,还是对于大革命恐怖时期的终结,独立的、不受上层操纵也不受公众舆论操纵的司法公正,从来也没有真正出现过。法国大革命始终宣称自己在追求实质正义,可是,并不那么动听的、保障实质正义真正实现的程序正义,却被忽略了。[23] 后人的沉思当然已经与死去的罗伯斯比尔无关,我所感兴趣的是在罗伯斯比尔被送上断头台的时候作何感想? 这使我想起李斯,秦始皇的第一任丞相,曾建言制定"有敢偶语《诗》、《书》者弃市,以古非今者族,吏见知不举者与同罪"的酷法虐刑。司马迁以这样生动的笔触描述了李斯临死前的情形:"(秦)二世二年七月,具斯五刑论,腰斩咸阳市。斯出狱,与其中子俱执,顾谓其中子曰:'吾欲与若复牵黄犬俱出上蔡东门逐狡兔,岂可得乎!'遂父子相哭。而夷三族。"[24] 如同罗伯斯比尔一样,李斯也是一个历史上的悲剧人物,得势于死刑,失势于死刑。岂非报应乎。

死刑存废的思考始于两百多年前,可以说是学者首先发难。但死刑真正废除则有赖于政治家的决策。因此,政治家在死刑存废中发挥着巨大的作用。尤其是当需要冒与民意相抵触的危险时,政治家更需要巨大的勇气。这里我们终于涉及一个敏感的话题:民意。在传统的死刑理由中,"不杀不足以平民愤"似乎最具有政治上的正确性和道义上的正当性。这句话虽然不是刑法术语,但在我国过去相当长的时期里,它却是死刑判决书中不可或缺的一句判词。因此,民愤成为支持适用死刑的一种民意基础。从已经废除死刑的国家来看,几乎没有哪一个国家是在民意的支持下废除死刑的。当法国 1981 年废除死刑时,当时民意测验表明,2/3 的法国人反对废除死刑,如果采用全民公决的办法,采取全民公投肯定通不过。[25] 因此,当弗朗索瓦·密特朗在竞选的电视演说中指出:"在我的意识中,在我的意识信条里,我反对死刑。"紧接着,他补充说:"我没有必要去解读那些持相反意见的民意调查。大多数人的意见是赞成死刑,而

---

[22] 参见房龙:《宽容》,迮卫、靳翠微译,北京:三联书店,1985 年,页 359—360。

[23] 参见林达:《带一本书去巴黎》,北京:三联书店,2002 年,页 278。

[24] 参见司马迁:《史记·李斯列传》,载《二十四史》(第 1 卷),天津:天津古籍出版社,1999 年,页 176。

[25] 参见张宁:"死刑:历史与理论之间",载《读书》2004 年第 2 期,页 112—113。

我呢,我是共和国总统候选人。我说的是我所想的,我说的是我所认为的,我说的是我的精神契合,是我的信仰,是我对文明的关注。我不赞成死刑。"[26] 如果仅仅把废除还是赞同死刑作为当选总统的惟一根据,那么密特朗是肯定当选不了总统的。好在当选总统涉及政治、经济、内政、外交等诸多因素的考虑,密特朗还是当选了总统。在这种情况下,废除死刑的理由不是尊重民意,而是履行诺言,这是耐人寻味的。在这种情况下,密特朗作为一个大国政治家在废除死刑问题上的胆识是值得赞赏的。

当然,中国的情况与法国又有所不同,根据中国社会科学院法学研究所1995年进行的关于死刑的问卷调查,主张废除死刑的仅占0.78%。[27] 尽管这次调查的栏目设计不尽合理,调查人数也只有五千人,但这一调查结果大体上反映了中国民众对于废除死刑的态度。在这种赞同死刑占绝对主导地位的情况下,要想让我国政治家作出违背民意的废除死刑的决定无乎是痴人梦想。当然,在这种情况下,并不是说政治家在死刑问题上可以完全无所作为,至少削减死刑罪名是存在极大余地的,关键的问题是:做还是不做。关于政治领袖如何对待死刑问题上的民意,从而承担起政治责任,梁根林博士在"公众认同、政治抉择与死刑控制"的讲座中提出了"善解民意"这样一个颇具创新意味的命题:"政治领袖应当是善解民意,这也是考验你这个政治领袖是不是一个成熟的政治家;是不是有一个政治家的风范的重要标志。我们的政治家要体察民意,要尊重、体现、顺应并理性地引导民意,在这个过程当中我们要特别注意,强调所谓的民主不等于民粹主义,在这个过程当中,作为政治领袖在体现民意的过程中不应当简单地盲目地附和、迎合、迁就民意,简单的复制民意。"[28] 此言极是,在死刑存废问题我们应当寄希望于政治家。

相对于政治家而言,学者是更为超脱的,因此也可以走得更远一些。但再怎么远,总还是不能离开中国这个现实。在"死刑存废之议"一文中,我明确地指出了我之死刑存废观:从应然性上来说,我是一个死刑废止论者;从实然性上来说,我是一个死刑存置论者——确切地说,是一个死刑限制论者。[29] 因此,在应然性上主张废除死刑的时候,我是站在学者的立场上;而在实然性上主张保留但严格限制死刑的时候,我是站在政治家的立场上。我的这种说法,似乎是一种讨巧或者折中。但也往往两面不讨好:既不见容于死刑废除论,又不见谅于死刑存置论。当然,死刑在目前中国是否可能马上废除,是一个可以讨论

---

[26] 参见罗贝尔·巴丹戴尔:《为废除死刑而战》,罗结珍、赵海峰译,北京:法律出版社,2003年,页170。
[27] 参见胡云腾:《存与废:死刑基本理论研究》,北京:中国检察出版社,1999年,页336。
[28] 参见陈兴良主编:《法治的言说》,北京:法律出版社,2004年,页360。
[29] 参见陈兴良主编:《中国死刑检讨——以"枪下留人案"为视角》,北京:中国检察出版社,2003年,页7。

的问题。张宁先生对我关于现阶段中国不具备废除死刑之社会条件的论证观点提出了批评。[30] 但也并没有见到他对死刑目前在中国已经具备废除的社会条件之论证。我从物质文明与精神文明两个方面展开对死刑存废的分析,这只是一种大致的分析思路。当然,死刑存废还有其他一些因素在起作用,比如宗教因素、文化因素,甚至还有一些偶然因素。宗教等因素可能会超越物质与制度的制约,这一点也是不可否认的。但宗教与死刑的关系又同样是受物质与制度制约的,两者之间没有直接的对应性。日本学者团藤重光在讨论亚洲精神以及政治性风土与死刑的废止时指出:在亚洲生根的最大的宗教,我首先可以举佛教。佛教是以慈悲为根本。这么说,佛教与死刑的废止在本质上必定有互相强力连结的东西存在。团藤重光以日本在王朝时代有长达 350 年之久没有执行死刑的时期为例,说明这可能是日本国民温和的国民性使然,但其背后的佛教的影响不容忽视。[31] 我国学者邱兴隆也以佛教的影响解释唐代两次大幅度削减死刑,以至死刑的适用数量微乎其微的历史事实,指出:在中国的唐代,佛教的重要戒律之一是忌杀生,而死刑与忌杀生的戒律相抵触。作为削减死刑的指导思想的"承大道之训,务好生之德",很难说不是佛教忌杀生的戒律的折射。[32] 尽管如此,我们很难解释佛教流行的亚洲,恰恰是在各大洲中死刑废止最为滞后的洲,亚洲各大国几乎没有一个国家废除死刑的。由此可见,宗教因素也不是决定性的。另就民意因素而言,支撑死刑的民意占 60%,甚至 70% 的情况下,废除死刑尚不至引起民意哗然。但在支撑死刑的民意占 90%,甚至 95% 的情况下,废除死刑就缺乏明显的社会认同,对此不能不加以注意。

  胡云腾博士曾经提出废除死刑的百年梦想。这一百年又分为三个阶段,其中第一个阶段是从现在起到 2010 年左右,为大量废除死刑的阶段,届时争取达到的目标是:(1) 将我国现行刑法中的死刑罪名限制在 15 个左右(军职罪死刑除外);(2) 全部死刑案件的复核权收回最高人民法院;(3) 死刑实际适用的数量降为现在的 1/10 左右。[33] 当胡云腾提出废除死刑的百年梦想时,大部人都认为这是一种悲观的看法,废除一个死刑难道需要一百年时间? 当时,对此我也有同感。但现在我已经不这么认为,就以胡云腾提出的废除死刑的百年梦想的第一阶段而言,如期实现就极为困难。胡云腾的观点是在 1994 年提出的,距今已经 10 年过去了,距离 2010 年也只有 5 年时间。在胡云腾提出的三个目标中,大概只有死刑案件的复核权收回最高人民法院这一项有可能实现,至于

---

[30] 参见张宁:"死刑:历史与理性之间",载《读书》2004 年第 2 期,页 174 以下。
[31] 参见团藤重光:《死刑废止论》,林辰彦译,台北:商鼎文化出版社,1997 年,页 201—202。
[32] 参见邱兴隆主编:《比较刑法·第一卷死刑专号》,北京:中国检察出版社,2001 年,页 59。
[33] 参见胡云腾:《死刑通论》,北京:中国政法大学出版社,1995 年,页 302—303。

其他两项均根本不可能实现,死刑罪名与10年前大体上相同,实际适用死刑的数量虽经1997年修改《刑法》对盗窃罪死刑适用条件严格限制后,死刑数量有所减少,但远远未减到1/10左右的程度。因此,如果没有重大转机,要想在百年内废除死刑,还真是一个"梦想"!由此可见死刑废除之途的漫长且艰难。

贝卡里亚在论及死刑时曾经指出:"同信守蒙昧习惯的众人发生的喧嚣相比,一个哲学家的呼声确实太微弱了。然而,那些分散在大地上的少数明智者,将在内心深处向我发出共鸣。"[34] 贝卡里亚的这句话似乎有民愚论的色彩,但我们也不能不承认民众是需要启蒙的,因而就会有明智者的存在。而明智是知识分子的使命,在死刑问题上更是如此!同时,我也为有你这样明智的公民而高兴。另外,我还想说,陆萍、潘军这样一些作家也是值得我们尊敬的。

诚挚的

陈兴良
2004年5月3日

(初审编辑:王斯曼)

---

[34] 参见贝卡里亚:《论犯罪与刑罚》,黄风译,北京:中国法制出版社,2002年,页59。

受雇佣为他人运输毒品犯罪的死刑裁量研究
——死囚来信引发的思考

陈兴良*

A Research on the Criminal Liability of the Employee in Drug Transportation Crime

Cheng Xing-liang

运输毒品罪是我国刑法中的一个普通罪名,一般来说在定罪上不存在疑难复杂之处,因而不会引起学者的重视。检视目前我国出版的各种刑法论著,对于运输毒品罪大多泛泛而论。不过,一封因犯运输毒品罪而一审被判处死刑的死囚来信,使得受雇佣为他人运输毒品犯罪的死刑裁量问题进入我的视野。在对照最高人民法院复核的两个运输毒品罪的死刑案件之后,进一步引起我对高级人民法院和最高人民法院分别核准死刑在死刑裁量标准上重大差别的关注。于是遂有该文之写作。

一、死囚李倬才来信

因为时常在新闻媒体上露面,我会收到各种来信,以要求提供法律咨询或者法律援助者居多,当然也会收到鸣冤的囚犯来信。甚至我的一位初中同学几

---

* 北京大学法学院教授、博士生导师。

十年没有联系,前不久也从监狱给我来了一封叙旧的信,原来已作阶下囚。对于这些来信,我往往一看了之——除非像同学这种来信方予以回复。其他来信太多,我只不过一介书生,又没有能力解决这些案件中的法律问题。因而来信到我这里只能是泥牛入海无消息,即使是来信附了邮票的也只好白白浪费了。甚至个别邮寄来钱的(一次我收到过壹仟元汇款单,至今我还保留着),我也以不去取款的方式在二个月后自动退还给汇款人。确实,对于这一切我是无能为力的。不过,就在几天前,我收到一封特殊的来信———一个死囚的来信。这封来信不仅写信人的身份特殊,更为特殊的是来信的内容。以往来信大多申冤,要求提供法律帮助,这封来信虽然也涉及其本人的案情,但更多的是对我一篇讨论死刑存废问题的讲演[1]的读后感。下面是这封来信的全文,为避免不必要的麻烦,个别地方我作了技术处理:

邮:北京大学法学院 陈兴良教授
陈兴良教授:

见信好,很冒昧给你写这封信,我是从《在北大听讲座》这本书里面"从'枪下留人'到'法下留人'"你的演讲稿中看到你的名字。

我因被人胁迫去运输毒品,在案情还没查清,一审被××市中级人民法院判处死刑,我不服于七月份提起上诉,案件正在审理当中。

有幸在生命的最后时刻看到你的演讲内容,对于你的演讲感触最大的是我们这些被判的死刑犯。

你以陕西延安的故意杀人案,董伟距行刑4分钟得到死刑暂缓执行的命令,引发的社会对于死刑制度的质疑和反思,反映中国目前死刑制度及程序上的一些问题,从理论的角度对死刑的全方面研究。

你从① 死刑存废之争;② 死刑:实体法的考察;③ 死刑:程序法的考察这三个方面,来论证死刑存在和废除以及量刑方面的问题。

你说贯彻法律面前人人平等原则,不仅要做到刑法上的平等,而且要做到刑事程序法上的平等。可是对于我来讲,法律面前人人平等,对我来说太遥远了,我的案情还没查清之下,就被一审判了死刑。在同一个监室,所犯同一款罪,罪行比我严重的案犯数量390克比我多70克,却被判(处)死缓,在法律程序上,我所供(述)都是真实,而公安机关以经费不足(为由)不予追查,却又以我所提供线索不能查明为由,草草结案。我是被人胁迫去运输毒品的,我因喝醉酒被人设下圈套,以家人的生命要胁(挟),被他们胁迫去运输毒品,但由于

---

[1] 陈兴良:"从'枪下留人'到'法下留人'",载文池主编:《在北大听讲座第十辑·思想的风格》,北京:新世界出版社,2003年,页253—288。

公安机关不去追查,令那些毒贩现在还逍遥法外,还在危害社会,而我却被一审判处死刑。所以你所说的程序正义,根本不可能在我们最低(底)层的人身上有所体现,因为我们没钱请好律师,法援中心的律师只是形式上,根本不会帮(助)搜(集)证据,所以我们的一审也就是终审。

我从书中的介绍知道,你是北京大学的法学教授,又是中国刑法的研究会理事和中国十大杰出中青(年)法学家之一,在我国的司法界有一定影响,难道你们会对于这些不公平的司法程序不闻不问吗?

陈教授,你接到这封信时,我也许已被处决了,但我真的很不甘心,我只希望似我这样的悲剧不再发生,能以你们的影响,使我们国家法律制度加以健全。类似枪口留人再也不再发生。让我们这些平民百姓也能在法律面前真的做到公平、公正,谢谢。

祝:身体健康,合家欢乐!

李倬才
2003 年 11 月 8 日

从来信叙述的案情可以看出,来信人李倬才是因为犯运输毒品罪被判处死刑的。根据信中"罪行比我严重的案犯数量 390 克比我多 70 克却被判死缓"一语可知,李倬才运输毒品的数量是 390 克 – 70 克 = 320 克。尽管来信没有说明毒品的种类,但大体上可推断为海洛因。根据我国《刑法》第 347 条第 2 款之规定,运输海洛因 50 克以上的,处 15 年有期徒刑、无期徒刑或者死刑。根据内部掌握死刑的数额标准,在毒品犯罪泛滥地区一般是法律规定标准的 5 至 8 倍左右,即 300 克左右。按照这一死刑数额标准,李倬才被判处死刑是符合规定的。在现实生活中,毒品所有者(毒贩)本人运输毒品的情况虽然不能说没有,但比例极小。因为运输毒品路线长,尤其是从边境地区运到内地,由于公安部门加强对边境地区的缉毒力度,因而运输毒品的危险性是极大的,因而毒品所有者往往本人在幕后指使,雇佣他人从事运输毒品的活动。被雇佣者一般均为下层贫苦农民,为钱舍命,其实钱也并不多,无非三五千元,但这对于正常年收入不过数百元的农民来说,仍是一笔巨款,使他们不惜以性命相赌。一旦被抓,这些人的命运可想而知。最令他们不服的是如同来信所说:"那些毒贩现在还逍遥法外,还在危害社会,而我却被一审(判处)死刑。"这确实是一个令人思考的问题。在我国刑法中,运输毒品与贩卖毒品同罪。但运输毒品又无为本人运输与为他人运输之分。我认为,如果证实确是受雇佣为他人运输毒品,即使数量达到死刑标准,也不宜一概判处死刑,而应与那些为本人运输毒品的情形有所区分。对此,将在该文分析。

由于运输毒品的数量达到了死刑的标准,在通常情况下免除死刑的惟一途径是立功,也就是检举揭发毒贩使之落网。但根据我国《刑法》第68条的规定,犯罪分子有揭发他人犯罪行为,查证属实的,或者提供重要线索,从而得以侦破其他案件的,属于立功表现。因此,即使有揭发他人犯罪行为但未查证属实,或者提供重要线索但没有据此侦破其他案件的,不是立功表现。在这个意义上说,是否立功,并不完全取决于被告人,在很大程度上取决于公安机关是否去查证。在现实生活中,由于警力有限或者经费有限,这种查证工作往往难以深入进行。因此才有来信的抱怨:"我所供(述)都是真实,而公安机关以经费不足(为由)不予追查,却又以我所(提)供线索不能查明为由草草结案。"应当说,刑法中的立功表现应以查证属实为准,经查证不属实的当然不属于立功表现。但在某些情况下因种种原因,例如经费有限等客观原因无法查证的,也都不构成立功表现,因而是否立功就取决于警方的查与不查。这对被告人来说确实是一种无奈。

二、唐友珍案的对比

李倬才来信给我留下最深刻印象的还是"我们的一审也就是终审"这句话,充分表明来信人对于我国现有死刑程序的失望。目前云南、贵州等毒品犯罪案件多发的省份的死刑复核权已经下放,但上海、苏州等毒品犯罪案件少发的省、直辖市和自治区的死刑复核权仍由最高人民法院行使。一般认为,毒品犯罪案件多发地区判处死刑的毒品数量标准较高,而毒品犯罪案件少发地区判处死刑的毒品数量标准较低。因此,在毒品犯罪案件少发地区更容易判处死刑。但这一判断恰恰没有考虑到死刑复核权对死刑的影响。根据我的研究,高级人民法院对毒品犯罪死刑适用条件掌握较宽,只要达到死刑数量标准的,往往判处死刑;而最高人民法院对毒品犯罪的死刑掌握较严,即使达到死刑数量标准,没有其他严重情节的,一般均会改判死缓。死缓虽然也属于死刑的范畴,但它与死刑立即执行相比,一生一死,判若天地。为证明我的观点,下面引用经最高人民法院复核的唐友珍运输毒品案加以说明,该案刊登在最高人民法院刑一庭、刑二庭编写的《刑事审判案例》[2]:

被告人唐友珍,女,30岁,农民,因涉嫌犯运输毒品罪,于1998年3月13日被逮捕。上海铁路运输中级人民法院经公开审理查明:

1998年2月6日23时许,被告人唐友珍携带毒品从昆明火车站乘上由昆明开往上海的80次旅客列车7号车厢1号包房2号铺位。2月8日下午,当80次旅客列车自杭州站开出后,值乘民警进入列车7号车厢1号包房,从茶几

---

[2] 参见最高人民法院编:《刑事审判案例》,北京:法律出版社,2002年,页553以下。

上查获由被告人唐友珍携带的一只装有水果的红色塑料袋,并从袋内收缴1包白色块状及粉末状物品,遂将唐抓获。经上海市公安局鉴定,上述扣押的白色块状及粉末状物品为海洛因,重420克。

上海铁路运输中级法院认为,被告人唐友珍明知是毒品,仍非法使用交通工具运往异地,其行为已构成运输毒品罪,且运输毒品海洛因数量达420克,应依法严惩。公诉机关指控的事实清楚,证据确凿,定性准确;被告人的辩解及辩护人的辩护意见,均非法定从轻理由,不予采纳。一审1998年7月15日判处被告人唐友珍死刑,剥夺政治权利终身,并处没收财产人民币二万元。

一审宣判后,被告人唐友珍以量刑过重,向上海市高级人民法院提出上诉。上海市高级人民法院认为上诉人唐友珍运输毒品海洛因420克,其行为已构成运输毒品罪,且运输的毒品数量大,依法应予严惩。原判定罪准确,量刑适当,审判程序合法。唐友珍无法定从轻情节,其要求从轻处罚的上诉理由,不予准许。二审于1998年11月9日裁定驳回上诉,维持原判。上海市高级人民法院依法将此案报送最高人民法院核准。

最高人民法院经复核认为:被告人唐友珍运输海洛因的行为已构成运输毒品罪。一审判决、二审判决认定的事实清楚,证据确实、充分,定罪准确。审判程序合法。唐友珍运输毒品数量大,应依法严惩。对唐友珍应当判处死刑,但是根据本案具体情节,对其判处死刑不是必须立即执行。最高人民法院于1999年4月9日判决如下:(1)撤销上海铁路运输中级法院一审刑事判决和上海市高级人民法院二审刑事裁定中对被告人唐友珍的量刑部分;(2)被告人唐友珍犯运输毒品罪,判处死刑,缓刑二年执行,剥夺政治权利终身,判决没收财产人民币二万元。

在上述案例中,运输毒品海洛因420克,显然已经达到判处死刑标准。一审判决以被告人的辩解及辩护人的辩护意见,均非法定从轻理由为由不予采纳,因而判处死刑。二审判决更为明确地认定,唐友珍无法定从轻情节,其要求从轻处罚的上诉理由,不予允许。按照上述判决的逻辑,只有具有法定从轻情节才能从轻,没有法定从轻情节,不能从轻。因此,只要达到死刑数量标准,一审判处死刑。但最高人民法院判决认为,根据本案具体情节,对其判处死刑不是必须立即执行。那么,什么是本案具体情节呢?在刑法中虽未明载,而裁判理由指出,被告人唐友珍为非法牟利而运输海洛因的行为,已构成运输毒品罪,且数量大,论罪应当判处死刑,但其也有以下酌定从轻处罚的情节:(1)运输毒品系初犯。(2)认罪态度较好。(3)主观恶性程度小。(4)运输的毒品没有扩散到社会。(5)从证据方面考察,如果唐友珍为"杜小军"运输海洛因420克,二人均已归案,依法显然不应判处唐友珍死刑;如海洛因确系"杜小军"所有,即使"杜小军"未归案,也不应判处唐友珍死刑。现有证据不能证实"杜小军"确实存在,又不能排除唐友珍供述的真实性,根据本案具体情况,判处唐友珍死刑,显然不是必须立即执行。

我不禁为最高人民法院的裁判理由对死刑立即执行与死刑缓期执行区分的正确理解拍案叫好!在我看来,上述裁判理由实际上确认了以下三个规则:

规则一 不能仅根据毒品数量大就一律判处法定最高刑死刑。
规则二 被告人具有酌定情节,可以从轻处罚的,即应对其从轻处罚。
规则三 运输毒品,如系受雇佣为他人运输的,一般不应判处死刑立即执行。

规则一涉及的是犯罪数额(量)与量刑的关系,犯罪数额(量)当然是量刑时应予考虑的重要情节之一,尤其是判处死刑,不达到法定数额(量)标准,不得适用死刑。但应当正确地认识数额(量)对于量刑的意义,并非只要数额(量)达到死刑标准的,一概应当判处死刑,还应当考虑是否存在其他情节。因此,在毒品犯罪中数量不是决定判处死刑的惟一标准。这一规则的确立,我认为具有重要意义。在我国司法实践中,量刑中的惟数额论十分严重。惟数额论,过于强调犯罪数额(量)在量刑中的意义,显然是偏颇的,应予纠正。关于这个问题,在最高人民法院有关司法解释当中是有明文规定的,例如2000年4月4日最高人民法院印发的《全国法院审理毒品犯罪案件工作座谈会纪要》指出:"毒品犯罪数量对毒品犯罪的定罪,特别是量刑具有重要作用。但毒品数量只是依法惩处毒品犯罪的一个重要情节而不是全部情节。因此,执行量刑的数量标准不能简单化。特别是对被告人可能判处死刑的案件,确定刑罚必须综合考虑被告人的犯罪情节、危害后果、主观恶性等多种因素。对于毒品数量刚刚达到实际掌握判处死刑的标准,但纵观全案,危害后果不是特别严重,或者被告人的主观恶性不是特别大,或者具有可酌情从轻处罚等情节的,可不判处死刑立即执行。"我奇怪的是,这么明确的规定在下级法院为什么得不到贯彻?

规则二本身是刑法理论上的共识。根据我国刑法理论,量刑情节可以分为法定的量刑情节与酌定的量刑情节。法定的量刑情节,是指刑法明文规定在量刑时应当予以考察的各种事实要素。酌定的量刑情节,是指人民法院从审判经验中总结出来,在刑罚裁量时应当灵活掌握酌情适用的情节。酌定情节虽然不是法律所规定,而是根据立法精神和有关刑事政策,从审判实践经验中总结出来的,因而对于刑罚的裁量也具有重要意义。[3] 但在我国司法实践中,机械量

---

[3] 参见陈兴良:《规范刑法学》,北京:中国政法大学出版社,2003年,页226、229。

刑的情况严重到只承认法定情节,不承认酌定情节的地步,令人诧异!尤其是在死刑适用上,也是如此,更是令人难以容忍。

规则三虽然不像规则一和规则二那样具有普遍意义,但对于运输毒品罪来说是具有重要意义的。运输毒品一般分为两种情形:一是行为人运输自己所有的毒品,二是行为人受雇佣为他人运输毒品。对这两种运输毒品行为,在刑法中并未加以区分。但实际上,这两种行为的危害性是存在差别的:从犯罪起因上说,毒品所有者雇佣他人为其运输毒品,因而毒品所有者是犯意发起者,属于刑法上的教唆犯。而被雇佣者受雇于他人为其运输毒品,属于运输毒品的正犯,其参与犯罪具有一定的被动性。从牟利上来说,毒品所有者雇佣他人运输毒品的目的是为贩卖毒品牟取非法利益,这种利益是十分巨大的。而被雇佣者只是赚取少量的运输费,相对于毒品所有者其非法获利是较少的。从共犯关系上分析,毒品所有者应承担大于被雇佣者的刑事责任。在前引司法解释中,对毒品案件的共同犯罪问题作了规定,其中有两项内容应引起我们的注意:其一,前引司法解释规定:"在共同犯罪中起意吸毒、为主出资、毒品所有者以及其他起主要作用的是主犯;在共同犯罪中起次要或者辅助作用的是从犯。对于确有证据证明在共同犯罪中起次要或者辅助作用的,不能因为其他共同犯罪人未归案而不认定为从犯,甚至将其认定为主犯或按主犯处罚。只要认定了从犯,无论主犯是否到案,均应依照并援引刑法关于从犯规定从轻、减轻或者免除处罚。"这一规定明确毒品所有者是主犯,并且强调在共同犯罪中应区分主犯与从犯。问题在于,只有一个被告归案的情况下,是为本人运输还是为他人运输有时都很难查清,怎么区分主犯与从犯? 事实上,唐友珍一案,三级法院都没有对共同犯罪问题作出说明。其二,前引司法解释规定:"受雇于他人实施毒品犯罪的,应根据其在犯罪中的作用具体认定为主犯或从犯。受他人指使实施毒品犯罪并在犯罪中起次要作用的,一般认定为从犯。"根据上述规定,受雇于他人实施毒品犯罪的,既可能是主犯,又可能是从犯,仅受雇于他人这一情节还不足以认定其为从犯,同时还必须在犯罪中起次要作用。在这种情况下,如果雇佣者与受雇者共同实施犯罪的,尚可根据其在犯罪中的作用区分主犯与从犯。但在大多数情况下,雇佣者并不亲自实施犯罪而是在幕后指使,而受雇者一个人实施犯罪,并且只有受雇者归案,因而对受雇者是否是从犯往往难以作出认定。当然,在唐友珍案中,最高人民法院的裁判理由确认为他人运输毒品比毒品所有者为本人运输毒品的主观恶性小。裁判理由指出[4]:

据被告人唐友珍供述:1997年5月,其在浙江绍兴柯桥镇做布料生意时,

---

[4] 参见最高人民法院编:《刑事审判案例》,北京:法律出版社,2002年,页556。

结识同乡人、毒贩"杜小军"。同年12月,唐友珍在家乡四川筠连县再次遇到"杜小军",两人相约1998年春节前共同去浙江绍兴做生意。1998年1月下旬,唐友珍先后住宿于绍兴市越州国际酒店、柯桥东芝宾馆。其间,"杜小军"提出让唐友珍代其去昆明携带毒品回杭州,回来后给唐1000元钱,唐友珍答应。公安人员根据唐的供述,分别从绍兴越州国际酒店、柯桥东芝宾馆等处查到唐友珍住宿的登记表,唐友珍本人又不吸毒,应认为唐的供述基本可信。据此,本案不能排除唐友珍为他人运输毒品的可能性。即为赚取1000元钱而被他人利用,为他人运输毒品,其与为贩卖牟利而运输毒品的毒犯主观恶性程度上有着明显不同。

在此,我发现一个有趣的现象,即共犯的问题转化成了主观恶性的问题。按照裁判理由的逻辑,如果唐友珍与"杜小军"二人均已归案,又能证明毒品系"杜小军"所有;那么,唐友珍就应当是从犯。现在"杜小军"未归案,只是不能排除唐友珍为他人运输毒品的可能性,因而可以认定唐友珍的主观恶性程度小,据此改判死刑缓期执行。尽管在共同犯罪中,只有一个被告人归案的情况下,如何认定主犯与从犯,尤其是在涉及适用死刑时,应如何进行裁量,是一个在法律上并未得到圆满解决的问题。但我认为,唐友珍案的裁判理由确认了运输毒品,如系为他人运输,其主观恶性明显小于为贩卖牟利而运输毒品的毒犯,因而一般不应处死刑立即执行的规则,具有重大意义。它不仅适用于运输毒品罪,而且可以推广适用于存在为他人犯罪与为本人犯罪之区别的走私罪等其他案件。

三、马俊海案的进一步对比

李倬才在来信中谈到他是"因喝醉酒被他人设下圈套,以家人的生命要挟,被他们胁迫去运输毒品"的,这种情形在受雇佣为他人运输毒品犯罪案件中,也是情节较轻的。当然,对于李倬才案,除他来信自述以外,没有任何其他正式的司法裁判文书可以了解其案情,因此只能在"假定其为真实"的基础上来进行分析,好在该文不是对案件的裁量而是一种学术研究,因而这种假定不影响结论的正确性。如果被胁迫为他人运输毒品能够成立,那么就属于刑法中的胁从犯,依法应当减轻处罚或者免除处罚,当然不存在死刑之适用。关键问题是,这种胁迫情节怎么证明。与被胁迫为他人运输毒品相类似的,是被诱骗为他人运输毒品的情形。在《刑事审判案例》中刊登的马俊海案[5],涉及被告人在受人雇佣运输毒品过程中才意识到运输的是毒品的案件如何适用刑罚的问题:

---

[5] 参见最高人民法院编:《刑事审判案例》,北京:法律出版社,2002年,页549以下。

被告人马俊海,男,1968年2月7日出生,无职业。因涉嫌犯运输毒品罪,于1998年11月16日被逮捕。苏州市中级人民法院经公开审理查明:

1998年10月28日14时许,被告人马俊海携带装有海洛因的百事可乐纸箱,从苏州搭乘出租车赴上海。出租车行驶至312国道跨塘治安卡口,当公安人员对该车进行检查时,被告人马俊海跳车逃跑,后被抓获。公安人员从该车内查获白色块状物23块,经检验均为海洛因,净重7214.1克。

苏州市中级人民法院认为,被告人马俊海明知是毒品而非法运输,其行为已构成运输毒品罪,数量重达7214.1克。被告人马俊海主观上明知是毒品而运输,有其在公安机关的供述、查获的海洛因等证据证实,其辩解不明知运输的是毒品不能成立。一审于1999年2月2日判处被告人马俊海死刑,剥夺政治权利终身,并处没收财产一万元。

一审宣判后,被告人马俊海不服,以不明知是毒品而携带,只起辅助和次要的作用,处刑过重等为由,向江苏省高级人民法院提出上诉。江苏省高级人民法院经审理查明:1998年10月28日14时许,上诉人马俊海受马某(在逃)指使携带海洛因从苏州租乘出租车前往上海,途中被抓获,当场查获海洛因7214.1克。江苏省高级人民法院认为:上诉人马俊海运输海洛因7214.1克的行为,已构成运输毒品罪,且运输毒品数量大,依法应予严惩。原审判决认定的事实清楚,证据确实充分,定罪准确,量刑适当,审判程序合法。被告人马俊海及其辩护人提出的不明知携带的物品是毒品的辩解不成立。本案认定马俊海主观上明知是毒品的证据,有马俊海在侦查阶段一直供认其跟随马某从兰州至上海可得3000元钱,马某叮嘱其如遇公安检查就逃跑,看到马某交给自己的布袋里装的是用发亮的塑料包着的一块块方形东西,判断纸箱中装的是"白粉"(即海洛因)的口供在案;马俊海在遇到公安人员检查时当即离开逃跑及其携带的纸箱中确实装有数量巨大的海洛因等事实证明,证据充分。马俊海运输海洛因数量达7214.1克之巨,且无法定从轻处罚情节,原审判决以运输毒品罪判处其死刑并无不当。其上诉理由和辩护人辩护意见不能成立,不予采纳。二审于1999年3月30日裁定驳回上诉,维持原判。江苏省高级人民法院依法将此案报送最高人民法院核准。

最高人民法院经复核确认:1998年10月28日4时许,被告人马俊海受他人指使,携带装有海洛因的百事可乐纸箱,在江苏省苏州乘出租车前往上海。当行至312国道跨塘治安卡口时,公安人员对该车进行检查,马俊海即离车逃跑,后被抓获。公安人员在马俊海携带的纸箱中查获海洛因7214.1克。最高人民法院认为:被告人马俊海明知是海洛因而为他人运输的行为,已构成运输毒品罪,运输毒品数量大,依法应予严惩。一审判决、二审裁定认定的事实清楚,证据确实充分,定罪准确,审判程序合法。但根据被告人马俊海在犯罪过程中的地位、作用等具体情节,对其判处死刑,可不立即执行。最高人民法院于1999年6月24日判决如下:(1)撤销江苏省苏州市中级人民法院刑事判决和江苏省高级人民法院刑事裁定中对被告人马俊海的量刑部分;(2)被告人马俊海犯运输毒品罪,判处死刑,缓期二年执行,剥夺政治权利终身,并处没收财产一万元。

对比一审判决、二审裁定和最高人民法院判决,可以发现:一审判决未涉及马俊海系受他人指使为他人运输毒品这一事实。二审裁定在事实中认定马俊海系受马某(在逃)指使运输毒品,但在行为性质上未强调为他人运输。而最高人民法院的判决,不仅在事实中认定被告人马俊海受他人指使这一情节,而且在行为性质上强调被告人马俊海为他人运输毒品,并最终导致从死刑立即执行改判为死刑缓期执行。显然,各级法院对受雇佣运输毒品对于量刑意义的理解是不同的。二审裁定虽然认定马俊海是受他人指使而运输毒品,但又以"且无法定从轻处罚情节"而维持一审的死刑判决。这里同样存在一个观念上的误区:是否只有法定从轻处罚情节才能从轻,具有酌定情节就不能从轻? 因此,二审法院并没有认识到受雇佣运输毒品情节会影响量刑。最高人民法院则在马俊海案中进一步明确了在唐爱珍案中的规则三:"运输毒品,如系受雇佣为他人运输的,一般不应判处死刑立即执行"。最高人民法院在马俊海案的裁判理由中指出:"运输毒品的犯罪人多为他人雇佣而实施犯罪,其主观恶性因案各异:有的运输之前就知道是毒品、有的在运输中才推测出是毒品、有的意识到自己运输的只是违禁品,这反映出同是运输毒品,而不同案件的被告人主观恶性不同,对此,应当作为酌定情节在处刑时予以考虑。"[6]在此,裁判理由对受雇佣为他人运输毒品的主观恶性作了进一步区分,并明确指出这应当作为酌定情节在处刑时予以考虑。显然,在此是将受雇佣为他人运输毒品情节作为反映被告人主观恶性的一个情节予以认定的。裁判理由还指出:"被告人受他人雇佣运输毒品,与雇佣他人运输毒品者相比,其在共同犯罪中的作用相对较轻。"这又是从共同犯罪角度所作的分析,但在本案中由于毒品所有者马某并未归案,因而本案没有作为一个共同犯罪案件来处理,也没有认定马俊海系从犯。尽管如此,按照裁判理由,在处刑时,尤其是适用死刑时应当考虑这一情节。

在马俊海案中,如何证明马俊海是在运输过程中意识到自己运输的是毒品,也是一个值得关注的问题。关于此节,马俊海及其辩护人在一审和二审中,都以不明知运输的是毒品作为辩解与辩护的理由,因而一审判决和二审裁定都对此予以否定,但并没有涉及马俊海是否在运输过程中才认识到是毒品这一情

---

[6] 参见最高人民法院编:《刑事审判案例》,北京:法律出版社,2002年,页551。

节。最高人民法院在审理中,才关注这个情节。裁判理由指出:根据现有证据,可以认定马俊海是在运输过程中意识到自己运输的是毒品。其论证过程如下所引[7]:

> 马俊海一直供述"马哥"事先未告知其是去运输毒品,但在苏州,当其按照"马哥"吩咐,将布袋往纸箱装时,看见里面装有用发亮塑料包着的长方形的东西时,联想到"马哥"答应跟随其去一趟上海付3000元,又花费300元租车去上海,嘱咐如有人检查就逃跑等非正常情节,意识到纸箱里装的是毒品。虽然没有"马某"的口供证实,但马俊海的供述一直比较稳定。如前所述,其供述的其他细节也能得到证人证言的证实,根据现有证据,尚不能认定马俊海在运输前就已明知要运输毒品,而且在运输过程中,通过种种迹象,他应当知道其运输的是毒品,这与事先就明知运输毒品而为之是有一定区别的,主观恶性相对要小一些,其罪行相对也就轻一些,在处刑上就应当有所区别。

从上述论证来看,最高人民法院的裁判理由在认定马俊海是在运输过程中意识到自己运输的是毒品,主要是采信了马俊海的供述,并以其他细节相佐证。尤其值得我们注意的是这样一个结论:"根据现有证据,尚不能认定马俊海在运输前就已明知要运输毒品。"在这种情况下,作出与之相反的认定,即马俊海是在运输过程中才意识到自己运输的是毒品。由此可以得出以下规则:

规则四 被告人的辩解,根据现有证据不能证明其为假,就应当认定其为真。

根据我国《刑事诉讼法》的规定,有罪的举证责任应当由控方承担,这也是无罪推定原则的题中之义。一般而言,被告人的辩解和辩护人的辩护,应当自行提出相关材料加以证实。但在某些情况下,被告人的辩解没有直接证据证明,像在本案中,马某未归案,对于马某是否事先已经告知马俊海运输的是毒品无从查实。同时,又无相反的证据证明马俊海系事前明知是毒品而运输。在这种情况下,裁判理由采信辩解,是一种有利于被告人的推定,我认为是合乎法理的,应予充分肯定。在我国目前控方强大而辩方弱小的情况下,尤其是辩护人的调查取证权基本上无从行使的情况下,如果被告人的辩解和辩护人的辩护,只要没有证据证明的,一律不予采信,而作出不利于被告人的推断,这显然不能有效地保障被告人的合法权利。因此,"被告人的辩解,根据现有证据不能证

---

[7] 参见最高人民法院编:《刑事审判案例》,北京:法律出版社,2002年,页551—552。

明其为假,就应当认定其为真"的规则是具有重大意义的。并且,这一规则还可推广适用于辩护人的辩护。

四、死刑复核权收归最高人民法院之论证

唐友珍案和马俊海案,分别被上海市高级人民法院和江苏省高级人民法院二审裁定死刑立即执行。幸运的是,唐友珍和马俊海运输毒品的案发地上海和江苏的高级人民法院不具有毒品犯罪案件的死刑复核权,因而经最高人民法院复核以后改判死刑缓期执行。上述两个最高人民法院改判的案件可以看出,在基本犯罪事实的认定上并无大的出入,运输毒品的数量也已经达到,甚至远远超出了判处死刑的标准。差别只是在对一些影响量刑的具体情节的掌握上,例如数额(量)对于量刑到底有何影响,酌定情节是否影响量刑,在受雇佣为他人运输毒品的犯罪案件中,受雇佣这一情节是否影响量刑等。《刑法》第48条规定适用死缓的条件是"应当判处死刑,不是必须立即执行"。因此,在"应当判处死刑"这一条件的掌握上高级人民法院并无错误,恰恰是在"不是必须立即执行"这一条件上,最高人民法院作出了更加严格的解释。应该说,是否必须立即执行,这完全是一个自由裁量权范围内的事情,对之有不同理解也是合乎常理的。但引起我思考的是,在死刑适用条件的掌握上,最高人民法院的法官为什么总是(不止一个案件,也不止该文所引的两个案件)比高级人民法院的法官更加严格?是前者比后者的水平高?是前者比后者更超脱?还是前者比后者更公正?好像是,又好像都不是。或者说,没有证据证明说是,也没有证据证明说不是。但是有一点是可以肯定的,最高人民法院的法官对死刑政策的掌握上更为正确。因此,如果所有案件的死刑复核权都由最高人民法院行使,在目前刑法中的死刑罪名不能削减的情况下,不失为控制死刑的司法适用的一条可行之路。

在我国《刑事诉讼法》中规定了死刑复核程序。死刑复核是指对没有死刑最后决定权的审判机关所作出的死刑裁判进行复审核准的审判程序,是对死刑案件在两审终审制的前提下所增加的特别审判程序,其目的在于通过对死刑裁判的复查审理活动,由具有死刑最后决定权的机关控制死刑裁判的生效,以便从事实和法律上监督死刑案件的审判质量,并从诉讼程序上保证统一适用刑法规定的死刑。[8] 根据我国《刑事诉讼法》的规定,死刑复核权是最高人民法院行使。自从1980年以来,最高人民法院从来没有完整地行使过死刑复核权,而是将部分刑事犯罪的死刑复核权授予高级人民法院行使,这就是所谓死刑复核权的"下放"。现在需要讨论的问题是:这种"下放"存在什么弊端,因而最高人

---

[8] 参见陈光中主编:《中国刑事诉讼程序研究》,北京:法律出版社,1993年,页302。

民法院是否应当将死刑复核权"收回"?对于这个问题,在我国学界已经达成共识,即应当将死刑复核权收归最高人民法院行使。正如我国学者指出,死刑复核权下放存在以下三个问题:(1)死刑核准权的下放减弱了防止错杀的防线,降低了正确适用死刑的能力。我国法律确定死刑复核的层层防线,目的是为了防止错杀,为了纠正法院判处死刑中可能出现的错误,把可能造成的不良后果减少到最低程度。但这种权力下放从复核的程序上失去了保障,减少了复查、核实的程序,降低了正确适用死刑的能力,这与设计死刑核准程序的目的是为了提高防止错杀能力的立法本意是不符合的。(2)死刑核准权下放后,使一部分死刑案件的核准程序流于形式,一部分死刑案件的核准成为空设。按死刑核准权下放后的核准程序,一部分中级人民法院判处死刑、被告人上诉或检察院抗诉的案件,高级人民法院进行的第二审程序同时亦为复核程序,这实际上是二审程序与死刑核准程序合二为一,变相取消了死刑核准程序。高级人民法院判处死刑的一审案件,如果被告人不上诉,检察院不抗诉的,案件可能在没有二审程序及复核程序条件下生效,从而使死刑核准程序成为空设。(3)死刑核准权下放后,不利于死刑统一标准,容易出现执行死刑的偏差。鉴于我国是一个几十个省的大国,有几十个高级人民法院,由于审判人员的素质等各种情况难免对死刑的掌握不统一。有的案件在此地判了死刑,而在彼地则可能判了无期,不利于严肃执法,也影响法制的统一。[9] 为避免上述情况发生,死刑复核权收归最高人民法院行使,我认为是势在必行。在此,我以为应当提出一个司法程序上的平等问题。在最高人民法院将部分犯罪案件的死刑复核权下放给高级人民法院行使以后,出现了一种程序上的不平等。其结果是,使得不同阶层和不同地区的被告人在死刑的程序上所获得的待遇是不同的,同样也违背我国《宪法》规定的法律面前人人平等的原则。就刑事司法而言,贯彻法律面前人人平等的原则,不仅要做到刑法面前人人平等,而且要做到司法程序上的平等。也就是说获得同等的程序对待的这样一种平等,这样一种程序上的平等。[10] 之所以在死刑复核问题上主张程序上的平等,是因为死刑复核是一种司法救济,由高级人民法院核准死刑与由最高人民法院核准死刑,在获得死刑救济的程度上是有所不同的。按照目前的死刑复核程序,存在着以下两种司法程序上的不平等:一是阶层之间司法程序的不平等。按照现行的死刑复核程序,杀人、强奸、抢劫、爆炸以及其他严重危害公共安全和社会治安判处死刑案件的核准权下放给高级人民法院行使,而危害国家安全罪、贪污贿赂罪等经济

---

[9] 参见陈卫东、严军兴主编:《新刑事诉讼法通论》,北京:法律出版社,1996年,页376—377。

[10] 参见陈兴良主编:《中国死刑检讨——以"枪下留人案"为视角》,北京:中国检察出版社,2003年,页22。

犯罪死刑案件以及涉外死刑案件的核准权仍由最高人民法院行使。从上述情况来看，刑事犯罪案件的主体大多是社会底层的人，而经济犯罪属于白领犯罪，其犯罪主体大多是社会上层的人，尤其是贪污贿赂罪主体是国家工作人员。按照现在的死刑复核程序，对社会底层的人是相当不利的。犯罪学研究已经表明，在一个社会中犯罪在不同阶层分布的情况是不同的，暴力犯罪等各种严重犯罪更多地发生在下层阶层，因此，生活在社会底层的人更容易获罪，由于在司法程序上对其不利的设计，他们也更容易获死罪。二是地区间的司法程序不平等。根据我国现行的死刑复核程序，毒品犯罪区分不同地区，在发案较多的省份其死刑复核权下放到高级人民法院，而发案较少的省份其死刑复核权仍由最高人民法院行使。在这种情况下，在死刑复核程序上就出现了地区之间的不平等。像该文所述唐友珍案和马俊海案，如果发生在死刑复核权下放的省份则已被执行死刑，地区之间的差别由此可见一斑。显然，这种地区之间在司法程序上的不平等是一个法治国家所不能容忍的。实际上，目前死刑复核程序的设计，不仅导致司法程序上的不平等，而且直接导致在死刑适用条件上的不统一。中国地域辽阔，各地经济发展不平衡，犯罪情况各地也不太相同。尽管如此，国家应当保证法制统一，尤其是在死刑适用标准上，应当掌握统一尺度，避免各行其是。而死刑复核权的下放，使高级人民法院行使了部分死刑的最终决定权，从而导致死刑适用条件的失衡。

基于以上理由，我认为死刑复核权收归最高人民法院行使迫在眉睫。当然，在具体操作上，我赞同在各大区设最高人民法院分院的做法，以便更好地履行死刑复核职责。

五、死囚李倬才的命运

李倬才在来信中期盼程序上的平等。当然，他更期盼实体上的平等。对于李倬才运输毒品案，其来信自述是受雇佣为他人运输，其运输毒品的数量是320克。由于没有见到正式的司法文书，我对李倬才案件本身没有任何发言权，也没有能力过问。但有一点是可以肯定的，李倬才犯罪所在地的高级人民法院对毒品犯罪案件享有死刑复核权。因此，李倬才通过最高人民法院的死刑复核以求一生的可能性是没有的。相对于唐友珍和马俊海的幸运，李倬才是不幸的。因此，高级人民法院核准李倬才的死刑是十分可能的。尽管在当前正在进行的司法改革中，最高人民法院收回死刑复核权的呼声越来越高，并获得学术界的普遍认同。可以说，最高人民法院收回死刑复核权是指日可待的。但是，李倬才是等不到这一天了。在来信中，李倬才说："你接到这封信时，我也许已被处决了。"我是在2003年11月15日收到李倬才来信的，距离写信时间也不过一周。可以肯定，在我读到这封来信时，李倬才还没有被处决。但当我的这篇文章发表的时候,李倬才也许真的被处决了。我的这篇文章,是由李倬才的来信引发的,就算是给李倬才的回信吧!尽管我知道,李倬才从来没有奢望我给他回信,而且再也不可能读到我的这篇文章。呜呼哀哉!

2003 年 12 月 12 日于灯下

(初审编辑:王斯曼)

中国死刑控制论纲
——立足于具体国情的制度设计[*]

梁根林[**]

The Macroscopical Perspectives on the Control of Death Penalty in China

Liang Gen-lin

引　言

自1764年贝卡里亚发表《论犯罪与刑罚》一书,对"在一个组织优良的社会里,死刑是否真的有益和公正"提出诘问并倡导限制、废除死刑以来,死刑一直是近现代刑事政策和刑事法理论研究中最具争论性的问题。旷日持久的死刑存废之争,在丰富刑事政策内涵、唤醒人类对死刑制度的理性思考的同时,极大地推动了各国限制和废除死刑的步伐。进入20世纪80年代以后,限制、废除死刑的运动进入了一个全面发展的新阶段,而成为一股席卷全球的刑事政策

---

[*] 该文是作者先期完成的《公众认同、政治抉择与死刑控制》(载《法学研究》2004年第4期)的姊妹篇,是该文对死刑的刑事政策分析的逻辑延伸。储槐植先生对笔者点拨良多,文中许多构想凝聚了先生的智慧。而该文的文责当由笔者自负。

[**] 作者系北京大学法学院教授、法学博士。

运动与刑罚改革潮流。[1]

我国自 20 世纪 50 年代起,长期坚持"保留死刑,坚持少杀,严禁错杀"的基本死刑政策。但在 20 世纪 80 年代后,迫于转型时期严峻犯罪态势的压力,为了体现和贯彻"从重从快严厉打击严重刑事犯罪"的刑事政策,我国刑事立法和刑事司法扩大了死刑罪名种类,增加了死刑适用数量,死刑的判决与执行从个别与例外情况下的选择演变为经常性甚至日常性的司法实践,我国当之无愧地被公认为世界上适用死刑绝对数量和适用比率最高的国家之一。然而,一波又一波的运动式的"严打"、经年的腥风血雨,换来的却不是我们热切期望的路不拾遗、夜不闭户的太平盛世,而是犯罪量与刑罚量螺旋式地交替上升、刑罚投入几近极限而刑罚功能却急剧下降的罪刑结构性矛盾和刑法基础性危机。[2]

在这样的罪刑结构性矛盾和刑法基础性危机面前,我国刑法特别是死刑制度面临着向何处去的抉择。迄今为止,我国刑法学界只有个别学者比较激进地主张采用"休克疗法"或"突然死亡法",一步到位、立即、全部、无条件地废除死刑,绝大多数学者则主张在继续保留死刑的前提下严格限制和控制,并为此提出了各种不同的规划构想和制度设计。但是,这些规划构想或者制度设计往往存在脱离具体国情而主观臆断或者片面强调特定路径而忽视系统设计的明显不足。

笔者不敢标榜自己是一个理想主义的死刑废止论者,也不愿承认自己是一个保守主义的死刑存置论者,笔者更希望自己被视为一个现实主义的死刑控制论者。笔者认为,彻底废除死刑在我国当下不仅尚非其时,甚至在可以预见的将来是否应当以及是否可能废除死刑也还是一个有待论证的议题。笔者憧憬的不是遥不可及的完全废止死刑的理想状态,而是既顺应限制、废除死刑的国际潮流又立足于我国当下转型时期具体国情、符合当前打击犯罪、维护秩序的现实需要的相对合理主义的法治图景。我国死刑政策调整和死刑制度改革的当务之急,不是脱离具体国情的历史和现实制约而理想主义地全面废除死刑,而是在较少社会代价与社会震荡、不妨碍打击犯罪、维护秩序的前提下,及时扭转我国最近二十多年来刑罚过于苛厉化、死刑适用扩大化的恶性态势,通过一切必要与可能的政策调整和制度创新,严格控制死刑的适用,避免死刑适用的错误,推动我国的死刑文化观念、死刑刑事政策、死刑立法设计与死刑司法适用

---

[1] 根据大赦国际的统计,截止 2002 年底,废除死刑和保留死刑的国家和地区的数目分别是:对所有犯罪废除死刑的国家和地区有 74 个,对普通犯罪废除死刑的国家和地区有 15 个,实际废除死刑的国家和地区有 22 个,废除死刑的国家和地区总数达到 111 个,而保留死刑的国家和地区总数为 84 个。Amnesty International Website Against the Death Penalty Abolitionist and Retentionist Countries. http://www.web.amnesty.org/rmp/dplibrary.

[2] 早在十年前,储槐植先生就提出了我国刑法面临的罪刑结构性矛盾和刑法基础性危机问题。参见储槐植:《论刑法学若干重大问题》,载《北京大学学报》1993 年第 3 期。

顺应限制与废止死刑的世界潮流,为刑罚的趋轻和人道乃至人类的文明与进步作出中华民族应有的历史贡献。

基于这种现实主义和相对合理主义的考虑,该文拟立足于我国当下具体国情和犯罪态势的现实制约,从十大方面就我国死刑控制的路径选择和制度建构进行系统全面的设计和论证。

一、走出"严打"斗争的政策迷思,重新回归基本死刑政策

"保留死刑,坚持少杀,严禁错杀"是新中国成立后长期坚持的基本死刑政策,也是1979年刑法设计死刑制度的政策基础。但是,自20世纪80年代以来,根据中央最高决策层的统一部署,我国分别于1983年、1996年以及2001年,在全国范围内开展了声势浩大、疾风暴雨式的"严打"斗争。此外,公安部和全国许多地方还根据本地实际犯罪态势和治安状况进行了各种不同形式的"严打"整治专项斗争。最高决策者期望通过发动"严打"斗争,从重从快严厉打击严重刑事犯罪,充分发挥刑罚的威慑效应,营造刑罚高压态势,争取在短期内实现社会治安的明显好转。"严打"斗争虽然没有公开否定"坚持少杀,严禁错杀"的死刑政策,最高决策者甚至也不断地要求"严打"应当讲究"稳、准、狠",但是历次开展的运动式的"严打"斗争事实上已经严重突破了"坚持少杀,严禁错杀"的死刑政策,以至于有人断言:"严打"的实质,就是"可抓可不抓的,抓!可捕可不捕的,捕!可杀可不杀的,杀!"[3]毋庸讳言,自20世纪80年代以来我国的刑事立法与刑事司法实践严重背离了我国曾经长期坚持的基本死刑政策,已经成为一个不争的事实。

通过发动"严打"斗争对严重刑事犯罪实施"休克疗法"和"震击疗法",是在改革开放以来面临的犯罪态势不断恶化、重大恶性犯罪案件频频发生、黑恶势力横行、民众普遍缺乏安全感的严峻治安现实下,采取的迫不得已的非常刑事政策。重用死刑和其他严刑峻罚进行"严打",确实在一定程度上暂时遏止了犯罪的恶性增长态势,压制了犯罪分子的嚣张气焰,得到了广泛的公众认同,普通百姓可以说是拍手叫好。但是,"严打"没有也不可能解决在改革开放条件下从根本上决定导致犯罪态势恶化的社会结构性矛盾。多年来,尽管"严打"战役如火如荼地不断进行,刑事犯罪特别是影响社会治安的重大恶性刑事案件却持续增长"严打"斗争与严重犯罪形成了旷日持久的拉锯战。运动式的"严打"的短期震慑效应明显与长期遏制效果不佳同样也是一个无法否认的现实。

---

[3] 转引自储槐植先生在北京大学法学院第18次刑事法论坛之"严打的刑事政策分析"上的发言。参见陈兴良主编:《法治的界面》,北京:法律出版社,2003年,页206。

笔者认为,"严打"斗争背离我国基本死刑政策,企图通过重用死刑、无期徒刑与长期徒刑,扭转我国当前面临的恶性犯罪态势,没有认识到刑罚作用的局限性和犯罪原因的复杂性,违背了犯罪与刑罚互动的基本规律。"严打"决策沿袭了革命战争年代"运动式"的斗争思维,赋予司法机关在追究犯罪过程中过大的自由裁量权,破坏了司法裁量标准的统一性和稳定性,违背了法治国家限制国家刑罚权、保障人权这一基本的要求。"严打"斗争片面追求刑罚"杀一儆百"、"杀鸡儆猴"的一般威慑效应,不仅损害了人的主体人格尊严,而且强化了泛刑主义和重刑主义思想,毒化了社会和谐文明的氛围,助长了社会的暴虐和残酷心理。因此,尽管笔者并不否认"严打"斗争获得了广泛的公众认同,具有震击与遏制犯罪的短期效应,承认"严打"是"刑罚世轻世重"的权力技术与反犯罪斗争艺术的具体运用,但是笔者仍然认为,在法治基础尚未形成,执法人员素质低下,民意、民情缺乏理性引导,刑罚投入已经处于饱和状态的情况下,这种以"从重从快"为惟一诉求的运动式的"严打"("厉而不严"的"严打")经受不起现代刑事政策实践理性的评判,不符合法治国家刑事法治的基本要求,存在明显的正当性和合法性的危机。

因此,我们主张,走出"严打"斗争的政策迷思,重新回归"保留死刑,坚持少杀,严禁错杀"的基本死刑政策。[4] 20世纪50年代毛主席提出并经实践检验行之有效的基本死刑政策今天仍然没有过时,仍然应当成为我们时下必须严格遵循的基本刑事政策。虽然较之于20世纪50年代,我国的社会结构已经发生了根本的变化,社会文明程度(包括物质文明、精神文明和政治文明)大大提高,但是,我国目前仍然处于社会主义初级阶段,并且正面临着前所未有的急剧的社会转型。解放发展生产力的现实要求,犯罪态势恶化的严峻现实,维护稳定的社会秩序的客观需要,流淌在民族血液中根深蒂固的报复主义、重刑主义、刑法万能主义等传统刑法文化等社会历史和现实条件,决定了我们在可以预期的将来尚不可能废除死刑,客观上我们仍然需要适当而有效地运用死刑来震慑、遏止和惩罚犯罪,死刑的适当适用仍然具有不容否认的正义性和合法性。但是,我们在"保留死刑"的同时,又必须清醒地认识到,死刑交织着正义性与非正义性的矛盾、具有不可救济性、残酷性本质的的最极端的刑罚方法,运用得当,则可能趋利避害,发挥其震慑犯罪、维护正义、保护法益的功效。运用不当,则不仅侵犯人权,错杀无辜,而且可能严重伤害自己,危及国家的统治基础。对

---

[4] 笔者所主张的突破"严打"斗争的政策迷思,至少包含两层基本的意思:第一层意思是刑法结构应当由"厉而不严"向"严而不厉"进行结构性优化,应当在严密刑事法网、严格刑事责任、扩大犯罪圈、提高定罪概率的基础上,根据罪责合理地分配刑罚,使刑罚与罪责基本相当而不至于过于苛厉。第二层意思则是科学合理地组织反犯罪的斗争体系,严密设计犯罪行为未然之前的积极预防和控制体系,而不是把主要精力集中于犯罪行为已然之后的消极的严厉制裁,通俗地说,就是"严打"不如"严管"。

于死刑的这种两面性、危险性,我们必须保持高度的警惕。为了实现刑罚的人道、文明和正义,推进我国刑事法治的进程,必须毫不动摇地坚持和贯彻"坚持少杀,严禁错杀"的刑事政策,必须克服"严打"政策迷思下形成的对死刑过于迷恋、依赖以至麻木心理,对死刑的创制和适用抱持慎之又慎的态度,不到万不得已、非对危害特别重大的犯罪绝不创制死刑,未经正当法律程序合法地证明被告人罪该处死并经过合法的审判绝不适用死刑。

应当特别指出的是,我们主张突破"严打"斗争的政策迷思而重新回归基本死刑政策,绝不意味着我们主张面对日益严峻的犯罪态势只能自缚手脚而无所作为,更不意味着我们丧失基本立场,怜惜罪大恶极的罪犯的生命而无视无辜的公民被残杀,或者放纵犯罪分子肆意侵犯国家、社会和公民个人的其他重大法益。为了压制犯罪分子的嚣张气焰,造成刑罚高压态势,遏制严重刑事犯罪恶性发展的态势,我们不妨严格依法对特别严重的恶性暴力犯罪适当多判处和执行几个死刑。这是我国基本死刑政策的当然要求。我们所反对的是过度重用死刑的刑事政策取向和惟死刑是赖的重刑主义观念,反对的是刑事立法动辄增设死刑罪名、刑事司法任意适用死刑、甚至刻意降低死刑适用标准、人为地扩大死刑适用范围的反法治实践。而这既是我国基本死刑政策的理性的回归,也是现代法治文明的最低限度的要求。

二、确立死刑作为"最后适用的非常刑罚方法"的定位,推动刑罚结构与刑罚环境趋轻

古今中外正反两方面的历史经验和刑事政策学、犯罪学的研究结论均表明,社会秩序的维护不能建立在严刑峻法的基础之上,靠杀人进行统治更注定要走向灭亡。在现代法治社会,如果说由刑法的第二次法、补充法、保障法属性所决定,刑罚应当成为国家调控不法行为的最后手段,那么,死刑作为最严厉的刑罚手段,则无疑应当成为其他相对较轻的刑罚方法不能发挥其功能时最后适用的非常刑罚方法,死刑应当成为作为最后手段的刑罚体系中最后适用的非常刑罚方法,如果不是完全予以废止的话。正是基于这一判断,原《苏俄刑法典》在保留死刑的同时,又将死刑作为"非常刑罚方法"加以特别规定,以区别于刑法典规定的对一般犯罪通常适用的各种主刑和从刑。[5]

笔者认为,我国的基本死刑政策既然应当是"保留死刑,坚持少杀,严禁错

---

[5] 参见《苏俄刑法典》(1960年)第21—23条,载萧榕主编:《世界著名法典选编》(刑法卷),北京:中国民主法制出版社,1998年,页831。现行《俄罗斯刑法典》修改了这一定位,规定"死刑作为极刑只能对侵害生命的特别严重的犯罪适用"。较之《苏俄刑法典》,现行《俄罗斯刑法典》进一步严格降低了死刑在刑罚结构中的地位。而事实上,俄罗斯已经停止执行死刑多年。参见斯库拉托夫主编:《俄罗斯联邦刑法典释义》(上),黄道秀译,北京:中国政法大学出版社,2000年,页143。

杀",并且特别强调"可杀可不杀的,不杀,杀了就是犯错误"的方针,那么,将死刑作为最后适用的非常刑罚方法,就应当成为我国死刑政策的题中应有之义。在我们看来,死刑作为"最后适用的非常刑罚方法"的定位,应当包括两方面的含义:其一,死刑应当是其他刑罚方法不能满足报应和功利要求时的最后选择,能够用较轻的刑罚方法达到报应和威慑犯罪的目的时,就应当绝对排除死刑的适用;其二,死刑只能作为非常的、例外的和个别的而不是经常的、普通的和大量适用的刑罚方法,对确属罪大恶极、不杀不足以实现刑法正义和功利目的的犯罪分子适用。我们主张,我国刑法应当仿效《苏俄刑法典》的规定,明确规定"死刑是最后适用的非常刑罚方法"。根据这一定位,我国刑事立法应当从实体和程序两个方面规定极其严格的死刑适用条件,明确排除禁止适用死刑的对象范围,尽可能缩减可以适用死刑的罪名数量,并从诉讼程序上严格规范死刑的合法地适用。我国刑事司法实践应当根据刑事立法对适用死刑的实体性和程序性的严格控制以及基本死刑政策的精神,坚持少杀,严禁错杀,能不杀的坚决不杀,能用较轻的刑罚方法替代的尽量用较轻的刑罚方法予以替代。

死刑在刑罚结构中的"最后适用的非常刑罚方法"的定位,不仅有利于通过发挥立法的宣示和引导功能,改变国民和法官过于倚赖和迷信死刑的威慑和报应功能的观念,培养国民和法官正确的死刑文化观,引导法官正确地适用死刑,而且必将带动整个刑罚结构趋轻。由犯罪现象的复杂性以及罪刑均衡、刑事责任个别化原则所决定,作为对犯罪行为的正式反应方式的刑罚方法必然应当具有多元性和多样化。"刑罚的多样与差异证明了立法者的勤勉与审慎。""刑罚种类的多样性是刑法典完善的标志之一。"[6]因此,现代刑法典无不根据与错综复杂的犯罪现象作斗争的不同方面的需要,设计多样化的刑罚方法,并使之成为一个相互依存、彼此衔接并且相互联系、相互作用的系统结构,我国刑法学通说也认为,我国刑罚结构具有种类多样、体系完整、结构严谨、方法人道、内容合理、主次分明、轻重衔接、宽严相济、目标统一等诸多特征。组成刑罚结构的多样化的刑罚方法彼此之间的这种依存性、衔接性和制约性,决定了刑罚方法的趋重或趋轻必然具有结构制约性。组成刑罚结构的某种刑罚方法的趋重或趋轻,必然要求并带动该刑罚结构中其他刑罚方法的趋重或趋轻。而死刑作为最严厉的刑罚方法,出于刑罚结构的宝塔尖,死刑的趋重(增多)或趋轻(减少),必然在根本上制约和带动着其他刑罚方法的趋重或趋轻。我国刑事立法与刑事司法重用死刑的实际后果,不仅使我国刑法典沦落为"死刑法典",使我国死刑适用的绝对数量和适用比率均高居全球榜首,而且导致无期徒刑、

---

[6] 吉米·边沁:《立法理论——刑法典原理》,北京:中国人民公安大学出版社,1993年,页84—85。

长期徒刑等重刑适用比例过大,监狱人满为患,短期自由刑、财产刑、资格刑的适用比例过低,缓刑、减刑、假释、社区矫正等鼓励罪犯改造自新的现代行刑处遇制度无法获得适宜的运作空间,致使我国刑罚结构和刑罚环境趋重趋势不断加剧,以死刑和重刑为中心的刑罚结构特征日益明显。这种重刑化的刑罚结构不仅无法有效地遏制犯罪态势的恶性发展,导致犯罪量和刑罚量螺旋式的交替上升的刑法基础性危机,而且在根本上与我国社会的文明、进步以及民主化、法治化的进程背道而驰,亦极大地损害了我国的整体文明形象。这是死刑趋重决定和带动其他刑罚方法趋重的实践例证。反之,如果我们摈弃重刑主义的政策迷思,理性地认识死刑报应与威慑的作用,根据"保留死刑,坚持少杀,严禁错杀"的基本死刑政策,真正确立死刑是"最后适用的非常刑罚方法"的定位,在刑事立法与刑事司法中严格控制死刑适用的条件、对象、范围、程序,在不放松对罪该处死的罪犯依法严厉惩治、提高死刑的威慑效应的同时,则必将对其他刑罚方法朝着趋轻的方向产生类似多米诺骨牌效应的结构性的连锁性的反应,因为罪刑之间不仅要保持横向(即个别的罪与个别的刑)的比例协调(罪责刑均衡、相当),而且要保持纵向(即罪与罪之间)的比例协调(刑罚攀比)。缩减死刑后,原来规定死刑的罪名现在就只能适用次重一级的刑罚即无期徒刑,而原来最高刑为无期徒刑的罪名就只能判处有期徒刑,原来需要判处长期徒刑的犯罪可能就只需要判处次长期徒刑或短期徒刑,原来需要剥夺人身自由的犯罪现在判处不完全剥夺人身自由的管制或罚金,可能就会收到预期的威慑和矫正效果,刑罚结构的整体趋轻反过来又会为诸如缓刑、减刑、假释、社区矫正等行刑处遇营造宽松和谐的刑罚制度环境,从而在顺应刑罚改革趋轻的世界性潮流的同时,为我国社会的文明与进步创造人道、宽松、和谐、融洽的法治环境。

三、明确适用死刑的法定条件,确立适用死刑的刚性标准

我国《刑法》第48条规定:"死刑只适用于罪行极其严重的犯罪分子。"这是对1979年《刑法》所规定的"死刑只适用于罪大恶极的犯罪分子"的修改。立法之所以作出这样的修改,是因为实践中许多司法人员认为"罪大恶极"用语过于抽象概括,无法确切认定其标准。但是这一修改其实并没有解决死刑适用条件过于抽象概括的问题,相反却可能使司法人员误以为只要犯罪行为的性质、情节与危害结果极其严重,就该当死刑适用条件,而不要求行为人主观恶性特别巨大。

笔者认为,为了防止可能出现的理解偏颇和任意裁量,确保死刑制度的恰当运用,我国刑法典应当根据"保留死刑,坚持少杀,严禁错杀"的基本刑事政策,同时参照我国已经签署加入的联合国1966年12月16日通过的《公民与政治权利国际公约》(International Covenant on Civil and Political Rights)第6条关

于"在未废除死刑的国家,判处死刑只能是作为对最严重的罪行的惩罚"的规定以及联合国经济与社会理事会1984年通过的1984/50号决议《关于保护死刑犯权利的保障措施》(Safeguards Guaranteeing Protection of the Rights of Those Facing the Death Penalty)关于"在没有废除死刑的国家,只有最严重的罪行可判处死刑,但应理解为死刑的范围只限于对蓄意而结果为害命或其他极端严重的罪行"的要求[7],首先在刑法典总则中对死刑适用条件作出全面、明确和严格的一般规定。这里所称"全面",是指应当明确适用死刑的主客观条件,亦即应当从罪行的性质、情节、后果和社会危害程度等客观情状与行为人的主观恶性、人身危险性等个人情况两个方面入手规定适用死刑的条件,而不能单纯强调罪行的客观危害或者过分关注行为人的主观恶性。所谓"明确",是指刑法典应当以尽可能具体、确定、能够给司法人员提供实质性指导形象的语言描述死刑的适用条件,而不能以过于抽象、笼统的"罪大恶极"或者"罪刑极其严重"予以概括;所谓"严格",则是指刑罚总则关于适用死刑的条件的规定必须体现死刑作为"最后适用的非常刑罚方法"的定位。据此,我们建议,刑法典总则应当将死刑适用条件界定为"死刑只适用于罪行性质极其严重、主观恶性特别巨大并且故意导致致命性后果或者相当后果的犯罪分子"。适用解释这一死刑适用条件时,应当理解为,只有故意导致致命性结果的犯罪(包括故意杀人以及实施其他犯罪而故意导致致命性结果的情况)、使用暴力强制手段造成其他特别严重的侵犯人身后果的犯罪(如奸淫幼女),才得适用死刑。非暴力的犯罪、没有造成致命性后果或者相当后果的犯罪,一律不得适用死刑。

在刑法典总则严格界定适用死刑的一般条件的基础上,刑法典分则应当进一步总则规定的死刑适用条件具体落实为个罪的死刑适用标准,应当结合个罪的具体性质、可能的危害结果以及行为人实施该罪造成危害结果可能表征的主观恶性程度,界定可能适用死刑的罪名范围,具体规定符合总则死刑适用条件的个罪死刑适用标准,凡是罪行本身的性质非属非常严重的个罪(如非暴力性犯罪)、危害结果非属特别严重(如杀人未遂)的犯罪形态或者主观恶性非属极其恶劣(初犯、偶犯、激情犯、被害人有过错)的行为人,均不得规定与适用死刑。通过总则关于死刑适用条件的原则性规定与分则关于个罪死刑适用标准的具体化的规定,应当能够为法官在个案中裁判与适用死刑提供具有操作性的刚性标准,从而最大限度地控制法官的死刑裁量权。

四、缩减死刑适用对象,对耄耋之人与哺乳的母亲禁止适用死刑

现行《刑法》第49条规定:"犯罪的时候不满18周岁的人和审判的时候怀

---

[7] 联合国人权中心:《人权国际文件选编》,纽约:联合国出版物,1988年,页272。

孕的妇女,不适用死刑。"这一规定体现了我国刑法的人道主义精神。现行刑法典取消了1979年《刑法》关于"已满16周岁不满18周岁的,如果所犯罪行特别严重,可以判处死刑缓期两年执行"的规定,体现了国家对未成年人犯罪立足于教育、感化和挽救的刑事政策,是朝着严格控制死刑的方向迈出的正确的一步。但是,比照限制和废除死刑的国际潮流,结合我国敬老爱幼、保护妇女的传统人文美德,我们认为,我国《刑法》规定死刑适用对象仍有进一步缩减的空间。

一方面,应当对年龄在70岁以上的老年人禁止适用死刑。中华民族具有敬老、爱老和恤老的传统美德。西周时期就有三赦三宥之制,《礼记·曲礼上》明确记载了对"耄耋之人""虽有罪不加刑焉"的规定。《周礼·秋官·司寇》郑玄注引《汉律》云:"年未满八岁,八十以上,非手杀人,他皆不坐。"汉景帝继承三赦三宥之制,诏曰:"高年老长,人所尊敬也;鳏寡不属逮者,人所哀怜也。其著令:年八十以上、八岁以下及孕者未乳、师、朱儒当鞠系者,颂之。"汉宣帝元康四年又诏令:"自今以来,诸年八十以上,非诬告、杀伤人,它皆勿坐。"《唐律·名例律》则进一步规定:"诸年七十以上,十五以下及废疾,犯流罪以下,收赎。八十以上,十岁以下及笃疾,犯反、逆、杀人应死者,上请;盗及伤人者,亦收赎。余皆勿论。九十以上,七岁以下,虽有死罪,不加刑。"《名例律》同时还规定:"诸犯罪时虽未老、疾,而事发时老、疾者,依老、疾论。"自《唐律》以后,耄耋之人虽有死罪不加刑成为中国古代刑律的定制,一直沿袭至1935年制定的《中华民国刑法典》。我国台湾地区适用的《中华民国刑法典》第63条仍然规定,满80岁的人犯罪的,不得处死刑或无期徒刑。此外,迄今为止仍然保留死刑或者曾经规定死刑的国家的刑法典也有类似规定,如《俄罗斯刑法典》第59条规定:"对妇女、犯罪时不满18岁的人以及法院作出判决时已年满65岁的男子,不得判处死刑。"[8]《美洲人权公约》第4条第5项则规定"对超过70岁的人不得处以死刑"。[9]我国刑法奉行革命的人道主义,为彰显人道主义精神,弘扬敬老爱幼的传统美德,体现对老年人的特殊保护,更应当在立法上明确规定对老年人不得适用死刑。何况犯罪的耄耋之人,无论是辨别和控制自己的行为的能力,还是对社会的人身危险性,都有所下降,对其适用死刑显然可能导致死刑适用标准的降低。再说实践中老年人犯死罪的情况并不多见,立法上禁止对犯罪的老年人适用死刑不会对法益保护带来大的负面影响。考虑到我国已经开始进入老龄社会,人口老龄化趋势明显,老年人在人口结构中所占比例逐渐增

---

[8] 斯库拉托夫主编:《俄罗斯联邦刑法典释义》(上),黄道秀译,北京:中国政法大学出版社,2000年,页143。

[9] Amnesty International Website Against the Death Penalty Ratifications of International Treaties to Abolish the Death Penalty. htm.

大,我国刑事立法应当及时将老人排除在死刑适用范围之外。结合我国的人口年龄结构和平均预期寿命,我们主张将不适用死刑的老人的年龄确定在 70 岁以上。凡 70 岁以上的老年人犯应当判处死刑的犯罪的,一律不适用死刑。

另一方面,对正在哺乳的母亲也应当禁止适用死刑。虽然我国《刑法》关于"在审判的时候怀孕的妇女不适用死刑"的规定,满足了我国签署加入的《公民与政治权利国际公约》关于"对孕妇不得执行死刑"的规定,体现了我国刑法的人道主义追求。但是,我国《刑法》对正在哺乳的母亲没有禁止适用死刑的规定,又显然没有完全满足联合国经济与社会理事会《关于保护死刑犯权利的保障措施》第 3 条关于"犯罪时未满 18 岁的人不得判处死刑,对孕妇或新生婴儿的母亲或精神病患者不得执行死刑"的要求[10],与《俄罗斯刑法典》关于"对妇女不适用死刑"的规定更存在相当的距离。为了贯彻我国基本死刑政策,弘扬人道主义精神,体现对婴幼儿和母亲的特殊保护,从我国的实际情况出发,我们主张,应当将我国现行《刑法》规定的"在审判的时候怀孕的妇女不适用死刑"的规定,修改为"在审判的时候(或刑事诉讼过程中)怀孕的妇女或哺乳的母亲不适用死刑",参照国务院《女职工劳动保护规定》,哺乳期应当确定为自婴儿出生之日起至满一周岁。对审判的时候正在哺乳的母亲,一律禁止适用死刑(包括判处死刑和执行死刑)。

五、扩大"死缓"制度的适用,作为限制和实际控制死刑的过渡性措施

在当年镇压反革命的过程中,毛泽东同志创造性地主张:"对于没有血债、民愤不大和虽然严重地损害国家利益但尚未达到最严重的程度,而又罪该处死者,应当采取判处死刑,缓期两年执行,强迫劳动,以观后效的政策。"[11] 1979 年刑法典和现行刑法典根据这一指示创设和确认了死刑缓期执行制度。实践证明,死缓制度既宣示了对罪行极其严重的犯罪分子的严厉惩罚,又实质性地限制了死刑实际执行的数量,是全面贯彻和体现我国基本死刑政策的重要制度创新。

"死缓"并非独立于死刑的一种刑罚方法,而是区别于死刑立即执行的一种刑罚执行制度。《刑法》第 48 条规定:"对于应当判处死刑的犯罪分子,如果不是必须立即执行的,可以判处死刑同时宣告缓期两年执行。"根据这一规定,对犯罪分子适用"死缓"的条件与适用死刑立即执行的条件一样,都必须是"罪行极其严重"因而"应当判处死刑",之所以判处"死缓",是因为,根据其所犯罪

---

[10] 联合国人权中心:《人权国际文件选编》,纽约:联合国出版物,1988 年,页 272。需要说明的是,我国《刑法》第 18 条已经对精神病的责任能力进行了专门规定,完全丧失辨认或者控制能力的精神病人完全不负刑事责任,尚未完全丧失辨认或者控制能力的精神病人犯罪的,虽然应当负刑事责任,但是可以从轻或者减轻处罚。这一规定合理地解决了精神病人的刑事责任,根据该规定,对精神病人犯罪的,一般不存在适用死刑的问题。

[11] 《毛泽东选集》(第 4 卷),北京:人民出版社,1991 年,页 1271。

行的具体性质、情节、后果、社会危害程度以及行为人的主观恶性、悔罪表现,特别是"坚持少杀"的刑事政策,还"不是必须立即执行死刑"。理解与适用"死缓"制度时,应当特别注意纠正两种做法:

一是应当注意纠正实践中广泛存在的降格适用"死缓"制度的做法,严格掌握"死缓"制度适用的法定条件,不能对不符合"罪行极其严重"、不属于"罪该处死"的罪犯判处死刑缓期执行。当然,《刑法》的第48条极其抽象、概括与含糊的规定,事实上也不可能为法官裁量选择死刑立即执行或死刑缓期执行提供清晰、明确的规范依据。失去了明确的刑法规范的约束,基于对"严打"方针的片面理解和重刑主义的政策迷思,法官降格适用"死缓"自属在所难免。因此,我国刑事立法应当进一步明确死刑缓期执行的适用条件。笔者主张,"死缓"的适用条件可以修改为:"对于应当判处死刑的犯罪分子,如果确有自首或立功或者其他积极悔改、认罪服法的表现因而不是必须立即执行的,应当判处死刑同时宣告缓期二年执行。"也就是说,判处死刑缓期执行首先必须符合适用死刑的基本条件,即依法罪该处死。在此前提下,如果犯罪分子对所犯罪行确有自首或立功或者其他积极悔改、认罪服法的表现的,则应当判处死刑缓期执行。否则,即应当判处死刑立即执行。最高人民法院应当在立法明确"死缓"适用条件的基础上,结合死刑案件的审理和复核进一步规定更具操作性的"死缓"适用标准。

二是应当注意纠正实践中不同程度存在的"罪疑从缓"的做法,即在被告人被指控的犯罪事实如果查证属实即应依法适用死刑立即执行,但是证明其有罪的证据尚未达到确凿充分的证明程度、案件事实的认定尚存在重大疑问时,为了避免判处死刑立即执行可能造成的不可挽回的后果,同时又不让可能的犯罪分子逃脱法网,于是判处死刑缓期执行,在给被告人"留生路"的同时,也给法官自己"留后路",以便将来获得新的证据时进行事后救济。这种做法相对于草率地判处死刑立即执行、草菅人命而言固然有一定的可取之处,但仍然反映了法官观念深处根深蒂固的有罪推定思想,同样可能造成难以救济的重大冤狱,因而必须予以彻底摈弃。这种情况下的惟一正确的选择是坚持罪疑从无(当现有证据无法证明其行为构成任何犯罪时)或者罪疑从轻(当现有证据足以证明其实施了另一个相对较轻的犯罪时)。

笔者认为,具有中国特色的"死缓"制度,在严峻犯罪态势的客观压力、集体意识对死刑的广泛公众认同与坚持少杀、严格控制死刑适用的理性选择之间,发挥着类似于"减压阀"调节、疏导和缓解张力的重大的刑事政策机能。在限制乃至废除死刑已经成为不可阻挡的世界潮流的刑事政策背景下,迫于我国现实的社会历史发展条件以及社会转型时期处于超饱和状态的严峻犯罪态势,追随世界潮流对死刑制度实行"突然死亡法"或者骤然大幅度减少死刑适用的数量可能都不太现实。而充分发挥"死缓"制度的"减压阀"作用,将"死缓"制度作为限制与救济死刑适用的过渡性措施,对罪该处死而又确有自首、立功或其他积极悔改表现的罪犯在宣告死刑后有条件地暂缓执行死刑,并根据其在暂缓执行考验期内的认罪服法、悔过自新的进一步表现,最终决定是否实际执行死刑,则应当是现实可行的刑事政策选择。这样一种制度设计,既没有放松对犯罪性质和危害结果最为严重、主观恶性特别巨大的罪犯的必要严惩,有利于实现刑罚正义、发挥刑罚威慑作用,又没有堵塞罪该处死的罪犯悔过自新、重新做人的最后机会,将生死抉择权交给了罪犯自己。如果罪犯不珍惜最后的机会,继续抗拒改造、情节恶劣因而构成新的故意犯罪的,则实属怙恶不悛、死不改悔,国家和社会可以说已经仁至义尽,对其执行死刑亦当属天经地义。

因此,我们主张,在当下以及可以预见的将来,应当高度重视"死缓"制度的刑事政策价值,大力推广适用"死缓"制度。应当将对罪该处死的罪犯根据其自首、立功或积极悔改的表现判处死刑缓期执行,作为适用死刑的首要选择和基本方式。只有对罪该处死、案发后又负隅顽抗、拒不认罪服法、不积极悔改的罪犯,才能将判处死刑立即执行作为最后适用的非常的迫不得已的选择。对被判处死刑缓期执行的罪犯,也只有在其不思悔改、抗拒改造、情节恶劣并构成新的犯罪时,才能对其改判死刑立即执行。

六、规限、转处、废止死刑罪名,缩小死刑适用范围

在现代刑法思潮与刑事政策思想冲击下,刑法的报应性与压制性追求与本质越来越受到刑法的目的性、教育性乃至于恢复性理念的涤荡。在现代刑法思潮与刑事政策看来,即使是对侵犯生命的严重暴力犯罪,如果出于"杀人偿命"的同态复仇与自然正义理念而一律适用死刑,也不能当然获得道德评价上的正当性。而对非故意导致致命结果的非暴力犯罪,特别是对破坏经济、侵犯财产的犯罪,则更无适用死刑的正当根据。"贼无死罪"的民谚,其实就反映了现代社会的集体意识与自然正义观念对盗窃罪的刑法反应方式的道德评价,因而构成了判断刑法良恶的标准。如果将"贼无死罪"的观念推而广之,就可以当然地得出对不侵犯生命的非暴力犯罪规定死刑不具有正当性、不符合刑法的道德评价的结论。这应当成为我们清理、评价和缩减现行刑法规定的死刑罪名的观念基础。

通览我国刑法典规定的 68 个死刑罪名,其中,危害国家安全犯罪有 7 个死刑罪名,危害公共安全有 14 个死刑罪名,破坏社会主义市场经济秩序罪有 15 个死刑罪名,侵犯公民人身权利罪有 5 个死刑罪名,侵犯财产罪有 2 个死刑罪名,妨害社会管理秩序罪有 8 个死刑罪名、危害国防利益罪有 2 个死刑罪名,贪污贿赂罪有 2 个死刑罪名,军人违反职责罪有 13 个死刑罪名。这些死刑罪名有的危害了国家安全经济、国防利益、军事利益、公共安全、社会管理秩序等重

大的超个人法益,有的则是侵犯特定个人重大人身权利的暴力犯罪,有的则是单纯破坏经济秩序、侵犯财产利益的非暴力犯罪。还有的则是亵渎公务行为廉洁性的犯罪。根据基本死刑政策和前述死刑定位与死刑适用条件,笔者认为,这些死刑罪名有大幅度压缩、削减、技术处理的空间。笔者设想,根据现行刑法规定的死刑罪名的不同情况,可以分别予以规限、转处和废止:

所谓"规限",是指对符合死刑适用条件的个罪死刑适用标准进行规范和限制,以确保符合死刑适用条件的极端严重的犯罪依法受到严惩,同时又严格控制死刑适用范围、防止死刑的任意适用。符合死刑适用条件的罪名应当确实符合"死刑只适用于罪行性质极其严重、主观恶性特别巨大并且故意导致致命性后果或者相当后果的犯罪分子"这一总则性死刑适用条件。刑法分则应当根据这一基本适用条件,结合集体意识中死刑观念的变迁以及死刑的公众认同的变化,从死刑作为最后适用的非常刑罚方法的结构定位出发,对需要继续适用死刑的罪名的罪状和法定刑予以进一步规范,对死刑适用条件予以进一步限制。例如,在可以预见的将来,对犯罪性质、危害结果与主观恶性均极其严重的故意杀人罪适用死刑,仍将符合公众的正义情感而获得广泛的公众认同。但是,为了从立法上引导国民与法官改变"杀人偿命"的绝对报应观念,确立故意杀人罪的死刑适用的刚性标准,应当改变现行《刑法》第232条将死刑作为基本和首选法定刑以及罪状设计过于概括、法定刑幅度过大的规定,在严密设计故意杀人罪的基本、加重、减轻或修正犯罪构成的同时,规定与之相适应的相对具体确定的法定刑,并将死刑作为最为严重的故意杀人罪最后适用的法定刑加以设置。这样,既可以避免实践中出现的凡是故意杀人罪罪名成立、达到既遂状态,只要不具有法定的从轻、减轻或者免除处罚情节,就一律适用死刑的绝对报应刑的出现,同时又不会妨害死刑作为极刑对故意杀人这种极端犯罪的报应和震慑。再如,现行刑罚规定普通强奸罪的最高法定刑为死刑,奸淫不满14周岁的幼女的以强奸论,从重处罚。而在当今世界,普通强奸罪立法的发展趋势是不再认定为侵犯妇女人身健康的一种犯罪,而是侵犯性自决、性自由的犯罪,即使是在保留死刑的国家,原则上不再认为对普通强奸罪规定与适用死刑符合罪责均衡原则,但奸淫幼女(法定强奸)则被认为主要不是侵害幼女性自决而是侵害幼女身心健康的严重犯罪,为了体现国家与社会对幼女的特殊保护,仍然可以对特别严重的奸淫幼女犯罪合法地规定与适用死刑。[12] 笔者主张,我国刑法应当反映这一刑法价值观念的变化,对普通强奸罪废除死刑,仅对危害结果特别严重、主观恶性极其恶劣的奸淫幼女这一法定强奸罪保留死刑,对使

---

[12] 美国联邦最高法院在1977年的"Coker v. Georgia"的判决中即指出,对强奸成年妇女适用死刑是违反宪法的,因为量刑与罪行不成比例。美国全国各地20个死囚因此而得以侥幸死里逃生。Coker v. Georgia, 433 U. S. 584 (1977).

用暴力打击、甚至杀害的手段强奸妇女,致使被害人重伤、死亡的,则或者以转化后的故意杀人罪、故意伤害罪论处,或者以强奸罪和故意杀人罪、故意伤害罪数罪并罚。

所谓"转处",是指对基本犯罪构成或者通常犯罪形态不符合刑法总则规定的死刑适用条件、但犯罪的实施又可能造成极其严重的伤亡结果的现行死刑罪名,运用转化犯的构成原理,对转化前的本罪废除死刑,而规定依照转化后的更为严重的法定刑包含死刑的罪名论处。我国现行刑法典规定的大多数死刑罪名,其实都可以依据转化犯原理,取消本罪的死刑,实施本罪而故意导致致命结果的,则以转化后的故意杀人罪论处,符合死刑适用死刑条件的,依法适用死刑。例如,对于危害国家安全、危害公共安全的犯罪,只要没有造成重大人员伤亡的严重后果,原则上均可以取消本罪的死刑规定,如果造成重大人员伤亡危害结果的,则根据转化犯原理,以转化后构成的故意杀人罪或故意伤害罪论处,符合适用死刑条件的,依法适用死刑。个别无法按照转化犯转处而危害结果又特别严重的,如间谍罪等,可以继续保留死刑罪名。破坏经济秩序罪中的一些死刑罪名亦可以进行同样的转化处理。例如,《刑法》第 141 条规定的"生产、销售假药……致人死亡或者对人体健康造成特别严重危害的,处 10 年以上有期徒刑、无期徒刑或者死刑,并处销售金额 50% 以上 2 倍以下罚金或者没收财产",可以运用转化犯原理,技术处理为"生产、销售假药,故意致人死亡或者对人体健康造成特别严重危害的,以《刑法》第 232 条、第 234 条故意杀人罪、故意伤害罪论处,并处销售金额 50% 以上 2 倍以下罚金或者没收财产"。事实上,现行刑法中绑架罪、抢劫罪的死刑罪名也可以按转化犯予以处理,如果绑架或者抢劫致人重伤或者死亡的,以转化后的故意伤害罪或故意杀人罪论处,符合死刑适用条件的,依法适用死刑,对于绑架罪、抢劫罪本罪则废止死刑。其实,我国现行刑法已经开始运用转化犯原理对造成重大人员伤亡结果的严重犯罪,规定按转化后的故意杀人罪或故意伤害罪论处,如《刑法》第 238 条非法拘禁罪的转化犯,第 247 条刑讯逼供罪、暴力取证罪的转化犯,第 248 条体罚、虐待被监管人罪等。可见,运用转化犯原理对现行刑法规定的死刑罪名进行转化处理,既在大大缩减了刑法典规定的死刑罪名,避免了刑法典沦落为"死刑法典"的污点,又不会妨碍对极其严重的恶性暴力犯罪的严厉打击。[13]

所谓"废止",是指对现行刑法分则规定的不符合刑法总则规定的死刑适用条件、违背死刑的公众认同和正义情感、违反罪责刑均衡原则的死刑罪名予以废止。我国现行刑法典对纯粹破坏经济秩序的犯罪(走私罪、伪造货币罪、

---

[13] 对于军人违反职责罪的死刑罪名应当特殊处理。鉴于军人违反职责罪的犯罪主体的特殊性,军人违反职责罪应当由专门的军事刑法予以规制,而不宜统一纳入普通刑法典,这样可以大大减少普通刑法典的死刑罪名数量。

集资诈骗、金融票据诈骗、信用证诈骗罪、虚开增值税专用发票或用于骗取出口退税、抵扣税款的其他发票)、侵犯财产罪(盗窃罪)、妨害社会管理秩序罪(传授犯罪方法罪、盗掘古文化遗址、古墓葬、组织卖淫、强迫卖淫)以及国家工作人员渎职犯罪(贪污、受贿)等犯罪,规定了为数可观的死刑,这种死刑立法在当代保留死刑的国家中也极其罕见,如果说不是绝无仅有的话。这些犯罪本身是纯粹的非暴力犯罪,不涉及严重的人员伤亡的危害结果,即使情节特别严重、犯罪数额特别巨大,或者主观恶性极其恶劣,也难以符合适用死刑的基本条件,对其适用死刑难以符合理性化的集体意识中"贼无死罪"这一自然正义观念,藐视了人类生命权的至高无上性,具有不言自明的非正义性。毫无疑问,这些死刑罪名应当成为刑事立法优先裁减的重点。当然,在废除这些犯罪的死刑罪名的同时,应当辅之以更严格的经济秩序、社会治安和风化的管理和更有效的反腐败制度建设。

笔者认为,在系统清理和审查评估现行刑法规定的死刑罪名的基础上,分别不同情况予以规限、转处和废止,一方面至少可以削减掉我国现行刑法典规定的 2/3 左右的死刑罪名,从而大大缩减我国死刑适用范围,另一方面又不至于放松对极其严重的犯罪的严厉打击,因而应当成为我国刑事立法上控制死刑适用范围的最具有操作性的一个具体路径。

七、制定具有操作性的死刑案件量刑指南,规范和统一具体个案的死刑适用标准

量刑指南作为规范个案的司法裁判特别是刑罚裁量的操作性标准,肇始于美国。为了纠正不定期刑制度下刑罚轻重悬殊的弊端,实现对类似案件类似处理、不同案件不同处理的法治目标,促进刑事司法正义,并提高刑事司法制度同犯罪作斗争的能力,美国国会于 1984 年通过的《量刑改革法》(The Sentencing Reform Act)(亦即 1984 年《犯罪综合控制法》第 2 篇)授权设立独立的美国量刑委员会(United States Sentencing Commission),专责起草、发布和修订《量刑指南》。[14] 1987 年,美国量刑委员会根据联邦刑事立法的规定,在分析刑事司法判例,总结量刑实践和假释实践的基础上,创制了兼具制定法效力和量刑操作规程性质的第一部《量刑指南》,经过国会审议后正式生效,并对自生效后发生的所有犯罪适用。此后,量刑委员会在每年都会向国会提交一份当年的《量刑指南》修订案,除非法律另有规定,该修正案在向国会提交 180 天后即自动生效。[15]

《量刑指南》通过规定犯罪行为的等级、犯罪历史档次并将其量化,实现了

---

[14] 《美国法典》第 28 篇第 994(p)节。
[15] 同上注。

联邦刑法规定的犯罪构成要件和法定刑的进一步明确化和具体化。例如,《量刑指南》在全面考察犯罪行为的个案情况(包括种类、等级、从轻或加重的情节、危害结果的性质和程度、社区对犯罪的危害性的意见、公众对犯罪的关心程度、特定刑罚对其他人犯这种罪的威慑作用、该种犯罪对社区和国家的一般影响)与罪犯本人的个别特征(罪犯的种类、年龄、教育程度、专业技能、可以影响刑事责任的主观和情绪条件、身体状况、过去的工作记录、家庭关系及其责任、社会关系、在犯罪中的地位、犯罪历史、依赖犯罪作为谋生手段的程度)的基础上,将犯罪分为若干等级,将罪犯的犯罪历史档案分为若干种类,并分别予以量化,两者分别构成量刑等级表的垂直轴和水平轴,据此就确定对应不同犯罪等级和不同罪犯历史档案的具体量刑幅度。一般情况下,法官只能在《量刑指南》的规定的量刑幅度内裁量刑罚。只有在法院发现"存在某种加重或减轻量刑的情节,而且量刑委员会在制定本指南时在某种程度上没有充分地考虑这些因素,因此出现判决与指南所规定的不同"时,才可以偏离指南的规定在所规定的量刑幅度之外判处刑罚。但是,法院必须在判决中详细说明偏离指南规定的理由。[16]

美国《量刑指南》的创制,对于我们具有重要的启发意义。在总结我国司法实践经验与刑法理论研究成果的基础上,根据我国刑法典的基本规定,如果能够制定对中国法官裁量刑罚更有指导和操作价值的量刑指南,对于规范和统一我国相对素质不高的法官的司法裁判行为,保证量刑平衡,实现法制统一,防止法官在裁量刑罚过程中任意行使自由裁量权,显然具有重大价值。鉴于司法实践经验的积累需要一个过程,在我国目前这样一个初级法治阶段,针对所有犯罪案件制定量刑指南的条件显然还不具备。但是,鉴于死刑案件的不可救济的法律后果以及司法实践裁量死刑案件积累的丰富实践经验,就数量相对有限的死刑罪名制定量刑指南,不仅是必要的,而且是可行的,这既有利于规范和统一各地法院裁量适用死刑的标准,有利于最高法院通过死刑复核程序审查核准各地法院报请复核的死刑案件,也是通过司法途径具体贯彻基本死刑政策、实现对死刑适用的严格控制的重要路径。

因此,结合我国的实际情况,笔者建议,应当由最高人民法院组织专门力量,对1997年刑法典(甚至1979年刑法典)生效以来的全国范围内适用的死刑案件的案卷材料进行全面的汇总、统计、分析、审查与评估,在全面、客观地把握全国各地法院对死刑罪名裁量适用死刑时掌握的各种具体标准的基础上,结合最高人民法院对刑法总则规定的原则性死刑适用条件和刑法分则规定的个罪

---

[16]《美国法典》第18篇第3553(b)节。

死刑适用条件的权威理解,制定更为明确、具体、全面、更具有操作性的个罪适用死刑的最低限度标准,并报请审判委员会讨论通过,作为全国各地法院裁量适用死刑的量刑指南。该量刑指南一旦生效,即具有普遍的约束力,凡是没有达到该最低限度适用标准的刑法典挂有死刑的犯罪案件,一律不得予以裁量适用死刑。而达到这一最低限度标准的,虽然一般可以考虑裁量适用死刑,但负责审理个案的法官仍得根据个案的具体情况、结合刑事政策的考虑,裁量决定是否宣告死刑。如果认为适用死刑不当的,仍然可以适用相对较轻的其他刑罚,但是应当具体说明脱离最低限度标准适用其他刑罚的确切理由。

当然,作为一种量刑指南的个罪适用死刑的最低限度标准不可能一蹴而就或一成不变,需要随着司法实践经验的进一步积累和犯罪态势的变化而不断修订、完善。因此,最高人民法院应当把个罪适用死刑的最低限度标准的修订与完善作为一个经常性的工作,宜成立专门的机构专责从事对个罪适用死刑的最低限度的标准的调研、论证与修订。在个罪适用死刑的最低限度标准逐步完善并积累成功经验的基础上,将来可以逐步将量刑指南的范围扩大到常见多发的其他法定犯罪,直至对所有法定犯罪制定量刑指南,并在实践中不断予以修订与完善。

八、纠正死刑核准权的违法下放,重新收归最高人民法院统一行使

死刑是剥夺犯罪分子的生命的极刑,人死不能复生,死刑适用一旦出现差错,必将造成无可弥补的灾难性的后果。为了确保死刑适用的准确无误,落实"保留死刑,坚持少杀,严禁错杀"的刑事政策,我国《刑法》和《刑事诉讼法》针对死刑案件设计了特殊的死刑复核程序,并且明文规定:"死刑除依法由最高人民法院判决的以外,应当报请最高人民法院核准。死刑缓期执行的,可以由高级人民法院判决或核准。"然而,自1980年始,全国人大常委会即不断通过发布《决定》、修改《人民法院组织法》的形式,授权最高人民法院在特定时期或"必要的时候"将死刑核准权下放给高级人民法院行使。最高人民法院根据这些"决定",特别是《人民法院组织法》的规定,将故意杀人、强奸、抢劫、爆炸等严重危害公共安全和社会治安判处死刑的案件的核准权全部下放给了高级人民法院,并将毒品犯罪判处死刑的案件的核准下放给了个别省的高级人民法院。这种状况在1996年《刑事诉讼法》和1997年《刑法》重新确认死刑案件的核准依法应当由最高人民法院行使后仍然没有改变。最高人民法院《关于授权高级人民法院和解放军军事法院核准部分死刑案件的通知》仍然规定:"鉴于目前的治安形势以及及时打击严重刑事犯罪的需要,有必要将部分死刑案件的核准权继续授权由各高级人民法院、解放军军事法院行使,并进一步明确今后本院授权各省、自治区、直辖市高级人民法院、解放军军事法院核准死刑案件

的范围。现通知如下:自1997年10月1日修订后的刑法正式实施之日起,除本院判处的死刑案件外,各地对刑法分则第一章规定的危害国家安全罪,第三章规定的破坏社会主义市场经济秩序罪,第八章规定的贪污贿赂罪判处死刑的案件,高级人民法院、解放军军事法院二审或复核同意后,仍应报本院核准。对刑法分则第二章、第四章、第五章、第六章(毒品犯罪除外)、第七章、第十章规定的犯罪,判处死刑的案件(本院判决的和涉外的除外)的核准权,本院依据《中华人民共和国人民法院组织法》第13条的规定,仍授权由各省、自治区、直辖市高级人民法院和解放军军事法院行使。但涉港澳台死刑案件在一审宣判前仍须报本院内核。对于毒品犯罪死刑案件,除已获得授权的高级人民法院可以行使部分死刑案件核准权外、其他高级人民法院和解放军军事法院在二审或复核同意后,仍应报本院核准。"

全国人大常委会授权最高人民法院将死刑立即执行案件的核准权下放给高级人民法院行使的目的,据说是为了贯彻"严打"方针,从重从快严厉打击严重破坏社会治安的严重刑事犯罪。这种做法本身既背离了我国长期坚持的基本死刑政策,更存在着合法性危机。《刑法》与《刑事诉讼法》是由全国人大制定通过的基本法律,而全国人大常委会对《人民法院组织法》作出的修改则属于非基本的法律,在法律效力位阶上,明显低于《刑法》和《刑事诉讼法》的规定(尽管《人民法院组织法》本身属于宪法性的基本法律),全国人大常委会对《人民法院组织法》的修改不得与《刑法》和《刑事诉讼法》抵触,否则就是违宪的和无效的。在1996年《刑事诉讼法》和1997年《刑法》修订通过之前,人们往往假借所谓"新法优于旧法"的原理,为1983年全国人大常委会关于死刑案件核准权的修改进行辩护。在1996年《刑事诉讼法》和1997年《刑法》重新确认死刑案件的核准权应当由最高人民法院统一行使后,上述在法理上根本无法成立的遁词也失去了辩护的基础。可见,继续维持"严打"斗争开展以来下放死刑案件核准权给高级人民法院行使的做法,不仅与我国基本死刑政策背道而驰,而且公然违反了《刑法》和《刑事诉讼法》的规定,存在着无法消解的合法性危机。

最高人民法院根据无效和违宪的全国人大常委会对《人民法院组织法》的修改,将死刑立即执行案件的核准权下放给高级人民法院行使,满足了从重从快"严打"的一时之需,解决了最高人民法院统一行使死刑核准权可能存在的诸如人手不足、诉讼拖延等操作层面的问题。但是,作为立法机关的全国人大常委会和作为司法、护法机关的最高人民法院程序意识和宪政意识的淡薄,却为地方各级人民法院树立了恶劣的榜样,加剧了地方各级人民法院的程序虚无主义观念,不仅导致了死刑案件的第二审程序和死刑复核程序的合二为一,作为死刑案件重要程序保障的死刑复核程序普遍被虚置,甚至在事实上被废止[17],而且导致了死刑立即执行案件适用刑法标准的"降格"(立法上死刑适用标准的模糊性,对"严打"斗争的政策迷思以及舆论、权力、民意的不恰当干涉等因素都可能驱使法官自觉甚至不自觉地降低适用死刑标准)、"失衡"(因为对死刑适用标准理解上的差异,不同地域的法官对性质相同、情节和后果类似的犯罪案件完全可能作出截然不同的裁判,有的可能判处死刑,有的可能只判处无期徒刑甚至更轻的刑罚)和"地方化"(在司法独立难以得到保障的情况下,事实上地方官员就可以左右法院对死刑案件的审理结果),更践踏了法律面前人人平等原则(按照现行做法,因严重危害社会治安的犯罪被判处死刑的罪犯以及因毒品犯罪被判处死刑的中国籍罪犯的被告人由高级人民法院核准死刑,而因经济犯罪、贪污受贿犯罪的被告人的平等法律保护、毒品犯罪案件的中国籍被告人与非中国籍被告人的平等法律保护),其破坏法治、侵犯人权、违反宪法的严重后果不言而喻。[18] 作为最高国家立法机关的常设机关的全国人大常委会与作为最高司法、护法机关的最高人民法院,在死刑核准权的行使这一关乎罪犯生死选择的最基本的人权问题上,公然违反《刑法》和《刑事诉讼法》两大基本刑事法律的规定,而且时间长达二十年之久仍然得不到纠正,这不能不说是中国特色的"法治"的莫大悲哀!

实践证明,严格履行死刑复核程序,由最高人民法院统一核准全国范围内的全部死刑立即执行案件,对于正确贯彻基本死刑政策,保证死刑适用标准的统一,具有极其重要的程序性保障作用。笔者主张,为了厉行法治、取信于民,在《人民法院组织法》的相关规定没有予以废止的情况下,最高人民法院应当根据1996年《刑事诉讼法》和1997年《刑法》的规定,将死刑立即执行案件的核准权立即、全部、无条件地予以收回,司法实践中一再提及的对收回后最高人

---

[17] 更为严重的是,司法实践中不仅普遍存在死刑复核程序被虚置甚至被废止的问题,而且不同程度地存在第二审程序被虚置的问题。大多数死刑案件的第二审审理并没有依法实行开庭审理,而是实行书面审理,即通过审查一审法院提交的书面案卷材料进行审理,并且主要是由案件的直接承办法官个人进行这种书面审查,而作为其书面审理对象的案卷材料特别是证人证言、被害人陈述、鉴定结论等言词证据,往往又是在证人、被害人、鉴定人缺席的情况下未经一审法院当庭充分质证即予认定的,其本身的客观性、证明力即不无疑问。第二审法院依据这样的不确实、不可靠的书面证据进行的书面审理本身即存在空洞化的危险。如果再加上制度设计外的案件请示做法的因素,第二审程序能否发挥其应有的过滤和审查机能就可想而知了。在死刑复核程序和第二审程序被虚置的情况下,被告人的命运事实上往往就主要取决于案件的第一审审理结果,如果第一审程序再不严格依法进行,对证据的采信和案件事实的认定不进行充分的当庭质证,对案件的法律适用不进行深入的法庭辩论,或者沿袭"先定后审"、"审者不判"、"判者不审"的积习,使第一审程序又成为走过场,死刑的依法正确适用就必然成为一句空话,草菅人命、枉杀无辜的现象就会在所难免。

[18] 陈兴良教授明确地将下放死刑核准权的后果归纳为程序虚置、标准失衡和机能缺损。参见陈兴良:"从'枪下留人'到'法下留人'——董伟死刑案引发的法理思考",载《中外法学》2003年第1期。

民法院人手不足而可能导致死刑案件诉讼拖延、不能体现从重从快"严打"方针的顾虑,完全不能成为反对最高人民法院依法收回死刑核准权的借口。[19]与此同时,全国人大常委会应当尽快启动对《人民法院组织法》的修改程序,废止最高人民法院在必要的时候得授权高级人民法院行使死刑立即执行案件核准权的违宪的规定,使《人民法院组织法》与《刑法》、《刑事诉讼法》的相关规定保持一致。可以预见,如果最高人民法院能够将死刑立即执行案件的核准权重新收归自己统一行使,并真正发挥死刑复核程序应有的程序保障机能,必然会在《刑法》关于死刑的实体规定没有进行任何实质性修改的情况下,大幅度减少死刑案件的适用数量,并大大提高死刑案件适用法律的质量,实现死刑案件裁量刑罚标准的平衡与统一。

九、彻底禁止游街示众、变相公开处决的死刑执行方式,全面推行相对人道的注射执行方式

我国《刑事诉讼法》第212条规定:"死刑采用枪决或者注射等方法执行。死刑可以在刑场或者指定的羁押场所内执行……执行死刑应当公布,不应示众。"最高人民法院1998年颁布的《关于执行〈中华人民共和国刑事诉讼法〉若干问题的解释》第346条更明文规定:"执行死刑应当公布,禁止游街示众或者其他有辱被执行人人格的行为。"我国司法实践中,除少数地方试行注射执行方式外,大多数死刑仍然采用枪决方法执行。尽管《刑事诉讼法》和最高人民法院司法解释有明文禁止,但是,为了贯彻"依法从重从快严厉打击严重刑事犯罪"的刑事政策,造成强大的"严打"声势,震慑犯罪分子,人民法院在执行死刑前往往先要在体育场等公共场所面向公众召开声势浩大的集中统一公判大会,将死囚五花大绑游街示众,然后才将罪犯押赴刑场,而有的地方如果没有建立封闭的脱离公众视野的专用刑场,甚至可能在无聊的看客的尾随追逐和众目睽睽之下临时随即选定地点仓促执行枪决。

迄今为止,我国学者虽然私下里对这种变相公开处决罪犯的行刑方式颇有

---

[19] 陈兴良教授形象地将此问题比喻为人与物的关系问题,并进行了深刻的分析。为了解决最高人民法院行使全部死刑案件的核准权可能存在的人手不足、诉讼拖延以及司法成本过高的问题,包括陈兴良教授在许多学者建议最高人民法院在各行政大区设立巡回法庭,专门负责所在区域死刑案件的核准。而在笔者看来,如果按照我们的建言,在制度和观念、实体和程序、立法和司法各个层面真正贯彻落实基本死刑政策,严格控制死刑的适用,最高人民法院刑事审判庭现有的法官数量(50名左右)按每人平均每年复核10起计算即应当足以承担全部死刑案件的核准(每年判处500起左右的死刑案件就绝对数而言在世界上仍然可以独占鳌头)。另一方面,严格控制专职行使死刑核准权的审判机构的规模和主审法官的数量,反过来也能起到控制死刑适用数量的间接效果,因为如果一个案件由于最高人民法院复核死刑过程中法官人手不足而导致久拖不决,必然会削弱一、二审法官裁判死刑的冲动,促使其基于诉讼效率的考虑而慎重选择适用死刑,从而形成陈兴良教授所称的"良性循环"。参见陈兴良:"从'枪下留人'到'法下留人'——董伟死刑案引发的法理思考",载《中外法学》2003年第1期。

微词,但并没有对游街示众、变相公开处决背后隐藏的司法—政治功能进行深入的批判和分析。因此,我们需要借鉴法国当代著名学者米歇尔·福柯对公开处决的行刑方式进行的权力技术学的分析,帮助我们洞察隐藏在公开处决背后的"权力物理学",并深刻反思和检讨我国死刑制度对公开处决的行刑方式的选择。

福柯在《规训与惩罚——监狱的诞生》一书中对公开处决作为一种权力技术进行了独到而又深刻的剖析。

福柯认为,公开处决首先具有一种司法—政治功能,它是重建一时受到伤害的君权的仪式,它用展现君权最壮观时的情境来恢复君权。其宗旨与其说是重建平衡,不如说是将胆敢踩躏法律的臣民与展示其威力的全权君主之间的力量悬殊发展至极致。因此,惩罚的仪式是一种"恐怖"活动。公开处决并不重建正义,而是重振权力。它的全部机制都蕴藏于刑法制度的政治功能之中。[20]

其次,公开处决是展现武装的法(armed law)的一种仪式。在这种仪式中,君主显示出自己既是司法首领又是军事首领的一身二职的形象。因此,公开处决既表现胜利,又表现斗争。它应验地结束罪犯与君主之间胜负早已决定的战争。它必须显示君主对被他打得一败涂地的人所行使的优势权力。被君主的无限权力所抹杀而灰飞烟灭的肉体,被一点一点地消灭的肉体,不仅是惩罚的理论界限,而且是惩罚的实际界限。[21]

再次,公开处决通过残暴将犯罪与刑罚联结起来。福柯认为,公开处决的机理在于:首先,"残暴"是某些重大犯罪的一个特征,惩罚亦必须以极其严峻的方式将罪行暴露于众目睽睽之下。公开处决因而就成为那种能够确立被惩罚事物的真实情况的程序的组成部分。其次,犯罪的残暴也是对君主的激烈挑战,它使君主做出回应,这种回应比犯罪的残暴走得更远,以便制服它,通过矫枉过正来消灭它、克服它。因此,附着于公开处决的残暴就具有双重作用:它既是沟通犯罪与惩罚的原则,也加重了对犯罪的惩罚。它提供了展示真相和权力的场面,它也是调查仪式和君主庆祝胜利仪式的最高潮。它通过受刑的肉体将二者结合在一起。这一事实并非某种心照不宣的法则的产物,而是某种权力机制在惩罚仪式中的效用。[22]

最后,福柯认为,公开处决的目的是以儆效尤,公众实际而直接的存在是进行仪式过程的必需品。公开处决一方面通过向公众展示权力向罪犯发泄怒火

---

[20] 米歇尔·福柯:《规训与惩罚——监狱的诞生》,刘北成、杨远婴译,北京:生活·读书·新知三联书店,1999年,页53。
[21] 同上注,页55。
[22] 同上注,页61—62。

的血腥场面唤起公众的恐怖感,另一方面又为公众提供了参与惩罚的机会。[23]

在福柯看来,野蛮时期盛行的公开处决方式宣扬残暴精神和嗜血心理,损害了刑事司法应有的距离美。因此,19世纪以后,随着公开处决赖以存在的权力关系即权力物理场的消失,特别是随着刑罚制度不断地趋向更少的残忍、更少的痛苦、更多的仁爱、更多的尊重、更多的人道,惩罚愈益成为刑事程序中最隐蔽的部分,它脱离了人们日常感受的领域,而进入抽象意识的领域;它的效力被视为源于它的必然后果,而不是源于可见的强烈程度;受惩罚的确定性,而不是公开处决的可怕场面,必然能阻止犯罪;示范机制改变了惩罚的作用过程。结果之一是,司法不再因与其相连的暴力而承担社会责任。定罪本身就给犯罪者打上了明确的否定记号,宣传转向审讯和判决,执行判决就像是司法羞于加予判刑者的一个补充的羞辱。因此,司法与执行判决保持着距离,而将这种行动委诸给他人秘密完成。肉体痛苦不再是刑罚的一种构成因素,惩罚从一种制造无法忍受的感觉的技术变为一种暂时剥夺权利的经济机制。与这些变化伴随的是惩罚运作对象的置换。曾经降临于肉体的死亡被代之以深入心灵的、思想、意志和欲求的惩罚。[24]

正是由于公开处决赖以存在的权力物理场的消失、刑事司法距离美的发现以及惩罚运作对象的置换,自贝卡里亚以来的限制和废除死刑的运动的第一步就是废除公开处决的死刑执行方式,尽可能地减少死刑执行过程对罪犯肉体、精神的痛苦和折磨,并以此为基础逐步限制死刑的适用范围,直至最终彻底废止死刑。在当今仍然保留死刑的国家,以秘密而非公开的方式、以尽可能少的肉体痛苦的方法执行死刑,已经成为各国死刑执行制度的"最大公约数"。[25]

笔者认为,进入21世纪的中国是一个致力于民主和法治、建设社会主义文明(物质文明、精神文明和政治文明)并以负责任的大国的国际形象立足于国际社会的社会主义国家。福柯所分析的公开处决的"权力物理场"在当代中国应当完全消失,公判大会、游街示众、变相公开处决的司法—政治功能应当彻底否定,公开处决宣扬的残暴精神和嗜血心理更与我国社会主义文明格格不入。虽然我们根据具体国情和犯罪态势仍然必须将死刑作为最后适用的非常刑罚方法,但是,在尊重罪犯人性尊严的前提下以人道和文明的方式执行死刑,则是我国死刑制度最基本的人道主义要求。无论是过去专制与野蛮时代的祭祀性、仪式化、赤裸裸、血淋淋的公开处决,还是我国司法实践中盛行的各种违反法律

---

[23] 米歇尔·福柯:《规训与惩罚——监狱的诞生》,刘北成、杨远婴译,北京:生活·读书·新知三联书店,1999年,页65。

[24] 同上注,页9—17。

[25] 保留死刑的大国中惟一的例外可能就是美国。2001年,美国联邦政府对俄克拉荷马联邦政府大楼爆炸案的元凶麦克维执行的死刑,不仅标志着联邦政府开始恢复执行死刑,开创了利用现代视讯技术以现场直播的方式进行公开处决的先河。

规定、有辱人性尊严、毒化社会心理的变相公开处决,都必须为我们所坚决唾弃。我国死刑执行制度在尽量减少死刑的残酷性、痛苦性的同时,必须将死刑的执行逐出公众的视野,在脱离公众视野的隔离与封闭的监狱或者专设的刑场以秘密的方式执行死刑,避免死刑的执行对公众造成强烈的感官刺激和恐怖效果,防止由此而可能产生的助长公众的残暴精神和嗜血心理等社会心理危机,从而为我国的民主、法治进程以及社会主义文明建设创造一个宽松和谐的社会心理氛围。

文明与人道的死刑执行制度不仅要求废止公开处决的行刑方式,而且要求采用尽可能人道的惟一的死刑执行方法。我国《刑事诉讼法》第212条允许选择采用"枪决或者注射等方法",其出发点是为了推行相对更为人道的注射方式,同时又考虑到立即全面推行注射方式的物质技术条件的限制而继续保留枪决方式。但是,由于枪决和注射两种执行方式的痛苦性、残酷性与司法政治功能具有重大的差异[26],在统一的法制体系下对根据同一个死刑适用条件而被判处死刑的罪犯允许选择采用枪决或注射等不同的执行方式,必然会驱使一些地方根据死囚所犯罪行种类的不同和死囚身份地位的高低选择决定不同的死刑执行方式,从而导致死刑适用标准的不同程度的降格和失衡,违反法律面前人人平等原则。而这种做法与前述公开处决一样,都是赤裸裸地展现死刑的野蛮性、残酷性和等级性而与现代法治精神完全背道而驰的专制时代的遗毒,应予彻底否定。

自现代刑事政策与人道主义的观点论,死刑的执行其实只要达到终结罪犯的生命的目的即为已足,在满足这一目的的前提下,不应当刻意制造折磨罪犯肉体的过分残酷的死刑执行方法,而应当尽可能以较少痛苦、较为人道的方式执行死刑;不应当根据罪犯的身份地位的高低、所犯罪行种类的不同而选择采用不同的死刑执行方法,而应当一视同仁地采用惟一的死刑执行方法。因此,我们主张,在明令禁止司法实践中任何形式的变相公开处决的同时,刑事诉讼法应当尽快统一死刑执行方式,全面废止枪决方式,以相对更为人道的注射为死刑执行的惟一方式。全面推广注射执行方法当然会受到物质技术条件的限制,死刑执行的成本也会相应地加大,但与提升我国死刑制度的人道性、展示我国作为尊重人性尊严的负责任的文明国家的政治形象相比,这些死刑执行成本的投入简直微不足道。可喜的是,我国各地有权执行死刑的人民法院已经根据最高人民法院的统一部署,积极探索注射执行死刑的技术方案,研制注射执行

---

[26] 传统的死刑执行方法的重要功能之一就在于通过消灭罪犯肉体的仪式化过程来树立政治威权,借罪犯的肉体来献祭。枪决不仅意味着对罪犯肉体的彻底否定,而且具有强烈的道德谴责的意义,因而能够满足死刑的仪式化的需要。而注射执行死刑显然不具有传统死刑的肉体惩罚意义,也难以满足死刑执行的仪式化需要。

死刑专用药物,筹建相应的注射执行设施,并逐渐尝试以注射替代枪决执行死刑。我们期望这一进程能够进一步加快,使注射作为死刑惟一执行方式在事实上和法律上早日实现。

十、设立死刑犯的赦免制度,缓和静态与刚性的刑法规则和动态与柔性的生活逻辑的张力

赦免制度是国家对于犯罪分子宣告免予刑事追诉或者免除、减轻刑罚的执行的一种法律制度。虽然赦免可以分为大赦和特赦,但刑事司法领域的赦免主要指的是特赦,即"通过行政权的干预,使得个别生效刑事判决的法律后果被免除、减轻或缓刑交付考验。"[27] 当今多数国家的宪法和法律都规定了赦免制度,授权特定的国家权力机构特别是国家主权的代表者免除或者减轻特定或者全部罪犯因犯罪所生的刑事责任。

死刑从肉体上剥夺了罪犯的生命,死刑一旦执行即无法救济,因而是否赋予死刑犯以申请赦免和赦免性减刑的权利,便成为现代赦免制度关注的焦点之一。1966年联合国大会通过的《公民权利和政治权利国际公约》第6条第4项明确规定:"任何被判处死刑的人应有权要求赦免或减刑。对一切判处死刑的案件均得给予大赦、特赦或减刑。"[28] 1984年联合国经济及社会理事会通过的《关于保护死刑犯权利的保障措施》第7条和第8条则进一步规定:任何被判处死刑的人均有权寻求赦免,所有死刑案件均可给予赦免,任何申请赦免的程序进行期间,不得执行死刑。[29] 我国于1998年10月5日签署加入了《公民权利和政治权利国际公约》,一旦全国人大常委会完成审查和批准程序,公约及其附件所规定的保障死刑犯获得赦免和减刑的权利就成为我国必须履行的国际义务。然而,迄今为止,虽然我国《宪法》第67条规定全国人大常委会有权决定特赦,但是我国既没有颁布专门的特赦法,《刑法》、《刑事诉讼法》以及其他相关刑事法律也没有相关的规定。在我国1979年《刑法》和《刑事诉讼法》颁布以来的司法实践中,凡是判处并核准死刑立即执行的,负责执行的人民法院院长即签发死刑执行令,一个不留地全部予以执行。赦免制度在我国宪法以外的其他法律中显然还是亟待弥补的一个立法空白。

笔者认为,虽然古代赦免制度设计的初衷在于显示帝王的宽厚仁恤,因而本质上属于一种君权恩赐制度,但是,现代赦免制度则是为了贯彻刑事政策、推

---

[27] 汉斯·海因里希·耶塞克等:《德国刑法教科书》,徐久生译,北京:中国法制出版社,2001年,页1102。

[28] 北京大学法学院人权研究中心编:《国际人权文件选编》,北京:北京大学出版社,2002年,页18。

[29] The United Nations and Crime Prevention: Seeking Security and Justice for all, United Nations, New York, 1996, p.71.

进民主宪政而有意识地加以设计和运用的一种法律制度。现代赦免制度对罪犯"赦免的目的在于,相对于法律的僵化的一般化提出公平的要求(但总是有利于被判刑人,绝不会反过来),它还可以纠正(事实上的或被认为的)法官的误判,或者达到刑事政策上的目的。"[30]"它一方面可以纠正以其他方式不可能消除的法律适用中错误,另一方面可以消除个别案件适用法律中没反映立法者真正意图的过度严厉。此外,赦免权在特定情况下——类似于大赦法——为了社会的安定,在解决社会内部的深刻的矛盾冲突中发挥作用。"[31]现代赦免制度是"对法定制度的过于僵硬状态的一种补救",是"刑事制度运作不可缺少的安全阀"。[32] 可见,确立我国死刑犯的赦免制度,不仅是兑现我国加入国际人权公约时作出的庄严承诺的需要,也是弥补刑法规则的刚性不足、纠正可能发生的司法裁判错误、缓和一般认为过于严厉的刑罚、舒缓社会矛盾、促进社会团结的刑事政策的需要,更具有通过行政权对司法权的干预制约国家刑罚权行使的宪政机能。

因此,笔者主张,我国应当及时弥补赦免制度的立法空白,最好通过制定专门的赦免法,在全面规定赦免特别是特赦的种类、方式、主体、条件、对象、程序和法律效果的同时,全面落实《公民权利和政治权利国际公约》及其附件对死刑犯的赦免的要求,赋予所有被判处死刑的罪犯以申请赦免的权利,允许对所有判处死刑的案件根据情况审查决定是否给予赦免,并且承诺在申请赦免的程序进行期间不对死刑犯执行死刑。

(初审编辑:王斯曼)

---

[30] 弗兰茨·冯·李斯特:《德国刑法教科书》,徐久生译,北京:法律出版社,2000 年,页 487。

[31] 汉斯·海因里希·耶塞克等:《德国刑法教科书》,徐久生译,北京:中国法制出版社,2001 年,页 1103。

[32] 卡斯东·斯特法尼等著:《法国刑法总论精义》,罗结珍译,北京:中国政法大学出版社,1998 年,页 657。

死刑的司法限制
——以伤亡结果的判断为切入点

周光权[*]

The Judicial Limitation of the Death Penalty

Zhou Guang-quan

序　说

在严重暴力犯罪的场合,犯罪行为一旦造成死伤结果,司法人员的第一反应往往是:是否可以考虑对被告人适用死刑?如何适度调整这种思维定势,防止死刑适用时出现偏差,是研究死刑问题时需要加以考虑的。

以往对于死刑的研究,在很大程度上集中在抽象层面。一般的分析主要涉及滥用死刑可能侵犯人权、死刑错误无法纠正,因而具有很大的危险性等问题。在此基础上,学者们又提出很多限制死刑的措施,例如死刑只应当对暴力侵犯人身的犯罪,尤其是故意杀人罪适用,对非暴力犯罪,包括经济犯罪、渎职犯罪、妨害社会秩序罪等,都不应当在刑法中规定死刑。上述这些研究,对于改变死刑万能的观念,在未来逐步减少死刑适用,使刑罚轻缓化,具有重要理论意义。

但是,在刑法立法对死刑的态度尚未改变以前,最为迫切的问题是要研究

---

[*] 法学博士,清华大学法学院副教授。

如何在司法上具体地、渐进地限制死刑。

刑法分则规定了四百余个罪名,其中涉及死刑的罪名大致有六十余个。不过,多数罪名的死刑适用率较低;有的罪名(如传授犯罪方法罪)虽然挂有死刑,但真正照此判决者,极其罕见。在这种情况下,研究司法适用中判决死刑机率最大的犯罪,寻求限制死刑适用的具体司法措施,就具有现实意义。

在目前的司法实务中,死刑适用率最高的罪名当数故意杀人罪、抢劫罪和故意伤害罪,只要这些罪名的死刑适用率能够在一定程度上降低,限制死刑适用的目标就有可能达成。[1] 而对这三种犯罪,是否适用死刑,在很大程度上取决于有无死伤结果的出现,毕竟"杀人者死"是相当传统和有影响力的观念。刑事司法对造成死伤结果者,往往倾向于判处死刑,可能迁就了民众过于强烈的复仇愿望。

在司法实务中,结合死伤结果进行死刑判决时,大致存在两方面的问题:一是,司法人员有时并未深究是否存在相应的实行行为,或者将过失致人死亡的实行行为看作故意伤害罪的实行行为,在共同造成死伤结果的情况下,也没有仔细区分责任,而贸然适用死刑;二是,在有杀害、伤害、抢劫等实行行为,但不需要对死伤结果负责的场合,也可能适用死刑。

该文选择杀害、伤害、抢劫的实行行为对死刑的影响,以及行为与死伤结果间的因果关系等少数问题为切入点,就限制相应犯罪的死刑司法适用问题加以分析,以防止司法实务陷入一旦有被害人死亡,就需要有人"偿命"的习惯性误区,同时展示一种在现行刑法规定趋重的情况下具体消减死刑适用可能性的务实态度。观点可能有谬误,但是,本人试图为限制死刑的司法适用积累一些研究素材的动机,却是真实的。

一、实行行为的判断与死刑限制

没有故意杀人、故意伤害、抢劫等实行行为,即使因为其他种种原因出现死伤结果,也不能要求行为人就故意杀人罪、故意伤害罪、抢劫(致人死亡)罪承担刑事责任,自然就应当排斥死刑的适用。另外,虽然存在实行行为,但是该行为的客观危害性并未达到必须判处死刑的程度,从国家的立场出发,还有一定容忍可能性的,原则上也不要判处死刑。[2]

(一) 实行行为的有无及其性质

某一危害结果发生后,要判断有无相应犯罪的实行行为,以及有何种实行

---

[1] 毒品犯罪的高死刑适用率问题,也是不容忽视的。但是,它主要与毒品数量有关,原则上不会涉及过于复杂的刑法理论问题,所以该文不予探讨。

[2] 边沁曾经指出:死刑虽然惩罚效力强劲,但属于最不节约的刑罚。所以,死刑只应当适用于对这样一些案件的惩罚:"在这些案例中,只要犯罪者活着,他的姓名便可足以使整个国家不得安宁。"边沁:《道德与立法原理导论》,时殷弘译,北京:商务印书馆,2000年,页242。

行为,在有些情况下,不是一件简单的事情。例如,甲试图杀害其仇敌乙,而在家中调好毒酒,准备第二天端给乙喝。后来,甲因数日来忙于筹备杀人等事宜,极度疲劳,便将毒酒置于客厅桌上,并在自家大门虚掩的情况下熟睡。嗜酒如命的乙偶然推门进入甲家,发现放在桌上的毒酒就开怀畅饮,登时中毒身亡。对本案,应当分为两个阶段看待:第一阶段,甲虽然准备了毒酒,但尚未着手实施投毒杀害的行为就自行睡去,故意杀人罪处于预备阶段,甲成立故意杀人预备。第二阶段,乙"自寻死路"进入甲家,饮酒身亡。乙的死亡,可能与甲的杀人预备行为有关,但不是甲故意杀害的实行行为所致。没有杀害的实行行为,自然谈不上"杀害"与死亡之间的因果关系,因为因果关系特指实行行为与危害结果之间的联系,在预备行为实施后,出现某一结果的,不能成立犯罪既遂。[3] 乙的死亡,只与甲没有妥善处置、保管毒酒,以及没有紧锁房门有关,在此阶段,甲最多存在对危险物质没有妥善加以保管的过失,对乙的死亡,可能负过失致人死亡之责。对甲前后实施的故意杀害预备行为、过失致人死亡行为,即便数罪并罚,对甲也不至于判处死刑。在这里,必须注意,实行行为是行为人实施的、具有法益侵害可能性、实质地符合构成要件的行为。[4] 如果不仔细判断"杀害"的实行行为是否存在,如果不把杀害的实行行为理解为"使他人的生命陷入现实的危险"的行为,就可能在行为人有杀害意思,又有死亡结果的情况下,轻易断言死刑的适用。

没有实行行为时,不能错误地认为有实行行为。在有实行行为时,也还需要进一步判断实行行为的性质:是杀害、伤害还是过失致人死亡的实行行为。将过失致人死亡行为错误地判断为故意伤害行为,并以故意伤害致死对行为人适用死刑,会导致一些不必要的错误。

又如,实践中,一般比较习惯对夫妻、朋友、家人之间因为口角纠纷,一方突然朝对方打一耳光、推一掌,导致被害人死亡的情况;以及一方突然朝对方扔出剪刀,偶然刺中被害人要害部位,使后者死亡的情况,以故意伤害(致人死亡)罪论处[5],由此就可能导致死刑的适用。但是,上述这些情形,以过失致人死亡罪论处,可能更为恰当。而一旦实行行为的性质由故意伤害变为过失致人死亡,死刑的适用就自然能够避免。

在这里,需要考虑两个问题:一方面,必须实质地把握故意伤害罪的实行行为的概念。刑法中所讲的"伤害",必须是足以严重损害他人生理机能健全性

---

[3] 平野龙一:《刑法总论Ⅰ》,东京:有斐阁,1997年,页134。
[4] 前田雅英:《刑法总论讲义》(第3版),东京:东京大学出版会,1998年,页125。
[5] 对类似司法态度的贯彻,请参见王咏敏、赵娜:"侮辱他人遭伤害 无德青年当自省",载《检察日报》2003年8月10日第2版;林杰、雪青:"夫搓麻将妻不满 甩把剪刀酿悲剧",载《检察日报》2003年9月20日第2版。

的行为。一般的殴打,事前没有仔细考虑的偶然抛掷打击物的行为,都很难说是《刑法》第234条中所说的"伤害"。就伤害一词而言,刑法条文的用语和日常生活中的习惯性用语之间,可能存在不小的差距。另一方面,如果把轻微殴打、父母对子女的教育、因本能反应所进行的还击等都理解为故意伤害罪的实行行为,会导致过失致人死亡罪名存实亡,没有适用的可能性。所以,殴打不等于伤害,一般生活意义上的故意不等于刑法上的故意。如果行为人只具有一般殴打的意图,并无伤害的故意,由于某种原因或者条件引起了被害人死亡的,就不能认定为故意伤害致死。行为人对死亡结果有过失的,可以成立过失致人死亡罪。特别是对于父母为教育子女而实施惩戒行为,导致子女死亡,或者邻里、亲友之间由于一时纠纷殴打他人造成死亡,以及其他轻微暴行致人死亡的案件,不能轻易认定为故意伤害致死。"不能因为殴打是有意实施的,就认为只能构成故意伤害罪"[6]。准确判断实行行为的性质,确保不将过失致人死亡行为错误认定为故意伤害致人死亡的行为,对于减少故意伤害罪的死刑适用可能性,有现实意义。

(二) 实行行为的客观危害性大小

有杀害、伤害、抢劫等实行行为,并造成死伤结果,可以考虑适用死刑。但是,在这些行为的客观危险性较低时,也应当排斥死刑的适用。例如,司法实践中受长期迫害而杀人、出于义愤的杀人、不作为杀人、溺婴等情形,都不能适用死刑;"对于故意伤害罪中适用死刑的,应当限于极少数罪行极其严重、非杀不可得犯罪分子"[7]。所以,判断实行行为危害性大小,对限制死刑适用有实际意义。本文主要分析与此有关的几个问题。

1. 被害人承诺下的伤害行为导致死伤结果

许多国家的刑法明文规定处罚基于承诺的杀人,并且其法定刑轻于普通故意杀人罪的法定刑。

得到被害人承诺后实施的伤害行为,例如被害人在赌博时将自己的手指、脚等器官作为赌注,在赌输后允许他人伤害相应部位的,或者为筹集赌资、吸毒资金等,允许他人大量抽取自己血液的,其同意是否能够阻却违法性,或者一律有罪,存在争议。在这个问题上,单纯按照行为无价值论或者结果无价值论的观点进行处理都会带来不合理的结局,应当以结果无价值论为基础,兼顾行为无价值论,即在被害人承诺伤害的情况下,要结合承诺的动机、目的,伤害的方法、手段、损伤程度、部位等事实进行综合判断[8]:对造成重伤结果的,应当认

---

[6] 高铭暄、马克昌主编:《刑法学》,北京:北京大学出版社、高等教育出版社,2000年,页474。

[7] 周道鸾、张军主编:《刑法罪名精解》(第2版),北京:人民法院出版社,2003年,页361。

[8] 团藤重光:《刑法纲要总论》(第3版),东京:创文社,1990年,页224。

定为故意伤害罪,这主要是考虑到故意伤害罪侵犯的法益是他人生理机能的健全性,而且重伤行为可能对生命造成危险;对造成轻伤结果的,原则上不成立本罪。但是,如果伤害行为严重违反法规范和社会伦理,也可以成立故意伤害罪。

不过,在承诺伤害的情况下,毕竟有被害人承诺的承诺存在,被害人往往还是特定犯罪的共犯,所以对伤害行为者,即使导致了死伤结果,也一般不适用死刑。例如,A投人身保险之后,出于骗取保险金的恶劣动机,与B经共谋后,又B驾车对A实施伤害,但B无法准确把握伤害分寸,导致A死亡的,自然构成故意伤害罪,但对B一般不适用死刑。至于B驾车伤害A的同时有危害公共安全的性质,并导致多人死伤的,则属于另外的问题。

2. 不法侵害结束后的"事后加害行为"导致死伤结果

不法侵害结束后,不得再实施正当防卫。此时,针对先前的不法侵害人实施"反击"的,可能成立故意杀人或者故意伤害罪。但事后侵害行为危害较小,原则上不应对其适用死刑。

例如,女青年李某上山砍柴时遇到同村的张某,张顿时起了淫心,要求与李发生性关系,遭拒绝后,张拔出水果刀进行威胁,并强行奸淫了李。在强行奸淫行为实施完毕后,张某穿裤子时,李某用柴刀朝张头部连砍两刀致其重伤,然后急忙逃走。3小时后,张某死亡。对此的处理结论是:李某的行为应成立故意伤害罪,不属于正当防卫,不能适用《刑法》第20条第3款的规定。根据《刑法》第20条第3款的规定,对正在进行行凶、杀人、抢劫、强奸、绑架以及其他严重危及人身安全的暴力犯罪,采取防卫行为,造成不法侵害人伤亡的,不属于防卫过当,不负刑事责任。特殊防卫权行使的重要条件之一就是:暴力犯罪"正在进行"。即犯罪行为已经着手实施,且尚未结束。不法侵害人的行为实施完毕,犯罪已经达到既遂状态,相应的危害结果已经形成的,就应当认为不法侵害已经结束,危险已经被排除。凡是危险已经被实际排除的,就不能再实施特殊防卫。本案中,张某拔出水果刀对被害人进行威胁,并强行奸淫了李。在强行奸淫行为实施完毕后,张某穿裤子时,李某用柴刀朝张头部连砍两刀致其重伤。由于张某强奸的犯罪行为已完毕,李某遭受性侵害的后果亦已形成,行使特殊防卫权的条件已经丧失,李某造成张某重伤致死,已经不能再保护自己的人身权利,所以,李某的行为应当属于事后故意加害行为,不是正当防卫。但即便如此,在对李某量刑时,也必须考虑其事前的确受到了他人不法侵害的严重损害,其伤害行为事出有因,所以,即使伤害行为造成死亡结果,也不意味着就必须对李某判处死刑。

二、共同导致伤亡结果与死刑适用

共同犯罪,在实践中多表现为共同盗窃、抢劫、杀人、伤害或者强奸。共犯理论是否发达,对于死刑适用有很大影响。如果共犯理论存在问题,共犯成立范围可能就较大,在有死伤结果的场合,可能判处死刑的情况也相应增多。此时,判断死伤结果对定罪和量刑的影响,对于限制死刑适用有重要作用。[9]

例如,A邀约B一起去教训一下C,由于B早已对C恨之入骨,欣然答应,且心中暗暗有了杀害C的意思,但未将此意告诉A。第二天,二人共同去C的住处。进入C的房间后,B基于杀人的故意,A本着伤害的故意对C实施暴力,C很快死亡。但致命伤由谁造成,无法查明。对A、B是否可以适用死刑?

共同犯罪的成立,要求二人以上有共同的犯罪故意。但是,共同犯罪故意并不意味着犯罪人的故意内容必须完全相同。共同的犯罪故意只要求在刑法规定的范围内相同,而不要求故意的形式与具体内容完全相同。A、B的犯罪故意并不完全相同,但是有重合的部分。在重合的范围内,二人成立共同犯罪(部分犯罪共同说)。当然,由于二人的犯罪故意存在一定差别,所以罪名并不相同。A只有伤害的意思,所以,成立故意伤害罪。B有杀人的意思,应成立故意杀人罪。由于有C死亡的结果发生,即使无法查明导致被害人死亡的损害由谁造成,该结果也要求A、B同时负责。所以,A构成故意伤害(致人死亡)罪,B构成故意杀人罪(既遂)。

不过,在这种情况下,即使定罪时不需要查明死亡结果由谁造成,但在量刑时,也必须要考虑死伤结果无法查明的现实,从而对A、B的判决适当"留有余地",不对被告人宣告死刑立即执行。例如仅对故意杀人者B判处死刑缓期二年执行,对A判处无期徒刑也未尝不可。

问题是二人以上未经共谋,只是偶然同时实施暴力行为导致他人死伤(同时犯),死伤结果由谁实际造成难以判明的,如何处理?例如甲、乙、丙未经共谋,在同一时间和地点伤害丁,于深夜往丁的身上扔石块,其中只有一块锋利的石头导致丁重伤后长期昏迷不醒后死亡,但该石头究竟是甲、乙,还是丙所扔,难以查明,甲、乙、丙是否均应对死亡结果负责?对这种共同伤害的情形,日本《刑法》第207条特别规定行为人共同对死亡结果负责,行为人即使没有意思联络,也构成共同犯罪,都是导致重伤结果发生的共同正犯。这是考虑到伤害结果由谁实施难以判明,如果严格贯彻刑法中的个人责任原则,就会加重司法机关的证明责任,增加举证的难度,也不利于保障被害人的利益,谁都不对加重结果负责,会导致实质的不合理,所以推定各个暴力行为和重的伤害结果之间有因果关系,将举证责任转移到被告人一方。[10]

但是,在中国刑法中没有类似的例外规定,所以罪刑法定、责任主义仍然要

---

[9] 这是本人在北大法学院刑事法论坛第32次讲座发言时提到的观点。参见陈兴良主编:《法治的言说》,北京:法律出版社,2004年,页382。
[10] 西田典之:《刑法各论》,东京:弘文堂,1999年,页48。

坚持。在共同犯罪的场合，或者在同时犯的场合，谁的行为导致加重的伤害后果发生无法查明的，按照不能证明就不能裁判的刑事司法原则，行为人各自也只能对司法机关能够证明的、轻的伤害结果承担刑事责任。在二人以上实施暴力行为，但究竟是何人导致他人重伤、死亡难以查明的情况下，不能要求共同行为者对死亡结果负责。所以，同时伤害造成了重伤或者死亡的结果，但证据表明重伤、死亡由一人实施，但不能辨明该重伤、死亡由何人造成，可以对行为人追究故意伤害未遂的刑事责任。[11] 这样，即使有死亡结果，但在同时引用刑法总则的未遂规定后，原则上也不能对故意伤害致人死亡的同时犯适用死刑。

在共谋而只有部分共犯实行并导致死伤结果，部分共犯未着手实行的场合，即使承认"共谋共犯"概念，定罪时要求未实行者对死伤结果负责，在量刑时也必须考虑其并未实际参与实行的现实，不得对其宣告死刑。

在共犯着手实行后要求脱离，但没有得到其他共犯同意时，即使其自行离开，但在其他共犯的实行行为导致死伤结果的场合，脱离者不成立犯罪中止，仍然应当对他人造成的死伤结果负责。不过，在量刑时也必须考虑其中途脱离，犯罪结果不由其本人实际控制的现实，不对其适用死刑。

三、因果关系的判断与死刑限制

在实施杀害、伤害行为，但没有造成死亡结果，或者死亡结果不是由行为人造成的场合，可以成立故意杀人罪未遂、故意伤害致人重伤或者抢劫罪未遂。而在有犯罪未遂情节出现时，原则上对故意杀人者、抢劫者不应当判处死刑。

（一）故意杀人罪的因果关系与死刑限制

在司法实践中，要将死亡结果归咎于行为人，就必须要求行为人的实行行为与实际发生的死亡结果之间具有因果关系，否则这种归责就违背了罪责自负的要求。但是，如何具体地判断杀害行为和死亡结果之间有无因果关系，有时又十分困难。

在我国刑法中，关于因果关系的争论主要集中于必然因果关系和偶然因果关系之间。必然因果关系说不当地限制了因果关系的范围，缺乏实用价值；偶然因果关系概念比较含混：何种联系属于刑法上偶然的因果关系？是否所有存在条件联系的事物关系都可能被认定为偶然因果关系？是否所有的偶然因果关系都必须被归责？

何种关系和事实能够成为刑法上的因果关系，最根本的依据是条件说。条件说认为在行为与结果之间，如果存在着"无 A 即无 B"的关系，则存在刑法上的因果关系。条件说奠定了因果关系的事实基础，因此成为所有因果关系理论

---

[11] 张明楷：《刑法学》（第 2 版），北京：法律出版社，2003 年，页 683。

都无法回避的起点。其他因果关系理论实际上都是在条件说的基础之上,依据特定的标准进行价值判断,进而认定其中的一个或者部分条件属于原因,从而认定与结果成立刑法中的因果关系,从而确立刑事责任的客观基础。

条件说的缺陷是可能使因果关系的范围过宽,形成无止境的关联。为尽量限制因果关系的范围,条件说不得不采用因果关系中断论,即在行为与结果之间介入第三者的故意行为、过失行为或者"自然"事实时,原先的因果关系中断,因果关系不存在。这一结论有时是正确的,但是,将有介入因素的案件一律简单处理为因果关系中断,不太妥当。在这方面,相当因果关系理论强调通过具体的"相当性"判断来确认因果关系是否存在,就明显比条件说合理一些。所以,在个别情况下,用相当因果关系理论修正条件说也是必要的。

相当因果关系说主张根据社会一般人生活上的经验,在通常情况下,某种行为产生某种结果被认为是相当的场合,就认为该行为与该结果具有因果关系。"相当性"说明该行为产生该结果是通例而非异常的。例如,A在某堆满材料、极其混乱的建筑工地门口追杀B,将其砍成重伤,B不久就因颅内出血,陷入昏迷状态(3小时以后必死无疑),A迅速逃离现场。1小时后,不知是谁顺手捡起建筑工地的装修材料,击打B的身体,导致其死亡。B的死亡和A的杀害之间有无因果关系?如果有关系,是否可以对A适用死刑?

本例属于有介入因素的情形。介入因素的出现是否对因果关系的成立产生影响,需要进行相当性判断。此时,应当考虑三方面的因素:(1)最早出现的实行行为导致最后结果的发生概率的高低。概率高者,因果关系存在;概率低者,因果关系不存在。(2)介入因素异常性的大小。介入因素过于异常的,实行行为和最后结果之间的因果关系不存在;反之,因果关系存在。(3)介入因素对结果发生的影响力。影响力大者,实行行为和最后结果之间的因果关系不存在;反之,因果关系存在。

在本案中,A最开始实施的加害行为,导致死亡结果发生的危险性极高;将被害人置于较为混乱的场所,导致其再次遭受侵害的可能性较大,他人对B进行击打,并不异常;他人的介入行为只是使B的死亡适度提前,而A的杀害行为导致B在3小时后必死无疑。因此,A的行为对结果发生具有决定性影响,实行行为和结果之间的相当性仍然存在,死亡结果应当由A负责,A构成故意杀人罪既遂。

不过,在有介入因素存在,因果关系没有中断的场合,即使在定罪时要求最开始的杀人行为实施者对最终的死亡结果负责,量刑时也需要考虑毕竟有其他因素(自然原因、被害人的行为、第三人的行为)介入,它们对结果的发生有一定影响力,所以,原则上对最开始的实行行为人不判处死刑。前例中,A虽然构成故意杀人罪,但不应当被判处死刑。换言之,在故意杀人罪中,死刑的适用原则上应当限于故意地、以暴力方法实施的、"直接地"[12]剥夺他人生命的行为。

(二) 抢劫致死伤与死刑限制

抢劫致人重伤、死亡是《刑法》第263条规定可以适用死刑的加重情节。这里的致人死亡,包括故意杀人在内。但并不意味着凡杀人取财,或取财杀人的行为都定抢劫罪一罪而从重处罚。以抢劫罪从重论处的杀人取财行为,仅限于为了当场取得财物,而当场将他人杀死的情况。他人死亡的结果不是因为抢劫的暴力行为,而是仅仅因为与抢劫的"机会"有关,例如行为人在抢劫现场碰到仇人而将其杀害的,死亡结果和抢劫的暴力行为之间没有因果联系,应以抢劫罪和故意杀人罪并罚。

死伤结果与抢劫行为之间应当有一定联系,实施盗窃、诈骗、抢夺行为,为窝藏赃物、抗拒抓捕或者毁灭罪证当场使用暴力致人死伤的,死伤结果和暴力之间也存在因果联系。暴行和死伤结果的联系,意味着死伤结果是由与抢劫相关联的行为所引起,但不能要求死伤结果必须由作为抢劫手段的暴力、胁迫行为所直接产生。[13] 例如,抢劫银行,对保安和银行职员使用暴力,导致他们重伤的,是直接造成伤害结果;没有直接造成银行职员死伤,但在警察接报赶来后,要求抢劫犯放下武器时,抢劫犯仍然负隅顽抗,警察开枪,罪犯躲闪,子弹击中银行职员的,从刑法上看,需要对死亡结果负责的,不是警察执行职务的合法行为,而是罪犯的抢劫行为。所以,虽是间接引起他人死亡,但根据因果关系的条件说,或者刑罚功能说,都仍然可以要求抢劫犯对死伤结果负责。[14] 不过,在量刑上,仍然有必要考虑自然行为意义上的"杀害"不是行为人亲手实施,如无其他情节,也可以对被告人不判处死刑。

刑法规定结果加重犯,主要考虑到抢劫之际,容易发生死伤结果,为保护被害人,只有胁迫,而没有实施暴力的故意,甚至纯粹过失致人死伤的场合,也应成立结果加重犯,要求行为人对死伤结果负责,例如抢劫犯的胁迫行为导致被害人精神失常、引起被害人心脏病发作而死亡的场合,也属于抢劫致人死伤。但如果考虑到先前的手段行为并不是程度较高的暴力行为,而只是胁迫,所以,即使发生了死伤结果,也并不导致死刑的适用。

当然,在有的情况下,抢劫行为和死伤结果之间客观上存在条件关系的,由于抢劫行为人对死伤结果的发生,可能连疏忽大意过失都不存在,属于对加重结果没有认识,其结果就不属于这里的抢劫致人死亡。例如,抢劫引起被害

---

[12] 这里的"直接"造成他人死亡,是指杀害行为在没有其他因素介入的情况下致人死亡,是从因果关系角度所讲的。利用他人的暴力杀害被害人的间接正犯,实行行为在刑法上视为由利用者"直接"实施,所以,对故意杀人的间接正犯判处死刑,与本人的观点没有冲突。

[13] 阿部纯二等编:《刑法基本讲座》(第5卷),东京:法学书院,1993年,页130。

[14] 储槐植:《美国刑法》(第2版),北京:北京大学出版社,1996年,页74。

自杀的;追赶行为人的被害人遭雷电袭击死亡,或者因踩上石块倒地,导致脑溢血死亡的,都不能将死亡结果归咎于行为人,对其只能适用普通抢劫的规定。所以,死伤结果是否存在,是否需要抢劫行为人负责,貌似细小的问题,有时决定对被告人的生杀予夺。

共同实施入户抢劫的行为,其中一人导致他人重伤、死亡的,其他着手抢劫者即使没有着手实施杀伤行为,也需要对死伤结果负责。这是基于两方面的考虑:抢劫罪本身就是暴力程度最高的侵犯财产行为,对人身权利的威胁极大,死伤结果可以包含在抢劫罪的暴力当中;在抢劫预谋以及共同实施过程中,共犯对其他行为人可能实施杀伤行为应当有所预计,死伤结局的出现既不出乎所有共犯的意料,也不会为他们所反对。[15] 问题是,要求所有抢劫实行犯对死、伤结果负责,并不意味着对没有直接亲手杀伤被害人的行为人都可以判处死刑,量刑时必须考虑其没有直接杀伤被害人的情节,从而比照直接杀伤的行为人从宽处罚。

最后,还有必要指出,司法实务历来的做法是实施抢劫的暴力侵害行为,即使没有取得财物,但造成伤亡结果的,也是抢劫罪既遂。这种观点没有从法益侵害的角度考虑问题,也容易导致实践中一有死伤结果,不考虑抢劫罪是否既遂,就判处被告人死刑的局面出现。[16]

所以,为了在司法实践中有效地限制死刑,对抢劫致人重伤、死亡的结果加重犯既遂的判断,仍然应当以行为人是否占有财物为标准(取得说)。这样,对抢劫罪的结果加重犯而言,还是存在未遂问题。为抢劫而实施暴力行为,导致他人重伤、死亡,但是没有取得财物,只构成抢劫罪结果加重犯的未遂。有杀害、伤害他人并取得财物的故意,实施杀害、伤害行为,但未导致重伤、死亡结果,而且未取得财物的,也只构成犯罪未遂。当然,司法机关不愿意承认抢劫罪结果加重犯的未遂,可能有其功利的考虑——一旦认定行为人抢劫未遂,就不好对其适用死刑,由此会导致刑法无法压制抢劫杀人的犯罪现象。但是,这种担忧是多余的:犯罪未遂只是"可以"从宽处罚的情节,而非必须从宽处罚情节;这种担忧也是比较奇怪的:为什么总是害怕对被告人判轻了,为什么不对判重了心有余悸?须知有从轻情节时如果判重了,也是违反罪刑相适应原则的。

(三)过失致死与死刑限制

故意伤害致人死亡或者以特别残忍手段致人重伤造成严重残疾的,可以判处死刑。这里只讨论如何对伤害致人死亡者限制死刑适用。

实施暴力行为,导致被害人重伤或者死亡的,属于故意伤害罪的结果加重

---

[15] 司法实践中,也基本持这种立场。参见蒋征宇:"郭玉林等抢劫案",载《刑事审判参考》(第4卷·下),北京:法律出版社,2004年,页86。

[16] 周光权:《刑法各论讲义》,北京:清华大学出版社,2003年,页105。

形态。在结果加重犯的场合,要求暴力和加重结果具有客观上的因果联系。因此,对结果加重犯的因果关系是否存在也需要仔细加以判断。例如,张某故意伤害李某,并致其重伤(具体伤情为重伤偏轻,且不会造成残疾),当天下午,李某在医院治疗时,医生许某提供的治疗方法严重失误,且在使用抗生素药物时未做皮试,3小时后李某抢救无效死亡。张某的伤害行为与死亡结果之间是否有因果关系?对被告人是否可以考虑适用死刑?

在加重结果不能归属于行为人时,不是结果加重犯。本案中,是医生的错误这一较为异常的介入因素直接导致被害人死亡,张某原来实施的故意伤害行为和最终的死亡结果之间的因果联系由于医疗责任事故的介入而中断。所以,许某构成医疗事故罪,张某只应负故意伤害(致人重伤)罪的刑事责任,对张某自然不能适用死刑。

在故意伤害导致第三者死亡的场合,应根据行为人对死亡者的死亡是否具有预见能力以及事实认识错误的处理原则加以认定。例如,甲对乙实施暴力程度较高的伤害行为,乙为躲闪而踩了丙的脚,丙倒地后死亡;A强行超越B的车辆,B被逼无奈进行躲避,情急之下撞了C的汽车,导致C死亡,只要甲、A对丙和C的死亡大致地能够预见,就应当对第三者的死亡负责。所以,故意伤害致人死亡,不局限于导致最初的伤害行为承受者死亡的情形。不过,在量刑时,仍然必须考虑介入因素对死伤结果毕竟有相当的影响力,伤害行为人对该因素不能有效控制,也没有伤害第三人的明确意思这一实际情况。所以,在故意伤害导致第三人死亡的场合,原则上对被告人不应判处死刑。

(初审编辑:车浩)

死刑量刑法理学模式与社会学模式

汪明亮[*]

Jurisprudence and Sociology: Two Patterns during Adjudicating the Death Penalty

Wang Ming-liang

虽然限制死刑与废除死刑已成为世界刑罚发展趋势,但就目前而言,不少国家(特别是发展中国家,如我国)的死刑还将在一定时间内存在并发挥作用。在这些国家,死刑量刑是国家刑罚权实现的重要方式。

在现代法治国家,"依法量刑"是死刑量刑的基本原则,是刑事法治的基本要求,也是实现刑法平等的根本途径。然而,在死刑量刑实践中,"依法量刑"原则并不能很好地发挥作用,可能判处死刑案件"同罪异罚"[1]现象还大量存在。如何理解这种现象? 如何对可能判处死刑案件量刑才能真正实现刑法平等? 笔者认为,死刑量刑存在两种模式:一是死刑量刑法理学模式,二是死刑量刑社会学模式。死刑量刑社会学模式是导致可能判处死刑案件"同罪异罚"的原因,实现刑法平等的关键在于避免死刑量刑社会学模式发生作用。

---

[*] 复旦大学法学院教师,中国人民大学法学院博士后研究人员。
[1] 也即死刑量刑不平等或量刑歧视,指的是同罪名、同情节、同证据支持的犯罪,在量刑结果上表现出差异性,如有的判处死刑,有的判处自由刑;有的判处死刑立即执行,有的判处死刑缓期二年执行。

一、死刑量刑法理学模式及"同罪异罚"

死刑量刑法理学模式,是指严格依照刑法条文规定,对已有的可能判处死刑案件的犯罪事实作出判定,并据此作出死刑裁量(判处死刑还不是死刑,是死刑立即执行还是死刑缓期二年执行)的过程。死刑量刑法理学模式是"依法量刑"原则的具体适用。死刑量刑法理学模式是法律条文主义在死刑适用中的体现,是现代法律形式主义(现代法治)的追求。现代法治的精神在于限制国家的权力,法治是公权力行使的基本原则。死刑量刑是刑罚权的重要组成部分,是公权力实现的重要方式,死刑量刑直接涉及公民的生命,其行使必须符合法治主义原则。死刑量刑法理学模式以刑法的明文规定为死刑裁量根据,追求"罪刑法定"、"罪刑均衡"、"刑罚适用人人平等"的现代法治理念。也即,在具体裁量死刑的时候,要以刑法的规定为基准。

首先以成文法国家为例,如我国1997年《刑法》规定:"对犯罪分子决定刑罚的时候,应当根据犯罪的事实、犯罪的性质、情节和对社会的危害程度,依照本法的有关规定判处。"(第61条)"犯罪分子具有本法规定的从重处罚、从轻处罚情节的,应当在法定刑的限度以内判处刑罚。"(第62条)"死刑只适用于罪行极其严重的犯罪分子。对于应当判处死刑的犯罪分子,如果不是必须立即执行的,可以判处死刑同时宣告缓期二年执行。"(第48条)"犯罪的时候不满18周岁的人和审判的时候怀孕的妇女,不适用死刑。"(第49条)等等。又如,《日本刑法典》第48条规定:"刑罚应当根据犯罪人的责任量定。适用刑罚时,应当考虑犯罪人的年龄、性格、经历与环境、犯罪的动机、方法、结果与社会影响、犯罪人在犯罪后的态度以及其他情节,并应当以有利于抑制犯罪和促进犯罪人的改善更生为目的。死刑的适用应当特别慎重。"[2]其次以判例法国家为例,美国作为判例法国家的代表,以判例法作为其刑事法律的固有传统,但从20世纪70年代开始兴起的量刑制度改革运动却纷纷要求立法机关尽可能精确地规定刑罚量,以限制法官的自由裁量权利。在此背景下,美国联邦量刑委员会制定了所谓的"量刑指南"。美国的量刑指南旨在刑法划定框架内,对"罪"和"刑"作进一步的细化。该指南把所有犯罪划分为43级,每罪规定一个基本级,然后依据各种情节予以加减级数。个罪的级无固定位置,有的规定在上限,有的则在下限。如一级谋杀罪的基本级是43级,在具备明文列举的某一或某些从轻情节时,最低可减至33级。[3]

可见,以法治为目标的死刑量刑法理学模式具有如下特点:第一,死刑量刑

---

[2] 张明楷(译):《日本刑法典》,北京:法律出版社,1998年,页109—110。
[3] 王世洲等(译):《美国量刑指南》,北京:北京大学出版社,1995年,页44。

的法理学模式建立在"法律本质即规则"[4]的基本假设之上,死刑量刑必须以刑法规定(量刑规则)为标准。第二,死刑量刑法理学模式视刑法为从一个案件到另一个案件是不变的。它是刑法规定的,并且是所有的人都可以获得的,相同的案件事实会有相同的死刑量刑结论。换言之,刑法是通用的,其死刑量刑规则适用于所有案件。第三,死刑量刑法理学模式视量刑规则为逻辑过程。对每一案件的刑罚裁量都是对刑法条文的运用,而且是逻辑决定结果。第四,死刑量刑法理学模式强调同罪同罚,将死刑量刑中的差别待遇("同罪异罚")视为异常现象。

虽然,死刑量刑的法理学模式为死刑量刑设定了"法定"的量刑规则,从理论角度看,如果严格依照该规则裁量适用死刑,是会做到"同罪同罚"的,也即具备相同性质的可能判处死刑的犯罪遭受相同的刑罚处罚[5]。可是从实践角度看,死刑量刑的法理学模式并不能完全发挥作用,刑法上相同的可能判处死刑案件(同罪名、同情节、同证据支持),常常得到不同的处理,这就是"同罪异罚"。如,在我国,以性质相近的组织卖淫罪为例,有些人被判处死刑,有些人则被判处几年有期徒刑。[6] 又如,在美国,以谋杀罪为例,有些人被判处死刑,而另一些人则可能受到各种所有可能的判决:一些服罪的人受到了较轻的处罚,一些被判有罪者被缓刑释放,一些被判短期监禁,一些被判 5 年、10 年、20 年或终身监禁。[7]

在刑法上没有差别的同类案件(都可能判处死刑),为什么不能得到相同判决结果,却出现"同罪异罚"?对此,死刑量刑法理学模式不足以预测或解释。那么,什么才可以解释死刑量刑过程中出现的"同罪异罚"现象呢?除了

---

[4] See H. L. A. Hart, *The Concept of Law*, Oxford: Clarendon Press, 1961.

[5] 要么都判处死刑,要么都判处自由刑;要么都判处死刑立即执行,要么都判处死刑缓期二年执行。

[6] 如案例1:被告人汪红英在杭州芭堤雅娱乐有限公司总经理杨军明(在逃)的指使下,1998 年 1 月 27 日至 4 月 1 日间,分别采用招募、引诱、容留等手段,在杭州芭堤雅娱乐有限公司桑拿中心控制多名按摩小姐从事卖淫活动。其中,被告人汪红英控制十余人先后分别与数十名嫖客在芭堤雅桑拿中心、太平洋大酒店进行卖淫活动 114 次,非法获利人民币 62950 元,被告汪红英从卖淫女处得赃款人民币 2700 元,被告人汪红英一审被杭州市中级人民法院以组织卖淫罪判处死刑。1999 年 12 月,浙江省高级人民法院二审改判汪红英死缓。案例2:被告人矫某从 2002 年 4 月到 9 月,共组织 6 名卖淫女在其美发店内卖淫,她们每次卖淫至少收 150 元,矫某提 50 元,嫖客多给钱矫某就多提。矫某向她们提取卖淫非法所得计三千余元。她还把卖淫的次数、时间及钱数,全记在一个电话本上。后来矫某被法院判处有期徒刑 5 年。(案例资料分别来源:参见吕思源:"轰动全国的'芭堤雅'组织卖淫案",(2005 年 2 月 2 日访问)〈http://www.zjbar.com/siyuan/case2.htm〉;游小琴:"发廊女老板组织卖淫 以身试法被判刑 5 年",(2005 年 2 月 2 日访问)〈http://www.bj148.org/news/1047016550790.html〉)。这两起案件性质相差不大,具有可比性,两个案件的被告人都是女性,都组织了多名女性进行卖淫,都非法获得赃款 3000 元左右……但两个案件所判处的刑罚则差距太大,一个被判处死刑,另一个则被判处 5 年有期徒刑。

[7] See Donald Black, *Sociological Justice*, New York: Oxford University Press, 1989, p. 6.

刑法的技术性特征——死刑量刑规则具体运用于实际刑事案件中的过程之外，每一可能判处死刑案件还有其社会特征：被告人与被害人的社会地位？谁处理这起案件（警察、控方、法官）？还有谁与案件有关？每一刑事案件至少包括对立的双方（原告或受害人，以及被告），并且可能还包括一方或双方的支持者（如律师和证人）及干预者（如行政党政干预、媒体干预等）。这些人的社会性质构成了该可能判处死刑案件的社会结构。例如，被害方与被告方的社会地位如何？他们之间的社会距离有多大？双方的支持者（律师、证人等）的社会特征是什么？法官的情况怎样？是否有行政、党派干预？媒体是否介入？等等。

可以说，每一可能判处死刑案件都是社会地位和关系的复杂结构。这一结构对于理解在刑法技术特征上相同的可能判处死刑案件的判决结果的差异（"同罪异罚"）是关键的。可能判处死刑案件的社会结构可以预测和解释该案件的处理过程，这就是死刑量刑社会学模式。

二、死刑量刑社会学模式及其生成机制

死刑量刑社会学模式，是指刑法条文规定之外的可能判处死刑案件的社会结构对刑罚裁量产生影响的过程。死刑量刑社会学模式对死刑量刑过程的分析得益于案件社会学理论的建立。案件社会学是法社会学的一个分支，其以具体的法律案件为分析对象。案例社会学的理论渊源可以追溯到法律写实主义的运动，该运动是在19世纪末的世纪之交时由美国律师发起的，持续了几十年之久。[8] 法律写实主义的核心观点是：法律的原则——规则和原理，本身并不足以预示和解释案件是如何判决的。法官和陪审团通常是根据他们的个人信念和情感来断案的，只是在实际上已经这样断案之后才到书面的法律中寻找合法的理由。案件社会学开辟创造了一种新的法律模式，它截然不同于那种把法律描绘为法律条文的逻辑运用决定案件处理结果的法学模式。

现代刑法学死刑量刑理论（死刑量刑法理学模式）忽略了案件各方的社会特征。[9] 从死刑量刑法理学模式角度看，谁杀了谁与量刑是不相干的。从被告人与被害人之间关系看，谁贫穷，谁富贵；谁是白人，谁是黑人；谁是百姓，谁是官员等，都是与死刑量刑无关的。而在死刑量刑社会学模式中，这些问题则是核心问题。可见，死刑量刑社会学模式主要阐明的是可能判处死刑案件的社会结构是如何预测和解释刑罚裁量的。例如，我们已经知道案件被害方、被告

---

[8] See Roscoe Pound, "Law in books and law in action." American law review 44: 1910, pp. 12—34.

[9] 除非成文法规定了绝对确定法定刑，如我国《刑法》第121条规定："……致人重伤、死亡或者使航空器遭受严重破坏的，处死刑。"第239条规定："……致使被绑架人死亡或者杀害被绑架人的，处死刑，并处没收财产。"第383条规定："……情节特别严重的，处死刑，并处没收财产。"在这些情况下，除非有法定从轻情节，否则只能对行为人判处死刑。

方的社会地位,他们之间的亲密程度,以及一方或双方的支持者(如律师和证人)及干预者(如行政党政干预、媒体干预)等,这些因素决定并解释了刑罚裁量的过程是如何实施的,被告人究竟是判处死刑还是自由刑、是判处死刑立即执行还是缓期二年执行等问题。因此,以案件社会结构为考察视角的死刑量刑社会学模式主要有如下特征:第一,死刑量刑社会学模式关注的焦点是可能判处死刑案件的社会结构,即谁是案件的参与者。第二,死刑量刑社会学模式认为死刑量刑过程是人们的行动,而并不是法律的逻辑运用。如谋杀罪的刑罚裁量,并不在于刑法的逻辑运用,实际上只是人们如此认定的,并且这还取决于谁杀了谁等社会结构因素。第三,死刑量刑社会学模式认为死刑量刑规则是可变的,它随着各方社会特征的不同而不同。

可能判处死刑案件社会结构不同是导致"同罪异罚"的根本原因。从死刑量刑社会学模式角度考察,案件社会结构因素主要包括:可能判处死刑案件被害方与被告方的社会结构,可能判处死刑案件支持者与干预者的社会结构及法官的社会结构等。不同社会结构因素之间存在差异,该差异性会对性质相同但社会结构不同的可能判处死刑案件量刑结果产生影响,这便是死刑量刑社会学模式的生成机制。

1. 可能判处死刑案件的被害方、被告方对死刑量刑结果的影响

被害方与被告方对死刑量刑结果的影响体现在两个方面:一是被害方与被告方的社会地位。死刑量刑结果与社会地位有直接关系。谁是被害人?谁是被告人?他们自身的社会结构可能是预测可能判处死刑案件如何量刑的重要社会学因素。例如,被害方与被告方分别具有什么样的社会地位。社会地位存在若干纬度,如财富、教育状况、受尊重程度、社会参与程度,以及政治地位等。一般认为,社会地位是导致可能判处死刑案件"同罪异罚"的重要因素。如穷人与社会底层被告在同等条件下会受到比富人与社会上层被告更多的刑罚处罚,但也有人认为这不是事实。"然而,法社会学家已经证实这两种流行观点都是不正确的。"[10]其实,被告人的社会地位本身很少或不能告诉我们刑罚处罚的轻重。我们必须同时考虑对立双方相对的社会地位。这样就可以发现,主要是在其较高的社会地位造成超过对手社会地位的优势时,与较高社会地位相联系的优势才会表现出来;而主要是在其较低的社会地位造成低于对手社会地位的劣势时,与较低社会地位相联系的劣势才会表现出来。事实上,与社会地位低的被告被社会地位同样低的受害者指控相比,社会地位高的被告被另一个社会地位同样高的受害者指控时,会受到更严厉的处理。[11] 以现代美国为例,

---

[10] See Donald Black, *Sociological Justice*, New York: Oxford University Press, 1989, p. 9.
[11] Ibid.

与一个黑人被认定杀害了一个黑人相比,一个白人被认定杀害了另一个白人时,更有可能被判处死刑。[12] 在 20 世纪 70 年代的 5 年中,在佛罗里达等州,白人被认定杀害白人而判处死刑的可能性是黑人被认定杀死黑人而判处死刑的五倍多。[13] 在黑人被认定杀死黑人的案件中,被判处死刑的不到 1%。[14] 并且,当社会地位低的人侵犯了其同类时,所有的已知的法律都倾向于相对宽容。[15]

但是,在可能判处死刑案件中,当被告人侵犯了比自己地位高或低的被害人时,将明显表现出另一种模式。与那些侵犯了比自己社会地位低的被告人相比,那些侵犯了比自己社会地位高的被告人(即下行的案件)[16]会得到更严厉的刑罚处罚。那些侵犯了社会地位较高的被告人将可能使自己受到的刑罚处罚达到极至,他比同等性质下的被告人受到更严厉刑罚的风险要大得多。如在美国,当一个黑人被认定杀死了一个白人时,被判死刑的危险远大于任何其他种族组合的情况。在俄亥俄州,它比黑人被认定杀死黑人而判死刑的可能性高出近 15 倍;在佐治亚州高出 30 倍;在佛罗里达州高出近 40 倍;在得克萨斯州高出近 90 倍。[17] 另一方面,对一个社会地位低下者的侵犯(即上行的案件)[18]所受到的刑罚处罚非常宽大。例如,在美国,当一个白人被认定杀死了一个黑人,被判死刑的可能性几乎为零;在俄亥俄州,在研究的 5 年当中,所有 47 名被认定杀死黑人的白人无一被判处死刑;在佐治亚州,71 人中有 2 人被判处死刑;在佛罗里达州,80 人中无一判处死刑;在得克萨斯州,143 人中有 1 人被判处死刑。[19] 所以,就被害方与被告方社会地位而言,最显著的是下行的死刑的极高可能性和上行的死刑极低可能性之间的对比。真可谓:"下行的法律严于上行的法律",此乃世界各地及贯穿历史的一条法律行为的原理。[20]

---

[12] See Barbara J Fields, "Ideology and Race in American History." pp. 147—177 in *Region, Race, and Reconstruction: Essays in Honor of C. Vann Woodward*, edited by J. Morgan Kousser and James M. McPherson. New York: Oxford University Press, 1982.

[13] Calculated from Bowers and Pierce, "Arbitrariness and Discrimination under Post-Furman Capital Statutes." *Crime and Delinquency* 26: 1980, p.594.

[14] 同上注。

[15] See Donald Black, *The Behavior of Law*, New York: Academic Press, 1976, pp.17—20.

[16] 所谓"下行"的案件,指的是被告方的社会地位低于受害方的刑事案件。

[17] Calculated from Bowers and Pierce, "Arbitrariness and Discrimination under Post-Furman Capital Statutes." *Crime and Delinquency* 26: 1980, p.594.

[18] 所谓"上行"的案件,指的是被告方的社会地位高于受害方的刑事案件。

[19] Calculated from Bowers and Pierce, "Arbitrariness and Discrimination under Post-Furman Capital Statutes." *Crime and Delinquency* 26: 1980, p.594.

[20] See Donald Black, *The Behavior of Law*, New York: Academic Press, 1976, chapters 2—4 and 6.

二是被害方、被告方之间的关系距离[21]。关系距离与刑罚裁量结果有直接关系。被害方、被告方之间亲密状况如何？他们是否是同一家庭成员、同事、朋友、邻居或完全是陌生人？这是预测死刑量刑结果的重要社会学因素。特别适用于对杀人、强奸、盗窃等刑事案件的死刑量刑结果的预测。例如,在20世纪70年代后期的美国,那些被认定杀了陌生人的罪犯比被认定杀死了亲属、朋友或熟人的罪犯被判处死刑的可能性要大。在佛罗里达州,陌生人谋杀者被判死刑的可能性高出了4倍,在伊利诺依州高出了6倍,在乔治亚州高出了10倍。[22]

当然,被害方、被告方的社会地位与关系距离并不是与死刑裁量结果变数有关的社会因素的全部内容。除此之外还有被害方、被告方之间的"文化距离、他们的相互依赖程度、他们是个人还是组织、得到法律之外的选择的范围以及其他变数"。[23]

2. 可能判处死刑案件的支持者与干预者对量刑结果的影响

可能判处死刑案件的社会结构除了被害方与被告方的对立关系外,还取决于谁支持谁以及谁是干预者。与被害方、被告方的社会特征一样,律师、公开其偏向立场的感兴趣的旁观者、证人等支持者、干预者的社会特征具有同样的影响模式。

一是律师的影响。与被害方、被告方一样,一个律师的社会地位有高低之分。一些律师比另一些富有,学历更高,社会关系协调能力更强,与官方关系密切,更值得尊重等。这些特征与当事人(被害方或被告方,主要是被告人)的特征一起发生作用,从而影响死刑量刑结果。一般说,律师的社会地位越高,其当事人获得的利益越多。虽然律师不能消除与社会地位优越者对抗的全部不利因素,但通过提升地位较低一方的社会地位,律师使得司法机构对案件的处理趋于均质化和公正化。详言之,如果被害方社会地位低而其代理律师地位高,则可能会使被告人受到应有的刑罚处罚(如被判处死刑立即执行),被害人从而得到抚慰;反之,如果被告方社会地位低而其辩护律师地位高,被告人则可能受到较轻的刑罚处罚。

二是公开其偏向立场的感兴趣的旁观者等支持者与干预者。主要包括:民愤者、法学专家、官员及新闻媒体等。民愤者,主要是指对某一可能判处死刑案

---

[21] 关系距离(relational distance),特指"(人们)相互介入彼此生活的程度",并可以将"人们之间的相互交往的范围、频率和时间长短,他们之间关系建立的时间长短,他们之间在社会关系网中彼此联系的性质和数量"作为衡量社会关系距离的尺度。See Donald Black, *The Behavior of Law*, New York: Academic Press, 1976, pp.40—41.

[22] See Gross and Mauro, "Patterns of Death: an analysis of racial disparities in capital sentencing and homicide victimization." *Stanford Law Review* 37: 1984, pp.58—59.

[23] See Donald Black, *The Behavior of Law*, New York: Academic Press, 1976.

件的被告人持强烈支持或痛恨的民众,其往往以群体的力量出现。民愤者主要是基于人类"一种天生的追求对等性的本能",而对某一可能判处死刑案件被告人持强烈支持或痛恨的态度。一般来说,对具体个案而言,如果民愤者群体达到一定规模,形成一股强大的社会舆论力量时,司法机构往往不得不屈从于民愤者的声势,迎合民愤者的要求作出或重或轻的刑罚裁量。正如"不杀不足以平民愤"、"不'放人'不足以平民愤"所言。法学专家,以其独特的专业背景和社会地位,其出具的专家意见往往对死刑量刑结果起着重要影响。一般来说,法学专家在该领域越有名气,越受刑事法官尊敬(有些法官便是专家的学生),其专家意见就越有可能被法院采纳。官员,特别是在司法不完全独立国家,其对可能判处死刑案件发表的看法可以直接影响刑罚裁量结果。一般情况是,官员的级别越高,司法机关越不独立,官员对某一可能判处死刑案件的刑罚裁量结果影响越大;反之,则越小。新闻媒体,主要是电视、报纸等媒体单位。新闻媒体对死刑量刑结果的影响主要体现在它对某一具体可能判处死刑案件的"倾向性"报道方面。新闻媒体除了对判决尚未生效的具体个案发表自身的"倾向性"评论外,更多的则是把民愤者、法学专家及官员对案件的量刑意见进行大肆报道。一般来说,新闻媒体级别越高、影响范围越广,其对死刑量刑结果的影响也就越大。[24]

三是证人。证人对死刑量刑结果的影响主要取决于证人的言语表达方式,而言语方式往往与社会地位有关,因此,如果人们以一种社会地位高的人的方式作证,可以提高他们在法庭上的可信度。[25]

总之,在被害方、被告方的社会地位结构、社会关系距离相对确定情况下,支持者与干预者的社会结构影响着案件的刑罚裁量结果。

3. 可能判处死刑案件的法官对量刑结果的影响

除了当事人、律师及其支持者、干预者会对死刑量刑结果产生影响外,司法

---

[24] 曾经被炒得沸沸扬扬的"张金柱交通肇事案",可谓是民愤者、新闻媒体影响死刑量刑结果的一个典型:发生在1997年的张金柱事件曾喧嚣一时,激起举国的民愤,各地各种媒体各类讨伐声不绝于耳。不少人在法院门口打出了横幅:"诛杀公安败类张金柱为民除害"。最早披露此事的是当地的《大河报》,然后是中央电视台的《焦点访谈》。随后,张金柱的名声走出郑州,走出河南,走向全国,张金柱撞死人案件成为国人关注的焦点。在一段时间里,打开每一份报纸都会很容易找到与此案有关的报道。最后的宣判出来了,"张金柱被判处死刑!"这样的判决立即让受害者家属感到了正义的伸张,几乎所有关注此案的善良人也都松了一口气:"张金柱该死!"但是,张金柱被判死刑却引起了法律界的一些震动:在宣判结果出来以后,张金柱的两位律师发表了公开信,认为张金柱虽有罪,但罪不该死,他们之前曾经到北京向8位法律专家请教,得出的结论一样:张金柱罪不该死。而且,判决书中有"罪大恶极,不杀不足以平民愤"这样的词句,这更让很多人担心在对张金柱的审判当中,司法是在一种新闻和民众包括另外一些无形之手的庞大压力之下作出死刑的判决。

[25] See William M. O'Barr, *Linguistic Evidence: Language, Power, and Strategy in the Courtroom*, New York: Academic Press, 1982.

人员的社会特征也会对死刑量刑结果产生影响。这里的司法人员为广义,包括法官、检察官及陪审员。司法人员是男人还是女人?是老人还是年轻人?是已婚者还是未婚者?是富有者还是清贫者?是高学历还是低学历?是学法律出身还是非法律出身?法官在此案之前是否认识当事人或律师?这是案件社会结构的另一个组成部分,不同的人裁量刑罚也会影响到死刑量刑结果的变化。考虑到法官在死刑量刑中的决定作用,所以他们的社会特征比其他司法人员更有意义,这里仅讨论法官的情况。

法官处理可能判处死刑案件的权威性各不相同。法官的权威性越高,其就越能够依照刑法规则适用死刑,也即越能够按死刑量刑法理学模式量刑。法官处理可能判处死刑案件的权威性受三方面因素影响:一是法官的个人素质;二是法官与当事人的社会关系距离;三是法官的级别。法官的个人素质有多项评价指标,包括业务素质、个人品质、心理素质三个方面。其中业务素质指标所占比例最大,个人品质指标次之,心理素质指标再次之。业务素质跟法官的受教育经历有关,个人品质则与法官的家庭出身、财产状况、道德观、信仰等有关,而心理素质则与法官的年龄、性别、经验等有关。

法官与当事人的社会关系距离,是影响权威性的一项重要因素。由于亲密关系会造成偏见[26],可能判处死刑案件的被害方、被告方均会从与法官有亲戚或其他亲近的关系中获得好处(对前者而言可能是判处死刑立即执行,而后者则可能是减轻刑罚处罚)。但这几乎不可能,因为当法官存在这种亲密关系时,在正常情况下会回避(可能是自行回避,也可能是申请回避)。因而法官倾向于与被害方、被告方保持同等的亲密关系。但这只适用于亲密关系的极端形式,如家庭成员关系、朋友关系等。而其他一些差别所造成的影响则是常见的,如被害方、被告方中有一方为外地人而另一方不是,有一方外表漂亮而另一外表丑陋,或一方的律师与法官认识而另一方律师与法官不认识。身为一个外表丑陋的人(特别是被告方),如同社会地位低的人一样,是一个非常不利的因素。法官的级别也是影响权威性的一个要素。一般来说,法官级别越高,其权威性也越高;反之,则越小。这是因为法官级别越高,其处理的刑事案件影响到的范围越广,受到的关注也就越多。

可以说,上述影响法官权威性的三个因素,都是法官自身原因造成的。实际上,由于法官是死刑裁量者,刑罚裁量结果的最终确定必须由法官作出,法官在最终作出刑罚裁量结果的时候,除了上述三个自身因素影响其判决的权威性之外,还有一个重要外在因素——社会信息,也即法官对前面论及的被害方与

---

[26] See Donald Black, "Social Control as a Dependent Variable." pp. 21—22 in *Toward a General Theory of Social Control*, Volume 1: *Fundamentals*, edited by Donald Black, Orlando: Academic Press, 1984.

被告方的社会结构、支持者与干预者的社会结构等信息的把握程度,这些信息量能否进入法官的视野,是法官最终给出死刑量刑结果的重要参考因素,也是影响法官权威性的重要的外在因素(对于这点后文将论及)。

上文对死刑量刑社会学模式生成机制的分析,不可避免地会使那些坚信刑法条文和死刑量刑规则的人感到震惊和愤怒。从可能判处死刑案件的社会结构来预见和解释死刑量刑结果是如何被法官裁量的,看起来是很糟糕的,因为它严重违反了刑法平等原则和死刑量刑规则,是一种法律上歧视,是对法治的破坏。然而,愤怒是不能阻止死刑量刑社会学模式发挥作用的,像其他事物一样,死刑裁量也会根据环境的变化而变化。死刑量刑结果在某种意义上取决于它的社会意义。指望法官对可能判处死刑案件社会结构事实视而不见,而仅仅按死刑量刑规则去量刑是不现实的。刑法通过可预测的模式反映社会环境。但是,通过改变这些环境我们也可以改变死刑裁量行为。怎样才能达到这一目的?怎样才能在死刑量刑过程中减少不平等?

笔者认为,"解铃还需系铃人",既然在死刑量刑过程中的不平等是由于可能判处死刑案件的社会结构造成的,那么,我们所要做的就是要尽量消除可能判处死刑案件社会结构差异所带来的影响,也即尽可能地避免死刑量刑社会学模式发挥作用,其途径不外乎三个方面:途径之一:重新设计可能判处死刑案件的社会结构,尽量消除社会异质性。途径之二:改变刑罚裁量过程,减少社会信息,尽量使量刑过程非社会特征化。途径之三:进行刑事立法根本性改革,尽量控制法官自由裁量权,使异质的法官面对异质的社会信息能够在最小化的范围内作出差异性死刑裁量结果。

三、死刑量刑社会学模式避免途径

(一) 途径之一:尽量消除社会异质性

如前文所述,当可能判处死刑案件的社会结构预示着该案件的处理方式的时候,案件之间社会结构差异的异质性程度将决定案件量刑差异程度。如果某些可能判处死刑案件的被害方与被告方之间的社会地位或亲密程度的差异不一样;或者,如果该案件一方(被害方或被告方)的支持者与干预者的社会特征不一致;又或者,具体量刑的法官的社会特征不一致,那么,即使在其他方面都很相类似(如行为人的主观罪过、造成的危害结果等),这些可能判处死刑案件的量刑结果却会有很大的差异。也就是说:"同罪异罚"是由于社会异质性造成的,即"法律差异是社会异质性的功能之一。"[27]

---

[27] See Donald Black, "Social Control as a Dependent Variable." page 17 in *Toward a General Theory of Social Control*, Volume 1: *Fundamentals*, edited by Donald Black, Orlando: Academic Press, 1984.

被害方与被告方之间的社会地位或亲密程度的差异不一样是导致可能判处死刑案件"同罪异罚"的最为重要原因。例如,比起有可鉴别的犯罪处理,对所谓的无受害者犯罪[28]的处理没有太大的差异。其中的一部分原因与受害者本身的社会特征存在差异有关;有受害者犯罪中存在各种各样的社会差异。这不仅是因为在那些受害者中,由于各种纽带关系将其与侵害者连接在一起而存在社会异质性;而且还因为受害者与侵害者之间的社会关系界定了该案件的特征。[29] 因而,尽量消除被害方与被告方之间的异质性是避免死刑量刑社会学模式发生作用的最为重要途径。然而,消除可能判处死刑案件被害方与被告方之间的异质性是非常困难的,这在司法实践中难以实现。因为被害方与受害方作为社会个体,其本身就是以异质的方式存在的。这一方面是由于"人生而不平等"(所以法律上强调"法律面前人人平等")。另一方面,由于"生而不平等",在后天的社会化过程中,个体则更会以异质的方式存在,诸如阶级差异、贫富差异,等等。这是社会存在的必然现象,是不可避免的。同时,消除可能判处死刑案件被害方与被告方之间亲密程度的差异也是不可能的,因为,社会是普遍联系的,个体与个体之间不可避免地会发生着相互联系,只是距离远近而已。

消除可能判处死刑案件支持者与干预者的社会特征的异质性则是可行的。这里所说的消除支持者与干预者的社会特征的异质性,不是指让可能判处死刑案件被害方与被告方的支持者与干预者的社会特征都趋于一致(这是不可能的,正如上文所述,社会个体是以异质的方式存在的),而是对具有社会特征异质性的支持者与干预者的行为进行约束,使之社会特征的异质性不会去影响死刑量刑结果。具体做法是:第一,尽量消除律师社会特征的异质性。消除律师社会特征的异质性表现在对律师行为的约束:(1) 律师不能进行广告宣传,不能对自己的学历、社会关系、社会兼职(头衔)等进行宣传(包括印在名片上);(2) 律师只能根据事实和法律并按照法律程序进行辩护,而不能向行政或党派首脑反映情况,以求得法外干预;(3) 律师不得召开所谓的专家论证会,以求得所谓的学者的支持;(4) 律师不得借助媒体舆论的力量来对司法机关施加压力;等等。第二,消除公开其偏向立场的感兴趣的旁观者等支持者、干预者的异质性。具体做法是:(1) 禁止民愤者联名上书法院或政府部门,禁止民愤者针对刑事案件集会游行;(2) 禁止法学专家(也包括其他专家及名人),以其独特的专业背景和社会地位出具专家意见;(3) 禁止官员对司法进行干预;(4) 禁止新闻媒体对案件进行"倾向性"报道,媒体的报道必须客观,只介绍事实,而

---

[28] 所谓无受害者犯罪(victimless crime),指的是没有明显被害人的犯罪,如吸毒类犯罪等。
[29] See Donald Black, *Sociological Justice*, New York: Oxford University Press, 1989, p.70.

不能发表评论。第三,消除证人的异质性。主要做法是:(1)证人作证的时候,隐瞒其社会身份;(2)证人作证时尽可能以书面形式回答,而不要以语言形式回答。

消除法官社会特征的异质性是减少可能判处死刑案件"同罪异罚"现象的最主要因素。虽然不能彻底消除法官社会特征的异质性,但在一定程度上减少则是可行的。具体做法是:第一,尽量使法官的个人素质同质化:(1)从年龄上对法官进行限制[30],规定从事法官职业必须达到一定的年龄要求,这样可以避免因年龄差异而导致刑罚裁量上的差异;(2)从学历上对法官进行限制,规定从事法官工作必须在通过司法考试资格的基础之上,还要有一定的学历文凭要求;(3)从经济上对法官进行限制,规定从事法官职业必须具有一定的经济基础和良好的经济信誉,禁止那些存在严重经济债务的人进入法官队伍。第二,尽量使法官与可能判处死刑案件当事人保持同等距离。这是从约束业外活动的范围方面对法官进行限制,如《中华人民共和国法官职业道德基本准则》对法官的业外活动进行了约束:"……法官应当谨慎出入社交场合,谨慎交友,慎重对待与当事人、律师以及可能影响法官形象的人员的接触和交往,以免给公众造成不公正或者不廉洁的印象,并避免在履行职责时可能产生的困扰和尴尬……"[31]第三,尽量使法官独立量刑,减少法官的上下级从属关系,从而增加不同级别(尤其是下级)法官死刑量刑的权威性,并使之趋同。

(二)途径之二:死刑量刑非社会特征化

尽管可以通过尽量消除可能判处死刑案件支持者、干预者以及法官的社会特征异质性来减少案件社会结构的异质性,但由于消除被害方与被告方之间的异质性是不可能的,因而消除可能判处死刑案件社会结构的异质性也成为不可能。通过减少案件社会结构异质性不能完全避免死刑量刑社会学模式发生作用。我们必须寻求避免死刑量刑社会学模式发生作用的第二种途径,即死刑量刑非社会特征化。

法官之所以对相同性质的可能判处死刑案件给出不同的量刑结果,主要是受到案件社会结构的异质性影响。可能判处死刑案件社会结构的异质性是如何被法官认知的呢?这主要是法官通过某种渠道了解了案件社会结构的异质性信息。如果法官没有了解到案件社会结构的异质性信息,他(她)就不会受这些社会信息干扰。可能判处死刑案件社会结构异质导致"同罪异罚"的先决条件是这些异质为法官所知。对此,可以通过"泊车罚单"现象予以解释。事

---

[30] 这一点美国联邦法院规定得比较有特色,如美国联邦法院就是有9名年老的法官组成。根据美国《宪法》第3条规定,只要联邦法官能够"品行良好"(during good behavior),便可终身担任法官一职。

[31] 参见《中华人民共和国法官职业道德基本准则》第38—46条。

实证明,警察对违章泊车者的处罚是公正的,也即一视同仁的,警察一般只是无一例外地对每一例违章泊车者开出罚单。当然这时驾车者的社会特征是完全不同的,那么警察却为什么没有开出歧视性的罚单呢?原因在于,违章泊车者都有一个共同的特征,即他们极少出现在法律处理过程的现场。在这种情况下,就社会层次而言,他们是隐性的。无论驾驶者的社会特征是什么,差异有多大,他们违反泊车规则时,社会身份一般是未知的。警察处理时,他们一般不在现场。警察惟一看到的只有汽车,而在大多数情况下,这对了解驾车者的社会特征起不了太大的作用。[32] 对违规泊车的处理过程中一视同仁而没有歧视,表明可能判处死刑案件社会结构异质性的社会信息确实影响了死刑量刑结果。如果在死刑量刑过程中没有案件社会结构异质性的社会信息的介入,那么无论可能判处死刑案件本身有多大的不同,严格地说,只要他们性质一样,他们的处理结果就应该是相同的。[33] 只有被害方与被告方的社会特征被法官知道时,社会特征才会对死刑量刑结果产生影响。泊车违章的无差异性处罚阐明了法社会学的另外一个规则:法律变量是社会信息的一项直接功能。[34]

在死刑量刑过程中的任何一项歧视,无论是经济的、性别的等等,都取决于死刑量刑环境中案件社会结构异质性的社会信息量的多少。即使案件的社会性质是完全一致的,但它们所包含的社会信息仍然会使它们变得不一样并且导致"同罪异罚"现象发生。例如,在某些案件中,如果被告人的犯罪记录(一种规范的信息)被法官及陪审团预先知道了,那么这些被告人在案件的审理过程中就会处于不利的地位。[35]

然而,按照死刑量刑法理学模式,在法庭量刑过程中,不可避免地充满了有关被害方与被告方,以及相关人员的大量的案件社会结构异质性的社会信息。某些适用死刑案件的裁决,已经被证明是各种社会信息综合作用的结果。这些社会信息涉及被害方与被告方的身份地位、财产状况、个人爱好,以及支持者与干预者的态度等等。大量的可能判处死刑案件社会结构异质性的社会信息,尤其是在法庭上,使"同罪异罚"成为可能。因此,避免死刑量刑社会学模式发生作用的另一个重要途径就是,尽量避免在法庭上出现可能判处死刑案件社会结

---

[32] 当然也有例外,比如警察可以明显地判断出驾驶一辆崭新昂贵跑车的人社会地位要高于驾驶一辆又旧又破装载卡车的人。但是大量的汽车是同质的,而且透露的社会信息相对较少。更为重要的是,由于不与违反泊车规则的人发生面对面接触,警察对于违反泊车规则的人的社会特征(如其社会地位、职业、婚姻等)比在像法庭那样面对面情景中被告人的社会特征了解得要少。

[33] 这里假设法官、律师等相关人员社会特征相似,并且是中立的。

[34] See Donald Black, "Social Control as a Dependent Variable." page 19—20 in *Toward a General Theory of Social Control*, Volume 1: *Fundamentals*, edited by Donald Black, Orlando: Academic Press, 1984.

[35] See Donald Black, *The Behavior of Law*, New York: Academic Press, 1976, pp.113—117.

构异质性的社会信息,即死刑量刑非社会特征化。有多种方法可以实现死刑量刑非社会特征化,其中有一些是可行的,而有一些则可能只是理论上的。

方法一:通过程序法的条文规定,将与该可能判处死刑案件社会特征(社会结构异质性的社会信息)有关的证人证词和其他介绍排除在外。这样,法庭的社会信息就会降低。该程序法条文将具体规定哪些种类的社会信息是不允许出现的,如被害方和被告方的种族、财富、身份地位、受教育情况、以往经历等,以及被害方和被告方之间的关系。用不着大幅度地改变程序法的规定,我们就可以使大量的社会结构异质性的社会信息无法进入法庭。[36]

方法二:使最后作出刑罚判决的法官远离可能判处死刑案件被害方与被告方的社会信息。通过这种方法,对罪犯的量刑结果都是在对被害方与被告方的社会信息一无所知的基础之上作出的。这将会在某种程度上消除可能判处死刑案件"同罪异罚"现象,尽管法官受到了其他社会信息的影响。

以上两种方法都是切实可行的,也是避免死刑量刑社会学模式发生作用,减少死刑量刑不平等的重要途径。然而,不论程序法条文如何规定将与该案件社会特征有关的证人证词和其他介绍排除在外,也不论法官在量刑时如何不考虑被害方与被告方的社会信息,但另一因素仍然不可避免地暴露了被害方、被告方及其他相关人员的社会特征,即他们本身的存在。因而,要想更彻底地使死刑量刑非社会化,还必须采用第三种方法。由于第三种方法对现行的死刑量刑法理学模式提出了挑战,与现行的法律规定的死刑量刑程序相背,因此这种方法可能只是理论上的,在实践中是难以采用的。

方法三:把所有的可能判处死刑案件的当事人排除在法庭之外。因为仅仅从外表本身就透露了人们的许多社会特征,包括他们的种族、性别和年龄。另外,服装、珠宝首饰、发型等都泄露了当事人的社会信息,如他们所处在的社会阶层和生活方式。另外一种社会信息的来源是语言。每一个人所使用的词汇、语法、发音都暗示着其社会背景和社会地位。当事人陈述的方式,如自信程度和发言的冗长程度也同样发挥着这样的功能。尽管语言本身的社会意义得不到人们的承认,但言语的确定性程度能增强或减少证词的可信性程度。[37] 仅仅只需要个人陈述就可以将社会信息带入法庭。因此,法庭死刑量刑的彻底非社会特征化,不仅需要将某些特别的部分从证人证词中剔除出去,还需要将可能判处死刑案件当事人拒斥在法庭之外。具体说,就是将可能判处死刑案件的

---

[36] 实际上,在美国法庭,非社会特征化早已经不是新鲜事情了。例如,在美国,某些有关社会特征的信息将不允许作为证词。这是因为它们对案件本身无关紧要。一些所谓的保护法还禁止在法庭上对被害人盘问得过于详细。例如,不允许询问被强奸者的性生活史等。

[37] See William M. O'Barr, *Linguistic Evidence: Language, Power, and Strategy in the Courtroom*, New York: Academic Press, 1982.

控方、被告方、证人、律师完全排除在法庭之外,将控方的指控、被告方的辩护、证人的证词、律师的代理或辩护意见,以副本的形式,书面被提交到法庭,供法官审案参考。

(三)途径之三:进行刑事立法根本性改革

然而即使是采取了上述第三种方法使法庭量刑彻底非社会化,这还不能彻底消除死刑量刑过程中的歧视,可能判处死刑案件"同罪异罚"现象依然会存在。可能判处死刑案件"同罪异罚"还有一个来源,那就是法官本身。法官作出的刑罚判决反映了他们的社会特征,引入了另外一种社会差异,结果是刑罚裁量的法官要么倾向于过于严厉(多用死刑),要么倾向于过于宽容。前文虽然对消除法官社会特征的异质性作了技术上的设计,但这只能是在一定程度上的减少,而不可能是彻底性消除。那么,如何才能彻底消除由于法官自身的异质性差异导致的可能判处死刑案件"同罪异罚"现象呢?

笔者认为,有两条方法可供选择,不过这两条方法都是建立在对现行刑事立法进行根本性改革前提之上。这两条方法是:一是取消法官死刑量刑自由裁量权(相对确定法定刑),推行绝对确定法定刑;二是取消法官本身,引入电脑量刑制度。

首先看取消法官死刑量刑自由裁量权,也即在刑法中规定绝对确定法定刑——死刑,取消相对确定法定刑。众所周知,法官死刑量刑自由裁量权,是相对罪刑法定主义的产物。以贝卡里亚为首的刑事古典学派曾主张绝对的罪刑法定主义,认为对某一犯罪的法定刑设置仅一种,且没有上、下限幅度。在此情况下,刑法典成了一纸对数表,法官只需要机械地、图解式地查对每一案情、每一情节、每一绝对确定法定刑并对号入座即可。然而,"法有限,情无穷",这又要求刑罚必须考虑个别化,而绝对确定法定刑的做法,因不能有所区别地处断各种主客观交织的复杂案情而难免失却公平:要么是扩大了社会防卫、偏废了对公民个人权益的保护;要么是滥用个人保护权而偏废了刑法对社会权益的保护。正因为如此,在绝对罪刑法定主义理论影响下的欧洲大陆最早的资产阶级法典(1791年的《法国刑法典》),还未及施行就在征求意见时遭到大部分法官的反对而被否决了,继后的1810年《法国刑法典》因此作了修改:将分则法定刑改作相对确定刑。

可见,在刑事立法上取消可能判处死刑案件的相对确定法定刑,设立绝对确定法定死刑,并以此来取消法官死刑量刑自由裁量权,是不符合刑事立法发展方向的。因而也就不是我们所要选择的避免死刑量刑社会学模式发生作用的方法。

其次是引入电脑量刑制度。所谓电脑量刑,是借助于电脑的人工智能系统来决定量刑结果的一种量刑方法。电脑量刑方法是一种综合性量刑方法,它综合运用了现代系统论、控制论和信息论的研究成果,采用数学模型的方法和电脑技术,集法律有关规定和案件事实等于一体。电脑量刑方法的关键是研制电脑量刑的系统。电脑量刑系统大致可以由以下几部分组成:第一,知识获取系统。把有关量刑的知识转换并加工为电脑的内部表示。第二,相关的数据库。其中包括法规数据库、判例数据库两大部分。法规数据库存储与定罪量刑有关的所有法律、法规、立法解释和司法解释。判例数据库主要储存典型案例。数据库可以由设计人员根据法律的废、改、立情况,经验的进一步积累和判例数量的增多,进行修改和补充。第三,推理判断网络。即把犯罪事实和所有与量刑有关的法定量刑情节、酌定量刑情节等整理归纳为千万个"如果出现这一情况,那就这么办"的形式表示的规则。这个过程一直继续下去,直到构成能处理任何一种排列组合形式的复杂的规则网络。第四,人机对话系统。即接受需要量刑的案情信息,输出量刑结果。

完全实现电脑对可能判处死刑案件量刑,也许今天看来是遥不可及的。但是到了电脑能够处理指控、证词和挑选刑罚裁量方式时,这一天也就来临了。只要用同一种程序处理所有的可能判处死刑案件,那么可能判处死刑案件"同罪同罚"就会发生,刑法平等就能够实现。

四、死刑量刑模式实证分析:以"黑社会老大刘涌案"的三审结果为分析视角

沈阳"黑社会老大刘涌案",可谓是中国的"辛普森案",其影响之深远,在新中国的刑事司法史上都是可圈可点的。自 2000 年 7 月刘涌"落网"到 2003 年 12 月 22 日被执行死刑,刘涌案引起了大范围的关注,仅搜狐(sohu)网站就有近 11 万人次网友参与发表评论。[38] 黑社会老大刘涌一审被铁岭市中级人民法院判处死刑立即执行,二审被辽宁省高级人民法院改判死刑缓期二年执行,二审终审后,最高人民法院再审又判处死刑立即执行。针对同一案件,为什么三级法院判决结果会出现不同?究竟是谁在主掌着生杀大权?三级法院所作判决是否违反了刑事法规定?究竟是什么原因导致了不同的死刑量刑结果?

对于"黑社会老大刘涌案"三次判决结果,笔者的态度是:三级法院所作判决都没有违反刑事法规定,之所以出现前述不同判决结果,完全是由于"黑社会老大刘涌案"在不同阶段的社会结构造成的。也就是说,死刑量刑法理学模式并不能说明三级法院所作判决的差异,只有通过死刑量刑社会学模式分析才能解释三级法院所作不同判决的原因。

---

[38] 刘涌案至少有如下特点:是 2000 年发动的第三次全国性严打以来所处理的最有影响的涉"黑"案件之一;二审终审后,最高人民法院对该案进行了提审,这是新中国成立以来最高人民法院首次就普通刑事案件进行提审。

(一)"黑社会老大刘涌案"案由及审判始末[39]

案由:刘涌:1960年生,沈阳市人。1995年创办民营企业嘉阳集团,从事服装、餐饮、娱乐、房地产等生意。下属公司26家,员工2500人,资产7亿元。自1995年以来,刘涌以沈阳嘉阳集团为依托,采取暴力、威胁等手段聚敛钱财,称霸一方,以商养黑。刘涌黑社会性质组织从1995年末初步形成至2000年7月初被沈阳警方打掉,在4年半时间里,共计作案47起,致死致伤42人,其中1人死亡、16人重伤、14人轻伤。主要案件事实如:1999年5月,中街大药房被刘涌一伙打砸,值班经理被打成重伤。1998年5月,刘涌授意宋健飞等3人到沈阳春天休闲广场打砸两个档口。1998年6月11日,宋健飞等人在光天化日之下将辽宁省技术监督信息研究所的3名工作人员砍伤。2000年5月,因一个"算命大仙"说刘涌"面色不正、身体不好",就被其打手连扎15刀;为泄私愤,刘涌指使他人将辽宁省某银行行长砍伤,派打手将一大学副教授打伤……

一审:2002年4月17日,铁岭市中级人民法院经过长达十余天的审理,对此案作出了一审判决:"被告人刘涌犯故意伤害罪,判处死刑,剥夺政治权利终身;犯组织、领导黑社会性质组织罪,判处有期徒刑10年;犯故意毁坏财物罪,判处有期徒刑5年;犯非法经营罪,判处有期徒刑5年,并处罚金人民币1500万元;犯行贿罪,判处有期徒刑5年;犯非法持有枪支罪,判处有期徒刑3年;犯妨害公务罪,判处有期徒刑3年;决定执行死刑,剥夺政治权利终身,并罚金人民币1500万元。被告人宋健飞犯故意伤害罪,判处死刑,剥夺政治权利终身;犯参加黑社会性质组织罪,判处有期徒刑10年;犯故意毁坏财物罪,判处有期徒刑5年;犯非法持有枪支罪,判处有期徒刑3年;犯妨害公务罪,判处有期徒刑3年;决定执行死刑,剥夺政治权利终身。被告人吴静明、董铁岩、李志国、张新民、马新阳犯故意伤害罪,均被判处死刑,缓期二年执行,剥夺政治权利终身。被告人程健犯故意伤害罪,判处无期徒刑,剥夺政治权利终身。被告人李凯、朴成文、艾义、冯春雨、孟祥龙、张建奇、刘凯峰、洪长宁、朱赤、刘军、马宗义、项培岳、房霆、王刚等也因犯故意伤害罪、参加黑社会性质组织罪、盗窃罪、故意毁坏财物罪、非法持有枪支罪、纵容黑社会性质组织罪、非法经营罪等罪名被判处有期徒刑。"一审判决书长达90页,据称此案的案卷高达2米。

二审(终审):一审之后,案犯提出上诉。刘涌的辩护律师田文昌在上诉过程中,进行了大量的工作,主要包括:请北京刑事法学名家出具"沈阳刘涌涉黑案专家论证意见书",该意见书长达6页,意见书认为"本案的证据方面存在严重问题",可能不构成黑社会犯罪。法律意见书是由14位一流法学家作出的,

---

[39] 关于"黑社会老大刘涌案"案由及审判始末的资料来源主要是搜狐(sohu)网站的相关报道。

包括中国法学会诉讼研究会会长陈光中,以及王作富、陈兴良、王敏远等。另外,他还给中央、最高人民法院、辽宁省委、辽宁省高级人民法院的有关领导写过很多信,反映有关问题。2002年8月15日。辽宁省高级人民法院作出了终审判决,以组织、领导黑社会性质组织罪,故意伤害罪,故意毁坏财物罪,非法经营罪,行贿罪,非法持有枪支罪,妨碍公务罪等多项罪名,判处刘涌死刑,缓期二年执行,剥夺政治权力终身,并处罚金人民币1500万元;核准宋健飞死刑,立即执行;核准吴静明、董铁岩、李志国、张新民、马新阳死刑,缓期二年执行;鉴于孟祥龙所犯行贿罪有自首情节,对其数罪并罚改判有期徒刑9年;对朱赤等3名被告人的起刑日期进行了更正。终审法院认为,被告人刘涌自1995年以来,以沈阳嘉阳集团为依托,先后勾结被告人宋健飞等人为骨干成员,组成较稳定的犯罪组织,有组织地通过违法犯罪活动或其他手段获取经济利益,具有一定经济实力,以支持该组织的活动;以暴力、威胁或其他手段,有组织地多次进行违法犯罪活动,为非作歹,通过实施违法犯罪活动或者利用国家工作人员孟祥龙等人的纵容,称霸一方,在一定区域或行业内形成非法控制或者重大影响,严重破坏了沈阳区域的经济、社会秩序。被告人刘涌及其行为分别构成组织、领导黑社会性质组织罪,而刘涌又系该组织的首要分子,应该按照其所组织、领导黑社会性质所犯的全部罪行处罚,论罪应当判处死刑,但鉴于其犯罪的事实、犯罪的性质、情节和对于社会的危害程度以及本案的具体情况,对其判处死刑,缓期二年执行。被告人宋健飞则在宣判后被押赴刑场执行死刑。

  提审(再审):二审终审后,舆论反应强烈。不少媒体对审判结果提出质疑。上海《外滩画报》8月21日刊登署名李曙明的文章《对沈阳黑帮头目刘涌改判死缓的质疑》,就是激起舆论波澜的第一粒石子。这篇开头就明白无误地说:"改判很难经得起法律的推敲,其中的一些问题需要好好梳理。"《北京青年报》8月28日报道说,刘涌为什么被从轻发落,是每一个公民都有权发问的,代替公众提问的这个任务无疑落到了媒体的身上。这是在维护广大人民群众的知情权,是对司法审判所进行的必要监督。刘涌改判性质极为严重,对待这样一个重大刑事案件,法院使用了"鉴于……本案的具体情况"等很不严密的说法,在接受媒体的采访时,也始终没有从法律的立场给出权威解释,因而,关于刘涌案件的种种猜测就始终未能平息。正是由于信息披露的不充分,客观上损害了公众的知情权,导致了人们对审判公正性的怀疑……在强大的社会舆论作用下,2003年10月8日,最高人民法院决定对刘涌一案进行提审,12月19日在锦州中级法院开庭审理,12月22日对刘涌宣判并执行了死刑。

  我们用表1把"黑社会老大刘涌案"三级审判作一简单比较:

表1 "黑社会老大刘涌案"三级审判比较

	一审	二审	再审
法院级别	中级法院	高级法院	最高法院
判决结果	死刑(立即执行)	死刑(缓期执行)	死刑(立即执行)
判决前舆论	强烈	一般	非常强烈
舆论倾向	多数人认为刘涌该杀	多数人认为刘涌该杀	多数人认为刘涌该杀
主要辩护理由	有刑讯逼供	有刑讯逼供	有刑讯逼供
对待辩护理由	不采纳	部分采纳	不采纳
辩护律师	知名律师	知名律师	知名律师
专家介入	无	14名著名法学家	无
官员介入	不详	不详	有

(二)"黑社会老大刘涌案"死刑量刑法理学模式分析

如前文所述,所谓死刑量刑法理学模式,是指严格依照刑法条文规定,对已有的可能判处死刑的犯罪事实作出判定,并据此作出死刑裁量(判处死刑还不是死刑,死刑立即执行还是死刑缓期二年执行)的过程。

由于死刑量刑法理学模式是以刑事法规定为基础的,因而在不同的诉讼阶段(就刘涌案而言,包括一审、二审和再审三阶段),死刑量刑法理学模式也是一样的:(1)根据《刑法》的规定,在被告人刘涌所构成的犯罪(包括组织、领导、参加黑社会性质组织罪、故意伤害罪、非法经营罪、故意毁坏财物罪、行贿罪、妨碍公务罪、非法持有枪支罪)中,可以判处死刑的是"故意伤害罪",根据《刑法》第234条的规定,故意伤害他人身体的,处3年以下有期徒刑、拘役或者管制;致人重伤的,处3年以上10年以下有期徒刑;致人死亡或者以特别残忍手段致人重伤造成严重残疾的,处10年以上有期徒刑、无期徒刑、死刑。因而,只要对故意伤害罪判处死刑,那么,根据数罪并罚原则,刘涌所承担的刑罚后果就是死刑。当然,究竟判不判死刑,是判死刑(立即执行)还是死刑(缓期二年执行),这得由法院综合案件全部情节去认定,此其一。其二,根据《刑法》第26条第3款的规定,"对组织、领导犯罪集团的首要分子,按照集团所犯的全部罪行处罚。"刘涌被认定是黑社会老大,显然应该对该黑社会所犯下的全部罪行承担责任。既然其手下宋健飞被判处了死刑(立即执行),那么作为首要分子的刘涌也必然应被判处死刑(立即执行),除非有法定的从轻情节或减轻情节(可是刘涌并不具备这些情节)。可以说,从刑法规定看,刘涌只能被判处死刑(立即执行)。(2)根据《刑事诉讼法》第43条的规定,"……严禁刑讯逼供和以威胁、引诱、欺骗以及其他的非法方法收集证据……"虽然我国《刑事诉讼法》只规定了收集证据时不准刑讯逼供,对非法获得的证据的可采性没有作出明确规定。但根据最高人民检察院和最高人民法院的相关解释,非法取得的证据是不能作为定案依据的。最高人民检察院制定的《人民检察院刑事诉讼规则》第265条规定:"严禁以非法的方法收集证据。以刑讯逼供或者威胁、引诱、欺骗等非法的方法收集的犯罪嫌疑人供述、被害人陈述、证人证言,不能作为指控犯罪的根据。"最高人民法院在《关于执行〈中华人民共和国刑事诉讼法〉若干问题的解释》第61条规定:"凡经查证确实属于采用刑讯逼供或者威胁、引诱、欺骗等非法的方法取得的证人证言、被告人供述、被害人陈述,不能作为定案的根据。"刘涌案中,司法机关究竟是否存在刑讯逼供呢?如果逼供了,按照前述司法解释,逼供的证据则不能作为定案证据,或者按照陈兴良教授的观点,在中国特定国情之下,"一审法院认为刘涌指使宋某实施了故意伤害致人死亡,二审认定他指使的证据上存在疑问,公安机关有刑讯逼供的嫌疑。到底刘涌指使还是没有指使,这一点上产生了疑虑。在这种情况下,法院对其判处死刑缓期二年执行,这是留有余地的做法。这种做法从法律角度来说是无可非议的。""……仅仅由于刑讯逼供不能得到排除,二审在法院审理期间,证人都翻供了,翻供到底是对是错有时候不太好判断。这个情况下,为了留有余地改判死缓。改判死缓是在目前的情况下不得已的一种做法。"[40]不论是按司法解释规定,还是按陈教授的"留有余地观点",只要法院能够认定刘涌一案中存在刑讯逼供的可能,那么,对刘涌则显然不能判处死刑立即执行了。

于是,从死刑量刑法理学模式分析,刘涌判不判死刑的关键在于司法机关是否存在刑讯逼供的可能。那么,司法机关是否存在逼供的可能呢?这得有法院来认定,法院说有,则有;说无,则无。死刑量刑法理学模式分析并不能给法院一个强行的指令或认定标准,这就需要法官去具体问题具体分析了。法官怎样具体问题具体分析呢?这正是死刑量刑社会学模式所涉及到的问题。按死刑量刑法理学模式,一审法院判处刘涌死刑(立即执行),二审法院判处刘涌死刑(缓期二年执行),再审法院判处刘涌死刑(立即执行)都是行得通的,三级法院的判决结果都没有违反刑事法的规定。但二审法院为什么判处刘涌死刑(缓期二年执行),而一审和再审法院为什么判处死刑(立即执行),则需要通过死刑量刑社会学模式分析才能找到答案。

(三)"黑社会老大刘涌案"死刑量刑社会学模式解读[41]

如前文所述,死刑量刑社会学模式,是指刑法条文规定之外的可能判处死刑案件的社会结构,对死刑裁量适用产生影响的过程。死刑量刑法理学模式忽略了可能判处死刑案件各方的社会特征。

---

[40] 内容来源,参见陈兴良教授2003年8月29日作客搜狐聊天实录。

[41] 下文关于"黑社会老大刘涌案"死刑量刑社会学模式解读的资料来源主要是搜狐(sohu)网站的相关报道及网友评论、北京青年报、南方周末及中国青年报等媒体的相关报道。

按上文所述，一审法院为什么判处刘涌死刑（立即执行），二审法院为什么对刘涌改判死刑（缓期二年执行），再审法院为什么又判处刘涌死刑（立即执行）？只能从死刑量刑社会学模式的分析中寻找答案。

我们首先对一审阶段"黑社会老大刘涌案"进行死刑量刑社会学模式分析：

(1) 对被告人刘涌有利因素——律师。本案律师为田文昌和佟林。田文昌律师，被称为"京城名状"，"中国刑事律师第一人"。男，1947 年生，法学硕士学位，1983 年至 1995 年在中国政法大学期间曾任中国政法大学法律系副主任、研究生导师。1985 年开始从事律师工作，1995 年创办京都律师事务所。中国法学会刑法学研究会理事，北京市法学会理事，北京市刑法学研究会副会长，中华全国律师协会理事、刑事专业委员会主任，北京大学、国家检察官学院兼职教授，北京市高级人民法院特邀监督员。被录入《当代中国中青年学者辞典》、《中国教育专家名典》。1996 年被评为北京市首届十佳律师，同年 4 月中央电视台《东方之子》节目以《京城律师田文昌》为题目分上、下两集播放了其专访报道。2001 年中央电视台以田文昌为素材拍摄了专题片《360 行——律师》。2003 年 6 月中央电视台《面对面》节目播放了对田文昌律师的专题采访。田文昌律师以擅长办理各类典型疑难法律事务而著称，近年来成功地代理了天津大邱庄被害人控告禹作敏案、珠海金镭联激光主盘制作有限公司侵犯著作权罪无罪辩护案、云南省省长李嘉廷受贿案、中国第二富豪杨斌涉嫌虚假出资案、81 名乘客诉西北航空公司误机索赔集团诉讼案、133 名客户诉农业银行广西玉林分行巨额金融期货纠纷集团诉讼案、美国稳固公司与华北制药有限公司合资纠纷申请仲裁案、南京华厦实业有限公司应诉新华日报社巨额侵权赔偿案、鞍山钢铁公司诉辽阳三联钢管有限公司亿元人民币购销合同纠纷等多起国内外影响重大的典型疑难案件。有关上述案例及田文昌律师的个人事迹被国内外多种报刊、广播电视等新闻媒介广泛报道。田文昌律师素有"学者律师"之称，教学、科研、办案成果丰硕，曾发表学术论文、译文、专著、教材等一百多万字，并多次参与立法研讨活动。其著作《中国名律师辩护词代理词精选——田文昌专辑》、《刑事辩护学》、《刑事诉讼控辩审三人谈》等受到法学界普遍赞誉。佟林律师也是在律师界很有名的一名律师。由于律师有较高的社会地位，在一审过程中，他们对死刑量刑有一定的影响。

(2) 对被告人刘涌不利因素——民愤者。可以说，"黑社会老大"刘涌一案发生后，民愤对其非常不利。案发后，随着媒体对案件的曝光，部分沈阳市民敲锣打鼓为公安局送上锦旗，淳朴的群众奔走相告、拍手称快。人们真的以为一切都会像电视剧中惯有的情节一样，罪大恶极的人终会有一个悲惨的下场，

"不是不报,时辰未到",如今,正义战胜了邪恶,时辰到了!

(3) 对被告人刘涌不利因素——新闻媒体。刘涌案发以后,媒体与民愤一样,对刘涌持痛恨态度。例如,"黑河落网刘涌绝望狂吞安眠药,天怒人怨罪恶滔滔终有时,天罗地网逃不出人民眼睛","大量犯罪事实证明,刘涌犯罪集团是一个组织比较严密、疯狂危害社会、非法聚敛财富、拉拢腐蚀干部且具一定经济实力的黑社会性质犯罪集团。他们流氓成性,心狠手毒,滥杀无辜,已到了令人发指的程度。"这是刘涌2000年落网时和其黑社会案侦查终结时《沈阳日报》和《法制日报》两篇报道中所用的文字,字里行间的愤恨和大快人心跃然纸上。

我们再对二审阶段"黑社会老大刘涌案"进行死刑量刑社会学模式分析:

(1) 对被告人刘涌有利因素——律师。二审律师依然是田文昌和佟林。在二审过程中,田文昌律师等不仅积极参与辩护,还进行了大量的卓有成效的社会活动:一是促成北京14位一流法学家出具的一份所谓的"法律意见书",即"沈阳刘涌涉黑案专家论证意见书"。这份长达6页的意见书认为,"本案的证据方面存在严重问题",可能不构成黑社会犯罪。另一方面,田文昌还凭借他的社会影响力,给中共中央、最高人民法院、辽宁省委、辽宁省高级人民法院的有关领导写过很多信,反映有关问题。

(3) 对被告人刘涌有利因素——刑法专家。与民愤者不同,二审期间,在律师的作用下,北京14位一流的法学家站在了刘涌这边[42],认为"本案的证据方面存在严重问题",可能不构成黑社会犯罪。这些专家包括,中国法学会诉讼研究会会长、前中国政法大学校长陈光中;中国人民大学著名刑法学家王作富;北京大学著名刑法学家、法学院副院长陈兴良;中国社会科学院诉讼法教研室主任王敏远;中国青年政治学院副院长、著名刑法学教授周振想等。刑法专家在"黑社会老大"刘涌一案中的影响是巨大的,二审法院在改判为死刑(缓期二年执行)的时候,无疑受到了专家的影响。[43] 这一方面是由于法学专家的影响力,不少法官学习的教材就是这些专家编写的,同时也由于有些法官就是专家所指导的博士、硕士。

(3) 官员。虽然,刘涌案二审过程中,律师为了救刘涌一命,曾给中共中

---

[42] 专家之所以站在刘涌这边,倒不是对刘涌情有独钟,为其开脱罪责。而是为了"杜绝刑讯逼供,保障人权"。陈兴良教授做客搜狐网所语。

[43] 犹如当年美国发生的"辛普森杀妻案"。黑人橄榄球星辛普森涉嫌杀妻,而且从控方所掌握的证据看,对辛普森很不利,后来辛普森请了美国最著名的律师组成"梦幻律师团"为其辩护。结果,辛普森最后被陪审团裁定无罪。事实证明,"梦幻律师团"在辛普森一案中起到了举足轻重的作用。

央、最高人民法院、辽宁省委、辽宁省高级人民法院的有关领导写过很多信,反映有关问题。但由于媒体没有报道官员介入该案的公开材料,因此对这一社会结构不作分析。

（4）对被告人刘涌不利因素——新闻媒体、民愤者。刘涌一审之后,媒体与民愤一样,对刘涌持痛恨态度,认为一审判得好,正义终于战胜了邪恶。

（5）对被告人刘涌有利因素——证人。二审时,"黑社会老大刘涌"一案的证人对刘涌非常有利,主要表现在两方面:一是在预审时,参与命案的七八个人都说,是刘涌指使的。但在庭审时却全部否认,而且还有相反证据证明,刘涌不但没有指使,而且还对此表示反对。他们被法官问及为什么在法庭上的供述与预审期间的笔录不一样时,刘涌、宋健飞、董铁岩等被告人都说是公安机关刑讯逼供的结果,而且在法庭上历数了公安机关的种种"非常手段。"二是为了证明刘涌等当庭所述的真实性,刘涌的二位辩护律师拿出了几份经过公证的证人证言,而出证的,正是曾经看押过刘涌的武警战士,他们证实了刘涌当庭所说的事实。

（6）对被告人刘涌有利因素——法官。媒体并没有对"黑社会老大刘涌"一案的法官个人情况进行报道,因而这里就不便对他们所做的判决的权威性进行比较。但是,辩护律师同样的辩护观点（认为公安机关有刑讯逼供行为）,在两审中却"待遇"不同。一审判决的第84、85页载明:"上列被告人及其辩护人提出的公安机关在侦查阶段有刑讯逼供的行为。经公诉机关调查,认定公安机关有刑讯逼供行为的证据不充分,对此辩解及辩护意见不予采纳。"而在辽宁省高级人民法院的二审判决中为"关于上诉人刘涌、宋健飞、董铁岩及其辩护人所提公安机关在对其讯问时存在刑讯逼供行为的理由及辩护意见,经查,此节在一审审理期间,部分辩护人已向法庭提交相关证据,该证据亦经庭审举证、质证,公诉机关调查认为:此节不应影响本案的正常审理和判决。二审审理期间,部分辩护人向本院又提供相关证据,二审亦就相关证据进行了复核,复核期间,本院讯问了涉案被告人,讯问了部分看押过本案被告人的武警战士和负责侦查工作的公安干警。本院经复核后认为:不能从根本上排除公安机关在侦查过程中存在的刑讯逼供的情况。"可见,一审法院没有采纳律师的意见,而二审法院却在某种程度上认可了律师的意见。

我们最后对再审阶段"黑社会老大刘涌案"进行死刑量刑社会学模式分析:

（1）对被告人刘涌有利因素——律师。再审阶段,田文昌律师已经退出,有佟林律师和另外一名律师共同为刘涌辩护。可见,再审的时候,律师因素对案件的影响有所减弱。

(2) 对被告人刘涌不利因素——民愤者与媒体。二审后,民愤非常强烈,报纸、网络 BBS 上到处充斥着不满情绪,绝大多数人都站到了刘涌的对立面。他们认为二审法院判决不公、14 位法学专家干扰司法、律师田文昌在为坏人说话,等等。一句话,多数人认为刘涌该死。如 8 月 31 日,一位叫王大烟袋的网友在新华网发展论坛发出帖子,鼓动"北大的学生请来签名:拒绝再听陈兴良的课。"网易网友发表评论,认为"终审法院的悲哀在于他们自以为维护了法律、维护了社会公正的初衷,这样的终审裁定将鼓励社会各阶层的坏蛋努力做大做强,这样的裁定是 2003 年度中国司法界的最大丑闻,如果剩下的时间里他们再没有比这更大的丑闻的话,如果正义得不到伸张,那么这样的丑闻也仅仅可以屈居本年度司法丑闻的第二名,大家都在等待中国司法界最后的良心发现,慢一点就是司法无耻,就是中国司法界对社会良知保持的无耻的沉默,是强奸民意!"8 月 21 日上海《外滩画报》发表李曙明的文章,对黑帮头目刘涌改判死缓的质疑。认为"辽宁高院的改判很难经得起法律的推敲,其中的一些问题需要好好梳理……在现阶段,死刑因为具有其他刑罚手段不可替代的威慑力,在打击犯罪,保护人民方面,发挥着重要作用。辽宁高院对刘涌的网开一面,让人产生这样的疑问:如果罪孽深重如刘涌都可以不死,那么,死刑留给谁用?……辽宁高院的判决是一个危险的先例。作为上级审判机关的最高人民法院,作为法律监督机关的检察机关,都有责任站出来,维护法律的尊严。"

(3) 对被告人刘涌不利因素——官员(包括人大代表)。二审判决后,一些官员(包括人大代表)纷纷表示不满,他们的不满意见通过各种渠道被送达中央和最高人民法院等权力部门。例如,二审改判后,北京青年报对相关公安部门进行了采访,公安机关对刘涌改判的反应比较强烈。一是认为改判没有法定的理由,二是认为改判给公安机关留了一个"刑讯逼供"的尾巴。沈阳市公安局宣传处的王副处长在接受记者采访时说,这次辽宁省高级人民法院的终审,"就我个人而言,作为在全国有重大影响,已经成形的带有黑社会性质的案件,最后出现这种结果,是比较遗憾的。"同时,王副处长还针对"不能完全排除在侦查过程中存在刑讯逼供的可能性"的说法,对记者说:"这是无中生有!说公安局刑讯逼供也不是一次两次了,中纪委也派人下来查过,但最后还不都是没有。再者说,如果真是公安人员刑讯逼供的话,案件的性质也就变了,刘涌早就出来了,一些公安干警也要受到处分。"一位辽宁省人大代表告诉记者说,目前对刘涌的改判,在公检法内部的反应跟老百姓一样强烈。辽宁省检察院一些人也想不通,认为刘涌案已经造成了这么大的影响,辽宁省应该给全国人民一个交待。

我们用表 2 来对"黑社会老大刘涌案"在不同诉讼阶段的死刑量刑社会学

模式的生成过程进行比较：

表2 "黑社会老大刘涌案"不同诉讼阶段死刑量刑社会学模式的生成过程比较

	社会结构	一审		二审		三审	
死刑量刑社会学模式	律师	社会地位高	对被告人有利(A2)	社会地位高	对被告人有利(A2)	社会地位一般	对被告人有利(A3)
	民愤者	站在被害方，反应强烈	对被告人不利(B1)	站在被害方，反应一般	对被告人不利(B2)	站在被害方，反应强烈	对被告人不利(B1)
	媒体舆论	站在被害方	对被告人不利(B1)	站在被害方	对被告人不利(B2)	站在被害方	对被告人不利(B1)
	官员	不详		不详		站在被害方	对被告人不利(B1)
	证人	多数证人证明被告人有罪	对被告人不利(B2)	有武警战士证言,存在刑讯逼供	对被告人有利(A1)	有武警战士证言,存在刑讯逼供	对被告人有利(A2)
	专家	无专家介入	对被告人不利(B2)	14位法学专家介入	对被告人有利(A1)	无专家介入	对被告人不利(B2)
	法官	没有受律师影响	对被告人不利(B1)	受律师,特别是法学专家影响	对被告人有利(A1)	没有受律师影响	对被告人不利(B1)
死刑量刑结果		一审中，由于"黑社会老大刘涌案"的社会结构总体而言对被告人不利，因此，在可判死刑立即执行和缓期二年执行的情况下，法院选择了死刑(立即执行)。		二审中，由于"黑社会老大刘涌案"的社会结构总体而言对被告人有利，因此，在可判死刑立即执行和缓期二年执行的情况下，法院选择了死刑(缓期二年执行)。		再审中，由于"黑社会老大刘涌案"的社会结构总体而言对被告人有利，因此，在可判死刑立即执行和缓期二年执行的情况下，法院选择了死刑(立即执行)。	

说明：表中 A_1、A_2、A_3、A_4，表示对被告人有利的程度，A_1 表示程度最高，以此类推；B_1、B_2、B_3、B_4，表示对被告人不利的程度，B_1 表示程度最高，以此类推。假设 A_1 与 B_1，A_2 与 B_2……在量上相等，我们则可以通过数学公式来推测刘涌的"生"与"死"，当对被告人刘涌有利因素成正数时，法院会选择死刑(缓期二年执行)。当对被告人刘涌有利因素成负数时，法院会选择死刑(立即执行)。具体说：

一审对被告人刘涌有利因素 = $A_2 + B_1 + B_1 + B_2 + B_2 + B_1 = 4B_1$(结果为负数)

二审对被告人刘涌有利因素 = $A_2 + B_2 + B_2 + A_1 + A_1 + A_1 = 3A_1 + B_2$(结果为正数)

三审对被告人刘涌有利因素 = $A_3 + B_1 + B_1 + B_1 + A_2 + B_2 + B_1 = 4B_1 + A_3$(结果为负数)

（四）留下的思考

通过"黑社会老大刘涌案"在不同诉讼阶段的判决结果的分析，我们可以发现，刘涌之"活"与"死"，是他处于不同阶段案件社会结构中的产物。假如（如果有假如的话）案件没有被媒体曝光，民愤不是那么强烈，刘涌一审会被判死刑（立即执行）吗？假如请的律师不是田文昌，假如田文昌没有请14位著名法学家出具"专家意见书"，刘涌二审会被改判死刑（缓期二年执行）吗？假如不是媒体曝光，民愤强烈，一些官员介入，最高人民法院会再审，并改判死刑（立即执行）吗？刘涌的生杀大权掌握受制于不同诉讼阶段的案件社会结构。

（初审编辑：车浩）

犯罪是一种评价
——犯罪观的主体角度解读

刘广三[*] 单天水[**]

Crime is A Kind of Evaluation

Liu Guang-san Shan Tian-shui

内容摘要：毋庸置疑，犯罪是一种事实，是犯罪人实施犯罪行为的系列事实。对这种事实以犯罪命名的背后依托着不同利益集团的利益观和价值观。在这个意义上，犯罪是一种评价。这种评价大体上来自三个方面：其一是强有力的国家；其二是广大的社会民众；其三是犯罪学研究者。

作者比较鲜明地提出"犯罪是一种评价"的命题，进而从国家、社会以及犯罪学学者三种评价主体的角度展开，并分别对各个主体内部的评价共性和个性做出论述。该文视野宽阔，思路清晰，一定程度上推进了我国犯罪学理论在价值论方面的研究进度。

关键词：犯罪 评价

Abstract: A crime is a series of facts committed by criminals. By denominating certain facts as a crime, different interest groups are pursuing their own benefits

---

[*] 刘广三，中国政法大学刑事司法学院教授。
[**] 单天水，烟台大学法学院刑法学专业2002级硕士研究生。

according to their evaluation. A crime is a certain kind of evaluation in this sense. The facts are mainly evaluated by the powerful states, the public as well as scholars in criminology.

Key words: crime   evaluation

从认识论上看,对犯罪[1]的评价是认识主体对犯罪这一认识客体的认识结果,可以说,这是犯罪观的主要内容。对犯罪进行评价的主体主要包括国家、社会[2]民众和犯罪学研究者,评价的内容无非两大类:一是将哪些行为评价为犯罪;二是对已经被评价为犯罪的行为的否定程度。受主体的利益和认识能力以及其他因素的影响,这三类主体对犯罪做出的评价不尽相同,在犯罪观上也大相径庭。

一、国家的评价

国家对犯罪的评价主要通过刑事立法和刑事司法活动表现出来。在宏观上,国家通过刑事立法将某类行为评价为犯罪,并做出程度不同的否定;在微观上,国家通过刑事司法对某个具体行为做出的评价,实际上是对立法评价的具体化。自从国家产生以来,无论是专制的国家还是民主的国家,都将评价和打击犯罪作为一项重要任务,而且,对某些类型的犯罪的评价带有很大的共同性。但是,众所周知,不同的国家对犯罪的评价是不尽相同的,同一个国家在不同的历史时期对犯罪的评价也存在很大差别,甚至同一个国家在同一个历史时期对犯罪的评价也会有所不同,所以我们说国家在评价犯罪上也具有很大的个性。

(一)国家对犯罪进行评价的共性内容

国家对犯罪的评价之所以带有很大的共性,是因为不同国家在对待犯罪这个问题上存在着共同的利益,国家对犯罪的评价能满足国家的一些共同的需

---

[1] 该文是从犯罪学角度使用"犯罪"一词的,它与刑法上的"犯罪"概念有所不同。可参见刘广三:《犯罪学上的犯罪概念》,载《法学研究》1998年第2期。

[2] 该文从社会学角度使用"国家"和"社会"两个词,根据马克斯·韦伯的定义,如果而且只要政治机关团体的管理班子能够为贯彻秩序,成功地要求垄断对人身的正当强制,这个团体便应称作国家。如果,而且只要社会行为取向的基础是理性(价值理性或目的理性)驱动的利益平衡,或者理性驱动的利益联系,这时的社会关系就应当称作"社会"。参见马克斯·韦伯:《社会学的基本概念》,胡景北译,上海:上海人民出版社2000年版,第87、62页。关于"国家",也可借用"社会学家眼中的国家"理解,即"在其形成和发展为新时代立宪国家的过程中可以作为一般的社会现象来加以探究的国家。"参见弗兰茨·奥本海:《论国家》,沈蕴芳、王燕生译,北京:商务印书馆1994年版,第3页。对于社会可以简单地以一个普遍的定义这样理解:以共同的物质生产活动为基础而相互联系的人类生活共同体。社会在广义上包含国家,该文作狭义的理解,指相对国家独立、国家之外的社会力量的共同体。

要。对犯罪的评价究竟能满足国家的哪些需要,笔者认为主要有以下几个方面:

1. 国家需要从评价和打击犯罪的活动中获得政权存在的正当性基础

古往今来,无论是专制的政权还是民主的政权,无论这个政权是宣扬"君权神授"还是宣扬"主权在民",都有一个共同的特点,就是任何政权的存在都要力求谋取政权存在的正当性。所谓政权存在的正当性无非是政权的存在要得到民众的接受、认同和支持,"君权神授"和"主权在民"的宣传也都是为了获取民众精神上接受和支持该政权的统治。从这个基本观点出发,我们可以这样认为,国家做出的对犯罪的评价和打击的行为在很大程度上也是为了获取民众的认同和支持,也就是为了获得政权存在的正当性。其理由主要有以下两点:

第一,国家通过对犯罪的评价争取民众的支持。首先,对于严重地侵犯民众人身安全和财产安全的行为,每个国家一般都要将其评价为犯罪,以表明国家对这种行为的否定态度。国家的这种否定性评价无疑维护了民众的利益,从而能够获得民众对其统治的支持。其次,国家通过将上述行为评价为犯罪并予以打击,表明了自己同犯罪的对立,体现出在犯罪面前国家与民众同仇敌忾,使民众逐渐将国家列入同一个阵营,在感情上更能接受这个政权的存在和统治。可以说,犯罪的存在使国家和民众拥有了一个共同的敌人,这个共同敌人的存在,使国家与民众之间连接的纽带变得更加坚韧,国家也因此获得了民众的认同和支持。再次,国家通过利用其强大的力量评价和打击犯罪,能够有效的保护民众的人身安全和财产安全,犯罪的存在使民众对国家产生了依赖感,从而现实地感觉到国家存在的必要性。

第二,国家需要通过做出与社会的道德具有一致性的评价而获得民众的道德伦理支持。如前文所述,每个国家一般都要将严重地侵犯民众人身安全和财产安全的行为评价为犯罪,如杀人、强奸、抢劫等暴力犯罪,这也可以说是不同国家评价犯罪的一个共同点所在。这个共同点似乎给人一种感觉,就是有一些犯罪能够超越特定的国家而存在。也许正是这种感觉使犯罪学的先驱加罗法洛先生无法满足于犯罪的法律概念,而去积极地探寻独立于某个时代的环境、事件或立法者的特定观点之外的犯罪的社会学概念,最终加罗法洛通过情感分析提出了"自然犯罪"的经典概念,他指出:"我借用'自然犯罪'一词是因为我相信,对于指明那些被所有文明国家都毫不困难地确定为犯罪并用刑罚加以镇压的行为,它是最清楚和不准确成分最少——我并未说最准确——的一个词。"[3] 加罗法洛认为,犯罪一直是一种有害的行为,但它同时又是某种伤害被某个聚居体共同承认的道德情感的行为。尽管道德观念存在很大的区别,而

---

[3] 加罗法洛:《犯罪学》,耿伟、王新译,北京:中国大百科全书出版社,1996年,页20。

且,在没有它就不存在能被称作犯罪的有害行为的那一种不道德中,这种区别并非不值得考虑。但是,参考一下道德感的进化过程,当我们抛弃道德是普遍的这一观念的同时,我们却可能发现在人类存在这个非常广泛的领域中某种情感具有同一性,犯罪就在于其行为侵犯了这些同样的情感。[4] 加罗法洛进一步分析,将道德感区分为基本情感和非基本情感,非基本情感与犯罪无关,但基本情感却与犯罪关系重大,他称这种情感为利他情感。加罗法洛又将利他情感概括为怜悯感和正直感两种类型,他最终这样阐述了自然犯罪的概念:"在一个行为被公众认为是犯罪前所必需的不道德因素是对道德的伤害,而这种伤害又绝对表现为对怜悯和正直这两种基本利他情感的伤害。而且,对这些情感的伤害不是在较高级和较优良的层次上,而是在全社会都具有的平常程度上,这种程度对个人适应社会来说是必不可少的。我们可以确切地把伤害以上两种情感之一的行为称为'自然犯罪'。"[5]

加罗法洛在情感分析的道路上走得很远,他超越了不同社会中道德的差别。尽管在不同的社会中由于道德的差异,国家将侵犯了社会赖以生存的伦理和道德的行为评价为犯罪的具体表现有所不同,但是国家普遍将这类行为评价为犯罪。那么国家为什么要将所谓的自然犯罪行为评价为法律上的犯罪?这是因为对侵犯了基本道德情感的自然犯罪的否定性评价一定能够得到社会民众的道德和伦理支持,我们说这种评价是正当的。国家政权通过做出这种与道德具有一致性的评价表明政权要遵守社会的道德规范,从而政权的存在和统治也能够得到来自社会伦理和道德的支持,国家的存在和统治也因此能够得到民众的理解和尊重。所以,"在'应该'的意义上,刑法上的所有犯罪都必须与社会道德之恶保持一致,否则刑法就有被民众所唾弃的危险"[6]。正是因为国家对犯罪的评价与道德具有一致性,国家评价所带来的后果——刑罚的存在才有了足够的理由支持,否则,其作为一种正当的法律制裁手段难以得到民众的理解和尊重,刑法乃至国家的正当性也会因此而受到怀疑。

正是因为国家对犯罪的评价具有正当性,一个国家动用刑事手段镇压对手的反抗就意味着要比赤裸裸的武装镇压更能获得民众的理解,所以,"从古到今,任何一个专制政府,要压迫他的对手第一步所要做的就是用刑事程序。"[7]

2. 国家需要从评价和打击犯罪的活动中获得政权存在的合法性基础

国家出现以后,公力救济逐步取代了私力救济在社会救济手段中的主导地

---

[4] 同上注,页21—29。
[5] 同上注,页44。
[6] 冯亚东:《理性主义与刑法模式》,北京:中国政法大学出版社,1999年,页55—56。
[7] 参见孙长勇:"沉默权"一文中易延友博士的评论,载陈兴良主编:《法治的界面》,北京:法律出版社,2003年,页16。

位,逐步排斥并禁止个人对犯罪的私刑报复,国家对犯罪的刑罚权取得了垄断的地位。既然国家要禁止社会成员个人对犯罪的私刑报复,那么评价和惩罚犯罪也就成为国家的一项义不容辞的义务。从社会契约论的角度来看,人们为了克服自然状态下的种种弊端,"要寻找出一种结合的形式,使它能以全部共同的力量卫护和保障每个结合者的人身和财富"。这种结合的形式就是国家,国家是由人们以平等的资格订立契约让渡自己的权利产生的。[8] 国家的统治权来源于社会成员权利的让渡,国家既然接受了这种让渡的权利,就要承担保障每个在其统治下的社会成员的人身安全和财产安全的义务。国家为了履行这项义务必须首先将侵犯民众人身和财产安全的行为评价为犯罪并对其予以严厉惩罚,这是一项更为前提性的义务。从国家存在的物质基础来看,国家所有的物质力量都是民众所提供的,但民众的纳税不会没有任何目的地白白缴纳给国家。要求国家保障自身的安全无疑是民众纳税的目的之一,国家既然接受民众的纳税,就有义务满足民众的安全需要。但在强调国家的义务上,自由主义者走向了极端,在自由主义者看来,"国家的主要任务——如果不是说惟一的——是关心公民的'负面福利',即保障公民的权利不受外敌的侵犯和不受公民之间的相互侵犯。"[9] 不仅如此,他们将国家评价犯罪的标准严格地限定为是否侵犯了公民的安全,他们认为,国家之所以可以惩罚一些行为,也就是说,可以把一些行为作为罪行提出来,国家追求的终极目的无非是公民的安全,除了那些违反这个终极目的的行为外,国家也不允许限制其他的行为。[10] 不管怎么说,对犯罪进行评价和打击是国家应该履行的一项义务,国家也只有履行这项义务才能获得政权存在的合法性。

3. 国家评价和打击犯罪是维护社会秩序的需要

秩序是一切社会得以生存与发展的基本前提。"社会秩序则是倾注了某个特定社会情感的人为规则,不管什么性质的社会,其秩序都是为了维护最有利于该社会生存和发展的内部与外部环境,营造一种和谐与安定的氛围。这是由秩序的本质所决定的。"[11] 对于国家而言也不例外,国家通过评价犯罪,向人们表明国家期待人们应该选择什么行为,不应该选择什么行为,并且国家依靠

---

[8] 卢梭:《社会契约论》,何兆武译,北京:商务印书馆,1980 年,页 22—24。

[9] 威廉·冯·洪堡:《论国家的作用》,林荣远、冯兴元译,北京:中国社会科学出版社,1998 年版,页 60。

[10] 同上注,页 143。应当指出,洪堡作为自由主义者,他认为人在国家中处于中心位置,他理想的国家就是自由主义的"守夜人"的国家,他完全否认国家的独立的利益。这一点如果说对反对封建专制还有积极的意义,那么意义也仅限于此,因为它不仅与现实不符,在社会发展中也难以实现。公民的安全不会是国家评价犯罪的惟一标准,任何一个国家都会有自己独立的利益,国家也会将侵犯这些利益的行为首先评价为犯罪,如政治犯罪。

[11] 谢望原:"作为刑罚价值的秩序",载《中国人民大学学报》1999 年第 2 期。

具有威慑力的刑罚作为后盾强制性地建立和维护国家所选择的社会秩序。所以,国家通过评价犯罪建立并维持最有利于自身存在和发展的社会秩序。

社会秩序包括政治秩序、经济秩序、公共安全秩序、国家的社会管理秩序和军事秩序,任何国家一般都会将破坏这几类秩序的行为评价为犯罪。但对国家而言,与国家利益最为密切相关的应该是政治秩序,因为政治秩序关系着国家自身生存的安全。国家自身的安全应该是国家评价犯罪的最高标准,任何类型的国家首先要评价为犯罪的行为便是危害政治秩序的行为。尽管从长远来看,这种政治犯罪在一定程度上也许对民众的利益更为有利。而且,相对危害其他社会秩序的行为而言,国家评价政治犯罪的否定程度一般也是最高的,这从各国对国事犯罪的惩罚上就可以表现出来。对于其他的几种社会秩序,国家同样会从有利于自身的存在和统治出发,将不利于统治秩序的行为评价为犯罪。

(二)国家对犯罪进行评价的个性内容

1. 国家对犯罪的评价受国家性质和政权组织形式的影响

国家评价犯罪总是为了自身的存在和发展,而国家性质和政权的组织形式总是直接或间接地、或多或少地影响着一个国家政治和经济的利益要求,当然也就不可避免的影响到国家评价犯罪的"目光"。根据马克思主义的观点,在阶级社会中,所谓国家性质,又称国体,是指社会各阶级在国家中的地位,即哪个阶级是统治阶级,哪个阶级是被统治阶级。毋庸置疑,在评价犯罪上,国家首先要满足统治阶级的利益要求,其次才会考虑被统治阶级的需要,所以,不同性质的国家对犯罪的评价也会有所不同。例如,在奴隶制社会中,奴隶主杀死奴隶的行为一般不会被评价为犯罪,奴隶的反抗却往往被评价为犯罪,而到了标榜自由、民主、平等的资本主义社会,故意杀人的行为一般都要被评价为犯罪,自由、安全、反抗压迫则是公民的基本人权。

政权的组织形式,也就是政体,是指特定的国家采取何种原则和方式去组织政权机关。政权组织原则的不同会直接影响到国家政权利益的表达方式,从而影响到国家对犯罪的评价。例如,专制的国家政权可能为了统治阶级的利益而无视被统治的社会各个阶层的利益要求而一意孤行,民主的国家则会重视社会各个阶层的利益表达。所以,在专制的国家里,民主运动往往被评价为政治犯罪,而在民主的国家里,虽然也会将危害政治秩序的行为评价为政治犯罪,但是与前者比较而言,民主国家对政治犯罪的评价更具有宽容性,这在对待言论自由的态度上就能明显的表现出来,例如,民主的国家一般会允许各个阶层通过新闻媒体、游行、结社、示威等方式表达自己的利益要求甚至是批评政府的言论,而在专制国家则可能会将这些行为评价为政治犯罪。

2. 国家对犯罪的评价受该国经济制度和经济发展水平的影响

一个国家的经济制度与国家的利益息息相关,国家总是要通过评价犯罪推行有利于自身利益的经济制度,巩固自身统治的物质基础,经济制度的不同也就会导致国家对犯罪评价的差异。例如,我国计划经济时代曾将长途贩运等行为评价为投机倒把罪,而在市场经济条件下,这种行为却是国家大力提倡的搞活经济的行为。

国家评价还受到经济发展水平的影响,经济发展水平的高低会影响到国家评价犯罪时的容忍度。例如,我国刑事司法中,盗窃罪的构成数额在不断的提高,就是因为随着我国经济的发展,我国容忍了低数额的盗窃行为,也就不再将这些行为评价为犯罪。现在,我国各个省市几乎都有自己本地区的盗窃罪的构成数额,这也是因为各个省市的经济发展水平不同,导致各个省市对盗窃罪的容忍度不同。

3. 国家对犯罪的评价受社会对犯罪的评价的影响

如前文所述,国家在评价犯罪时必须要得到社会的道德伦理支持。但是在不同的社会中,国家要适应不同的道德伦理要求,因而对犯罪的评价亦会有所不同。纵观所有的犯罪,就社会道德伦理对国家评价的影响这一点而言,社会风化犯罪无疑是最敏感的。我们首先采取纵向的分析,任何一个国家的道德都是在不断的发展变化的,每个国家在不同的历史时期对犯罪的评价也是不同的。如法国在 1986 年修改了刑法,新刑法将亵渎圣物罪、通奸罪、妨碍公共风化罪、行乞罪、流浪罪、堕胎罪等等不再评价为犯罪,对此法国的司法部长巴丹泰解释说:这些古老的罪行是 19 世纪的象征,目前风俗的进化已使之变得毫无意义。拿妨碍公共风化罪来说,现在法国的海滩上到处可见裸体浴场,民众已习之为长、熟视无睹,所以何必要由刑法来操心呢?[12] 我们再用横向的目光来分析,在同一个历史时期,由于各个国家伦理道德差异,每个国家都会伴随本国的社会伦理道德做出不同的评价。例如,在一些阿拉伯国家一个男人可以同时娶四个妻子,而在别的国家或地区这种行为恐怕就要被评价为重婚罪。

社会的伦理道德最终还是要通过社会的评价才能体现出来。国家对犯罪的评价要受到社会伦理道德的影响,其实就是受到社会对犯罪的评价的影响。社会的伦理道德变化首先要通过社会对犯罪的评价体现出来,其次再由社会的评价去影响国家的评价,可见,与国家评价相比,社会评价是更基础性的。所以,对某个行为"民众已习之为长、熟视无睹",就反映出社会伦理道德的变化已经使社会对这类行为做出了非犯罪化的评价,相应地,国家对此类行为也会做出非犯罪化的评价,从而就没有必要由刑法来"操心"了。但现在的问题是,由于社会的复杂性、价值观的多元化,社会的评价也是复杂多变的(对社会评价的形成机制将在下文详细论述),对同样的行为,社会中可能要存在着多种

---

[12] 冯亚东:同上注[6]所引书,页 12。

不同的甚至是截然相反的评价,而国家从根本上说只能是代表一部分人去进行评价,那么国家应采取社会的哪种评价作为依据?笔者认为,社会的各种评价都能对国家的评价产生或大或小的影响,而其中起决定作用的是社会主流的价值观。这一点,下文将详细论述。

4. 国家对犯罪的评价受政权组成人员的影响

无论是在宏观上国家通过立法将一类行为评价为犯罪的过程中,还是在微观上通过司法活动将一个具体行为评价为犯罪的过程中,国家政权组成人员都发挥着不可忽视的作用,国家在评价犯罪上难免要受到国家组成机构和人员的利益观、价值观的影响。如在立法上,美国麻醉品管理局的官僚们为了提高自己的社会地位和权力,发动了大规模的宣传活动,竭力把服用大麻与暴力犯罪联系起来,结果在这种夸大性宣传的推动下,立法机关把服用大麻的行为规定为非法。在司法上,这种影响表现的就更为明显了,作为一种职业的司法活动,犯罪的存在实际上是司法官员生存的条件,这在某种程度上会导致司法官员通过评价犯罪故意营造犯罪严重的气氛,以求增加社会的投入。而且,司法过程中司法官员个人的影响就更大了,如腐败的司法官员也许会因为受贿对某个犯罪行为做出违反刑事法律的评价。

5. 国家对犯罪的评价受人类认识能力的影响

一些行为是因为人类在提高了认识能力之后,才将其评价为犯罪的。如滥伐树木的行为,在古代没有将这类行为评价为犯罪,是因为没有认识到这种行为与环境恶化之间的关系,所以才发生了两河文明没落和楼兰古国消失的悲剧。现代社会,人类认识到这一点之后,就将这类行为评价为犯罪。所以,由于每个国家科学技术发展水平的不同,导致认识能力的参差不齐,从而对部分犯罪做出迥然不同的评价。

(三) 国家对犯罪进行评价的特点

1. 国家评价犯罪有严格的程序

因为国家的评价对构建社会秩序发挥着巨大的作用,并且总是与刑罚后果相联系,关系着行为人的自由和生死,因此,国家的评价必须要有严格的程序。在宏观上,国家评价某类行为依照严格的立法程序制定刑事法律。在微观上,刑事司法机关评价具体的行为,也要遵守严格的刑事诉讼程序。在现代民主社会中,对诉讼程序提出了更高的要求,程序不仅要求严格,而且还要有充分的民主性、公正性。

2. 国家对犯罪的评价具有权威性

国家的评价由专门的国家机关来进行,所以是正式的、权威的。国家在评价犯罪上严格的程序本身就是权威性的一个保障,国家又通过刑罚强制推行这种评价,进一步强化了评价的权威性。所以说,在对犯罪的评价中,国家的评价最具有权威性。

3. 国家的评价具有明确性

因为国家的评价总是与刑罚后果相联系,所以要求国家的评价必须是明确的。国家评价的明确性是对现代刑法的一项基本要求,它充分体现在刑法的基本原则——罪行法定原则之中。国家对犯罪评价的明确性包括国家评价要具有明确的刑事违法性、有明确的罪名、有明确的犯罪构成和明确的刑罚。

二、社会民众的评价

除了国家之外,社会民众也是一个重要的评价犯罪的主体。社会对犯罪会做出自己的评价,而且如前文所述,社会的评价是更具有基础性的。

(一) 社会对犯罪进行评价的共性内容

社会的评价最终来源于社会成员个体对犯罪的评价,它通过社会舆论、新闻媒体,甚至是大众的口头交流等正式或非正式的形式表达出来。社会对犯罪的评价出于满足以下几点需要:

1. 社会需要通过评价犯罪维持和加强社会团结

法国著名社会学家迪尔凯姆认为,任何社会的组成都要求社会成员做出一定的牺牲,取得一定的一致。如果没有人们永久的昂贵的牺牲,社会就不可能组成。这些牺牲体现在集体意识要求之中,他们是个人取得社会成员资格的代价,对这种要求的满足是给个别社会成员提供一种集体认同感,这是社会团结的重要来源,但是,更重要的是一些人无法满足集体意识的要求,这些人数量很大,但没有大到包括社会大部分的程度,这就使得大部分满足集体意识的人产生一种优越感,认为自己是良好的,正确的,使自己与那些道德上低劣的、不能满足这些要求的违法犯罪者形成对照。这种优越感、良好感、正确感是社会团结的主要来源。[13]

迪尔凯姆的论述可谓闪烁着智慧的光芒,社会的团结的确需要社会规范来维系。而破坏社会规范的社会成员一般能够通过对社会规范的破坏来满足自己的个体利益,相比之下,遵守社会规范的社会成员可以说是做出了牺牲。社会只有将破坏社会规范的行为评价为犯罪,对行为者也予以否定,才能使遵守社会规范的社会成员产生心理上的优越感、良好感、正确感,从而获得了心理上的平衡。这种优越感、良好感、正确感激励着每一位社会成员去遵守社会规范,我们无法想象如果社会不将破坏社会规范的行为评价为犯罪,社会规范何以支撑?社会团结何以维系?

---

[13] 参见吴宗宪:《西方犯罪学》,北京:警官教育出版社,1997年,页160。

2. 社会需要通过评价犯罪明确道德的界限，促进道德的完善

根据迪尔凯姆的观点，人们衡量行为的道德标准往往是含糊不清的，社会并没有提供一个明确的划分，去判断行为是否符合道德规范。而犯罪的存在，使人们心目中确立了道德的界限。特别是国家通过用刑事法律规定犯罪，用刑罚处理犯罪人，更加清楚地确立了道德的最低界限。[14] 诚然，迪尔凯姆的论述是针对国家的评价而言的，但对社会的评价同样适用，因为社会评价对国家评价具有基础性的作用，国家的评价无非是用法律的形式将社会的评价表达出来。

社会通过评价犯罪，在人们心目中明确了罪恶的典型，刺激着人们的罪恶意识，这对道德完善具有不可低估的作用。黑格尔的"恶动力"理论对此分析的更为深刻，他认为：人如果没有"罪恶意识"就绝对不会有道德完善和自我超越的动力和要求。在某种意义上说，社会上许多人道德上的钝化和被动是与缺乏罪恶意识存在一定的关系的。[15]

3. 社会需要通过评价犯罪维护全社会共同的利益

尽管社会成员的利益纷繁复杂，却也有许多共同之处。人的利益源于人的需要，根据马斯洛的研究，人的需要可分为安全、归属、爱、尊重、自我实现等几个由低到高的层次，当低层次的需要满足后，人才会产生更高层次的需要。就全体社会成员来说，尽管需要的层次有所不同，但最低层次的安全需要是他们一致追求的。所以，我们可以得出这样的结论：对安全的需要是全社会的共同利益。在评价侵犯社会公共安全的行为上，社会表现出很大的一致性，每个社会都需要将侵犯社会公共安全的行为评价为犯罪以维护全社会的共同利益。这类犯罪大都属于加罗法洛所谓的"自然犯罪"行列，正是社会对这类行为评价的一致性，才产生了不同国家评价的一致性，这类行为才会"被所有文明国家都毫不困难地确定为犯罪并用刑罚加以镇压"。

（二）社会对犯罪进行评价的个性内容

社会对犯罪的评价更具有个性，不同形态的社会对同样行为的评价可能差异极大、甚至截然相反。在同一个社会中，不同的阶级、不同的阶层、不同的党派、不同的民族等对同一行为的评价也可能有差异、甚至是激烈冲突的，表现出相当程度的混乱，这种局面是由以下几种因素决定的：

1. 社会对犯罪的评价依据的道德标准不同

在不同形态的社会中，道德标准肯定不是完全相同的，提出"自然犯罪"的加罗法洛也承认各个社会中的道德具有形式上的差别。而社会评价犯罪依据

---

[14] 同上注。
[15] 许发民、于志刚："论犯罪的价值及其刑事政策的意义"，载《中国人民大学学报》1999年第5期。

的主要标准就是道德标准,不同社会道德的差异当然会直接导致不同的社会对犯罪做出不同的评价。

在同一个社会中,由于社会成员利益要求的多样化,也很难存在单一的道德标准,价值观的多元化在每个社会都不同程度的存在,现代自由社会更是多种价值观并存并且互相激烈地碰撞。而拥有相同或者相近的理想和利益的社会成员自然结成一个社会群体,在对人的行为的社会评价上,这种特定的群体能够表现出相当的一致性。但每个社会群体都在努力表达用自己的群体价值标准对犯罪做出的评价,以影响国家的评价,并努力使自己的群体价值标准上升为国家评价犯罪的价值标准。于是,各个社会群体之间呈现出互相竞争的状态,社会对犯罪的评价也呈现出百家争鸣的局面。

不过,任何一个社会中,社会成员的大多数一般会产生共同或相近的利益要求,积淀成共同的价值标准,结成在价值观念上占主导地位的社会群体,我们将其称之为主文化群体,其他的社会群体则称之为亚文化群体。国家在评价犯罪时依据的往往是社会主文化群体的价值标准,亚文化群体的社会成员虽然是从事自己认为是正当的行为,却往往难以避免被社会主文化群体和国家评价为犯罪的后果。

2. 社会评价犯罪受到社会成员利益的影响

利益对社会评价犯罪的影响是更深层的,因为任何一个社会群体的价值标准无非都是基于成员需要和利益而形成的,美国学者费格尔说:"人类的需要和利益为道德标准提供了坚实的基础。"[16] 每个社会群体努力提高自己的价值标准的影响力无非也是为了维护自己的利益,正如马克思所言:人们所奋斗的一切,都同他们的利益有关。

一个行为侵犯了某些人的利益,就会引起这些人的憎恨。但是,当一个被社会主文化群体或国家评价为犯罪的行为能满足特定人的利益和需要时,这些人就会对其表现出无比的宽容甚至是认同。这样的例子是很多的,例如,在走私严重的地区,群众和当地政府部门都得到了一定的利益,因而部分群众甚至是某些政府部门都对当地的走私犯罪持宽容态度。还有,使用盗版的知识产品也给许多人带来了巨大的实惠,因而他们在心理上对侵犯知识产权的犯罪行为也是认同的。因为对犯罪的评价受到利益的影响,而社会中的利益要求又是复杂的,所以,社会对犯罪的评价也具有复杂性的特点,对相同的行为可能会做出不同的甚至是完全相反的评价。

3. 社会对犯罪的评价受到国家评价的影响

如前文所述,犯罪的社会评价对国家的评价具有基础性的作用,但是,国家

---

[16] 冯亚东:转引自前注[6]所引书,页75。

的评价对社会评价的影响作用也是不容忽视的。毕竟国家的评价是最具有权威性的,国家的评价总能对本国各个社会群体的价值标准产生影响,而且,国家对某一社会群体的价值标准的选择会改善这个群体的社会地位。在国家政权的更迭时期,往往会出现这种情况,原来在社会中处于亚文化群体地位的社会群体,因政权的改变而成为社会的主文化群体。既然国家的评价对社会的评价有不容忽视的影响作用,那么对犯罪的社会评价就会因为国家性质的不同而有所改变。

(三) 社会对犯罪进行评价的特点

与国家评价相比,社会对犯罪的评价有以下特点:

(1) 社会对犯罪的评价没有任何程序。对犯罪的社会评价往往只是社会成员对犯罪评价的一种表达,没有一个专门的评价机关,并且带有很大的随意性,也就没有程序性要求。

(2) 对犯罪的社会评价没有权威性。社会的评价与刑罚的后果没有必然联系,也就没有强制性,而且还会受到其他社会群体的怀疑,所以,这种评价与国家评价相比没有权威性。

(3) 对犯罪的社会评价具有模糊性。社会评价犯罪时,往往从被评价的行为危害到自身利益出发,将其评价为犯罪,带有过多的情感因素,评价的结果也显得宽泛、多变,缺乏国家评价的明确性。

三、国家评价与社会评价之间的互动

前文简单分析了国家评价和社会评价的相互影响,两者之间的关系在宏观上是国家与社会之间关系的一种具体体现。作为统治机构的国家与构成统治对象的社会之间存在着相互制衡的关系,国家通过怀柔和镇压的手段介入社会,社会一方面为国家浸透,另一方面对国家的介入具有退避、抗议和忠诚的选择值。[17] 国家评价与社会评价的相互影响与政治体制也不无相关,在专制体制下,国家是社会的绝对代表,社会绝对服从国家的专制统治,国家评价也对社会评价具有主宰作用,而社会评价对国家评价却只有微弱的影响。资产阶级启蒙运动以来,"社会"的地位被资产阶级思想家的发现并日益得到重视,社会本体论得以逐步确立,社会评价对国家评价的影响也逐渐增大,而国家评价对社会评价的影响相对减弱。至近现代实现宪政的国家,政治国家与市民社会分离

---

[17] 退避指社会对国家的介入抱否定态度,同时在社会对向国家反馈的可能性方面也持否定态度。抗议指社会抗议和反对国家的介入,要求改变国家的介入,社会能够对于国家的压迫、剥夺或放置表达不满。国家越是权威主义的强行勒索,社会中就越会蔓延这样一种现象——表面忠诚而实际人心背离。忠诚指社会至少在当时接受国家的介入,在压迫严厉的体制下,至少表面忠诚是几乎所有人的惟一选择值。参见猪口孝:《国家与社会》,高增杰译,北京:经济日报出版社,1989年,页19、92—99。

形成二元制社会结构,市民社会自治程度提高,社会私权利扩张,并通过种种途径限制国家公权力的滥用和扩张,要求国家权力服务于市民社会,而维护和保障其自由权利,现代意义的"法治"在此基础上才得到实现。[18] 相应地,社会评价对国家评价的影响也一再增强,两者之间的互动日益明显。应该指出,马克思主义经典作家同样主张社会对于国家的优位,马克思在《法兰西内战》、恩格斯在《家庭、私有制和国家的起源》、列宁在《国家与革命》中都表达了国家应服务于社会并历史地消亡而实现社会自治的思想。所以社会评价对国家评价影响力的增强体现了社会发展的方向,只有在高度民主的体制下,国家评价与社会评价才能实现较为良性的互动。

(一)国家的立法评价与社会评价的互动

国家通过刑事立法以法律形式确定犯罪和刑罚的标准,表达出国家对各类行为罪与非罪的评价和对各类犯罪否定程度上的评价,并将这种评价体现为人人必须遵守刑法规范,在强制力的保障下,国家评价对社会评价发挥着巨大影响,这一点在前文已经具体分析过。

在刑事立法过程中,最终选择将哪些行为评价为犯罪以及给予这些行为多大程度的否定评价其实是国家和社会多种力量相互博弈的一个结果。国家作为一个实体,其各个机关和当权派会试图左右立法机关作出符合自身利益的评价,而社会的评价也要汇集成不同的声音以各种方式努力地去影响立法者的目光,一般说来,社会评价对立法评价的影响力度要取决于一个国家的民主程度。所以,社会评价最终总能不同程度地转化为国家的立法评价,国家的立法评价在不同程度上也是社会评价的法律化、定型化和规范化。

(二)国家的司法评价与社会评价的互动

国家的立法评价能否在被应用、贯彻、执行等一系列活动中得到延伸,最终还有赖于一个从立法到司法的刑事活动过程,通过司法机关对犯罪个案的评价对社会评价产生具体的、现实的影响。

国家的司法评价不仅仅是在具体的犯罪个案中落实国家的立法评价,立法评价有赖于实际操作的司法人员根据其对立法评价的理解和对待裁判行为的认识进行裁判,司法机关甚至司法人员对犯罪的评价所产生的影响也不容忽视,否则,为什么会有那么多的案件被公诉机关评价为犯罪而提起公诉,最终却被法院评价为无罪?立法评价只有通过解释才能在具体的案件中得到贯彻,司法机关和司法官员在适用法律的过程中,会根据自己对犯罪的评价解释和适用法律,如我国已满14周岁不满16周岁的人绑架人质并杀害被绑架人的,司法

---

[18] 参见马长山:"西方法治产生的深层历史根源、当代挑战及其启示——对国家与市民社会关系视角的重新审视",载《法律科学——西北政法学院学报》2001年第6期。

机关将其评价为故意杀人罪追究刑事责任。司法评价最终也能影响到立法评价,这其实是司法评价与立法评价之间的互动。

司法机关和司法人员对犯罪的评价不可避免地要受到社会评价的影响,在裁判一个案件时定罪与量刑都要考虑社会的反应如民愤等,所以,在司法活动中,社会评价也会以正式的方式如申诉、上访等或非正式的方式如媒体评论等对司法评价产生影响,并通过影响司法评价影响国家的立法评价。

社会评价的反作用还可以通过一种方式表现出来,当国家评价与社会评价严重抵触时会遭到社会的顽强抵抗,立法评价(法律)得不到社会成员的自觉遵守,司法评价(判决)的执行困难重重,国家评价失去权威性,此时就不难理解为什么有的国家法网严密,却无奈民不畏死。其结果是要么国家在一定程度上改变其评价以迎合社会,要么就被颠覆。

四、对上述两种评价的反思

(一)认为犯罪是一种恶仅仅是评价的一种结果

许多人常常会不加任何思考地说:犯罪是一种恶,因为犯罪的本质特征是社会危害性。但是从上文的分析中,我们可以看到,无论是国家还是社会,都很难对犯罪取得一致性评价。既然犯罪的本质特征是社会危害性,那么为什么对同一个行为,这个国家或社会将其评价为犯罪,而另外一个国家或社会却将其评价为合法的行为?难道是这种行为的本质特征在变化吗?答案显然是否定的,实际上,社会危害性也是一定社会利益集团对行为的一种评价。这让笔者不得不怀疑,犯罪是当然的一种恶吗?

认为犯罪是一种恶,是因为犯罪行为具有社会危害性,"社会危害性的基本意义在于危害了社会的利益。就这一含义来看,它只是一定的社会利益集团对妨害自己生存秩序的行为的一种感受和评价……社会危害性以行为的存在为前提……但却并不意味着可以是孤立的行为本身包含的现实;它只是反映着与行为主体相对立的社会主体的客观利益现实。行为是否危害社会、行为的诸多属性中哪一点或哪一方面危害了社会,是由具体的、现实的社会利益所决定的"[19]。我们之所以认为犯罪行为具有社会危害性,仅仅只是相对于人类社会的存在而言的,是人们对犯罪行为的自然属性与自己的利益之间所形成的一定价值关系的评价。[20] 例如,人类对动物的猎杀行为,历史上很少将这种行为评价为具有社会危害性,但是到了现代社会,大多数国家都认为猎杀野生动物行为具有社会危害性,进而将这种行为评价为是一种恶——犯罪。原因很简单,

---

[19] 冯亚东:同上注[6]所引书,页12。
[20] 冯亚东:同上注[6]所引书,页15。

古代由于野生动物资源丰富,而人类的捕猎能力有限,因此那时人类的捕猎行为远远不会造成野生动物的灭绝而危及人类自身的利益。现代科技则使人类捕猎能力迅速提高,造成野生动物的迅速减少甚至灭绝,危及到了人类的生存利益,因此才认为这种行为具有社会危害性。类似的行为还有人类对珍稀林木资源的采伐,人类生产和生活本身对环境的污染等等。

综上所述,评价主体选择将哪些行为评价为犯罪的出发点是自己的利益,评价主体在评价犯罪时对犯罪的否定程度依据的也是犯罪对自己利益的侵害程度。对同一个行为,不同的国家和不同的社会可能做出不同的评价,国家和社会对犯罪的评价,就这样一直处于不断变化的复杂状态之中。但是,被评价的行为没有变化,变化的只是评价主体的利益要求和价值标准,在评价不断变化的运动过程中,被评价的行为是相对静止的,而评价则是在运动着的,可见犯罪是在与评价主体的利益关系中存在和变动。[21] 从这个角度出发,我们与其说犯罪是以社会危害性为本质特征的行为,不如说是犯罪这个概念表达了评价主体与被评价的行为之间的利益对立关系。

我们可以将对立的观点大致这样归纳:犯罪作为一种客观存在的社会现象,与其他社会现象相比,特殊的本质是社会危害性,其本性就是一种给社会制造痛苦的恶,否则,为什么在人类历史上有那么多行为始终、普遍地被认为是犯罪?他们反复强调,是犯罪行为的属性决定了人们对它的评价。

应当承认,被评价为犯罪的一类行为,其存在都会侵犯到某些社会主体的利益,对某些社会主体利益的侵犯性可以说是这类行为的特殊本质,这类行为也因此进入了评价主体的视野。对于利益被侵犯的评价主体而言,无疑会对这种侵犯性作出"危害性"的价值判断,进而将其评价为一种"恶"。但是,能否将部分评价主体所作出的这种"危害性"的评价推而广之称之为"社会危害性",却是一个值得我们怀疑的问题。社会危害性是指对社会秩序和社会关系具有破坏作用的行为对社会造成损害的事实特征,对部分评价主体的利益具有危害性的行为未必对其他大多数评价主体同样具有危害性,甚至有时这种"危害"对其他大多数评价主体甚至整个社会的存在和发展是一种有益的行为。所以,对这种侵犯性行为的评价因为评价者利益的不同无时不处于冲突和变化之中,并非所有的侵犯性行为都会被评价为犯罪,被评价为犯罪的行为也并非都具有所谓的社会危害性。

---

[21] 这就是储槐植教授主张的关系犯罪观,储先生认为,犯罪本质(利益损害)与犯罪原因(利益冲突)统一在"利益"上,利益是一种关系。从本体层面上阐述关系犯罪观,说明犯罪在"关系"中存在和变动,犯罪的原因和本质统一在"关系"中。操作层面上关系犯罪观由犯罪的内部关系和犯罪的外部关系组成。参见储槐植:《刑事一体化与关系刑法论》,北京:北京大学出版社,1997年,页115—129。根据储先生的观点,犯罪与评价之间的关系应该属于犯罪的外部关系。

笔者亦不否认的确存在那么一部分行为始终、普遍地被评价为犯罪,这是因为人类作为社会动物,只有在群体中才能产生和生存,所有的评价主体包括国家和社会都是赖以社会而存在的。群体的存在必然要具有最基本的秩序,否则群体就存在解体的危险而最终威胁每个个体的生存,这一点甚至在动物界都能得到证实。评价主体的群体生存方式决定了对最基本秩序的保护成为评价主体的共同的基本利益,侵犯这种最基本利益的行为当然会遭到普遍的谴责,评价主体在主观上会作出"社会危害性"的价值判断,并且将其评价为犯罪。但是笔者同时也敢断言,无论是罪与非罪的评价还是对某种具体犯罪的否定程度评价,没有一种犯罪评价无时不处于冲突和变化之中。以故意杀人罪为例,尽管故意杀人的行为被普遍评价为犯罪,但是同时奴隶主杀死奴隶的行为却被奴隶制国家所认可,欧洲中世纪决斗场的杀人却被视为一种荣耀,在当今一些部落中将老人杀死的行为却被视为一种安然的归宿,而历史上对故意杀人罪惩罚程度的不断变化则表现出评价主体对其否定程度的不断变化。行为的存在始终是客观的,评价中这种无所不在的冲突和变化至少也可以说明"社会危害性"或"恶"不是这类行为固有的属性,而仅仅是在评价中存在。

所以,我们可以这样说,被评价为犯罪的行为在本质上是客观存在的、自然的行为,是没有是否具有社会危害性之分的。人们称犯罪的本质特征是社会危害性,是人们将这种客观的、自然的行为所产生的作用同自己的利益要求联系起来,又以自己一定的价值标准作为参照,对被评价的客体与自己的需要和利益之间所形成的价值关系进行评价的结果,如果被评价的客体不符合自己的需要和利益,就给他戴上社会危害性的"帽子"。"生活中人们往往就是这样将自己的利益感受、自己的善恶评价强加于客观事物,视为是事物自身固有的属性。"[22] 上述对立观点试图从行为的性质出发界定犯罪,而该文则以评价主体为出发点去接触犯罪,在一定程度上,这种视角顺应了人类认识犯罪的发展方向,纵观目前在西方最流行的三种犯罪观:一致论犯罪观、冲突论犯罪观和互动论犯罪观,尽管内容不尽相同,却无不是以评价主体为出发点。[23] 由此出发去探求犯罪行为的本质,并尝试着对犯罪的评价进行再评价,揭示因评价主体的利益和价值观的不同而带来的对犯罪评价的差异和局限及其对犯罪产生的双面影响,正是该文所要努力的方向。

社会生活中,人们对事物的认识,总是包括两方面的内容:一方面是事实判断的过程,这是人们认清事物固有的自然属性,探知事物内在的规定性和外在的结构的认识过程;另一方面是价值判断的过程,这是人们认清事物的存在同

---

[22] 许发民、于志刚:同上注[15]所引文。
[23] 冯亚东:同上注[6]所引书,页16。

自己的生存和发展的利害关系,从而对事物进行价值评价的过程。事实判断是价值判断的前提,价值判断是事实判断的目的。这就是休谟提出的充满着真知灼见的事实——价值二元论,在对犯罪的认识和评价上,又何尝不是如此? 至此,我们可以看出:认为犯罪是一种恶,犯罪的本质特征是社会危害性,属于人们对犯罪的价值判断。美国学者爱因·兰德女士一语中的:"一个机体的生存就是它的价值标准:凡是递进它的生存的就是善,威胁它生存的就是恶。"[24] 既然犯罪的社会危害性这个价值判断都在不断的变化之中,那么犯罪就更不应评价为一种固有的、一成不变的恶了。

如果要坚持认为犯罪实质上就是一种绝对的"恶",那么还要有一个前提,就是与犯罪对立的评价主体依据的价值标准是绝对的善、绝对的正义。但是什么是正义?正义有着一张普罗透斯似的脸,变幻无常,随时可能呈现出不同的形状并且具有极不相同的面貌。[25] 正义(善)尚且如此,那么犯罪就永远是一种绝对的恶吗? 其实,对犯罪的反应并不都是一种天然的正义,如在意大利历史上,墨索里尼的铁腕曾将黑手党消灭殆尽,我们却不敢说纳粹政权的此举是正义的。既然如此,我们能说犯罪在实质上就是一种当然的恶吗?

所以,对犯罪的评价浸透着评价主体的利益和价值观,认为犯罪是一种恶仅仅是一种评价的结果,这是该文的一个基本观点。但是,一旦认为犯罪是一种恶的观念在人们头脑中定型并积淀下来,未来生活中在对同一类客体的认识上事实判断和价值判断也就融为一体了。事实本身就意味着一定的价值,而价值也就表现为活生生的事实。结果是只要提及犯罪人们就想到了恶,只要提及恶人们就联想到犯罪。由于历史的积淀,犯罪这个名称承载了越来越多的恶的价值评判,"恶"成为了犯罪的当然含义,犯罪成为了人间罪恶的代名词。这对客观的评价犯罪带来了以下消极的影响:如果表明自己是与犯罪势不两立的,就能获得对自己"善"的评价,而这正是一般人所追求的,可见对犯罪的评价本身就能给评价主体带来利益。所以,犯罪的评价主体在评价犯罪时在很大程度上难免倾向绝对化的观点,总是给予犯罪彻底的否定评价,总是力图与犯罪"划清界限",将犯罪排除于文明之外,"把犯罪人的心理品质、行为方式认定为是与常人截然不同的犯罪人特有的心理和行为模式。从而在犯罪人与守法人之间人为地划定一条难以逾越的鸿沟,不承认潜在犯罪人的存在"[26]。这些消极的影响从某种角度说明坚持该文的基本观点对客观的评价犯罪是不无裨益的。

---

[24] 冯亚东:转引自上注[6]所引书,页76。
[25] 博登海默:《法理学:法律哲学与法律方法》,邓正来译,北京:中国政法大学出版社,1999年,页252。
[26] 皮艺军:"论犯罪学研究中的'价值无涉'原则",载《政法论坛》1993年第3期。

对犯罪的评价作为社会对犯罪的一种反应与犯罪之间是互动的。犯罪互动理论主要包括以下内容:第一,所谓互动是指包括刑法意义上的犯罪在内的所有越轨行为与社会反应之间的相互作用。第二,互动主要是受社会规律支配的社会行动主体之间的相互作用。第三,互动中更前提性的影响过程是环境与个体之间的刺激反应过程,其次才是人性本身对行为的驱使过程。第四,互动中的犯罪不完全源于恶因,互动中社会对犯罪的反应也不是天然的正义,互动过程和伦理取向不完全相关。第五,互动主要是正常人的思维、需要、价值、方式与社会反应之间的相互作用,其次才是犯罪行为模式与社会的否定评价之间的互动。"[27] 根据互动理论,我们不仅要关注犯罪对国家和社会的评价的影响,还应该关注国家和社会的评价对犯罪的影响。

从积极方面看,评价本身对犯罪而言就是一种控制,因为无论是国家还是社会公众,对犯罪的评价都是否定的和谴责的,即使是犯罪者本人在实施犯罪行为时也往往带有一种罪恶感,这种罪恶感是控制犯罪的重要情感因素。另一方面,我们更应该看到国家和社会的评价所带来的消极后果,这将在下文具体分析。

(二) 对国家评价的反思

第一,国家在评价犯罪中获得正当性和合法性基础,容易导致一个国家刑事政策上的泛刑主义和重刑主义。因为既然评价犯罪可以获得民众的拥护,国家会尽可能地将所有的社会民众评价为犯罪的行为全部评价为犯罪,以获得社会的道德伦理支持,这就会导致泛刑主义。正如储槐植教授所指出的:"经历过资产阶级革命的国家的刑法有个相似点即'高度道德主义',刑法几乎把大多数道德不容的行为都宣布为犯罪,因此当前非犯罪化的一个主要领域是所谓道德罪。"[28] 国家评价犯罪的否定程度是通过刑罚表现出来的,对犯罪的惩罚越严厉似乎就越能表明国家与犯罪"势不两立"的态度之坚决和"为民除害"的愿望之强烈,再加上对刑罚威慑力的迷信,就自然而然地将一个国家的刑事政策引向了重刑主义。特别是在犯罪率上升,社会治安形势恶化的时候,"面对公众和决策者的指责,立法机关和司法机关本能的反应就是加重刑罚"[29]。

第二,国家对犯罪的评价具有滞后性而可能成为历史发展的绊脚石。如前文所述,政治犯罪是一个国家首先要评价为犯罪而且否定程度最高的行为,但是,政治犯罪却未必具有社会危害性,相反还往往具有一定程度的历史进步意

---

〔27〕 白建军:"控制社会控制",载陈兴良主编:《法治的使命》,北京:法律出版社,2001年,页104。

〔28〕 储槐植:同上注〔21〕所引书,页322。

〔29〕 梁根林:"合理地组织对犯罪的反应",载陈兴良主编:《法治的使命》,北京:法律出版社,2001年,页136。

义,是推动历史前进的力量,对这类行为的评价恐怕是国家评价本身永远难以愈合的创伤。正如菲利所言,当代统治者一方面为前一代的人类思想先锋树碑立传,同时又把当代的人类思想先锋投入监狱。[30] 国家评价的这种滞后性可能会阻碍历史前进的步伐。

第三,国家对犯罪的评价可能会刺激某些犯罪的发生。国家在将一类行为评价为犯罪时,会增加实施这类行为的危险性,提高这类行为的机会成本,同时也提高了这类犯罪行为的价格,给实施这类行为带来更为丰厚的利益,这反而刺激了这类犯罪行为的发生。如美国政府1917年公布了禁酒令,这一举动几乎在一夜间创造了一个可获利数百万美元的组织——贩卖私酒的组织,结果禁酒法不但没有取得禁止酒类生产、贸易与销售的效果,相反,却在美国制造了规模日益庞大的犯罪组织。从这个意义上讲,国家对犯罪的不当评价可能会为胆大敢为的犯罪人指明犯罪的方向。

(三) 对社会评价的反思

第一,社会评价的混乱状况会使社会成员无所适从并导致犯罪的多发。如前文所述,社会评价犯罪的价值标准是在不断的发展变化的,即使在同一个社会形态中,每个社会群体也都会依据自己群体的价值标准去评价犯罪,特别是在价值多元化的今天,更不存在一个全社会普遍奉行的价值标准,这就使得社会对犯罪的评价也是复杂多变的,社会评价的多变性和多样性造成了社会评价混乱的局面。其结果是,在社会变迁时随着社会的价值标准发生变化,社会成员会无所适从,进而导致犯罪的发生。在同一个社会中,即使社会成员遵守一个文化群体的行为规范,也可能会被主流的文化群体评价为犯罪,"亚文化"理论就是从这个角度解释犯罪的原因的。

第二,社会对犯罪的评价本身同样可以刺激和诱发犯罪。"标签论"者认为,社会给某些确有一定越轨行为的人贴上"越轨者"的标签,反而刺激和促进了"初级越轨者"向"次级越轨者"的恶性转化,导致犯罪行为的不断增多。笔者认为"标签论"可以解释一部分人走向犯罪的原因,社会评价在有些时候的确会刺激犯罪的发生。[31]

如前文所述,当犯罪能满足部分人的某种需要的时候,他们对犯罪的评价往往是宽容甚至是认同的,这种评价更能刺激犯罪的发生。例如,在许多情况下,通过非法渠道、非法手段比合法方式要有效、快捷的多,消费者也常常因需要的满足而忽略消费行为的法律和道德性质,对犯罪所提供的非法商品和服务

---

[30] 同上注,页119。

[31] 笔者对"标签论"的研究结论并不完全赞成,因为其结论并不具有一般性,即标签论无法解释为什么很多被标签为"越轨者"的人却没有走上犯罪道路的问题。参见刘广三、徐永芹:"'标签论'述评",载《江苏公安专科学校学报》2000年第6期。

予以认可和接受甚至是追寻,他们的这种行为是对"犯罪市场"最强有力的支持和激励。[32] 还有,人们对公务人员的腐败行为可能会恨得咬牙切齿,但是当腐败的筵席上有自己的一双筷子的时候,人们对腐败行为却表现出莫大的宽容,这种宽容的态度恰恰是诱发职务犯罪的心理基础。

五、犯罪学研究者应该对犯罪做出的评价

从上文的分析可以看出,无论是国家的评价还是社会民众的评价,都或多或少地受到评价主体利益的影响,这些评价主体在评价犯罪时不可避免地带有一定的情感色彩。犯罪学研究者作为社会的一分子,其评价属于社会评价的一部分,但是作为专业研究犯罪的人员,有责任在评价犯罪时努力坚持"价值无涉"的原则,根据德国著名的社会学家马克斯·韦伯主张的狭义的"无涉个人意念的价值判断"的要求,调查研究者应无条件的与经验事实的建立(包括他正予以考察之经验个体的"有价值倾向的"行为)保持距离,并与他本人的实际评价以及他的对这些事实圆满或是不圆满的评价保持距离。要起码做到"以知识诚实正直为戒律",抑制个人因素的预测和"世界观"的教诲。还要有能力正确的认识事实,即使是那些个人不满意的事实,区分事实时能够摆脱个人评价的因素。当然,即使韦伯本人也认为要做到他要求的那种"把事实的经验陈述与价值判断区分开来"是困难的,但是作为研究者自觉地追求这一原则。[33] 只有在研究过程中做到"价值无涉",才能全面、深刻、真实地获得对犯罪的了解。结合上文的分析,根据"价值无涉"原则,我们可以得出以下本来早已应该得出的结论:

(一)犯罪是一种自然的、正常存在的行为

前文已经分析,被评价为犯罪的行为在本质上是客观存在的、自然的行为,是无所谓善、恶的。我们常常将犯罪与秩序对立,认为犯罪是一种非正常的行为,我们无法否认秩序是人类的需要,良好的秩序更是人类的追求,犯罪则通常表现为对秩序的破坏,所以,人们在评价犯罪时往往将犯罪与无序联系起来,似乎犯罪就意味着无序。但是,秩序并不是当然地意味着是一个和谐的没有犯罪的状态,相反秩序恰恰是在与犯罪的互动中得以维持。人类社会至今为止犯罪从来没有在行为上消失过,而且基本呈上升的趋势,但我们不能因此就说人类社会从来没有有序的存在,而且社会对犯罪程序化的处理构成了社会秩序的一部分,所以,犯罪应该是一个正常社会秩序的组成部分。"秩序并不意味着没有犯罪,恰恰相反,正是犯罪的存在才是检验秩序能否真正被称之为秩序的试

---

[32] 皮艺军:"再论犯罪市场",载《政法论坛》1998年第3期。
[33] 参见迪尔克·克斯:《马克斯·韦伯的生平、著述及影响》,郭锋译,北京:法律出版社,2000年,页233—234。

金石,才是衡量制度化安排合理性的标尺,秩序本身应当具有承受、吸纳、化解犯罪的能力并通过法律程序化的方式使犯罪得到惩治,使遭受侵害的权益得到补救,也使犯罪人的合法权益得到保障并在此过程中强化法治的权威从而达到新的秩序。"[34]

从犯罪产生的心理基础来看,评价犯罪的出发点是评价主体的利益和需要,犯罪的出发点也是为了满足犯罪主体的需要,两者在心理层面有共同的出发点,我们无法对人的需要横加指责而做出价值判断,也无法把需要截然分为非法的和合法的。动机基于需要而产生,动机因为具有指向性,人们可以对其做出社会评价,如犯罪动机,即人们想通过违法的方式满足需要。但是,犯罪动机却是每个正常人都能产生的,有谁能说自己从来没有产生过犯罪动机呢?所以,我们可以这样说,犯罪动机即犯罪的行为的原动力是一个正常人所具备的。

从犯罪产生的心理动力来看,如前文所述,国家与社会民众的犯罪评价都会在一定程度上刺激犯罪的发生,也就是说,我们每个人的行为都或多或少地与犯罪之间有着某种联系,每个人对满足自己需要的追求(欲望),都在一定程度上对犯罪的发生负责,而欲望同时又是社会文明发展的动力,社会文明在本质上也并不完全排斥犯罪,即使旨在教育子民的文化本身,也可能包含着与犯罪同质的因素。[35]"理性化地、科学地看待犯罪,会发现它是一种与文明相伴的社会现象,一种与人性共生的类似动物性的行为。"因为"人的欲望与物质文明是水涨船高的关系,欲望永远超前于现存的文明程度,一旦这个规律被打破,人的欲求受到空前的压制而萎缩,这个社会的文明也必然会出现相应的停滞和萎缩。"[36]所以,欲望在推动社会文明发展的同时也不可避免地催生了犯罪。

综上,我们又可以得出这样的结论:犯罪是正常人的一种正常的反应方式,人人都是潜在的犯罪人,人人都可能犯罪,犯罪并不是某类人特有的行为方式,而是每个人都可能实施的行为。在这个意义上,可以说犯罪是"我们"的行为,而不是"他们"的行为,在犯罪人与非犯罪人之间不存在一种明确的二分法,犯罪行为只是一种或多或少、或轻或重的现象。[37]

(二)犯罪根源于我们现实的社会

本文无意探讨犯罪的根源,但既然犯罪是一种正常存在的现象,所以犯罪根源于我们现实的社会中也是正常的。但是,受犯罪是一种"恶"的观念的影响,似乎主张犯罪根源于社会主义社会,就与社会主义的优越性不符,所以,就出现了诸如私有制根源论、残余论、流毒论、外来论等观点,把产生犯罪的责任

---

[34] 蔡道通:"犯罪与秩序——刑事法视野考察",载《法学研究》2001年第5期。
[35] 陈兴良主编:同上注[29]所引书,页106。
[36] 皮艺军:《犯罪学研究论要》,北京:中国政法大学出版社,2001年,页19。
[37] 刘广三:《犯罪现象论》,北京:北京大学出版社,1996年,页40。

归结于外部,坚决地与"恶"划清界限,以标榜自身的"善"(优越性)。其实,只要我们把犯罪视为一种正常存在的现象,承认犯罪根源于现实的社会中,并不会否定社会主义的优越性,社会主义的优越性也没有必要依靠不会产生犯罪来体现。正如迪尔凯姆所言:"我们不要犯错误,将犯罪从常态社会学的现象中划分出来……犯罪是公共健康的一种因素,是任何社会中都不要缺少的部分。"他主张只能从社会的本身之中寻找犯罪的原因。[38]而且,我们在"探索犯罪之源时,如果不是立足于足下这块现实土壤,不是从现实社会结构、社会制度的矛盾,不是从现实社会关系的协调程度去找原因,目光仅仅注视着历史遗留和外部渗透,那就不可能真正找到社会主义社会犯罪之源的"[39]。这对有效地控制犯罪是极其不利的。

所以,在犯罪根源上这个问题上,笔者认为下列学说更富有逼近真理的探索意义:如犯罪的根源是现实社会的自身生产方式的矛盾[40],犯罪根源是社会生产方式中的生产力与生产关系的矛盾[41],人与人之间的差异性是犯罪的根源[42],以及文化本性说、犯罪张力场论、本能异化论、三大差异论和犯罪动力论[43]。

(三)从行为上"消灭犯罪"的想法是不现实的

既然犯罪是我们正常人的一种正常反应方式,犯罪和犯罪人并不是"异类",我们甚至无法把犯罪和犯罪人与合法行为和正常人截然分开,甚至具体把哪些行为评价为犯罪,因时空的不同也会有巨大的差异,就是说连"消灭"的对象都无法搞清,再谈"消灭犯罪"岂不是幻想?探究"消灭犯罪"的思想根源,也是把犯罪视为一种绝对的"恶"的观念,既然犯罪是一种绝对的恶,没有任何存在的理由,就必然要把犯罪"斩尽杀绝"。"消灭犯罪"的提法也是犯罪根源论中私有制论、残余论、流毒论、外来论的一个理论结果,因为既然社会主义社会中不存在犯罪的根源,"消灭犯罪"也就理所当然了。但在我们看来,犯罪是与社会文明相伴生的现象,是一种必然的社会存在,即使认为犯罪是一种"恶",也是一种无奈的"恶",一种评价上的"恶"。相反,如果把犯罪视为一种

---

[38] 冯亚东:转引自上注[6]所引书,页111。
[39] 周良沱:"犯罪根源论",载《湖北公安高等专科学校学报》2001年第3期。
[40] 王牧:"犯罪根源是一种逻辑上的指向——再论犯罪根源",载《中国刑事法杂志》1998年第3(期)。
[41] 周良沱:同上注[39]所引文。
[42] 鞠青:"我的犯罪观",载《福建公安高等专科学校学报——社会公共安全研究》1999年第5期。
[43] 李晓明:"犯罪本源·犯罪起源·犯罪本质——犯罪观理论的三大支柱",载《江苏公安专科学校学报》2000年第5期。李晓明先生在该文中使用的概念是犯罪本源,但根据其定义"犯罪本源当然是指犯罪产生的根本来源,也即犯罪现象普遍性的终极原因"。笔者认为犯罪本源与犯罪根源在含义上是相同的。

正常存在的行为,我们就大可不必给犯罪的存在抹上太浓的政治色彩,把存在犯罪看成社会主义的"耻辱",刻画一个社会制度的美好也完全不必以能够"消灭犯罪"为笔调。

犯罪从行为上是无法消灭的,我们不得不容忍犯罪的存在,但这并不意味着对犯罪放任自流,睿智的学者提出了"控制犯罪"的设想,并进一步指出"犯罪正常度是犯罪控制的标准"[44]。笔者认为,犯罪的正常度的确是存在的,国家没有把不具有严重的社会危害性的行为如没有达到盗窃罪构成数额的盗窃行为评价为犯罪,就说明国家刑法容忍了这些行为的存在。所以,我们要现实地面对犯罪的存在,只要能够把犯罪控制在国家和公众的容忍度之内就是正常的,而不再妄想从行为上消灭犯罪。正如有的学者指出的"只要犯罪被控制在社会能容忍的范围内,只要犯罪仍在国家控制力所涉及的层面内,更为主要的,只要犯罪在社会控制范围内能够通过程序化方式得到有效公正的惩处与矫正,这个社会仍不失为一个有秩序的社会"[45]。

行文至此,不能不提及犯罪率这个犯罪严重程度的量化指标。迪尔凯姆从犯罪的功能性出发,指出:"当犯罪率下降到明显低于一般水平时,那不但不是一件值得庆贺的事,而且可以肯定,与这种表面的进步同时出现并密切相关的是某种社会的紊乱。"[46]即使不赞成犯罪的功能性,从社会效益角度出发,也可以得出相似的结论,犯罪率的高低与国家的投入呈反比关系,把犯罪率控制在极低的程度,一方面意味着国家在物质上极高的投入量,另一方面还意味着对公民自由的极大程度限制。因为,犯罪是我们的行为,国家对犯罪的控制程度决定了我们的自由空间,正是从这个意义上讲,当犯罪率下降到明显低于一般水平时,那并不是一件值得庆贺的事。因此,犯罪的存在是正常的,犯罪率也是客观存在的,我们的司法机关完全没有必要煞费苦心的制造极低的犯罪率,并以此沾沾自喜。

如果说不能消灭犯罪,就触及到一个更为敏感的话题——犯罪永恒论。根据马克思主义的观点,同样形式的事物,在有阶级社会和无阶级社会,有本质上的不同。有阶级社会的犯罪概念与无阶级社会的"异常行为"有本质的不同,尽管有时在形式上完全一致。所以,按照马克思主义的观点,犯罪是可以消灭的,而"异常行为"则将永远存在下去。这主要是因为评价异常行为的标准会因社会的发展变化而不断变化。当阶级消亡后,管理公共事务的机构和调整人

---

[44] 对于"正常度"的界定,储槐植先生从衡量对象(犯罪的量和质以及它们之间的关系)、衡量主体(社会公众)、衡量依据(外国和本国情况)、衡量方法(抽样调查、民意测验、专家评估)、衡量结论(定性结论)等角度作了细致的论述。参见肖剑鸣、皮艺军主编:《犯罪学引论——C·C系列讲座文选》,北京:警官教育出版社,1992年,页304—306。
[45] 蔡道通:同上注[34]所引文。
[46] 许发民、于志刚:同上注[15]所引文。

们生活的规范,不是现在意义上的国家和法,人的异常行为也不是现在意义上的犯罪,正如列宁所说的那样,叫捣乱行为。笔者认为,"犯罪"是人类在阶级社会里对所谓的"异常行为"的评价,当阶级消亡后,这类行为则被评价为"捣乱行为"等,两者的差别在实质上是评价主体有无阶级性。如果把犯罪看成阶级社会中国家和法的产物,到了共产主义社会,国家和法消亡,犯罪这种评价当然也就随之消亡了。

倡导上述这样一种犯罪观是犯罪学研究者的使命,其现实意义在于能够理性地组织起全社会对犯罪行为的适度反应,避免在刑事政策、刑事立法和司法上出现类似"严打"中的一些过激措施。在刑事诉讼中,能够重视对犯罪人人权的保障,因为犯罪是我们的行为,犯罪人并不是我们的"异类",保障他们的人权就是保障我们的人权,所以,我们完全可以从犯罪人的人权状况中窥视一个国家的人权状况。更为根本的是,我们终于可以在一个多元化的社会中与形形色色的犯罪行为和平共处,只要实际发生的犯罪行为没有超出我们这个社会能够容忍的程度,那就不失为一个美好的社会,或许更是一个前进动力十足的社会。

(初审编辑:车浩)

法和经济学的行为学方法

克里斯蒂·朱斯(Christine Jolls)
凯斯·R. 孙斯坦(Cass R. Sunstein)
里查德·H. 西拉(Richard H. Thaler)*
王卫东　童颖琼** 译

A Behavioral Approach to Law and Economics

Christine Jolls, Cass Sunstein and Richard Thaler
translated by Wang Wei-dong, Tong Ying-Qiong

内容摘要：这篇文章提供了一个关于法经济学分析如何通过增加对真实人类行为的关注而提高的广阔视野。这篇文章的目的是通过引入一种更准确地

---

* 克里斯蒂·朱斯是哈佛大学法学院教授。凯斯·R. 孙斯坦是芝加哥大学法学院卡尔·N. 鲁埃林杰出贡献教授，同时也担任芝加哥大学政治系教授。理查德·H. 西拉是芝加哥大学商学院罗伯特·P. 格温职位的行为科学和经济学教授。

　　该文为孙斯坦教授编辑的《行为法经济学》一书的第一章。此书由剑桥大学出版社于 2000 年出版。原文也曾发表在《斯坦福法律评论》1998 年 5 月第 50 卷，页 1471。三位作者授权译者翻译成中文，特此致谢。此文最早在每两周一次的芝加哥大学法学院法经济学研讨会(Law & Economics workshop)提交讨论。与会者包括法学院、经济系和商学院的著名教授、学者、诺贝尔经济学奖获得者及法学院学生。讨论十分激烈。此文公开发表后即引起了美国法学界的强烈反响。——译者注

** 王卫东是北京大学国际 MBA 项目的访问教授，纽约州律师，芝加哥大学法学博士。童颖琼是北京大学法学院研究生。感谢匿名审稿人为该文提出的修改意见。

理解了人类行为及其原因的选择观,提出法经济学分析的一个新方法。行为经济学与传统模型比起来,似乎更能预测和解释那些协商失败而交由仲裁者终结的谈判。在这篇文章中,作者指出有限理性,尤其是禀赋效应,对传统的法经济学主张提出了质疑。作者用行为经济学解释法律内容的机制是简易、传统的,是对先前许多关于事后偏见研究的直接推测。事后偏见在侵权法制度中似乎根深蒂固,以至于人们即使唤起法官对它的注意,法官(更不用说陪审员)可能也难于承认或者解决事后偏见。

关键词:法和经济学 行为学方法 "启发式"

Abstract: This article offers a broad vision of how law and economics analysis may be improved by increased attention to insights about actual human behavior. The goal in this article is to advance an approach to the economic analysis of law that is informed by a more accurate conception of choice, one that reflects a better understanding of human behavior and its wellsprings. Behavioral economics appears more likely than the conventional model to predict and account for those negotiations that fail and end up in the hands of an arbitrator. In this article, the authors suggest that bounded rationality, in particular the endowment effect, casts doubt on the conventional law and economics claim. The mechanisms underlying their behavioral economic account of the content of law are simple and conventional. This is a straightforward prediction of the many prior studies on hindsight bias. Hindsight bias seems to be so deeply ingrained in the tort system that even when it is called to a court's attention, it may be difficult for the court (never mind a juror) to recognize or address it.

Keywords: law and economics behavioral approach heuristics

这篇文章的目的是,通过引入一种更准确地理解了人类行为及其原因的选择观,提出法经济学分析的一个新方法。我们以早期行为学发现的法学研究成果为基础,尝试通过下面两个逻辑步骤将其推广:一是提出法经济学分析的行为学方法的系统框架,二是运用行为学视角建立起具体模型和方法来讨论法经济学领域经久不衰的话题。我们对这些具体话题的分析是初步的,且经常是作为对研究议程的建议。我们涉猎广泛领域的问题,致力于展示行为学视角的运用潜力。

我们主张,建立在行为经济学基础上的方法,将通过任何已有的法学方法的三个功能——实证的、对策的、规范性的——起作用。实证的任务是解释法律的效果和法律的内容,这也许是法经济学分析的核心,也是我们的重点所在。法律如何影响人的行为?个人对法律规则改变的可能反应是什么?为什么法律要采取现在的形式？对策的任务是看法律如何能被用来达到特定目的,比如震慑社会不良行为。规范性的任务则是更广泛地评估法律制度的目的。行为学分析提出传统经济学反家长式统治的论点的问题——相信人人都明白自己的最大利益所在且追求之,但也提出多种形式的政府干预问题,毕竟官僚主义者也是行为者。

一、基础：什么是行为法经济学？

为了一般性地识别行为法经济学的内涵特征,先了解法经济学的定义性特征是有益的。正如我们所了解的,法经济学假定法律规则最好用标准的经济学原理来分析和理解。Gary Becker 为这些原理作了典型的说明:"所有人类行为可被视为涉及这样的参与者:从一个稳定的偏好集;最大化其效用;在各种市场上积累所需信息。[1] 法经济学的任务是确定这种市场内外的理性最大化行为的寓意以及它对于市场和其他制度的法律含义。

那么行为法经济学的任务又是什么呢？它与标准的法经济学有什么区别？这些正是我们下面要讨论的问题。

（一）经济人与真实的人

行为法经济学的任务,简单地说,就是探究真实(非假设的)的人类行为对法律的寓意。"真实的人"与"经济人"有何不同？我们通过强调对人类行为的三个重要的"限制"来描述这些不同。这三个限制,即人们被认为是理性有限、毅力有限以及自利有限,对效用最大化、稳定偏好、理性预期以及信息的最佳处理这些中心观点提出了质疑。[2]

其他社会科学的文献很好地论证过这三个限制,但相比起来,经济学还未很好地加以探究(尽管在最近的文献中有所萌芽)。这三个限制分别展现了大多数人对标准经济学模型的重大偏离方式。尽管有时不只一项限制起作用,在此阶段我们认为最好还是把它们看作分开的问题。这三个限制分别指向对传统经济学模型的系统性(而不是随机或武断的)偏离,因此分别能对法律提出合理的预测和对策。

有限理性

有限理性是由 Herbert Simon 最早引入的概念,指的是这样一个明显的事实——人类的认知能力并非无穷。[3] 我们的计算技能有限,记忆力有限。人

---

[1] Gary S. Becker, *The Economic Approach to Human Behavior*, p.14 (1976).

[2] 对这一观点的详细阐述,见 Richard H. Thaler, "Doing Economics Without Homo Economicus", 于 *Foundations of Research in Economics: How Do Economists Do Economics*? 227, 230—235 (Steven G. Medema & Warren J. Samuels 编, 1996).

[3] Herbert A. Simon, "A Behavioral Model of Rational Choice", 69 *Q. J. Econ.* 99 (1955).

们对这些自身不足反应敏感,因此可以说人们有时对自己的认知局限会做出理性反应,以使决策成本和错误成本最小化:比如我们列清单以克服有限的记忆力,我们运用思想捷径和经验法则克服有限的脑力和时间。但是,尽管有这些补救方法,而且有时正因为这些方法,人类行为与标准经济学模型所预测的无限理性行为还是会有系统性差异。尽管运用思想捷径的行为是理性的,该行为也会产生可预见的错误。与标准模型的偏离可以分成两类:判断和决策。真实的判断显示了对无偏预测模型的系统性偏离,而真实的决策则经常违反预期效用理论这一公理。

造成真实的判断与无偏预测不同的主要根源是经验法则的运用。正如 Danieal Kahneman 和 Amos Tversky 具有开创性的工作所强调的,经验法则,例如"可得性启发"——某个事件的频率是通过判断回想这类事件的其他例子的容易程度来估计的(这样的例子如何"可得")——会把我们引向错误的结论。例如,如果人们最近目睹了某一事件(比如交通事故),那么人们对该事件的概率判断会倾向于比没有目睹的情况下要高。[4] Kahneman 和 Tversky 的工作尤其重要的是显示了思想捷径和经验法则是可预测的。尽管"启发法"一般来说是有用的(这正是它们被采用的理由),但它们在特定的情况下也会导致错误。这意味着运用经验法则的人在节约思考时间这一意义上可能是理性的,不过这样的人做出的预测将不同于标准理性选择模型下产生的结果。

正如无偏预测不是对真实人类行为很好的描述,预期效用理论也不能很好地描述真实的决策。虽然预期效用理论刻画了理性选择,但是真实的选择与该模型相去甚远,这从 Allais 和 Ellsberg 早期的实验就已经知道了。[5] 近几年来,试图建立更佳的关于真实决策的正式模型的研究激增。Kahneman 和 Tversky 提出的期望理论(prospect theory)似乎很好地解释了已观测的行为的许多特征,所以我们在此采用该模型。[6]

有限毅力

除了理性有限,人们还经常表现出毅力有限。有限毅力指的是人们经常采

---

[4] Amos Tversky & Daniel Kahneman, "Judgment Under Uncertainty: Heuristics and Biases", *Judgment Under Uncertainty* 3, 11 (Daniel Kahneman, Paul Slovic & Amos Tversky ed., 1982).

[5] 见 Colin Camerer, "Individual Decision Making," *Handbook of Experimental Economics* pp. 587, 619—620, 622—624 (John H. Kagel & Alvin E. Roth ed., 1995)(描述了 Allais 悖论); Daniel Ellsberg, "Risk, Ambiguity, and the Savage Axioms", 75 *Q. J. Econ.* 643 (1961).

[6] Daniel Kahneman & Amos Tversky, "Prospect Theory: An Analysis of Decision Under Risk", 47 *Econometrica* 263 (1979). 对这一模型及其他模型的经验性检验,See Camerer, Ibid., pp.626—43. John D. Hey & Chris Orme, "Investigating Generalizations of Expected Utility Theory Using Experimental Data", 62 *Econometrica* 1291 (1994), 得出的结论为预期效用理论相当好,但是他们不是替代期望理论的一种选择。修改后的预期效用理论能替代期望理论,是由 Itzhak Gilboa & David Schmeidler 在"Case-Based Decision Theory", 110 *Q. J. Econ.* 605 (1995)中提出的。

取明知有悖于其长远利益的行动。大多数吸烟者说他们知道吸烟不好,且许多人花钱参加有助于戒烟的项目或者购买戒烟药物。与有限理性类似,许多人承认他们毅力有限,且采取措施来减轻其影响。他们加入养老金计划或者"圣诞俱乐部"(一种只能在假日前后取出资金的特殊的储蓄安排)来克服储蓄不足,在试图节食的时候不在家中存放诱人的甜点。有时他们会用投票等方式支持政府的诸如社会保障这样的政策,以消除急功近利的诱惑。因此,法律的供给和需求可能反映了人们对自己(或他人)有限毅力的理解;考虑"暂缓"("cooling off",一个买方按规定可以取消购买的阶段——译者注)期一些有助于甚至强制节约的销售和项目。

有限自利

最后,我们用有限自利来指出大多数人的效用函数的这样一个重要事实:他们在一些情况下会关注,或者表现得关注其他人,甚至陌生人。(因此,我们在此不质疑效用最大化的观点,而是质疑它需要的普遍前提。)我们的观点不同于传统经济学在诸如决定遗赠的场合下强调的简单的利他主义。在一个比传统经济学设想的更广阔的领域内,人的自利是有限的。而且这种限制起作用的方式也与传统的理解不同。在许多市场的和议价的场合(与非市场场合相对,比如遗赠决定),人们更关心得到公正对待,以及在别人行为公正的情况下也公正地对待别人。有了这样的关注,行为经济学模型下的行为人就比新古典理论下假定的行为人更加善意或者更加恶意(当他们没有被公平对待时)。正式的模型已经被用来展现人们如何对待公平与不公平,我们将在此利用这些模型。

运用

这些限制什么时候会起作用?任何一般化的陈述都必然是不完整的,但我们可以提供一些泛泛的概括。第一,有限理性,由于涉及判断行为,将在法律制度中的行为人被要求估计某偶然事件的概率时起作用。第二,有限理性,由于涉及决策行为,将在行为人估价结果的时候起作用。有限毅力在决策要经过一段时间才有结果的情况下最有关系;我们的例子是犯罪行为,即利益通常就在眼前而代价滞后。最后,有限自利主要与下列情形相关:如果一方的行为显著偏离正常的或通常的行为,那么另一方宁愿牺牲自己的经济利益来惩罚该不公平行为。

(二) 可检验的预测

行为法经济学与传统法经济学不仅在对人类行为的假定方面不同,而且可以检验,它们在对法律(和其他强制力)如何影响行为方面的预测也不同。我们主张,行为法经济学对已观察到的数据有更强的解释力。为了让行为学方法和标准方法之间的区别更加具体,让我们考虑一下理查德·波斯纳在他的《法律的经济分析》[7]一书中有关三个"经济学基本原理"的传统的讨论。基于行为法经济学的解说在什么程度上会异于这些基本原理呢?

传统方法的第一个基本原则是需求曲线向下倾斜:对一种商品的需求随着其价格的上升而下降。这个预测当然是有根据的。然而,证实需求曲线向下倾斜的预测并不意味着人们是追求最大化的。正如 Becker 所证明,只要人们的资源有限,即使随机地选择(而不是为了满足其偏好),也会倾向于在一种商品价格上涨的时候减少对这种商品的消费。[8] 这个行为也在实验室的老鼠身上证实过。[9] 因此,需求曲线向下倾斜并不足以证明最优化模型。

传统法经济学的第二个基本原理是有关成本的性质:"经济人关注的成本是'机会成本'",而"'沉没成本'(已发生成本)并不影响对价格和数量的决策。"[10]因此,根据传统的分析,决策者会将机会成本(由于放弃机会而失去的收入,比如出售财产的机会)等同于需要付出的成本(例如购买财产的花销);而无视沉没成本(不可挽回的成本,如不可退回的票的成本)。但是这几个命题时常导致错误的预测。将机会成本等同于需要付出的成本意味着,在没有重大的财富效应的情况下,购买价将大致等同于出售价。但是众所周知,这经常不现实。许多持有热门球赛(如美国超级杯球赛)门票的人不愿意按市场价(比如1000美金)买票,但是也不愿意按这个价卖出门票。实际上,出售价与购买价的比例据估计经常至少是二比一,而交易的规模使得在这些研究中用财富效应来解释这个差异不可信。[11] 如下面要讨论的,行为学分析正是要解释这些结果。

对沉没成本的传统假定也产生无效的预测。一个例子是:一个无视沉没成本的剧院顾客在决定是否去观看某个晚上的演出时,不会考虑已经事先付款的季票[12];但是在一个对剧院顾客的研究中,那些得到打折票的顾客,比没有得到打折的票的顾客观看演出的次数显然要少,尽管由于随机分配,这两个组的平均费效比(发生的收益和成本,对决策可能起作用)是一样的。[13] 简言之,沉

---

[7] Richard A. Posner, *Economic Analysis of Law*, 4 (5th. 1998).

[8] Gary S. Becker, "Irrational Behavior and Economic Theory", 70 *J. Pol. Econ.* 1, 4—6 (1962).

[9] John H. Kagel, Raymond C. Battalio & Leonard Green, *Economic Choice Theory: An Experimental Analysis of Animal Behavior*, 8, 17—19, 24—25 (1995).

[10] Posner, Supra note[7], 6, 7.

[11] See Daniel Kahneman, Jack L. Knetsch & Richard H. Thaler, "Experimental Tests of the Endowment Effect and the Coase Theorem", 98 *J. Pol. Econ.* 1325, 1327 tbl. 1 (1990) (总结性研究).

[12] See Robert Nozick, *The Nature of Rationality*, p. 22 (1993).

[13] Hal R. Arkes & Catherine Blumer, "The Psychology of Sunk Cost", 35 *Org. Behav. & Hum. Decision Processes*, pp. 124, 127—28 (1985).

没成本是起作用的;标准预测再次被证明失效了。

传统法经济学的第三个基本原理是"资源倾向于移向他们最有价值的地方",由于市场会穷尽任何未开发的赢利机会。[14] 当与机会成本和需要付出的成本等同的观念结合起来,就产生了科斯定理——如果交易成本为零,那么最初的权利安排不会影响最终的资源配置。[15] 许多经济学家和经济分析法学家把科斯定理视为同义反复;如果真的没有交易成本(且没有财富效应),那么如果有一种替代的资源配置方式会使一些人境况变好而没有人境况变坏,人们当然会转向那种配置方式。然而,细致的经验研究表明,科斯定理并非同义反复;实际上它可以导致错误的预测——即使交易成本和财富效应已知为零,初始权利分配还是会改变最终的资源配置。这些结果是行为经济学预测的,行为经济学强调机会成本和需要付出的成本之间的差异。

考虑下面这组用来检验科斯定理的实验,让我们提供一个适合于法律经济分析的特定情境的解释。被研究对象是康奈尔大学的44名学生,他们正在学习法律的经济分析这门高级本科课程。一半的学生被赋予代币。每个学生(无论有没有获得代币)被分配一个代币值,即在实验结束时代币可以兑换成现金的价值。这些赋值产生了对代币的供给和需求曲线。代币市场运作起来。那些没有代币的人可以购买,而那些有代币的人可以出售。在出价高于那些有代币的人分配到的代币值时,那些有代币的人会(而且确实)出售他们的代币;那些没有代币的人也会(而且确实)在价格低于他们的分配值时购买代币。这些代币市场完美地应和了经济学理论。均衡价格总是恰与理论预测的一致,代币也事实上流向了那些对他们出价最高的人。

然而,生活并不总是关于可兑换成现金的代币决策,因此我们又进行另一个实验,除了一半学生被赋予的是康奈尔咖啡杯而不是代币外,其他都与第一个实验相同。在此行为学分析产生一个异于标准经济学分析的预测:对于价格并非完全外生决定的物品(代币价格为外生决定),人们并不把机会成本等同于需要付出的成本,因此,那些被赋予咖啡杯的人在一个即使他们没有杯子亦不会考虑购买的价位,就不会愿意出售杯子。

这个预测是否正确呢?是的,市场运行了,咖啡杯被买或卖。不像代币的情形那样,产权的分配对最终杯子的配置有了显著的影响。那些被分配了杯子的学生有着强烈的保留杯子的倾向。尽管科斯定理预测大约一半的杯子会被交易(交易成本在代币实验中基本上显示为零,而杯子也是被随机分配的),实际上只有15%的杯子被交易了,而且那些被赋予杯子的人要价是那些没有杯

---

[14] Posner, Supra note[7], p. 11.
[15] R. H. Coase, " The Problem of Social Cost", 3 *J. L. &Econ.* 1 (1960).

子而欲购买杯子的人出价的两倍还多。如果这样的市场重复进行,结果也不会改变。这个效果被称作"禀赋效应";这是更广义的"厌恶失去"现象的一种表现。"厌恶失去"指的是失去比得到分量更重的观点,这成为 Kahneman 和 Tversky 的期望理论的中心基石。

以上我们可以得出至少三个结论。第一,市场的确是一个充满活力的制度,在代币交易中,天真的被研究者在利害很小的情况下也会产生与理论预测无异的结果。第二,当行为者必须自己确定价值时(例如在咖啡杯的情形下),结果就会与经济理论预测的大相径庭。第三,这些偏离在实验以外并不明显,即使它们存在且相当重要。也就是说,在咖啡杯市场里,交易存在,但是交易并没有像理论预测的那么多。这些结论也可以适用于其他市场。下面我们将提供一些例子。

(三) 市场动力的作用

在一些不寻常的情况下,例如期货交易,市场力量足够强大到使三个"限制"不影响预测。这点很重要,它说明尽管人类经常显示出有限的理性、毅力和自利,但有时市场可以产生与传统经济学假设下一致的行为。于是问题就变成,到底什么时候可以合理地认为,市场力量使得人们的行为与传统假设下(预测)相一致?什么情形适用于法经济学被运用的大多数领域?

在这方面,比较一下期货合同市场和犯罪活动市场是有意义的。考虑一下这种主张:如果犯罪的预期收益超过预期损失,那么一个潜在的罪犯就会选择犯罪。[16] 假设一个罪犯错误地认为预期收益大于预期损失,而事实上却相反,首先请注意,这种情况下没有套利的可能。如果某人不幸带着负的价值预期去犯罪,那么其他任何人无法直接从他的行为获利。在金融市场(不总在此处)以外,那些进行低回报活动的人失去效用,但并不为其他人创造获利机会,他们也没有典型地从市场上消失(即使惨淡经营的公司也可以存活好几年,比如GM)。作一个罪犯是相当不幸的,除了有组织犯罪的情形外,几乎没有"敌意收购"的可能。最后,开始犯罪生涯不是那种有许多机会学习并可以反复做出的决定。一个青少年一旦从高中退学并成为毒品交易商后,便很难再转变为一个牙医了。

(四) 简约

对我们的方法一种可能的异议是,传统经济学具有简约的优点。该反对意见认为,传统经济学至少提供了一种理论;相反,行为学视角提供了一个更为复杂且不规则的人类行为图像,而正由于人类行为的复杂和不规则,这个图像可

---

[16] See, e.g. Steven Shavell, "Criminal Law and the Optimal Use of Nonmonetary Sanctions as a Deterrent", 85 *Colum. L. Rev.* 1232, 1235 (1985).

能使预测变得更加困难。任何事物可以在事后被解释为符合某一特定的型式——会发现一些工具胜任该任务——但是经济学方法的雅致、概括性和预测力将会失去。难道不应该运用简易的工具进行分析吗？我们提供两个回答：

第一，简约的确有益；提出一个既简单又正确的行为模型更加可欲。但是传统经济学不能担此角色，因为它的预测经常是错误的。

第二，传统经济学经常是以牺牲真实的预测力为代价来获得简约的。它的目标是提供对行为的单一理论，但这个目标几乎不可能实现。"理性"（传统分析的核心）概念本身不是一个理论；要产生预测必须更加充分地界定，经常通过辅之以假设来实现。实际上，"理性"这个术语是非常含糊和多义的。一个人的行为在以下情况下都可以被视为理性：(1) 满足预期效用理论；(2) 对刺激做出反应，即成本收益改变时行为人会改变其行为；(3) 内在一致；(4) 促进自己的福利；或者(5) 无论目标和真实福利的关系如何，都有效地实现目标。但是我们观察到许多与这些定义背离的现象。对于(1)，学者们五十年前已经证实了对预期效用理论的偏离，而期望理论似乎能更好地预测行为；对于(4)和(5)，人们的决定有时既不促进自己的福利也无助于实现他们的目标；对于(3)，行为学研究显示人们的行为方式有时并不一致，比如若被要求做出一个直接的选择，那么会显示偏好 X 大于 Y，但若被要求给出对每个选项的支付意愿，又会显示 Y 大于 X。[17] 因此，我们的许多例子显示，如果"理性"被理解为以上(1)、(3)、(4)或(5)种情况，那么人们并不经常是理性的。至于(2)，如果没有界定什么被计为损失和收益，那么"对刺激做出反应"的就是一个空洞的想法。如果理性仅被用来指人们根据占优的刺激选择他们所偏好的东西，那么理性这个概念对行为提供的限制就很少了。那种尽可能多喝调味油的人是理性的，因为她碰巧喜欢调味油。其他自我毁灭行为（如吸毒、自杀等）也可以被类似地解释。在这点上甚至不清楚"理性"是用来定义"偏好"还是用来预测的。

如果这样一个"理性"的概念可以得出好的预测，那么抱怨可能是没有理由的。然而，问题是这么高的自由度留给理论非常小的约束条件。一个有着无限自由度的理论根本不是理论。例如，考虑一下这是否是一个悖论（如许多经济学家认为）：尽管确切知道任何单个人的投票都不会改变选举结果，还是有那么多人参加投票。如果这是一个悖论，那么理性假定更加不妙；如果这不是一个悖论，那么这个假定又预测了什么呢？或是它仅仅预测了人们会对条件的改变做出反应——比如下雪天投票的人会减少？如果是这样，那么这个预测还

---

[17] Amos Tversky, "Rational Theory and Constructive Choice", *The Rational Foundations of Economic Behaviour* 185, 189—91 (Kenneth J. Arrow, Enrico Colombatto, Mark Perlman & Christian Schmidt ed., 1996).

算不错。但是当在暴风雪中有异常多的人投票后,也肯定可以说,更多人投票完全是因为在那种情形下投票似乎特别英勇(基于这种形式的"理性"的预测不过如此)。作为反应,传统经济学有时转向更强形式的理性,而那些形式在一些情形下产生更强的预测;但是那些预测经常是不准确的,正如前面的描述所说明。

我们现在转向实证、对策和规范性问题。我们的目标不是解决所有问题,而是通过涉猎广泛领域的问题展现行为经济学的前景。证实对这些问题的权威性判断需要大量工作。下面的工作应该部分地被视为一个建议,一个本着早期法律经济分析的精神,用一组新的工具展开研究的建议。

二、行为人的行为

(一) 最后通牒博弈与公平

博弈及其沉没成本变量

我们从上述第三个限制——有限自利开始讨论。对该限制一个有用的例子是行为人在一个非常简单的讨价还价博弈——最后通牒博弈的行为。在该博弈中,一个参与者(作为提案人),被要求提出在其和另一个参与者(作为应答人)之间分配一笔钱的方案。应答者可以选择:或者接受提案者分配的数量而其余归提案者所有,或者拒绝该提案而使两人什么都得不到。两个参与者彼此不知道对方的身份,而且他们之间的博弈只有一次,因此名誉和将来报复等因素都被排除。

经济学理论对此博弈有个简单的预测。提案者会向应答者提供最小单位的货币,比如,一美分,应答者也会接受,因为一美分好过什么也没有。然而这却是对真实博弈的一个非常糟糕的预测。典型的情况是,如果提案者提供给应答者少于总钱数的20%,那么应答者会拒绝该提案;应答者表示会接受提案的平均底线在总数的20%~30%。[18] 因此,应答者宁愿牺牲自己的一些金钱利益,也要惩罚不公平的行为。这就是有限自利的一种形式。这种反应似乎也为提案者所预期;他们典型地会分割给应答者相当一部分,通常为40%~50%。[19]

经济学家们经常担心这种实验的结果容易受该实验进行方式的影响。如果这些钱被大量地增加,或者如果该博弈重复进行几次而有了学习的可能? 在

---

[18] See Werner Guth, Rolf Schmittberger & Bernd Schwarze, "An Experimental Analysis of Ultimatum Bargaining", 3 *J. Econ. Behav. & Org.* 367, 371—72, 375 tbls. 4 & 5 (1982); Daniel Kahneman, Jack L. Knetsch & Richard H. Thaler, "Fairness and the Assumptions of Economics", 59 *J. Bus.* S285, S291 tbl. 2 (1986).

[19] See Guth et al., Supra note[18], pp. 371—2, 375 tbls. 4 & 5; Kahneman et., Ibid., p. S291 tbl. 2.

这种情况下,我们知道答案。对第一种近似情况,这些因素并不能重大地改变结果。把金钱从 10 美元提高到 100 美元,或者甚至高于一个星期的收入(在一个贫穷的国家),影响很小;与不同搭档重复该博弈 10 次结果也一样[20](当然,到一定点增加金钱是有作用的;恐怕很少人会拒绝 100 万美元的 5%)。我们并没有看到行为朝着标准经济学理论预测的结果移动。

因此,被许多经济学家认为会改变博弈结果的因素并没有起作用。但是,我们从为了这篇文章而进行的一项研究中知道,一个被经济学理论预测为不起作用的因素——沉没成本,却是有影响的。如前所述,经济学预测决策者在做选择的时候无视沉没成本(前述基本原理二);但事实并非如此。沉没成本会改变最后通牒博弈中的行为么?为了查明这一点,我们让课堂志愿者带 5 美元来上课,这 5 美元将成为他们的沉没成本。学生们被要求在表格中回答,如果提案者和应答者各出 5 美元构成被分的 10 美元,那么两者在最后通牒博弈中分别会如何表现。他们被告之他们的角色会被随机决定,所以他们必须先决定如果他们被选为提案人将如何提议,如果作为应答人愿意接受的底线是多少。[21] 我们同时进行一个标准的最后通牒博弈(参与者为相同的学生们,没有沉没成本)作为对比。

尽管经济理论认为,在最后通牒博弈中沉没成本变量对行为不会有影响(既然向每个学生收来的 5 美元是沉没成本,那么就应该被参与者忽略),我们却预测在这个领域沉没成本将起作用。特别地,我们预期应答者会觉得他们对于向实验付出的 5 美元有一种权利,因此不愿意接受少于 5 美元。这正是我们见到的。在这个博弈的原始情形中,当被分割的 10 美元由实验人员提供给被研究者时,应答者要求的最低数额平均是 1.94 美元。在有沉没成本情形中(每个学生支付 5 美元以参与),麻省理工的 MBA 学生、芝加哥大学的 MBA 学生以及芝加哥大学的法学院学生的平均要求分别为 3.21 美元、3.73 美元和 3.35 美元(见表 1.1)。无论采取何种传统的统计显著性的测量方式,每个结果皆显著地异于对比实验下的 1.94 美元。61% 的麻省理工学生要求至少 4 美元,32% 要求完全返还其 5 美元。对于芝加哥大学的 MBA 学生,67% 要求至少 4

---

[20] See Colin Camerer & Richard H. Thaler, Anomalies:"Ultimatums, Dictators, and Manners", 9 *J. Econ. Persp.*, Spring 1995, pp. 209, 210—11; Vesna Prasnikar & Alvin E. Roth, "Considerations of Fairness and Strategy: Experimental Data from Sequential Games", 107 *Q. J. Econ.*, 865, 873—75 (1992); Robert Slonim & Alvin E. Roth, "Learning in High Stakes Ultimatum Games: An Experiment in the Slovak Republic", 66 *Econometrica*, 569, 573 (1998). 然而,当重复博弈伴随着很大风险的时候,提案者提供的数额会减少一点,但仍然远远高于标准分析的预测. See Slonim & Roth, 如前, pp. 573, 588 fig. 3A.

[21] 只要有提案被应答者拒绝,这个实验对实验人员就是有利可图的(因为实验人员向每对交易者收取了 10 美元,如果提案被拒绝,这 10 美元就被没收了)。为解决这一问题,我们紧接着进行了另一个实验,实验人员在第一轮中赚得的所有利润奖励给了博弈的胜利者。

美元,而 40% 要求 5 美元。芝加哥大学的法学院学生比较不那么极端:47% 要求至少 4 美元,23% 要求 5 美元。

表 1.1 最后通牒博弈的结果

	平均要求	要求 4 美元的比例	要求 5 美元的比例
麻省理工 MBA 学生	$ 3.21	61%	32%
芝加哥大学 MBA 学生	$ 3.73	67%	40%
芝加哥大学法学院学生	$ 3.35	47%	23%

请注意,与在普通的最后通牒博弈中一样,我们在这里强调的是应答者的公平行为,而不是提案者对公平的积极关切(如前所述,他们的行为符合对应答者的公平行为在经济上的最优反应;其他实验结果也支持这个结论)。[22] 然而我们的确知道,在其他情形下人们也显示出对公平的积极关切。[23]

在各种实验场景下获得的公平结果,例如最后通牒博弈,不能被解释为声誉使然。因为参与者匿名地一次性博弈。当然,真实世界的许多情形可能反映了声誉和公平因素的结合。最后通牒博弈的结果说明了人们经常根据公平的考虑行事,即使与自己的金钱利益相悖,而人们往往对此浑然不觉。例如,大多数人会在他们没有计划再次光顾的其他城市的餐馆留下小费。

公平,针锋相对与顾虑

理论上的考虑。结合在最后通牒博弈及其沉没成本变量中观察到的行为,我们将如何丰富经济分析呢?正如我们已经指出的,第一步要放宽经济学理论普遍的"无限自利"假设。该假设意味着提案者会提供尽可能小的数额,而应答者应该接受。我们下面的说明将会提供另一种观点:

在伊萨卡岛的农村地区,农民通常会把一些新鲜产品放在路边的桌上,桌上有一个收款箱。顾客们取走蔬菜并主动把钱放入箱子里。箱子只有一个小缝,所以钱只能放进而不可取出。同时,箱子是固定在桌上的,因此没有人能轻易地夺款而逃。我们认为采用这种机制的农民对人性有着正确理解。他们知道足够多人会自愿为取走的鲜玉米付款,使物有所值;他们也知道如果取走钱

---

[22] See Elizabeth Hoffman, Kevin McCabe & Vernon L. Smith, "Social Distance and Other-Regarding Behavior in Dictator Games", 86 *Am. Econ. Rev.* 653, 653—54 & fig.1 (1996)(发现提案者典型地提供不超过总数的 10% 供分割,而且当应答者别无选择只能接受提案者的提议以及匿名得到保证时,超过 60% 的提案者不提供任何东西)。

[23] See Ernst Fehr, Georg Kirchsteiger & Arno Riedl, Does Fairness Prevent Market Clearing: "An Experimental Investigation", 108 *Q. J. Econ.* 437 (1993)。

很容易,那么就有人去做。[24]

我们强调这不是简单的利他主义情况。在传统经济学中,这样的利他主义有时是被承认的;我们的解释正相反,这是更复杂的互惠公平的情况。对公平的关注是许多行为人效用函数的一部分。与伊萨卡岛购物者的行为一样,最后通牒博弈的结果也不能轻易地用简单的利他来解释。首先,博弈是在匿名的陌生人之间进行的。有什么理由相信这些人会关心别人呢?(我们中的大多数人对不知名的陌生人只会给予极其少量的恩惠,因为我们没有理由相信他们比自己过得更糟。同理,即使在伊萨卡岛,大多数驾车经过农场的人也不会把车开到路边,然后把两美元塞进邮箱的缝里。公平行为大概是互惠的。)其次,我们不仅观察到显然"友善"的行为(慷慨的提议),也观察到"恶意"的行为(应答者拒绝小额的提议而使提案者付出惨重的代价)。在最后通牒博弈中,人们同时表现得比传统假设下预测的更加友善和更加敌意。

最后通牒博弈的结果以及伊萨卡岛农民的行为体现的那种有关人性的和谐的观念不必是非正式的或特别的。它可能包括物质或非物质的动因,比如通过严密的分析,公平对待那些公平的人,而刁难那些不公平的人。在一个公平的模型中,Matthew Rabin 提供了一个雅致的正式的处理办法。[25] Rabin 的框架包含了有关行为的三个程式化的事实。简单地说:

A. 人们愿意牺牲自己的物质利益来帮助那些友善的人。
B. 人们愿意牺牲自己的物质利益来惩罚那些刻薄的人。
C. 当牺牲的物质利益越小,A 和 B 动机对人们行为的影响就越大。[26]

Rabin 指出了这些对行为的假定如何能够解释最后通牒博弈以及其他合作博弈(比如"囚徒困境")中的行为。有关的工作,如对法律的适当作用的研究,显示了这样的行为在形成规范以解决集体行动问题方面的作用。[27]

Rabin 的理论可以被视为一个有关行为和原则的理论。从他的处理方法我们可以总结如下,人们可以理解为对以下事物具有偏好:(1)他们自己的物质回报;(2)他们熟悉的其他人的物质利益;(3)面临危机的陌生人的福利;(4)他们自己的声誉;(5)他们愿意成为怎样的人。一个人合作或帮助他人的意愿可以视为这些变量的函数。最后一个因素很重要却特别容易被忽略。把

---

[24] Richard H. Thaler & Robyn M. Dawes, "Cooperation", *The Winner's Curse: Paradoxes and Anomalies of Economic Life* 6, 19—20. (Richard Thaler ed., 1992).

[25] Matthew Rabin, "Incorporating Fairness Into Game Theory and Economics", 83 *Am. Econ. Rev.* 1281 (1993).

[26] Ibid., 1282.

[27] Robert Axelrod, *The Evolution of Cooperation* (1984); Robert Axelrod, *The Complexity of Cooperation* (1997).

自己当成一个诚实,有原则的人的愿望有助于解释为什么我们中的大多数(虽然不是全部)会在陌生的餐馆留下小费,为什么会把钱投进路边摊位上的箱子里。正如 Rabin 所说,人们愿意牺牲自己的物质利益来帮助那些友善的人。当然,在这个资源稀缺的社会上,这种愿望和其他愿望是相互竞争的。我们并不建议奔驰车专卖店采取那种路边摊位售货的方式。

行为经济学视野下的人因为礼貌和顾虑在一些场合下表现得"友善"。但是正如我们在最后通牒博弈中观察到的,人们也可以被惹起恶意。有时候,其他人在物质或其他方面会有损失的事实对行为人来说是有益的;这些是敌意行为的条件。行为人会计算出,尽管自己也会获得物质利益,但是让对方获益使这个交易得不偿失。因此,被提供相对小的份额的应答者会拒绝该提案以惩罚无礼的提案者,因为提案者想为自己攫取太多了,尽管小的份额也是相当的一笔钱。注意到恶意行为也是有"原则"的:人们愿意付出以惩罚那些不公平者。联合抵制行为也是出于同样动因——消费者克制买一些他们喜欢的东西以惩罚冒犯的一方。传统经济学有时认识到这种行为,但是在法经济学领域却很少关注,然而这经常是相当有关系的。[28]

在针锋相对的情况下,比如打架或者争论时,恶意行为是很常见的。在这些情形下,即使配偶也会说一些或做一些伤害对方的事;在糟糕的条件下,物质或其他方面的伤害是行为人一部分的所得。对方的损失是自己的所得;即使把自己想象成某一类人(不是地垫或者愚人)的想法会给自己带来痛苦(不想让别人把自己当作地垫或者愚人的心理也可能起到作用)。这当然是合作行为的相反情形。不幸的是,针锋相对在许多法律场合是尤其普遍的,如诉讼的前、中、后。许多因早先无法和平解决而延长的诉讼,可能正起源于双方不能更友好地处理事务(法庭判决的离婚大多数属于这种状况)。我们猜想,即使对声誉的考虑不重要,在针锋相对的条件下恶意行为会经常被观察到。比如我们认为在判决离婚的案件中的,一个通常的异议者就像最后通牒博弈中的应答者那样,为与即将成为自己前配偶的人针锋相对,宁可拒绝小额的提供,而不愿让提案者获利太多。[29]

什么是公平?

针锋相对、敌对行为——如在最后通牒博弈中拒绝小额支付的提议——是在一方违反了可感知的"公平原则"的情况下的典型行为。这就提出了一个突

---

[28] Posner 讨论过与"敌意"有关的复仇和报偿的概念。见 Richard A. Posner, "Retribution and Related Concepts of Punishment", 9 *J. Legal Stud.* 71 (1980).

[29] Cf. Robert Gibbons & Leaf Van Boven, "Multiple Selves in the Prisoners' Dilemma" (Nov. 16, 1997) (未发表的手稿,在 Stanford Law Review 的档案中) (发现当实验对象对他们的对手有积极印象时,比起当他们对他们的对手有消极印象时更有可能进行合作)。

出的问题:什么是公平? 在最后通牒博弈中,大多数人把对应答者的提议,比如 1 美分,视为不公平。这个观念阐明了一个更广的模式:如果结果显著异于一个"参照交易"——一种定义了双方互动的基准的交易,那么人们就会把该结果视为不公平。[30] 在双方分割一笔谁都不比对方更有权利得到的钱(这是人所共知的)的博弈中,参照交易应该类似于均分;而显著的偏离则被视为不公平,于是就要被应答者惩罚。如果双方对被分割的钱都有理由认为一方比另一方更有权得到,那么"参照交易"就是对有权一方有利的分割。[31] 如果双方是市场上的消费者和公司,那么"参照交易"就是该项目在通常条件下的交易。[32] 我们对最后这种情况在下面还有详细的论述。现在,我们的目标只是提供一个什么是"公平"的一般性定义,并且表明我们并不认为这个术语模糊不清、包罗万象。相反地,我们认为它具有能合理地清楚界定的含义,从而能在广阔的领域产生有用的预测。

规范

和公平有关的规范是一大类支配行为的规范的子集,这些规范可以像"税收"或"补贴"一样起作用。像上面那样的分析可被运用于许多决策,在这些决策中人们不仅在乎自我的物质利益,而且关心他们的声誉和自我观念——例如通过购买书、套装和度假场所,或者通过抽烟、循环利用以及种族歧视和性别歧视,或者通过选择朋友、餐馆和汽车。更好理解个人效用的成分对法律的实证分析和对策分析有极大的帮助。例如,有助于我们更好地理解(也更能对未来有关情形做出预测)在公共场所下禁烟令后无须强制执行,人们的行为就发生巨大的变化,即"无须强制的遵守"现象。[33]

(二) 围绕法庭命令的议价

科斯预测

正如前面提到的,法律的经济分析的一个重要方面是科斯定理——在交易成本和财富效应为零的情况下,法律权利的分配不会影响最终的权利配置。对这一理论的直接运用是当法院作出一个判决,无论以禁令形式或者以判决赔偿的形式,双方当事人都可能通过讨价还价得出一个不同的结果,只要这个结果

---

[30] See Daniel Kahneman, Jack L. Knetsch & Richard Thaler, "Fairness as a Constraint on Profit Seeking: Entitlements in the Market", 76 *Am. Econ. Rev* 728, 729—30 (1986).

[31] See Elizabeth Hoffman & Matthew L. Spitzer, "Entitlements, Rights, and Fairness: An Experimental Examination of Subjects' Concepts of Distributive Justice", 14 *J. Legal Stud.* 259, 261 (1985).

[32] See Kahneman et al., Supra note[30], pp. 729—30.

[33] See Robert A. Kagan & Jerome H. Skolnick, "Banning Smoking: Compliance Without Enforcement", 于 *Smoking Policy: Law, Politics, and Culture* 69 (Robert L. Rabin & Stephen D. Sugarman ed., 1993).

优于法院做出的决定且交易成本和财富效应很小(比如法院做出一个极高的赔偿判决,但是被争议的行为又是有效率的,那么双方可以通过议价得出较低的赔偿水平,这样可以增加供双方分割的剩余)。在这种情况下,诉讼后权利分配给谁以及该权利的保护方式(通过财产规则或者责任规则),和最终权利的配置是无关的。

行为分析

受行为经济学影响,许多法律评论家观察到,根据前面描述的禀赋效应(期望理论的一方面,因此是有限理性的一个例子),法律权利的初始分配极可能影响议价的结果,即使交易成本(通常定义的)和财富效应为零。这个结论是由前面描述的咖啡杯实验以及其他关于禀赋效应的丰富的证据得出的。[34] 尽管禀赋效应一般地认为法律权利的分配会影响议价的结果,但是当权利是对立的双方(我们的焦点)经过法庭审理以法院命令的形式得到时,这样的影响尤甚。理由如下:

首先,诉讼程序会加强禀赋效应。实验证据显示,当一方当事人相信他争取到了权利或者他尤其应得该权利,禀赋效应特别强烈。[35] 当然,得到法律有利判决的人会相信他争得了该权利,而且基于下面将讨论的自私自利偏见,这样的人也会强烈地相信这个结果是公平的。

有限自利,尤其是前面阐述的针锋相对观念,为我们提供了看到的议价行为在现实世界中比在法律经济学教科书中少的又一个理由。即使一个交易会带来经济收入,缺乏交流的情况下要讨价还价也是困难的,而在冗长的庭审之后诉讼当事人之间经常拒绝交流。即使交流是可能的,情况也不会改变多少,因为双方都以使对方情况变遭为乐;在这种情况下达成解决协议是困难的,即使对双方都有极大的改善。由于以上这些原因,行为学研究显示,即使交易成本很低,禁令和赔偿判决也不会被改变。

的确,大多数案件在判决前就解决了,所以那些没有被解决而因此产生法院判决的案件在一些方面不具有典型性。但是这并不意味着他们不是实证分析研究的重要客体。和传统法经济学一道,行为分析关注一些案件发展到审判阶段的事实(以及这些事实的结果)。[36]

---

[34] See Kahneman et al., Supra note[11].

[35] See George Loewenstein & Samuel Issacharoff, "Source Dependence in the Valuation of Objects", 7 *J. Behav. Decision Making* 157, 159—61 (1994).

[36] 传统法律的经济分析把交易失败归结于双方的信息差异,这方面有大量文献,总结于 Bruce L. Hay & Kathryn E. Spier, "Settlement of Litigation", 3 *The New Palgrave Dictionary of Economics and the Law* 442 (Peter Newman ed., 1998).

证据

传统经济学理论和行为分析由此对审判后情况产生迥异的预测。这些理论可以被经验事实检验。一旦法院作出判决后会发生什么？当事人讨价还价至另一个不同的结果的频率是多少？考虑这些案件：法院把权利分配给对该权利估价较低的一方。在这种情况下，标准理论会预测，只要交易成本和财富效应足够小，就会有围绕法院命令的交易（不对称信息的可能性将在下面与经验发现一起讨论）。行为理论则预测即使在这样的情况下，经常也不会再有交易。由于法院的命令不太可能全都惟一有效率，因此对这些不同的预测进行检验应该是可能的。

即使没有这种详细的信息，Ward Farnsworth 收集的数据显示实际发生的判决后进行的交易比经济学模型预测的要少得多。Farnsworth 采访了大约二十个妨害类诉讼案件的律师，这些案件中当事人寻求禁令的救济，在法院经过完整的诉讼程序后，他们的要求或者被满足或者被驳回。在 Farnsworth 的研究中甚至没有一个案件的当事人双方尝试就法院的命令进行交易，即使交易成本很低，即使一个中立的第三方会认为还有很大的对彼此都有利的交易空间。传统分析可能把无法达成最终协议归咎于不对称信息；但是这样的分析难于解释连协商谈判都没有的全面失败。还很有趣的是，被采访的律师认为即使法院判决相反的结果，双方也不会协商并达成新的契约（这最后一点也意味着，没有交易的现象不能由假设"法院作出的判决是惟一有效率"来解释）。

律师对这些结果的解释在性质上是行为学的。一旦人们得到法院的判决，他们不愿意与对方进行谈判，部分是因为胜诉的原告不愿意把利益赠与他们的对手。胜利者为进行该案，已经从起诉到审判投入大量资源，他们感觉自己对法律赋予的现状具有特殊权利，他们不可能放弃权利，尤其是无论如何也不能把权利让给对手。

（三）失败的谈判

即使在那些有礼貌的、公平公正的符合行为经济学的行为人中，他们做决定，仍然以自利为出发点。因为经常会有对什么是公平（或者也可以说，什么是适当的参照交易）的异议空间，因此自利的当事人就有了操纵的机会。这些人倾向于按照对自己最有利的标准来看待事务，当人们关心公平的时候，他们对公平的估价已经被他们的自我利益扭曲了。这是有限理性的一种形式——尤其是判断错误，人们的感觉被自私的偏见扭曲了。

这种形式的偏见有助于解释频繁失败的谈判。很普遍的是，在涉及离婚、孩子监护甚至商业争议的案件中，根据案情该拖延的诉讼其实是有望达成和解的（尽管许多案子的确是这样解决的）。根据标准解释，存在这种拖延的诉讼其实是个谜题。很好地理解了诉讼的期望价值的当事人，应该通过和解了结更多案子。也许不对称信息和发信号会影响纠纷解决的前景,从而可以解释一些观察到的行为。然而,这样的解释不容易检验。相反,在谈判中自私偏见的影响已经被经验检验了,而且其结果支持我们这里的解释。

(四)强制性合同条款

工资和价格效应

在法律经济分析中,一个常见的主张是在合同中对双方施加强制条款会使双方境况都变坏,因为那是对交易有影响的"税收"。例如,要求赋予劳动者一定水平的工作场所安全,或者给租客要求适于居住之住所的权利,会使雇主和雇员、房东和租客的境况都变坏。在这部分我们提出,有限理性,尤其是禀赋效应,对传统法经济学的主张产生怀疑。我们这里的分析与 Richard Craswell 几年前对强制产品担保的分析相似。[37] 我们在 Craswell 的基础上强调雇佣场合,强调利用最近的对强制性合同条款影响的经验研究。

传统的反对强制条款的论点通常有两层:第一,当双方可自愿协商合同时,既然他们没有对有争议的条款进行讨价还价,那么该条款的成本会超过其收益(否则他们自己就会达成该协议)。第二,在这种情况下施加强制性条款对双方来说是税收,造成工资下降(或者如果是可住的公寓,房价会上升),下降幅度为该条款成本和收益之间的差距;税收还会造成有利可图的交易数量下降。这个分析假设了向上倾斜(非垂直)的劳动供给曲线。但至少对于下面讨论的工人群体以及现存的经验证据(女性雇工)而言,这样的假设是明显合理的。

传统的说明因此提供了对强制性条款影响的鲜明的预测。那么数据是否支持这些预测呢?这一领域最主要的研究者是 Jonathan Gruber。Gruber 调查了强制雇主提供生育费用保险金的政策的影响。[38] 强制的健康保险——代表着对强制以前通常的合同安排的显著偏离——造成受影响的工人(最直接的是已婚的临届生育年龄的妇女)工资下降,根据作者的估计,下降幅度至少是强制保险金的成本。研究也发现这些工人的工作时间或者不变或者轻微增加,他们被雇佣的概率也或者不变或者轻微降低。总而言之,"研究发现一致认为,把强制要求的成本百分之百转移,那么对净劳动投入的影响就甚微了"[39]。这些发现并不简单地与传统的说明一致,因为传统说明预测工资下降的幅度少于收益的成本(如果工资的下降等于收益的成本,那么很大一部分雇主应该在强制前就提供该利益)。

---

[37] Richard Craswell, "Passing on the Costs of Legal Rules: Efficiency and Distribution in Buyer-Seller Relationships", 43 *Stan. L. Rev.* 361, 388—90 (1991).

[38] Jonathan Gruber, "The Incidence of Mandated Maternity Benefits", *84 Am. Econ. Rev.* 622 (1994).

[39] Ibid., p.623.

行为学分析

无限理性的行为人对预期效用最大化的假设的偏离，提出了对施加强制性合同条款的影响的不同解说，该解说与上面描述的经验发现一致。如上所述，禀赋效应意味着，比起购买还未拥有的权利，人们经常更不愿意出售赋予他们的权利。如果有一个杯子，他们不会以 3 美元卖掉，但是如果没有杯子，他们也不会用该价格购买一个。因此，一个雇员在没有被赋予权利的情况下选择不购买他们所在公司的一种福利，并不意味着一旦被赋予该权利他会愿意卖掉（如果能够的话）。对这个观察结果的推论就是，施加一个强制性条款可能会有与标准解释预测不同的影响。在供求模型中，想象一条施加强制性条款前的劳动供给曲线，反映了在给定福利时不同工资水平下的工作意愿；一旦施加强制性条款，禀赋效应的结果可能是供给曲线向右移动，且移动幅度大于劳动需求曲线由于强制性条款影响而向相反方向的移动。在这种情况下，受影响的工人的工资下降幅度会大于或者等于利益的成本。这正是 Gruber 对强制生育保险的研究所发现的。

在此有三个重要的说明：

第一，虽然禀赋效应与工资或价格的完全调整或超出完全调整相一致，但禀赋效应也可造成工资或价格的不完全调整。也许一旦工人们对该福利有权利，他们就不再愿意提供劳动力以交换给定工资和争议的福利；也有可能是在没有这种福利的情况下，他们更不愿意提供劳动。还有可能是传统经济分析通过引入如逆向选择这样的市场失灵（这种可能性一般被上面提到的对强制性合同条款的批评忽视），可以解释上面讨论的经验性发现。[40] 我们的观点是最适度的，即行为学解释可以预测可观察的行为实例，这些行为与传统法经济学对强制性条款的解释不一致。未来的经验研究将尝试检验逆向选择不可能是重要因素的强制性合同条款（区别于健康保险的情况）的影响，以解决逆向选择的可能性。

第二，在强制条款的受益者必须放弃一个先前存在的收入水平的情况下，禀赋效应可能会不起作用，因为受益者非常反对这样的损失。这个限制仅仅对相对于先前存在的预期有经济损失的情况适用；因此它不适用于诸如消费者为了质量保证而以更高的价格购买耐用品的情形。

第三，我们在这部分的分析是纯粹实证的，关注的是施加强制性合同条款的影响。从规范角度看，禀赋效应并不必然意味着强制性条款是可欲的；在一旦被施加他们就不会不被执行（如果能够）的意义上，它们可能是有效率的，但是与标准说明提供的理由一样，没有这些条款的情况也是有效率的，而且没有

---

[40] Supra note[38], p.626 n.9.

明显的方法可以比较这两种情况。不像上一章讨论的几种情形那样,有一个相对有力的理由来选择一个规范的基准而不选择另一个(比如人们由于一些形式的判断错误可能低估某些客观概率),这里似乎没有一个做决定的清楚依据。

因而,我们强调的是施加强制性合同条款的影响的实证问题。首要观点是有许多研究项目来检验多种假设;我们想提出的看法是传统观点不能被当然接受,有理由认为行为法经济学指出了有益的方向。

三、法律的内容

我们在这一部分论述,法律的经济分析对法律的内容的解释需要通过引入前面阐述的有限自利(以公平标准的形式)和有限理性加以修正。正如我们尝试展现的,许多法律很难用效率来解释其正当性(比如禁止某些互惠的且没有明显外部性的交易),而且似乎也会使一些没有很强游说能力的群体(例如贫困者或者中间阶层)受益。我们认为对这些"反常"的法律的解释其实相当简单:因为大多数人认为这种结果是公平的。我们同时主张,我们观察到的一些法律,反映的既不是效率,也不是传统的寻租,而是人们的有限理性。

对法律内容的行为经济学解释的潜在的机制其实是简单而传统的。与现有的分析一致,我们假设立法者的利益在于最大化其连任的可能性(为了论述的目的,我们把讨论的范围限定于制定法,而不包括判例法)。为此,他们就会对选民以及那些强势利益集团的偏好和判断作出反应。如果选民相信某一种行为是不公平或者危险的,应该被禁止或者规制,那么自利的立法者就会作出反应,即使他们自己并不赞成这样的观点。我们猜测对法律内容的完整解释需要包含立法者对公平或者风险的独立判断,这一因素偶尔也会起作用;但是在这里我们并不讨论这一点,因为就我们考虑的例子而言,公众和利益集团的观念似乎能对我们观察到的法律提供很好的(而且也是最简约的)解释。

(一) 对市场交易的禁止

这一部分讨论对法律的需求,那种受人们的有限自利(尤其是他们对公平的理解)影响的需求。我们无意为我们论述的法律辩护,我们只是更适当地主张人们对公平的信奉是促成那些法律的原因之一。公平规范和其他因素相互作用,产生了一些似乎反常的法律。"公平的企业家"可能会有作用,使公众的判断为他们的利益(自私的或非自私的)服务。

对经济交易的禁止

难题。法律的一个普遍特色是一些有相互需要的交易被禁止。在这一图景中(包括下面讨论的对婴儿买卖、投票交易的禁止),最让人迷惑的也许是对传统上"经济的"交易的禁止,比如高利贷、价格欺骗和票的倒卖。许多州在消费信贷领域禁止高利贷,或者说在高于某水平的利率上收息。价格欺骗,或者说要价过高、不合理,在紧急时期(如发生洪水或其他自然灾害后)也被一些州禁止,许多最近发生这些灾害的州正是这样做的。最后,倒卖票,或者说在票面价格以上(远超过票的代理人扣除成本后的适度利润)转售票,大约被一半的州禁止,包括纽约州(有众多戏迷)。

并不奇怪,经济学家和经济分析法学家经常把这些法律视为无效率和反常的。[41] 这些法律似乎也不能用传统的政治派别寻租理论来很好地解释。也许有人会说禁止倒卖票的法律是最后这点的例外,因为卖票人(可能具有政治势力)会游说使这样的法律通过——适度的价格对创造需求是必须的,而需求又反过来保证了质量,使产品更加可欲[42](例如饭店老板在有人等候桌子的时候并不提价,如果有一个预定饭店的二级市场使订桌非常昂贵,饭店会希望宣布这种市场是非法的)。这种论证理由运用于此的困难是,它不能解释禁止倒卖票的法律适用于那些永久受欢迎的事物的情况,这些事物的质量在电视上广而告之,即使需求有点减少,对公众的吸引力不会显著下降——这种情况包括许多体育职业赛事。我们在此实际上持一个更一般化的观点:尽管也许可以用效率或者传统的寻租理论来解释某些禁止经济交易的法律,但是基于传统,似乎没有一种或一组普适的理论可以用来解释所有的或者大部分的法律。

行为学解释。相反,在高利贷、价格欺骗和倒卖票猖獗的时候,禁止这些行为的法律是前面论述的"可感知的公平"理论的一个直接的预测(我们在此假设自利的立法者对于公民或者其他法律需求者做出反应)。在这些禁令中,各个被讨论的交易都对这些商品在市场上通常的交易条件显著偏离——即偏离于"参照交易"。行为学分析预测,在一个给定的司法管辖区内,如果频繁发生的交易条款与参照交易条款相去甚远,就会有要求禁止此类交易的强大压力。请注意,这个预测并不是所有高价(使一些人很难或不可能支付得起他们想要的东西的价格)都要被禁止;我们预测会被禁止的是那些远离市场上一般交易条件的交易。

考虑下面这个例子:

一个商店的芭比娃娃一个月前就销售一空了,圣诞节前的一个星期,在储藏室里又发现了一个娃娃。经理知道许多顾客想要买这个娃娃,于是他们通过

---

[41] See, e. g., John Tierney, "Tickets? Supply Meets Demand on Sidewalk", *N. Y. Times*, Dec. 26, 1992, p. A1(引用纽约大学经济学家 William J. Baumol 对制止倒卖票的法律的批评)。

[42] See Gary S. Becker, "A Note on Restaurant Pricing and Other Examples of Social Influences on Price", 99 *J. Pol. Econ.* 1109, 1110 (1991)(提出了质量证明的论点)。

商店的公告系统宣布这个娃娃要通过拍卖卖给出价最高的顾客。[43]

大约四分之三的应答者认为这个拍卖或者有点不公平或者非常不公平,尽管经济分析当然地会判断这个拍卖为最有效率的方式,因为它能保证娃娃给对之估价最高的人。虽然拍卖是有效率的,但是它表现了对"参照交易"的偏离,在参照交易下娃娃以通常的价格销售(当然,没有必要让法律禁止这样的行为,因为这并不普遍)。与芭比娃娃的例子类似,如果贷款者把钱以一个显著高于相似规模贷款的利率贷给他人,那么贷款者的行为就会被视为不公平。又比如,尽管木材一般倾向于以一个特定的价格出售,但在飓风之后对木材的需求飙升中,以非常高的价格出售木材会被视为不公平。体育赛事或者戏剧戏票的售价经常在票面价格上下,因此大幅涨价也被视为不公。与最后这个主张一致,当要求被研究者回答球队是否应该通过拍卖来出售一场关键球赛的余下的几张票时,他们认为这个方法是不公平的;根据排队顺序来分配是更好的解决办法。[44] 当然,排队买票正是打击倒票行为的法律带来的结果。因此,看来深入人心的公平观念塑造了人们对高利贷、价格欺骗和倒卖票的态度,因此法律也如此规定。

私人行为

有意思的是,这些禁止交易的法律经常是模仿,而不是限制他们所规制的企业的行为。首先考虑高利贷:这是借贷市场一个有名的困惑:贷款者经常拒绝借钱给风险高的借款人,即使高于市场利率;更确切地说,一些人在给定的利率下有资格贷款而另一些人根本没有资格。[45] 对适度增加利率而没有违反高利贷法的情况也是如此(逆向选择考虑也可能解释这种行为,但他们不能轻易地解释为什么存在禁止这种行为的法律)。价格欺骗和票的倒卖在私人行为这一点上也是相似的。因此,当 Andrew 飓风袭击佛罗里达,对木材和其他建筑材料的需求暴涨的时候,Home Depot,作为主要的全国连锁店,继续以通常价格出售这些商品,尽管存货本可以卖得巨大的(短期)利润,而且没有法律禁止这种价格上涨。更一般地,经济学家经常评论企业没有对需求的暂时增加作出抬价反应的行为。[46] 类似地,反倒卖票法的一个有趣的特征是,只有在企业首先

---

[43] See Kahneman et al., Supra note [30], p.735.

[44] See Kahneman et al., Supra note [18], pp.S287—88.

[45] See, e.g., Keith N. Hylton & Vincent D. Rougeau, "Lending Discrimination: Economic Theory, Econometric Evidence, and the Community Reinvestment Act", 85 Geo. L. J. 237, 258 (1996)(讨论了住房抵押借贷市场);"Board of Governors of the Federal Reserve System", Report to the Congress on Community Development Lending by Depository Institutions 34 (1993)(同样)。

[46] 见 David D. Haddock & Fred S. McChesney, "Why Do Firms Contrive Shortages? The Economics of Intentional Mispricing," 32 Econ. Inquiry 562, 562—63 (1994)(概览了经济学文献)。

选择以一个合理的价格卖票的情况下,法律才会保护该价格;企业一般也是这样做的。例如,在 1997 年 NBA 最后决赛时,芝加哥公牛队向公众售票的价格略高于常规赛季,但仍低于球票代理市场上的要价(这在伊利诺伊州是合法的)。正如一个大剧场所解释的:"有很强的公众关系理由"来反对提高非常受欢迎的演出票的价格(体育赛事大概也是如此),因为公众已经认为"百老汇的票价太高了",尽管在现行的价格下需求远远超过供给。[47] 与前面的分析一致,对价格刚性的最近的证据也显示,企业行为似乎受消费者对于不公平的涨价的观念影响很大。[48] 注意,这并不是标准的声誉情况;公平的考虑是提价会损害企业声誉的理由。

那么为什么这些法律是必须的呢?因为一些相关行为者在没有法律的情况下可能会不受公平规范的约束。非机构贷款者可能愿意以非常高的利率贷款,木材供应商经常会以市场所能接受的任何价格出售直接从运货车上出售的木材(正如 Andrew 飓风之后的情况);票贩子作为典型的一次性交易的匿名行为者,也没有理由保持低价。这些行为者正是法律规范的对象。那些比较强大的主流公司会支持,或者至少不反对这些禁止不公平交易的规则(注意,尽管他们的支持态度并不会被传统的解说预测到)。

其他禁令

禁止经济交易的法律只是更广的规制交易的法律形式的一种。许多更广范围内的交易被禁止:人们不会买卖身体的部分,不能出售他们的选票。在一些州,商业化的代人生育是被禁止的,而婴儿买卖在所有的州都是被禁止的。人们不会以签署书面协议之类的形式就禁止种族和性别歧视的命令进行交易。总之,在美国的管辖范围内被禁止的交易比比皆是。

如此多样的禁令产生了严肃的规范问题。这些问题已经很好地被舆论解决了。不同领域的禁令可以被明确合理地区分,一些外部性早已经明显了。我们可以在此下一个简单的定论:行为学分析认为,对公平的普遍判断可以解释许多对自愿交易的禁止。无论那样的判断是否有意义,它们似乎已经很普遍,而且也有助于解释立法的一贯做法,而该做法又不易用效率或者寻租理论来解释。禁止某些交易,可能是立法者对哪些事物适于市场安排的社会观点作出的反应。在这些领域的参照交易一般是"没有交易":正如规范或者基准是通常价格或票面价格,或者在最后通牒博弈中的平均分配,在这里规范或者基准是"没有市场交易"。对这种规范的偏离被视为不公平而被禁止。

---

[47] Peter Passell, "If Scalpers Can Get So Much, Why Aren't Tickets Costlier?", *N. Y. Times*, Dec. 23, 1993, p. D2 (引用 Shubert Organization 领袖 Gerald Schoenfeld 的话)。

[48] Alan Blinder, Elie R. D. Canetti, David E. Lebow & Jeremy B. Rudd, *Asking About Prices: A New Approach to Understanding Price Stickiness*, pp. 9—10, 149—64 (1998).

(二) 对言论的预先限制

与公平相关的规范加上有限理性,可能会影响法律的另一个例子,涉及对宪法第一修正案的持久疑惑之一:司法对言论预先限制的反对,最特别的是禁令。[49] 法院可能拒绝对言论发布禁令,即使它会允许对同样言论的事后惩罚。这个疑惑就是,预先限制也会涉及后来的惩罚;禁令却意味着违法者将受到(事后)制裁。为什么刑法典会比禁令(违反该禁令会导致刑罚)问题少?

传统经济分析对该问题没有提供令人满意的回答。的确,禁令可能被视为创造了一个对言论更厉害的总体处罚的景象,但是没有人认为,第一修正案对政府惩罚言论的严厉程度施加了限制,这些言论政府是有权定为犯罪的。在任何情况下,刑法典比禁令施加的处罚更大,但是后者却比前者麻烦。

行为学分析能解释法律对预先限制的特别对待么? 正如该文早先提到的,法院判决的补救措施可能让受益者形成特殊形式的依恋;人们不愿意放弃被这样的措施赋予的权利,因为认为那是不公平的,加上禀赋效应也造成依恋。这个对于检察官和其他所有人似乎都是真实的。一个寻求禁令的检察官可能尤其坚持要保证实施惩罚。独立的、不附加禁令的刑法典则可能让检察官产生不同的反应。通常理性的被告知道这个区别,因此对法院而言,尤其重要的是要保证,任何对言论的禁令不能在准确判定涉案言论不受第一修正案保护之前作出。

事实上,这个解释与阻止预先限制的最精致的答辩契合。[50] 那些辩护意见极力主张,预先限制理论的真正目的是,保证在准确地判断出第一修正案不保护有风险的言论之前,没有任何规则可以施加。这个理论很难用传统的经济学原理来解释,但却是行为经济学的一个自然推论。

(三) 轶事驱动(anecdote-driven)的环境立法

有限理性的个人的判断错误对法律内容的预测和解释也有重大作用。尤其是人们在如环境保护这样的领域寻求立法时,根据的是他们对某些有害活动的概率的判断。而他们对概率的判断经常受该有害活动的其他实例,在何种程度上"可得"的影响,即这样的实例在何种程度上容易想到。[51]

下面是有关"可得性"的一个常见的例子:人们被问及在一个小说的两千字长的章节中,有多少由七个字母构成的单词以 ing 结尾给出的估计值,比起

---

[49] 如, Geoffrey R. Stone, Louis M. Seidman, Cass R. Sunstein & Mark V. Tushnet, *Constitutional Law*, pp. 1183—1196 (3th. 1996)。

[50] See Martin H. Redish, "The Proper Role of the Prior Restraint Doctrine in First Amendment Theory", 70 *Va. L. Rev.* 53, 55 (1984)。

[51] See W. Kip Viscusi, *Rational Risk Policy*, p. 96 (1998) (讨论可得性的作用); Roger G. Noll & James E. Krier, "Some Implications of Cognitive Psychology for Risk Regulation", 19 *J. Legal Stud.* 747, 762 (1990) (同样); Cass R. Sunstein, "Congress, Constitutional Moments, and the Cost-Benefit State", 48 *Stan. L. Rev.* 247, 265—66 (1996) (同样).

人们被问及这样一个章节中有多少以 n 为倒数第二个字母的单词给出的估计值,要大得多。尽管客观上满足后一个条件的单词比满足前一个条件的单词多。[52] 依赖事件的实例如何"可得"是一种判断错误的形式,但是该错误对于信息有限的人而言又是完全理性的——在反应最优化行为的意义上。同样地,这在概率估算上能导致系统性错误。在环境立法的情形下,众所周知的"本月污染物"综合症受到鼓励,即规则是由最近的难忘的危害实例驱动的。当信念和偏好由一组概率判断产生,而该判断又由于"可得性启发"而变得不准确时,就可以预测立法是轶事驱动的。许多例证涌上心头;考虑一下对 Agent Orange and Times Beach 的呼声[53],或者在大量媒体关注后对学校里的石棉的严格管制。[54] 同样的现象在其他管制领域也可能发生;一个例子是在媒体报道校车事故并有学生死亡之后,对校车安全趋于严厉的管制。[55]

什么决定了一个特定的环境危害的"可得性"?两个因素是特别重要的:该危害可观察的频率以及它的显著性。因此,如果一个特定的危害最近有所表现,人们就会高估其将来再发生的概率。如果该危害很突出,那么情况尤其如此。在孩子众多的学校发现石棉就是一个例子。除了事件的性质外,媒体、有组织的利益集团和政客对该事件的包装方式也对该事件的显著性产生重大影响。

私人和公共部门的利害关系人可能会利用"可得性启发"达到自己的目的。这些行为人是业余行为学家,他们战略性地运作,以促进他们自私的或者非自私的目标。"可得性企业家"因此会把注意力集中在一个特定的事件上,以保证该事件显著且为大多公众所知。

"可得性启发"会导致过度规范和规范不足。人们有时(尽管不总是)低估了低概率或不显著事件的可能性,因为这些威胁没有显示在人们的"雷达屏幕"上;对于一部分人来说,许多健康和环境风险(比如不良饮食和锻炼对健康的威胁)是符合这种情况的。但是当一个特定的威胁,即使是一个不太可能发生的事件,被人们看见时,比如在学校里发现石棉,那么对规则的需求就产生了。行为学解说因此预测了一批体现了过度规范和规范不足特征的环境法。而当一个特定的风险最近被具体化,尤其是高度显著时,往往导致过度规范。

---

[52] Amos Tversky & Daniel Kahneman, "Extensional Versus Intuitive Reasoning: The Conjunction Fallacy in Probability Judgment", 90 *Psychol. Rev.* 293, 295 (1983).

[53] See, e.g., Keith Schneider, "Fetal Harm Is Cited As Primary Hazard In Dioxin Exposure", *N.Y. Times*, May 11, 1994, pp. A1, A20.

[54] See *Asbestos Hazard Emergency Act of 1986*, 15 U.S.C. 2641—56 (1994); Margo L. Stoffel, "Comment, Electromagnetic Fields and Cancer: A Legitimate Cause of Action or a Result of Media-Influenced Fear", 21 *Ohio N.U.L. Rev.* 551, 590 (1995)(谈及一则 ABC 专题新闻关于媒体报道如何增强了人们对学校石棉问题的焦虑)。

[55] See Jerry L. Mashaw & David L. Harfst, *The Struggle for Auto Safety*, pp. 141—146 (1990).

四、对策

在这一部分,我们把注意力从实证的转向对策的。在我们考虑的各个场景里,我们的主张是,重视行为学视角可以增强法律推动社会发展的能力。

(一) 过失确定和对其他事实或法律的确定

背景

陪审团经常被要求决定一个已经发生的事件的概率;典型的例子是过失标准——要求陪审员从事前的角度判断被告行动过程的成本和收益,并决定该行动最终会导致危害的概率。这些决定其实有点后见之明;陪审员在做决定的时候知道事件确已发生。于是陪审团的决定可能受到"事后偏见"的影响——决策者倾向于过分高估一个事件的概率,仅因为它最终发生了。[56]

事后偏见导致陪审团判定过失时,会比正确地进行成本—收益分析(即事前判断)更频繁地认定被告有责任。因此,本来应该原告输的案子胜诉了。事后偏见可见于极广的研究领域,无论陪审团何时做过失判定都可能出现。

对判定过失的事后偏见解说提出的初始问题是,事后偏见会不会仅仅抵消了被告方低估被制裁可能性的倾向。人类行为的一个共同特征是过度乐观:人们倾向于认为,坏事更可能发生在别人身上。因此,大多数人认为他们遇到坏结果的概率比起其他人来要少得多,尽管显然这对于一半以上的人是不正确的。[57] 如果被告显示出这种过度乐观,那么正确适用过失标准就会对他们震慑不足;于是事后偏见导致对危害概率的高估,也许是一个可欲的抵消因素。我们认为,比起个人被告,过分乐观对于企业被告是一个小得多的因素,因为有系统性判断错误的企业在市场上是处于竞争劣势的。对于个人,过度乐观可能随着情形不同而差异很大。在被定为有责任的威胁非常显著的情况下,个人会倾向于高估被制裁的可能性。

事实上,在如专利法这样的法律领域,早已经采取明确的措施来解决事后偏见带来的问题了。正如 Jeffrey Rachlinski 最近指出的,在确定一项发明在发明的时候是否"不显著"时——尽管现在(可能)看起来显著——专利法院被要求通过注意诸如"商业成功,长期得不到满足的需求以及其他人的失败"这样的二级事项[58]来避免事后偏见。这实际上是对决策者纠偏的一种有限的形

---

[56] See Baruch Fischhoff, "Hindsight ≠ Foresight: The Effect of Outcome Knowledge on Judgment Under Uncertainty", 1 *J. Experimental Psychol. Hum. Perception & Performance* 288 (1975).

[57] See Neil D. Weinstein, "Unrealistic Optimism About Future Life Events", 39 *J. Personality & Soc. Psychol.* 806 (1980); Neil D. Weinstein, "Unrealistic Optimism About Susceptibility to Health Problems: Conclusions from a Community-Wide Sample", 10 *J. Behav. Med.* 481 (1987).

[58] Jeffrey J. Rachlinski, "A Positive Psychological Theory of Judging in Hindsight", 65 *U. Chi. L. Rev.* 571, 615 (1998) (quoted Graham v. John Deere Co., 383 U.S. 1, 17—18 [1966]).

式(因此,法律似乎承认,法官和陪审团一样,都可能有事后偏见——尽管有证据表明法官的偏见比陪审团小)。[59] 但是在侵权法领域,现有的反应顶多是部分的或不完整的。事后偏见在侵权体系中根深蒂固,即使让法院注意这一点,也很难让法院(更不用说陪审员)认识并解决之。法律如何能够在侵权法案件中应对事后偏见?

一个明显的反应是指导陪审团,让陪审员知道该偏见,并且让他们集中于事前的形势。遗憾的是,这样的纠偏方法似乎无效或者作用甚微,事前和事后决定仍然有很大差距。[60] 对纠偏方法效果有限的发现提示我们,律师采用这些技术的尝试也可能是收效甚微的,尽管这里有进一步研究律师的作用的空间。由于纠偏的明显局限,我们提出两种供选择的对策:一个简洁明了,但是限于某几类案件;另一个是全面的,且指出了深入研究的重要途径。

对策

对策一:操纵给陪审员的信息。对付侵权案件中事后偏见问题的一个方法是操纵给陪审员的信息集。设想一下,一个食品加工公司被起诉在生产工程中过失决定使用一种化学物质;那种化学物质使公司车间附近的一些居民患上了癌症。该公司声称,不使用该(事后发现的)致癌物质会给居民造成巨大的细菌污染风险。假设陪审员没有被告知公司已决定使用该物质;而只是公司面临的事前决策(是否使用该物质)。他们知道该战略的成本和收益,必须决定采取该战略还是不采取该战略会有过失。在这种情形下陪审员会成为事前决策者。他们对每种危害的概率估计以及他们对公司的两种决定之一是否有过失的评价,将不受事后偏见的影响。

一些案件也许不可能让陪审团不知道被告的选择;因为诉讼的事实已经使该选择很明了了。例如,在著名的 Petition of Kinsman Transit Co.[61] 案中,桥梁操作员没有及时提起吊桥以避免事故的发生,而且显然地是由于他正在酒馆,诉讼的事实提供了强烈的指示:桥没有被提起。在这种情况下,一个可能的对策是"两期审判",确定责任的陪审员直到对责任的初始判断作出之后才知道

---

[59] See Reid Hastie & W. Kip Viscusi, "What Juries Can't Do Well: The Jury's Performance as a Risk Manager" (May 21, 1998) (未发表的手稿,在 Stanford Law Review 的档案中).

[60] See, e.g., Martin F. Davies, "Reduction of Hindsight Bias by Restoration of Foresight Perspective: Effectiveness of Foresight-Encoding and Hindsight-Retrieval Strategies", 40 *Org. Behav. & Hum. Decision Processes* 40, 61—64 (1987); Baruch Fischhoff, "Perceived Informativeness of Facts", 3 *J. Experimental Psychol.* 349, 354—56 (1977); Kim A. Kamin and Jeffrey J. Rachlinski, "Ex Post ≠ Ex Ante", 19 *Law & Hum. Behav.* 89, 96—98(1995).

[61] 338 F.2d 708 (2d Cir. 1964).

事故的细节。[62] 尽管我们认为这是对付这种情况的明智之举,但我们也知道它不能彻底消除事后偏见的影响,由于(正如"两期审判"的支持者认识到的)"陪审团无疑知道他们不仅仅是被要求参与一个学术活动"[63],而且(由于审判已经进行了)"坏结果一定已经发生了"[64]。相反地,在陪审员不知道(由于他们不能从诉讼事实本身推论出)被告做何选择的案件中,完全消除事后偏见是可能的。有许多这样的情况:医师面临的两种选择之一会对病人致害或致死;使用或不使用一种新技术会导致危害;透露或不透露一个精神病人的自杀威胁会导致自杀发生。

对策二:改变证据标准。如前所述,事后偏见导致陪审员高估危害发生的概率(既然该危害事实上发生了)。对危害概率的确定传统地是依据"优势证据"标准:根据证据,如果陪审团认为,特定危害行为发生的可能性比不可能性大,即陪审团认为(特定)危害(行为)发生的概率大于法定责任要求的概率,他们就会认定被告有责任。我们会想到通过提高证据标准来抵消事后偏见的效果(作为前一建议的替代方案,而不是补充;这二者结合起来会导致矫枉过正而震慑不足)。例如,如果只有当证据显示至少 75% 的概率——而不是仅仅 51% 的可能性——满足危害概率起点标准,陪审员才确定被告有责任,那么他们可能刚好得出关于责任的正确结论:他们会高估达到起点标准的可能性,而这一高估可能恰好在新的要求水平之下。

我们的法律系统已知的最高证据起点是仅在刑事案件中使用的"超越合理怀疑"标准。然而,在民事案件中,一个中间标准(高于"优势证据"标准,低于"超越合理怀疑"标准)是"清楚且可信的证据"标准。当然,这可能只是一个次优的办法;在一些情况下,在一个没有事后偏见、没有提高证据标准的完美运行的系统中不被认为有责任的被告,仍可能被追究责任。然而,这不是必然的,而且即使如此,我们最好宽容一下这种会产生错误的拙劣的办法,只要它比现有的体制是一种改进。最重要的是,还有许多空间来研究改变证据起点总体来说是不是一个可欲的反应——适合所有情况,还是只对特定种类的案件有效?我们的目的是提出对这个问题进行研究的价值,而不是敦促政策依据我们现有

---

[62] Hal R. Arkes & Cindy A. Schipani, "Medical Malpractice v. the Business Judgment Rule: Differences in Hindsight Bias", 73 *Or. L. Rev.* 587, 633—36 (1994); Norman G. Poythress, Richard Wiener & Joseph E. Schumacher, "Reframing the Medical Malpractice Tort Reform Debate: Social Science Research Implications for Non-Economic Reforms", 16 *Law & Psychol. Rev.* 65, 105—11 (1992); David B. Wexler & Robert F. Schopp, "How and When to Correct for Juror Hindsight Bias in Mental Health Malpractice Litigation: Some Preliminary Observations", 7 *Behav. Sci. & L.* 485, 496 (1989).

[63] Wexler & Schopp, Ibid., p.494 (原文强调).

[64] Arkes & Schipani, Supra note [62], p.635.

的知识立即改变。

其他运用

我们对这点的讨论集中于运用过失标准的侵权案件,但是相似的问题在法律的其他领域也会产生,陪审团(或法官)在明知负面事件已经发生的情况下,必须决定事前的标准是否达到。一个例子是证券欺诈诉讼,由于感到这种案件太多,国会1995年颁布了《私人证券诉讼改革法案》[65]。在一个典型的证券欺诈案中,决定者面对一个股票价格狂跌的公司,公司需要决定一个会促使该公司股价下跌的问题,是不是应该在早些时候披露(尤其是在该问题成形之前)。在这样案件里决定者要在事后决定,一个合理的事前决策者,基于当时可得信息,是否会认为潜在的问题对于一般股东是"重要的"。[66] 现在的难题是该决定必须倚靠着这样的背景信息作出——该问题事实上是重大的,而且导致了股价大跌。在这种情况下,决定者可能很难明白一个合理的事前决策者如何会认为该潜在的问题不重要。与这个分析一致,一个证券欺诈诉讼是否会提出的主要预测因素,似乎是该公司股票的市场价格的巨大变动,而不是该公司的行为从事前看来是否合理。[67]

这里另一个例子与违反《宪法》第四修正案而导致的损害赔偿诉讼有关。这种诉讼的风险是,如果这个被指控为非法的搜查的确找到了对起诉者不利的证据(比如,毒品或者其他违禁品),那么决定者可能认为执法机关的行为是合理的。即使从事前看来这种的行为不会被视为合理。

(二)信息披露和政府广告

背景

设想有这样一种主张:对于一个给定的主题,个人缺乏足够的信息——比如,工作场所的安全,器具的能效,或者药物使用的效果。在一些这样的情况下,政府会寻求渠道,促进货比三家和知情决策(如联邦诚信贷款法要求贷款者公布以同样方式计算的利率)[68];在其他情形之下政府可能有特殊的政策目标(减少药物使用,鼓励使用能效高的冰箱)。传统经济学承认对这些目标可能的合意性,并经常提倡应该对有关的私人参与者(比如雇主)强制命令,或者

---

[65] Pub. L. No. 104—67, 109 Stat. 737 (1995) (codified in scattered sections of 15 U. S. C.).

[66] See Robert Charles Clark, *Corporate Law*, p. 8.10.4 (1986).

[67] See Janet Cooper Alexander, "Do the Merits Matter? A Study of Settlements in Securities Class Actions", 43 *Stan. L. Rev.* 497, 511—13 (1991); James Bohn & Stephen Choi, "Fraud in the New-Issues Market: Empirical Evidence on Securities Class Actions", 144 *U. Pa. L. Rev.* 903, 935—40, 979—80 (1996).

[68] See Edward L. Rubin, "Legislative Methodology: Some Lessons from the Truth-in-Lending Act", 80 *Geo. L. J.* 223, 235—36 (1991).

政府自己提供,以让市民得到更多信息,从而实现这些目标。[69]

"提供更多信息"这一对策其实苍白得惊人。行为学分析认为,这个对策太贫乏了。"提供更多信息"没有表明信息提供的方式,然而我们知道那是极其重要的。

表达方式的问题有两个含意:一是"反对策的":直接针对促进货比三家(上面提到的政府第一个目标)的对策经常是不完整的甚至是无效的,因为通常没有表达信息的"中立"方式。二是,为实现上述第二个目标——抑制几种行为——有效的对策战略必须考虑行为因素。仅仅要求"提供信息"是不够的。我们下面讨论几个例子。

反对策

考虑下面这个政府尝试促进知情决策的例子。在养老金的固定缴款计划中,例如401(K),劳动部和其他相关政府部门规定,雇主必须给予雇员投资选择,而且必须提供有关那些选择的信息(比如风险和回报);但是企业不允许提供如何投资的"建议"。我们认为这样空洞的指导方针把雇主置于非常为难的境地。理由是企业对这些有关投资选择的信息的描述和展现方式,对于雇员做选择会有强大的影响。

考虑一个最近的研究:大学员工的退休储蓄分为两种不同的基金,一种安全(债券),一种有风险(股票)。[70] 所有雇员都看到了这两种基金的回报的真实历史数据,但是信息是以两种不同方式展现的:一组得到的是一年的回报率,另一组得到的是模拟的三十年的回报率。那些看到三十年回报率的员工几乎把他们所有储蓄都投资到股票上,而那些看到一年回报率的则把他们大多数资金投向了债券。我们的观点不是说这两种结果哪一个更好。我们的观点只是,在真实世界里,那些提供信息了的人最终实际上提供了建议。

另一个"提供更多信息"的对策可能无效的例子是在其他情况下它可能只是不完整。因此,假设对策是要某些私人参与者必须提供"信息",这意味着什么?这意味着那些在使员工工作场所接触危险物质或产品(比如苯)的雇主,必须把有关危险的准确信息提供给员工,这就敞开了一个巨大的可能性范围。受制于该命令的行为人有利益驱动,经常将提供最不让人恐慌,尽可能苍白的信息(比如,"苯与风险的增加有统计上的联系"),尽管管制者的本意是希望最让人惊慌,最显著的信息显露出来(比如,"暴露在苯的环境里会增加得癌症和其他致命疾病的风险")。当然,如果目标是准确的知识,那么此例中最好的信

---

[69] See, e. g., Joseph E. Stiglitz, *Economics of the Public Sector*, pp. 90—91 (1986).

[70] Shlomo Benartzi & Richard H. Thaler, "Risk Aversion or Myopia? Choices in Repeated Gambles and Retirement Investments" (Nov. 8, 1997) (未发表的手稿,在 Stanford Law Review 的档案中).

息可能是介于两者之间的某一种表述。分析者提供这一领域的对策的一个重要目标是说明信息应该如何被提供,而不仅是应该被提供。

还有其他一些情形,比如显示信息会影响人们的偏好而不仅仅是对风险的识别。这种情况下保证"知情决策"意味着什么,在理论上是不清楚的。甚至也不清楚稳定的背景偏好会被"告知"。实际上偏好可以自己成为传递信息方法的产物。比如,Kahneman 和 Tversky 的期望理论的一个核心特点是,人们评价事物的结果所根据的是他们和初始参照点比较的变化,而不是依据结果本身的性质;还有,与初始参照点相比的所失比所得要被更看重许多。[71] 期望理论的这个方面(和其他特征一样)是建立在真实选择行为的证据之上的。[72] 与初始参照点相比的所得或所失来评价结果以及对损失的尤其厌恶,意味着与现状相比某物体现的是得或是失相当要紧;对现状损失的可知威胁比放弃收益的可知威胁分量要重。在这样的情况下,很难说哪个人"知情"了——是那个被告知了损失的可知威胁的人,还是那个被告知了放弃收益的可知威胁的人。在这种和其他情形下,偏好不是先前存在的,而是"建设性的,依据情形的",类似棒球中的好球和坏球,不是在选择之前就有的,而是由裁判员判定的。[73]

对策

假设现在达成一致的目标不是促进"知情决策",而是抑制某些特定的行为。相当明显,一些提供信息的方式比另一些更有效率。

对策一:利用损失厌恶。正如刚刚提到的,人们倾向于把损失看得比收获还重。因此,用损失来表示结果比用所得来表示,在改变人们行为方面更有效。对于这种设计效果一个有名的例子是关于胸部自我检查的研究;描述自我检查胸部的积极作用(比如,进行这种检查的妇女更有可能在可治愈阶段发现肿

---

[71] See Kahneman & Tversky, Supra note[6], pp. 277—279.

[72] Ibid., p. 273 (结果被视为不同,取决于与现状相比结果是以所得的形式还是以损失的形式来表现); Ibid., p. 279 (quoted Eugene Galanter & Patricia Pliner, "Cross-Modality Matching of Money Against Other Continua", *Sensation and Measurement* 65 [Howard R. Moskowitz, Bertram Scharf & Joseph C. Stevens ed., 1974])(所失比所得被看得更重)。从经验以及从期望理论来看,结果如何被看待的另一个特点是,决策者离参照点越远,一个给定的改变引起的反应就越少。因此,例如,假设参照点是 0 美元,那么无论从所得还是所失而言,10 美元和 20 美元的价值差比 1000 美元和 1010 美元之间的价值差要大。Ibid., p. 278。就决策者的价值函数(一个给出每种结果的价值的函数,这是期望理论中效用函数的对应物)的形式而言,提出了一个对所得为凹、对损失为凸的函数;只有这样的形状,才能使所得和损失在决策者距离参照点越远的时候越不显著。见同上。这种价值函数的形状被对风险的态度的证据进一步支持:人们一般对所得显示的是风险厌恶的态度(尽管有例外),对损失则是风险爱好的;这些态度暗示着所得的价值函数为凹以及所失的为凸,见同上。这种凹和凸的图样已经得到相当的经验支持。Ibid., pp. 268, 278; Peter C. Fishburn & Gary A. Kochenberger, "Two-Piece Von Neumann-Morgenstern Utility Functions", 10 *Decision Sci.* 503, 509—10 (1979).

[73] Amos Tversky & Richard H. Thaler, "Preference Reversals", 于 *The Winner's Curse: Paradoxes and Anomalies of Economic Life* 79, 91 (Richard Thaler ed., 1992).

瘤)的小册子没有效果,但是强调拒绝做检查的负面影响(没有进行这样检测的妇女在可治愈阶段发现肿瘤的机会减少)的小册子却让行为产生了重大的变化。[74] 这个例子显示,信息是如何提供的比起抑制某些行为(比如不做自我检查)的税收或者规范可能是一个更自然的手段。

对策二:利用显著性。有效的对策战略需要考虑这样一个事实:鲜活的个人信息往往比统计证据更有效。这种信息具有很高的显著性,而且由于"可得性启发",人们倾向于对争议事件估计一个更高的概率。因此,一个反毒品的广告,显示一个煎蛋,伴随着呼吁者的声音:"这是你的使用毒品时的头脑。"似乎对行为有显著的影响。[75] "可得性"提示,这样的广告比一个赞美的广告更能使人们产生感觉上的强烈效果。

对策三:避免过度乐观陷阱。如前所述,人类行为一个共同的特点是过度乐观。正如理查德·波斯纳指出的,这个特点不是年轻人特有的,尽管它会随着人们进入中老年而减弱。[76] 这个特征对于政府提供信息有什么意义呢?考虑这样两种选择:一个强调驾驶员自己驾驶安全,另一个是正为政府所采用的直率的呼吁:"谨慎驾驶:注意他人安全。"政府的行动,可能自觉地对大多数人倾向于相信自己是格外安全的司机这一事实做出反应。这是行为学分析倡导的这种对策方法的一个典范。

(三) 罪犯的行为

背景

我们的对策分析的讨论很集中于有限理性,但是有限毅力也可能起作用。考虑震慑犯罪行为的问题。对这一问题的经济学分析典型地从这样一个前提开始:如果犯罪的预期成本超过预期收益,那么潜在的罪犯就不敢从事犯罪行为。潜在的罪犯被想象成在决策过程中至少对成本和收益做了粗略的计算。有限理性认为人们在计算这些成本收益的时候可能会犯系统性(相对于随机的)错误;例如,正如前面描述的,人们倾向于通过"实例如何可以想到"来判断一些不确定事项(比如因为犯罪被捕)的概率,而这可能取决于与事件真实概率无关的因素。这个分析从一个对策的立场,提出了这样一个合意的方案:使

---

[74] Beth E. Meyerowitz & Shelly Chaiken, "The Effect of Message Framing on Breast Self-Examination: Attitudes, Intentions, and Behavior", 52 *J. Personality & Soc. Psychol.* 500, 505 (1987).

[75] See Douglas Herring, "Comment, Getting High from South of the Border: Illicit Smuggling of Rohynol as an Example of the Need to Modify U.S. Response to International Drug Smuggling After NAFTA," 18 *Loy. L.A. Int'l & Comp. L. J.* 841, 863 (1996) (quoted Mathea Falco, "Toward a More Effective Drug Policy", 1994 *U Chi. Legal F.* 9, 15).

[76] See Neil D. Weinstein, "Unrealistic Optimism About Susceptibility to Health Problems: Conclusions from a Community-Wide Sample", 10 *J. Behav. Med.* p.481 (1987) (过度乐观在大众中是很明显的); Richard A. Posner, *Aging and Old Age*, pp.104—106 (1995).

法律的执行高度可见,使罪犯会被抓获的真实可能性保持不变;比如,对于违章停车执行的一个常见的方法——将一张大的鲜明地用大字写着"违法"的票贴在驾驶员的侧窗上,这样它尤其容易被路过的司机注意到——相比与一个成本较低的方法(把小的、简易的票放在警官容易够着的靠路边的风挡雨雪刷下),这样的方法是很明智的。另一个例子是现在全国普遍实行的"社区警察";通过使警察的出现更可见和印象深刻(比如让警察在巡逻区域走动而不是坐在巡逻车里),当局可以增加对潜在犯罪的震慑,而无需改变真实的逮捕率。

但是,即使假设潜在的罪犯会准确计算犯罪的成本和收益,有限毅力认为,由于自制力问题,他们行事也常会异于传统的经济分析。许多犯罪行为的核心特征是,收益是立即可见的,而成本(如果的确发生)则是随时间展开的——通常是很长的一段时间。经济学分析假设这样的未来成本贴现到现值,A. Mitchell Polinsky 和 Steven Shavell 最近指出,潜在的罪犯可能有异常高的贴现率,因此未来几年的牢狱之灾被大打折扣。[77] 行为经济分析通过引入犯罪学家经常强调的自制力问题深入展开这一观点。[78]

对策

正如刚提到的,现在的经济分析假设一个不变的贴现率(尽管可能是一个很高的数);这意味着被奖励的吸引或被惩罚的厌恶在今天和明天之间的差别,与一年后和一年零一天之间的差别是一样的。与这个理论相反,有相当的证据表明,人们的贴现率是急剧下降的。[79] 这意味着对即将到来的奖励缺乏耐心的倾向是很强的(同样,对即将到来的惩罚的厌恶倾向也是很强的),但是这两者随着时间而下降——被称为"双曲线折扣"的形式。[80]

双曲线折扣对于有效震慑犯罪行为有什么意义呢?由于潜在罪犯的这种有限毅力,没有被抓获与被关 1 年之间的区别,显著地异于被关 10 年与关 11 年之间的区别(即使除了由于被定罪而带来的固定成本)。标准理论认为这两者的区别仅在于在监狱里第 11 年的成本必须贴现到现值,以与 1 年内工资和人身自由的损失相比较,而行为经济学分析(以及基本常识)告诉我们并非如

---

[77] A. Mitchell Polinsky & Steven Shavell, "On the Disutility and Discounting of Imprisonment and the Theory of Deterrence" 12—13 (Harvard Law School, John M Olin Center for Law, Economics, and Business, Discussion Paper No. 213, 1997).

[78] 如,Michael R. Gottfredson & Travis Hirschi, *A General Theory of Crime*, pp. 85—120 (1990)(强调在犯罪行为中缺乏自控产生的作用);James Q. Wilson & Allan Abrahamse, "Does Crime Pay?", 9 *Just. Q.* pp. 359, 372—74 (1992)(类似)。

[79] See George Loewenstein & Richard H. Thaler, "Intertemporal Choice", 于 *The Winner's Curse: Paradoxes and Anomalies of Economic Life* 92, 95—96 (Richard Thaler ed., 1992)(讨论研究)。

[80] See David Laibson, "Golden Eggs and Hyperbolic Discounting", 112 *Q. J. Econ.* 443, 445—446 (1997).

此。由于"现在优先"的结果,短期的惩罚比长期惩罚具有更多的效果;对一个判决增加几年只能产生很小的附加震慑。[81]

五、规范分析:反对反家长统治主义

在规范分析方面,传统的法经济学经常强烈地反对家长统治。"消费者主权"的观念起了很大作用;假设市民能合理地获得相关信息,那么他们就是对什么会促进自己福利的最好判断者。然而上面讨论的许多有限理性的例子对这一观点提出了异议——同时,也是我们将在下面强调的,对以下这个观点也提出异议:与其他所有人一样面临着认知和动机问题的政府部门的干预,可能会改善情况。以这种方式,有限理性提出一种反对反家长统治主义——对反家长统治提出质疑,但不是对家长统治的肯定辩护。我们也注意到(尽管我们在此不展开这一点),虽然有限理性会增加对法律的需求(如果政府的失误不如市民的失误严重),有限自利又可能通过创设解决集体行动问题的规范来减少它,即使没有政府干预。[82]

(一) 市民错误

上面讨论的有限理性的许多形式对消费者主权的观点提出异议。比如,过度乐观让大多数人相信他们对负面结果的风险远低于普通人的。同样,显著性的效果也会导致严重低估某些日常生活中的风险(比如,不良饮食的风险),因为这些危害不是非常显著。过度乐观结合显著性影响,人们会严重地低估风险。我们强调,这些问题本身并不在于信息不充分,而是没有足够能力准确地加工他们拥有的与自己风险有关的信息。因此,例如,人们可能对于吸烟的风险有足够多的信息[83],但是这不意味着他们对他们面临的吸烟的风险有足够的知觉。[84] 即使人们能获得准确的统计知识,统计知识可能不足以告之真实选择。[85] 这并不是说信息是无用的,只是说拥有知识本身并不自动意味着人们会采取最优行为。

对于消费者主权的进一步质疑来自"决策"与"经历"(experience)效用之

---

[81] Cf. Robert D. Cooter, "Lapses, Conflict, and Akrasia in Torts and Crimes: Towards an Economic Theory of the Will", 11 *Int'l Rev. L. & Econ.* 149, 154 (1991)(得出的结论是,在潜在的罪犯自制力不断下降的模型中,短期但高度可能的判决是最优的)。

[82] 传统经济方法对法律的一个标准论点是自利的人们会造成集体非理性;然而,如果人们被有限自利限制,这个问题可能会消失。

[83] See W. Kip Viscusi, *Smoking*, p. 4 (1992).

[84] See Paul Slovic, "Do Adolescent Smokers Know the Risks?", 47 *Duke L. J.* 1133, 1136—1137.

[85] See Cass R. Sunstein, "Behavioral Analysis of Law", 64 *U. Chi. L. Rev.* 1175, 1184 (1997).

间的距离。真实经历效用可能与人们的决策所显示的预期效用不一致。[86] 而决策和经历效用一致经常被传统经济学认为是公理,或者至少是不会错的命题。但是行为研究显示,人们在做决策时对其未来经历的判断可能是错误的,因为人们有时并不能够估计真实经历会是怎么样(即使除了传统经济学承认的几种信息问题)。比如人们似乎不能准确预测患重病或是残疾的后果[87],他们倾向于低估自己适应负面变化的能力,比如有关全球气候变化的法律和政策能说明这一点。[88]

但是对于适应性的建议引出了复杂的规范性问题:是否说一个人在(比如)生病之后对福利的测度是适当的价值测量方式呢?也许人们通过应对机制,比事先预期能更好地适应疾病,但这是不是意味着真正的病状比病前想象得要轻?根据传统的效用理论,答案可能是肯定的,因为以主观体验来计算。但是对效用分析一个很充分的挑战可能会提出否定的答案,因为主观体验不是最重要的因素。[89] 我们在这里打算提出的是很简单的一点:人们在做决定的时候有时的确错误地预测了他们的效用,根据传统理论,这一现象对消费者主权观念提出了严重的质疑。

(二)行为的官僚主义者

任何有关政府对人们的错误应该干预的建议会引出这样的问题:政府是否能够避免同样的错误。平民主义政府进行有成效的干预的可能性最小了;这样的政府基于来自民众的巨大压力,其行为可能会受制于那些影响民众的偏见和错误(因此行为学分析用平民主义作为现有的分析的补充)。普通人对风险的不规则感觉可能会产生不规则的规范,正如普通人犯的认知性错误被法规或行政法复制。[90] 社会互动的效果可能让政府行为比起个人错误更糟糕、更危险。

---

[86] See Daniel Kahneman, "New Challenges to the Rationality Assumption", *The Rational Foundations of Economic Behaviour* 203 (Kenneth J. Arrow, Enrico Colombatto, Mark Perlman & Christian Schmidt ed., 1996).

[87] See Philip Brickman, Dan Coates & Ronnie Janoff-Bulman, Lottery "Winners and Accident Victims: Is Happiness Relative?" 36 *J. Personality & Soc. Psychol.* 917 (1978); George Loewenstein & David Schkade, "Wouldn't It Be Nice? Predicting Future Feelings", *Well-being: The Foundations of Hedonic Psychology* (Ed Diener, Norbert Schwartz, and Daniel Kahneman ed., 1999).

[88] See George Loewenstein & Shane Frederick, "Predicting Reactions to Environmental Change", *Environment, Ethics, and Behavior: The Psychology of Environmental Valuation and Degradation* 52, 64—65 (Max H. Bazerman, David M. Messick, Ann E. Tenbrunsel & Kimberly A. Wade-Benzoni ed., 1997).

[89] See Jon Elster, *Sour Grapes: Studies in the Subversion of Rationality* (1983); Amartya Sen, *Commodities and Capabilities* (1985).

[90] See W. Kip Viscusi, *Fatal Tradeoffs: Public and Private Responsibilities for Risk*, p. 149 (1992); W. Kip Viscusi, *Rational Risk Policy*, pp. 85—88, 94—97 (1998); Noll & Krier, Supra note [51], pp. 747, 760—772.

我们早先的讨论提出一个可能的机制：私人部门中"可得性利用者"（availability entrepreneur）能够提高对规则的需求，公共部门的"可得性利用者"也可以利用这一好处，并通过提倡轶事驱动的政策来加强这一效果。因此对立法的公共选择解释和行为学解释可以有成效地共存；在行为学机制和利益集团领导者之间有许多协同，那些利益集团的领袖许多是业余的（或者专业的）行为经济学家。在环境法中的"本月污染物"综合症与许多针对"本月危机"的反应措施类似。平民主义政府的困难也指出了公投过程中的问题。

但是平民主义政府不是惟一的麻烦。政府经常受制于认知和动机问题，尽管这些问题不是平民主义的（官僚主义者也可能缺乏为公共利益决策的适当动机）。[91] 因此，没有必然的理由认为政府官员由于他们的职位，能够避免过度乐观或者预测经历效用。另一方面，一定程度地与民众压力隔绝，加上行为经济学的知识，可能会有一些改善。新制度可能会起作用；考虑一下 Breyer 法官对一个独立的专业公务员实体的呼吁，这个实体可以被委托进行风险比较，并保证资源被用到最重要的问题上[92]；考虑一下 Howard Margolis 的行为学建议——应该要求政府保证其采取的所有行动"没有危害"[93]；甚至考虑一下对成本—收益分析的建议，根据行为学思维来理解，该建议是克服知觉和动机的偏见与混淆的一种尝试。[94] 我们也强调政府干预不必采取一种高度强制的形式；也许人们决策中的扭曲可以被非强制的信息推广克服。比如，在诸如抽烟这样的风险情形中，纠偏技术在把统计证据和个人实际情况联系起来的时候会发挥作用吗？

前面所有的观点引起了许多复杂的问题；我们甚至还没有触及有关家长统治合法性的复杂的哲学文献。把这些观点运用到具体法律问题还需要对许多问题更进一步研究，这已超出了本文篇幅允许的范围。但是我们不必把这样的观点作为纯粹抽象的形式；考虑下面这个简单的对其适用的例子。太阳灯在一个不规则的市场上出售，许多消费者在灯下睡着，把自己烧伤了。尽管包装盒与说明书上都有警告，消费者还是犯了错误，也许是因为他们没有预料到躺在一个温暖的地方并闭上眼睛会容易睡着。我们把这个称为"无意识风险"，指的是消费者没有重视的风险。这种无意识风险的存在产生了制定能提高福利的规则的可能性。比如，假设可以以 25 美分的成本给太阳灯安装一个自动计

---

[91] See Robert C. Clark, "Contracts, Elites, and Traditions in the Making of Corporate Law", 89 *Colum. L. Rev.* 1703, 1719—20 (1989).

[92] Stephen Breyer, *Breaking the Vicious Circle: Toward Effective Risk Regulation*, pp. 55—81 (1993).

[93] Howard Margolis, *Dealing with Risk*, pp. 165—189 (1996).

[94] *Risk vs. Risk* (John D. Graham & Jonathan Baert Wiener ed., 1995). 文中阐述的每一种解决办法也可能在许多方面对传统经济学有吸引力。

时器,生产者没有加这个装置,因为消费者没有预期他们会需要这个东西。这里我们不讨论政府强制安装计时器可能引起的干涉自由问题,我们也不讨论可能的成本分布问题(所有人都要为太阳灯支付更多价钱,尽管可能只有一些人没有意识到睡着的风险)。我们只是建议这个分析的一个重要方面是问一问,要求增加安全措施的成本(每个消费者25美分)是否低于无意烧伤的成本。

这个例子的核心点是从行为法经济学的视角来看,家长统治问题很大程度上是经验问题,不是一个事先回答的问题。没有公理显示人们做的选择总是服务于他们的最大利益;这是一个基于证据回答的问题。当然,在公共机构可能把事情弄得更糟而不是更好的情况下,政府干预的作用是削弱了。我们建议的是,事实以及对成本收益的评估应该取代那些回避潜在问题的假设。

六、结论

传统的法经济学分析主要建立在新古典经济学的标准假设上。这些假设有时是有用的,但经常是错误的。人们表现出有限的理性:他们摆脱不了某些偏见,比如过分乐观、自私的公平观念;他们跟着"启发式"思维决策,比如"可得性启发"而导致错误。他们的行为更符合期望理论而不是预期效用理论。人们的毅力也是有限的;他们会被诱惑,有时候短视。他们设法来克服这些局限。最后,人们(幸好)有限地自利。他们关心其他人的福利,甚至在一些情况下包括对陌生人,这样的关注以及他们的自我构想可以把他们引向合作,不惜牺牲自己的物质利益(但有时也会把他们引向敌对,也不惜牺牲自己的利益)。这些限制大多可以而且已经成为正式模型的一部分了。

在这篇文章中,我们概略地展现了通过引入更为现实的人类行为的概念,丰富了传统分析的含意。我们坚持在法律经济分析中使用这三个限制的价值和重要性。我们尝试性地探究了这些限制很有意义的一系列法律问题。显然,还有许多研究需要做,其中一个重要的目标是通过学理和经验分析,概括出能从这种深入研究中受益的领域。

我们不怀疑用复杂的心理分析取代简单最大化的经济模型要付出一定代价。解决最优化问题通常比描绘实际行为简单。一位经济学家(我们认为是Herbert Simon)曾说,经济学使事物对行动者变得复杂,而对经济学家则简单;我们以为行为经济学恰恰相反。我们认为,丰富后的模型对那些兴趣于法律的经济分析的人来说是值得费心研究的。我们在此重述一下理由:

(1)标准模型的一些推测是完全错误的。例如,与传统分析的预测比起来,人们既可以更敌对,也可以更合作,这对于法律是至关重要的。同样重要的是知道,即使在没有交易费用和财富效应的世界,产权的分配也会改变最终权利的配置,某些形式的产权配置(比如法院裁判)尤其如此。现实世界的这些特征对于进行预测和制定政策是很重要的。

（2）在一些情况下经济学家没有作出推测（或者错误地推测为没有效果）。这一类型中显著的是"表达"方式的效果。因为经济学理论假设对问题的提出方式的选择是无差异的，那么在信息内容不变的情况下，就错误地推定媒体说明或广告的语言对行为是没有效果的。然而相反，可以证明，人们对于可能的结果反映是不同的，这取决于该结果是被看作可得的利益还是需要付出的成本（损失）。而且他们可能错误地认为，突出的事件比同样普遍但比较细微的事件更常见。这几点与法律的供给和需求有关，也与行为人与法律体系的互动行为有关。

（3）对法律实体内容的标准经济理论解释过于局限，即其不恰当地只基于法官确定的最优（或次优）规则和利益集团寻租导致的立法。行为经济学提供了其他可能的解释来源——最显著的是公平观念。我们尝试显示，许多看起来无经济效率且没有让强势利益集团受益的法律可以基于对是非的判断来获得解释。

（4）行为法经济分析的方法对如何让法律体系更好地运行提供了许多新颖的对策。其中一些来源于上面第2点提到的改进的预测。认知困难和动机扭曲破坏或者改变了传统经济学对陪审团作用的描述，尤其是在评价过失侵权和做其他有关事实和法律的判断的情况下。我们已经采取了初步措施，并提出一些减少这些问题的成本的方法。

（5）行为法经济分析的方法对私人和公共部门可能的错误提出新的问题。一方面，它对一些法律的经济分析的反家长统治主义提出严重质疑。另一方面，它提出等价的问题：即使动机良好的政府官员是否能够对私人的错误和混淆提供适当的反应？

我们希望这篇文章会鼓励其他人继续从理论上和经验上探询和研究，这是充实我们这里讨论的行为学方法所需要的。这一方法将运用因更好地理解了人类行为而改进的传统经济学工具。三十年后，我们希望没有这样一种叫行为经济学的东西。我们希望经济学家和经济分析法学家只不过是把其他社会科学的有用发现吸收而已。通过这样，把经济学转变为行为经济学，法律的经济分析成为其最重要的分支之一。

（初审编辑：王斯曼）

论 宪 法 政 治
——关于法治主义理论的另一个视角

高全喜[*]

On Constitutional Politics

Gao Quan-xi

内容摘要：该文属于一种法律思想史的考察，主要探讨从孟德斯鸠、黑格尔到施米特乃至凯尔森的政治法、国家法思想以及阿克曼的宪法政治理论，梳理有别于英美宪法理论的大陆公法思想的路径以及阿克曼的两种政治观。笔者认为中国现时代处于一个"非常时期"，即有别于日常政治的宪法政治时期，因此，政治国家的问题是我国宪法的理论基础，目前法学界倡言的法治主义属于一种市民社会的规则之治，但如何把法律人的法律上升为政治家的法律，或者说如何处理市民法与政治法的关系，是当前我们国家宪法政治所要解决的一个重要问题，而对此，欧洲大陆国家的公法理论和英美传统的阿克曼的宪法政治学说，为我们提供了一个可资借鉴的新视角。

关键词：宪法政治　法治主义　日常政治　非常政治

Abstract: This dissertation is a probe into the history of the theory of law, which investigates the theories on political law covering the contributions of Montes-

---

[*] 中国社会科学院研究生院教授。

quieu, Hegel, Carl Schmitt and Hans Kelsen, and the theory of Bruce Ackerman on constitutional politics. In the article, the author investigated the theories of public law felling in the continental tradition other than Anglo-Saxon tradition, as well as the dualist political theory of Bruce Ackerman. The author deems nowadays China being in "an unusual epoch", namely, a constitutional politics epoch which differs from that of normal politics. Therefore, the theory of political nation forms the theoretical foundation of the constitution of China. The ongoing arguments of the jurists on rule of law mainly focus on the rule of law in civil society. A more important issue facing nowadays China on constitutional politics is how to sublime the law of lawyer to the law of statesman, or, in other words, how to settle the relationship between civil law and political law properly. The public law theories attributed to the continental tradition and Bruce Ackerman's theory on constitution belonging to Anglo-Saxon tradition serve to show us a new perspective on solving the mentioned problem.

Key words: constitutional politics normal politics unusual politics rule of law

导论:"宪法政治"理论的时代课题

中国在进入民族国家的百年路程中,总是历经坎坷、九曲轮回,少有英美国家那样的民族幸运,从某种意义上说,我们总是背负着一个沉重的本于自己传统的与"德国问题"相类似的"中国问题"。[1]

英国这个老大的自由宪政的国家,它的兴起和发育得益于自发的自由经济秩序,其国民财富的增长和国家性格的塑造与它的法治主义有着密切的联系,但正像哈耶克等人所指出的,英国的社会政治制度内生于自由的内部规则,传

---

[1] 所谓"德国问题"是指18世纪以来德国数代思想家们痛感英国政治社会的成熟并基于本国政治文化传统而提取出的一个普遍问题阈。从早期的德国政治浪漫派、19世纪古典政治哲学到新旧历史学派的经济学,再到韦伯的社会学、施米特的宪法学,直至希特勒的国家社会主义,乃至当今欧盟的德国火车头作用,尽管二百年来其中的思想路径以及观点各种各样,迥然有别,甚至相互对立,但有一条主线却是显然的,那就是融入以英美为主体的世界文明的德国自己的道路,它标志着一个民族的政治成熟与否及其成熟的程度。当然这个问题极其复杂,有关粗浅的论述,参见高全喜:《休谟的政治哲学》,北京:北京大学出版社,2003年,第六章以及相关论述。至于"中国问题"则是一种比附"德国问题"的说法,指的是中国融入世界文明中的自己的道路问题,笔者认为这个问题是客观存在的,目前所谓"中国国情论"、"中国特殊论"甚至"中国例外论"都是基于相关的预设,但它们在处理一般与特殊的关系问题上,过于强调后者,而忽视了宪政民主的普世价值,特殊是在融入世界潮流中的特殊,不是相隔绝,因此这个问题还需要为中国理论界所自觉并进一步提升为一个涉及政治、经济、法律、历史、文化等多个领域的问题阈。

统的普通法在推进英国的政治变革方面起到了至关重要的作用。因此,所谓的普通法宪政主义对于英国具有广泛的解释力[2],基于市民社会的法治主义是英国作为一个资本主义政治社会的内在基础,是英国率先成为一个典型的自由宪政国家的制度保障。可以说,在英国的早期发展中,国家问题是一个隐含在市民社会或经济社会背后的隐秘主题,虽然议会斗争和光荣革命是深刻的和剧烈的,但国家法治问题一直没有转化为成文的宪法政治[3]。

从广阔的历史维度来看,美国仍然是一个十分幸运的民族,虽然它在立国之际经历了一次严峻的生死抉择,但当时一批伟大的联邦党人发起了一场意义深远的宪法政治,从而一举奠定了美国作为一个现代民族国家的立国之本。我们看到,美国建国时代的法治主义是有别于英国的,一个重大的政治问题摆在美国人民,特别是政治精英的面前,正像美国联邦党人所指出的:"人类社会是否真正能够通过深思熟虑和自由选择来建立一个良好的政府,还是他们永远注定要靠机遇和强力来决定他们的政治组织。"[4]由此看来,政治国家问题是美国宪法的头等重要问题,美国的宪法政治开辟了人类历史的一个新的路径,而且它的成就已经为数百年的人类历史实践所证实。

相比之下,18、19世纪的大陆国家,特别是法国和德国,其民族国家的建立却没有英美国家那样顺利,国家政治问题总是犹如一把克利达摩斯之剑悬于它们的头顶。从经济上看,法德的资本主义市场经济远没有英国、荷兰等国家发达,重农主义的经济政策一直主导着法国的国民经济,而德国更是落后,历史学派的国民经济学反映了德国的经济现状,也就是说,自由经济以及相关的经济规则和法治主义在法德国家一直没有占据主导地位。在政治上,两个国家的统治者出于统治能力和国际竞争的需要,长期强化国家权威以及对于国民经济的支配作用,无论是法国历史上屡屡创制的各种宪法,还是德国历史上从"治安国"、"警察国"到"法治国"的各种演变,都充分说明了政治国家在上述两个大陆—罗马法系国家中的核心作用。

历史地看,500年来,以法德为主的大陆国家在国家建设方面所走的是与英美宪政主义不同的道路,尽管时至今日也可以说是殊途同归,但历史进程中的偶然机遇往往是不可预期的,而且即便是今天,两类国家的国家性格仍然具有很大差别,特别它们在现代民族国家的草创时期,其立宪政治的制度模式存在着本质性的不同,宪法政治在它们那里具有完全不同的意义。固然,在政治

---

[2] 关于普通法宪政主义,参见小詹姆斯·R.斯托纳:《普通法与自由主义理论——柯克、霍布斯及美国宪政主义的诸源头》,秋风译,北京:北京大学出版社 2005 年即将出版。

[3] 宪法政治(constitutional politics)在该文中既有特殊的阿克曼意义上的含义,又有普遍的宪法哲学或政治法学的含义,关于上述问题的梳理与阐释,见本文正文的相关内容。

[4] 《联邦党人文集》,程逢如等译,北京:商务印书馆,1995 年,页 3。

上，审慎的选择是一个民族政治成熟的标志，但任何选择都有一个理论与现实的依据，不能说英美的道路行不通，但它们更多的是有待于机遇和时机，而法德国家增生过程中的教训与经验却是血与火那样地激荡在我们面前。

笔者认为中国现时代的社会政治状况，并没有获得像英国那样从市民社会的经济秩序中自发地生长出一个宪政国家的幸运，我们的时代更像德国的魏玛时期，当然也不排除像美国联邦党人所面对的那种非常时期，但这一切又都需要我国人民特别是政治精英的政治成熟，即一个宪法政治所需要的智慧、勇气与审慎。显然，任何政治实践都需要理论作指导，中国的立宪改革同样需要一种本于中国现时代政治社会状况的宪法理论。然而，令人遗憾的是，中国的政法理论家们却很少有人从中国作为一个民族国家的政治命运的角度审视我们的宪法政治，很少有人从理论上研究中国现时代所处的与德国19、20世纪之交"德国问题"相类似的"中国问题"，并把它转换为百年中国社会变革的"宪法政治"问题。特别是在今天，我国法学界关于"法治"的言说不绝如缕，有关法治的理论渊源、法学定义、构成要素、具体内容、道德价值、制度设置、司法审查、个案分析等方面研究、讨论、写作，铺天盖地，声势浩大，不能不说是取得了重大的进展。但是，上述中国的法治主义理论言说大多囿于一个形式法学的视角，局限于英美法治理论的低水平复制，与中国现时代政治社会的内在本质多有隔膜。

其实，即便是美国这样的法治国家也并非单纯的形式主义法学一统天下，如果说在日常政治(normal politics)时期法律人的法律之治占据主导，但在诸如立宪时代、重建时代和新政时代的非常时期，宪法政治无疑成为当时国家建设的核心问题，它们展示的乃是不同于法律人之法律的政治家的法治主义视角，开启的是非常时期的宪法政治维度。当然，关注宪法政治更是大陆国家法治主义的一个中心问题，早在马基雅维里那里，国家理由就是他考察君主国家的出发点，至于主权理论的倡导者博丹在其《国家六书》中，更是从理论上确立了一个国家最高统治权的政治基础。18、19世纪以来，法德国家的制度建设总是沿袭着大陆法系的公法传统，把政治法(孟德斯鸠)、国家法(黑格尔)视为国家宪政体系的关键机制，而到了20世纪，特别是德国的魏玛时期，施米特政治法学与凯尔森形式法学的论争，把宪法的政治意义放在了一个突出的地位。值得注意的是，英美的宪法理论也并非与政治国家问题相疏离，阿克曼有关日常政治与宪法政治的两种法学观的划分，为我们理解英美宪法的政治意义提供了一个新的视角。

由此可见，法律与政治、宪法创制与非常政治，它们是具有内在的本质性关联的。我们不是不想从一般的私法规则中衍生出一个自由民主的国家制度，哈耶克所谓自发的宪政之路当然是很好的，但它们之与我们是可遇而不可求的，中国百余年的宪政之路，其困顿颠沛、玉汝难成，根子仍在于政治。固然，建设一个自发的经济秩序,培育一个市民社会的规则体系是十分必要的,但作为世界体系中的后发国家,特别是在本土资源上缺乏法治传统和公民德行的情况下,如何缓慢而又纯正地生长出一个正义的自由宪政国家呢?这个德国问题的症结对于我们同样如此,同样难以逃避。所以,笔者认为中国现时代的法治主义应该关注政治法、国家法或宪法政治,瞄准社会治理的宪法政治维度。特别是在目前这样一个宪法政治的特殊时代,致力于一种有别于法律人的法治观的政治家的法治观研究,构建中国现时代的宪法政治理论,无疑是一项迫切的理论工作,也是时代精神的需要。不过,需要特别指出的是,法治的政治之维,或强调宪法政治的非常意义,并不等于国家专制主义,更不等于20世纪以来的极权主义,基于宪法之上的自由的国家制度完全是可行的,理论上也是自洽的。从这个意义上说,英国的混合政体、美国的复合联邦主义、戴高乐的法国政治、联邦德国的宪政架构等,都是自由的宪法政治的典范,而法国大革命时期的西哀士宪法、德国的威玛宪法等则是失败的宪法政治。上述各国(某一时期的)宪政之所以成败各异,关键在于自由、权威与民主的平衡,其中需要一个民族特别是其政治精英的审慎的政治智慧,它标志着一个民族的政治成熟。我们看到,法国大革命前后的政治论争、围绕魏玛宪法的政治论争,乃至百年来中国多部宪法失败的关键,都在于这个平衡之能否达成。

不可否认,中国现时代的社会变革又不期而然地处于这样一个非常的政治时期,从理论上摆在我们面前有三种道路:一种是自发的普通法宪政主义,一种是国家极权主义的伪宪政主义,一种是自由民主的国家宪政主义。在笔者看来,第一种当然是最理想的政治道路,但我们缺乏支撑它的市民社会的经济和私法基础,固然二十多年的经济改革为我们提供了一些催生政治变革的因子,但离由此自发生长出一种自由民主的国家宪法还相当遥远,而且国际经济与政治环境也不可能为我们提供这样一个公正、充裕的外部空间,要知道英美的宪政之路大致经历了二百年的时间。第二种显然是灾难性的,法、德、俄,特别是前苏联的历史教训使我们刻骨铭心,这无疑是我们力图避免的,但我们仍不能排除这种道路的可能性,因为政治国家的权力是一把双刃剑,特别是在它们为穷凶极恶的利益集团所把持的情况下,极权主义的复辟不是不可能的。第三种是我们所应期盼的,它在现时代的中国存在着某种或然性,通过非常时期的宪法政治,是可以构建一个自由民主的国家制度的。我国二十多年的经济改革已经为这个制度提供了一定的经济基础和法律秩序,时代也呼唤着一个民族的政治成熟,如果我们能够不失时机地致力于真正的宪法政治,通过国家权威推动市民社会的建立与完善,真正地推行自由的市场经济秩序和司法独立制度,那么晚年黑格尔意义上的保护市民社会的法制国家和同样是晚年哈耶克思想中的"普通法的法治国"[5]，也许并非是不可能的。当然，第三种又何尝不是一种理论家的理想呢？笔者也知道还有一种可能，即前三种的畸形变种政治形态，所谓的拉美化的宪政失败的道路。果真如此，可爱的祖国可就真的是错过了大好时机，今后的命运将不知伊于胡底了。究竟是天命所成还是天崩地裂，世人谁知？本文的意图便是翘首以盼第三种自由民主的宪法政治，从理论上梳理出一个宪法政治的脉络，为未来我国的宪法政治选择提供一个可资借鉴的参照。

一、政治法、国家法与宪法

当今的美国宪法学家阿克曼在其皇皇三卷巨著《我们人民》中曾经提出了一个富有创意的划分日常政治与宪法政治的二元政治观，关于阿氏的具体观点，下文再加以论述。在此先要指出的是，所谓"宪法政治"概念的提出具有深远的理论渊源，从某种意义上说，它更有大陆政治法学的蕴涵，或者说它超越了英美宪法理论的一般论调，挖掘出深埋在英美宪法背后的深层含义。虽然阿克曼在书中对于法德政治思想未加置喙，理论上沿袭的基本仍是美国宪法理论的实用主义传统，但透过外表的话语修辞，我们仍然可以发现一种自由的国家主义政治法学的实质支撑着他的二元政治观。由此，我们不禁有这样的感觉：所谓英美政治路线与法德政治路线的差别，其实只是一种外在的形式分野，而在政治国家的本性方面，它们并没有决然的对立，宪法政治作为一种非常政治，在任何一个国家的创立、重建与转折关头，都有别于日常的日常政治，它考量出一个民族特别是其政治精英的特殊的政治智慧与技艺。为了从理论上系统地说明这个问题，该文先从有关"宪法政治"的一般理论及其演变加以考察。

任何一个组织都有赖以组成的规则，特别是作为国家这样一种政治共同体，其构成显然需要一种强有力的规则体系，所谓法律，首先指的是人们所必须遵守的规则，而且具有一定的强制力。从上述意义上说，政治团体的法律就是政治法，作为国家，它又是国家法，政治国家在此意味着它们对于实施法律的垄断性权力，否则，它们只能是组织团体，而不是国家。所谓国家，必然是政治性的，而且必然具有垄断性的权力。至于宪法，同样是古已有之，古希腊的国家形态中就出现了宪法。亚里士多德曾经指出，规定一个城邦国家的全体公民参与分配政治权利的政治制度就是宪法[6]。由此可见，宪法在古代政制中首先等同于国家法或城邦法，但作为一种政治法，它还有另外一层含义，即对于国家权

---

[5] 关于黑格尔晚年的法哲学思想、哈耶克晚期的宪法新模式理论，除了他们各自的代表作《法哲学原理》和《法律、立法与自由》外，参见拙著《法律秩序与自由正义——哈耶克的法律与宪政思想》（北京：北京大学出版社，2003年）和《论相互承认的法权——〈精神现象学〉研究两篇》（北京：北京大学出版社，2004年），在后一部书中，笔者粗略地阐释了哈耶克的宪法思想与黑格尔国家法理论的隐秘关系，认为他们都属于保守的自由主义或权威的自由主义思想谱系。

[6] 参见亚里士多德：《政治学》，卷一、三，吴寿彭译，北京：商务印书馆，1997年。

力的限制或规范的意义,也就是说,国家在强制性地实施法律时,应该收到法律制定程序以及法律内容的约束,而不能任由统治者一方面的肆意妄为和独断。[7] 我们知道,宪法的上述双层意义在西方中世纪的王朝与教会二元政制的对垒中获得了长足的发展,成为现代(modern)宪政的一个重要的渊源。[8]

不过,上述古代的政治法律制度以及相关理论并不是该文考察的内容,该文有关政治法、国家法与宪法的理论分析,是从现代民族国家的肇兴开始的,属于现代的政治法学理论,古代政制理论只是一个引子。为什么如此呢?它基于下述几个原因:首先,古代国家主要是一种城邦国家,与现代的民族国家有着根本性的差别;其次,古代宪法所依据的主体是不同类型的政体,与现代的主权国家这样一个拟制的政治主体是大不相同的;最后,古代宪法缺乏自由民主的政治诉求,而现代宪法政治的实质在于政治国家的自由民主的本性。当然,问题是极其复杂的,上述的三点概括只是大概如此,对于它们的细致、深入、系统的探究远非本文力所能及,本文仅仅是就政治法学的重大问题,通过对于几个政治思想家的理论阐释,陈述一二。

1. 孟德斯鸠的政治法思想

我们知道,在政治思想史中,孟德斯鸠的《论法的精神》可谓划时代的作品,他对于政治法以及政体的性质与原则等重大的宪法政治问题,首次给予了深入的论述,作为一位自由主义的思想家,孟德斯鸠的政治法理论具有重要的意义,在政治思想史上孟德斯鸠可以说是第一位熔铸了英国与法国两种法律品格于一体的大家。不过,在论述孟德斯鸠之前,该文先要从马基雅维里、博丹的思想开始说起。

施特劳斯几经转变最终把马基雅维里视为现代思想的开创者。[9] 确实如此:马氏的《君主论》和《论李维前十书》使现代民族国家在理论上第一次具有了独立自存的主体意义,由此"国家理由"成为君主国家实施政治统治的依据。但是,马基雅维里的国家理由并没有解决国家政治的合法性问题,反而把国家成员与国家法律的矛盾对立凸显出来,由于国家有其自身的功能与目的,可以在特定情境中不受法律与道德的制约,那么中古以来,维系社会存续的特别是

---

[7] 参见亚里士多德:《政治学》,卷三,同上注。

[8] 一般说来,英文 modern 包含近代与现代两层含义,除了特殊说明,下面所使用的现代,基本上对应的是英文的 modern。至于 modern 中的 contemporary、present 的含义,则用现时代、当前或当代等汉语词汇表述。

[9] 这方面的资料,参见施特劳斯的一系列著述:《关于马基雅维里的思考》,申彤译,上海:译林出版社,2003年;《霍布斯的政治哲学》,申彤译,上海:译林出版社,2001年;《自然权利与历史》,彭刚译,北京:三联书店,2003年。另外,关于马基雅维里的论述,还可参见 J. G. A. Pocock, *The Machiavellian Moment*, Princeton, Princeton University Press, 1975; Friederich Meinecke, *Machiavellism*, *The Doctrine of Raison d'Etat and Its Place in Modern History*, London,1957。

由基督教确立的道德戒律、法律规范和礼仪制度便受到了国家理由的挑战。为此,马氏也落得了"罪恶导师"、"权术大师"的千古骂名。

其实,马基雅维里彰显国家理由的意图远非一种帝王师的心迹所能涵盖。他虽然处于16世纪意大利邦国林立时期的穷乡僻壤,但却先知般地洞悉了未来欧洲民族国家的汹涌大潮。他皓首穷颈、殚精竭思的《君主论》、《论李维前十书》等著作,看上去是为他的佛罗伦萨君主美迪奇家族献策进言,但包藏的用心却是在为欧洲新生的民族国家鸣锣开路。首先,马氏的理论为现代国家奠定了政治实体的理论基础。我们知道,现代国家从本性上大不同于古代的城邦国家,它虽然是一种政治共同体,但这个现代政治共同体的内在依据在他之前并没有获得政治哲学的论证,其统治权威的基础、自身的长远利益等缺乏有效的说明。马基雅维里的国家理由却把国家从中世纪的神权政治中解脱出来,揭示了它的世俗性、中立性与自身目的性的国家特征。第二,马基雅维里的学说虽然为后世所诟病,但他有关政治无道德的论述,却在揭示政治与道德的二元分离这一重大的政治法学问题上,开启了这个领域长达五百年理论论争之滥觞,而且凸显了"特殊情境"这一政治法学的关键问题阈,从而对后世有关非常政治与日常政治的二元政治观以及宪法政治的机缘论等,都产生了重大的影响。

博丹的国家主权理论可以说是马基雅维里学说的法国嫡传,这位生活于17世纪法国王朝专制国家下的思想家,有感于当时的欧洲民族国家的形势,为了给法国王权的国家统治提供一种理论的辩护,不失时机地提出"国家主权"的命题。首先,博丹的主权理论有别于当时的罗马公法体系,不但赋予了民族国家这样一个全新的政治实体以政治上的合法性,而且把它提升到最高的世俗权威的地位,这是在此之前的任何理论,包括亚里士多德所从来没有做过的。其次,博丹把马基雅维里的国家理由转化为国家主权,从而实现了现代国家从政治向法律的转型,不同于古代城邦的现代国家由此具有了法权上的意义,国家不再仅仅是一个政治实体,同时还是一个法律实体,具有了法律上的拟制性格。第三,古典的罗马公法经过博丹国家主权理论的改造而获得了新的意义,本来文艺复兴以来欧洲国家对于罗马法的发现与继受就不是单纯的照搬和复制,而是一种在新的社会环境下的转型与维新。如果说罗马私法有效地与16世纪以来的欧洲市民阶级的经济活动联系在一起从而焕发了新机,并且开辟了影响深远的大陆—罗马谱系的话,那么罗马公法则在其凋敝之后,经过天主教的大公主义,特别是现代民族国家的主权理论以及后来的宪政理论的改造与洗礼,同样也获得了生机,在其中,马基雅维里、博丹、孟德斯鸠、黑格尔的政治国家理论,可以说是最重要的一环。

18世纪孟德斯鸠的法律理论是在上述的理论背景以及他那个启蒙时代的

政治、经济、文化的现实土壤中孕育而生的。孟德斯鸠的思想首先容纳与综合了在他之前的欧洲政治与法律领域各派的理论观点,不仅包含有意大利、法国,乃至古罗马的公法思想,而且还包括了英国的政体理论;不仅包括了罗马私法意义上的各种法律观点,而且还吸收了普通法的大量内容;不仅包括了政府理论、国家学说,而且还包括了民法、商法、税法、刑法等大量的内容,总之,《论法的精神》一书可谓那个时代的法律百科全书。其次,在我看来,孟德斯鸠最关键的贡献还不在上述的综合性特征,而在于他的前瞻性,可以说虽然作为法国的早期启蒙思想家,但孟德斯鸠有关政治、法律与社会的理论,在深刻性方面甚至超越了他的时代,其对于政治本性的认识,对于法律精神的把握,要高于后来的绝大多数欧洲的启蒙思想家。

孟德斯鸠在《论法的精神》第一卷的开篇,就指出了法的本性问题,并进而把"政治法"视为他的法律理论的中心内容,置于重要的地位。在他看来,"法是由事物的性质产生出来的必然关系"[10]。人类一旦有了社会,为了避免国家与国家之间、个人与个人之间的战争状态,便要遵循人世间的法则,"社会是应该加以维持的;作为社会的生活者,人类在治者与被治者的关系上是有法律的,这就是政治法。此外,人类在一切公民间的关系上也有法律,就是民法"[11]。所谓的"政治国家"在于社会力量的构成与组合,不同的统治方式组成了人类政治社会的不同政体,孟德斯鸠在书中着重考察了不同的政体形式,在笔者看来,《论法的精神》最大的理论贡献是从政治法的角度揭示了不同的政治国家(孟德斯鸠称之为政体)的性质与原则。

仔细研读孟德斯鸠的作品就会发现,他划分政体的依据实际上有两个:一个是古代亚里士多德以来传统上沿袭的标准,即根据统治者人数的多少而区分为君主政体、民主政体和贵族政体等三种典型的形态[12];另外一个便是根据法律在政治社会中的作用以及功能而区分为君主政体、共和政体和专制政体等三种形态。应该指出,孟德斯鸠对于后一种划分标准是十分重视的,在《论法的精神》中他所着重考察研究的就是"直接从政体的性质产生出来的""基本法律"以及"同政体的原则有关的法律"[13],它们构成了所谓政治法的基本内容。

孟德斯鸠有关政体划分的两个标准在政治思想史上是意义重大的,它从形式和本质两个不同的方面揭示了政治国家的特征。第一层标准指出了国家政体的外在形式,第二层标准则揭示了国家政体的内在实质,在其中法律的作用

---

[10] 孟德斯鸠:《论法的精神》,张雁深译,北京:商务印书馆,1963 年,上册,页 1。
[11] 同上注,页 5。
[12] 参见亚里士多德《雅典政制》、《政治学》以及拙著《休谟的政治哲学》第五章"政治学与政体论"。
[13] 孟德斯鸠:《论法的精神》,同上注[10],页 8、19。

是极其关键的,后一种标准比前一种标准更为根本,一个国家的性质并非系于统治权是在一个人、几个人或大多数人手中,而在于统治者是否根据法律实施统治,也就是说关键在于法治的程度。由此观之,政体实际上只有两种:一是专制政体,一是非专制的政体,如果从法治或专制的程度之不同来看,又可区分为自由(君主或共和)政体、开明专制政体、绝对专制政体、野蛮政体等不同的制度形态。[14] 孟德斯鸠在书中从不同的角度分别讨论了上述各种政体的社会、经济、贸易、法制、文明、官吏、税收等诸多情况。

孟德斯鸠基于上述认识,对于各种政体的性质以及原则,特别是由此产生的不同法律做了深入的社会学分析和理性主义剖析,其中有两个重要的观点为后人所看重,成为现代政治与法律思想的重要理论渊源。一个是有关政府的三权分立原则,这个分权制衡的政府(国家)理论进一步完善了洛克的政府理论,并对于美国的宪政联邦共和国产生了积极的影响。另外一个是有关自由的学说,孟德斯鸠提出的法律与自由的关系理论对于西方自由主义的政治理论是意义重大的,它开启了自由理论的一个有别于古典古代政治理论的新维度,并且构成了现代法治主义的主流。[15]

本文强调指出的是,孟德斯鸠有关法之精神的理论,固然吸收了自然法、民商法以及普通法的诸多内容,但其理论立足点在于政治法,或者说他对于政治国家的法律本性的认识。在他看来,一种政体是否实施法治,在何种情况下实施法治,实施法治到何种程度,这些问题构成了政治法的基本内容,所谓政体的性质与原则的区别,只不过是在统治与被统治之关系的机制方面的不同,而它们都属于政治法调整的内容。孟德斯鸠认为,"政体的性质是构成政体的东西;而政体的原则是使政体行动的东西。一个是政体本身的构造;一个是使政体运动的人类的情感"[16]。政体的性质体现在上述的双层划分标准,法治是关键;关于政体的原则,孟德斯鸠又根据不同的政体性质提出了共和政体的品德(包括民主政体的平等和贵族政体的节制)、君主政体的荣誉和专制政体的恐怖三种原则,这些原则加上上述的法治与否的政体性质,一起构成了一个社会政治关系的运行机制。由此可见,孟德斯鸠对于法的精神的理解从根本性上说是政治法意义上的,国家政体在他的理论中取决于政治法,显然,他的法治主义

---

[14] 关于政体的二阶划分问题,参见拙著《休谟的政治哲学》第五章"政治学与政体论"中的有关详细论述。

[15] 关于孟德斯鸠的分权思想和自由理论,已经为人们所熟知,本文不再赘述,有关研究资料,参见 M.J.C.维尔:《宪政与分权》,苏力译,北京:三联书店,1997 年;M. L. Levin, *The Political Doctrine of Montesquieu's Esprit des lois: Its Classical Background*, New York, 1936. Allan C. Hutchinson ed. *The Rule of Law: Ideal of Ideology*, Carswell, 1987.

[16] 孟德斯鸠:《论法的精神》,同上注[10],页 19。

不是私法意义上的规则之治,而是公法意义上的规则之治[17],或者说是政治法的法治主义。

在政体或国家问题上,孟德斯鸠属于理性主义政治哲学的谱系,不属于英国经验主义的谱系。政治上的法律关系在他看来,不是从民法规则中自发地产生出来的,而是理性建构出来的,尽管自然法、民商法等法律对于一个社会的秩序建立是重要的,但在政治领域,即在统治与被统治的关系方面,政体的构成基于政治法。政治法塑造了一个国家的政治秩序,并进而对于社会的其他领域,诸如经济、贸易、习俗、教育、军事、文化等方方面面产生重大的影响,《论法的精神》的相当一部分篇幅,便是在首先确立了政体性质和原则之后对于后来所谓"市民社会"的综合分析。

我们看到,孟德斯鸠虽然在理论上还没有提出政治国家与市民社会两分的概念,但他的法律理论的内容实际上是按照这样一个框架展开的。这种分析显然有别于英国17、18世纪的法律理论,开辟了法德政治与法律思想的路径,黑格尔的《法哲学原理》的理论框架无疑是孟德斯鸠的进一步发展,并且构成了一个严密、系统的有关政治国家与市民社会的法律思想体系。孟德斯鸠之所以强调政治法,并且也吸收了民商法、自然法的内容,这既与当时他所处的法国社会的现实环境有着密切的关系,也与孟德斯鸠积极地接受英国社会的成熟经验有关。作为一个自由主义倾向的思想家,虽然他必须正视法国路易十四时代专制政治的现实,但他同样也为英国光荣革命的成功欢欣鼓舞,希望法国能够学习英国的经验,正是上述两种观点的思想对接与碰撞,才造就了孟德斯鸠政治法的法治主义,才从法国社会的土壤中生长出一个自由主义性质的政治法学,而不是后来卢梭式的人民主权专制的左派政治法学或德国施米特式的国家主义决断论的右派政治法学。在我看来,自由主义的政治法学是孟德斯鸠留给后人的宝贵遗产,而这一精神财富在黑格尔晚年的法哲学理论中得到了进一步的发展,黑格尔的国家法是孟德斯鸠政治法的嫡传,或许这一脉自由主义的政治法—国家法理论对于幸运的英美国家并不重要,但它们对于我们现时代的法治主义国家建设,特别是我国的宪法政治,具有至关重要的理论指导意义。

2. 黑格尔的国家法理论

从孟德斯鸠的《论法的精神》到黑格尔的《法哲学原理》,从政治法到国家法,从18世纪的法国大革命前的社会现实状况到19世纪的普鲁士王国的崛起,在笔者看来存在着一条鲜明的理论线索,即法德几代思想家对于各自国家道路的政治思考。而这条理论路径之所以不同于英国18世纪以来的政治理论

---

[17] 关于法治主义的私法之治、公法之治,以及私法的公法之治或普通法的法治国问题,参见拙著《法律秩序与自由正义——哈耶克的法律与宪政思想》第二章、第三章的有关论述,以及哈耶克的《法律、立法与自由》,J. N. Gray, *Hayek on Liberty*, Third edition, Routledge, 1998.

路径,固然有理论渊源和方法论等方面的原因,但最主要的还在于大陆国家与英伦三岛的社会经济、法制和文化传统等方面的差异,两种理论各自带有时代环境的烙印,这一点不仅表现在法律思想方面,而且还表现在哲学认识论、政治经济学和道德伦理学等方面。例如,英国哲学一般来说属于唯名论的经验主义,法德哲学则属于唯实论的理性主义,英国的经济学是注重自由经济的政治经济学,法德经济学则是强调国家干预的重农主义或国民经济学,英国的伦理学偏重于情感主义的道德情操论,法德的伦理学则是理性主义占主导的道德原理论。[18]

说黑格尔的国家法理论是孟德斯鸠政治法的发展和体系化,主要是从法的精神的角度来看的,正像孟德斯鸠首先关注法的本性一样,黑格尔的《法哲学原理》也特别强调法的理念,并把该书视为"自然法和国家学纲要"。在"序言"中黑格尔集中阐释了作为政治法原理的国家学说,在他看来,"自从法律、公共道德和宗教被公开表述和承认,就有了关于法、伦理和国家的真理。但是,如果能思维的精神不满足于用这样近便的方法取得真理,那么真理还需要什么呢?它还需要被理解,并使本身已是合理的内容获得合理的形式,从而对自由思维来说显得有根有据。"[19]为此,黑格尔对于当时泛滥一时的政治浪漫主义[20]和各种感性主义以及诡辩论、怀疑论[21]等提出了批判,他基于自己的辩证理性观,公开标榜,"我们不像希腊人那样把哲学当作私人艺术来研究,哲学具有公众的即与公众有关的存在,它主要是或者纯粹是为国家服务的"[22]。

长期以来,黑格尔的哲学服务于国家的观点使他蒙受了不少的骂名,被人们视为他的哲学之保守的乃至反动的地方所在,例如,马克思在著名的《黑格尔法哲学批判》中就给予了淋漓尽致的挖苦和批判。现在我们的问题是:黑格尔的哲学所试图服务的国家究竟是何种国家?他的国家哲学究竟要构建的是什么国家?他的国家法理论所表述的法治主义究竟意味着什么?保守的不等于反动的,革命的也不等于进步的,经过20世纪的各种社会政治变革的腥风血

---

[18] 上述分类只是简单的概述,实际的情况是多元化的,相互之间的关联也是复杂的,有关这个问题的深入分析,西文资料可谓汗牛充栋,粗浅的论述,参见拙著《休谟的政治哲学》、《论相互承认的法权》等。

[19] 黑格尔:《法哲学原理》,贺麟译,北京:商务印书馆,页3。黑格尔接着进一步指出:"这种自由思维不死抱住现成的东西,不问这种现成的东西是得到国家或公意这类外部实证的权威的支持,或是得到内心情感的权威以及精神直接赞同的证言的支持都好。相反地,这种自由思维是从其自身出发,因而就要求知道在内心深处自己与真理是一致的。"

[20] 参见施米特:《政治的浪漫派》,冯克利、刘锋译,上海:上海人民出版社,2004年;海涅:《论德国》,薛华译,北京:商务印书馆,1980年;Friederich Meinecke, *The Age of German Liberation, 1795—1815*, University of California Press, 1977。

[21] 关于英国经验主义思想传入德国之末流的情况,参见伯林的有关论述:《俄国思想家》,彭怀栋译,译林出版社,2003年版。

[22] 黑格尔:同上注[19],页8。

雨,极端左派和极端右派的理论以及实践为人类社会所带来的灾难足以让我们清醒,也许休谟、黑格尔晚年所代表的保守的自由主义的政治理论[23],更能够为我们提供迈向 21 世纪多元政治的路标。

必须指出,黑格尔的国家学说所依据的是一种立体的或复合的法治主义理论,在《法哲学原理》一书中黑格尔提出了一个多层含义的法律概念。首先,在第一篇"抽象法"中,黑格尔从一般原理的角度揭示了一个基于罗马法的元规则,在他看来,任何一个社会形态中的政治共同体都需要遵循一个普遍的基本规则,这个规则早在罗马法那里就明确地表述出来,即"成为一个人,并尊重他人为人"[24]。这个相互承认的法律规则是普世的、基本的,也是抽象的、理想的,他所以把它视为抽象法并放在市民法、国家法之前,原因也在于此,用现代哲学语言来说,抽象法就是元规则、元法律,是其他法律的逻辑前提。从这个意义上说,抽象法无所谓市民法或政治法,而是它们的基础,后者是抽象法在现实社会中的展开。

黑格尔法律思想的中心内容是有关市民社会的市民法和伦理社会的国家法,虽然具体地说,《法哲学原理》还包含了道德法与家庭法的内容,而且它们也是相当重要的,但就更为本质的方面来看,我认为黑格尔的抽象法、市民法和国家法是其法律理论的三个核心内容,构成了黑格尔法哲学理论结构的经纬。学术界对于黑格尔的法权理论历来有两派观点:一派强调市民社会在黑格尔政治思想中的重要性,认为市民法是黑格尔法权理论的中心,它们体现了黑格尔的市民阶级的自由主义思想,其理论来源受益于英国的政治经济学;另一派强调黑格尔的国家学说,认为国家法是黑格尔法权理论的中心,它们体现了黑格尔对于法国大革命的反动,属于保守落后的思想意识。[25] 不过,在我看来,上述两派观点是可以综合在一种平衡的观点之中的,即黑格尔通过对于法国大革命的批判而构建的立宪君主政体的国家学说,其内在的目的恰恰是为了保障自由、繁荣的市民社会。国家法的权威固然具有超越经济社会的实体性,但它不是为了统治者的专制独裁,而是为了自由的个人世俗生活,为了保障市民社会

---

[23] 关于休谟政治理论的保守的自由主义性质,参见拙著《休谟的政治哲学》一书;关于黑格尔晚年的保守的自由主义思想,以及与《精神现象学》在政治倾向上的区别,参见拙著《论相互承认的法权》。

[24] 黑格尔:同上注[19],页 46。

[25] 关于这个方面的分析,参见拙著《论相互承认的法权》。J. Ritter, *Hegel and the French Revolution*, Cambridge: The NIT Press, 1982, Alexandre Kojeve, *Introduction to the reading of Hegel*, Basic Books, Inc., Publishers, 1969。

的有效运行,所以,黑格尔的法律观集中地体现了权威与自由的平衡。[26] 正像他所写的:"市民社会,这是各个成员作为独立的单个人的联合,因而也就是在形式普遍性中的联合,这种联合是通过成员的需要,通过保障人身和财产的法律制度,和通过维护他们特殊利益和公共利益的外部秩序而建立起来的。"[27]

关于市民社会的法律,黑格尔有时又称之为"法学家的法律"、"作为法律的法",从外延上说它大致囊括了大陆—罗马法系几乎所有的私法部分,而且在黑格尔眼里英国普通法的一些内容,包括未成文的司法判例、习俗惯例、政府公告等等,都属于上述范畴。特别值得注意的是,黑格尔的一个重要思想是,他把司法制度、警察治安等按照英美政府体系中的政治分权部分也纳入市民社会的法律体系之中。总之,黑格尔法哲学中的市民社会的法律是一个相当广泛的概念,它等同于一般法律理论中的实证法,现代人们所谓的法律之治大体说的是这类法律对于社会秩序的塑造和维护,可以说现代的法治主义所阐释的便是这种法律人的法律之治。关于这个方面的论述可谓汗牛充栋,它们基本上表述的是英美法律理论的法治主义观念[28],对此黑格尔并没有排斥的意思,他的市民社会的法律表述的便是这种有关调整市民个人之权利、财富、利益、安全等关系的法律,它维持的乃是一个经济社会的公正秩序。

但问题在于,黑格尔的言外之意或许是一般的社会共同体少有英国人民的那种幸运,他们的市民社会,特别是资本主义的自由经济生活并不具有自身的独立自主性,难以从经济规则中自发地生长出一个政治社会,他们的市民社会总是或主动或被动地要依靠政治国家的维系、支持与保障。这样,一个尖锐的问题就出现了,即外部的国家权威如何有效地维护市民社会的存在与发展,如何促进而不是扼杀市民个人的生命、自由与追求幸福的权利。这个问题便是黑格尔的国家法所要解决的问题。其实,社会与国家、个人自由与政治权威的关系,一直是思想家们试图解决的问题,即便是英国的思想家如霍布斯、洛克、休谟、斯密等也把这个问题视为他们政治思想的一个中心问题,至于法德的思想

---

[26] 当然,黑格尔法哲学思想的一个重大缺陷是他忽视民主、平等的价值,在《法哲学原理》的"国家法"中,他对于民主理论给予了猛烈的批判,视人民大众为群氓,对此,马克思曾经给予了尖锐的批判。不过,考虑到黑格尔所处的时代,黑格尔对于民主政治的轻视从某种意义上看是可以理解的,这一方面表现了黑格尔理论的历史局限性,但另一方面黑格尔对于人民参与政治的指责,对于后来的政治理论也不无警醒。因为古希腊的直接民主、法国大革命的人民民主都是灾难性的,关于这个问题,古代的亚里士多德、现代的博克、休谟,美国的联邦党人,乃至当代的戴蒙德、哈耶克等,都多有论述。

[27] 黑格尔:同上注[19],页174。

[28] 国内出版的比较有份量的著述,据笔者粗浅的阅读范围,可参见夏勇:《法治是什么?——渊源、规诫与价值》,载《公法》第二卷,北京:法律出版社,2000年;季卫东:《法治秩序的建构》,北京:中国政法大学出版社,1999年;郑永流:《法治四章》,北京:中国政法大学出版社,2003年;陈弘毅:《法治、启蒙与现代法的精神》,北京:中国政法大学出版社,1998年等。

家对于这个问题的考虑更是多了一个视角,如卢梭、孟德斯鸠、洪堡、康德、费希特、黑格尔等人,他们更为强调政治法在这个问题中的重要作用。我们看到,马基雅维里以降,在欧洲大陆政治思想中存在着一条从博丹到黑格尔的主线,他们强调政治国家在塑造社会共同体的重要作用,由此产生了所谓现代国家的观念。[29]

黑格尔理论中的国家制度不仅涉及不同政体的性质与原则,而且包括政治国家内外两个方面的制度构架。内部制度包含了立法权、行政权与王权,在其中国家主权占据着核心的位置;外部制度则是经由国际法调整的主权国家关系以及世界历史的演变。我们看到,黑格尔国家学说进一步发展了博丹、霍布斯、孟德斯鸠等人的政治思想,并构建出一个有关"活的国家机体"的系统理论。就该文的视角来看,黑格尔的国家法实际上是把博丹的主权概念与孟德斯鸠的政治法综合地统一在一起,在黑格尔看来,政治法的关键并不在于统治与被统治关系的性质及其原则,而在于国家主权,主权已经超越了上述的政治关系,它由王权象征性地代表,具有超越政治利害的独立性的法律本性。这样以来,国家在黑格尔那里就获得了超然的地位,在它之下才分化出所谓行政权、立法权等具体的国家制度,国家自身的目的并非在于谋求它的权力和利益,它只是一个高高在上的拟制的主权,其权威性既不是任性的也不是实定的,而是一种形式的自由意志。在黑格尔看来,这个超越的国家主权体现在一个君主身上,要比体现在人民大众或独裁僭主上更能表达国家的本性。"在一个形式完善的国家中,问题仅在于作形式上决断的顶峰和对抗激情的自然堡垒。"[30]

由此可见,黑格尔的国家法实际上包含了三个方面的内容:第一,国家是一套法律制度,主权拥有最高的权威,国家的政治秩序是以主权国家的法律本性为内在依据的,在此,黑格尔把博丹的主权理论和孟德斯鸠的政体理论统一在国家法之中。第二,君主立宪制是黑格尔国家法的基本政治制度模式,虽然这一制度在今天看来似乎已经过时,不符合民主政治的潮流,但我们应该看到,在那个时代君主立宪制比之与绝对君主专制要开明得多,而且它显示的自由与权威的平衡也符合现代政制的本性。因为君主只是一个形式,关键是其主权象征下的宪政,事实证明,君主立宪制要比现代的人民民主专制优越,可惜的是并非任何一个国家都有像英国那样的幸运。[31] 第三,由于政治国家是中立的高高

---

[29] 黑格尔写道:"现代国家的本质在于,普遍物是同特殊性的完全自由和私人福利相结合的,所以家庭和市民社会的利益必须集中于国家;但是,目的的普遍性如果没有特殊性自己的知识和意志——特殊性的权利必须予以保持——就不能向前迈进。所以普遍物必须以促进,但是另一方面主观性也必须得到充分而活泼的发展。只有在这两个环节都保持着它们的力量时,国家才能被看作一个肢体健全的和真正有组织的国家。"见黑格尔:同上注[19],页261。

[30] 黑格尔:同上注[19],页302。

[31] 关于这个方面的进一步分析,参见拙著《休谟的政治哲学》第五章"政治学与政体论"。

在上的,因此它的实质仍然在于从政治制度上保障市民社会,特别是在国家的对外关系方面,主权是保证一个国家社会安全、人民幸福、经济自由的屏障。我们发现,在国际关系领域,黑格尔是一个传统的现实主义者,这一点与格劳秀斯、霍布斯、休谟、斯密等人是完全一致的。[32]

总之,上述对于黑格尔国家法的分析,使我们得知黑格尔的法治主义是一个基于政治法传统的法哲学,它整体上包含了三个层次,一是抽象法的元规则层次,一是市民法的社会法治层次,一是国家法的政治法治层次。黑格尔法治理论的关键在于,上述的三个层次并不是分离的,各自独立的,而是相互统一在一起的,构成了一个完整的立体复合的法治体系,这也是黑格尔法治主义的独创性所在。值得注意的是,现代法治主义理论的一个大家哈耶克虽然在他的著作中屡屡批判黑格尔的理性建构主义,但他在《法律、立法与自由》一书中所提出的"普通法的法治国"或"私法的公法之治"理论,却与黑格尔的三层法治观如出一辙,并没有本质性的区别。这一现象看上去奇怪,但内中却别有隐情,即他们都属于保守的权威的自由主义,都对于政治法在保障市民社会的自由价值方面的作用十分关注。[33] 所以,从休谟到黑格尔再到哈耶克,他们在有关以公法的形式实施私法规则的法治主义理论方面是相通的,尽管他们在方法论、人性论、价值观、知识论等方面的观点存在着重大的区别。

3. 施米特的宪法理论

从19世纪黑格尔的国家法到20世纪施米特的宪法,时间上的距离是无关宏旨的,关键是理论上的传续,在这个问题上,施米特一直是把黑格尔视为他的一个重要的理论来源。确实如此,至少在如下几个方面,施米特继承了黑格尔的思想:一是国家法或宪法高于市民法的优势地位,二是有关主权作为国家最高统治权的理论,三是有关政治决断的思想。上述三个方面总的来说体现了从黑格尔到施米特国家理论的一致性方面,但究其实质两人的理论又存在着很大的差别,黑格尔基本上是一个中庸的自由主义思想家,而施米特则更多地表现出极端右派的保守主义色彩。显然,黑格尔与孟德斯鸠有着很多相同的方面,甚至笔者认为他们在自由主义政治理论的实质方面是大体一致的,而施米特与孟德斯鸠则没有什么可比性,他们在政治理论上的实质差别是显然的,而黑格尔与施米特的理论关联却是复杂的,下面我们来简单分析一下他们在国家与政治、国家法与宪法等问题上的异同。

---

[32] 关于这个问题的研究,参见高全喜:《论国家利益》,载高全喜主编:《大国》第2期,北京:北京大学出版社,2004年。

[33] 关于哈耶克、休谟、黑格尔三人有关法治的具体观点以及对比性研究,参见拙著《法律秩序与自由正义——哈耶克的法律与宪政思想》中的第二、五两章、《休谟的政治哲学》中的第二章和《论相互承认的法权——〈精神现象学〉研究两篇》的上篇。

西方的宪法理论大致有两个不同的渊源,一个是大陆—罗马法系的公法理论,一个是普通法的宪政理论。从某种意义上说,古典的公法就是古代的宪法,只是进入现代国家的形态之后,古代宪法得到了实质性的改造,主权问题成为现代国家必须面对的首要问题。因此,古典政制的城邦国家论转变成现代的国家主权论。在古代政制中是没有主权概念的,主权是现代国家的一个核心概念,在对于国家主权问题的看法上,黑格尔与施米特是一致的,都接受了博丹的理论,认为主权是国家的最高权力形式。但是,两人的差别在于对于主权的本质认识上是不同的,黑格尔强调的是主权国家之中立的超然性,他接受了孟德斯鸠对于政治的理解,认为政治就是统治与被统治的关系,政治法作为国家法是从属于国家主权的,国家的立法、行政等治理社会的政治内容被统辖在主权的形式之下。由此可见,重视国家法的形式特征,这使得黑格尔的法哲学呈现出自由主义的本性,从黑格尔那里可以开辟出一条到凯尔森形式法学的路径。[34] 但是,施米特却强烈反对对于主权国家的现实主义理解,他强调的是主权的实质,而这个实质就在于政治,即划分敌友。显然,施米特的政治概念就完全不同于孟德斯鸠、黑格尔的传统定义,而是把政治视为高于国家法的实质概念,认为"国家的概念以政治的概念为前提";"划分敌友是政治的标准";"所有政治活动和政治动机所能归结成的具体政治性划分便是敌人与朋友的划分"。[35]

这样以来,主权就从黑格尔意义上的超然的法律形式转变为实质性的内容,即划分敌友,至于如何划分敌友呢?施米特认为就是一种基于政治概念的决断,为此他多次指出:"主权就是决定非常状态。""主权问题就是对非常状态做出决断。""非常状态的首要特征就是不受限制的权威,它意味着终止整个现有秩序。显然,在这种秩序下,国家仍然存在,而法律则黯然隐退。"[36]我们看到,在黑格尔国家学说中并不重要的君主意志的决断概念,在施米特那里被提升到一个极端的高度,成为国家政治的核心之核心,形式主义的国家法被转变为划分敌友的实质决断问题。在《政治的神学:主权学说四论》中的继"主权的定义"之后的第二论就是"主权问题作为法律形式和决断问题",施米特的理论对手是当时著名的法学家凯尔森。

凯尔森的形式法学在国家问题上采取了规范主义的方法,认为国家就是法律秩序的整体形式,在国家法律秩序之外或之上,并不存在什么政治决断问题,

---

[34] 在这个问题上,哈耶克只是指出了他们在理性建构主义方面的一致之处,忽视了他们在法律形式方面的一致,而在这一点上,又与哈耶克的理论是不矛盾的,从大的方面看,他们三人都属于自由主义的谱系。

[35] 施米特:《政治的概念》,刘宗坤等译,上海:上海人民出版社,2004 年,页 128、138。

[36] 同上注,页 6、9、11。

因此在他的理论中,政治是没有地位的,国家法就是宪法,属于国内法律体系中的最高等级的法律规范。在施米特看来,凯尔森规范法学的一个主要的理论问题,在于忽视了国家的实质,即把人格性因素从国家概念中消除了,主权受到了法律形式的限制,国家变成了一种没有生命的僵硬的法律躯体。对于这种新康德主义的形式法学,施米特表达了他的轻蔑,他写道:"尽管自由主义并没有激进到否定国家,但从另一方面看,它既没有提出一种实际的国家理论,也没有靠自己找到改革国家的途径,它只是试图把政治限制在伦理领域并使之服从于经济。自由主义创造了一套'权力'分割和平衡的学说,即一套监督和制约国家与政府的体制。这既不能被看作一套国家理论,也不能被看作一套基本的政治原理。"[37]

在施米特看来,国家法的关键不在主权的形式法律上,而在实质决断上,而这就超出了一般法律领域,进入政治领域,或者说,施米特认为国家法的实质在于作为政治法(当然不是孟德斯鸠意义上的政治法)的宪法,这样以来,宪法政治就成为施米特思想的一个中心问题。国家的问题是主权问题,主权问题是政治问题,政治问题的关键是实质决断问题,而决定一个国家之非常时期的又是宪法,这就是施米特的政治法学的逻辑。除了上述理论上的逻辑演绎之外,施米特作为一个宪法学家置身于魏玛风云激荡的时期,痛感魏玛宪法之软弱无力,缺乏一个民族的政治决断能力,因此,他在《宪法学说》、《宪法论文集》等著述中陈述了自己的宪法观。在他看来,国家是一个由人民组成的政治共同体,其本质在于一种政治性的决断状态,国家的具体类型与形态,诸如不同的政体形式以及国家具体的统治行为所应有的秩序等等可以由宪法来规定,但国家的主权本质,其政治性的敌友决断,却不能由宪法来规定。也就是说,国家作为一个政治统一体,不是宪法的产物,反而是宪法有效性的前提。按照当时凯尔森等人的宪法观,国家是由宪法建构出来的,没有宪法也就没有国家,国家的政治治理是在宪法的规范下实施的,真正的宪法应该是超越政治的纯粹形式的法律规范。施米特的宪法观与之相反,他认为正是形式法学那一套宪法思想的盛行,才导致了魏玛宪法的羸弱空洞,毫无生机,致使国家一盘散沙,面对各种危机无所作为。形式法学的条文主义宪法观是注定要误国殃民的,真正的宪法乃是敢于决断的宪法,宪法以国家政治为依据,是政治性之非常状态下的法律显现。

通过上述的分析,我们可以看到,施米特在法律问题上虽然沿袭了黑格尔的国家法概念,并把它转变为一个宪法问题,但他对于国家的认识却是与黑格尔大不相同的,黑格尔强调的是国家的形式超然性和中立性,政治以国家为依

---

[37] 同上注,页182。

据;而施米特相反,他强调的是国家的敌友划分,国家以政治的决断为前提。在这个问题上,施米特并没有与黑格尔展开争论,而是集中以凯尔森的规范主义宪法理论为靶子,此外再加上历史法学中的社会法学派,在施米特看来,无论是实证主义的国家观还是社会法学的国家观,都忽视了一个重要的国家主权问题,都把国家主权看成了日常政治中的法律拟制,取消了其中的实质性的政治决断意义。在他们那里,法律是均质性的,法律关注于形式,在法律之下没有敌人和朋友之分野,没有战斗、角力之行动,法律属于纯粹的程序机器。而实际上,国家政治远不是他们所说的那样,国家是一个政治统一体,划分敌友是这个政治统一体中最根本性的活动,为此施米特一再指出:"政治统一体乃是关键,它是决定着敌—友阵营划分的关键统一体;在这个意义上,政治统一体即主权。否则的话,政治统一体将不复存在。"[38] 为了彻底地清除法律实证主义或形式主义的理论,施米特在一系列著作中提出了一个有关日常状态与非常状态两分的法律政治观,他的有关政治、国家与宪法的思想主要是通过这种区分表达出来的。

二、日常政治与宪法政治

从宪法的角度来区分不同的政治形态,美国宪法学家阿克曼并不是第一人,在具体论述阿氏的理论之前,我们先来看施米特的划分。可以说施米特与阿克曼的自由主义宪法观大不相同,他早在 50 年前就提出了一个保守主义的宪法政治观,在他那里,日常政治与宪法政治的问题以"日常状态"与"非常状态"的问题被提了出来,并给予了经典性的论述。

1. 施米特的二元政治观

正如前面所指出的,施米特是在对形式法学的批判中建立他的两种法律政治观的,在他看来,以凯尔森为代表的形式法学以及各种形形色色的法律理论,都属于日常政治的法律观,他们均以日常政治状况作为法律规范的对象,而忽视了法律的真正对象乃是国家,是国家政治的非常状态。他写道:"国家的存在确凿无疑地证明了国家高于法律规范的有效性。决断不受任何规范的束缚,并变成真正意义上的绝对的东西。人们可以说,在非常状态下国家是根据自我保存的权利终止法律。从而法律秩序这个概念中的两种因素分解成两个独立的观念,并由此证明了它们在概念上的独立性。与在规范状态下不同的是,当自主决断的机会降至最低时,非常状态就会摧毁规范。不过,非常状态仍然可以进入法学,因为规范和决断两种因素均处于法学的框架之内。"[39]

---

[38] 同上注,页 155。
[39] 同上注,页 11—12。

按照施米特的看法,政治有两种,一种是由规范法学处理的日常政治,另一种是由政治法学处理的非常政治。前者属于形式法律加以规范的内容,此时法律表现为国家颁布的一系列法律条文,这些法律规范要求同质的中介,构建的是日常生活的规范框架,其有效性在于使得日常生活呈现出应有的秩序。新康德主义的法律、凯尔森的实证主义法律、边沁的功利主义法律以及历史学派的社会学法律等等,都属于这种类型的日常法律规范,它们都只是强调了政治生活的常规状态,都把社会中的人视为一个没有生命与激情的符号,认为可以通过一种形式的法律程序和规范就能够塑造出一个正常的国家秩序。为此,施米特考察了法律思想史,在他看来,洛克的法律观以及政府论开辟了现代形式主义法学之先河,他回避了霍布斯的国家决断的政治问题,从而把国家纳入了常规法律治理的路线上,此后的康德是这种规范法学的集大成者,康德完全忽视了国家政治的非常状态的实质性问题,"就康德而言,紧急法令根本就不是法律"[40]。德国的法治国理论,在康德主义的影响下,基本上是沿着社会日常政治的路径一路走下来的,在新康德主义凯尔森的纯粹法学中,日常政治的法学观走到了尽头,可以说凯尔森炮制了一个系统的有关国家的日常政治的法律体系。在《关于法律与国家的一般理论》、《主权问题与国际法理论》、《社会学与法学的国家概念》等著作中,他从国内法开始,一步一步地构造出一个上至国际法下到民商法的形式主义法学体系。

但是,施米特认为,上述关于日常政治的法律规范不过是一种"肤浅的假定",因为,他们严重忽视了非常状态,不懂得政治的本质乃是非常状态的决断问题,"显然,像凯尔森这样的新康德主义者并不知道如何处理非常状态",而"一种关注现实生活的哲学不能逃避非常状态和极端处境,而是必须在最大限度上关注它们。——规范证明不了什么,而非常状态却能证明一切:它不仅确认规范,而且确认规范的存在,因为规范只能来自非常状态。在非常状态下,现实生活的力量打破了那种经过无数次重复而变得麻木的机械硬壳"[41]。由此看来,施米特意义上的另一种政治便是非常政治,此时的法律显然不是规范性的法律,而是决断性的法律,是关系一个国家存亡的政治法。关于日常政治与非常政治的划分,并不单纯是法律类型的划分,而是法律本质的划分。按照法学上的一般观点,似乎也承认这样一种基于不同法律类型的对象之划分,在这种观点看来,可以根据公法与私法的对象之不同,特别是根据宪法与其他法律之对象的不同,而区分不同的政治类型。例如,宪法规范的是有关国家行为的法律,民法规范的是公民个人之间的行为规则。显然,这种形式规范意义上的

---

[40] 同上注,页13。
[41] 同上注,页13—14。

法律分类不是施米特的二元政治观,特别不是他所要彰显的非常政治与日常政治的区别。

为了详细清晰地论述自己的观点,施米特着重以魏玛宪法为批评的蓝本,在《宪法学说》一书中集中阐释了他的实质性的宪法政治观。《宪法学说》一书主要由四个部分组成,第一部分论述宪法的概念,第二部分是现代宪法的法治国内容,第三部分是现代宪法的政治性分析,最后部分是联邦宪法学。在这部重要的著作中,施米特系统地提出了独创性的宪法概念,从实质上区分了"绝对的"宪法概念与"相对的"宪法概念,并在此基础上批判性地研究了实证主义的宪法理论,进而提出了用政治性宪法调整市民法治国宪法的矛盾,最终克服自由主义宪法理论的方案。施米特认为当时的宪法学研究存在着一种概念的混乱,有关市民法治国的宪法观念、民主代议制的宪法观念以及主权国家的政治性宪法观念混淆在一起,使得有关宪法的本质隐晦不明。之所以出现这种情况,主要是实证主义法学作怪,它以形式规范代替了非常时期的宪法,把非常政治还原为日常政治,以为可以通过正常的法律规范就可以制定国家行为的准则,建立国家的政治秩序。其实,在施米特看来,国家从来就不是日常的政治秩序,而是非常政治,以国家为对象的宪法必须打破日常政治的束缚,进入实质性的内容,构建非常宪法,这个非常政治的宪法,施米特称之为绝对的宪法,以与实证主义法学的相对的宪法有别。

关于绝对宪法,施米特从如下三个方面作了分析:第一,绝对的宪法以国家的政治状况为内在的依据,它针对的是一个政治国家的统一体,具有不可分割的统一性。因此,绝对宪法是"法律的法律",即它是一切法律的来源,是国家政治秩序的法律依据。第二,绝对宪法等同于国家,它的本源却不是由法律自身的形式组成,而是来自政治国家的概念,来自有关区分敌友的政治决断。也就是说,宪法虽然在法律系统中具有终极的意义,但在国家问题上,却是以非常政治以及决断这种状态为基础的,因此,施米特指出,宪法代表的是政治统一体与政治秩序的"总体状态",这个状态的法律形式就是绝对的宪法,其内容就是主权,或者说就是决定非常状态的主权。第三,从形式上说,绝对宪法是国家的形式,它指涉的是有关国家类型的法律规定,所以,它又是国家形态的构成原则,是政治统一体的能动的建构过程。施米特认为,国家不是静止的、既存的,而是能动的、发展的,各种相互对立的利益、意见和努力在宪法的形式之下熔铸为一个整体,其中存在着一个由低到高位阶递进的演变层次。[42] 上述三个方面基本上构成了施米特有关政治性宪法或绝对宪法的主要内容。以施米特之见,非常政治与日常政治的区别,并不在于法律类型的对象之不同,并非宪法处

---

[42] 施米特:《宪法学说》,*Verfassungslehre*,Munchen/Leipzig,1928。

理的是非常政治,民法处理的日常政治,同样是宪法,也存在日常政治与非常政治之区别,关键在于法律的实质。绝对宪法指涉的是非常政治,它针对的是宪法的政治性内容,它表征着一个国家不可分割的统一性整体,透过政治性概念的敌友划分,绝对宪法表达了一种非常政治的状态。

相比之下,相对宪法概念在施米特眼里则是一个个别性的概念,指的是一种个别性的宪法法律或宪律。[43] 宪律是一种由外在的或次要的形式性特征所决定的法律概念,它们的主要特性是与国家意志之建构无关,与非常政治的本质性决断无关。从这个意义上说,法律实证主义的法律条文,凯尔森所谓的国家立法,乃至一些成文宪法文本,都属于上述的宪律,它们只是一些相对性的宪法法律,属于日常的政治规范。例如,《魏玛宪法》第1条第1项"德意志帝国为共和国"之规定涉及的只是国家的基本形式,而与国家的政治本性无关,在施米特看来就属于宪律,再如《魏玛宪法》第129条第3项第三段"公务员有权检查其个人身份证"之规定,不过一些技术性、细节性的法律规定,显然也属于宪律的范畴。总之,宪律关涉的是一些日常的法律规范,有些是纯粹形式性的,有些是技术性的,都与政治的本质没有关系。在施米特看来,绝对宪法与相对宪法是有重大区别的,它们之不同不是量的不同,而是质的不同,可是法律实证主义却无视这一点,它们往往把两种宪法混淆在一起,用个别性法律代替整体性法律,用形式性法律代替决断性法律,用日常政治代替非常政治,把一个国家的政治命运交付给一种没有内容的程序机器,并美其名为"法典",例如魏玛宪法就是如此,它是形式主义法学的典型的牺牲品。

施米特所以划分绝对宪法与相对宪法,并不单纯在于学理之辩,而是有着现实的政治关怀,具体地说,是为他批判性解读资产阶级《魏玛宪法》提供理论的前提。通过上述两种宪法的区分,使得施米特能够在理论上深入剖析宪法的本质,从而维护宪法的绝对性。在施米特看来,实证宪法概念是由制宪权的作用而形成的关于政治统一体之种类与形式的总决定,对于实证宪法可以从绝对宪法与相对宪法两个角度来理解,《魏玛宪法》作为一种实证宪法,它的特征表现为一种"拖延性的宪法",是一种妥协的产物。按照施米特的分析,实证宪法包含三个关键的要素:一个是既存的政治统一体,一个是制宪权的作用,一个是"决定"。就政治统一体的地位来看,形式法学派的观点往往把政治统一体视为宪法的结果,没有制宪权及其决定也就组成不了政治体,组成不了国家。施米特与这种观点不同,他认为政治统一体是制宪权的前提,而非其结果。由于每一部宪法都隶属于一个具体的政治统一体,所以宪法仅能是一个实存的政治

---

[43] 台湾的学者蔡宗珍将其 verfassungsgesetz 翻译为"宪律",以别于绝对的宪法法律(absoluter Verfassungsbegriff)。见蔡宗珍:"卡尔—施米特之宪法概念析论",载《政治与社会哲学评论》第5期,台湾:巨流出版社,2003年。

统一体的宪法,宪法无法为政治统一体提供根本的正当性基础,只能表述其存在的形式与种类。因此,施米特指出,一部实证宪法总不是凭空产生出来的规范,而是由一个强有力的主体制定出来的,它是政治统一体的制宪权拥有者为自己所做出的一个政治性的决定。所以,任何一部宪法都是制宪权主体意志的产物,是一种实然性的政治决定,它们建构了现已存在的政治统一体的形式与种类,是所有法律规范的前提和依据。

就《魏玛宪法》而言,德国人民作为政治统一体之制宪权者,作出了民主制、共和制(而非君主制)、联邦架构、立法与行政的代议制,以及市民法治国及其所属原则(如基本权利和三权分立等)的决定,使得《魏玛宪法》的德意志国家显示出一个宪政民主的国家形态,从实证宪法的角度看,《魏玛宪法》属于一部宪法,而非只是一系列的宪律。但是,施米特指出,对于《魏玛宪法》,人们并非能够清醒地从政治宪法的角度来理解,总是有人把它降低为一部宪律,至少形式主义法学就不理解《魏玛宪法》的政治意义。为此,施米特就《魏玛宪法》中的几个关键问题提出了自己的看法。

首先,在有关修宪权客体的限定方面,施米特就主张体现政治性决定的绝对的宪法不能修改,只有宪律可以通过立法程序加以修改,制宪与修宪存在着本质的不同。例如,修宪者不能通过单纯的修宪程序把《魏玛宪法》中的民主制修改为君主制。其次,关于非常状态下的宪法问题,施米特认为,宪法不能受到侵犯,但一些具体的宪律条款可以在非常状态下予以冻结并被有关特殊规定所代替,但宪法实质上的完整性不能因此受到破坏。第三,关于基本权利的保障问题,施米特主张属于宪法保障的基本权利,应该在制度上予以实施,不能以任何理由加以阻碍,但属于宪律规范的权利条款,则允许一定的干预,但这种干预不能构成对于绝对宪法的侵犯。最后,关于宪法争论的客体以及宪法守护的资格问题,施米特认为宪法争论应该仅限于作为基本的政治性决定而产生的争论,不包括一些具体的宪律之争。但宪法的政治性争论,应由有关的政治性机构来解决,而不能交付去政治的、中立的司法权来解决。这个问题实际上与魏玛时期有关帝国法律合宪性之决定权的归属问题有关,在这个问题上,施米特显然反对帝国法院以司法形式介入种种政治性纠纷之解决,在他看来,法院的介入很可能导致一种可怕的"全面性中央监控机制"。他主张应由一个超越对立性立场的国家机制来行使"中立权",以即时有效地化解国家统一体内各种由于敌友分类所导致的利益对立与潜在冲突。具体地说,施米特的观点是,《魏玛宪法》的守护者应由一个权威的勇于决断的帝国总统来担当,据此,施米特对于《魏玛宪法》第 48 条赋予总统以非常时期的专政权给予了他的阐释与发挥,在他看来,魏玛政治失败的一个主要原因是总统没有能够有效地行使第

48条赋予他的权力。[44]

总之,施米特对于《魏玛宪法》的态度是复杂的,他从中挖掘出了绝对的宪法概念,但是,《魏玛宪法》的妥协特征也为形式主义法学的阐释开了方便之门,他所批判的《魏玛宪法》实际上是那种形式主义化了的《魏玛宪法》。深入地考量施米特之于《魏玛宪法》的观点,从中不难发现施米特的二元政治观以及内涵的困难。施米特坚持以政治性概念为前提而构建他的绝对的宪法理论,所继承的是博丹以降欧洲大陆的国家主义政治传统,他以国家作为一个完整不可分的人民(民族)之政治统一体的基本立场,使得有关日常政治与非常政治、国家宪法与一般宪律等方面的区分最终归结为一个纯粹的"政治性秩序"。但是,在施米特的宪法思想中,形式主义的宪法以及日常政治、相对的宪法规范也不是没有任何位置的,自由主义的国家多元主义、代议制民主和市民法治国的内容在他的宪法理论中也是或明或隐地表述出来。需要指出的是,上述的两种因素在施米特那里并没有像在黑格尔那里被有机地整合在一起,而是激烈地冲突的,表现出难以调解的张力:"一端是由完整、统一的政治性宪法、政治性法律(决定)、必要时由主权者所指定的独裁者所护卫的国家与政治统一体,另一端则是由自由主义、多元主义思想所支配的社会及实质上是由政党所把持的国会代表机制。其结果,施米特认为由不具政治性之宪法所主导的国家,终将因堕落地成为社会的一种组织形式而丧失其政治性,而使得国家沦丧,其所设想的挽救之道,则是正视代议制度的内在矛盾与异化发展而终结代议制度,去除市民法治国思想的弊障,以重建政治性宪法,展现国家统一性。"[45]

正是基于上述思想及其内在的困境,施米特在纳粹党人掌权之前的魏玛时期,痛斥魏玛政治的混乱与羸弱,鼓吹一个强权总统以宪法守护者的身份对抗由政党所主导的代议制度,以期望重建濒于瓦解的国家统一体;在纳粹掌权时期,他写下了臭名昭著的《领袖护卫法》,主张领袖就是法官,拥有最高的司法权且不受任何司法权节制,其用意看来并不是彰显领袖个人的独裁,而是赋予领袖建立一个新的政治国家的权力。当然,雾里看花,这只不过是施米特的一厢情愿,希特勒的所作所为并没有按照施米特的政治逻辑进行,这是后话。不过,即便是在战后蛰居于他的家乡小镇,与现实的政治性无缘,施米特仍然毫不悔改,自比马基雅维里,把家乡小镇命名为马氏寄居的 San Casciano。看来,政治的诱惑力对于他仍然威力不减,对于联邦德国的宪法,施米特嗤之以鼻,在他眼中"国家性的时代已经结束了。对此已经毋庸置疑"。

2. 阿克曼的二元政治观

在施米特痛惜欧洲国家的政治业已丧失的漫长 50 年之后,一位美国宪法

---

[44] 参见施米特:《宪法学说》,*Verfassungslehre*, Munchen/Leipzig, 1928。
[45] 参见蔡宗珍:同上注[43]。

学家却重新拾起了政治国家的论调,当然,阿克曼的"宪法政治"理论并不是从施米特来的,考察阿氏的思想渊源,几乎没有些许法德国家公法理论的背景,更缺乏黑格尔、施米特国家法的政治性痕迹,但是,令人惊异的也正在于此。一个深受普通法思想影响,信奉法律实用主义的美国宪法学家,通过对美国法律政治理论以及实践的历史性研究,却提出了一个与法德宪法理论几乎同样的政治国家以及日常政治与宪法政治二元划分的命题,这从一个侧面反映了德国实质主义政治法学(国家法)的思想并没有过时,甚至在英美一脉的普通法宪政主义中也有表现。当然,毕竟是两种法系,特别是两种不同的政治路线,法德的政治国家与英美的政治国家在国家体制、价值取向和政府结构、权力配置等方面存在着明显的不同,在日常政治与宪法政治的划分标准及其相互关系方面存在着很大的区分,特别是在于所谓宪法政治的理解方面,在究竟政治最终是归结于常规形态还是归结于非常形态的理解方面甚至截然对立。但是,毕竟它们关于两种政治的划分,凸显了非常政治与日常政治的本质性区别,在法治主义的理论路径下关注国家问题,把宪法政治视为一个有别于日常法律规范的特殊政治,强调了宪法作为国家法律的核心作用,把宪法视为一个国家建设的中心问题,一句话,政治国家成为宪法学家和政治学家的一个重大的理论问题。

前文曾经谈到西方宪政的两个传统,从马基雅维里、孟德斯鸠到黑格尔、施米特是一个欧陆国家的法德传统,此外,从科克、洛克、休谟、斯密到美国联邦党人和罗斯福新政是英美国家的普通法宪政主义传统,从某种意义上说,英美宪政的传统是更本色的传统,而且其政治实践也取得了远比欧陆国家更辉煌的成果。所以,研究宪政问题,英美国家的法治主义往往占据主导的话语权。长期以来,无论国外还是国内的理论界存在着一种把英美宪政理论及其实践普遍化为一般原理的倾向,它们把英美国家的法治视为建立一个宪政国家的基本制度模式,倡言法律秩序的自发生长,认为法治国家就是以普通法为基本规则的市民社会的法律秩序在政治领域的正常延续,国家并没有独立的本质和目的,国家完全以市民社会的法律规则为依据,法治就是一般的(私法)规则之治。在这个问题上,17世纪英国的柯克和现代的哈耶克的思想最具代表性。[46]

但是,必须指出的是,英美国家的经验并非具有彻底的普遍性,它需要相当

---

[46] 关于柯克的法律思想,最集中地体现在他与国王詹姆斯一世的那段著名对话中,由此各种法律理论家们演义出一个有关英国普通法法治主义的神话。参见 J. A. Pocock, *The Ancient Constitution and the Feudal Law: A Study in English Historical Thought in the 17th Century*, Cambridge University Press, 1987。小詹姆斯·R. 斯托纳:同上注[2]。关于哈耶克的思想,则实际上并不是如此简单,不过,人们更愿意对于哈耶克做这样一个标签化的理解,他自己似乎也挺愿意人们的如是理解,他在《通往奴役之路》、《自由宪章》等时期的有关法治的论述被视为对于英美法治主义的经典性说明,而他在晚期《法律、立法与自由》一书中呕心创立的宪法新模式却不是被人们误解了就是被遗忘了。关于这个问题,参见拙著《法律秩序与自由正义——哈耶克的法律与宪政思想》。

稳固的历史政治传统,需要公民的法治意识和良好的德性,特别是需要一个繁荣的自由经济秩序,等等,并不是任何一个现代民族国家的发展道路都是可以照搬英美经验的。而且即便是就法治来说,上述对于英美法治主义的论述也是有偏颇的,英美国家的法治秩序并不是单纯的私法之治,市民社会的规则就一个局部的社会范围内可以自我实施,而在一个较大的社会空间内,在一个政治共同体内,哈耶克所谓的内部规则是不可能自我施展的。市民社会的法律规则必须借助于外部规则来实施,即需要一个国家的政治秩序来实施内部的自由规则体系,也就是说,只有私法的公法之治,或普通法的法治国。对此,休谟早就有过明确的论述,他认为人类社会的三个基本法律规则,即私有产权、同意的财产转让和承诺的履行等,必须借助于国家的政治权力来加以实施,而哈耶克在晚年建构的宪法新模式也是休谟思想的进一步体系化,他强调的也是一个法律之治问题,在他们的理论中,都隐含着一个政治国家的主题。如此看来,在英美国家的社会秩序的塑造中,也存在着一个政治问题,或者说一个政治国家的问题。当然,英美的政治国家问题与法德的政治国家问题的表现形式是不同的,阿克曼《我们人民》三卷巨著的一个突出贡献,就是通过对于美国历史的考察,明确论证了宪法政治在美国法治主义秩序中的核心作用及其有别于日常政治的非常意义,尤其是通过对于美国三个伟大转折时期——建国、重建和新政的宪法政治的考察,指出了非常政治的基本模式以及发展阶段,突出了"我们人民"与不同时代的政治精英们一起构建了非常时期的美利坚合众国,显示了美国民族的政治成熟。

我们知道,美国是一个民主宪政的共和国,宪法是这个国家的立国之本,早在1787年的美国宪法"序言"中就开宗明义地写道:"我们合众国人民,为了建立更完美的联邦,以树立正义,奠定国内治安,筹设公共国防,增进全民之福利,并谋今后使我国人民及后世永享自由生活之起见,特制定美利坚合众国宪法。"从这个意义上说,美国的国家政治从一开始就属于宪法政治,是宪法塑造了美国开国以来二百多年的社会整体秩序,没有宪法,也就没有美国之建立以及今日之美国。上述有关宪法政治的实质性理解,一直作为一条主线包含在阿克曼有关《我们人民》的论著中,通观全书三卷,我们发现,阿克曼虽然没有像法德宪法思想家们那样沉溺于抽象之论,但《我们人民》第一卷《宪法的根基》讨论的实际上就是这个宪法政治的法治主义国家问题,这是他立论的基础。

在阿克曼看来,美国二百多年来的神话在于建国者们提供了一部伟大的宪法,宪法是美国的立国之本,但问题在于1787年的宪法并不是一部死的宪法,虽然美国人民并没有创设新的宪法,时至今日也不过仅有26条宪法修正案,可这远不能说美国社会没有举国参与的宪法政治运动,没有伟大的宪法改革运动,没有宪法的改革创新。美国宪法是活的具有无限生机的宪法,那么美国宪法改革的原动力是什么呢？通过怎样的途径展开的？它们的程式步骤是如何的？司法机构又是如何解释业已革新了的宪法呢？这一系列问题构成了《我们人民》的主要内容，在三卷书中，阿克曼从不同的层面讨论了美国宪法的价值基础、有别于日常政治的宪法政治所具有的程序结构、过程步骤，基于人民民主意愿的原动力，高院法官对于宪法条文的司法解释以及对于美国政治的影响等诸多问题。

在第一卷《宪法的根基》中，阿克曼首先阐释了他的有关美国政治的二元民主观。在他看来，对于美国立国以来的国家政治状况，代议制的一元主义的精英民主观长期占据主导地位，这种观点主张国家制度的宪法安排主要是由通过选举而掌权的政治精英来制定，如两会议员控制着国家的立法权，政府官员通过行政手段治理社会，各级法院法官处理司法纠纷，最高法院掌握司法审查权，而作为宪法之本的美国人民除了自主参加选举外，似乎远离了美国的现实政治。但实际的情况果真如此吗？阿克曼对于上述的一元民主理论提出了挑战，他通过对于美国二百年来宪政历史的考察，推翻了一元民主观，而提出了一个二元民主的宪法政治理论。阿克曼所谓的二元民主指的是在承认代议制民主的情况下强调"我们人民"在美国政治秩序，特别是宪法政治的过程中所起到的关键性作用，二元民主一方面肯定政治精英们对于美国社会的巨大贡献，另一方面也同时彰显美国人民通过积极参与美国宪法政治而成为宪法改革的原动力。

为了进一步论证自己的二元民主观，阿克曼在第一卷提出了著名的有关日常政治与宪法政治的二元政治观的理论。在他看来，一元民主观在相当程度上来自对于政治的片面性理解，即把所有的政治状况都等同于常规状态，在常态政治的时期，广大人民除了参加例行的选举之外，对于政治参与并没有过多的热情，从深度、广度和决定性等方面都表现出远离政治的心态，因此，国家政治只能由代议制的政治精英来实施。但是，问题在于一个国家的政治是否都是常态政治呢？在这个问题上，阿克曼显示了其理论的原创性，他认为政治有两种，一种是日常政治，一种是宪法政治，前者属于日常政治，后者属于非常政治，阿克曼所强调的"我们人民"的国家主题集中系于非常规的宪法政治之中。根据他的考察，美国人民并非总是沉湎于常规的生活，他们在历史的关键时刻总能投身于美国的宪法政治的剧烈变革，积极参与政治家们的社会动员，审慎地选择自己系于国家的共同命运，并成为宪法改革的原动力。阿克曼在《我们人民》第二卷集中论述的就是美国历史上的三次影响深远的非常政治时期（立宪、重建和新政），美国人民如何发挥主人翁的精神而投身于宪法政治的。

按照阿克曼的分析，在美国的立宪建国完成之后，以华盛顿为代表的那样一批以公共利益为使命的完全放弃个人利益的纯粹"公共公民"业已退出了历史的舞台,在此后的美国政治生活中,主要存在着两类公民,一类是"**私人**公民"(**private** citizenship),另一类是"私人**公民**"(private **citizenship**),此外,任何还有一些纯粹关心个人一己之私的个人。这样,阿克曼的理论中就有了大致四种个人类型的社会学划分。第一种和最后一种在一个社会中总是少数或极少数,中间两种是大多数,阿克曼的两种政治形态的人员构成主要是他们。一般说来,**私人**公民属于常态政治时期的美国公民定位,这一类人作为普通公民更多关注私人事务,在参与政治事务方面较为被动,难免自私、冷漠和狭隘,但是,他们在关键的时刻也并不排除能够主动地参与政治事务,成为私人**公民**。私人**公民**与**私人**公民相比虽然也关心自己的私人利益,但对于政治事务的参与更为主动,更关心公民权利以及国家的政治建设,知道个人利益与公共利益的共生相济的关系,因此,他们在宪法政治的非常规时期更能积极呼应政治家们的决断。[47] 在阿克曼看来,美国的民主是建立在上述两种政治交互运动的机制之上的,没有政治精英的导引潮流的宪法改革,民主只能是一盘散沙,而没有人民的支持和积极参与,民主只能是空中楼阁。

在上述区分了两种政治观之后,阿克曼在第二卷论述了二元民主下的宪法政治,在他看来,在厘清了宪法的"我们人民"的根基之后,所谓的宪法政治其关键就是一个围绕着美国宪法改革的程序以及原动力问题,具体地说,就是围绕着《美国宪法》第5条宪法修改程序条款不同时期政治精英们的修宪方式如何赢得人民支持的问题。作为非常时期的政治,美国各个关键时代的政治精英们在人民的支持之下,实际上都无一例外到进行了一场宪法上的重大变革或革命,与日常政治相比,非常时期的宪法政治是在较短的时期内完成的。当然,在建国、重建和新政的每个时期,宪法政治围绕的问题是不同的,变革的方式也是不同的,但都发生了一场剧烈的变化,在内容上发生了实质性的变化,甚至在过程中也经历着大致相同的步骤和阶段。例如,从内容上看,1787年宪法突破了《邦联条例》的限制,使美国从一个松散的邦国联盟转变成一个开始强调中央政府权威的联邦国家;就宪法的批准程序也由《邦联条例》规定的所有州的一致同意变成了1787年宪法所规定的3/4多数州的同意。重建时期的宪法通过第14修正案,使奴隶获得了解放,拥有了公民的政治权利,进入了国家的政治生活。至于新政时期,罗斯福总统通过对于最高法院的改组以及高院的及时转向,看上去虽然没有出现修正案,但新政时期的宪法政治确实发生了重大的变革,它使得美国从传统的自由放任主义转变为积极干预经济的福利国家。[48]

---

[47] Bruce Ackerman, *We The People: Foundations*, Harvard University Press, 1991。参见阿克曼:《我们人民:宪法的根基》,孙力等译,北京:法律出版社,2004年。

[48] Bruce Ackerman, *We the People: Transfoundations*, Harvard University Press, 1998。参见阿克曼:《我们人民:宪法变革的原动力》,孙文恺译,北京:法律出版社,2003年。

我们看到,尽管上述三个时期的美国宪法发生了本质的变化,但必须强调指出的是,美国的宪法政治有别于法德国家,它们往往不是通过剧烈的社会革命来实现的,更不是通过像法国大规模等方式进行的,主要是通过宪法程序的变革来完成的,即便是南北战争,最后的落脚点也没有重新创制新的宪法,而是增加了一条修正案。阿克曼在《我们人民》第二卷《宪法改革的原动力》中集中考察了与美国政治生活中三次关键的非常时期从相关的宪法变革的程序以及内在的动力机制等问题。例如,他的研究不仅细致深入地展示了三次宪法变革过程中的原动力在于美国人民,而且着重考察分析了围绕高级立法程序的变革所经历的阶段与步骤,按照他的理论,尽管三个时期的主题不同,但宪法政治所遵循的阶段模式是一致的,都经历了如下五个阶段:宪法政治斗争的僵局、通过选举获得人民授权、对持不同政见的机构实施非常规的威胁、持不同政见机构的及时转向、巩固宪法改革的选举。结合英国的光荣革命以及此后的一系列未成文法意义上的宪政改制,就不难发现,英美国家的宪政之路是多么的有别于法德国家,阿克曼的研究充分说明了英美国家宪法政治的特性。

为什么会出现这样的情况呢?笔者看来,主要是由于美国与法德国家的宪法政治的社会背景不同。在后者那里,国家的建立从来都是伴随着剧烈的政治动荡甚至暴力革命,宪法的制定与变更往往与国家政治的权力之争相关,宪法大多成为政治斗争的牺牲品或胜利者的宣言书。而在前者那里,宪法高于政治,国家在宪法之下结为一个政治共同体,宪法成为解决社会政治冲突的最高法律依据。虽然在英美国家的立宪时代或许出现过革命(如英国光荣革命、美国独立战争),但此后却再也没有出现过任何过激的社会政治革命,显然,英美宪法的政治性本质已经获得了广大人民的认可。相比之下,法德国家的政治思想家们却总是念念不忘各自国家的政治正当性,为一个持续、稳定、权威的国家宪法寻求实质性的内在基础。[49] 在笔者看来,阿克曼的幸运在于他所处身的国家有着良好的法治传统,伟大的建国者与美国人民一起已经建立了一个宪法国家的稳固基础,因此,他可以就本国的历史实践考量一个有别于法德国家的宪法政治,梳理美利坚合众国的政治国家问题。当然,阿克曼的思考仍然是有独创性的,因为虽然他认为英美国家的主流传统属于日常政治,也就是说经过三个特殊时期的宪法政治之后,宪法政治要让位于日常政治,常态政治才是英美政治的主流[50],但非常规的宪法政治在这些国家的关键时期却扮演着十分

---

[49] 从这个角度,我们可以得知为什么施米特要通过敌友政治的划分原则来为国家宪法提供基石,黑格尔要强调国家法的国家精神或自然法的正当性。当然,施米特有关政治本性的理解与孟德斯鸠、黑格尔,特别是与阿克曼不啻于南辕北辙,关于这个问题,下面再论述。

[50] 在笔者看来,这一点构成了阿克曼与施米特两人有关宪法理论的最主要的一个区别,《我们人民》第三卷《对宪法的阐释》指出了司法机制以及大法官们在美国政治生活中的重要性,相比之下,施米特对于司法是轻视的,而黑格尔也把司法排除在政治国家之外。

重要的作用,而"我们人民"成为美国政治精英们致力于高级立法之政治实践的原动力。

三、宪法政治的几个理论问题

前面我们在讨论博丹、孟德斯鸠、黑格尔、施米特、凯尔森和阿克曼的政治法、国家法、宪法以及宪法政治理论时,已经贯穿了有关主权、正义和宪法程序等一些基本的问题,现在本文回过头来再重新梳理一下这些问题,特别是围绕着上述问题各种理论之间的争论,从而为下面我们进入中国现时代的宪法政治问题做一个更充分的铺垫。

我们知道,在古代政制中不存在所谓主权问题,亚里士多德在《政治学》和《雅典政制》两部书中都没有论及,罗马公法也没有这方面的立法规定,西塞罗的《论共和国》和《论法律》两篇也没有主权概念,直到但丁这位中世纪的最后一位也新时代的最早一位理论家的《论世界帝国》一书中,也没有有关主权的论述。可以说,主权理论是在马基雅维里那里最早得到表述的,他的《君主论》隐含着一种民族国家最高统治权的论证,一方面他不再从上帝的神权那里寻求世俗国家的法律依据,而试图从社会本身寻求国家理由,但另一方面他又没有完全照搬古典古代的城邦国家的社团理论,他从罗马公法的法律思想中受到启发,朦胧地感到国家的统治权应该是一种高于社团法的抽象的拟制法权。真正说来,系统、全面地提出现代国家的主权理论的,无疑是16世纪的法国思想家博丹。

关于博丹的主权理论,本文不再赘述,在此所关心的是:为什么主权理论一经提出就被当时的欧洲各国(包括英国)广泛接受呢?按照博丹的解释,主权指的是一个国家的最高统治权,关键问题在于这个最高的统治权不是治理权,而是一种国家形式的法律拟制,它高于治理权。博丹为什么会炮制出一个古代人匪夷所思的"主权"概念呢?在笔者看来,主要有如下两个原因。首先,现代国家已经完全不是古代的城邦制国家的形态,而是一个有着一定地域、种族和文明特性的民族国家,而且是一个不论从土地还是从人口规模来看都远大于古代城邦的国家。因此,要对这样一个现代国家实施统治,古代的政治社团意义上的权威体系显然难以胜任,社会与时代需要一种新的权力话语体系,这无疑激发理论家们从事概念与理论的创造。上述是主权理论的社会基础,就这个方面来看,当时欧洲的几乎所有先后走向民族国家的各国都是如此。其次,从理论自身的逻辑来看,古代的罗马公法理论,从法律拟制方面提供了技术上的借鉴,而基督教会的神权理论又提供了一个统治广阔的世俗封建社会(非古代帝国)的超验之维。这样以来,罗马法律拟制与神权超越观念的结合,就为现代民族国家的主权理论提供了一个有别于古希腊城邦政制的理论渊源。

我们看到,上述两个方面的结合构成了博丹主权理论的内在实质,它是一种有别于古代社团政制的新型的现代国家的权力拟制形态,不过,需要指出的是,虽然马基雅维里、博丹的主权理论一经提出便获得了欧洲各国的普遍接受,但深入考察主权理论在欧洲各国的演变,会发现它又表现出两种不同的理论路径,一种是法德等大陆国家的主权理论,一种是英美国家的主权理论。如果从哲学上看,前者属于唯实论的,后者属于唯名论的,不要小看这种哲学认识论的差异,它们分别构成了两种政制之哲学基础,有关国家制度、权力配置、政府形态、主权分割以及宪法政治之诸多不同,都可以从两种哲学中获得说明,或者反过来说,正是基于两种政治社会的诸多不同,才使得它们的哲学基础有所不同。[51]

从博丹到阿克曼,有关国家主权的理论演变以及各种主权观念足可以写一本厚厚的书。本文的主题是宪法政治,因此就这个角度来看,国家主权主要涉及三个重要的问题:一个是国家主权形式与内容之关系问题,一个是国家主权的归属问题,一个是宪法政治的程序问题。

1. 主权形式与内容之关系问题

前面已经指出,国家主权是一种法律的拟制,现代国家肇兴以来,无论何种表述,一个国家必然追求或拥有自己的主权,但就法律形式来说,它又存在两种形态:一是宪法的主权形态,一是国际法的主权形态。自格劳秀斯以降,国家主权的国际法形态似乎没有多少疑义,国家主权是国际法的主体单元,不拥有国际法的主权资格,很难说还是一个国家。[52] 主权问题主要出现在国内法,特别是一国之宪法上。总的来说,关于主权的形式与内容之关系问题,存在着两种对立的理论观点,一种是法律形式主义的,一种是法律实质主义的,前者以凯尔森为代表,从大的方面看,阿克曼也属于这个理论谱系,后者以施米特为代表,从大的方面说,卢梭也属于这个谱系。上述划分是理论上的基本分野,20世纪上半叶施米特与凯尔森的论战就是最好的见证。不过,笔者斗胆在此提出一个补充的观点,认为在上述两种路径之外,或超越它们的还有另外一个第三种路径,即以晚年黑格尔的法哲学与同样是晚年的哈耶克的新宪法模式为代表的理论,这个理论可以说是前两个理论观点的综合,它属于保守的自由主义的国家主权理论。[53] 下面对此做一个简单的论述。

我们先来看三种理论路径共同承认的前提,即主权是一种法律上的拟制权

---

[51] 当然,政治与哲学的关系是非常复杂的,例如霍布斯就表现出大陆理性主义哲学色彩,而德国的洪堡则表现出经验主义的色彩,上述只是简单概论。

[52] 参见高全喜:同注[32]。

[53] 关于哈耶克与黑格尔的法律思想,除了参见他们的著作外,读者可以参见拙著《论相互承认的法权》。当然,关于笔者在该文中提出的这个有关国家主权的第三种理论路径的看法,是笔者近期形成的,在拙著中没有论述,但细心的读者仍然可以读出有关的理论线索。

力,而且是宪法意义上的国家最高统治权,施米特、凯尔森以及黑格尔对此都没有什么疑义,也没有什么争论。[54] 在这个意义上,上述三人都属于现代的法律思想谱系,与古代政制理论有着根本性的不同,古代国家理论基本上属于社团政治理论,城邦是最大的政治社团,城邦的最高权力与统治者(个人、少数或多数)直接结合在一起。现代国家不同于社团,它是更高的政治共同体,作为最高统治权的主权与统治者不是直接相关的,而是超越的中立的法律拟制,统治者无论是君主、议会还是人民,都不过是它的象征或化身,因此才有了所谓主权在君、主权在议会或主权在民等一系列说法。

主权是一个国家最高的统治权,是一种法律的拟制,那么它的形式特征是根本性的,凯尔森的形式主义法学在国家学说中坚持这样的观点,认为主权是国内法中的最高的秩序。他写道:"主权在其原来的意义上意味着'最高的权威'。如果人们认为国家作为其法律的权威或渊源,是主权的,或者较正确地说,如果人们认为国内法律秩序是最高的权威,那么在国家之上或在国家的法律秩序之上,就不能设想有任何其他秩序对国家或代表国家的个人加以约束。——只有作为一个规范性秩序,而不是作为一个行为的人格者,国家才能是在真正意义上'主权的'。因此,作为一个行为的人格者的国家,就意味着作为国家机关而行为的个人,而这个人正是以作为国家机关的资格而受法律秩序支配的。"[55] 但是,施米特强烈反对凯尔森的形式主义法学,认为国家主权的关键不在于形式规范,而在于统治者最终的政治决断,在他看来,"任何法律秩序均建立在决断之上,而且人们在实际运用当中似乎认为,具有自明性的法律秩序的概念本身包含着两种不同的法学因素——规范与决断。就像其他秩序一样,法律秩序也是建立在决断之上,而非规范之上。"[56] 这种对于国家主权的实质主义的决断论解释,强调的是主权的政治基础,即在决定敌友关系上的实质态度,因此,任何新康德主义的形式法学,最终的结果只能是取消主权,因为,在施米特看来,凯尔森的规范法学在国家问题上,犯了一个最大的逻辑错误:同语反复。

尽管上述两人在当时围绕着主权问题产生了激烈的论战,涉及的问题很多,但中心是在前述的要点上,即主权作为最高的国家权力拟制,其根本点是纯

---

[54] 需要指出的是,黑格尔虽然没有使用20世纪的宪法语言谈及主权问题,但想必他对于主权的法律拟制性质不会有什么疑义。不过,哈耶克要复杂一些,一方面他认为国家主权是一种"幻想",具有误导性,另一方面他又承认国家主权在制宪和修宪中的作用,实际上哈耶克的上述观点隐含着两种政治的划分,前者是日常政治时的法律,在此主权是没有地位的、没有用处的,后者是非常政治时的宪法政治(制宪与修宪),在此主权是需要的。当然,哈耶克对于这个问题并没有展开论述,观点也不充分,特别是有关国家法问题,哈耶克未加置喙。

[55] 凯尔森:《国际法原理》,王铁崖译,北京:华夏出版社,1989年,页91。

[56] 施米特:同注[35],页9。

粹的法律规范还是政治决断，施米特认为凯尔森固守形式无异于取消国家，而凯尔森则认为施米特把特殊情境绝对化，破坏了国家秩序的普遍性。实际上两种观点都有各自的片面性，施米特的政治决断论过于夸大了敌友划分在国家中的作用，国家应该超越政治，成为中立的形式的，政治斗争只能是党派斗争、阶级斗争或国家内的各种不同群体之间围绕着利益、权利以及意识形态的斗争，但国家应该高高在它们之上，并保持着中立的权威，在这个意义上说，凯尔森的国家学说具有更大的合理性。但是，凯尔森的问题是把国家主权过于形式化、中立化了，以至于成为纯粹的象征或符号，而没有注意到国家除了日常政治的这种形式特性外，在非常时期，它还要担当特殊的使命，具有政治抉择的责任。因此，施米特有关政治决断的主权理论从一个侧面为国家在非常时期的政治责任提供了理论的依据。总的来说，凯尔森是把日常政治绝对化为普遍的政治，而施米特则是把非常政治绝对化为普遍的政治，两人在理论上都没有把握好非常政治与日常政治的区别，没有区分好法律规范与政治决断的作用，没有达成日常与非常、规范与决断之间有效的平衡。

在笔者看来，比他们早一百多年的思想家黑格尔在上述问题的处理上，反而比他们高明。在黑格尔看来，国家主权是一种拟制的国家最高权力，它高于市民社会，不同于市民社会的法律规范，具有纯粹形式的意义，从这个维度上可以开启出凯尔森形式主义的国家法学，作为主权化身的王权在黑格尔的理论中仅仅是一种国家的人格化的符号。但是，与凯尔森形式法学不同的是，黑格尔在王权中又谈到了个人（君主）的决断，因此赋予了国家法在维护市民社会上的政治决断能力，为了国家目的，主权者有权要求公民做出牺牲，从这个维度上同样可以开启出施米特实质主义的国家法学。关键的是，黑格尔并没有偏向一个极端，尽管他的市民社会与国家伦理二分的法哲学理论存着这样那样的问题，但毕竟他达到了一种有效的平衡，从这个意义上说，他超越了后来的施米特与凯尔森，为我们研究中国现时代的宪法政治提供了新的路径。

有意思的是本文在此还要提出另外一位理论家哈耶克，他在自己的书中曾明确地否定过主权概念，但是在笔者看来，他后期提出的宪法新模式理论，实际上是用另一套语言在国家问题上同样超越了施米特与凯尔森。哈耶克讨厌用德国公法的烦琐语言谈国家问题，但他的新宪法实际上就是建构一种国家学说，其中最关键的是他的"普通法的法治国"思想。通过公法或国家权力来实施私法或自由规则，这个思想处理的还是施米特与凯尔森面对的问题，哈耶克的这个解决途径与黑格尔形式与内容、法律与政治之平衡似乎殊途同归。私法规则或自由的内部规则是纯粹形式的、法律的，属于黑格尔意义上的市民社会的法律规则，但它们要在社会中成为真正有效力的秩序，还需要借助于国家法或外部规则的权威，因此，所谓私法的公法之治，体现的就是这样一种两类规则结合在一起的平衡。与黑格尔不同的是,哈耶克更为关注从宪政制度上限制国家权力的恣意,阻断国家统治者打着任何动听旗号走向专制极权的可能,在这个问题上,黑格尔把国家权力的不滥用主要寄希望于君主的人格和一个官僚阶层的职业美德,则显得过于幼稚天真了。

2. 民主政治与主权归属问题

国家主权归属问题实际上就是国家最高权力的正当性问题,现代国家的宪法把主权视为最高的统治权力,关于主权的形式与内容及其关系,前面做了简短的论述,在其中已经不可避免地涉及主权归属问题。这个问题是主权实质内容的进一步延续,对此施米特与凯尔森两人继续展开他们的论争,而阿克曼则从美国宪法政治的实践中提供了一个基于英美传统的新视角,他对于"我们人民"所给予的阐释从实质意义上说,也就是国家主权的归属问题,只不过在他三卷书的主题中是以宪法的根基和宪法变革的原动力表现出来的。其实早在主权问题一提出,就出现了归属问题,粗略地考察一下各民族国家的历史,不论英国还是法德,都走过一条从主权在君到主权在民的演变路线,其中的政治实践是多样性的,理论学说也是复杂的,本文并不准备讨论这些问题,而是集中围绕施米特与凯尔森的争论以及 50 年后阿克曼的宪法政治,探讨政治国家的正义问题。

施米特与凯尔森的共同出发点是主权在民,这是西方政治理论与实践到了 20 世纪所取得了成果,主权在君的传统思想经过法国大革命的冲击已经崩溃,英国的立宪君主制只是一个独特的幸运果,而且君主的虚位特征已到了只剩下了一层象征的意义。时代大潮是民主国家,人民理所当然的是国家主权的最后归属。但是,对于何谓人民,或者说何谓宪法政治中的人民主权,施米特与凯尔森两人展开了激烈的论争。在凯尔森看来,人民是一个抽象的概念,只有国家秩序中的人民才是实在的,所以,国家主权的归属问题实质上就是一个宪法制度的规范问题,说主权属于人民等于说主权属于一个宪政的民主制度,具体地说就是代议制民主。人民通过民主选举间接地参与到国家制度的构建,国家的最高权力最终归属于人民意味着国家存在着一个人民建立起来的法律秩序,从这个意义上说,国家权力的正当性就是合法性,在此之外,并不需要其他什么什物来支撑,因此,凯尔森既反对自然法的国家理由,更反对所谓神义论的国家理由。[57]

对于凯尔森的上述理论,施米特在如下两各方面给予了尖锐的抨击。首

---

[57] 参见凯尔森:《法与国家的一般理论》,沈宗灵译,北京:中国大百科全书出版社,1996 年;凯尔森:"上帝与国家",载渠敬东编:《现代政治与自然》,上海:上海人民出版,2003 年;刘小枫:"施米特论政治的正当性",载苏炜编:《施米特:政治的剩余价值》,上海:上海人民出版社,2002 年。

先,他强烈反对议会民主,认为凯尔森的形式主义法学不懂得国家乃是一个政治统一体,而非法律统一体,国家的本质在于其统治权的正当性,而非合法性。因为,国家不是一个自动的法律机器,民主宪政、代议制和宪法规范等等不能自己运行,而需要人来实施,政治是人统治人的关系,国家权力需要人民的承认。因此,施米特把国家主权的归属直接赋予人民,他赞赏直接的人民民主,认为自由主义的法律秩序把国家政治的主体——人民肢解了,把政治问题转化为法律形式问题,把人民的意志、愿望和对于自身命运的激情与决断排斥掉了,在代议制和宪法规范的机器之下,人民无法作出自己的抉择。在他看来,人民在非常时期直接参与的政治决断,才是国家正当性的根源,所谓民主政治,在他心目中就是革命中的大众民主、人民政治的狂热。

施米特的民主政治必然导致他对于人民民主专政的赞同和支持,既然高于国家的政治在于划分敌友,而且不是私人性的敌友,而是国家政治意义上的敌友,那么,政治就等同于敌友斗争,人民民主在施米特那里就转化为敌友之间的政治斗争,而且是残酷的斗争,这样以来,人民民主就变成了人民民主专政。为了阐释他的敌友斗争的理论,施米特从法律意义上对于专政给予了政治正当性的论证,他认为专政是超越于一般政治的非常政治手段,这种手段虽然不符合形式法学的宪法规范,但却符合政治法学的主权决断。专政从法律上讲是指在一个特殊时期的超越日常政治的非常政治手段,因此不但是合法的,即符合非常时期的政治法,而且是正当的,具有高于法律规范的政治正当性。在施米特看来,政治的本质就是非常时期的政治状态,在他眼里是没有日常政治的,一切都是非常时期的非常政治,因此敌友的政治斗争是普遍的、长期的、根本性的,人民民主专政也是普遍的、长期的、根本性的。在这个问题上,他指责《魏玛宪法》缺乏这种政治意识,只是把"紧急状态"视为一种特殊的例外,并没有赋予总统以有效的实施专政的权威。

从上述论述看来,施米特政治法学的人民民主似乎与法国大革命如出一辙,可是情况却并非如此简单,施米特在政治上却是法国大革命的反对派,这是什么原因呢?原来施米特另有他途,他对于西班牙天主教保守主义者柯特的思想情有独钟,从他的天主教大公主义的政治神学那里发现了一种新的政治法学的归属。在柯特这位政治保皇党看来,基于启蒙意识的大革命精神是人类理性的终极迷途,法国革命的所谓自由无异于开启了一种新的专制,由于人性天生是邪恶的,等级制度是对于人类邪恶本性的必要抑制,人类生活需要一种秩序,为此人需要管制,要用一种高贵的专制来约束人们的败坏了的心志,贵族等级制和旧秩序对于人来说无疑是必要的。柯特发现,要改变人性的构成,除了上帝的恩典没有其他有效方法,人自身不可能通过任何政治、经济、文化的力量来改变自己的人性,因此,政治统治的合法性不在法律,而是神的恩典,在于宗教。我们看到,柯特的天主教神学路径阻断了施米特与法国大革命的血缘联系,施米特沿着柯特以及诗人多伯勒的思想路径走出了一条政治的神学之路。在《政治的概念》之后施米特继续写作了《政治的神学》和《罗马天主教与政治形式》,在后两本书中,他进行了有关政治的神学模拟,指出人民民主专政的实质不在左派的人民性,而在于人民背后的神性,认为民主政治是一种世俗化了的神学概念。[58]

当然,对于人民民主专政从极端左派的解释到极端右派的解释,从法国大革命式的激进主义论证到反革命式的保守主义论证,施米特的思想逻辑是曲折的、深刻的、复杂的,本文不想就此多论。笔者所关注的问题是:关于国家主权的归属,施米特与凯尔森的争论集中在对于人民的理解上,凯尔森认为国家法律中的人民原则只能是表现为一个法律秩序的体系,民主政治意味着人民创立法律秩序,"这意味着法律秩序就是国家秩序。正是在这种法律秩序和国家秩序的统一中,法律的实定性本质找到了自己的现实位置"[59]。因此,国家主权的正当性就是合法性,即主权原则与宪法原则的同一,这表现在国内法与国际法两个方面,在法律之外,不存在其他的人民原则,人民民主就是代议制民主,就是民主宪政这一法律制度形式。至于施米特所一再重申的天主教大公主义问题,凯尔森专门写了《上帝与国家》一文加以反驳,把它们视为神秘主义和泛神论的侈谈。

与凯尔森的思想针锋相对,施米特对于国家主权以及归属的正当性问题,提出了自己的决断论的政治神学主张,他首先驳斥了凯尔森的纯粹法律秩序论,指出凯尔森把国家的本质定义为一种描述性的外在形式规范,不可能真正理解国家主权的本质。为此,他写道:"自由主义的本质就是谈判,这是一种谨小慎微的半吊子手段,它期望那种生死攸关的纷争和决定性的殊死搏斗能够转化成议会辩论,并允许在永无休止的协商中把决断永远搁置起来。"[60]在他看来,国家主权原则的关键在于政治的敌友决断,主权在民意味着人民以高于法律的实质行为直接参与政治斗争,因此人民民主专政是主权的最高体现。它的正当性并不是国家法律所赋予的,而是在于天主教的上帝授权,由于人天性上是邪恶的,因此政治敌友论在神学中的性恶论中找到了神学的最终依据。在施米特看来,人民民主专政的正当性在于上帝那里,如果政治决断没有上帝的支撑,那就是法国大革命的毁灭性狂潮,但政治的神学使得政治革命走向了另外一条不同于左派革命的路径,即极端保守主义的反革命的人民民主专政。从这个维度看,施米特主权理论的归属在于上帝,政治的法学最终从属于政治的神

---

[58] 参见刘小枫,同上注。
[59] 参见凯尔森:同上注[57]文。
[60] 施米特:同上注[35],页53。

学,敌友政治的正当性最终归属于天主教的大公主义。

与施米特与凯尔森的德国哲学的晦涩语境迥然不同,阿克曼在《我们人民》三卷书中从美国宪法政治的变革中也提出了国家主权的归属问题,虽然他在书中很少使用主权这一概念。主权问题在英美国家的政治理论和实践中同样是存在的,而且也是根本性的,英国的立宪君主制就是一种新型的国家主权形态,英国历位国王与议会的斗争,在很多方面是围绕着主权问题展开的。[61] 而美国的独立革命实质上就是创建主权国家的斗争,至于美国独立后所面临的建国问题,也最集中地表现为主权问题,美国宪法的主权分割原则打破了欧洲政治理论的主权不可分原则,它通过州权与国家主权的有效分割统一,最终以"我们人民"的名义建立起一种新型的国家主权政体——复合联邦制共和国。[62]

阿克曼在探讨美国的国家问题时揭示出一条明显的主线,即在三次伟大的宪法政治时期,美国作为一个共和国是如何在"我们人民"的支持下,逐渐使国家共同体从弱小而走向强大的,即国家的政治内聚力是如何一步步强盛起来的,一个自由民主而又权威的国家是如何成长壮大的。我们看到,美国历史上的宪法政治与德国的政治法学乃至政治神学在基本出发点就是不同的,因此,施米特与凯尔森所关注与争论的问题,并没有构成阿克曼的问题。阿克曼在书中一开始就指出:"两个世纪以来,美国宪法研究更多地受到了来自欧洲而不是美国经验范畴的支配。"对于这种错误地忽视美国宪法独特性的做法,他是反对的,他认为美国的国家之路不是欧洲经验的照搬,主流的宪法理论"没有揭示出(美国)宪政史上极具差异的特征。"[63]

那么,阿克曼所理解的美国宪政经验是什么呢?在他看来,就是他一再强调的二元民主观,这个美国民主政治的二元特征决定了美国的二元宪法。所谓二元民主或二元政治,在阿克曼的理论中指的是美国的国家主权体现在"我们人民"和联邦政府的二元构架之中,作为美利坚合众国的美国,它的建国之路是在美国人民和美国政府的二元互动中逐渐形成和巩固起来的。在美国历史上的三次伟大的危机关头,美国人民以"我们人民"的原动力驱使着美国政府克服不同时期的重大困难,从而实现宪法政治的改革,一次次重铸了美国的命运。因此,阿克曼所关注的问题,既不是法德国家有关宪法创制的政治决断与形式一律之间的分歧问题,也不是英国传统的代议制中国王与议会的对垒问题,而是托克维尔所谓的"民主在美国"的问题。当然,托克维尔所说的"美国

---

[61] 参见小詹姆斯·R. 斯托纳:同上注[2]。

[62] 关于主权分割问题,参见 M. J. C. 维尔:《宪政与分权》,苏力译,北京:三联书店,1997年;M. L. Levin, *The Political Doctrine of Montesquieu`s Esprit des lois: Its Classical Background*, New York, 1936; Allan C. Hutchinson ed. *The Rule of Law: Ideal of Ideology*, Carswell, 1987。

[63] 参见阿克曼:同上注[47],页3。

式的民主",显然不同于法国大革命那样的人民民主(直接民主),更不是德国施米特式的人民民主专政,而是宪政民主,是法律秩序下的人民政治参与。我们看到,从欧洲传承而来的民主自由思想与北美殖民者历史中形成的乡镇自治传统结合在一起,构成了美国人独特的人民主权观念,这个主权观念是阿克曼二元政治理论的出发点。

按照阿克曼的理解,美国的国家主权显然属于人民,我们人民构成了美国宪法的根基,正像托克维尔所指出的:"人民之对美国政界的统治,犹如上帝之统治宇宙。人民是一切事物的原因和结果,凡事皆出自人民,并用于人民。"[64]但是,与欧洲的宪法理论家们的民主一元论不同,阿克曼认为美国人民并没有像欧洲大陆国家的人民那样或者陷入政治国家的分崩离析之中,或者蜷曲于强权国家的辖制之中,而是作为主人积极地投身于美国国家的不断构建之中。值得庆幸的是,尽管美国二百年来的富强之路也曾经历了无数的坎坷,出现过三次巨大的危机,可美国人民的二元民主观念却使他们能够恪守法治主义,通过非常政治的宪法程序来支持政府(政治精英)的非常举措,塑造强大的自由民主国家,这是美国人民的政治成熟。为此阿克曼指出,理解宪法政治的"诀窍在于看美国人如何尽力将各部分结合为一个更大的整体,而不是将各部分相加在一起。为聪敏地做到这一点,我们必须进行透视,而不是了望,并且探索若干代美国平民和政治家为形成一种在自由共和社会中能用于民主自治危机的二元宪法概念所付出的努力"[65]。《我们人民》第一卷中集中分析了美国政治的二元民主在三次关键时期如何塑造美利坚合众国这一民族国家的,阿克曼多次把这一过程称之为"国家主义"。[66]

总之,我们看到,一方面阿克曼既不是像凯尔森那样把人民简单地视为代议制下的投票机器,凯尔森误以为纯粹的法律秩序不需要人民的原创性就可以自行运转,因此过于抬高了法律形式的作用,而没有看到不同于日常政治的宪法政治,在其中,人民主权的动议成为政治变革的原动力。另一方面阿克曼也没有像施米特那样无视法律秩序的形式规范,施米特的错误在于过于抬高了政治决断的作用,他把国家主权视为非常状态的划分敌友的决断,认为国家宪法以实质性政治概念为前提,因而就把所谓人民置于一种虚无的激情之中,最终的结果只能是人民民主专政。阿克曼所揭示的美国政治却呈现出一种二元互动的理想景观,因此超越了凯尔森与施米特,现实了国家主权之形式与内容的统一。一方面国家法律秩序的形式和程序在美国的日常政治中是占据主导的、必不可少的主权表现形式,另一方面美国人民却总能在非常政治的时期,通过

---

[64] 参见托克维尔:《论美国的民主》,董果良译,北京:商务印书馆1997年,上卷,页64。
[65] 参见阿克曼:同上注[47],页24。
[66] 参见阿克曼:同上注[47],页32、44、58。

宪法改革而消除法律形式累积形成的痼疾,从而重新塑造一个国家。日常政治与宪法政治两种形态的循环往复,构成了美利坚合众国之生机勃勃的国家特性。

3. 法治主义与宪法政治的程序

法治主义是西方现代民族国家的一个基本的政治模式,关于何谓法治,在理论界曾经产生过无数的争论,按照一般的理解,法治就是法律的统治,或规则之治。但是,规则是什么呢?规则有多种多样,哪一种规则之治才属于法治呢?显然,这是一个重大而难解的问题。

我们看到,英美路径的法治主义理论,多以市民社会的法律为规则之本,又可以称之为法律人的法治观。[67] 尽管对于这个法律人的法律之源泉或价值基础是来自自然法还是司法判例等还存在着很大的争论,但有一点却是明确的,即这类法律是在社会生活中逐渐形成的,有些转变为国家的立法法案,有些只是作为惯例、习俗和礼仪等存在,它们所调整的是整个市民社会的利益纠纷,由此构成了一个社会的秩序。所谓法治,指的便是这个社会规则的统治。具体地说,英美路径的法治主义又大致可以分为两个不同的理论谱系,一个是自然法的法治主义,一个是实证主义的法治主义。前者可谓源远流长,从古罗马的斯多亚自然法思想到现代以富勒法律理论为代表的新自然法学派,这个路径的中心是把法治的本性与权利、正义等基本价值结合在一起,认为社会的法律秩序之目的是为了人的权利之保障,一个法治的社会必然是一个正义的社会。后者同样源远流长,从古罗马法的法律观念到现代以哈特法律理论为代表的实证法学派,这个路径的中心是把法治理解为社会秩序的构建,他们认为法律是主权者的意志,国家颁布的法律固然是为了保障权利、实现正义,但关键乃是为了通过惩罚不法和犯罪而强制实施秩序。此外,还有功利主义、实用主义的法律理论等。这些理论虽然对于法律本性的理解与自然法学、形式法学有所不同,但总的来说,它们有一个共同的特征,那就是都主要从市民社会的法律秩序的角度来理解法律,把法律之治视为一个社会的规范,而没有区分政治法与社会法的本质差异,或者是从一般的市民社会的法律观来看待国家的宪法或政治法,只是从等级差别的方面来看待私法、公法之区别,因此,它们的法治观仍然可以说是市民社会的法治主义。

关于英美路径的上述各种法治观,我们说并没有什么错误,它们确实揭示了一个社会的法律之一般或抽象的本性,套用阿克曼的术语来说,它们揭示的是日常政治下的法律,是日常政治的法治主义。幸运的是英美国家的基本社会状态是日常政治,因此,这种状态之下的法治主义很恰切地揭示了这些国家法

---

[67] 例如,哈耶克称之为自由规则、内部规则、私法规则等等,参见 Allan C. Hutchinson ed. *The Rule of Law: Ideal of Ideology*, Carswell, 1987。

制状况的本性,对于它们具有强大的解释力。所以,这类法治主义在上述国家占据主导地位是可以理解的,也是符合实际情况的,对此,我们没有理由加以质疑。

不过,难能可贵的是,阿克曼有关宪法政治的理论却打破了英美国家法治主义的常规理论,他通过二元政治观的划分,把一个自然法学派、实证法学派和功利主义(实用主义)法学派长期以来严重忽视的问题——宪法政治以及程序与形态的问题凸显出来了。有关这个政治国家的法律问题,在上述三派的法律思想中都是被视为一个作为部门法的宪法问题而纳入常规法律秩序的框架内加以论述的,并没有被单独提出来放在与常规法律并列的地位,甚至被作为一个非常时期的突出问题而加以对待。例如,凯尔森这位实证法学的经典作家就是把宪法视为纯粹的法律秩序纳入他的有关法的一般原理中加以论述,并没有做出一般法律与宪法法律在特殊时期下的本质区别,正是这一形式规范的重大缺陷,导致了施米特的严厉批判。在施米特看来,凯尔森固守着形式法学的日常政治路线看待宪法法律,实在是误读了《魏玛宪法》的实质内涵,把宪律等同于宪法,按照常规法律的程序解释宪法政治的特殊程序,因此既不可能理解国家主权的本质,也不可能搞懂政治的概念,从而阻碍了德国魏玛时代的国家发展,损害了德意志民族的政治成熟。所以,施米特在《宪法学说》和《宪法论文集》等书中要纠正宪法实证主义的谬误,倡导一种新的国家法治主义,即非常状态下的宪法理论,他认为不同于宪律的宪法程序属于高级的法律程序,它们不是从一般形式法学的程序中延伸出来的,而是从国家主权的政治决断中产生出来的。

当然,前文已经指出,施米特的宪法程序理论是用一个极端来克服凯尔森的另一个极端,都是偏颇的。阿克曼的宪法政治的程序和形态理论却没有纠缠于他们的争论,而是从美国宪法政治的实践中总结出一套既有别于凯尔森又有别于施米特的宪法程序与形态的理论,因此,他的理论就格外值得重视。首先,阿克曼不赞成凯尔森的形式主义法学的宪法理论,认为宪法政治具有不同于一般法律程序的非常程序,不能把日常政治的法律规范混淆于非常政治的法律规范。但是,阿克曼所说的宪法政治以及程序与形态与施米特有着本质性的不同,虽然他并没有提及施米特,也从没有考虑过施米特、韦伯等人的"德国问题",但阿克曼确实赋予了美国三次特殊的政治时期以非常政治的意义,从而使我们认识到即便是美国这样的法治主义国家,在特殊时期中的宪法政治也是凯尔森、哈特等人的法律思想所无法解释的,它们需要一种特殊的宪法理论。

上述理论又可以称之为政治法的法治主义,或者说是一种有别于市民社会的国家法的法治主义,或政治家的法治主义。关于政治法治主义,黑格尔在他的《法哲学原理》中曾经系统地做过阐述,在黑格尔看来,法律有多种形态,其中抽象法、市民法和国家法是三种主要的法律体系,一般英美国家的法治主义多指前两种意义上的法律规则之治,但这种法治主义的最大问题是把国家问题淡化为市民社会中的一个部分,国家法的重要性没有凸显出来。黑格尔认为国家法是市民社会的秩序之所以存在的政治基础,没有国家法也就没有市民社会,因此,法治主义首先或从根本的意义上说是国家的政治法治主义,即建立一个宪政的法制国家。按照黑格尔的理论来推演,政治法治主义就等于宪政,当然,黑格尔囿于他的时代,他提出的是一个君主立宪的政治国家,然而我们在现时代完全可以推演出一个民主宪政的政治国家。哈耶克的新宪法在我的理解就属于政治法治主义的一种理论,虽然他对于英国的普通法推崇辈至,但他的"私法的公法之治"理论,显然不是普通法的自我生长,而是借助于国家的政治法(公法)的手段来实施,就此来说,与黑格尔的法治主义没有实质性的区别。同样,阿克曼的宪法政治的理论,也不完全属于市民社会的法治主义,他把不同于日常政治的非常政治问题从理论上提了出来,因此,非常政治的法治规范就有别于日常法律的实施,它是宪法政治的法治主义。从这个意义上看,日常政治与宪法政治的区分,很类似黑格尔的市民社会与伦理国家以及哈耶克的内部秩序(自由规则)与外部秩序的划分,都具有政治法治主义的含义。当然,黑格尔、哈耶克、阿克曼三人对于宪法政治的理解是存在着很大差别的,细究起来,他们完全是三种不同的理论路径,一个是德国式的,一个是英国式的,一个是美国式的,但从强调政治国家在社会法律秩序的重要性方面来看,三人又有一致的共同点,笔者称之为政治法治主义的三个典型的理论形态。

那么,阿克曼的宪法政治究竟在程序和形态上与常规法律有什么不同呢?或者说究竟什么构成了阿克曼与上述诸人在宪法观上的重要区别呢?这首先要从阿克曼的二元民主观来论述,他对于民主问题的看法是有别于黑格尔和哈耶克的,后两人对于大众民主基本上持否定和怀疑态度的,阿克曼强调民主的重要价值,认为人民民主是宪法政治的根基,是非常时期的政治法治主义的立论基础。但是,阿克曼对于民主的看法与施米特的人民民主观大不相同,它不是直接民主,也不是神义论的民主,更不是人民民主专政,而是一种法治主义的程序民主,他所理解的"我们人民"从根本性的意义上说,是一种在宪法框架内的二元民主的互动。对此,阿克曼写道:"在我看来,'人民'并不是超人的代名词,而是一个能有效地促进政治精英和人民大众进行有效互动的程序。它是一个特别的程序:在与平时不同的宪法政治时期,大多数普通美国人都对于公民权以及华盛顿的动态等问题倾注了更多的时间和精力。如果高级法创制的体制能够正常运转,它将有效地引导积极参与宪法讨论的公民实现普通百姓和政治精英之间的对话——它将首先赋予持不同观点的政治精英们阐明各自宪法观点的机会;尔后,它会引导人民参与到宪法讨论中来,并通过投票表明自己的立场。"[68]

---

[68] 参见阿克曼:同上注[48],页201。

由此看来,阿克曼是从程序的角度来理解人民参与政治,特别是宪法政治的,因此,通过程序而显示出来的"我们人民"在美国宪法中的核心地位以及作为宪法变革的原动力,就不是反国家的、去政治的,而是积极地参与到美国的国家建设之中的。因此,如果说"我们人民"具有实体性意义的话,它是与国家联系在一起的,是国家统一体的本质性力量,而三个非常时期的各路政治精英(不同政党及其领导人)不过是顺势利导,回应了人民的愿望与心声,这就是美国的国家主义,在笔者看来,这是自由的国家主义的典范。阿克曼指出美国是一个法治国家,当改革者打算围绕着既存的法律原则和程序采取一些措施时,他们也给予其反对者以强有力的武器来反对他们的做法。在联邦党人、共和党人和民主党人以人民的名义进行高级法创制时,总会遇到强有力的反对,"所有这些表明,改革者必须进行长期的、艰苦卓绝的斗争——到斗争的最后,改革者自己或许也将迷失方向。因此,历史能够从若干比较成功的斗争中揭示出一些共同的主题。国家主义是主宰这些成功斗争的以一贯之的主旋律——联邦党人、共和党人和民主党人都抱怨以前的宪法修正制度给予了各州以无限的权力,而采取非常规的制度举措乃表达国家宪法意志的需要"。[69]

不过,阿克曼重点考察的是非常政治时期的美国人民的政治参与,所以,在宪法框架内的二元互动,并不意味着对于日常的宪法秩序不做改革,恰恰相反,宪法政治的本质在于变革。但阿克曼通过翔实的历史分析所得出的结论是,美国宪法的三次变革不是反政治的人民革命,不是不要宪法,而是通过各自不同的程序从而改革美国高级法的创制,实现时代问题的解决。因此,在他看来,美国历史上的三次非常的宪法政治时期,其宪法的创制与修改虽然方式不同,主导的党派不同,但其围绕的主题是一致的,目标是共同的,结果是相似的——那就是美国的自由的国家主义,即通过非常的宪法程序使美国成为一个自由、繁荣与强大的民主共和国,政治国家是美国三次伟大的宪法政治时期的中心内容。对此,阿克曼在《我们人民》第一卷的第三章"一部宪法、三种制度"的开篇就阐释了自己的观点,他写道:"现代律师和法官在其术语内理解宪法史上的三个重大转折点:奠基、重建和新政。按照宪法中的创新程度,用内行的眼光可将上述时期依次排列为:奠基时期在程序和实体上都具有创新性;重建时期仅

---

[69] 参见阿克曼:同上注[48],页11、12。另参见"译者序":作为"我们美利坚合众国人民"的"我们人民",是一个内涵不断趋向国家意义的概念。1787年宪法中的"美利坚合众国人民"是指各州有着较强独立性的合众国人民;而随着美国国家主义色彩的加深,"我们人民"则是指具有强力中央政府的国家的人民。美国人民越来越鲜明的国家身份,是国家中心主义越来越浓的外在表现和必然结果。为说明此点,阿克曼分别对 the United States of America 的不同部分做了强调: the United **States** of America 和 the **United** States of America。不过,在此需要特别指出的是,阿克曼所谓的美国国家主义是以个人自治和地方(城镇和州)自治为基础的,因此,它是一种自由的国家主义,与欧洲大陆国家的某些极权国家主义有着根本性的区别,这一点务必牢记。

实体上具有创新性;新政时期则全无创新性。由于仅将奠基和重建这两个时期作为新宪法解释的本源,因而称其为定形的看法。相比之下,我提出三种解释,即重建时期的共和党人和新政时期的民主党人。与以美国人民的名义在高级立法程序和实体上有创新的奠基时期的联邦主义者所发挥的作用相同。"[70]

我们看到,阿克曼的《我们人民》三卷书实际上就是围绕着上述议题展开的,为此,阿克曼系统具体地研究了三次非常时期高级法的创制与修改过程,以及二元民主政治的互动情况。通过分析,他认为尽管各个时期的时代主题是不同的,人民支持的方式是各异的,领导人民进行宪法变革的党派是不同的,进行改变的手段是有别的,但从程序步骤上看,三次宪法政治的过程具有惊人的相似性,即都表现出五个阶段,为此阿克曼对于三个时期的五个阶段的变革过程与程序进行了深入细致的分析。此外,阿克曼结合三次宪法变革的具体实践,还总结出了所谓变革的国会领导模式和总统领导模式等等,例如,在重建时期,关于围绕着联邦党人制定的《美国宪法》第 5 条规定,对第 14 修正案的批准通过问题,就动用了非常政治的程序修改模式;而在新政时期,围绕最高法院问题,罗斯福的变革计划以及高院的"及时转向"则显示出美国宪法政治的另外一种模式。

在阿克曼眼中,美国宪法是一个"活的宪法"(living constitution),美国人民在美国宪法面临危机的非常时期,总能与当时的政治精英们携起手来以非常的宪法政治程序进行变革,从而克服危在旦夕的国家分裂,重新塑造新的美国,并重回日常政治的轨道。这一日常政治与宪法政治的双重政治状态和"我们人民"与政治精英互动的二元民主,是二百年来美国光荣与梦想的保证,是这个国家一步步走向自由、繁荣与强大的关键所在。阿克曼曾经指出,他幸运的是能在一个日常政治的时代写作他的《我们人民》,在他看来,"这个时代可以最好地用来反映未来的需要,正如它最好地反映了过去的承诺"[71]。而我们中国的学者在今天写作宪法政治的文章,但愿这也同样是我们的幸运而非悲哀,因为我们的时代不是日常政治的时代,而是非常政治的危机时代。在笔者看来,这个时代的写作,既不是应诺过去,也不是远眺未来,而是以最大的政治智慧面对现时代的宪法政治问题,与"我们中国人民"一起携手共度急迫的危机,积极参与重建一个新的第三共和国,这是我们时代的本质。

(初审编辑:胡凌)

---

[70] 参见阿克曼:同上注[47],页 41。
[71] 参见阿克曼:同上注[47],页 134。

自由的危机:德国"法治国"的内在机理与运作逻辑*
——兼论与普通法法治的差异

劳东燕**

Freedom in Crisis: Rethinking the Mechanism and the Logic Foundation of the German Rechtsstaat

Lao Dong-yan

内容摘要:通过展示从19世纪初至纳粹时期德国"法治国"概念的意义演变并阐释其特性,文章认为"法治国"代表着在国家结构中将个人主义与国家目的相统合的一种努力,它所固有的注定导致自我毁灭的内在紧张在于:它的目标是要促进具体的个人自由和解放,但这种目标却试图借助于抽象的不受限制的国家权力,依靠国家的立法性控制和个人的完全服从来实现。德国"法治国"与普通法法治在强调积极自由还是消极自由、逻辑起点是"国家—个人"的二元统一还是二元对立、政治结构是否置于法律之下、是否属于有限政府、是否存在权力的制衡、习惯法的地位作用等方面存在巨大的差异。文章以为,差异的重要根源之一在于双方为经营自由的事业所凭借的制度技术,即"法治国"的体系性建构方式与普通法法治中实践导向的技艺理性。

---

* 本文的初稿曾先后请慕尼黑大学博士研究生刘家豪与北京大学法学院研究生白麟、胡凌看过,他们提出了宝贵的意见,在此谨致谢忱。

** 劳东燕,浙江绍兴人,法学博士,清华大学法学院讲师。

关键词:"法治国" 自由 普通法法治 体系性建构方式

Abstract: This article focuses on the principle of *Rechtsstaat* in Germany from the early 19th century to the Nazi times. By showing the history of the *Rechtsstaat* theory and its features, the article holds that the *Rechtsstaat* represented an effort to combine individualism with the goal of the state in state structure. There is an inherent self-destructive danger for the *Rechtsstaat*. That is, its goal was to promote personal liberty, but it tried to achieve the goal by exercising the boundless state power. The *Rechtsstaat* is greatly different from the rule of law under the Common Law tradition in five aspects. Finally, the article comes to the conclusion that this stems partly from different institutional techniques supporting personal liberty, between the mode of systematic construction in the Continent Law family and artificial reason in the Common Law family.

Key Words: *Rechtsstaat* personal liberty rule of law the mode of systematic construction.

"法治国"(Rechtsstaat)[1]是19世纪初德国为实现现代化与社会的迅速转型而创造的重要准则。作为一种治国之道,它推动德国完成统一大业与随后的整个工业化进程,使德国从公国林立的小邦一跃成为资本主义世界里的强国。与此同时,它也见证了魏玛共和国的消亡和纳粹的兴起以及随之而来的自由事业的彻底崩溃。它的特有的但绝非独此一家的内在机理与逻辑,与现代的自由法治存在本质性的差异。毫无疑问,它构成了与普通法法治鼎足而立的另一种法治传统,代表着迥异于英美的以建构理性为基础的另一种理性化治理方式。然而,国内学界在论及西方法治传统时,却时常不加区别地将两者混为一谈。本文对"法治国"的特性及其机理的梳理,不仅意在表明将不同质的法治传统相混同乃是学术上的不智,尤其是期盼人们对"法治国"所固有的内在危险有所警惕。对于迫切想要实现现代化的中国社会而言,警防重蹈覆辙的提醒绝非是杞人之忧。

在很大程度上,清末以来中国社会的修律改制是直接师法德、日的结果[2],其自始至终都与富国强民的民族国家构建任务纠杂在一起。此种历史情境恰恰与19世纪的德国如出一辙:为尽快地完成现代化进程,应该由国家自上而下地推动法律改革以实现社会的迅速转型,而这种强国家主义话语又为主

---

[1] 法治国概念自19世纪前后产生以后直至纳粹时期,其意义虽有所变化,但仍具有明显的延续性。在波恩基本法颁布之后,人们对其认识则发生了根本性的转变。需要指出,本文中的"法治国"只限于在前种意义上使用。

[2] 张晋藩:《中国近代社会与法制文明》,北京:中国政法大学出版社,2003年,页209。

流的知识阶层所完全认同。然而,"法治国"的历史已经触目惊心地表明这种现代化模式的代价是如何地高昂:法律的治理可能不仅不能拯救自由,甚至会从根本上摧毁自由。

本文通过展示从19世纪初至纳粹时期德国"法治国"概念的意义演变并阐释其特性,大致揭示了"法治国"的内在机理与运作逻辑。"法治国"代表着在国家结构中将个人主义与国家目的相统合的一种努力,它所蕴含的固有的紧张在于:它的目标是要促进具体的个人自由和解放,但这种目标却试图借助于抽象的不受限制的国家权力,依靠国家的立法性控制和个人的完全服从来实现。在此基础上,还进一步阐析了"法治国"传统与普通法法治之间的重要差异,并试图寻究这种差异的制度技术根源。

一、形式法治国与实质法治国的变奏曲

德国"法治国"准则代表的是一种"通过法律的治理"的理性化治理方式。它萌生于19世纪初期,是相对于当时绝对主义君权统治下的警察国概念而提出的。德国学者卡尔·韦尔克尔(Carl Welcker)在其1812年出版的《法、不法与刑罚的终极根据》(Die letzten Gründe von Recht, Unrecht und Strafe)中首次正式使用"法治国"这个概念。大致说来,自19世纪初期至20世纪前半叶为止,它的发展主要经历了三个阶段。

(一)理性法时代的"法治国"

在1848年革命之前,法治国概念的含义由卡尔·韦尔克尔(Carl Welcker)、罗伯特·冯·莫尔(Robert von Mohl)与约翰·克里斯多夫·冯·阿来廷(Johann von Aretin)所确立。这一时期的法治国理论受康德、洪堡、弗希特等自由主义思想与自然法的影响较深。

法治国被认为是一种"理性国",或者说"理智国"(Verstandsstaat),在其中,人们根据理性的公意来进行治理,并且以公众的幸福作为目的。此后,法治国开始蕴含一种相当清晰的含义:法治国是理性的法治国家,也即如理性法学说传统中所显示的,国家在人的共同生活秩序中或者为人的共同生活秩序实现了理性原则。它具体包含三方面的内容:(1)正式脱离了超人的国家形象和国家目的设定:国家并非神的赐物或者神化的秩序,而是为了所有个体的福利的政治共同体。国家秩序的立足点是单个的、同等自由的、自决的个体与其在尘世的生活目的,这种要求构成国家的正当根据。(2)国家的目的与任务是保障人身与财产的自由和安全,也即确保个人自由和使个人的发展成为可能。这意味着将国家的目的限于法保护功能上是不必要的。(3)根据理性原则来组织国家和规制国家行为。对此,首先承认公民的基本权利、法律面前人人平等、财产保障,其次是法官独立、司法保障、法律至上和代议制及其对立法权的分享。

仅仅在基于立法权的独立组织方面,权力分立原则被接受,而孟德斯鸠意义上的将国家权限进行政治社会性的力量分立而不仅仅是功能上的分割,则作为对统一的国家权力的威胁而受到排斥。[3]

在此期间,法治国的消极特性即保护自由与维持秩序特别受到关注,同时其积极特性也没有完全受到忽视,它同时被用来服务于国家的文化和福利活动。法治国的积极特征主要为莫尔所强调:"法治国的本质在于它保护和促进被人民认为属于个人生活目的的所有自然目的以及共同体的目的。为此,一方面,它照管公民的所有活动和在一个无所不包的法律体系所设定的界限内行使统治权;并确保领土内所有跟个人与个人之间、整体与部分之间关系相涉的生活事务中,法律不被违反。另一方面,在公民自身力量不足并且其目标又证明行使全能性的权力正当时,法治国促进公民的不同力量和由此而产生的利益。法律秩序的建立和维护因而不是法治国的惟一目标,甚至不是它最重要的目标,而是它的主要特征,也即从消极意义上而言,法治国的所有行动都具有不可侵犯性。"[4]

(二) 19世纪中期至魏玛共和国早期的"法治国"

19世纪中期以后,实质的法治国概念逐渐被化约为形式性的法治概念,并且开始处于实证主义思潮的支配之下。莫尔所认为的法治国的特征,即法律面前的平等、在一切合理的情况下关注个体的存在、公民对于所有公共职位享有平等的机会与个人自由等实质性内涵,在1848年革命失败后就逐渐消退了。如果说在自由主义时期,法治国主要是从其消极面来加以理解,那么,随着19世纪60年代社会国主张的兴起,随着国家开始积极地介入社会干预经济和社会保障事务,法治国的涵义也相应发生了变化。阿道夫·瓦格纳(Adolf Wagner)于1879年所揭示的"公共及国家行为不断扩张的规律"最终奠定了近代国家干预的理论基础。于是,法治国成为干预主义的社会法治国,其积极特性得以突显。

在塑造形式法治国的过程中,弗列德里西·尤里斯·叙塔尔(Friedrich Julius Stahl)起了关键的作用。根据他的观点,国家应当成为法治国,这构成解决办法并且实际上也是新时代的发展动力。应该通过法律的手段在准确界定并牢固地保障公民自由领域的同时,直接实现(或强制实现)国家的道德理念,因为它属于法律领域,并且一直构成最为紧要的护栏。这样的法治国概念并不单纯地处理法律秩序而没有管理目的,也不完全是单纯地保护个人,它主要不是

---

[3] Bleckmann, Staatsrecht I-Staatsorganisationsrecht, München: Carl Hezmanns Verlag KG, 1993, S. 188—189ff.

[4] Franz Neumann, *The Rule of Law: Political Theory and Legal System in Modern Society*, Leamington: Berg Publishers Ltd., 1986, pp. 181—182.

国家的目标和内容,而只是实现国家目标与内容的方式和特征。[5] 对叙塔尔而言,法治国就是"法律的统治"或者"依据法律统治"。可以说,正是在叙塔尔这里,法治国的意义完全被改写了。自由的内容让位于外在的与价值无涉的形式,国家与法律成为纯粹的社会技术或社会工具。[6]

在对法治国的这种定义成为其概念核心后,法治国同时构成了宪法的基础。宪法国家成为良好政治共同体的一个特征;然而,它并不是在意欲强调的自由维度上为人所接受,而主要是在形式上合宪的意义上使用。国家目的的可变更与形式的不可变更(国家必须借此来实现其目标)变成宪法上的事实。而法治国则意味着国家与个人之间的关系必须事先由形式理性法所决定,即国家对于自由和财产的干预必须是可预期的、可计算的。用叙塔尔的话来说,就是国家的干预必须准确地加以界定。易言之,法治国的根本原则是管理的法律性。它既指国家的日常管理要受到法律的约束,同时也意味着国家的任何干预都可以还原为法律,并借助于法律来完成。[7]

新的形式法治国首先与带有极强社会技术性的行政紧紧相连:行政机构对法律的遵循与法律优先;行政权双重约束力的形成;针对行政的有效的司法性法律保护的存在;将实体性的、组织性的行政权日益以法律的方式加以确立。它们构成法治国概念的主要标志。[8] 换言之,法治国的行政合法性要求仅仅意味着是法律至上,即具有普遍性的法律至上。

不难看出,形式意义上的法治国对于国家所追求的目标是漠不关心的,重要的是它作为一种国家形式而存在。换言之,只要法治国的前述要件得到满足,国家是共和制的还是君主制的,或者是民主制的还是独裁制的,并没有任何意义。《魏玛宪法》体现正是这种形式上的、干预主义的社会法治国理念。它将立法者置于法律控制之外,并继续重申行政合法性、司法对行政行为的审查、法官独立等法治国的形式原则。与此同时,基于干预主义的需要,它还确立了全新的社会性原则,如第165条所规定的产业民主原则,第156条对特定产业的社会化的许诺等,从而强化了政府的权力。[9] 诚如国内学者所言,社会与民主才是《魏玛宪法》法治国两个令人注目的特点。[10]

---

[5] *Bleckmann*, a. a. O. , S. 190.

[6] *Böckenföde*, Entstehung und Wandel des Rechtsstaatsbegriffs, 转引自郑永流:《法治四章》,北京:中国政法大学出版社,2002年,页102—103。

[7] Neumann, supra note [4], p. 182.

[8] *Bleckmann*, a. a. O. , S. 190.

[9] Neumann, supra note [4], p. 272.

[10] 郑永流:同上注[6]所引书,页115。

（三）20 世纪 20 年代至纳粹时期的"法治国"[11]

1921 年 4 月，帝国最高法院在一个判决中宣称其对于制定法拥有违宪审查权。自由裁量权理论的胜出严重威胁到形式法治国的生存之本。由于《魏玛宪法》给予中下层民众以法律保护，而司法部门却对民主存有敌意，法官们不断挑战延伸至大众的形式合理性，是故，放弃形式合理性便成为对法官的挑战的反应。与同现时，在学界，由鲁道尔夫·西门特（Rudolf Smend）、埃里西·考夫曼（Erich Kaufmann）与卡尔·史密特为代表的主流宪法学，强调宪法的现实性（Verfassungswirklichkeit）与宪法价值（Verfassungswert），反对宪法实证主义、规范主义及形式主义等传统宪法思想原则。他们认为，宪法并不是一些"规范体系"，而是拥有"制宪力"者对于国家存在之基本原则——即国家现实与将来前途所应有之基本原则——所作的总体性决定。宪法应该提供国家运作及国家行为之实质与理念所存在的标准。[12] 即使是奋身捍卫魏玛共和尔后遭受纳粹迫害的宪法学者赫曼·哈勒（Hermann Heller），也尖锐批评形式法治国思想裂解了法律的概念，使得其既无能力解释所有国家行为的"实质合法性原则"，也使得政治与法律、意志与规范的辩证从眼前消失。哈勒坚持认为，法律与宪法理论既然不免政治意义，就应站在实质法治国的理论来对抗形式法治国理论；应以意志与规范的辩证当成中心议题，才能解决那些昧于社会史实的法律逻辑之表象。[13]

及至纳粹时期，"法治国"已经被烙上了极为浓重的实质性色彩。国家被赋予一种新的精神与新价值观：民族、人民被置于个人之上，作为整体的人民才是社会惟一的真正主体；民族正义至高无上，成为国家社会主义正义的首要原则。[14] 对希特勒而言，"国家是由体力和脑力上均平等的人们所组成的共同体，它意在使更好地维续其种族成为可能，并完成由神为他们设定的存在目的"[15]。法律体现最低伦理标准的传统遭到唾弃，法律与道德的完全合一则被提升为新秩序中的指导性原则。[16] 法律和领袖的意志逐渐变得同一，法律成

---

[11] 此处所谓"纳粹时期的'法治国'"意在关注这一时期内"法治国"概念内涵上的变化，而并非认为纳粹政权仍属于"法治国"的范畴之内。笔者赞同纽曼（Neumann）的观点，即纳粹国家并不符合"法治国"的基本原则。See Neumann, supra note [4], p. 296。

[12] 恩斯特·鲁道尔夫·胡伯（Ernst Rudolf Huber）在其《魏玛时代国家思想里的宪法现实与宪法价值》一文中对当时宪法的实质化潮流有较为详细的阐述，可参阅陈新民《关于宪法的躯壳与灵魂——由胡伯对魏玛宪法的回顾与反省谈起》中的相关内容。参见陈新民：《公法学札记》，北京：中国政法大学出版社，2001 年，页 150—172。

[13] 同上注，页 280—281。

[14] 郑永流：同上注 [6] 所引书，页 124

[15] Neumann, supra note [4], p. 287.

[16] Otto Kircherheimer, State Structure and Law in the Third Reich, in William E Scheurman (ed.), *The Rule of law under Siege*, Berkeley: University of California Press, 1996, p.144.

为以法律形式出现的领袖意志。

随之,法治国形式意义上的行政合法性原则与法官从属法律原则也开始蜕变,变为法院和行政机构无条件地服从统一的政治领袖意志。司法机器与领袖的紧密合作是通过以下两种途径达到的:一是借助于对法律概念的重新界定。由于放弃法的普遍性要求与溯及既往的禁令,纳粹颁布了众多的个别性命令,从而使法官纯粹成为执行官或者说是警察。二是利用行为的法律标准。对法官、律师、治安官和法学教师而言,在适用和处理行为的法律标准时,国家社会主义原则直接并且完全具有决定性。[17] 法律在形式性结构方面发生的这种改变,尤其是权力分立原则的彻底崩溃,即领袖不仅承担立法与行政功能,而且处于整个司法机制之上代表最高正义,从根本上掏空了法官独立的意义。如果说法官独立过去是为了保障公民针对政府恣意实施的敌视行为而享有的法权利;那么现在,法官越来越变成绝对服从领袖意志的奴隶。

由此,刑事司法系统也呈现出一幅完全不同的面貌,而刑事法庭则响应纳粹的理念,承担了消灭所有的政治上的反对派的任务。[18] 纳粹政权将"健康的国民感情"作为界定犯罪的标准,通过修正《刑法典》第2条而弃绝了明确性准则,从而为罪刑法定构筑了最后的坟墓。[19] 最终,第三帝国不仅彻底背离了"法治国"的基本原则,甚至不再是"法律国"(Gesetzesstaat),因为其罪行大部分同时违反法律(Gesetzesbrüche)。法律这一工具虽然曾恣意地被用来迫害某些群体,但这一切在后期却被一种形式上即违法的灭绝计划所替代。[20]

二、德国"法治国"的基本特性

尽管"法治国"概念的意义经历过不少的变化,然而其主要内核却在19世纪后期基本定型。无论是形式法治国还是实质法治国,它们惊人地表现出某些共同的特性。

第一,"法治国"抹消了自由与秩序之间的内在紧张,消极自由[21]成为"法

---

[17] Neumann, supra note [4], p. 289.
[18] Kircherheimer, supra note [16], p. 143.
[19] *Schreiber*, Gesetz und Richter, Alfred Metzner Verlag, 1976, S. 193—194.
[20] *Günter Ellscheid*, Das Naturrechtsproblem, in *Arthur Kaufmann* und *Winfried Hassemer* (Hrsg.), Einführung in Rechtsphilosophie und Rechtstheorie der Gegenwart, 4. Aufl., C. F. Müller Juristischer Verlag, 1985, S. 129—130ff.
[21] 本文中的"消极自由"与"积极自由"两个概念乃在英国学者伯林所指涉的意义上使用。"消极自由"与针对以下问题所提出的解答有关:在什么样的限度以内,某一主体(一个人或一个群体)可以或应当被容许做他所能做的事,或成为他所能成为的角色,而不受别人的干涉?"积极自由"则与下述问题的答案有关:什么东西或什么人,有权控制或干涉从而决定某人应该去做这件事成为这种人,而不应该去做那件事成为另一种人?参见 I. 伯林:《两种自由概念》,陈晓林译,载《市场逻辑与国家观念》(《公共论丛》第一辑),北京:生活·读书·新知三联书店,1995年,页200—214。

治国"视野中的失踪者,并由此而使得个体的基本权利不具有先于法律的性质。

不难发现,"法治国"概念的实质在于使国家的政治结构与法律形式相分离,认为独立于政治结构的孤立的法律形式即构成自由与安全的保障。[22] 它遵循的是与卢梭的"社会契约论"类似的逻辑:在一个"由全体个人结合所形成的公共人格"——国家中,通过特定的方式(比如客观理性法,在卢梭那里则是独特的社会契约),"每个人与全体相联合的个人只不过在服从自己本人,并且仍然像以往一样自由"。[23] 卢梭既然以为服从公意就相当于服从自己,当然就不可能注意到,公意除了有与个体利益相一致的一面之外,还有与"个意"所代表的个体自由相冲突的一面。由此,特别地划定一个不受公权力干预的私域自然就没有必要。可以说,消极自由之缺失在卢梭的"公意论"那里实属必然。同样地,既然"法治国"国家其公权力行使的全部目的便是要保护个体自由,自然也无需一个专门针对公权力干预的独立的私域。

这与启蒙以来的国家学说与权利理论并不矛盾,相反,它恰恰是前两者逻辑延伸的必然后果。保护个体权利诚然已经成为国家存在的正当性根据,但也仅止于此。彼时的个体并非是一种独立于国家的存在,所谓的主体性只是相对于上帝、相对于有权阶层的人士而言;因而,个体权利当然也就不享有独立于国家的意义,不可能具有先于法律的性质。

可以说,由于抹消了自由与秩序之间的内在紧张,消极自由从一开始就是"法治国"视野中的失踪者。无论是自然法的"法治国"还是实证主义的"法治国",都极少关注需要保留一个不容国家和其他权威任加干涉的私生活范围,即一个无论如何都不可侵犯、不能被逾越的最小范围。这是一种免受强制的自由。相反,主张"自我实现"的积极自由的政治理论往往认为,基于某些大众自己无法看到的"好处"的缘故,国家可以对其施以强制力,因为这样做是为了增进前者的利益和自由,实现其"真正的"但却经常被埋没而未得表明的"自我"的真实意志。因而,这种出于"仁心善意"的强制不被认为是自由的反面,个人仍是自由的,而且是"真正"自由的。通过允诺积极自由,"法治国"使得公民权利的实现依赖于国家的认可与积极行动。而公民的权利既然由法律所赋予,当然也可以通过立法的方式进行剥夺。"法治国"中的公民权利因而绝不是先于法律的、不可剥夺的。

第二,"法治国"中的个人并不拥有相对于国家的主体地位,其逻辑基础是

---

[22] Franz Neumann, The Change in the Function of Law in Modern Society, in Herbert Marcuse (ed.), *The Democratic Authoritarian State: Essays in Political and Legal Theory*, Simon & Schuster, 1957, p.43.

[23] 卢梭:《社会契约论》,何兆武译,北京:商务印书馆,1980年,页23、25。

"国家—个人"二元统一,而非"国家—个人"之间的二元对立。

尽管"法治国"承认并且以保障公民的基本人权为己任,这些基本权利甚至还出现在帝国和各州的宪法中,然而,由于个体并不具有相对于国家而言的主体性,因而德国公法上并不承认个人的主体地位。所谓的平等原则其实只适用于私法,在公法领域内,个人只是作为国家的臣民而存在,并非是与国家平等的享有独立地位的主体。卡尔·史密特所说的"现代的市民型法治宪法就其原则而言与市民的个人主义立场相应"[24]中的个人主义,其意义仅限于表达宪法应该包含公民个人的基本权利,而并非肯定个人相对于国家的独立主体地位。由是之故,卡尔·史密特坚持法治国只是现代市民性宪法的两个组成部分之一,无论是理论上还是实践中,立宪权问题都不能用单纯的法治国原则与概念来解决,而是由国家形式来解决。[25]

作为启蒙时代的国家学说与权利理论的直接产物,"法治国"国家是以个体权利的守护神——或者更准确地说是牧羊人——的形象出现的:个体不是要与国家争权利,相反,个体权利的实现全仗国家的庇护。因而,在"法治国"的视野里,国家与个人并非对立的两极,而完全是统一的、不可分割的。对于国家而言,其全部使命就是要保护个体权利,而个体则作为国家的成员接受国家的照管,照管的具体事项与方式则事先以法律的形式确定下来。正是由"国家—个人"二元统一的逻辑基点出发,"法治国"试图在国家结构中将个人主义与国家目的进行统合,期望依照预定的轨道划出优美的弧线。然而,由于从根本上违背现代宪政的逻辑基础,"法治国"最终不可挽回地脱轨而终致车毁人亡。

第三,"法治国"中的政府不是有限政府,尤其是缺乏制衡的制度设置。

自由与秩序之间内在紧张的消解与"国家—个人"二元统一的逻辑基础,使得"法治国"完全寄希望于由国家动用公权力来保障个体自由。因而,"法治国"除了要求国家对于个人自由的干预必须根据既定的法律之外,并不认为有必要对政府权力施加外部限制,即事先划定国家权限的范围并规定基本权利的不可侵犯性。有限政府对于"法治国"是极为陌生的。与此同时,政治结构内部制衡性的权力分立也为"法治国"所拒斥。这倒不是说"法治国"对立法、行政与司法这三种权力之间没作区分(Unterscheidung der drei Gewalten),《魏玛宪法》就体现了这种权力区分原则[26];而是意味着对孟德斯鸠意义的制衡性三权分立的拒绝。在"法治国"中,只存在由法的普遍性本身所保证的最小程度

---

[24] *Carl Schmitt*, Verfassungslehre, Duncker & Humblot, 1983 (unver? nderter Nachdruck der 1928 erschienenen ersten Auflage), S. 125.

[25] *Schmitt*, a. a. O., S. 204.

[26] 这构成卡尔·史密特宪法学说中关于法治国的两大原则之一。Vgl. *Schmitt*, a. a. O., S. 126—128.

的权力分立,就总体而言,它足以确立法官独立。[27]

俾斯麦时期,宪法的基本理念是把国家的领导能力与强化行政权力的独立性维系在一起,不受国会多数意见之左右。魏玛共和国所构建的政治体制在制衡方面同样存在严重的硬伤。比如该《宪法》第48条[28]授权总统在国家公共秩序与安全遭到危急时,得不经国会许可及毋需经内阁之请求,可采取一切必要措施。由于联邦法律没有就授权内容及要件,尤其是控制制度作细节性的规定,该条不仅用于对付军事与治安危机,甚至演变成专门解决国家经济与财政危机之制度。此外,总统权限与国会权限相纠结,总统独立于国会,甚至介入对内阁的形成权力,对内阁总理有提名权。然而,按照《魏玛宪法》起草人胡格·普罗斯(Hugo Preu?)教授的意见,这正是该宪法之精神所在,《魏玛宪法》的主要目的便在于保障"政府的有效统治",以使在国家危急时,政府仍有统治之能力。[29]

第四,"法治国"秉承的主要是客观法(客观权利)的立场。

尽管"法治国"的具体内涵自19世纪初期以来经历过不小的变化,但其客观法的导向却一直未变。韦尔克尔就认为法治国的目的是贯彻客观理性法,它"外在上具有适于全体公民的客观的法的形式,内在上确认公民自由的价值"[30]。"法治国"最终是要"借助于并且以客观法的形式尽可能地获得德性、人道与由此而达致的所有人的幸福"[31]。由于个体并不具有相对于国家的独立的公法上的主体地位,因而公法上所规定的权利属于客观权利,而非主观权利。这意味着,根据"法治国"理论,保障基本人权原则上只被视为是国家应遵循的义务,而公民对于国家则没有相应的请求权。一直到魏玛共和国时代,通说均持这样的立场,而这一点也同样体现在《魏玛宪法》之中。

尽管为了达成法治国依法行政的目的,19世纪德国公法学说上创造了"公法上的主观权利"概念,希望人民在国家没有依法行政的情形下,能够以投诉或是诉讼的方式,提醒国家已经违反其应遵守客观法律的义务及责任。但因为

---

[27] Neuman, supra note [4], p. 217.

[28] 该条第2项规定:当国家的治安与秩序受到严重侵害之时,总统可采行一切必要之措施,以回复公共秩序与安全;在必要时,得运用武力为之。为达成此目的,总统得暂时剥夺或限制人民依本法第114条(人身自由)、第115条(信所不可侵犯之自由)、第117条(通讯秘密自由)、第118条(意见表达自由)、第123条(集会自由)、第124条(结社自由)、第153条(财产权)所保障之权利。该条第5项规定:关于本条之规定,其细节由联邦法律定之。然而,至魏玛共和终结,国会却一直没有制定相应的法律。

[29] 陈新民:同上注[12]所引书,页162—164。

[30] Welcker, Die letzten Gründe von Recht, Unrecht und Strafe,转引自郑永流,同上注[6]所引书,页96。

[31] Leonard Krieger, *The German Idea of Freedom*, Chicago: The University of Chicago Press, 1957, p. 255.

当时的国家理论无法容许国家被其臣属控告的情况发生,所以虽说是"公法上的主观权利",但其性质上却被认为是臣民应尽的义务。换言之,臣民有义务提醒而不是有权请求国家依法行政。这就意味着,19世纪德国所谓的"公法上的主观权利"主要是以诉权(Klagerecht)[32]为其内涵,是一个诉讼法上的概念,而并没有实体法上的请求权面向。[33]

第五,"法治国"侧重于形式性要素,它只是作为国家实现客观法的方式。

早期的"法治国"并不否定其实质性内涵,比如,韦尔克尔就曾经说过,基本法律的制定只是为精神与道德的活动划定了外在的形式,正如身体器官是心灵表达活动的形式一样。没有积极的道德渴求的国家就像一次婚姻,一个家庭,徒具法律形式而没有爱。[34] 在魏玛共和国晚期以后,"法治国"更是被塞入大量的、新的实质性内容。然而,就"法治国"的传统而言,它主要是作为国家治理的形式或技术而存在的,因而其形式性意义享有主导地位,代表的是一种"通过法律的治理"的法理型理性治理模式。可以说,正是形式性要素构建了"法治国"准则的延续性,虽然在韦尔克尔强调的"法治国"是作为"形式",而叙塔尔界定为"手段",莫尔则苦心将其改造为"目的"。[35]

"法治国"的目的是要保障公民的客观权利,而国家通过法律的治理则被认为能够达成此目的。是故,法律至上、法的普遍性要求、司法独立与行政合法等形式性原则,一直为德国公法界所青睐,包括卡尔·史密特。它也淋漓尽致地体现在《魏玛宪法》之中。事实上,《魏玛宪法》的主要起草者及拥护者都是"实证主义合法性"的信徒。20世纪20年代,西门特、考夫曼、史密特等人提倡的"新宪法学"之所以提出"宪法的现实性"与"宪法价值"两句口号,也正是为了反对宪法实证主义、规范主义及形式主义等传统宪法思想原则。[36]

三、"法治国"的内在机理

要理解"法治国"的思想和制度实践,人们就不得不联系德国当时的国内外政治社会大气候。其时,英、法等国早已完成民族国家的构建,正在全球范围

---

[32] 当时,德国行政法学的奠基人奥托·迈耶(Otto Mayer)即将公法上的主观权利与民事诉讼中的"诉权"相类比。依据这种权利,原告能以其独立地通过其意志表达启动司法程序,从而获得对部分公共权力的控制力。参见奥托·迈耶:《德国行政法》,刘飞译,北京:商务印书馆,2002年,页112—115。

[33] 19世纪后半期德国公法理论中客观权利与主观权利之间的纠葛极为复杂,幸得慕尼黑大学博士研究生刘家豪学长的指点,此处论述即引自他于2004年2月28日致本人的电子邮件。

[34] Krieger, supra note [31], p.256.

[35] Ibid.

[36] 陈新民:同上注[12]所引书,页151、160。

内大肆凭借国家的军事实力而扩张资本主义秩序[37],侵占市场掠夺原料,通过殖民来解决资本主义生产方式下生产的无限扩张与资本、市场的有限性之间的矛盾。然而,18世纪所发生的"三十年战争"大大损伤了德国的元气,以致及至19世纪上半叶,德国仍陷于公国林立的分裂状态,并普遍处于绝对主义君权的警察国统治之下。国家无力为资产阶级解决生产与资本及市场之间的矛盾。由此,当时最紧要的任务是建立统一的德国,以便为工业和商业的扩张提供重要的前提条件。[38] 这就使得国家主义话语的甚嚣尘上在当时的德国成为必然,它要求国家主动承担起主导工业化的责任。

1871年普鲁士通过强力统一德国之后,在当时由"俾斯麦的恺撒主义"所主导的政治气候中,中产阶级的自由主义与始于1866年北德联邦的立法成就全部毁于一旦。首先,所有扩大议会责任和权力的期望戛然终止。其次,吸引中右翼多数的新选举策略呼吁跟压制左翼相连的国家干预:保护主义(包括对谷物与钢铁的关税)、公共服务的改革(实际上肃清了官僚体系中的自由因素)与国家发动的社会保障项目及反社会主义法律。第三,政策转型的经济基础由相互勾结的工业资本主义和大地主利益集团尤其是东部的容克贵族阶层所控制。[39] 彼时的德国在国际上面临与英法等国激烈竞争,国内则面临急迫的经济现代化的重任,还有工业资产阶级及容克地主与工人阶级之间的尖锐矛盾,这就使得俾斯麦借自上而下的改革不断扩张政府的权力成为可能,从而形成威权主义国家。

"法治国"理论正是在这一背景下应运而生,并不断调适自身以服务于这种新型的威权主义国家。

通过将个体自由整合入现有国家的大秩序之中,"法治国"概念代表着在国家结构中将个人主义与国家目的相统合的一种努力。[40] 与此同时,它也是将绝对主义时代的二元对立(治安国的管理任务与自然法的理性)糅合在一起的尝试,从而将原有的绝对主义国家机器与自然法批评家之间的外在对立转化成一种内在的"政治二元论"(political dualism)。这种"政治二元论"的实质是国家的形式实定法与背后的自然法的正义与合法性之间的紧张。[41]

---

[37] 米歇尔·曼的研究已经表明,没有军事和政治结构的介入,近代资本主义的生产方式不可能形成。See Michael Mann, *States, War and Capitalism*, Oxford (UK): Basil Blackwell Ltd., 1988, p.120.

[38] Neumann, supra note [22], p.33.

[39] Lawrence A. Scaft, *Fleeing the Iron Cage: Culture, Politic, and Modernity in the Thought of Max Weber*, Berkeley: University of California Press, 1989, pp.15—16.

[40] Bleckmann, a.a.O., S.194.

[41] 李猛:"除魔的世界与禁欲者的守护神:韦伯社会理论中的'英国法'问题",载《韦伯:法律与价值》(《思想与社会》第一辑),上海:上海人民出版社,2001年,页158—160。

与在英、法相区别,当时德国温和的自由主义者和保守主义者并不倾向于将自由的政府作为保障个体自由和公民权利的制度,而是缔造一个现代的、文明的、进步的"理性国家"。作为"理性国家","法治国"发挥着赋予传统政治权威以正当性的功能,因为这种传统政治权威的正当性,现今已不得不依赖于对"个体公民的自由"和"人民的自由"进行有意识的安排。根据"法治国"准则,"法律"(Recht)的概念具有双重含义,即它理论上是个人自由的保证,同时也是为法理学所承认的表达主权国家意志的工具。[42] 国家在此被认为是人类联合的最高形式,它将个人与社会在更加综合的程度上统一起来(a uniting of individuals and society in a higher synthesis)。[43]

　　在"法治国"的范畴之内,集体和国家的权利被认为优先于单纯的自由主义者的权利。"尽管国家不是在实质的意义上无所不能,但却仍然在形式规则的意义上无所不能。"[44]这种建立于现代文明原则之上的国家将利用其权威去引导市民社会,并在自身的法律和权利的框架内为个体的解放提供机会;真正的自由和解放因而处于一种责任感、自制和对国家法律的服从的启蒙计划之中。换言之,在一个启蒙的责任计划中,自由和解放将是限制和对国家法律的服从。[45] 在"法治国"的叙述结构之中,这种结合中所存在的紧张表现出某种注定自我毁灭的内在矛盾:它的目标是要促进具体的个人自由和解放,而这种目标却试图借助于抽象的不受限制的国家权力,依靠国家的立法性控制和个人的完全服从来实现。德国公法学者曾试图通过引入公法上的主观权利来消解之间的矛盾,然而,这种努力显然不可能成功。因为客观法意味着法律由主权所创造或者至少可归源于主权,而主观权利则是对个体性的法律上的人格的主张。前者否定个体的自治,后者却预示并确认个体的自治。[46]

　　说到底,"法治国"不过是以一种逻辑上的形式理性体系重构了警察国"万能管理"的梦想:"要一劳永逸、面面俱到地规定其臣民的所有生活关系"[47]。如果说"法治国"准则代表着试图解决理性化治理方式和个体自由之间的紧张的一种努力,那么,毫无疑问,它最终以国家权力吞噬个体自由的结果而彻底宣告失败。

[42] Krieger, supra note [31], pp. 252—261.

[43] Donald P. Kommers, *The Constitutional Jurisprudence of the Federal Republic of Germany*, Durham: Duke University Press, 1997, p. 33; Bleckmann, a. a. O., S. 189—192.

[44] 李猛:同上注[41]所引文,页162。

[45] Stanley G. Payne, *A History of Fascism* 1914—1945, Wisconsin, Madison: The University of Wisconsin Press, 1995, p. 49.

[46] Neumann, supra note [22], p. 23.

[47] 李猛:同上注[41]所引文,页162;K. 茨威格特、H. 克茨:《比较法总论》,潘汉典等译,北京:法律出版社,2003年,页211。

四、"法治国"与普通法法治的差异

拿普通法法治的 800 年传统与德国 200 年的法治国进行整体性比照,极易"失之毫厘、谬之千里"。因为这种比照无视 20 世纪以来国家干预主义对传统普通法法治所形成的挑战,尤其是无视波恩基本法之后德国法治国所经历的重大断裂。然而,将普通法传统中的自由的法治与纳粹以前的"法治国"做一下比较则是可能的,也更具有现实意义。在笔者看来,普通法传统中的法治至少在如下五方面表现出相异于德国"法治国"的特性。

第一,普通法法治强调消极自由,权利领域的事先圈定便是其为解决自由与秩序之间的紧张所作的努力之一。

与消极自由成为失踪者的德国"法治国"不同,普通法法治自始至终主张一种消极的自由。无论是对于霍布斯还是对于洛克,自由总是意味着免受强制而非积极自主,即不受阻碍地根据自己的意愿做某事[48],或者不受他人的束缚和强暴。[49]《大宪章》以后的宪法性法案,其实正是对以权利形式出现的消极自由的界线的日趋清晰的划定。对于消极自由领域的保留,不仅意味着权利的先在性(即权利先于国家与法律),更意味着对于权力易于摧毁自由的危险[50],即自由与秩序之间的紧张的清醒认识。是故,消极自由最初被贵族用来对抗王权,尔后又被市民阶层用来扩张自身的政治经济实力。最终,它构成对政府权力的至关重要的外部性限制,成为现代社会公民自由的基础。而德国"法治国"由于消解了自由与秩序之间的紧张,使得个体权利的实现依赖于国家的积极的作为而非消极的不作为,故而,个体的权利域不仅没有构成对于国家权力的外在限制,反而完全处于国家权力的笼罩之下。

第二,普通法法治的逻辑起点是"个人—国家"的二元对立,张扬一种个人主义的主体性自由。

德国"法治国"试图将个体自由整合入现有国家的大秩序,因而其逻辑起点是"个人—国家"的二元统一,个人附属于国家而并不构成公法上的主体。相反,在普通法的法治传统中,由于并不存在公法与私法的区分,因而公民可以

---

[48] Hobbes, *Leviathan*, Edited by Richard Tuck, Cambridge: Cambridge University Press, 1996, p.146.

[49] Locke, *Two Treatises of Government*, edited by Peter Laslett, Cambridge: Cambridge University Press, 1988, p.306.

[50] 休谟在《英国史》中论及废除星宫法院时曾指出,英国的议会正确地认识到国王不能被信托以自由裁量权,因为他极易利用这种权力去摧毁自由,因而认识到严格遵循法律的原则虽会导致某些不便,但因捍卫此一原则所获的裨益足以超过那些微小的不便。转引自弗里德利希·冯·哈耶克:《自由秩序原理》(上),邓正来译,北京:生活·读书·新知三联书店,1997 年,页 217。

利用由令状制度发展而来的发达的程序,向独立的司法部门请求予以救济。在普通法无力救济之时,尚可诉诸衡平法。在此,个体实际上构成与国家相对立的平等主体。

就此点而言,霍布斯与洛克张扬的个人主义尤其与客观法导向的"法治国"大相径庭。这种"国家—个人"之间的二元对立与由此而确立的个体在道德上的优先性,尤其体现在1787年美国联邦宪法之中。尽管政府基于社会契约而产生的观念已遭拒弃,但这显然并未使如下的信念失效:个体是第一位的,政府则是第二位的;政府行使其强制性权力必须获得被治者的同意。[51]

第三,普通法法治自始至终将政治结构置于法律管理之下,具有清晰的限权意识,并发展出相应的有限政府观念。

与德国"法治国"将通过法律的社会治理与政治结构相分离不同,普通法法治源起于对于政治权力的安排。不管《大宪章》是基于何种机缘而被后代人看成是对人民自由的保障[52],很显然,英国法治从一开始就具有限(王)权的意涵。通过划定贵族的不受侵犯的权利领域,《大宪章》意在对王权与贵族之间的关系做出全新的安排,从而将政治结构纳入法律的管理之下。而此后的光荣革命,正如托克维尔所言,也只是一场有关最终控制政府权力的争端。[53]

在普通法法治之下,主权者的权力受到契约所转让的权利范围、自然法与国家目的的限制。洛克曾明确指出,立法者的权力绝不容许超过维护社会福利的需要之外。[54] 限权意识与有限政府的观念由此得以扎根于普通法的法治传统之中,并且渗透于美国联邦宪法的各个角落:国家本质上是一种危险的社会机构,为了人民的福祉它必须拥有强大的权力,但如果对这一权力不加控制与限制,公民的自由就会受到威胁。[55] 由于政治结构处于法律管理之下,普通法法治中所谓的法律主治与德国"法治国"中的法律至上存在根本的区别。前者的立法权是有限的,而后者由于将制宪权置于法律之外,因而其立法权原则上不受实质性限制。

第四,普通法法治中的限权通过对抗性的、制衡的制度设置来实现。

一般而言,限权需要通过权力分立来实现,然而权力分立本身却无法保障

---

[51] J. W. Peltason, *Understanding the Constitution*, 14th ed., Orlando: Harcourt Brace College Publisher, 1997, p.5.

[52] 詹宁斯认为,《大宪章》的目的主要在于捍卫贵族的自由,但不了解贵族而只惧怕国王的后代人却把它看成是对人民自由的保障。参见 W. I. 詹宁斯:《法与宪法》,龚祥瑞、侯健译,北京:生活·读书·新知三联书店,1997年,页33。

[53] 同上注,页3。

[54] Locke, supra note [49], p.353.

[55] 斯科特·戈登:《控制国家——西方宪政的历史》,应奇等译,江苏:江苏人民出版社,2001年,页301。

限权目的的实现。单纯的分权往往是出于效率的需要:为了达到专业化,不同的机构应该行使不同的职能。保护自由不在于分权本身,而在于相互箝制的体系中的分权的安排。[56]

如果说对于不受侵犯的权利领域的划定构成对政府权力的外部限制,那么对抗性的、制衡的制度设置则成就对权力的内部限制。17 世纪英国的立宪主义和 18 世纪孟德斯鸠《论法的精神》之于宪政理论的重要性,莫不在于其对一种对抗性的、制衡的制度设置所做的推动与发展。同样地,对于建国初期的美国联邦党人而言,"制衡而非民主"才是其塑构政治秩序的基本原则。[57] 对抗性模式的制度结构之实质就在于,其所要求的不仅仅是职能上的不同分配,而主要是不同部门在制度上的独立。它尤其体现在美国的宪政秩序之中:通过联邦制实现联邦与各州之间的相互对抗与制衡;联邦权力与各州权力本身受三权分立的制衡;联邦最高法院拥有最终的违宪审查权。可以说,这种"自由政制的治术"[58] 是古老的普通法法治对于世界文明的最大贡献。而德国"法治国"之问题恰恰是只有权力的分立,而无机构之间的对抗与制衡。

第五,普通法法治中非成文的习惯法发挥了重要的功能。

大陆法国家一般都将国家制定法视为惟一的法源,习惯倘要成为法源就必须经过国家的批准或认可,从而表现出严重的国家主义倾向。由于自始至终排斥普通人的努力,习惯也相应丧失了自身的生命力与神圣性。与之相反,普通法从来就没有失去过与习惯的联系。布莱克斯通指出,普通法仅仅通过传统、使用与经验而得以传承,它的主要根基分为两种:一是既定的习惯;二是业经确立的规则与准则。[59] 约翰·戴维斯(John Davies)更是以极肯定的语气断定,英国普通法就是其疆域内的普通习惯,它只能在民众的记忆里被保存和被记录。[60] 这也是为什么普通法经常会被人们认为是被"发现"而并非被"创造"的重要原因之一。依赖于某种"集体性的记忆"(collective memory),非书面的习惯使得法具有灵活性与可锻性,不像制定法那样易受政治的控制和易于僵化,同时也塑造了诉诸"永恒的习惯"的司法传统,从而加强司法自身的权威

---

[56] 同上注,页 282—283。

[57] 钱永祥:"权力与权利的辩证——《联邦论》导读",载《宪政主义与现代国家》(《公共论丛》第七辑),北京:生活·读书·新知三联书店,2003 年,页 48。

[58] 哈佛大学教授门罗(W. B. Munro)语。转引自戴雪:《英宪精义》,雷宾南译,北京:中国法制出版社,2001 年,译者导言,页 1。

[59] William Blackstone, *Commentaries of the Laws of England*, vol. 1, Philadelphia: J. L. Lippincott Company, 1859, pp. 17, 67.

[60] Gerald J. Postema, *Bentham and Common Law Tradition*, Oxford: Clarendon Press, 1986, p. 5.

性。[61] 普通法的这种习惯法本源也成功地被移植入新大陆,在美国《联邦宪法》第1条第8款对于国会权力的列举、第3条关于司法权力的确立、第6条通过司法确保联邦法律的至上性和《权利法案》等处得到了深刻的体现。[62]

早期的普通法学者莫不将制定法视为洪水猛兽,从而成功抵制了罗马法的影响。此后,边沁与其信徒戴维·费尔德在英国本土与北美大陆所发起的法典化运动,也基本上以失败告终。[63] 尽管随着议会主权原则的确立,制定法在普通法国家日益普遍,然而,通过把制定法解释为是对古老的普通法进行宣告与挽救,或者对制定法作狭义的解释,普通法成功地将制定法整合入自身之中。立法领域充其量只是广袤无边的习惯法大海中的一座孤岛。[64]

五、"法治国"与普通法法治差异的制度技术根源

无疑,要探究"法治国"与普通法法治分道扬镳的根源,是一项太过庞大的工程。因为诸如同质性的职业法律家阶层、独立的中央性司法组织与独特的判例法制度等因素的缺乏,在很大程度上影响了"法治国"的特性与内在机理,而这些因素的缺乏恰恰又是特殊的政治社会环境所致。茨威格特和克茨就曾指出,德意志帝国权力的分化和地方邦国的强大,决定性地促进了罗马法的继受,因为它们阻滞了普通德意志私法、普通德意志司法组织和普通德意志法律阶层的形成与合流,从而为罗马法在德国的继受铺平了道路。[65] 就此而言,"法治国"与普通法法治的差异其实根源于社会性的、历史性的深层因素。

考虑到探究"法治国"与普通法法治在发生学意义上的社会历史根源涉及的更多是历史因素,在笔者看来,这项工作留给历史学家或许更为合适。作为一名法律人,笔者感兴趣的是,"法治国"与普通法法治之间的差异是否也与不同的制度技术相关?或者说不同的制度技术在何种程度上制约了两种法治传统的最终走向?在这一部分中,笔者试图探究"法治国"与普通法法治之差异在制度技术上的根源。因而,下文的论述将着重围绕双方为经营自由的事业所凭借的不同制度技术——体系性的建构方式与实践导向的技艺理性——而展开。

---

[61] Donald R. Kelley, *The Human Measure: Social Thought in the Western Legal Tradition*, Massachusetts, Cambridge: Harvard University Press, 1990, p.166.

[62] James R. Stoner, The Idiom of Common Law in the Form of Judicial Power, in Bradford P. Wilson and Ken Masugi (ed.), *The Supreme Court and American Constitution*, Maryland, Lanham: Rowman & Littlefield Publishers, 1998, pp.57—60.

[63] 关于费尔德在美国倡导法典化的情况,参见伯纳德·施瓦茨:《美国法律史》,王军等译,北京:中国政法大学出版社,1990年,页82—87。

[64] Postema, supra note [60], pp.17—18.

[65] 茨威格特等:同上注[47]所引书,页205—206。

纳粹政权倒台以后,不断有学者反思"法治国"理论。学者们大多认为法治国的形式化或者说法的实证主义是罪魁祸首——"法治国实质意义的弱化帮助魏玛共和国在短短几个月间蜕变成不法国家"[66],这种反思刺激了自然法在20世纪后半期的复兴。然而,对于"法治国"历史流变的梳理表明,魏玛共和国后期乃至纳粹统治时期,"法治国"的形式性因素基本遭剥离,而转变为一种实质性的概念。事实上,希特勒相信的神所履行的功能与自然法在自由主义时期社会体系中的作用就颇为相似。[67] 由此可以断言,"法治国"之区别于普通法法治并不在于其是形式性的还是实质性的,是实证主义的还是自然法的。针对这种非此即彼的简单化的问题解答方式,阿图尔·考夫曼曾一针见血地指出:尽管自然法学与法律实证主义在法的有效性上观点不同,但两者对法律发现过程的理解在方法上却完全一致:依自然法学说,实证的法律规范来自绝对值的伦理准则,具体的法律判决则从实证的法律规范中推出;依据法律实证主义,具体的法律判决同样不考虑经验,而是纯演绎地、"严守逻辑"地出自凭借立法者命令的法律(材料)。依据这两种思维模式,那种具体的实证的法是一些固定不变的、先验确定的东西。不难发现,这两种看似完全对立的立场其实分享的是同一套思维方式:二者都倾向于公理化,都基于理性主义的系统哲学,试图构建一种具有合适的、精确的知识之封闭体系。[68]

此种思维方式正是大陆法国家所固有的体系性建构模式的必然结果,后者遵循的是系统论的逻辑。按照这种建构方式,体系必须具备两个要素:秩序性(或逻辑性)和统一性(统一于基本原则之下)。人们认为系统思想实际上间接根源于作为上位法价值总和的法观念,系统是法观念的具体化(以一种特定的历史形式),因而并不是单纯的条条框框,而是所有法律与司法观念的前提;而系统概念的任务则是描述和实现适于评价的逻辑性与法秩序的内在一致性。[69]

问题在于,现代社会不同价值域之间的激烈冲突已然构成生活世界中的日常事件。现代人的命运就是,不得不同时应对就其本质而言是相互冲突的不同理念和不同的价值取向。[70] 然而,体系性的法律建构,却试图根据一定数量的

---

[66] *Ralf Dreier*, Recht-Staat- Vernunft: Studien zur Rechtstheorie, Suhrkamp Verlag am Main, 1991, S. 76.

[67] Neumann, supra note [4], p. 288.

[68] 阿图尔·考夫曼、温弗里德·哈斯默尔:《当代法哲学和法律推理导论》,郑永流译,北京:法律出版社,2002年,页121。

[69] *Claus-Whihelm Canaris*, Systemdenken und Systembegriff in der Jurisprudenz, Aufl. 2, Duncker & Humbolt, 1983, S. 1—2, 18.

[70] Wolfgang J. Mommson, *The Political and Social Theory of Max Weber*, Cambridge: Polity Press, 1989, p. 29.

理性原则在顾及社会生活的某种形式的情况下对正义的整体加以理解。[71] 为构建这样的体系,那些杰出的系统化专家以严谨的、逻辑数学的演绎从最一般的、有牢固理性法基础的基本原理中获得最具体的个别法律规定,以至于其法律制度就像完全艺术化分类的、系统而明确设计的建筑。于是乎,在这样的体系里,为寻求学理上的概念与逻辑上博弈自由制度的设立所做的努力常常要多于其寻求与社会现实的联系。[72] 这种试图将所有的生活秩序统一于由某个概念或者某几个原则支配的法律体系的做法,就好比用瘦骨嶙峋而缺少血气的双手去把握活生生的现实生活。

体系性的构建思路意味着修辞凌驾于生活之上,由此而构建的系统往往是封闭的、僵化的、高度抽象的,它无法与复杂的、具体的、变动的社会生活形成互动。这就使得它总是拙于应对社会发展所带来的新矛盾,也不能为法的一般性与个案的特殊性之间的紧张提供有效的解决思路。比如,法人犯罪之所以迟迟不为大陆法国家的刑法所接受,根本原因就在于它对于既有的犯罪论体系构成现实的冲击。否定说所依据的主要理由诸如法人不具有作为刑法评价对象的行为能力和承担责任的能力等[73],恰恰是由于既有的犯罪论体系以自然人作为构建基础,因而无法容纳异于自然人的其他拟制主体。卡夫卡对于这种法律体系的缺陷就有着相当深刻的洞悉:"他们(法官们)对于一般的案件驾轻就熟,这类案件的审理有轨可依,几乎自行运转,只需要时不时推一推就行;然而,如果碰到过于简单的案件,或者特别棘手的案子,他们往往就一筹莫展,因为他们一天到晚禁锢在自己那一套里,对人与人的关系没有正确的理解……"[74] 确实,置身于纯法律的氛围而不顾尘世间和人的因素的法律修道士,不可能将实际的原则恰当地适用到有血有肉和变动不居的社会。因为最符合逻辑和经过严密推论所得出的规则,也可能由于不适合社会环境而使对它们的实施有违于法律的目的。[75]

在生活与修辞究竟何者为上的问题上,普通法给予了完全不同的答案与解决思路。

普通法从来都没有试图采用合乎逻辑的、封闭的制度体系去应对社会生活。相反,它是激烈地抵制这种体系性管理的法律思想与实践的一种形式,认为普通法是规则的体系性结构绝对扭曲了普通法。[76] 通过从个案到个案的方

---

[71] Canaris, a. a. O., S. 12—13。
[72] 茨威格特等:同上注[47]所引书,页209。
[73] 大谷实:《刑法总论》,黎宏译,北京:法律出版社,2003年,页89。
[74] 卡夫卡:《审判》,《卡夫卡小说全集》(I),韩瑞祥等译,北京:人民文学出版社,页301—302。
[75] 转引自茨威格特等:同上注[47]所引书,页362。
[76] Postema, supra note [60], p. 10.

式,普通法在具体的司法实践中发展出一套独特的技艺理性(artificial reason)。这种技艺理性是试错型的,它不是斯多噶主义或者现代罗马法式的抽象理性,而是一种习得的、经验的实践理性。只有通过研究普通法的教义,经受律师公会所提供的训练和在普通法法院中的实践才能获得。[77] 一手将普通法从中世纪带入现代门槛的爱德华·柯克爵士,曾在他与詹姆士一世的著名对话中阐释过这种理性:上帝赋予陛下丰富的知识与非凡的天资,但陛下对于英格兰领土上的法律并不精通。涉及陛下臣民的生命、继承、动产或者不动产的事务,并不依自然理性来判定,而是依技艺理性和法的判断来决断。法律乃是一门技艺,一个人只有经过长期的研究与实践,才能获得对它的认知。[78] 对于布莱克斯通来说,"理性"与"自然"同样不是指抽象的、普适的合理性,而是指英国普通法的"精神"与"本性",特别是指历经几个世纪的针对自由和财产的保障所作的安排。[79]

通过遵循先例与类比推理,普通法确保了法治所必需的连续性与稳定性,从而满足法安全性与可预期性要求。这种先例制度在纵向与横向两个维度上进行运作。从纵向维度而言,下级法院受上级法院的判例约束,而在横向维度上,法院原则上受自己先前的判例的约束,除非该判例所存在的谬误将使法院遭到深远且不必要的损害,并且同时需要牺牲国家对于法治所负的责任。在此,遵循先例是常规,因为它促进了如下五种价值,即稳定性、对法的信赖的保护、司法的效率、平等与司法的形象[80];而且,训练与经验也已使遵循先例在司法思维中根深蒂固,成为一种强大的法律传统。[81]

然而,先例的约束力并不是绝对的。"相同案件相同对待"的言外之意就是"不同案件不同对待"。先例所确立的规则可以被明确推翻,以适应于变动

---

[77] Kelley, supra note [61], p.180.

[78] James R., Stoner, *Common Law and Liberal Theory*, Lawrence: The University Press of Kansas, 1992, p.30.

[79] Kelley, supra note [61], p.183.

应当指出,布莱克斯通(还有美国的曼斯菲尔德)所用的"理性"与柯克所指的"技艺理性"存在区别。对于前者而言,"理性"经常与由案例与既定规则所例证或显示的普遍的正当性原则相关联。然而,这两种理性并非不相容,前一种理性实际上以技艺理性为基础。没有普遍原则的指导,个案性的"技艺理性"当然并不完整。但普遍原则的理性也须通过对特定案件的反思方得以发现,它是"运行于案件之中"的理性,是普通法精神中存在的理性,同样建立在经验基础之上,与所谓的自然理性存在重大区别。自然,这些原则也与体系性建构中的基本原则完全相异。前者在很大程度上是作为一种假设存在,它们是开放的、可以不断试错的,总是被案件所驱动,而不是如封闭性体系那样,案件总是被原则(理论)所驱动。See Postema, supra note [60], pp.30—36.

[80] Lief H. Carter, *Reason in Law*, 5th ed., New York: Addison Wesley Longman, 1997, pp.29—30.

[81] Bruce E. Altschuler and Celia A. Sgroi, *Understanding Law in a Changing Society*, 2nd ed., New Jersey: Prentice Hall, 1996, p.130.

的社会现实。但实际上,法官很少需要依靠这样激烈的手段。由于判例制度将事实与判决理由相分离,只有后者才构成法律规则,而司法推理的最重要特征即在于没有规则告诉裁断者如何判定哪些事实是相似的,哪些事实是不同的。这就意味着事实的自由认定权掌握在法官手里。[82] 法官当然有义务遵循先例,却没有义务遵循特定的先例。借助于发达的区别技术,法官在遭遇具体个案与规则相冲突的情形时,至少有三种途径可供选择:一是通过将本案事实区别于既定先例的事实,回避对该先例规则的适用而是从其他先例中找寻合理的规则;二是限制或者扩张对既定先例的规则之适用范围,而认为本案不适用该规则或者可以适用该规则;三是直接认定既定先例的规则不合理或者违反正义,推翻旧规则,而发展新的规则。由此,判例制度不仅在相当程度上可以避免个案不正义的情况出现,还能借助于实践中的案例来检验规则的有效性及其缺陷。通过对规则本身的不断微调,规则不断地将变动的社会关系重新纳入规则之下,从而与社会发展形成良好的互动关系。

与此同时,借助于陪审团制度,普通法又不断吸纳着普通人对法的发展所作的努力与贡献,使普通法得以始终保持与生活世界的联系,维续其生生不息的活力。实际上,从一开始,普通法就是由邻里之间的"理性人"(reasonable men)与职业法官共同创造的结果,它体现的是一种普通人的心智。正如詹姆斯·R. 史登纳(James R. Stoner)所指出的,陪审团审判与非书面性一样是普通法的显著标志,这绝非偶然,因为习惯法与陪审团的判决都可以说表达的是以普通人的心智来理解司法。[83]

究其本质,普通法的运作并非是一种从既定的、普适的真理所展开的演绎推导过程,而是归纳的,从具体中得出它的一般。判例法的规则和原则从来也没有被当作终极真理,而只是作为可资运用的假说,它们在那些重大的法律实验室——司法法院——中被不断地重复检测。每一个新案件都是一个实验。如果人们感到某个规则产生结果不公正,就会重新考虑这个规则。也许不是立即就修改,因为试图使每个案件都达到绝对的公正就不可能发展和保持一般规则;但如果一个规则不断造成不公正的结果,那么它最终将被重新塑造。这些原则本身也在不断地被重复检验;因为如果从一个原则中推演出来的那些规则不大起作用,那么,这个原则本身就一定会受到重新考察。[84] 由是之故,布莱克斯通才特别强调,"法官的意见"与"法律"(指普通法)这两个概念并不总是可置换的,也不是二位同一的,法院的司法判决只是表明普通法是什么的证

---

[82] Ibid., at 147—148.
[83] Stoner, supra note [62], p. 51.
[84] 本杰明·卡多佐:《司法过程的性质》,苏力译,北京:商务印书馆,2000 年,页 10。

据。[85]

可以说,正是发达的技艺理性使得一种精巧的制度技术在普通法中得以建立。借助于这种技术,普通法为解决法的普遍性与个案的公正之间的矛盾,为社会的变动不居与法律的相对滞后性之间的紧张,提供了远较体系性的建构方式更为合理的解决模式。普通法由此而得以构筑一种内在的自我发展机制,确保法的开放性及法与社会的互动。

归根到底,在一个诸神争斗的社会里,所有的价值都是危险的,因为所有的价值都是绝对的和排他的,所以实践某种价值总是可能(或许是必然)导致对其他一些价值的损害。然而,并非价值的所有实践方式都是不可容忍的;只有当某种价值的实践方式严重损害了其他价值,才应该被禁止,而交由法律来管理。[86] 普通法法治之所以能成就自由的事业,原因就在于它是以被动的方式来对普通人的实践技术进行管理。"普通法容忍很多的不合逻辑"[87],因为这种不合逻辑只是多元复杂的现实生活与社会秩序在法律中的折射与反映。如果生活世界不能以逻辑演绎的方式井井有条地进行组织,人们凭什么认定人为设定的法律逻辑可以一劳永逸地管理人们的生活?体系性建构方式的根本缺陷就在于,它意图削足适履地让生活去适应逻辑,而非是让逻辑去适应生活。它经常将价值或权利与其实践技术混淆起来,试图通过预先规定这些权利,来调和这些本应属于哲学范畴的价值之争。由于这种做法让法律承负了其根本不可能完成的任务,因而不仅使得法律游离于普通人的生活实践,也使得无论是法律实证主义还是自然法都不可能完成对自由的拯救,相反却极易导致道德或思想的一元化专制。

结　语

在笔者看来,现行主导中国法律改革的主流话语,恰恰与德国"法治国"准则有着异曲同工之处,它们分享共同的逻辑基础和前提要件。那些看似大刀阔斧的改革举措,与其说是为了保障权利以促进个体自由,不如说是为了通过立法手段来提高法理型治理方式的效率。之所以1997年刑法典修正应该首先被视为是理性化的一步,其理由便在于它在更大程度上是一场体系化的法典编纂运动,在刑法典中添加几行罪刑法定的字眼其实与自由的事业没有多少干系;而之所以认为在刑事诉讼程序中引进对抗制庭审方式主要不是为了促进自由,

---

[85] Blackstone, supra note [59], p.70.

[86] 李猛,同上注[41]所引文,页185。关于普通法的技艺理性及其治理技术与自由的关系,李文有极为精到的论述,参见页163—224。

[87] Postema, supra note [60], p.38.

也是基于引发改革的直接动力是旧制度的效率低下——它无法有效地处理案件从而造成大量积案,随之而来的涉及维权之举措总是举步维艰(比如,沉默权、违法所得的证据如何处理等问题至今被漠然置之),而涉及效率的改革却屡屡横空出世(比如,2002年3月最高人民法院、最高人民检察院、司法部通过《关于适用简易程序审理公诉案件的若干意见》,正式推行简易程序)便是明证。至于国家司法考试的迅速制度化,也显然是由于人们意识到专业性的法律人才能更好地满足新的治理方式的需要。

笔者知道,在一片大好形势的呼声中,偏偏去谈什么危险,未免煞风景,就像齐整嘹亮的军乐中发出一声刺耳的颤音。刻意地质疑现有法律改革的思路,实是因为在一个国家主义话语占据垄断地位的干预型国家内,纯粹理性化导向或效率导向的法律改革对于自由的事业太过危险。因为,它最终敲响的往往不是法治的前奏曲,而是迈入极权主义的丧钟。

(初审编辑:白麟、胡凌)

从管制到自由
——论美国贫困人口迁徙权的宪法演变

张千帆[*]

From Regulation to Freedom

Zhang Qian-fan

内容摘要:流浪乞讨是每个国家在经济发展过程中都将面临的社会问题。本文探讨英美国家处理这一问题的历史经验,以及迁徙权的宪法保障在美国的历史演进。在内战后修正案通过后将近一个世纪的漫长历程中,美国逐步确立了贫困人口的迁徙自由。尤其是经过 20 世纪 20 年代末的经济大萧条后,美国社会普遍转变了对流浪乞讨的看法。到第二次世界大战,联邦法院开始通过州际贸易条款限制各州与地方控制穷人迁徙的法律。此后,法院又通过第十四修正案的正当程序和平等保护条款,撤销了某些禁止穷人流浪以及对新居民的社会福利施加不合理条件的地方规定。到 20 世纪 60 年代,美国穷人的迁徙权才可以说是牢固确立下来。这段历史告诉我们,迁徙权是市场经济和人权意识发展到一定程度的必然产物。在法制统一的国家里,它是公民权的题中应有之意,因而应当受到宪法保障。迁徙自由的宪法保障不仅对于市场经济的发展是

---

[*] 政府学博士,北京大学法学院教授。本文的写作曾得到教育部重大攻关项目"政治文明与宪政"的支持,并在修改过程中得益于《北大法律评论》编辑杨利敏和匿名审稿人的意见,在此一并表示感谢。

必要的,而且也是国家统一和公民平等的重要体现。

关键词:公民权 迁徙自由 流浪乞讨

Abstract: The treatment of beggars and vagabonds is a social problem that confronts every state in its economic development process. This article explores the British and American historical experience in dealing with this problem, and the evolution of the American constitutional protection of rights to travel. In nearly a century since the enactment of the post-Civil-War Amendments, the United States gradually established the right to travel for the indigent population. Especially after the Great Depression in 1929, the American society changed its prevailing views about the beggars and vagabonds. Since then the courts, through reinterpreting the Due Process and the Equal Protection clauses of the Fourteenth Amendment, struck down certain local provisions that prohibited the paupers from loitering and imposed unreasonable conditions on right of the new residents to social welfare. During the 1960s, the right to travel was firmly consolidated for the American paupers. This history indicates that right to travel is the cross product of the developments of both market economy and rights consciousness. In a legally uniform state, right to travel is inherent in citizenship, thus necessarily requiring constitutional protection, which is not only necessary for economic development, but also the very symbol for national unification and equality.

Key Words: Citizenship right to travel beggars and vagabonds

一、引言

在每个国家,流浪者都是一个令人头痛的问题。他们给人的直觉是衣衫不整、蓬头垢面、操着一口难懂的外地口音、缺乏教育和职业技能(否则也不会沦落到流浪乞讨的境地),其中比例不确定的部分人还被证明是城市安全与秩序的隐患。流浪者的不良形象几乎使社会对他们的歧视合法化了。几乎每个社会都带着警惧的眼光,本能地回避他们。不论公开的姿态如何,每一个地方政府实际上都将他们列为不受欢迎的人;为了保护本地居民的安全和城市的"市容",为了防止这些人给地方财政带来过重的负担,地方政府采取各类措施限制他们的活动,最终将他们遣送回原来的居住地,就好像是为了彻底忘却他们所带来的任何不愉快经历。在人类历史上的很长一段时间内,人们一直没有太大兴趣去关心他们的个人境遇和权利,似乎完全忘记了他们和其他人一样也是宪法意义上的"公民";流浪者只是必须被解决的"问题",而政府在解决这个问题的过程中不需要遵守什么宪法限制。因此,在自己在生活上的不幸遭遇之外,流浪者还面临着法律的严厉惩罚和执法权力被滥用的风险。

2003 年发生的孙志刚事件打破了中国对收容遣送制度的沉默,激发人们反思强制措施的合法性并探讨贫困救济的出路。值得注意的是,流浪乞讨并不是中国独有的现象。世界各国都面临着同样的问题,发达国家也不例外,因而这些国家在处理这个问题过程中积累起来的经验可以为中国提供借鉴。事实上,西方国家也经历和中国完全类似的发展过程。在封建制度衰微和市场经济开端,流浪乞讨成为一个突出的社会问题,并引起政府的严厉管制。随着时代的发展,人们对流浪乞讨行为的看法逐渐发生了变化。在美国等西方国家,在贫困人口的待遇不断获得改善的同时,原先对流浪乞讨的严厉禁止被逐渐打破。到今天,流浪甚至上升为一种不能被政府随便剥夺的宪法权利。从管制到自由的漫长历程中,美国等西方国家的宪法和法律在思维与制度上都经历了一个大转变,而这个转变过程对于中国处理自身的类似问题颇有裨益。

本文主要从美国在流浪管制问题上的宪法转变出发,探讨了美国宪法公民权与迁徙自由的发展过程及其对中国的启示。[1] 美国的历史经验表明,迁徙自由不仅是市场经济发展的必然要求,而且也是公民权(citizenship)的基本组成要素,是国家统一的首要象征。在一个政治与法律统一的国家里,公民的一项基本自由就是有权在他向往的地方生活和工作;对这项权利的阻碍,必然意味着国家在社会、经济乃至法律上的割裂。美国经验进一步表明,对于宪法权利而言,只有文本的规定是远远不够的。事实上,美国宪法文本中并没有提到"迁徙"(travel),而最后这项权利作为公民权的题中之意被引申出来;另一方面,虽然宪法文本明确提到了"公民"(citizen),但流浪者的公民权却在近一个世纪内都没有得到落实。如果宪法条文不能付诸实施,那么再完美的规定都没有任何现实意义。最重要的是,司法机构必须赋予宪法条文以其应有的意义;否则,公民权、国家统一以及宪法为所有公民提供的平等保护只能是一句空话。

二、收容遣送制度的渊源——英国对流浪乞讨的管制

尽管流浪乞讨在西方历史悠久,它原先并不作为一种普遍的社会问题而受到法律管制。事实上,在基督教的教义中,乞讨是正当的。在漫长的中世纪,农奴在封建传统下没有人身自由和法律权利,但他可以期望主人为他提供基本福利。以封建庄园为主的经济秩序限制了社会的人口流动,因而流浪并不构成一个普遍的社会问题。由于在济贫法产生以前不存在普遍的济贫措施,乞讨是不

---

[1] 本文的讨论主要限于流浪乞讨人员的迁徙自由,有关乞讨等流浪所引发的其他问题将另在别处撰文探讨。另外,尽管本文的讨论对于一般意义上的迁徙权具有重要含义,因为问题的关键正在于穷人而非普通人的迁徙权,但也正因为普通人的迁徙自由已经成为学界的共识,没有必要花费太大的篇幅加以论证,本文的焦点在于探讨流浪乞讨人员的迁徙自由及其制度保障。对于迁徙自由的一般讨论,可参见朱福惠:《论迁徙自由》,载《宪法研究》(第一期),法律出版社,2002 年,页 462—467。

工作的穷人生存的惟一方式。贫困问题主要由地方教区或庄园主自行解决,政府不承担任何救济或管制的义务。

较大规模的贫民流浪是市场经济发展到一定阶段而产生的社会现象,有关贫困救济与管制的法律则是对这一社会问题的自然回应。英国是最先发展市场经济的国家,因而也在经济发展过程中首先遇到了贫困和流浪人口问题。在历史上,英国济贫法并不是通过一次创制一蹴而就产生,而是经历了一个自然的发展过程。在每一个阶段,新的济贫(poor relief)立法都是为了应付新的社会问题而产生的,但是这些社会立法又存在着一定的共同背景:流浪人口是新兴资本主义的产物,而当时的社会大环境仍然是和自由流动格格不入的封建传统秩序,因而解决流浪问题的各类方案带有明显的封建特征,也就是对个人迁徙自由的人为限定。

由于美国各地对贫民迁徙的限制直接从英国模式移植而来,我们首先讨论地方济贫制度在英国的起源。总的来说,济贫制度和迁徙自由紧密联系在一起,因为至今为止,各国的济贫义务一般主要是由地方政府承担,而地方政府显然不欢迎外来贫困人口分享当地的有限资源,并恐惧他们给当地的健康、卫生和治安带来隐患,因而通常对流浪乞讨人员的人身自由采取严厉的限制措施。虽然随着市场经济的不断发展,物资贸易和人员流动的范围不断扩大,原先静止封闭的封建秩序逐渐解体,针对一般外来人口的地方壁垒被逐渐打破,但地方政府对流浪乞讨人员的控制却在此后很长时间内一直没有松动。

1. 问题的起源——保证社会劳动力的供应

随着封建主义的衰微和资本主义的兴起,加上1348—1349年席卷欧洲的黑死病,劳动力成为英国社会的一个突出问题。黑死病使英国丧失了1/3人口,其中社会下层占绝大多数,因而劳动力短缺相当严重。工人抓住这个机会要求增加工资,社会下层的另一部分则宁愿乞讨也不愿劳动。因此,在一开始,流浪乞讨就和工人待遇联系在一起:流浪减少了劳动力的供给,进而提高了劳动力的市场价格。为了同时压低工人工资并减少流浪人口,英国在1349—1350年制定了《劳工法》(Statute of Laborers)。这不仅是英国为解决贫困问题而制定的第一部法律,而且也为以后近五百年的济贫法框架奠定了基本模式。

最重要的是,《劳工法》推翻了基督教和封建社会的基本假定,从根本上改变了对乞丐和流浪者的看法。乞讨不再被认为是值得同情的行为,而是个人懒惰、好逸恶劳和意志薄弱的象征,因而不仅乞讨本身成为受到法律禁止的犯罪,具备工作能力的乞丐或流浪者可以被政府抓起来强制劳动,而且连施舍也成了纵容犯罪的行为。该法前言称:

"由于许多健康的乞丐只要能靠乞讨为生就拒绝劳动,从而使他们自己无所事事并染上恶习,有时还从事偷盗等其他令人生厌的行为,因而任何人不得以怜悯或施舍为耳目对具有工作能力的人给予任何物品,以满足他们的欲望,否则将受到监禁的惩罚。以此迫使他们为自己的必要生计而劳作。"

为了实现这个目的,1349 年的法律采取了四类相关措施:强制性劳动,控制工资和补贴,通过监禁处罚那些在合同终止前放弃工作的人以及通过特殊的司法系统来处理劳工争议。法律规定所有60岁以下有劳动能力者都有义务劳动,否则将被强制劳动。贵族具有优先权选择乞丐作为其劳力,且劳动力的报酬被限制在黑死病发生前的水平。[2] 1350 年的法案进一步细化了工人工资方面的限制,并要求法官听取有关争议,一年至少4次。尽管自食其力的工人在性质上和乞丐不同,这项法律对于工人的处理和流丐相差无几:一旦工人失去职业,他们就成为乞丐并接受法律的惩处。在这个意义上,工人必须工作并接受低工资,并不得在合同到期前离开岗位,否则将受到监禁。反过来,也正是通过这种方式,流浪者和乞丐不得不加入工人的行伍。

2. 济贫系统的产生

到16世纪,贫困人口的流浪在市场经济发展的过程中成为整个欧洲的问题。据统计,穷人占了当时英国人口的 13%—20%,并在以后一个世纪里翻倍。[3] 为了应付这种局面,1531年和1536年的法律首次建立了英国的济贫系统,规定了什么人具有合法需要的标准、需要救济的人员记录、政府救济的义务以及相应的行政系统。1531年的《乞丐和流浪者处罚法》沿用并扩展了以前对有工作能力的闲置人员之处罚。该法的前言指出:"在本王国的各个地方,流浪者和乞丐长期以来都在增长着,并每天都以巨大的数量增长;他们的闲置是所有恶习的根源",导致了屡禁不止的盗窃、抢劫、谋杀和其他犯罪。1531年法律为解决这类问题设计了下列办法。第一,地方官员和治安法官有义务在其管辖区域内搜查乞丐,并决定这些人是否应被允许继续乞讨并接受捐助。只有"老年的穷人和失去能力的人"才能被允许乞讨。获得许可的乞丐必须正式登记,并就有关乞讨及其活动范围获得书面许可。如果任何人被发现在许可范围之外乞讨,可被处以两天两夜的监禁,在此期间只提供面包和水。第二,如果老年穷人或失去能力的乞丐没有许可而乞讨,他们可被关押3天或处以鞭笞的刑罚,然后获得书面许可以及指定的乞讨场所。第三,如果身体健壮的男女被发现乞讨,或在不能解释如何合法获得生计的情况下流浪,也可以受到逮捕和惩罚,然后被发送回过去3年内居住的地方。如果当地官员未能履行职责,可以受到起诉并判处一定数量的罚款,其中一半归国库,一半属于起诉者。这些法律确定了英国(和以后美国)的济贫原则:对于那些没有能力劳动的人实施救

---

[2] 参见 William P. Quigley, Five Hundred Years of English Poor Laws, 1349—1834: Regulating the Working and Nonworking Poor, 30 *Akron Law Review* 73 (1996).

[3] Ibid., p. 93.

济,而济贫在财政和行政上都是地方政府的义务,那些有能力劳动但拒绝劳动的人则仍然应受到法律的严厉惩罚。

随着养羊业和圈地运动的发展,农村和城市的无业人口都进一步增加。1563年,议会制定了《手工业法》(Statute of Artificers),在《劳工法》的基础上作出了次要的修正。法律规定,每个从12到60岁的人都必须工作。不论是否有工作,治安法官都可以命令任何人在农忙季节干农活。工人的迁徙权受到严格限制。任何人都不得在没有书面许可的情况下离开其住地,否则将受到逮捕和遣送。

1601年的《济贫法》(Poor Law)最终奠定了英国济贫的基础,为英国以及后来美国的济贫提供了长达350年的框架。这项法律确定了三项原则:地方责任原则、定居和遣送原则以及家庭主要责任原则。首先,地方政府有义务自行通过征税筹钱并管理济贫。地方选民每年选举2名以上监督人(overseers),和治安法官一起管理济贫工作。其次,地方政府有权为本地的贫民和没有工作能力的人建造济贫院[4],对于外来流浪人员则一律予以遣送。最后,家庭对扶助贫困的子孙或长辈承担主要义务。如果两名治安法官认为家长不能适当养育其子女,他们可以将孩子们强行带走并使之成为学徒,直到男孩年满24岁、女孩年满20岁为止。这三条原则所反映的是同一个宗旨:每个地方都有义务为本地穷人提供其家庭所不能提供的基本生活保障,但没有任何义务救济外来贫困人口;遣送制度只是实现地方责任制的一种手段,目的是为了保证各地承担起救济当地穷人的义务,以免给邻近地区造成财政和治安上的负担。

3. 对迁徙自由的限制

1662年的《定居法》[5]加剧了对穷人迁徙自由的限制,授权治安法官遣送任何在40天内到达本地而又需要或在将来可能需要救济的人。这项法律的前言表明,法律的主要目的是为了控制农村的大量穷人迁移到城市,减少地方政府的济贫压力,并使工作的穷人尽可能靠近家乡并远离城市。《定居法》限制了工人到别处工作的自由,没有工作的贫民要想迁徙并在别处定居就更不可能了。

由于《定居法》也使得雇主雇用新工人变得更为困难,1697年的法律放松了迁徙的管制。如果有人带着其居住地的证明,表明以前居住的地方愿意接受救济的义务,那么他应被允许在新的地方居留,且在这种情况下遣送是违法的。另外,如果一个人在当地连续工作一年以上,就被认为在新的地方合法"定居"(settle)下来。这项规定确实对迁徙的管制有所放松,但从另一个角度看,穷人在新法下的日子更难过,因为接受救济的家长和孩子都必须穿着带P字的衣服。拒绝穿戴有标志的衣服将导致法律后果:或者救济被减少甚至取消,或者

---

[4] 在定义上,该文中的"贫民"(paupers)不是指一般收入低于贫困线的穷人(poor),而是指没有职业因而不靠救济或乞讨就无以为生的赤贫。

[5] Act of Settlement,也就是《济贫法》(Poor Relief Act),但通常被称为《定居法》。

被关押起来从事不超过 21 天的苦役。有关标志的规定一直到 1810 年才被取消。它也从另一个侧面反映了当时流行的道德假定,也就是贫困是穷人自己的错;如果有人一直贫困,那么肯定是他们的决策失误、懒惰或酗酒的结果。[6] 因此,对穷人的帮助必须受到限制,并应该伴随着相应的惩罚性措施。

《定居法》在英国产生了诸多不良后果。第一,不同地区相互推诿济贫责任,因而不断产生争讼。当时英国每年遣送成千上万的人,许多人被送到另一个地方后又被遣送回来,不仅给穷人带来颠沛流离之苦,而且也造成了大量的"踢皮球"和资源浪费。第二,它极大限制了工人的流动性和工作机会,从而对经济发展产生不利影响。正如一位学者指出:"这项法律在英国劳工心中打上奴役的烙印,并使他像沉船的海员依靠他的木筏那样依赖其教区。从一开始,它就产生了大量的欺诈、不公、奢侈浪费、邪念和无止境的诉讼。"[7]《定居法》仿佛使英国又回到了静止的封建时代,每个人都知道谁应该对谁负责。它是地方责任制的自然产物,也是英国历史上最极端和最残酷的地方主义形式。

4. 济贫院的建立

到 18 世纪,英国开始为穷人建立济贫院或收容所。以往的济贫系统是在穷人自己家里进行的,当地政府将亚麻、羊毛、毛线或铁块送到穷人家里由其加工。这类所谓的"户外救济"(outdoor relief)缺乏质量监督,且随着人数增加而成本越来越高。1722 年的《济贫法》授权教区为穷人提供济贫院(workhouses),通过"户内救济"(indoor relief)训练和监督他们的劳动。贫民院本身并不是什么新鲜的概念,自从 16 世纪开始就存在于少量专门给穷人、残疾人或老年人居住的地方。但《济贫法》的主导思想是要把贫民变成"有利可图的劳力",使之能够通过劳动维持自己的生计,并使公共救济系统对于某些懒惰的人而言不那么有吸引力,从而减少申请救济的人数和提供救济的负担。法律禁止任何人通过其他方式获得救济,不愿进入济贫院劳动的人将得不到救济。这种思想"本身看起来如此可行,但在原则上如此错误并在效果上如此糟糕"[8]。一开始,济贫院确实减少了地方的济贫开支,因为贫民一般不愿意申请这类救济,但随后问题就暴露出来。济贫院的管理照理应该受到治安法官的监督,但其实完全是由济贫院的经营者控制。济贫院的卫生和设施得不到保障,因而成为传播传染病的地方。婴儿死亡率是如此之高,以至政府不得不禁止教养院收留 6 岁以

---

[6] 这种道德假定影响深远。事实上,即使强调宗教宽容的自由主义者洛克(John Locke)也认为贫困和乞讨并不是因为"供应匮乏或就业机会稀缺",而是因为"纪律松懈和规矩、道德及勤勉之败坏"。作为当时的皇家贸易委员,他提议解决"乞丐懒汉"问题的方案就是严厉惩罚没有许可的乞讨行为,包括放逐、强制劳动和劳改。Maurice Cranston, *John Locke: A Biography*, 1985, p. 424,转引自 Loper v. New York City Police Dep't, 802 F. Supp. 1029 (S. D. N. Y. 1992)。

[7] T. W. Fowle, *The Poor Law*, Littleton, Rothman & Co., 1980, pp. 63—64.

[8] Ibid.

下的儿童。

5. 19世纪的济贫改革

到19世纪,圈地运动的进一步展开使得农村无业人口不断增加。1832年,选举改革促使议会产生了皇家济贫法调查委员会。该委员会两年后的报告将穷人分为两种:一类接受救济,他们懒惰、肮脏、依赖和贪婪;另一类则不接受任何救济,他们勤奋、干净、独立、节约。委员会的主要建议是要求禁止对任何有能力工作的人提供救济,减少贫困资助的吸引力,并使贫困救济受到中央的统一控制。根据这些建议,法律设立了3人中央委员会,有权对所有教区制定统一的规则、规章和运行程序。法律还减少了对流浪者的资助,修改了有关定居的法律,并保证不劳动的穷人所接受的资助少于工作的穷人。尤其在行政统一方面,新法的效果立竿见影。在3年之内,英国原来由1万多个教区从事的济贫职能被归并为500多个济贫区。1834年济贫改革的主要问题在于它完全忽视了那些想找但又找不着工作的人,因而除了教养院的老一套之外完全没有规定地方官员如何处理那些失业者。虽然改革恢复了教养院的做法,但济贫的基本政策问题仍未得到根本解决。

从以上论述可见,在过去5个世纪中,政府逐步取代了传统上由封建庄园主和教会行使的职能,越来越多地介入贫困人口的生活保障。在政府职能的划分上,济贫主要是地方政府的责任,全国性的标准和协调是微不足道的。在救济方式上,英国严格区分两种"穷人":劳动的社会下层和主要靠乞讨或救济为生的贫民,而对流浪和乞讨的管制相当严格。贫困的原因一般被认为是个人的失误或道德问题,而不是社会和经济变革的结果,因而流浪者和乞丐应该对自己的境遇负责。救济范围一般仅限于本地熟悉的不能工作的穷人,外来的穷人不受欢迎,即使是本地也只有那些有资格的穷人才能获得救济,且救济水准必须低于工人的最低工资。有能力工作的人必须工作,否则将在大庭广众之下受到法律的严厉惩罚,只有没有能力工作的穷人才受到怜悯。对于那些工作的穷人,工资被人为压得很低,且选择工作的自由受到限制。

三、宪法权利的虚置——美国内战前对流浪的管制

作为英国的前殖民地,美国的许多法律都直接来自于英国。对流浪的管制也是如此。六个多世纪以来,美国法律继承了英国的传统道德假定,一直将流浪作为刑事犯罪处理。地方政府有权在违反意愿的情况下驱逐新到的穷人,并将他们送回以前的居住地。[9] 在整个过程中,受到指控的穷人一般没有什么

---

[9] William P. Quigley, Work or Starve: Regulation of the Poor in Colonial America, 31 *University of San Francisco Law Review* 35.

程序或实体权利保障。

和英国不同的是,美国联邦从1788年开始就有一部成文宪法,而在此之前各州已经相继立宪。联邦宪法和各州宪法都保障了公民的一些基本权利,主要包括联邦宪法第一章第八节的州际贸易条款、第四章的"优惠与豁免权"(Privileges and Immunities)条款以及第十四修正案的正当程序(Due Process)条款。如果要"较真"的话,其中任何一条都有可能被认为赋予贫困人口以某种程度的迁徙自由。然而,根据自食其力的传统理论,依靠救济生活的贫民被认为主动放弃了宪法保障的公民权,而联邦公民权的缺失使得济贫完全成为一个不受联邦控制的地方问题。为了保证地方免受贫困人口的犯罪之困扰,地方政府可以限制贫民的人身自由和司法救济等基本权利,且这类限制被认为是政府警察权力的适当行使,因而并不违反州际贸易条款。对于贫民而言,宪法权利可以说是几乎完全"虚置"了。

1. 英国传统的延续——济贫作为地方问题

从殖民地时代开始,美国就借用了英国对流浪管制的法律模型,惩罚那些被认为可能构成潜在犯罪的流浪者。殖民者基本上沿用了英王国的济贫法,因而带有1601年济贫法的主要特征,主要包括具有某种国家监督的地方责任和控制,有劳动能力而拒绝劳动的人应该受到强制劳动,贫困家庭有法律义务照顾自己的老小,只有不能劳动或维持家庭的残疾人或精神病患者才能获得公共食品和医疗。流浪或拒绝劳动的贫民一般被作为犯罪处理,可以在没有法律保护的条件下受到惩罚。

由于贫困救济被假定为地方问题,贫民的迁徙和旅行自然受到严格限制。在联邦宪法制定之前,《邦联条款》第四章在赋予"各州人民自由进出其他州的权利"的同时,明确将"乞丐、流浪者和逃亡奴隶"排除在外。独立战争时期,各殖民地继续沿用英国济贫法,规定穷人的法定居住所在地政府有义务提供救济,同时授权地方政府防止贫民到当地定居,并将非法定居住的贫民驱逐出境。[10]

既然地方政府具有救济当地穷人的主要责任,外来流浪人口和当地贫民自然受到区别对待。本地的贫民即使不劳动或被强迫劳动,也被认为是值得怜悯的邻居;外地的流浪汉则被认为是危险的陌生人,因而相应地受到严厉处罚。[11] 后者一般被立即送走或暂时关在收容所(poorhouse),直到送走为止。即使地方政府为流浪汉提供了照顾,它以后也会向其居住地的政府讨还费用。

---

[10] Gerald Neuman, *Strangers to the Constitution: Immigrants, Borders, and Fundamental Law*, Princeton University Press, 1996, p.150.

[11] James W. Fox Jr.: Citizenship, Poverty, and Federalism: 1787—1882, 60 *University of Pittsburgh Law Review* 421 (1999), p.457.

譬如在19世纪发生于缅因州的两个案例中,都是起因于原告城市要求被告城市支付安置流浪者的费用而后者拒付的情况。[12]

另一方面,当地贫民的处境也好不了多少。为了节省费用,收容所的条件和管理通常很差。尽管济贫改革的初衷是教育并改造穷人重返社会,成为自食其力的劳动者,但收容所逐渐失去了这个功能,沦落为限制穷人自由的监狱。事实上,为了避免穷人将济贫法对地方政府规定的义务误解为自己获得救济的权利,就连对本地贫民的一点有限政府救济也逐渐消失了,因而济贫完全成为私人慈善事业的事情。在操作过程中,对社区安全的考虑超过了穷人的权利,济贫法越来越成为压迫和剥夺穷人权利的法律。

2. 联邦宪法与公民权的缺失

1788年,美国制定了联邦宪法,原先独立的殖民地成为一个统一的国家,但这丝毫没有改善贫民的状况。美国宪法的制宪者并没有试图在他们那一代实现消除贫困的理想。他们中许多人尽管希望美国摆脱贫困并实现平等,但同时又期望每个人都是在经济上自食其力的"有德性"(virtuous)的公民。在某种意义上,宪法并不只是因为公民身份就自动赋予权利;相反,自食其力是合格公民的起码条件,也是获得宪法权利的必要前提。如果贫民因为宪法而获得了救济权,那么宪法权利将助长不劳而获的懒惰思想并受到滥用。一个相关的事实是,和封建时代的英国一样,制宪初期的美国并不存在剩余劳动力问题。由于当时人口稀少,剩余农地很多,因而穷人完全可以找到活干,不劳而获将被认为是一种自负其责的故意行为。因此,有劳动能力的乞丐被认为是自愿放弃了其公民权利,因而政府对他人的管制可以完全不受宪法约束。在这个意义上,贫民因为他们自己的行为方式而成为二等公民,因而不能享受完全的宪法保护。

反映这种思维的最典型例子是选举权。19世纪初期,杰克逊(Andrew Jackson)民主革命取消了选举权的财产限制,但由此而引发的选举权运动也是以劳动与否为界限。到1830年代,公民概念显著扩展,"德性"也不再是有产阶级的特权(尽管仍然限于白人男性),但获得选举权的前提是公民的独立性,因而穷人必须证明自己在经济上自食其力。当时,劳动的穷人强调自己是自食其力的,因而不受外界影响,并小心将自己和无业贫民及妇女区别开来。无论是贫民和妇女都被认为有依赖性——贫民依赖政府,妇女则依赖家里的男人生活,因而不能作出自己的独立判断。到内战前后,随着资本主义工业的发展,工人数量迅速增多,并开始争取自己的政治权利。进入南北战争之后,公民权被扩展到工作的白人无产者,因而工人阶层获得了一定程度的公民参与。但即使

---

[12] Portland v. Bangor, 42 Me. 403, 410 (1856); Portland v. Bangor, 65 Me. 120, 121 (1876).

在这时,贫民同样受到排斥。当时的普遍看法是,如果一个人不能自食其力,那么他就缺乏足够的道德和能力,因而也没有资格行使政治权利:"如果一个男人在困难面前如此低三下四以至住进了济贫院……那么他就自愿放弃了他的权利。"[13]

不仅劳动成为确定宪法选举权范围的分界线,宪法正文所规定的少数权利或结构性条款对贫民也同样不发挥作用。联邦宪法中最相关的有两条:第一,宪法第四章的"优惠与豁免权"和"州际贸易条款"。另外,一些州的宪法也规定了"正当程序"等权利条款。然而,至少在内战以前,这些条款对于贫民权利而言没有发挥任何作用。

3."优惠与豁免权"条款

和《邦联条款》类似,联邦宪法第四章第二节规定:"每个州的公民均享有诸州公民的所有优惠与豁免权",并省略了《邦联条款》中排除"乞丐、流浪者和逃亡奴隶"的资格限制。初读起来,这项条款似乎保证一州的公民迁徙到另一州并享受那里的平等待遇。但法院采取了保守解释,一直认为乞丐并没有自由迁徙的权利。在英国传统影响下,制宪初期的普遍理解是,济贫问题主要是地方政府而不是州的事情,更和联邦无关。地方政府有义务照顾自己的穷人,但这同时意味着他们可以不接受外来穷人,不论是州内还是州外。联邦和睦条款只是要求地方政府一视同仁地对待外来穷人,但没有必要给他们以本地穷人同样的待遇。在这个意义上,尽管宪法所规定的是全国性的公民权,地方实践却表明美国的公民权是地区性的。地方居民将得到地方政府的某些人道援助,但流浪者却不但没有任何公民权,而且还被假定为危险的犯罪分子。直到 19 世纪下半叶为止,美国宪法一直不承认贫民的迁徙权。

4."道德瘟疫"理论与"正当程序"条款的界限

虽然联邦宪法在内战前还没有对州政府规定正当程序[14],但某些州的宪法已经包括了这项要求,且获得司法听证和救济的权利在普通法传统中具有悠久的历史,甚至可以说是一项"自然权利"。即使如此,贫民的权利还是得不到任何宪法保障。最黑暗的是收容所的管理人员可以任意关押和处罚穷人,而不受任何司法过程的约束。[15] 在 1834 年发生于缅因州的一个案件中,一位被送到教养院的妓女挑战缅因州的济贫法违反了州宪所规定的正当程序,并剥夺了她在法院获得听证的"绝对和自然权利"。但缅因州的最高法院驳回了她的论

---

[13] Robert J. Steinfeld, Property and Suffrage in the Early American Republic, 41 *Stanford Law Review* 335 (1989), p.339.

[14] 第五修正案确定规定任何人都"不得不经由法律的正当程序,而被剥夺生命、自由和财产",但根据 1833 年的判决,包括第五修正案在内的《权利法案》只是适用于联邦政府,而不适用于州政府。见 Barron v. Mayor & City Council of Baltimore, 32 U.S. 243.

[15] Fox, Supra note[11], p.462.

点,并判决社区有权像"预防瘟疫"一样提防贫民。[16]

在1856年的案例中[17],一位妇女在离婚后带着女儿独自生活,并被认为靠卖淫为生。但地方政府并没有控告她卖淫,因为那将要求正式的刑事起诉、提供证据和正当程序保护,而是选择将她作为贫民加以收容,尽管她并没有依靠地方政府的任何资助。缅因州的最高法院多数意见认为,如果政府认为有关职业是非法的,而没有非法职业的收入被告就活不下去,那么政府就可以采取强制收容措施。至于政府规避正当刑事程序的嫌疑是否成立,法院根本未加讨论。尽管这项权利对于普通公民而言或许是重要的,但是既然贫民已经被定性为"道德瘟疫",他们自然不可能有能力作为权利的适当主体。只有莱斯法官(J. Rice)认识到强制收容对于贫民的严重负面影响,他的反对意见指出:

"济贫法对公民的状态产生了最重要的变化。通过其影响,贫民被剥夺了选举权以及对自己人身的控制。贫民可以在违反其意愿的情况下从一个地方被运到另一个地方;他失去了对其家庭的控制,他的孩子可以不经他的同意而从他身边带走;他自己可以在不经商量的情况下被送往劳动教养院或承担5年合同的劳役。总之,被判为贫民的人得服从他人的意志,其状况并不比作为财产的奴隶好多少。"[18]

5. 州际贸易条款

"瘟疫"理论不但流行于州和地方政府,而且还在联邦法院受到公开承认。且这项理论在剥夺贫民宪法权利的同时,授权地方政府采取各种措施预防和控制"瘟疫"的传染。宪法第1条第3款规定国会有权调控"州际贸易"(Interstate Commerce),因而可以介入跨州的人口流动问题。不仅如此,最高法院的判例还认为州际贸易条款具有"潜伏效应",禁止各州或地方政府制定过分影响州际贸易的措施,并要求地方措施对于保护健康、安全或环境等合法目标而言是必要和适当的。但由于联邦和各州都还没有建立福利系统,贫民救济是一个地方政府问题,因而并不被认为涉及州际贸易,且即使影响了州际贸易,地方政府对流浪和乞讨的有关限制措施也被认为是对保护地方利益必要的。在以下1837年的判例中,最高法院明确表示地方政府可以像预防传染病的"物质瘟疫"那样处理流浪乞讨的"道德瘟疫"。

在美国建立的头一个世纪里,东海岸各州为大量北欧移民涌入而感到困扰。1788年的纽约州法明确将援助贫民的责任转移到地方,规定"各城镇必须

---

[16] Nott's Case, 11 Me. 208, p.209.
[17] Portland v. Bangor, 42 Me. 403.
[18] Ibid., p.410.

支持援助当地的贫民"。在1837年的"纽约船客信息案"[19],1824年的纽约市法规规定船只抵达纽约市的船长有义务清除贫困移民,并向市政府提交一份说明每一个从外国或外州进入纽约州的乘客之情况的报告,违者将被罚款1.5万美金。被告的辩护是,国会调控贸易活动的权力是专有和排他性的,因而禁止各州或地方政府的调控。巴伯法官(J. Barbour)的多数意见判决,纽约市的法规是一项关于治安而非贸易的法规,是"为了防止乘客成为罪犯或乞丐的牺牲品而采取的必要措施",因而并不受州际贸易条款的限制。多数意见的论点是:"各州对该州地域范围内的所有人和物享有不可否认的无限管辖权……在实质上,这不是权利,而是责任和义务。一个州有责任通过它认为可行的各种立法加强安全,为本州人民创造幸福和繁荣,并为他们提供福利。"在这里,和内地城市不同,纽约市和其他沿海城市受到移民潮的巨大压力,因而面临着维护贫民生计的重大挑战。在原则上,纽约市有责任也有权力保护其居民不受犯罪的侵害。"一个州应当有能力也有必要制定预防措施,以对抗乞丐、流浪汉和潜在罪犯所滋生的道德'瘟疫'之泛滥。"

值得注意的是,在这个影响深远的判例中,没有任何法官对上述道德假定发表异议。作为联邦主义者,斯道利法官(J. Story)的反对意见也只是认为各州的治安权力不得与国会调整贸易的权力相抵触。本案的纽约法规限制了乘客的运输和入境权,并要求在特定情况下驱逐外国或外州的乘客离开州境,因而实际上调控了只有国会才有权调控的州际贸易。但既然他也承认各州有权制定济贫法并防止乞丐对城市的危害,因而并没有否认乞丐和流浪者构成"道德瘟疫"的说法。如果政府有义务提供任何福利系统,其目的也只是为了保护社会不受乞讨、偷盗等其他和贫困相关的问题之骚扰。

总的来说,联邦法院在这一时期保障贫民权利的作用极为有限。在以后的判例中,最高法院通过州际贸易条款逐渐限制了各州或地方的某些措施。在1849年的"乘客系列案"[20],纽约州和马萨诸塞州的法律将登陆费强加在外来乘客身上,以支付外来乞丐的医疗费用。最高法院判决州法无效,因为它们违反了《州际贸易条款》或构成了宪法第1条第10款禁止的对进出口征税。但这些判例对联邦公民权的意义是极有限的,因为它们仍然承认各州排除"罪犯、乞丐和痴呆"的权力。

6. 联邦干预的可能性

如果司法机构未能有效保证联邦公民权利的统一,立法机构是否可以有所作为呢?如上所述,国会有可能通过州际贸易条款而直接干预流浪人口的贫困

---

[19] Mayor of New York v. Miln, 36 U.S. 102;译文见布莱斯特等:《宪法决策的过程——案例与材料》,张千帆等译,北京:中国政法大学出版社,2002年,页144—149。

[20] Passenger Cases, 48 U.S. 283.

救济。然而,"贸易"这个概念在当时被认为仅涉及到货物流动,而不包括"人",因而国会调控州际"贸易"的权力中不包括对人员流动的控制。事实上,最高法院也明确采取狭隘解释,否认人是贸易的对象,因而也否定了国会干预贫民救济的权力。[21] 这样,联邦宪法对贫民不能提供任何保护:贫民自己没有公民权,国会因联邦宪法的限制而无权通过法案保护之,而地方政府则被认为可采取任何必要措施来预防和清除带有"瘟疫"的可疑对象。这种状况助长了地方对贫民权利的漠视,并束缚了联邦统一保障贫民权利的手脚。

四、从管制到自由——美国内战后济贫措施的演变

如果说早期的济贫措施是建立在地方公民权基础之上,内战后的济贫法则是发生在全国经济一体化的背景之下,因而纯粹基于地理位置而歧视外来人员的立法规定越来越不合时宜。然而,联邦公民权的概念直到南北战争结束后的宪法修正案才获得明确规定,且即使如此,公民权条款以及国会实施修正案的权力都受到法院的狭隘解释,因而并未能发挥实质性作用。只是到 20 世纪的经济危机和第二次世界大战之后,剥夺贫民宪法权利的法律才开始从根本上受到质疑和挑战。在这个过程中,联邦最高法院先后重新解释了州际贸易条款的含义,扩充了贫民的正当程序权利,使之禁止各州直接限制穷人的迁徙自由,并最终通过平等保护条款禁止各州以剥夺福利权的方式间接限制穷人迁徙权。至此,贫困人口的迁徙自由才真正得到宪法保护。

1. 重建时期的公民权以及"优惠与豁免权"的重构

内战结束后,美国通过了第十三和第十四修正案,建立了全国范围的公民权,并授权国会实施种族平等的基本政策。第十四修正案第一节规定:"所有在合众国出生或入籍、并受制于其管辖权的人,都是合众国公民和其居住州的公民。任何州不得制订或实施任何法律,来剥夺合众国公民的优惠与豁免权。"内战后修正案重构了公民权的含义,接受了财产重新分配和普及教育的理念,并假定联邦政府有义务为最贫困的公民提供最低限度的福利。然而,这些理念并未完全获得实施。尽管联邦法院承认穷人具有基本的刑事正当程序权利,1870 年代的"屠宰场系列案"对内战后修正案的保守解读明确否定了完全意义上的联邦公民权[22],联邦的"优惠与豁免权"被限于相当狭隘的范围,从而使贫困问题难以在联邦层面上获得真正解决,地方政府继续限制与惩罚公

---

[21] 具有讽刺意味的是,内战前奴隶在法律意义上至少不能算作完全的"人",譬如奴隶不是"公民"、没有选举权等等。但一些奴隶制的拥护者却偏偏坚持奴隶是"人",其目的当然不是为了赋予奴隶以人的权利,而是为了避免国会通过州际贸易条款而干预奴隶贸易。奴隶制的反对者却反而尽量把奴隶界定为"商品",以免奴隶成为国会贸易权管不着的"人"! 参见布莱斯特等:同上注〔19〕所引书,页 161—165。

[22] Slaughter-House Cases, 83 U. S. 36,参见布莱斯特等:同上注〔19〕所引书,页 303—311。

民的迁徙自由。内战后,刚解放的黑人中不少成为流浪的穷人,并因此而受到法律起诉。其中就有黑人权利运动的组织者因不从事农业劳动而被逮捕,并受到带有种族歧视的陪审团定罪。[23]

尽管如此,重建时期仍然开始了对公民权的有限保护,要求联邦政府支持教育、财产、民权、选举权和劳工权利。在1869年的案例中[24],最高法院在重建精神的影响下,对宪法第四章规定的各州"优惠与豁免权"条款作了宽泛解读,要求外州公民在任何一州一般应享受该州给其本州公民的同样待遇:"本条款的目的无疑是……对于各州公民权所带来的优惠,各州应将本州的公民与外来州的公民置于同样地位。本条款使他们摆脱在其他州因外州人的身份所带来的不便,禁止其他州对外来公民的歧视性立法,赋予他们自由进出其他州的权利,保证他们在积累财富和追求幸福时享有与其他州赋予本州公民相同的自由,并保证他们在其他州受到法律的平等保护。"但各州的优惠与豁免权条款显然不要求各州对外州居民赋予和本州居民完全相同的权利,譬如政治选举权和获得州内自然资源的权利,因而它对于保障贫民的宪法权利并没有直接作用。各州和地方政府仍然可以拒绝向外来居民提供本州的福利。

2. 州际贸易条款的重新解读

与此同时,最高法院对于贫困问题的判例通过州际贸易及其他结构性条款而有所发展。在1868年的案例中[25],最高法院被认为首次间接建立了"迁徙权"。在该案,内华达州的法律对每一个通过铁路等其他交通手段离开该州的人征收1美元的人头税,并要求承运人从乘客那里收费后上缴政府。最高法院的多数意见没有援引任何宪法条文就撤消了内华达州法律,并指出如果各州如法炮制,那么州税将严重阻碍州际旅行:

"即便是来自最偏远的州或地区的公民也有自由进出的权利……联邦政府得以建立的终极目的表明,我们的人民是一个整体,我们的国家是人民的国家。作为美国公民,作为一个共同体的成员,我们必须有权不受干涉地自由进出国家的任何地方,如同在我们自己州内一样。一州对进入其领土或港口征收税费的行为违反了美国公民作为联邦成员所享有的权利,也违反了建立联邦所期望达到的目标。各州显然不拥有这种权力,因为它只能制造混乱和相互对抗。"

尽管这个判例只是建立了普通人而非特别针对穷人的迁徙权,但普遍的联邦公民权已经在司法判决中呼之欲出,因而只要法院抛弃对流浪者的传统成见,穷人的迁徙自由将是顺理成章的推演。几年之后,联邦法院果然判决限制

---

[23] Fox, Supra note [11], p.537.
[24] Paul v. Virginia, 75 U.S. 168.
[25] Crandall v. Nevada, 73 U.S. 35,参见布莱斯特等:同上注[19]所引书,页160。

贫民迁徙自由的州法无效,尽管其依据是州际贸易条款,而不是正当程序权利。

在 1876 年的两个案例中[26],最高法院一致撤销了纽约州要求船长为乘客担保的法律以及加州要求船长为船上的穷人担保的法律。在前者,最高法院虽然承认各州有权对穷人行使治安权,但判决各州的权力只是限于"实际"的贫民和流浪者,而不能对州际(国际)贸易和国会控制移民的权力产生过重负担。在后者,加州授权其官员决定进入州的人是否具有犯罪或成为公共负担的倾向,并要求船长为这些人提供担保。最高法院认为加州法律对移民官赋予过分的自由裁量权,从而有可能将控制范围扩展到所有乘客并对州际或国际贸易产生过分影响。尽管法院意见的依据是贸易条款而非第十四修正案,它隐含着州法是对个人正当程序权利的侵犯,因为它不允许受到罚款的个人获得司法审查。密勒法官的意见指出,假如外国政府依据这样的法律像加州那样对待当时在那里打工的中国臣民那样对待美国公民,那么美国任何一届政府都会给这些政府施加压力,要求给予适当救济。言下之意是,这种待遇对于美国公民是不可接受的,因为它违背了基本的程序公正。

当然,严格地说,法院判决只是限制了地方政府对贫民管制的权力,而不是为贫民赋予宪法权利。事实上,由于缺乏对联邦公民权的直接承认,美国的贫民所受到的歧视性待遇和 19 世纪末去美国打工的中国移民别无二致。法院一方面排除了联邦公民权,另一方面又扩展了联邦贸易权,因而排除了各州对国际贸易和移民的干预。上述判例的局限性在于未能将贫困问题上升到人权问题,从而割裂了贫困、人权和国家公民权的有机联系,进而产生了一些前后矛盾的联邦主义判决。

3. 经济危机之后的觉醒——观念转变和联邦福利系统的建立

到 20 世纪的大萧条时代,政府限制和惩罚流浪的法律机制瓦解了。到 20 世纪 30 年代,大萧条的发生揭示了传统福利体制的弊端。由于税收下降而贫困人口上升,许多穷人迁移到相对富庶的州。这表明贫困已经成为一个地方政府所不能解决的全国性问题。[27] 为了保证每个人都能维持基本生存,联邦的介入是必要的。1935 年,国会制定了《社会保障法》,为老年人、盲人、失去工作能力的人和儿童四类人提供了福利保障。虽然最高法院对州际贸易条款的保守解释对国会调控社会保障的宪法权限产生了质疑,但联邦权力最终还是获得维持。

---

[26] Henderson v. Mayor of New York, 92 U.S. 259; Chy Lung v. Freeman, 92 U.S. 275.

[27] 如果没有联邦干预,有可能导致各州之间产生"囚犯困境"(Prisoner's Dilemma)问题,即任何州都可能顾虑提高本州的福利待遇将吸引过多的外来贫民,使本州财政担负不可承受之重;结果,没有任何州愿意首先提高福利保障,让邻州"搭便车"。在这种情况下,只有联邦在全国范围内对福利保障作出统一规定,才可能使各州脱离"囚犯困境"。参见布莱斯特等:同上注[19]所引书,页 366—368。

《社会保障法》同时标志着社会对贫民看法的根本变化。他们不再被当作"道德瘟疫",而是他们自己无法控制的经济衰退的牺牲品。《社会保障法》强调每个人都有权获得"生活的基本需要"之保障,从而强化了贫民的法律地位。但新的理论仍然建立在契约自由的基础上,强调不劳动者不得食,因而不论是外来和本地穷人,贫困而不工作的人口一律是政府整治对象。严格地说,《社会保障法》和传统的英国济贫法类似,仅对没有劳动能力的人提供救济。《社会保障法》所不涵盖的穷人——包括有工作能力但主要靠乞讨为生的贫民——则只能接受传统福利系统的资助,而这仍然主要是地方政府的任务。这一事实和重建同期所发展的全国公民权观念相矛盾。

到 20 世纪 40 年代,美国社会开始在司法推动下承认流浪者的宪法权利。在 1941 年的"贫民旅行限制案"[28],加州禁止并惩罚将穷人运送到该州。最高法院依据贸易条款一致撤消了加州禁止穷人通过该州的法律,判决加州无权将自身隔绝于大萧条的后果之外,并对州际贸易产生负担。道格拉斯法官的意见没有接受有关法律有助于防止未来的犯罪这一理由,因为它不符合第四修正案的基于可能缘由才能逮捕之规定。最高法院最终否定了"纽约船客信息案"所依据的道德假定,明确指出:"一个人并不因为没有钱或职业就成了'道德瘟疫',贫困和不道德并不是同义词。"

尽管国会立法和最高法院的决定改变了英美传统上认定流浪者道德低下的偏见,社会观念的转变还需要时间。在上述"贫民旅行限制案"判决后,警察依旧逮捕那些不能作出满意解释的无家可归者,并宣称有关规定对于预防犯罪是必要的,例如加州仍然授权逮捕那些不能向警察出示可靠身份证明的人。这表明只有州际贸易条款的结构性宪法保障是不够的,因为地方总是可以辩称其限制贫民的措施对于实现维护治安的合法目的是必要的,因而即使对州际贸易产生间接影响也应该受到容许。结构性条款的局限性在于它并不能充分保障公民权利,而地方治安措施的最直接影响正是贫民的基本权利。要适当维护权利,还必须通过宪法权利条款的有效实施。

4. 正当程序条款与迁徙权的确立

除了联邦公民权之外,第十四修正案还禁止各州"不经由法律正当程序(Due Process of Law),即剥夺任何人的生命、自由或财产,或在其管辖区域内对任何人拒绝[提供]法律的平等保护(Equal Protection of Laws)"。字面理解似乎表明正当程序和平等保护条款可被用来保障贫民的迁徙自由。正如哈兰法官在 1883 年的"民权系列案"中的反对意见中所指出,第十四修正案的主要目的是授权中央政府采取积极措施,以禁止种族歧视等其他抵触全国公民权的地

---

[28] Edwards v. California, 314 U.S. 160.

方措施。[29] 然而,多数意见否定了这种对第十四修正案的宽泛解读,限制了修正案文字所表达的宽泛意义。尽管如此,少数州开始解释联邦宪法的正当程序条款,并以此撤销本州及其地方政府的某些限制措施。在1876年的案例中[30],缅因州最高法院判决地方政府关于要求流浪者法定居住地返还安置费的规定侵犯了联邦第十四修正案的正当程序条款,因为这项规定允许地方在对方缺席的情况下单方面确定有关收容费用。但这些努力完全取决于各州自愿,联邦法院的统一保障直到第十四修正案通过后一个世纪内方才发生。

在1972年和1983年的两个案例中,最高法院最终依据第十四修正案的正当程序条款,宣布惩罚流浪的法律因过分模糊而违宪。在1972年的"游荡限制案"[31],佛罗里达州的一个市法令禁止流浪、乞讨、赌博、酗酒、偷窃或无业闲荡等行为,违者可处以不超过90天监禁或500元罚款,且后来为了避免受制于联邦第五巡回区在1965年判决的法律救助权,将处罚降低到不超过75天的监禁或450元罚款。在该案中,8名被告因黑夜里开车进入一个屡遭偷窃的停车场、白天没有带任何身份证在大街上闲荡或作为众所周知的小偷(common thief)等不同事由而被逮捕,其中有些人有前科,其他人则没有。道格拉斯法官的意见判决这项法令因过分模糊而无效。法院意见注意到地方法令直接借自于英国法,而英国法当时的社会背景是封建制衰微后大量无业人员的产生。这些人没有任何职业,成天游手好闲,对社区构成了严重威胁。但时代不同了,市法令所禁止的这些行为并不对城市构成严重威胁,市政府只是要将犯罪的火苗扼杀于未然之际,但这可能和法治的要求相冲突。一般的人并不了解这项法令的确切含义,因而无从得知什么是法律所允许和禁止的行为,并可能给行政执法人员授予过分宽泛的自由裁量权。

在1983年的"游荡身份案"[32],加州法律规定,任何人在大街上没有事由地游荡(loiter)或彷徨(wander),且拒绝向警察说明自己的身份并解释缘由,都构成扰乱秩序行为。根据加州法院的解释,这项法律要求在大街上闲逛的人能够向警察提供"可信和可靠"(credible and reliable)的身份证明,并对其行为提供合理解释。警察如果具有足够的理由怀疑闲逛的人可能从事犯罪活动,可以在大街上叫住这类人并进行盘问。本案的原告曾经受到拘留,并以后因此而不断被警察找麻烦。例如一位警察的证词是,他之所以盘问被告,是因为原告晚上在荒凉无人而又接近犯罪频繁地区的大街上行走。联邦地区法院判决加州法律过分宽泛,因而违反了第十四修正案的正当程序条款。最高法院判决这项

---

[29] Civil Rights Cases, 109 U. S. 3.
[30] Portland v. Bangor, 65 Me. 120, 121 (1876).
[31] Papachristou v. City of Jacksonville, 405 U. S. 156.
[32] Kolender v. Lawson, 461 U. S. 352.

法律过分模糊,因而为警察在决定嫌疑人是否符合法律要求的过程中授予几乎完全的自由裁量权。奥康纳法官的多数意见指出:"我们的宪法是被设计来使自由秩序框架内的个人自由最大化。对于这些自由的立法限制所受到的审查不仅包括其实体权力和内容,而且也包括其表达的确切性或确定性。"加州议会制定并经过加州法院解释的立法并没有说明什么是"可信和可靠"的身份证明,因而普通公民无从知道究竟如何避免触犯禁止游荡或彷徨的法律,且他是否有权在大街上继续行走将完全取决于警察的随心所欲。[33]

因此,第十四修正案的正当程序条款最终被用来撤销地方对人身自由的过分模糊的限制。应当指出,个人的宪法权利也不是无限的。尽管对流浪或闲荡的一般禁止遭到撤销,更为具体地在某个时段或地段禁止流浪的法律规定则通常受到法院的维持。[34]

5. 平等保护——居住期限条件对迁徙权的限制

以上所探讨的是各州针对迁徙自由的直接限制。在直接限制被最高法院禁止之后,各州为了减轻本地财政负担而对穷人的迁徙自由采取了种种间接限制。近年来,美国地方政府对迁徙自由的限制主要表现于新居民获得社会福利等权利所必须符合的条件。如果来到新的居住地点后得不到地方福利的支持,那么穷人实际上并不具有平等的迁徙权,因为尽管一般人可以在迁徙后安居乐业,穷人如果得不到必要的生活保障就只有沦落为乞丐或罪犯。各州虽然在1941年的"贫民旅行限制案"之后已经不能拒绝穷人进入本州,但仍然普遍对接受福利的权利规定了居住年限的条件。州政府对此所提出的论点主要是为了防止州相对优厚的福利条件将吸引大批贫民,从而给地方财政带来过重负担。但这种论点实际上并没有依据,因为统计数据表明贫民并不是为了获得福利而迁移到其他州,且实施年限条件的管理成本超过了将福利授予迁移贫民的潜在成本。[35] 因此,到20世纪60年代后期,最高法院的判例建立了"福利联邦主义"(welfare federalism),从而使所有在美国合法居住的贫民都能享受选择

---

[33] 该案还有一些其他意见。布伦南法官的赞同意见认为,州法不仅过分模糊,而且还侵犯了第四修正案对任意搜占(searches and seizure)的禁止,因为州法并不要求存在犯罪的可能缘由(probable cause)就授权警察侵犯人身自由。两位法官的反对意见则认为,州法的措辞在经过州法院解释后并不表面模糊;一般地,法院只有在个案中适用州法后才能判断其合宪性。

[34] United States v. Cassiagnol, 420 F. 2d 868 (4th Cir., 1970)(维持了对政府地产上的流浪和闲荡);但比较 People v. Bright, 520 N. E. 2d 1355 (N. Y. 1988)(禁止在主要交通设施附近闲荡的规定被判决过分模糊)。

[35] A. P. van der Mei, Freedom of Movement for Indigents: A Comparative Analysis of American Constitutional Law and European Community Law, 19 *Arizona Journal of International and Comparative Law* 803, p. 815.

在哪个州居住并获得福利的自由。[36]

  在1969年的"福利居住期限案"[37]，州法要求本州的居住者必须住满1年以上才能获得福利救济。原告认为这种法律根据居民在州内的居住期区分福利权，构成了不公歧视并侵犯了其受法律平等保护的权利。最高法院的判决同意原告的主张，判决州法所促进的利益不是令人信服的政府利益。州政府的主要理由是，等候期是一种保护性措施，其目的是为了保护州政府公共援助项目的财政能力。一年的等候期有助于阻止那些急需援助的贫困家庭大量涌入。如果一个贫困者渴望定居并重新找工作，那么他就必须考虑在定居的头一年不可能依靠州政府援助的风险。然而，联邦宪法不容许任何州禁止贫困人口迁移，因而阻止穷人迁徙并不是一年等候期的合宪理由。布伦南法官的多数意见指出："州政府不得试图将一般意义上的穷人拒之门外，同样也不得试图将那些为寻求更多福利而前来的穷人拒之门外。"多数意见承认州政府有维持福利项目的财政能力的正当利益，但州所采取的手段必须合宪。州不得基于新老居民通过交税对地方社区所做的贡献而区分他们的福利权利，否则富人将比穷人获得更多的警察、消防、教育或公共图书馆服务，而这是第十四修正案所禁止的。例如州显然不能为了减少教育开支而限制穷人的孩子入学。同样，州也不能通过等候期去歧视迁徙者的福利权来维持其财政能力。

  由于这是最高法院第一次判决地方政府不得通过限制福利救济而限制迁徙自由，多数意见受到了少数法官的强烈反对。沃伦首席大法官（C. J. Warren）和布莱克法官（J. Black）的反对意见指出，国会已经在哥伦比亚特区施加了定居期限的条件，并授权各州施加同样条件。本案的定居期限并没有禁止旅行本身，而只是对州际旅行施加了非实质性限制，因而不应该受到撤销。哈兰法官（J. Harlan）的反对意见则认为，对于平等保护而言，法律只要和政府的合法目的具有理性联系，就满足了"令人信服的政府利益"标准。由于联邦宪法并未明确提到迁徙权，因而法院不应当适用严格标准审查联邦或各州法律。对于居住期限条件是否对州际旅行构成了过分限制，哈兰法官考虑了四点因素：旅行权的宪法渊源是什么？对这项权利的干涉程度如何？定居条件具有什么

---

  [36] 这里的讨论主要限于州或地方对福利条件的限制。对于新居民的选举权限制，法院采取了类似的衡量标准。在1972年的"表决权居住期限案"（Dunn v. Slumsteia, 405 U. S. 330），田纳西州规定居民必须在本州居住一年以上才能行使表决权。该州的辩护是居住条件有助于防止双重投票及其他形式的欺诈，并确保表决者熟悉州和地方社区事务，但最高法院仍然判决居住条件侵犯了平等保护条款。由于这项条件不仅影响了选举权，而且也影响了州际流动权，因而必须受到平等保护的严格审查。马歇尔大法官指出，田州法律迫使希望旅行和变换住所的人在旅行权和选举权之间作出选择，因而以不可允许的方式限制和惩罚了旅行权。如果缺乏"令人信服的政府利益"，政府就不得以这种方式对旅行权施加负担。

  [37] Shapiro v. Thompson, 394 U. S. 618.

政府利益作为其依据？如何平衡相互对立的因素？他认为州际旅行作为一项"基本权利"的渊源应该是第五或第十四修正案的正当程序条款，且没有证据表明定居期限对州际流动人口构成了显著负担。定居期限的政府利益有四种。第一，拒绝给那些主要是为了福利而迁移到有关地区的人提供福利；第二，将部分由州税资助的福利限于那些为州的经济作出贡献的人；哈兰法官认为这两个目的是完全合法的；第三，防止欺诈；第四，有助于预测并准备社会援助所需要的预算开支，以防穷人数量的大规模上升或下降导致不测。这些目的也是合法的，且政府利益超过了对旅行权所施加的负担。定居期限对个人旅行自由的限制是间接和非实质性的，而撤销定居期限将使得联邦和各州不敢在本地区建立特别慷慨的福利项目，以免引起穷人的大规模涌入。且在本案，国会和各州议会在国会授权下都采取了类似措施，而且是在听取并排除了反对意见的情况下，因而它们的决定要求法院的高度尊重。

尽管在当时受到反对，"福利居住期限案"的"革命性"判决及其所建立的基本原则此后不但没有受到实质性质疑，而且被运用到更广的领域。在1974年的"医疗保险居住期限案"[38]，亚利桑纳州的法律要求居民在该州县内住满一年，才能接受州政府给予财政支持的非紧急医疗保险（non-emergency Medicare）。最高法院的多数意见判决这项条件违反了平等保护条款。马歇尔法官的多数意见指出，和福利援助一样，医疗保险制度也是穷人的基本生活所需，因而和一般的政府优惠相比具有更重要的宪法意义。在本案，州政府未能为其法律提出令人信服的理由。伦奎斯特法官的反对意见认为，本案的居住期限所影响的利益不能和选举权和基本福利权相提并论，对州际旅行的影响只是"附带和遥远的"（incidental and remote）。

另一方面，如果所影响的利益确实不是基本的，那么最高法院将维持州法的合宪性。因此，在1970年代的两个判例中，最高法院判决州政府可以对不在州内居住的配偶提出离婚诉讼必须满足一年的居住条件[39]，在州立大学上学的学生也只有作为非学生身份在州内住满一年才能有资格获得学费减免。[40]

总的来说，美国法院对各地居住年限条件的平等保护审查是相当严格的。在1982年的"石油利润年限案"[41]，阿拉斯加州的法律将石油开发所获得的利润直接分配给州内居民，数额和居住年限成正比。州政府提出的三条理由是该方案为个人在州内定居创造了财政动机，鼓励长期基金的谨慎管理，并为居民在居住期间内所创造的有形和无形"各类贡献"分配利益。最高法院以8:1判

---

[38] Memorial Hospital v. Maricopa County, 415 U.S. 250.
[39] Sosna v. Iowa, 419 U.S. 393 (1975).
[40] Starns v. Maklerson, 401 U.S. 905 (1971).
[41] Zobel v. Williams, 457 U.S. 55.

决州的利润分配方案违反了平等保护条款。伯格法官的多数意见承认,州政府鼓励在州内定居的理由是合法的,但奖励过去在州内居住的人并不能鼓励他们在过去已经做过的事情,而纯粹为了奖励过去为该州做过贡献的居民本身并不是合法的政府目的。最后,法案与长期资金的谨慎管理之间也没有合理联系。[42] 由此可见,各州在按照居住年限而制定利益分配方案时必须十分慎重,确保目标合法且手段合理,否则就可能被判决违反了第十四修正案的平等保护条款。

6. "优惠与豁免权"的新生

虽然1870年的"屠宰场系列案"几乎宣判了第十四修正案的联邦"优惠与豁免权"条款的"死刑",这项条款近年来有获得新生的迹象。在1999年的"福利待遇持平案"[43],1992年的加州法律将新居民在第一年的福利待遇限于其原来州的福利水平。根据联邦《未成年子女家庭援助法》(AFDC),州政府从联邦那里获得资助以援助这些贫困家庭。加州每年在这个项目上的开支达29亿美元,而这项法案据称能够节省近1100万美元。加州政府主张,这项法案不应受到严格审查,因为它并不惩罚旅行权的行使,因为新居民可以获得和原州同样的福利。在某些从外州移居加州的新居民挑战州法后,最高法院判决州法违宪。史蒂文斯法官的多数意见指出,旅行权包含三个组成部分:第一,州际贸易条款保护一州公民自由进出另一州的权利;第二,宪法第四章的"优惠与豁免权"条款保证一州公民临时出现在另一州时获得该州的公民待遇,因而禁止任何州在没有实质性理由的情况下因外州身份而歧视外州公民;第三,根据第十四修正案保证合众国公民的"优惠与豁免权"不被任何州剥夺,因而选择在一州永久居住的公民应获得和该州其他公民同样的平等待遇。

在本案,加州法律并没有直接损害自由州际流动的权利,也和对非居民的歧视无关,因而争议的焦点是旅行权的第三部分——新居民是否享有和该州其他居民同样的优惠与豁免权。这项权利受到新居民作为联邦和州公民的双重身份之保护,因而用于审查州法区别对待的宪法标准要比最低的合理性或某个中间标准更为严格。只要新居民到加州永久居住的诚意没有受到质疑,他们就必须获得和加州其他居民同样的福利待遇。多数意见区分了本案和州际离婚及大学教育,认为后者属于可以轻易带走并在原居住州继续享用的利益,而本案所赋予的所有利益将在加州期间全部消费掉,因而不会鼓励其他州的公民来

---

[42] 奥康娜法官的赞同意见否定了多数意见的平等保护分析,并认为第四修正案的"优惠与豁免权"条款并不禁止各州根据过去的贡献而奖励居民,但根据不同的居住时间而对公民予以区别对待和联邦宪法维护统一的目的相冲突。只有伦奎斯特法官的反对意见认为,阿州根据居民在居住期间的贡献而分配利益是合理的,因而通过了平等保护条款的检验。

[43] Sanz v. Roe, 526 U.S. 489.

加州只定居足够长的时间以获得利益。地区法院已经发现，加州的高生活费用等证据表明带有这样的动机而移居加州的人数很少。且法院以前已经判决，即使新居民有这样的动机，州法也不能对其施加负担，而加州也明确宣布州法的目的不是阻止这些人移居加州。州法的理由不是排除穷人，而是为州节省财政开支。但多数意见指出，尽管节省开支可以是一个合法目的，加州也不能依靠区别对待的手段来达到这一目的。平等地对每个受益者每月削减72美分，也将产生同样的效果。因此，新居民在加州居住时间的长短和其接受福利的要求没有关系。

首席大法官伦奎斯特的反对意见表示，旅行权本身并不包括移居并成为另一州公民的权利。多数意见不应把旅行权和平等公民身份混为一谈，并忽视州政府的正当需要。如果大量新居民涌入加州想立刻获得福利，必将对州政府的财政预算造成严重冲击，且这种冲击将比大学教育所造成的财政影响更大。适当的居住年限可以为年度预算计划提供缓冲，从而使州政府有时间决定如何为不断增加的福利投资。反对意见也反驳了多数意见对本案和大学教育的区分，认为它们都一样是对人力资本的投资，其产生的利益都同样是"可移动"的。福利资助和学费资助都是州政府提供给一部分人的现金资助，加州的生活标准和高等教育制度使得这两种资助都十分具有吸引力。如果州政府可以对学费资助规定一年的居住期限，那么福利资助方面的限制也应被给予同样程度的尊重。

总的来说，在内战后修正案通过后将近一个世纪的漫长历程中，美国逐步确立了公民的迁徙自由。尤其是经过20世纪20年代末的经济大萧条后，美国社会普遍转变了对流浪乞讨的看法。到第二次世界大战，联邦法院开始通过州际贸易条款限制各州与地方控制穷人迁徙的法律。此后，法院又通过第十四修正案的正当程序和平等保护条款，撤消了某些禁止穷人闲荡以及对新居民的社会福利施加不合理条件的地方规定。到20世纪80年代，美国穷人的迁徙权才可以说是牢固确立下来。

另一方面，联邦的福利系统有回归地方责任传统的趋势。在过去十年中，美国政治活动家的一致共识是减少中央控制和监督，并将福利功能交还给各州。[44] 与此同时，政府对福利的管制则有所增强，规定所有的福利接受者必须积极寻找工作，且接受福利的家庭必须将孩子送去上学。这些要求的目的是提高贫困者的公民义务以及社会参与。在1996年国会通过《个人责任和工作机会法》（PRWORA）之后，美国目前的福利系统大致演化为三种不同类型：第一，联邦直接资助并管理的"补充保障收入项目"（SSI），主要包括对老年人、盲人

---

[44] Fox, Supra note [11].

和失去工作能力者的统一保障;第二,"贫困家庭临时援助"(TANF)项目为抚养儿童的家庭提供资助,部分由联邦资助,但由各州管理;第三,"家庭救济"(Home Relief)为所有不适用前两个项目的穷人提供某种"安全网"保障,完全由各州或地方政府自己资助。1996年的《个人责任与工作计划协调法》对《社会保险法》加以修正,明确授权接受联邦资金的州对未住满一年的新居民适用《贫困家庭临时援助法》,而不是原来的《未成年子女家庭援助法》,从而限制了新居民的福利权利。最高法院判决这项规定并不违反第十四修正案,但多数意见同时强调第十四修正案同时限制了联邦和州的权力,因而国会并没有权力授权任何州违反这项修正案对公民权利的保护。

五、总结与启示

可以从该文"窥豹一斑"的是,迁徙自由是一个庞大的话题。就和进入冰川纪一样,西方社会在进入中世纪的封建社会之后,迁徙自由被人为"冻结"了。整个西欧被分割为一个个教区和城堡,每个地方都有并只有照顾本地居民的义务。外来人就像外星人一样被投以怪异的目光,肮脏邋遢的流浪汉就更不受欢迎了。随着商业和贸易的发展及其所带来的交通的发达,禁锢流动的封建制度慢慢"解冻"了。首先获得自由的是商人——当然,即使在最"严寒"的时候,他们中的有些人还是在活动着;其次是具有足够经济实力的市民。随着冰川的解冻,制度的禁锢被一层层剥离——有的是通过自然过程,有的则是通过对权利的重新认识,越来越多的社会分子进入到流动的状态。然而,在这个冰块中还剩下一个最坚硬的内核——生活在社会最底层的贫困人口。他们有求于人,到哪里都不受欢迎。作为社会的二等乃至三等公民,他们注定是最后才有可能享受宪法恩泽的一群人。本文的探讨局限于最后这类人的迁徙自由,因为这种自由几乎在每个社会都被证明是最困难因而也是最迟到的;然而,也正因为它最困难,它也是最有意义的宪法权利——那些自食其力、来去自如甚至腰缠万贯的人是不会不受地方欢迎的,那些在多数主义的民主政治过程中占多数的本地人也不会通过歧视自己的法律,因而这些人在一般情况下不需要宪法的特别保护;需要宪法特别保护的是那些既没有经济实力又没有政治实力以自我保护的人,而流浪乞讨人员正是属于这类人。对于他们来说,宪法权利及其司法保障特别有价值——也正因为其有价值,它注定是来之不易的。

造成这种现象的原因有很多。一方面原因固然是人的自私、冷漠和缺乏同情,但更重要的是社会的道德偏见。一个积极向上的社会总是强调自由和自立的价值,自立是自由的物质基础,自由是自立的社会结果。这正是美国在19世纪后期占统治地位的道德观,它和第二次工业革命之后蓬勃发展的资本主义市场经济不谋而合。在这个意义上,在生活上不能自立的人也不配享受宪法赋予的自由,因为他们在严格意义上算不上有资格享有宪法权利的"公民"——就和一个人因为年龄不够而不是享有选举权的公民一样。这种限制并不是来自于宪法文本本身,而是来自于流行的道德观念。这种观念不可避免地影响社会乃至法官对宪法的理解——宪法总不能被理解为只是用来保护那些无赖[45]、痞子或"瘾君子"。这种观念的潜台词是将贫困看作是穷人自己的责任:一个人之所以穷,无非是出于几个原因——或者是游手好闲、不务正业、酗酒甚至吸毒[46],或者是非同寻常的无能和愚蠢。总之,它是个人咎由自取的恶果,而不是社会制度强加在个人身上的不幸。如果一个人没有选举权是因为他在年龄和智力上不合格,那么他没有迁徙权是因为他在道德和能力上不合格。社会并没有主动剥夺他这项权利,是他自己主动或被动地将其人格降低到宪法保护的基准线之下,从而堕落为"不值得"宪法保护的那一类人。可以说,只要这种观念不改变,流浪者的宪法地位就不可能根本"翻身"。

另一方面,流浪者的迁徙自由并不只是一个观念问题,而且还要求社会投入相当高的成本,且一不小心就可能产生"道德风险"(moral hazard)问题。现实很简单,流浪人口需要救助,且如果得不到必要的救助,他们必将产生健康、安全和卫生的隐患。因此,在中央政府缺位的情况下,地方政府感到有必要花费自己有限的财政资源去解决流浪问题。但地方收入是属于本地居民的,凭什么花在那些从来没有为本地做出过贡献的素不相识的外来人身上?况且如果各地的流浪汉都听说到这里待遇好,岂不会蜂拥而至、让自己不堪重负?因此,一了百了的解决办法莫过于强制遣送,把他们送回到原本就应该对他们负责的地方去。或许宪法确实要求公民具备迁徙自由,要求所有政府一视同仁地对待来自五湖四海的"公民",但没有哪一个国家的宪法会不顾特定社会的需要"强人所难"。如果贫困人口的迁徙自由必然意味着(尤其是富裕省市的)地方政府财政亏空、濒临倒闭,那么这种自由首先就不会被读入宪法。即使在相对发达的美国,经济和社会需要一直是限定个人权利的主要因素;只有在基本需要获得满足之后,宪法权利的覆盖范围才有可能进一步扩张。至今为止,美国的法官还从来没有将个人权利的保障建立在社会和经济灾难之上。当然,关于经济和社会的现实考虑最终还是涉及到制度和观念。如果一开始就摆脱了封建

---

[45] 英美早期的许多法律确实是将流浪者、乞丐和无赖(rogues)相提并论的,例如1597—1598年的英国法标题就是《惩罚无赖、流浪者和顽固乞丐法》(An Act for the Punishment of rogues, Vagabonds, and Sturdy Beggars, 39 Eliz., Ch. 4)。事实上,直到1970年代,佛罗里达州的杰克逊市仍然惩罚"游荡乞讨的无赖和流浪者或堕落者",见 Papachristou v. City of Jacksonville, 405 U.S. 156 (1972)。

[46] 美国的无家可归者中确实有相当高的比例从事酗酒和吸毒,见 Robert C. Ellickson, Controlling Chronic Misconduct in City Spaces: Of Panhandlers, Skid Rows, and Public-Space Zoning, 105 *Yale Law Journal* 1165, p. 1206.

经济秩序的制度和观念遗产,如果一开始就不是从一个人的法定居住地而是从统一国家的高度来看待"公民"这个概念,那么对贫困人口的救助就不会被认为只是一个"地方问题",中央政府就不会无所作为,因而也就不会出现地方对流浪者的歧视——至少,他们应该和本地的穷人同样看待。然而,观念和制度并不是那么容易形成或改变的。它们需要时间,需要有利的环境,需要促使其发生的特殊事件。在这些条件都不成熟的时候,人们对宪法的理解必然停留在旧秩序下的观念。

美国的宪政经历表明,宪法条文并不是抽象的,而是必然在某种意义上"镶嵌"(embedded)于社会制度和文化之中。在理论上,美国自 1788 年联邦宪法诞生之日就成为一个统一的国家——尽管是在充分承认地方自治下的统一。宪法前言以"我们合众国人民"开始,明确表达了"形成一个更完善的联邦"、"促进普遍福利"的目标。南北战争结束后,美国最终扫除了分裂的障碍。随着西部地区的扩张被推进到自然屏障的极限——太平洋岸,国家版图基本确立,一个统一的民族"大熔炉"逐步形成。按理说,在一个以联邦宪法为标志的统一国家,迁徙自由应当是宪法权利的重要组成部分。在一个政治与法律统一的国家里,公民应该有权选择到任何适当的地方生活或工作。这是公民权的自然含义。如果居住在一个地方的人只有在具备户口、签证或其他法律证件的情况下才能到另一个地方合法定居,那么自然的推论只能是这两个地方分属两个不同的"国家"。在传统封建秩序下,"国家"和公民权的概念是不完备的;在某种意义上,每个封建领地都自成一个"国家",不同庄园之间"老死不相往来"。如上所述,随着经济规模的发展和贸易往来的增加,闭关自守的封建观念和制度不再适合新的社会条件,迁徙自由的概念才逐渐发展起来。同时,资本主义经济的发展也帮助产生了诸如美国和法国的民族国家(nation-state),统一国家的宪法最终保障公民享有在国内自由迁徙的权利。然而,在制度和观念发生根本转变之前,人们对宪法权利的理解必然是有限的。即使在同一个国家、同一部宪法的表层下,仍然存在着贫富两个实质不同的"民族"或"国家"。[47] 尽管这种"国家"的疆界是无形的,但它产生了有形的限制。在很长时间内,至少对于一无所有的流浪乞讨人员来说,迁徙自由可以受到地方政府的任意限制和剥夺。在这个意义上,就像美国在进步党时期所流行的普遍观念显示,他们并不能算是完全意义上的"公民"。只是到第二次世界大战之后——更确切地说,到 20 世纪 60 年代末,他们才终于从最高法院的判例中"赎回"宪法赋予的公民权,和其他公民一样能够自由迁徙到联邦的任何地方。

---

[47] 也就是所谓的 Two Nations,是指贫富两个悬殊巨大的阶层所构成的无形"国家"。在这两个"国家"里的人过着两种完全不同的生活,享有完全不同的实际权利和待遇。

对于贫困人口的迁徙自由而言,第一次根本性的触动是内战结束后联邦的"重建"。南北战争最后以邦联势力失败告终,严重打击了南部的地方分裂主义,极大促进了国家统一和民族团结。反映在宪法解释上,联邦最高法院强化了"潜伏贸易条款"对各州的限制作用,禁止各州或地方政府通过各种保护主义措施限制商品和人口的州际流动。事实上,"迁徙权"的起源一开始并不是宪法的个人权利保障,而恰恰是宪法对州际贸易自由的结构性保障。当然,这种做法还是体现出其固有的局限性。在根本上,迁徙自由是一项个人权利,而不仅仅是隶属于商品贸易的自由。但在当时的历史条件下,美国社会对贫困人口的传统成见并没有得到根本改观,因而迁徙自由也不可能作为一项个人权利受到普遍承认。

对贫困人口的观念转变主要是来自 20 世纪 30 年代的经济危机。这场危机不仅是对资本主义市场经济及其所附属的放任自由主义世界观的严重挑战,而且从根本上重新调整了社会的财富分配。许多人昨天还做梦成为百万富翁,一夜之间就变得一文不名。社会的普遍贫困化使人们认识到,贫困未必是个人的道德或能力低下造成,即使是勤奋和能干的人也可能因为不合理的社会制度而成为穷人。因此,联邦政府对经济危机的制度回应是在大规模干预市场的同时,建立相对统一的社会保障制度。这个时期贫困人口的迁徙也明显增多,而最高法院不失时机地抛弃了关于贫民的"道德瘟疫"假说。尽管如此,可能是因为最高法院还没有从新政的冲击缓过来[48],因而未能在这个时期从正当程序或平等保护等权利条款中开拓出穷人的迁徙自由。

不论如何,穷人的迁徙自由直到公民权利运动之后才真正确立。这其中有观念上原因——公民权利运动极大提高了美国公民的权利意识,唤醒了社会对历史上一直受压制的弱势群体的同情;或许也有经济方面的原因——在进入福利社会之后,美国地方的财政状况一直保持稳定,福利开支也成为政府支出司空见惯的一部分,且随着社会生活水平的提高,贫困人口比例减少,因而发生大规模"福利迁徙"并引发政治与社会动荡的可能性很小。总之,扩张宪法权利的机会终于成熟了。一方面,最高法院从第十四修正案的正当程序条款中

---

[48] 1932—1933 年,罗斯福当选总统,标志着美国社会意识形态的全面转变。为了解决经济危机带来的社会问题,政府加大了市场干预的力度,在没有明文修改宪法的情况下建立了"行政国家"。但最高法院的多数法官在思维上没有及时完成转变,因而和总统、国会乃至整个社会发生了激烈冲突,由此引发了持续几年之久的宪政危机。事实上,这也是一个体现个人经济自由和社会普遍需要之间发生冲突的典型例子。在这种情势下,如果最高法院仍然教条式地维护少数人的宪法权利、牺牲多数人的社会利益,必然会为社会所唾弃。此前两个验证这一命题的典型判例是 1857 年的 Dred Scott v. Sandford (60 U.S. 393;南部奴隶主的财产权相对于奴隶的公民地位及人身自由)和 1905 年的 Lochner v. New York (198 U.S. 45;面包坊老板的契约自由相对于雇员的身体健康),最后都损害了最高法院的社会信誉。在这个背景下,最高法院没有在 1940 年代贸然发展贫困人口的迁徙自由,也许有其可以理解的原因。

"读"出了迁徙自由,禁止各地直接惩罚流浪的法律法规;另一方面,最高法院从该修正案的平等保护条款中引申出新居民获得社会福利的权利,禁止各地通过限制新居民的福利权来间接限制穷人的迁徙权。随着这些权利在联邦判例中的确立,贫困人口最终成为宪法意义上的"公民",他们的迁徙自由也成为美国宪法权利体系中的一部分。

最后值得说明的是,本文的讨论主要是沿着美国法院的判例展开的。这不但是因为法治国家的法院对个人自由的保障发挥着重要作用,而且还因为针对迁徙权的限制主要是由地方政府制定的,而联邦法院对于保证地方措施的合宪性与合法性发挥着不可替代的作用。作为联邦国家,美国的中央政府不可能对地方政府直接发号施令,它至多只能在宪法授权范围内通过全国性法律控制地方行为——例如它可以规定流浪乞讨人员的迁徙自由不得受到歧视或限制,如果这项法律可以找到宪法依据(如州际贸易条款)。然而,联邦政府毕竟是一个有限权力的政府,因而在大多数情况下都在法律上保持沉默。当然,联邦宪法可以直接发挥作用,但是让宪法站出来说话的不是总统,也不是国会,而只能是法院。在流浪者的迁徙权领域,甚至连宪法也没有仗义明言。不错,如果社会绝大多数人愿意的话,宪法可以修改,但在这一点上——再次回到美国的联邦主义特征,修宪是极为困难的。[49] 除非发生了诸如内战或新政这样的社会革命(即使像新政这样的社会变革也没有导致宪法文本的修正),联邦宪法不会出现本质上的变化。在宪法保持原样和模棱两可的时候,有谁能合法地在"正当程序"或"平等保护"这些一个世纪以前的旧概念中注入新的意义,让社会最底层的贫民也能享受宪法的恩泽呢?没有别的选择,只有法院了。当然,该文所描述的贫民迁徙权的艰难产生过程显示,法院并不能凭空创造出宪法权利来。这不是说法院没有创造权利的能力,但司法创造力确实受制于社会的主观和客观条件,因为法官也是社会的一分子,因而他们不可能不受流行观念的影响,也不可能对社会或政治需要视而不见。我们所能希望只是他们在既定的社会条件下,为个人权利的保障作出和其职务相称的贡献。从这个意义上去理解,休斯首席大法官的那句名言——"法官说宪法是什么,宪法就是什么"——或许就不那么刺耳了。[50]

本文所探讨的是美国宪政,但它是带着中国的问题去写的。且笔者相信,美国和其他西方国家的宪政经验对中国具有一定的借鉴意义。尽管政治制度

---

[49] 根据联邦宪法第五章,修宪草案必须由国会两院2/3多数通过,并交由各州批准,只有获得3/4多数州(50州的38个),修宪提案方才生效。

[50] Hughes, *Addresses of Charles Evans Hughes*, *1906—1916* (2nd Ed.), New York: G. P. Putnam's Sons, 1916, p.185,转引自 Bernard Schwartz, *A History of the Supreme Court*, Oxford University Press, 1993, p.379.

和社会条件有所不同,中国和其他国家都同样面临着流浪乞讨的问题,中国宪法和其他国家的宪法也都同样包含了公民权和平等权利的基本概念。除非不同国家在宪政领域内是不可对话的,"宪法"、"公民"和"平等"在不同国家意味着完全不同和不可互译的词语,否则,宪法平等和公民权的意义就是每个国家都应该认真对待的问题。[51] 这当然不是说美国怎么做,中国就应该怎么做。中国不仅有权利对自己的宪法做出不同的解释,而且经济发展的状况和现阶段社会需要可能还要求不同的解释。然而,这些都不足以完全否定不同国家之间的共性。毕竟,不论生活在哪个国家,人的基本需要是共同的,而共同的需要产生共同的权利,并同样要求国家在制度上予以保障。在当代文明社会中,公民的宪法权利受到普遍尊重。2004年的宪法修正案尤其表明,"国家尊重和保障人权"已经成为中国所要追求的基本宪政目标。中国的"人权"概念可以和其他国家有差异,但共性仍然是主要的。近年来,中国和其他国家在人权领域的对话与交流越来越频繁,中国宪政越来越多地融入到世界宪政的大家庭中,成为世界宪政的一个有机组成部分。在这个意义上,各国宪政的发展过程都构成了世界宪政知识体系的一部分,而中国在为这个知识体系的构建做出贡献的同时,也可以从其他国家的宪政发展中吸取有益的经验。宪法学者的使命既不是全盘照搬西方的具体措施,也不是简单地否定他人的成功之处,而是在比较、分析、归纳与总结的基础上,探索如何将世界宪政的普遍原理同中国宪政的具体实践相结合,为解决本国的社会问题找到合宪、合法、合理的机制。

(初审编辑:胡凌)

---

[51] 关于中国宪政和世界其他国家宪政之间的可比性,参见张千帆:《宪法学导论——原理与应用》,北京:法律出版社,2004年,序言页4—5。

欧盟法中的司法审查制度：
对《欧共体条约》第 230 条的释读
——以欧洲法院的判决为视角

赵西巨[*]

Judicial Review System in EU Law: Study on Article 230 of EC Treaty

Zhao Xi-ju

内容摘要：依据《欧共体条约》，欧共体法院掌诠释及适用该条约之权。在欧盟的诸多司法控制诉讼手段中，基于《条约》第 230 条的无效行为之诉处于中心位置。在欧洲法院眼中，它可以审查所有由欧盟机构做出的意在产生法律效果的措施，包括欧洲议会的行为，不管其性质或形式如何。与成员国、欧盟委员会、欧盟理事会和欧洲议会这些特权申请者不同，自然人与法人仅有权向针对其自身的决定发出冲击，对于针对他人的行为，对"个别相关"和"直接相关"的认定就显得很重要，也很艰难。如果欧共体行为的性质属于条约规定的四种审查依据或违反了欧洲法院所发展的一般法律原则（比如基本人权、正当期望、比例性、平等对待、法律确定性），欧洲法院便可宣告其无效。

---

[*] 赵西巨（1969—），男，山东新泰人，讲师，山东大学民商法法学硕士，1999—2000 年赴丹麦哥本哈根大学研习欧盟法，现研究方向为欧盟法和医事法。

关键词：欧盟　司法审查　欧共体条约第 230 条　欧洲法院

Abstract: According to EC Treaty, it is European Court of Justice that makes it sure that the law is observed in the interpretation and application of treaty. Among many means of EU judicial control, the annulment action based on Article 230 plays a central role. In the eyes of ECJ, all of the measures adopted by European institutions, including European Parliament, intended to produce binding/final legal effects are reviewable, no matter what forms they take. Unlike such privileged applicants as member states, the Commission, the Council and European Parliament, natural and legal persons can only challenge decisions addressed to them or decisions which, although addressed to another person, are of direction and individual concern to them. It is important and difficult to establish "individual concern". ECJ can declare a European act void on the four grounds listed in the Article or if the act infringes general principles of law developed by ECJ, such as fundamental human rights, legitimate expectation, proportionality, equal treatment or legal certainty.

Key Words: EU　Judicial review　EC Treaty Article 230　European Court of Justice.

根据《建立欧洲共同体条约》（以下简称《欧共体条约》或《条约》）第 220 条："欧洲法院应保证在解释和适用本条约时法律得以遵守。"[1] 依据该条，欧共体法院掌诠释及适用该条约之权。欧洲法院在 Parti Ecologiste "Les Verts" v. Parliament 案[2] 中曾描述过欧共体的司法审查体系：

"在此方面首先应强调的是欧洲经济共同体是一个基于法治（rule of law）的共同体，任何一个成员国和共同体机构都不能避免对它们实施的措施就是否与基本的宪章，即《欧共体条约》，相一致进行的审查。特别是，一方面通过第 173 条和第 184 条，另一方面通过第 177 条，条约建立了一个完整的法律救济和程序体系，该体系旨在允许欧洲法院审查共同体机构所采纳措施的合法性。自然人和法人可因此通过反对对其适用一般性措施（general measures）而得到保护。由于条约第 173 条第 2 段所设定的特别受理条件，上述自然人和法人对该一般性措施是不能直接在欧洲法院加以反驳的。在共同体机构负责行政实施这些措施的场合，自然人或法人可对针对他们或与他们直接和个别相关的实施性措施（implementing measures）在法院提起直接诉讼（direct action），为了支

---

[1] 根据《尼斯条约》，本条修改为："欧洲法院和初审法院应当在各自的管辖范围内，保证在解释和适用本条约时法律得到遵守。"（第 1 款）
[2] Case 294/83 [1986] ECR 1339.

持上述诉讼,他们还可以诉请这些实施性措施所依赖的一般性措施不合法。在实施属于成员国国内权力机构之事项的场合,这些自然人和法人可在成员国法院诉请一般性措施无效从而使成员国法院请求欧洲法院做出预先裁决(preliminary ruling)。"[3]

很显然,欧洲法院所构筑的司法审查体系中的《欧共体条约》条文依据和诉讼种类/救济制度包括:条约第 230 条(原第 173 条)(撤销/无效行为之诉)、第 232 条[4](原第 174 条)(不作为之诉)、第 234 条[5](原第 177 条)(预先裁决制度)、第 241 条[6](原第 184 条)(诉请确认非法)。除此以外,在 Brasserie du Pêcheur/Factortame III 一案[7]中欧洲法院认为,司法控制体系还包括欧共体的侵权行为损害赔偿诉讼[即非契约责任(non-contractual liability)][《条约》第 288 条[8](原第 215 条)]。其中就对欧共体行为挑战性质来说,《条约》第 230 条(原第 173 条)的撤销诉讼/无效行为(annulment)之诉和《条约》第 232 条(原第 175 条)的不作为(inaction/omission)之诉为直接(direct)诉讼;而《条约》第 241 条(原第 184 条)诉请确认非法(the plea of illegality)和《条约》第 234 条预先裁决(preliminary rulings)制度为间接(indirect)挑战。直接诉讼的成功有赖于以下三个条件的满足:(1) 存在一个可审查的行为或不作为;(2) 申请方具有出庭资格;(3) 存在被告方行为的非法性,比如存在《条约》第 230 条所列举的审查根据/理由或在《条约》第 232 条中违反了作为义务。间接挑战可针对欧共体的一般性措施(general measures)。《欧共体条约》第 241 条(原第 184 条)实际上是在涉及行政性行为(an administrative act)的诉讼中给诉讼一方提供了一个机会,使其能向该行政性行为所依赖的规范性行为(a normative

---

[3] 肖(Shaw, J.):《欧盟法》,北京:法律出版社,2003 年,页 485。
[4] 根据《欧共体条约》第 232 条,如果欧洲议会、欧盟理事会或欧盟委员会违反条约不作为(fail to act),成员国和欧共体的其他机构均可向欧洲法院提起不作为诉讼;任何自然人或法人也可向欧洲法院起诉,诉称欧共体的某一机构未能针对其作成某一行为(不包括建议或意见)。
[5] 根据《欧共体条约》第 234 条,如果一成员国的法院遇到条约的解释、欧共体机构行为的有效性和解释等问题,而成员国法院认为问题的明晰对判决有必要,它可请求欧洲法院做出预先裁决;如果问题是在一个在国内法中已属终审的法院(即对该法院的判决无司法救济)里提起的,该法院必须将有关问题提交欧洲法院做预先裁决。
[6] 根据《欧共体条约》第 241 条,即使《条约》第 230 条所规定的诉讼时效已过,在涉及欧洲议会与理事会共同做成的条例(regulation),或涉及理事会的、委员会或欧洲中央银行做成的条例的诉讼中,任何一方均可启用《条约》第 230 条第 2 段所规定的审查根据向欧洲法院主张该条例的不适用(inapplicability)。
[7] Cases 46,48/93 [1996] ECR I-1029。
[8] 根据《欧共体条约》第 288 条,在侵权责任(非契约责任)场合,欧共体应当按照成员国法律所共同认可的一般法律原则赔偿由共同体机构、欧洲中央银行或其雇员在履行职责时对他人造成的损失。

act)发起冲击;而对于该种规范性行为,个体通常是不能发出挑战的。[9] 在欧洲法院看来:

"《欧洲经济共同体条约》第184条表达了一个基本原则,该原则赋予诉讼的任何一方,如果其无权在《条约》第173条下对构成系争决定之法律根据的……前欧共体机构行为提起诉讼,为了达到撤销与其直接和个别相关之决定的目的,有权向该原欧共体行为的有效性(validity of previous acts of the institutions)发出挑战。"[10]

《条约》第241条和第234条并不构成反对欧共体非法行为的单独诉因,它只是提供了一个机制,使得欧洲法院能在其他诉讼中去审查具有一般性质的欧共体行为的合法性。

在欧洲法院对达到司法审查/控制目的而允许的诸多诉讼手段中,基于《条约》第230条的无效行为之诉处于中心位置。根据《尼斯条约》[11],新的《建立欧洲共同体(EC)条约》第230条(原EEC条约第173条)规定:

"(欧洲)法院将审查欧洲议会和理事会共同做出的行为[12]、理事会、委员会和欧洲中央银行的行为,不包括建议和意见,和欧洲议会的旨在对第三方产生法律效果的行为,的合法性。

为此目的,对成员国、欧洲议会、理事会或委员会基于越权、违反重要的程序要求、违反此条约或任何与条约适用有关的法律规则、或滥用权力等根据所

---

[9] 肖(Shaw, J.):同上注[3],页525。

[10] Case 92/78 Simmenthal SpA v. Commission, [1979] ECR 777, p.778.

[11] 《尼斯条约》(Treaty of Nice)的全称为"修改《欧洲联盟条约》、建立欧洲各共同体条约和某些附件的尼斯条约"。《尼斯条约》于2000年12月11日在欧洲理事会(Nice European Council)上由国家或政府首脑(Heads of State or Government)通过,欧盟部长理事会于2001年2月26日正式签署,它是2000年召开的政府间会议[Intergovernmental Conference (IGC)]历时11个月的谈判成果,它已由欧盟的十五个成员国按照其国内的宪法程序批准,于2003年2月1日生效。《尼斯条约》刊登于2001年3月10日的《欧洲共同体官方公报》(Official Journal of the European Communities)(文号为2001/C80/01)。揉入《尼斯条约》修改内容的《欧盟条约》和《建立欧洲共同体条约》(European Union Consolidated Versions of the Treaty on European Union and of the Treaty Establishing the European Community)也已刊登于2002年12月24日的《欧洲共同体官方公报》(文号为2002/C 325/01)。《尼斯条约》的官方文本可在其官方网址(http://europa.eu.int)上查到。

[12] 此种行为是通过欧洲议会和理事会间的"共同决定程序(codecision procedure)"来完成的。《马斯特里赫特条约》导入,《阿姆斯特丹条约》扩展了此程序。根据该程序,欧洲议会将在内部市场、平等对待、人员的自由流动、社会保障、开业自由、环境、科研与技术、消除国别歧视、交通、工作中的健康与安全等问题的立法进程中扮演重要角色。在此领域,如果缺乏欧洲议会的同意,立法不能通过。参见 Stephen Weatherill and Paul Beaumont: EU LAW (Third Edition), Penguin Books, 1999, p.135.

提起的诉讼,法院享有管辖权。

在同等条件下,法院对审计院和欧洲中央银行为保护其特权所提起诉讼享有管辖权。

任何自然人或法人可在同等条件下,对指向其自身的决定,或,尽管以指向他人的条例或决定的形式出现,与其直接和个别相关的决定提起诉讼。

本条所指的诉讼应在措施公布之日起、告知原告之日起,或,如果前两种情形不存在,原告知晓之日起两个月内提起。"[13]

一、可审查的行为/措施:法律效果与终局性质

《欧共体条约》第230条第1款对可审查的对象做了列举。在欧洲法院眼中,它可以审查所有"由欧盟机构做出的意在产生法律效果(legal effects)的措施(measures),不管其性质或形式如何"[14],其中包括欧洲议会做出的措施[15]。

根据《条约》第230条,欧洲法院可对欧盟理事会和欧盟委员会所做出的所有行为/措施(acts/measures)进行司法审查。欧盟理事会和欧盟委员会做出的可审查的措施不包括建议(recommendations)和意见(opinions),这是因为根据《条约》第249条,建议和意见并无约束力(no binding force)。[16] 但这并不是

---

[13] Article 230:

"The Court of Justice shall review the legality of acts adopted jointly by the European Parliament and the Council, of acts of the Council, of the Commission and of the ECB, other than recommendations and opinions, and of acts of the European Parliament intended to produce legal effects vis-à-vis third parties.

It shall for this purpose have jurisdiction in actions brought by a Member State, the European Parliament, the Council or the Commission on grounds of lack of competence, infringement of an essential procedural requirement, infringement of this Treaty or of any rule of law relating to its application, or misuse of powers.

The Court of Justice shall have jurisdiction under the same conditions in actions brought by the Court of Auditors and by the ECB for the purpose of protecting their prerogatives.

Any natural or legal person may, under the same conditions, institute proceedings against a decision addressed to that person or against a decision which, although in the form of a regulation or a decision addressed to another person, is of direct and individual concern to the former.

The proceedings provided for in this article shall be instituted within two months of the publication of the measure, or of its notification to the plaintiff, or, in the absence thereof, of the day on which it came to the knowledge of the latter, as the case may be."

《尼斯条约》对该条的修改主要是针对欧洲议会。欧洲议会可无限定条件地对欧共体行为提起无效行为之诉的权利得到了最终的确认,从而争取到了长期努力要得到的特权申请者地位。新条约顺应了欧洲议会由来已久的请求,赋予欧洲议会与欧盟理事会、欧盟委员会和成员国一样的向欧洲法院提起无效行为之诉的权利,而无须有特别相关利益(第230条第2款)。

[14] Case 22/70 Commission v. Council (ERTA case) [1971] ECR 263,277.

[15] Case 294/83 Les Verts v. European Parliament [1986] ECR 1339.

[16] Case 22/70 Commission v. Council (ERTA case) [1971] ECR 263,277.

说,《条约》第 230 条只适用于条例(regulations)、指令(directives)和决定(decisions)这三种欧盟立法形式,因为此种解释过于狭窄,无法完成欧洲法院"在解释和适用条约上""确保刻守法律(observance of law)"的使命[17]。欧洲法院的措辞是,它准备审查由欧盟理事会和欧盟委员会做出的所有的意在产生法律效果的措施。在 ERTA 案中,欧盟理事会于 1970 年 3 月为成员国政府所做出的一个行动方案(proceeding)被法院认定为一个可司法审查的措施,因为此行动方案旨在约束共同体机构和成员国,能在共同体与成员国之间的关系和共同体机构间的关系上产生"最终法律效果(definite legal effects)"[18]。如果能产生法律效果,欧盟委员会与一个非成员国签署一个国际性协议也会成为一个可审查的行为。[19] 在 Cimenteries v. Commission 案[20]中,法院认定一份以挂号信发出的委员会警告通知(notice)属于第 230 条意义上的可审查行为,原因是它剥夺了企业"由(第 17 号条例)第 15(5)条所赋加的因履行协议告知所带来的法律处境上的优势,使企业面临巨大的财政风险",它"通过使企业的法律地位(legal position)发生明显改变的方式影响了企业的利益(interests)","它是一项能触动相关企业利益从而产生法律效果(legal effects)并对企业有约束力的措施",因此"它不仅仅是一种意见(opinion)而是一项决定(decision)"[21]。

在随后的 IBM v. Commission 案[22]中,与 Cimenteries 案不同,欧盟委员会根据第 17 号条例向另一企业发出的一封含有反对声明的信件并未被欧洲法院认定为是一种可审查的行为。法院认为,原则上讲,旨在为最终决定铺平道路

---

[17] Case 22/70 Commission v. Council (ERTA case) [1971] ECR 263,277, at p. 276.《欧共体条约》第 220 条(原 164 条)要求欧洲法院在对条约进行解释和适用时应遵循法律。

[18] Case 22/70 Commission v. Council (ERTA case) [1971] ECR 263,277, at p. 278.

[19] Case C-327/91 France v. Commission [1994] ECR I-3641,3672.

[20] Cases 8-11/66 [1967] ECR 75. 在该案中,74 家企业(原告为其中一家)达成一个以配额方式分割市场的协议,根据关于竞争政策的第 17 号条例,协议中的企业向欧盟委员会通报了这一协议。根据第 17 号条例第 15(6)条,委员会于 1966 年 1 月 3 日通过注册信向该企业发出一份警告通知。

[21] 根据第 17 号条例第 15(5)条,已向欧盟委员会通报的协议可免于因违反欧共体竞争政策而所受之处罚,而委员会根据第 15(6)条所发出的警告通知却能产生取消这一豁免的效果。委员会的通知表明了其初步结论:协议违反了条约第 85(1)条,而主张条约第 85(3)条中的豁免是站不住脚的。也许委员会在最终决定中会认定协议并未违反条约第 85(1)条而落入条约第 85(3)条的免责条款。如果这样,委员会的警告通知不会产生负面后果。但另一方面,委员会也很有可能在最终决定中不会改变立场。通知会产生迫使企业终止协议的效果。正如欧洲法院所言:"仅由于罚款的威胁效能,这一初步措施会由此产生使委员会省却了做出最终决定这一效果。"

[22] Case 60/81 [1981] ECR 2639. 案中 IBM 公司正接受欧盟委员会的调查(基于第 17 号条例第 3 条)看其是否违反《欧共体条约》第 82 条滥用了优势地位。按照程序,在委员会向相关企业做出最终决定前,它必须书面向企业送达反对声明并留出时间允许企业做出回应(基于第 17 号条例第 19 条和第 99/63 号条例第 2 条)。向企业发出反对声明是一个重要的程序要求。如果缺乏了这一程序,委员会不能对企业进行罚款。

的临时措施是不具有可审查性的[23]。法院出具的理由使人感到本案与Cimenteries案是可区分的:"反对声明并未促使相关企业改变或重新考虑其市场行为,它不具有剥夺企业为了避免适用罚款所享有的保护的效果"[24],它仅是最终决定(final decision)的准备性(preparatory)程序措施。在另一案[25]中,法院也同样认为,一项启动反倾销调查的决定并不具有可审查性,因为它纯为准备性措施而无即刻的法律效果。

在欧盟司法中,我们看到,只有影响当事人法律利益或带来法律后果或能产生约束性法律效果(binding legal effects)的欧共体行为才具有可审查性[26]。此种欧共体行为还应具备终局性质。欧盟委员会做出的一项终止(terminate)相关调查的决定是可审查的[27],一项口头做出的决定是可在第230条下得以司法审查的[28]。尽管某一措施原则上不能产生约束性的法律效果,但若一欧共体机构试图利用这一措施(不管是否超越职权)来产生某种约束性法律效果,这一措施便是可审查的。这一点在法国对欧盟委员会的一系列诉讼[29]中可看得出来。尽管在做出最终决定前欧共体机构的初始行为(preliminaries)是免予审查的,但也有例外。它不适用于委员会向他人披露保密性文件这一行为[30],

---

〔23〕 Case 60/81〔1981〕ECR 2639, p.2652.

〔24〕 Case 60/81〔1981〕ECR 2639, p.2654.

〔25〕 Case T-134/95 Dysan Magnetics Ltd and Review Magnetics(Macao)Ltd v. Commission〔1996〕ECR II-181.

〔26〕 在Brother Industries v. Commission案(Case 229/86〔1987〕ECR 3757)中,欧盟委员会向成员国发出一份备忘录(memorandum),声称,由于案中货物来源于日本而非台湾地区,反倾销诉讼已被终止。原告为案中所涉货物的生产商/进口商。原告向法院提起诉讼,主张撤销这一备忘录,因为原告认为,如果适用于日本的反倾销税征在其货物上,那么将会产生负面的后果。法院认为这一诉请不予受理,原因在于:委员会的备忘录只对成员国起指导作用,不对成员国起约束作用。

〔27〕 Case C-39/93 P〔1994〕ECR I-2681. 法院认为,由欧盟委员会发出的一封信并非为一项初步措施,而是决定终止可能违反条约第82条的调查。同样,在Case T-37/92 BEUC and NCC v. Commission〔1994〕ECR II-285案中,欧洲第一审法院也认定一封委员会信件是在结束调查,而非调查中的一个阶段,因此具有可诉性。

〔28〕 Cases 316/82 and 40/83 Kohler v. Court of Auditors〔1984〕ECR 641, Case T-3/93 Air France v. Commission〔1994〕ECR II-121, 154—5.

〔29〕 在Case C-366/88 France v. Commission(〔1990〕ECR I-3571,〔1992〕1 CMLR 205)案中,委员会的一内部指导性文件(internal instructions)(88/C264/03)被法院认定为一项意欲产生法律效果的措施从而成为可审查性行为。法院判定委员会的这一指导性文件无效,因为委员会无权做出这一行为。同样,在Case C-303/90 France v. Commission案(〔1991〕ECR I-5315)中,欧盟委员会所做出的一针对成员国的行为准则(a Code of Conduct)被认为是可审查的,因为它在相关条例外对成员国设置了义务,意图产生自身的法律效果。它同样被欧洲法院撤销,因为在此问题上它超越职权。

〔30〕 Case 53/85 AKZO Chemie v. Commission〔1986〕ECR 1965. 在该案中,欧盟委员会在调查AKZO公司是否滥用优势地位时向ECS送达了AKZO公司认为属于保密性的文件。AKZO公司根据条约第230条向欧洲法院提起了撤销委员会这一行为的诉讼。法院认为,委员会之所以向他人披露这此文件是基于不需要保密处理的认定,因此委员会的行为是一种独立的、终局的从而可审查的行为。

因为这一行为,在法院看来,并不是一个预备性行为,而是一个具有终局(definitive)性质的独立(independent)决定。反过来,它同样不适用于委员会在反倾销调查中决定不允许第三人接触非保密性文件这一行为。[31]

《欧共体条约》(EC Treaty)本身是不可审查的。新成员国的加入欧共体的法令(Acts of Accession)中的条款是不可审查的。[32] 条约第 230 条是《欧共体条约》(EC Treaty)的一个条款。一个措施只有落入《欧共体条约》范围内才是可审查的。只有且真正是欧共体机构的行为才可具有可审查性。欧洲理事会(European Council)[33]的决定不属于条约第 230 条的调整范围[34],同样永久代表委员会(COREPER)[35]的行为也不能通过条约无效行为之诉予以撤销[36],因为它们不属于欧共体机构。一项仅仅是确认(confirm)原先决定的决定是不可审查的。[37] 是否在条约第 226 条[38]下开启对一成员国的违反条约之诉(infringement proceedings)属于委员会的自由裁量范围,委员会决定不对某一成员国启动违反条约之诉不属于司法审查事项。[39] 如果一个在理事会会议中产生的决定不是真正的理事会决定,那么它不具有可审查性。法院会透过形式的面纱看其内容和产生情境,来判定一项措施是否真正是《欧共体条约》第 230 条

---

[31] Case C-170/89 BEUC v. Commission [1991] ECR I-5709, 5738—9.

[32] Cases 31 and 35/86 Laisa v. Council [1988] ECR 2285.

[33] 欧洲理事会(European Council)不同于欧盟的部长理事会(The Council of European Union),它从源头上讲不属于欧共体组织机构的一部分。根据《单一欧洲法》(Single European Act)第 2 条,"欧洲理事会是各成员国国家或政府首脑和欧共体委员会主席的聚合","他们由各国的外交部长和欧盟委员会的一个成员辅助","欧洲理事会每一年至少召开一次"。欧洲理事会是欧共体做出重要政治决定的一个重要平台,它"将给欧盟的发展提供必需的动力并将确定相应的一般政治方针"(欧盟条约第 4 条)。但通常欧洲理事会不具有欧共体条约下的立法权。欧洲理事会的行为通常不受欧洲法院的管辖(欧盟条约第 46 条),其决定也不落入欧洲法院的司法审查框架体系中(单一欧洲法第 31 条)。参见 Stephen Weatherill and Paul Beaumont: EU LAW (Third Edition) 1999 Penguin Books, pp.94—99。

[34] Case T-584/93 Rovjansky v. Council [1994] ECR II-585,592. 也可参见欧盟条约(TEU, Treaty on European Union)第 46 条。

[35] COREPER 为永久代表委员会(Committee of Permanent Representatives)的法语缩略语。根据条约第 207 条第 1 款,"由各成员国永久代表组成的委员会将负责为理事会做准备工作,并负责完成理事会交予的任务","根据理事会的程序规则,该委员会可做出程序性决定。"尽管该委员会在决策进程中起着重要作用,但它无权做出欧共体行为(Community acts)(Case C-25/94 Commission v. Council [1996] ECR I-1469)。参见 Stephen Weatherill and Paul Beaumont: EU LAW (Third Edition) 1999 Penguin Books, p.92。

[36] Case C-25/94 Commission v. Council (FAO) [1996] ECR I-1469.

[37] Case C-480/93 P Zunis Holding and Others v. Commission [1996] ECR I-1, para. 14.

[38] 根据《欧共体条约》第 226 条(原第 169 条)规定,欧盟委员会若认为某个成员国违反了条约规定的义务时,在履行一定的程序后,有权向欧洲法院提起成员国违反欧共体条约的诉讼。

[39] Case C-325/94 P An Taisce - The National Trust for Ireland and World Wide Fund for Nature (WWF) v. Commission [1996] ECR I-3727.

意义上的可审查的理事会决定。[40]

至于可审查行为是否涵盖欧洲议会的行为,在欧盟的立法和司法实践是有一个演变过程的。早在《马斯特里赫特条约》(Maastricht Treaty)做修改之前,在早年的 Les Verts v. European 案[41]中,欧洲法院就认为,条约第 230 条(原第 173 条)并不仅仅适用于欧盟部长理事会和欧盟委员会所做出之行为,"无效之诉讼可针对欧洲议会做出的意在对第三方产生法律效果的措施而提起。"在该案中,欧洲法院充分意识到了欧洲议会的职能转换、司法审查的精髓和对欧洲议会司法审查的必要性:

"《欧共体条约》第 177 条在没有附加进一步限制条件的情况下提及了各欧共体机构的行为。确实,与条约第 177 条不同,条约第 173 条仅提及了理事会和委员会的行为。然而,正如欧洲法院已在 Case 22/70 Commission v. Council (ERTA)案中所强调的,(欧共体)条约的整个体制是使得对"欧共体机构的所有的……意在产生法律效果的措施"的直接诉讼成为可能…… 在初始文本中,欧洲议会之所以未被明确列为可以对其措施发出挑战的欧共体机构,是因为欧洲经济共同体条约只是赋予它协商和政治控制的权力而不是做出旨在对第三方产生法律效果的行政行为的权力。"

在与《欧洲煤钢共同体(ECSC)条约》[42]的司法控制体系做比较后,欧洲法院继续到:

"如果将条约第 173 条解释为它是将欧洲议会做出的措施排除在可表示异议的范围之外,那该解释将会导致一个有违第 164 条(现第 220 条,作者注)之条约精神和条约体系的结果。在欧洲经济共同体条约下,如果法院对欧洲议会所为的措施的审查不能成为可能,那该措施可能侵入成员国或其他机构的权力,或会超越对欧洲议会权力的限制。因此,结论是,撤销之诉可以针对欧洲议会采取的意在对第三方产生法律效果的措施提起。"[43]

---

[40] Cases C-181 and 248/91 European Parliament v. Council and Commission [1993] ECR I-3685, [1994] 3 CMLR 317. 在该案中,法院认为,成员国代表所做出的援助孟加拉国的决定只是成员国权力的集体行使,并不是一个条约第 230 条意义上的理事会决定,是不可审查的,因为人道主义援助并不是欧共体的排他性管辖事项,成员国可利用欧共体机构在欧共体(EC)框架外自由采取集体行动。

[41] Case 294/83, [1986] ECR 1339, p.1366.

[42] 《欧洲煤钢共同体(ECSC)条约》第 38 条明确规定,欧洲法院拥有对议会的行为撤销的权力。

[43] 肖(Shaw, J.):同上注[3],页 500。

《马斯特里赫特条约》在修改时确认了这种欧洲法院对欧洲议会有条件的司法审查权。《尼斯条约》在《欧共体条约》第 230 条第 1 款中继续保留了此种修改。由此,欧洲法院可以且只有将欧洲议会做出的意在对第三方产生法律效果的措施或行为作为可审查的对象。在 1988 年的 Les Verts 案[44]中,法院认为案中争议的一个实施措施(implementing measures)仅在欧洲议会内产生内部效果,属于内部措施(internal measures),没有对第三方设置权利或义务,因而是不可审查的。同样,在 Group of the European Right v. European Parliament 案[45]中,欧洲议会所做出的一个建立一质询委员会的决定因不会对第三方产生法律效果而被认为是不可审查的,原因在于它属于一种内部机构建设,设置的委员会无权做出有约束力的法律决定。但欧盟议会主席宣布欧共体的预算已最终做成这一行为却是在条约第 230 条下可审查的行政行为。[46]

二、出庭资格:特权与非特权申请者

(一) 特权申请者:成员国、委员会、理事会和议会

在第 230 条中,成员国、欧盟委员会和欧盟(部长)理事会属于特权申请者(privileged applicants),在提起第 230 条诉讼上拥有无限的(unlimited)出庭资格(locus standi)(诉讼地位,standing)。它们不必证明它们在提起诉讼上存在利益[47]。

欧洲议会属于何种类型的申请人也是有一个渐变过程的,它经历了一个从无出庭资格到成为准特权申请者(quasi-privileged applicant)然后到成为特权申请者的演变过程。在初始的欧洲经济共同体(EEC)条约第 173 条中并未明确提及欧洲议会可提起诉讼之身份。尽管欧洲议会的出庭资格在起始的条约语言中缺乏成文上的支持,但经过一番周折[48]欧洲法院最终在司法中还是树立了欧洲议会的一定条件下的申请者身份:"为了寻求保护其自身特权(safeguard

---

[44] Case 190/84 Les Verts v. European Parliament [1988] ECR 1017.

[45] Case 78/85 [1986] ECR 1753.

[46] Case 34/86 Council v. European Parliament [1986] ECR 2155.

[47] Case 45/86 Commission v. Council [1987] ECR 1493, 1518; Case 131/86 United Kingdom v. Council [1988] ECR 905, 927. 参见 Stephen Weatherill and Paul Beaumont: EU LAW (Third Edition) 1999 Penguin Books, p.253。

[48] 在 Case 302/87 European Parliament v. Council([1988] ECR 5615, 5644)案(又称 Comitology 案)中,欧洲法院曾否认欧洲议会在原欧洲经济共同体条约第 173 条上的诉讼地位。法院认为,欧洲议会的特权可通过如下几条路径得以保护:(1) 欧盟委员会在条约第 211 条下有义务提起 EEC 第 173 条下的无效行为之诉,(2) 自然人和法人可在第 173 条下提起诉讼或在第 241 条下提起请求确认某一行为不合法(pleading illegality),(3) 可由成员国将系争行为提交欧洲法院,由其在第 234 条下"预先裁定(preliminary ruling)"程序下判定某一行为非法。但欧洲议会认为上述权利救济路径并不确定和可信,不足以充分保护欧洲议会之特权。

its prerogatives)",在提起无效行为之诉上,欧洲议会享有诉讼资格。[49] 在此观点背后隐藏的是法院力促欧盟机构间平衡的理念。[50] 这一司法观点在日后的1991年《马斯特里赫特条约》的修改运作中得到了确认。按照《马斯特里赫特条约》下的《欧共体条约》第230条的文字表述,当(只有当)欧洲议会的特权(prerogatives)被侵犯时,其(才)有权提起无效行为之诉,即欧洲议会的出庭资格是有条件的。[51] 这样欧洲议会就在基本条约中—并与欧洲中央银行与审计院成为第230条无效行为诉讼的"准特权申请者"。在2002年的《尼斯条约》的新修改运作中,欧洲议会的诉讼地位得到了进一步的提升。新的《欧共体条约》文本进一步将欧洲议会从准特权申请者队伍中挑了出来,使其能够与成员国、欧盟理事会、委员会并肩在无限定条件下行使第230条下的诉讼权利,从而成为一名特权申请者。

(二)非特权申请者:自然人与法人

与欧盟理事会、委员会、议会、成员国以及欧洲中央银行、审计院不同,自然人与法人(natural or legal person)在第230条诉讼中仅享有非常有限的(limited)诉讼地位,从而被称之为"非特权申请者(non-privileged applicants)"[52]。根据第230条第4款,自然人与法人有权在条约第230条下去冲击针对其(addressed to)自身的决定(decision),即一项决定所针对的对象对该决定享有诉讼主体地位。这是一种较为简单的情形。另外,这些非特权申请者还可对虽然针对他人但与其自身直接和个别相关的(of direct and individual concern)不管形式上是条例(regulation)或决定(decision)的行为提起无效行为之诉,即决定所针对对象以外的人只有在决定与其直接和个别相关的条件下才享有诉讼地位。

1. 真正的条例还是变相的决定

在条约第230条下,一位非特权申请者在条例面前其诉讼资格如何在欧盟

---

[49] Case C-70/88 European Parliament v. Council [1990] ECR I-2041, p.2073. 该案又称为"Chernobyl案",涉及的是两机构间"法律根据(legal basis)"之争。法律根据的选择关系到欧洲议会在立法过程中的参与程度。欧盟理事会在制定第3954/87号条例时,将《欧洲原子能共同体条约》(Euratom)第31条列为立法的法律依据,在该条下,立法只需向欧洲议会做咨询。而欧洲议会认为,该条例的立法法律依据应为《欧洲经济共同体条约》(EEC)的第100a条,该法条启用的"合作(cooperation)"型立法程序。

[50] 人们从原欧洲经济共同体条约(EEC)第173条中很容易读出欧盟委员会和理事会优于欧洲议会的感觉。在欧洲法院看来,在提起无效行为之诉讼地位上,三机构间的差异仅是程序上的,它不能阻却为实现条约中所体现的维持机构间平衡(institutional balance)这一基本利益所做的努力。

[51] 如在European Parliament v. Council (Case C-187/93 [1994] ECR I-2857)案中,欧洲议会与理事会就一条例的法律根据(legal basis)产生争议。欧洲议会认为该条例的法律根据应包括条约第133条。但欧洲法院认为,理事会的条例是否将条约第133条列为立法的法律根据与欧洲议会的特权并不相干,因为条约第133条并未提及欧洲议会任何程度的参与起草和立法的权利。

[52] 参见Stephen Weatherill and Paul Beaumont: EU LAW (Third Edition), Penguin Books, 1999, p.253.

司法中是一个较为复杂的问题。条约第 230 条第 4 款隐含地将除决定这一立法形式以外的所有欧共体约束性行为排除在自然人或法人可提起诉讼的对象之外。原则上,该款不允许自然人或法人对条例(regulations)或指令(directives)提起无效之诉,这种限制显然是源于条例的准立法性质和一般适用性,在此方面的开禁将会打开诉讼的闸门。

尽管如此,为了防止一项以条例面目出现的决定溢出司法审查的范围,法院在司法实践中却是睁大了眼睛,在认真辨别着"条例"的真伪。一项措施尽管形式上被冠以"条例"的称谓,但如果能证明申请者与其个别相关,那该措施就不是一个真正的条例(truly a regulation)而是一个变相的决定(a disguised decision)。关于条例与决定的区别标准,《欧共体条约》第 249 条(原第 189 条)规定,条例具有一般适用性(general application),它有整体上的约束力并可在成员国直接适用;而决定只对其所指向的人有整体上的约束力;除了此条文规定,欧洲法院在 Producteurs de Fruits v. Council 案[53] 中也表明了其观点:"决定的重要特征来自于它所指向人群的局限性,而条例有较强的立法属性(legislative nature),它不对有限的、可定义的或可确认的(identifiable)人群适用,而是对抽象和整体看待的一类人(categories)适用。因此,在令人疑惑的案件中,为了确定案件涉及的是决定还是条例,就有必要确定系争的措施是否与特定的个体个别相关(of individual concern to specific individuals)。"在条例与决定的区分问题上,如果说欧共体条约第 249 条建立的是一个"一般适用性"测试标准(general-application test)的话,欧洲法院在该案中强调的更多的是一种"个别相关性"测试标准(individual-concern test),即看其是否适用到了一个固定的、可辨认的(fixed and indentifiable)人群。

欧洲法院在确定申请人在条例面前的诉讼资格上曾存有一种自由化的倾向。这种倾向表现在对"个别相关性"标准的单个适用,而不是对"一般适用性"标准和"个别相关性"标准的双重适用。欧洲法院曾在 Codorniu v. Council 案中认为,即使一项条例具有一般适用性,如果申请人与该条例直接和个别相关,那申请人也可享有诉讼资格。[54] 这一倾向在反倾销领域表现在较为明显。[55] 这种倾向对自然人和法人来说显然是值得称道的,因为它扩展了他们的诉讼权利。

---

[53] Cases 16, 17/62 [1962] ECR 471, 478.

[54] Case C-309/89 Codorniu v. Council [1994] ECR I-1853, 1867.

[55] 在对一项反倾销条例的宣告无效诉讼中,主要有三类非特权申请者:产品的生产商和出口商、产品的进口商、向委员会申请进行倾销调查之人。在条约第 230 条的无效行为之诉中,只要上述申请者出现下列情形,其出庭资格便会被法院承认:在系争条例中申请者指名或被提及,或者申请者参与了初步调查,或者委员会在确定反倾销税时使用了申请者的产品价格。在 Extramet Industrie v. Council 案(Case C-358/89 [1991] ECR I-2501)中,欧洲法院将出庭资格赋予给了一个虽独立的但受一项反倾销条例严重影响(seriously affected)的进口商。

但出于对潜在案件数量猛增的恐惧,欧洲法院遏制这种自由化倾向发展甚至令其退缩的保守心理也时常在判决推理中出现,比如在对申请者的诉讼地位进行认定时双管齐下,既要求申请者与条例"直接和个别相关",还要求察看条例是否具有"一般适用性"[56]。

同样,条约第230条并未提及自然人和法人是否可对指令(directives)提起无效之诉。欧洲法院同样会将不具有普遍适用性(general application)的指令当作决定(一个变相的决定)对待。[57] 如果具有"直接和个别相关"性,欧洲法院甚至还趋向于将具有普遍适用性的指令(一种规范性行为,a normative act)作为可在第230条下审查的对象看待。[58]

不管怎样,至少我们可以得出的结论是:自然人和法人不仅可对决定提起诉讼,也可对与其直接和个别相关的条例和指令提起诉讼;如果一项"条例"不是具有一般适用性和立法性质的措施而与申请人有直接和个别相关关系,那么它即被认定是一种变相的决定(a disguised decision),申请人便可获得第230条下的诉讼资格。

2. 个别相关(individual concern)

对于"个别相关"的认定,不仅在辨别条例的属性时有用,而且,对于欧共体针对他人的行为,只有在与当事人"个别相关"的行为上私人才可拥有诉讼资格。"个别相关"的测试标准可追溯至20世纪60年代的Plaumann v. Commission案[59]。在该案中,欧洲法院认为,如果,由于申请人"某些独特的(peculiar)属性(attributes)",或由于存在能将申请者"与所有他人区分(differentiated)的情境(circumstances)",或者由于存在能将申请者"个别地辨别的(distinguishes……individually)因素(factors)",一项决定影响了(affects)申请人,便可说明该决定与该申请者"个别相关"。这通常称之为"Plaumann公式"。从法院在Plaumann案中的推理中可以看到,一个自然人或法人只有归属于一组人群且该组人群在欧共体措施生效后仍不会扩大时,才说明该自然人或法人与该措施个别相关,此谓"封闭人群"测试("closed class" test)标准。该标准的过于苛刻和形式主义得到了许多批评家的非议。[60]

根据"封闭人群"测试标准,由于环境权的一般和集体性质,申请人在环境

---

[56] Case T-482/93 Weber v. Commission [1996] ECR II-609, [1996] 3 CMLR 963.

[57] Case 160/88R Federation europeenne de la sante animale v. Council [1988] ECR 4121, [1988] 3 CMLR 534.

[58] Case T-135/96 UEAPME v. Council [1998] ECR II-0000 (judgment of 17 June 1998).

[59] Case 25/62 [1963] ECR 95. 案中申请人的申请被驳回,因为欧盟委员会的一项决定影响的是德国所有进口商,而不是一个"固定的和可辨认的(a fixed and identifiable)"的人群。

[60] Albertina Albors-Llorens, The Standing of Private Parties to Challenge Community Measures: Has the European Court Missed the Boat? Cambridge Law Journal, 62(1), March 2003, p.77.

案子中失利便不足为怪了,因为他们无法证明他们属于一个封闭的人群。同样,在"封闭人群"测试标准下,我们无法看好一个协会(associations)在无效之诉中的诉讼前景。[61] 欧洲法院在 Greenpeace and Others v. Council 案[62]认为,如果在制定法令过程中,"申请者的特定情景(specific situation)没有得以考虑",该法令与申请者只是在"一般的和抽象的(general and abstract)"意义上相关,那么就不能说该法令与申请者"个别相关"。如果说"Plaumann 公式"是以一种肯定的语言出现的,那么欧洲法院在 Greenpeace 案中所建立的"Greenpeace 公式"则是以一种否定的语态来描述了同一个刻薄的条件。

面对欧洲法院对"个别相关"这一条件的严厉解释,曾有两种观点冲击"Plaumann 公式"和"封闭人群"测试标准:(1)利益实质性负面影响论。顾问专员(Advocate General)Jacobs 先生在 UPA v. Council 案[63]的顾问意见中认为,为了防止申请人被剥夺司法保护的权利,"个别相关"的测试标准应作一个自由化的解释。他认为,如果,由于其特定的情形,一项措施对一个自然人或法人的利益(interests)有或可能有"实质性的负面影响(a substantial adverse effect)"时,可以认定该措施与申请人个别相关。(2)法律地位影响论。欧洲初审法院在 Jégo Quéré v. Commission 案[64]中亦认为,对"个别相关"的测试标准应作宽松的解释。该法院认为,如果一个具有一般适用性的欧共体措施"通过限制其权利或添加义务,以最终和即刻的方式,影响(affect)了其法律地位(legal position)",那么该自然人或法人便与该措施个别相关,其他受同样影响的人的数目和地位则与此认定毫不相干。两种观点相比,前者没有区分欧共体的一般性措施(条例和指令)和个别性措施(决定),且不仅关心措施对当事人利益业已产生的负面影响而且关注其潜在的影响。尽管存在这种对"个别相关"的测试标准进行松动的声音,欧洲法院仍未在此问题上有所突破。欧洲法院在 UPA v. Council 案中将革新私人申请者诉讼条件的使命推给了成员国。欧洲法院承认了私人申请者可能遇到的处境,即如果法院对其申请不予受理,他们将被剥夺任何司法保护的途径,因为案中系争的条例不需要成员国出台实施措施(implementing measures),成员国内将不会有可以提起条约第 234 条预先裁决(preliminary reference)的国内程序,因此私人申请者可供选择的道路堵死了。对此,申请者认为,在这种申请者没有为了对欧共体行为进行审查而可供选择的其他途径时,申请者应自动获得无效之诉的救济路径。欧洲法院虽认

---

[61] 协会所提起的诉讼只有在下列三种情形下才可受理:(1)当一个法律规定赋予该协会程序上的权利时,(2)当协会中的每一单个成员直接和个别相关时,(3)当协会作为协商者的地位受到影响时。见 Case C-122/96 Federolio v. Commission [1997] ECR II-1559, para. 61.
[62] Case C-321/95P [1998] ECR I-1651.
[63] Case C-50/00P, [2002] 3 CMLR 1,7.
[64] Case T-177/01, Judgment of 3 May 2002.

识到获取有效的司法保护权是欧共体法的一般原则,但却坚持认为应由成员国和成员国法院来在其法律救济体系和程序中确保私人对欧共体措施行使司法审查权的实现。欧洲法院认为,预先裁决(preliminary reference)制度,作为一个间接(indirect)的司法审查途径,是一个无效之诉的有效、充分替代物。

3. 直接相关("direct concern")

"直接相关"在欧洲法院判决中的出镜率并不高,原因之一是"个别相关"和"直接相关"这两个条件是累加的,法院往往基于"个别相关"便可否决当事人的诉讼地位而没有必要进一步做"直接相关"方面的探究。

"直接相关"关注的是在欧共体措施与该措施对自然人或法人法律地位的影响之间是否存在直接的因果关系。如果在欧盟机构行为与申请者所受的负面影响的因果关系链中存在第三者干扰性的自由裁量(discretion)因素,直接相关这一要求便不会得到满足。即如果第三方(欧共体决定所指向的对象)在如何实施欧共体措施上存在真实的[65](而不是"纯理论上的(entirely theoretical)"[66])自由裁量权,受欧共体措施潜在影响之非特权申请者(欧共体决定所指向对象之外的人)便被认为与该欧共体行为间无直接相关性。显然,在此种情况下,与申请者相关的是第三方的行为,而不是欧共体的行为。但是,尽管存在这种自由裁量权,如果第三方事先向申请者告知了如何行使这种自由裁量,此时的申请者便可被认为是具有直接相关性。[67]

根据"直接相关"的判断标准,基于条例一般和直接适用的性质,私人申请者与条例间的直接相关性较易判定。[68] 对于指令,情况则不一样。指令允许成员国选择实施的形式和方法[69]。成员国这一自由裁量权的存在是否意味着自然人和法人与指令之间就不存在直接相关性了呢?如果指令的条款措辞指示性较强以至于留给成员国的自由裁量余地已非常之少,一般可认为这种自由

---

[65] 如在 Mannesmann-Rohrenwerke v. Council 案(Case 333/85 [1987] ECR 1381)中,欧共理事会第 2335 号条例将部分欧共体出口钢材至美国的配额分配给了德国,案中原告为德国的钢材出口商,其申请法院宣告理事会的条例无效。欧洲法院认为,因为德国在决定哪家企业能享受德国的出口配额这一问题上享有自由裁量权,案中原告与欧共体的条例并不"直接相关"。

[66] 在 Société Louis Dreyfus & Cie v. Commission 案(Cases C-386/96P [1998] ECR I-2309)中,欧盟委员会做出一决定,决定不能同意合同的修改,该决定指向俄罗斯和乌克兰的财务代理人,该案的申请者为合同的进口商。如果欧盟委员会不同意合同,合同的当事人将无法获得欧共体向俄罗斯和乌克兰的贷款,欧洲法院认为申请者与委员会的决定直接相关,否认了欧洲初审法院所谓的"合同没有欧共体的财政支持也可履行"的说法,认为这是一种"纯理论的"观点。

[67] 如在 Bock v. Commission 案(Case 62/70 [1971] ECR 897)中,申请者与一欧盟委员会决定间直接相关性的建立是源自于享有自由裁量权的德国政府已告知申请者,如果其得到欧共体决定的授权,他便会拒绝向申请者颁发进口中国蘑菇的许可。

[68] Case C-152/88 Sofrimport v. Commission [1990] ECR I-2477.

[69] 《欧共体条约》第 249 条。

裁量是"纯理论上的",从而可认定申请人与该指令的直接相关性。[70]

从上述可知,欧洲法院对"直接相关"和"个别相关"这两个私人(private parties)可提起无效的条件进行了如此狭窄的解释,以至于它们成了自然人和法人获得出庭资格使法院受理无效之诉申请的一大障碍。

三、审查依据:实体规定与程序要求

《欧共体条约》第230条明确指出了四种审查依据:(1) 越权(lack of competence);(2) 违反重要的程序要求(infringement of an essential procedural requirement);(3) 违反条约或与条约适用有关的法律规定(infringement of this Treaty or of any rule of law relating to its application);(4) 滥用权力(misuse of powers)。

1. 越权

这主要是指欧共体机构在采取措施时超越了《欧共体条约》[71]或该措施之母法[72]赋予其的权力。

2. 违反重要的程序要求

如果欧共体机构在出台相关措施时,没有尊重条约规定的立法程序[73],或违反欧共体机构的程序规则[74],或理由(reasons)陈述不充分有违《条约》第253条[75]时,皆可认为是违反了重要的(essential)程序要求。

---

[70] Albertina Albors-Llorens, The Standing of Private Parties to Challenge Community Measures: Has the European Court Missed the Boat? Cambridge Law Journal, 62(1), March 2003, p.76.

[71] 如在Germany and Others v. Commission 案(Cases 281, 283—5 and 287/85 [1987] ECR 3203)中,德国和其他四个成员国寻求法院宣告欧盟委员会第85/381号决定无效。该决定的法律依据是条约第118条(现第140条),该条赋予委员会"促进成员国在社会领域(social field)的密切合作"的职权。法院认为,委员会决定中有关非成员国工作者文化整合的部分是无效的,因为"移民政策只有在其涉及非成员国工作者的处境(关于这些工作者对欧共体就业市场和工作条件的影响)时才有可能属于第118条的所谓社会领域。"

[72] 在United Kingdom v. Commission 案(Case 61/86 [1988] ECR 431)中,欧洲法院认为,欧盟委员会第3451/85号和第9/86号条例是无效的,原因在于它们超越了欧盟理事会第1837/80号条例第9(3)条赋予委员会的权力。

[73] Case 138/79, Roquette Frères v. Council [1980] ECR 3333, 3356. 在该案中,法院认为,如果条约要求,理事会应就一项立法建议听取欧洲议会的咨询意见,为了获得议会意见,理事会应穷尽所有可能。

[74] Case C-263/95 Germany v. Commission [1998] ECR I-441; Case 68/86 United Kingdom v. Council [1988] ECR 855. 在后一案中,理事会在英国和丹麦反对的情况下仍运用书面程序(written procedure)做出一项指令。两反对国认为应宣告这一指令无效,因为它违反了理事会的程序规则(Council's Rules of Procedure)第6(1)条。该条规定,书面程序只有在理事会的所有成员同意时才可启用。

[75] Case 24/62 Germany v. Commission [1963] ECR 63. 在该案中,法院发现委员的理由陈述是不充分的、模糊的和不统一的。在法院看来,条约第253条要求委员会就其决定陈述理由并不是一个形式问题,其目的在于给予当事人保卫权利、给予法院行使监督功能、给予成员国确信委员会遵循条约的机会。

欧共体立法的理由陈述应包括对法律依据(legal basis)的正确选择。未能明确提及相关法律依据[76]、选择了错误的法律依据皆可构成对重要程序要求的违反从而成为立法无效的理由。

3. 违反条约或与条约适用有关的法律规定

该种审查依据与前两种审查依据发生重叠是不可避免的。比如,一个理由阐述不充分或法律依据寻找错误的措施也是一条违反《条约》第253条的措施。

欧洲法院已认可如下观点:欧共体签署的国际性协定(international agreements)优先于欧共体的立法规定[77];欧共体在行使权力时应尊重国际法[78],在立法时欧共体应遵守通常的国际法规则,比如诚实信用原则[79];如果欧共体已参加了一项即将生效的国际协定而后来又做了与该协定抵触性的立法,这有违从该协定中汲取直接效力之人的正当期望(legitimate expectations),并违反法律确定性(legal certainty)。[80]

如果欧共体的立法违反了欧洲法院所发展的一般法律原则(general principles of law),欧洲法院便会以违反与条约适用有关的法律规定为名宣告其无效。根据法院的司法实践,这些一般法律原则涉及:

(1) 基本人权

欧洲法院首次在 Stauder v. Ulm 案[81]中将尊重人权列为欧共体法的一项一般法律原则。欧洲法院认为,"基本人权(fundamental human rights)"是"蕴藏在欧共体法的一般原则(general principles of Community law)并受欧洲法院保护"的[82],它来自于"成员国共同的宪法传统(constitutional traditions)"[83],"成

---

[76] Case 45/86 Commission v. Council [1987] ECR 1493,1518.

[77] Case C-61/94 Commission v. Germany [1996] ECR I-3989, [1997] 1 CMLR 281, para. 52.

[78] Case C-286/90 Poulsen and Diva Navigation [1992] ECR I-6019, para. 9.

[79] Case T-115/94 Opel Austria GmbH v. Council [1997] ECR II-39, [1997] 1 CMLR 733, paras. 89-94.

[80] Case T-115/94 Opel Austria GmbH v. Council [1997] ECR II-39, [1997] 1 CMLR 733, paras. 93—4 and 123—6.

[81] Case 29/69 [1969] ECR 419.

[82] Case 29/69 [1969] ECR 419, p. 425.

[83] Case 11/70 Internationale Handelsgesellschaft case, [1970] ECR 1125, 1134. 通常情况下,如果一项权利可在不止一个成员国宪法中找到依据,那它便可在欧共体法的一般法律原则下得到庇护。在 Staatsanwalt Freiburg v. Keller 案(Case 234/85 [1986] ECR 2897)中,法院不愿意将只与一个成员国宪法中所含权利相冲突的欧共体措施宣告为无效。

员国间达成的或签署的旨在保护人权的国际条约[84]"是"在欧共体法框架内应予以遵循的指针(guidelines)"[85]。尽管欧洲法院不受《欧洲人权公约》的约束,但在欧洲法院看来,该公约具有"特殊的重要性"[86],公约中的原则"应在欧共体法内得到考虑"[87]。

"基本人权"在欧洲法院曾被申请人多次援引作为向欧共体立法发出挑战的审查依据,但成功的案子却不多[88]。在 R v. Kirk 案[89]中,一位船长利用"不溯及既往"的原则打败了一理事会条例。法院认为,"刑事规定无溯及力的原则是所有成员国的法律秩序中共有的一个原则,它作为一项基本权利的神圣地位在1950年11月4日的欧洲保护人权和基本自由公约第7条中得以确认;它在一般法律原则中占有一席之地,并由欧洲法院确保其遵守。"在 Razzouk and Beydoun v. Commission 案[90]中,一位鳏夫则利用"平等对待"原则战败了一项委员会决定,因为"对两性的平等对待"构成了"欧洲法院有义务确保遵循的基本权利"。

欧洲法院保护基本人权的司法成果在《马斯特里赫特条约》和《阿姆斯特丹条约》的修改文本得到固化。《欧盟条约》(Treaty of European Union)第6(2)条明确规定,"作为欧共体法的一般原则,欧盟将尊重基本人权,该人权由1950年11月4日在罗马签署的欧洲保护人权和基本自由条约所确保,它们来源于成员国共同的宪法传统"。《欧共体条约》第177(2)条规定,"欧共体在此领域

---

[84] 欧洲法院所指的关于人权的"国际公约"包括《欧洲人权公约(European Convention on Human Rights)》、1961年11月的《欧洲社会宪章(European Social Charter)》(Case 149/77 Defrenne v. Sabena[1978] ECR 1365)和1966年12月的《公民权利和政治权利国际公约(International Covenant on Civil and Political Rights)》,其中主要是指《欧洲人权公约》。《欧洲社会宪章》已在阿姆斯特丹版本的《欧共体条约》第136条明确提及。在 Grant v. South-West Trains Ltd 案(Case C-249/96 [1998] ECR I-621)中,欧洲法院,一方面认为,在适用欧共体法的基本原则时,《公民权利和政治权利国际公约》是应予考虑的有关人权的国际性文件之一,而另一方面却否定了该公约中人权委员会(Human Rights Committee)的决定的法律约束力,认为该委员会并非司法机构。

[85] Case 4/73 Nold v. Commission [1974] ECR 491,507.

[86] Case C-299/95 Kremzow v. Austria [1997] ECR I-2629, [1997] 3 CMLR 1289, para. 14.

[87] Case 222/84 Johnston v. Chief Constable of the RUC [1986] ECR 1651,1682.

[88] "基本人权"诉讼失利的原因之一是,在法院看来,权利不是绝对的,"它们的行使应受到基于欧共体所追求的一般利益之目的的限制"(Case C-84/95 Bosphorus Hava Yollari Turizm ve Ticaret AS v. Minister for Transport, Energy and Communications, Ireland [1996] ECR I-3953, [1996] 3 CMLR 257, para. 21)。

[89] Case 63/83 [1984] ECR 2689; [1985] 1 All ER 453. 案中的丹麦 Kirk 船长斗胆进入了英国的海岸禁区而被刑事起诉。事件发生在1983年1月6日。英国加入欧共体令(Act of Accession)曾允许英国到1982年12月31日为止例外地禁止其他国家的渔船进入其海岸12海里区域。理事会于1983年1月25日出台的第170/83号条例允许英国从1983年1月1日起维持这一例外规定十年。该案的事件发生在了英国加入欧共体令失效之时和理事会条例出台之时两个时间的空当。船长辩称,作为欧共体国民,其有权在任何欧共体水域捕鱼。

[90] Cases 75,117/82 [1984] ECR 1509, 1530.

(指发展合作)的政策将有助于发展和加强民主和法治这一一般目的,有助于尊重人权和基本自由这一一般目的。"

(2) 正当期望[91]

如果欧共体的立法违反了相关人的正当期望(legitimate expectations),欧洲法院便会宣告该项立法无效。[92] 当欧共体机构做出承诺而后又食言时[93],当欧共体签署了尽管尚未生效的国际协定而后又做出抵触性立法时[94],当欧共体机构在足够长的时间内以特定方式行事以至于形成一个一致做法时[95],正当期望都会产生。但是,"如果,欧共体机构可行使自由裁量权,现存情形可能被改变,经商者不能对现存情形存有将仍会保持的正当期望"[96];在对欧共体措施选择"法律依据"时可改变往日的一贯做法[97];人们也不能从欧共体机构违反欧共体法规的行为中汲取正当期望[98]。

(3) 比例性

在比例(proportionality)原则下,"所启用的手段(means)是否与欲取得的目标这一目的(purpose)相适应,该手段是否超出了为取得此目的之必需"是需要确认的;如果"一项措施与相关机构寻求达到的目的明显地不相适应(patently unsuited),这会影响该措施的合法性"。[99] 在 Atalanta 案[100]中,欧盟委员会

---

[91] 有种观点认为,"正当期望"这一说法来自大陆的德国法,见《欧盟法》,袁发强译,武汉:武汉大学出版社,2003 年,页 37。但也有人认为,它来自于英国 Denning 勋爵的头脑(见 Schmidt v. Secretary of State for Home Affairs, [1969] 2 Ch. 149)。在新近的 R. v. North and East Devon HA ex p. Coughlan 案([2001] Q.B. 213)中,英国上诉法院认为,如果一个公共机构诱发了对一个益处的真正的(substantive)合法期待,对该种期待的扰乱将是如此地不公平以至于会构成权力滥用,除非存在可以偏离承诺的充足的公共利益(a sufficient public interest)。参见 Richard Clayton, Legitimate Expectations, Policy, and the Principle of Consistency, Cambridge Law Journal, 62(1), March 2003, pp.93—105。从比较法的角度,德国法上的信赖保护概念与英国法上的正当期望大体相当。正当期望可通过三种途径产生:(1) 利益如果对申请人足够重要,则申请人即不应在未获得赋予的程序权利的条件下被拒绝其利益;(2) 信守允诺;(3) 公共机构为在特定领域内的政策的适用设定了标准,原告业已信赖于此此标准,但公共机构后来却适用了不同标准。参见克雷格:"正当期望:概念性的分析",马怀德、李洪雷译,载《环球法律评论》(2003/夏季号),页 180—190。

[92] Case 81/72 Commission v. Council [1973] ECR 575.

[93] Case T-336/94 Efisol SA v. Commission [1996] ECR I-1343, [1997] 3 CMLR 298, para. 31.

[94] Case T-115/94 Opel Austria GmbH v. Council [1997] ECR II-39, [1997] 1 CMLR 733, para. 94 and 123.

[95] GCHQ case, Council of Civil Service Unions v. Minister for the Civil Service [1985] AC 374.

[96] Case C-350/88 Delacre and Others v. Commission [1990] ECR I-395, 426.

[97] Case 131/86 United Kingdom v. Council [1988] ECR 905, 927, p.933.

[98] Case 316/86 Hauptzollamt Hamburg-Jonas v. Krucken [1988] ECR 2213, para.23.

[99] Joined Cases 279, 280, 285 and 286/84 Rau v. Commission [1987] ECR 1069, 1125—6.

[100] Case 240/78 Atalanta v. Produktschap voor Vee en Vlees [1979] ECR 2137, 2151.

第1889/76号条例第5(2)条[101]被判定为有违比例原则,因为它没有使处罚"与当事人未能履行合同义务的程度或违反义务的严重性相适应"。同样,在Man(Sugar)v. IBAP案[102]中,法院也否定了一项绝对性(而非可裁量)规定的合法性,认为权利丧失的程度应与合同违反的严重性相适应。《马斯特里赫特条约》使比例原则在《欧共体条约》中有了文本根据。《欧共体条约》第5条第3款规定:"欧共体的任何行为均不能超越为取得本条约之目的所必需。"

(4)平等对待/非歧视

欧洲法院认为,平等对待(equal treatment)原则是一项"基本权利",它对欧共体机构具有约束力。[103] 根据该原则,除非客观上合法(objectively justified),相同情形不能区别对待。[104]

对歧视(discrimination)的禁止在《欧共体条约》的许多条款中皆有体现,其中包括条约第12条禁止基于国籍(nationality)的歧视[105]、第34(3)条禁止在共同农业政策上对欧共体内生产商或消费者的区别对待[106]、第141条禁止在报酬(pay)上基于性别的歧视[107]。《阿姆斯特丹条约》引入了一个新的歧视禁止的条款——《欧共体条约》第13条。该条规定:"在不违反本条约其他规定的情况下,在本条约赋予欧共体的权力限度内,理事会,在咨询欧洲议会后,可以对来自委员会的建议进行一致通过表决,决定采取合适的措施来与基于性别、种族和民族出身、宗教或信仰、残疾、年龄或性倾向的歧视作斗争。"该条拓展了平等对待的范围,其中包括对性倾向(sexual orientation)[108]不同者的平等对待。

(5)法律确定性/无追溯力

对欧洲法院来说,"对于可能产生财政后果(financial consequences)之规则

---

[101] 该条规定,"如果未能履行合同中赋予的义务,将全部丧失保证金"。

[102] Case 181/84 [1985] ECR 2889. 在该案中,根据相关条例规定,在申请出口许可上几个小时的迟延将会导致所有保证金的丧失。

[103] Case C-37/89 [1990] ECR I-2395, 2420—21.

[104] 如 Skimmed-Milk Powder 案(Case 114/76, Bela-Mühle v. Grows-Farm [1977] ECR 1211)。

[105] Case 293/83 Gravier v. City of Liège [1985] ECR 593; Case C-85/96 Sala v. Freistaat Bayern [1998] ECR I-2691. 在 Sotgiu v. Deutsche Bundespost 案(Case 152—73 [1974] ECR 153, 164)中,法院禁止所有隐藏的(covert)但产生了与基于国籍的歧视同一效果的所有形式歧视。

[106] Case 300/86 Van Landschoot v. Mera [1988] ECR 3443.

[107] 这一对基于性别的歧视禁止曾扩展性地被欧洲法院用来维护当事人在养老金(pension)(Case 75, 117/82 Razzouk and Beydoun v. Commission [1984] ECR 1509,1530)和工作人员津贴(allowances)(Case 20/71 Sabbatini v. European Parliament [1972] ECR 345)上的权利。

[108] 在 Grant v. South-West Trains Ltd 案(Case C-249/96 [1998] ECR I-621)中,欧洲法院认为,禁止性别歧视中的"性别"不包括"性倾向",但《欧共体条约》第13条却扩展了欧共体的职能范围,允许其采取立法行为来禁止基于"性倾向"的歧视。

来说,确定性(certainty)和可预见性(foreseeability)是必须严格遵守之要求"。[109]。根据法律确定性(legal certainty)原则,一项欧共体措施在公布之前并不生效[110](即不具有溯及力),除非"欲要取得之目的如此强烈而且相关人的正当期望应适当得到尊重"[111]。

(6) 公平听证权

公平听证权(right to a fair hearing)同样被欧洲法院司法实践确定为一种"基本权利"。[112] 欧洲法院认为,"一个受公共权力机构所做决定影响的人应当有机会向他人陈述自己的观点",这是欧共体法的一般规则。[113] 如果一个人有可能被处罚或一项措施负面影响了一个人的法律地位,在这样的诉讼中公平听证的权利就显得尤为重要。

(7) 保密/法律特权

公平听证权的对立性权利为当事人的保密(confidentiality)权,因为公平听证权中包括对相关文件的可触及权(right of access)。欧盟委员会必须确保在满足一方当事人公平听证权的同时,也应注意保护另一方当事人的对有关信息的保密权。[114] 委员会无权触及由独立律师提供的与一个企业的抗辩权有关的文件,尽管委员会可触及企业所雇用律师的建议。[115]

4. 滥用权力

"如果,根据客观的、相关的和一致的事实,一项决定看起来已超出了其声明的目的(purpose other than those stated),那么该决定是构成权力的滥用(a misuse of powers)"[116];即如果一项决定的采取,就其惟一目的或在任何情况下主要目的来说,是为了取得决定中所言的目的之外的目的或回避了条约中规定的程序,那权力滥用所需的条件便满足了[117]。

---

[109] Case C-30/89 Commission v. France [1990] ECR I-691,716. 欧洲法院对税收(taxation)和关税(customs charges)领域的法律确定性非常关注,要求征税的规则必须具体明确以便使人确定地知晓其权利和义务并做出反应。如 Case C-110/94 Inzo v. Belgian State [1996] ECR I-857.

[110] Case 88/76 Exportation des Sucres v. Commission [1977] ECR 709.

[111] Case 98/78 Racke v. Hauptzollamt Mainz [1979] ECR 69,86. 在该案中,由于货币补偿金的特殊性质,法院认可了两周的追溯效力。在 Case C-259/95 European Parliament v. Council 案([1997] ECR I-5303)中,由于欧洲议会未能提供证据证明相关人的正当期望得到侵犯,法院认定系争条款为合法。

[112] Case 85/87 Dow Benelux v. Commission [1989] ECR 3137; Case C-49/88 Al-Jubail Fertilizer v. Council [1991] ECR I-3187.

[113] Case 17/74 Transocean Marine Paint v. Commission [1974] ECR 1063.

[114] Case T-353/94 Postbank NV v. Commission [1996] ECR II-921.

[115] Case 155/79 AM&S v. Commission [1982] ECR 1575.

[116] Cases 18, 35/65 Gutmann v. Commission [1966] ECR 103,117; Case 69/83 Lux v. Court of Auditors [1984] ECR 2447, 2465—6.

[117] Case C-331/88 Fedesa and Others [1990] ECR I-4023,4065; Case C-84/94 UK v. Council [1996] ECR I-5755, para. 69.

四、时效与后果：兼结束语

提起第 230 条诉讼的时效(time-limit)为并不长的 2 个月,从措施公布之日起、告知原告之日起,或,如果前两种情形不存在,原告知晓之日起算。如果措施没有被公布,只有相关人确切了解措施的内容和根据以至于可以提起诉讼时,时效才可计算。[118] 时效可延长。[119] 除非在规定的时效内出现了足以阻止申请人提起诉讼的"不可预见之情形或不可抗力(unforeseeable circumstances or force majeure)"[120],时效应得到严格遵守[121]。

《欧共体条约》第 230 条无效行为之诉是欧盟司法控制体系的一个主干部分。它将由欧盟机构(包括欧洲议会)做出的意在产生约束性/终局性法律效果的行为都置于欧洲法院的司法审查之下,而不管其为何种形式。无效之诉涉及的主体是多元的,欧共体机构、成员国和个体在欧盟的法律秩序中发生着交互作用。此种交互作用在《条约》第 230 条中表现为启用该诉讼的诸多限定条件,比如对申请者出庭资格的划分(特权与非特权)和限定、可审查的欧共体行为的范围(是包括一般性措施在内的所有具有法律效果的行为还是某类决定或个别措施)。对欧盟理事会和欧盟委员会出庭资格的慷慨授予显然是因为它们更直接地代表了欧盟"超国家(supranational)"和"政府间(intergovernmental)"性质的一面。[122] 而对"个体"在无效行为之诉中出庭资格的限制则显示了欧共体条约的一个逻辑:无效行为之诉只保护"私人(private)"利益,而不是更广的公共利益。在"直接行政管理(direct administration)"案件中,个体的诉讼地位较易建立。在一些场合(如关税法和农业法领域),由于欧共体行为对申请者的影响不足够个别化或者欧共体机构的程序并不直接影响申请者(如在成员国国内权力机构参与的非直接行政行为中),申请者出庭资格的建立则很艰难。由于欧盟委员会在竞争(competition)法、反倾销(anti-dumping)法、国家援助(state aid)法领域是以能直接影响个体的"准司法"角色出现,个体在此类领域中的诉讼资格构成了一种"独特"风景(sui generis)。无效行为之诉涉及

---

[118] Case T-465/93 Murgia Messapica v. Commission [1994] ECR II-361,374.

[119] 英国,由于地理的原因,获得了可延长 10 天的特权(Rules of Procedure ECJ, Annex II, OJ 1991 L 176/7 at p. 32 and Rules of Procedure CFI, Art. 102(2), OJ 1991 L 136/I at p.19);如果一项措施已经在欧盟的官方杂志(*Official Journal*)上发表,时效可延长 14 天(Rules of Procedure ECJ, Art 81, OJ 1991 L 176/7, p. 22 (as amended) and Rules of Procedure CFI, Art. 102(1), OJ 1991 L136/1 at pp. 18—19)。

[120] Case 352/87 Farzoo and Kortmann v. Commission [1988] ECR 2281,2284. 在 Case C-59/91 France v. Commission 案([1992] ECR 1—525, 529)中,所利用的"快递(express delivery)"出现问题(在时效届满前寄出却在时效届满 3 天后才到达)并不构成"不可预见之情形或不可抗力"。

[121] Case 152/85 Misset v. Council [1987] ECR 223.

[122] 肖(Shaw, J.):同上注[3],页 491。

的事项也是多维的,其中既有欧共体机构间以及成员国与欧共体机构间的具有宪政(constitutional)性质的纠纷[123],也有成员国与欧共体机构间、个体与欧共体机构间的行政(administrative)性质的纠纷[124]。从个体的角度看,对受理个体提起的无效之诉设定了"个别相关"如此严格的前提条件,它不能满足个体的实际需要。[125]

(初审编辑:王斯曼)

---

[123] 该纠纷主要涉及职权划分、机构间平衡以及诸如民主、机构责任等欧盟法律秩序中的基本问题和基本宪政原则。肖(Shaw, J.):同上注[3],页491。

[124] 该类纠纷主要针对欧共体机构行政权力(executive power)的行使。肖(Shaw, J.)著:同上注[3],页491。

[125] 赫蒂根:《欧洲法》,张恩民译,北京:法律出版社,2003年,页171。

证明责任:一个功能的视角[*]

霍海红[**]

The Burden of Proof: A Perspective of Function

Huo Hai-hong

内容摘要:证明责任乃诉讼法、证据法甚至实体法中极具实践性的课题,也是近年来引起学界强烈关注的课题。本文从证明责任功能的视角对证明责任问题进行剖析,试图从多个功能角度看待证明责任而不是将其局限于裁判功能,试图解析证明责任所蕴涵的多重理念和具有的重大制度价值,以期对证明责任理论的研究、民事证据立法乃至民事实体立法有所助益。本文的研究可能只是一个初步的甚至是肤浅的探讨,证明责任的意义远比我们知道的要多。

关键词:证明责任 功能

Abstract: The burden of proof is a practical subject in the procedure law and evidence law, which is discussed frequently in recent years. The author analyses the burden of proof in the aspects of its function. The author thinks that we should not restrict the burden of proof within the range of judgments, and we should try to find out

---

[*] 证明责任是民事诉讼、刑事诉讼和行政诉讼三大诉讼领域都无法回避的问题,但由于证明责任在民事诉讼领域的典型性,同时也为了论述的方便,笔者在文中主要在民事诉讼意义上论述证明责任。但其中的许多结论对于刑事诉讼、行政诉讼中的证明责任也是适用的。

[**] 霍海红(1979—),吉林大学法学院教师,2004级民商法博士研究生。E-mail: hhhlaw@sohu.com

the value and purpose of the burden of proof. This attempt is just a beginning of the study of the burden of proof, and there is still a long way to go to discover the truth.

Key words: the burden of proof function

引 子

证明责任是民事诉讼法、证据法乃至民事实体法中极具实践性的课题,也是近年来引起学界强烈关注的课题。所谓证明责任,即当事人因要件事实真伪不明依法承担的败诉风险负担[1],它是"先于具体的诉讼而规定在实体法中的规范,从诉讼开始到结束一直由固定的一方当事人在观念上承担,只是当诉讼的结果陷入真伪不明状态时才真正实现"[2]。虽然"证明责任"与民事诉讼相伴而生或者说"证明责任"一直是民事诉讼中的客观存在,但事实上与真伪不明直接联系的"证明责任"的本质被阐明却是比较晚近的事情[3]。这一方面是因为,虽然古罗马时期就已经确立了"证明责任"分配的两条一般性原则,即"原告有举证的义务,原告不尽证明义务时,应为被告胜诉的裁判"和"主张的人有证明的义务,否定的人没有证明的义务",但在古罗马及其后相当长的时期内,无论是大陆法系还是英美法系都没有意识到"证明责任"的本质所在,他们在"证明必要"而非"证明负担"的意义上使用"证明责任",使"证明责任"基本停留在提供证据责任的意义上。另一方面,由于科技和生产力发展水平、人的认识能力特别是政治法律制度框架等的限制而使"证明责任"作为一种裁判机制在某些特定的时空条件下并不具有"语境的合理性"。因为对于事实真伪不明的状况,先辈们有自己的解决方式,即使某些解决方式从现在的观点来看是落后的甚至是非理性的(后文有详述)。

证明责任既是一个古老的概念又是一个新生的概念。作为证明负担的证明责任虽然已经在19世纪几乎同时得到大陆法和英美法的极大关注并取得重大理论进展,但对于已经是20世纪后半期的我国来说证明责任仍然是一个新

---

[1] 概念的界定是讨论的前提和起点,否则极易导致缺乏对话平台的各说各话。对于证明责任,目前国内外学界通说是包含客观的证明责任(结果责任)和主观的证明责任(行为责任),而笔者在文中使用的证明责任概念特指客观的证明责任,即风险负担意义上的证明责任。为了论述的明晰,笔者在文中将表示双重含义的证明责任加以引号写作"证明责任",同时将所要论述的证明责任直接写作证明责任。

[2] 王亚新:《对抗与判定——日本民事诉讼的基本结构》,北京:清华大学出版社,2002年,页221。

[3] 德国学者Glaser和美国学者Thayer几乎同时(1883年和1890年)在各自的著作中(《刑事诉讼导论》和《证明责任论》)阐述了证明责任的双重含义,证明责任的本质意义开始被真正揭示。

鲜事物(因为我们所熟悉的所谓"证明责任"、"举证责任"仅仅被我们局限于提供证据责任的意义上),虽然20世纪80年代以来一些学者对于证明责任(未必使用证明责任这一概念)极力倡导并为观念普及和制度设计作出了重大贡献,但证明责任在中国真正的独立化(观念上的和立法上的)仍然任重道远,证明责任的制度价值尚待进行多视角多层次的充分挖掘。

本文写作的目的就在于通过分析证明责任的独特功能,在一定意义上揭示证明责任的本质、规范性质以及所蕴涵的多重理念与价值,论证证明责任独立化的必要性和事实上的可能性。笔者相信,证明责任穿行于诉讼法、实体法、证据法之间的事实,决定了证明责任是一个多重价值和多重功能的结合体;证明责任与提供证据责任本质与规范功能的差异决定了证明责任与提供证据责任的分离不仅有助于理论上的明晰也有助于实践中的操作。这种功能视角研究的意义在于,证明责任的本质和独立化决不仅仅是一个概念的重新界定问题,更是一个对于民事证据制度部分重构、对某种民事诉讼理念进行审视以及对民事实体立法解释和反思的过程,这对我国的民事实体立法以及目前正在进行的民事证据立法都不无意义。

一、证明责任的裁判功能——解决事实真伪不明的法律方法和技术

(一)"事实真伪不明"与证明责任——"构造性"现实与制度化解决

1."构造性"现实

"确定事实并适用法律就是裁判所呈现的构造"[4],事实与法律构成了法官裁判的两大基础。对于法律问题,"法官知法"是一个基本的预设,但对于事实问题却无法作出这样的预设。事实问题作为法律适用的前提往往更会成为问题的关键和争议的焦点所在。由于案件的事过境迁、司法证明的历史证明性质、事实探知成本以及法官的有限理性[5]等因素的制约,司法过程中对于事实的认定并不必然会达到一个确定的二分状态——"真"或"假",而是可能会在真与假之间存在一个模糊状态即"事实真伪不明"的灰色状态。哈耶克在谈到人的有限理性时指出,人的有限理性是一个"构造性"现实,所谓构造性即不能在假设中将其排除[6]。而事实真伪不明由于司法证明性质和人类的种种局限

---

[4] 高桥宏志:《民事诉讼法——制度与理论的深层分析》,林剑锋译,北京:法律出版社,2003年,页419。

[5] 法官是拥有专业知识的普通人而不是全知万能的神。顾培东教授指出:"从哲学和社会学意义上看,与社会生活中的任何主体一样,法官一方面作为社会统治秩序的特定维护者,另一方面同时也是社会生活中的自然人。前者决定了法官的社会组织本质,后者决定了法官的个性自然本质。法官的社会组织本质与个性本质共同构成了法官这一特定社会角色。"参见顾培东:《社会冲突与诉讼机制》,北京:法律出版社,2004年,页114。

[6] 柯武刚、史漫飞:《制度经济学》,韩朝华译,北京:商务印书馆,2000年,页60。

也可以认为是司法裁判中的一个"构造性现实"。所不同的是人类有限理性的构造性现实既是就人类整体而言,也完全适用于任何具体的个人;事实真伪不明作为一种构造性现实是就作为整体的司法裁判而言,而不是就个案或部分而言,虽然事实真伪不明只能具体的出现在某些个案中。虽然就绝对意义而言,任何案件的事实都无法确定真与假,但即使是奉行证伪主义的波普尔也让步说,人类的经验还可以获得概率最大的、比较确定的知识[7]。

2. 民事诉讼目的与司法机关的裁判义务

事实真伪不明是对司法裁判的一个挑战,因为一般来说,"要件事实真伪不明在法理上意味着由该事实引起的法律后果是否发生也应当处于不明的状态。其结果是使法官陷入既不应该判决适用该条法律,也不应该判决不适用该条法律这样左右为难的境地"[8]。但法官是否可以因左右为难而不作出裁判呢?答案是否定的。民事诉讼的目的在于解决纠纷,并通过这种纠纷的解决使当事人由冲突走向和平,从而达成法律和社会生活的秩序目标。纠纷的解决作为民事诉讼的目的是无条件的,即有纠纷就必须予以解决,否则法律与社会的秩序无以达成。正如埃尔曼所指出的:"任何法律秩序都不能容忍有责任的审判员拒绝审判,因为这种拒绝将使未解决的冲突变成公开的对抗。"[9]司法救济作为私权保护的最后一道屏障,作为正义的底线和最后的守护者,也决定了司法机关不得以法律之外的理由拒绝作出裁判。事实真伪不明这种事实层面的不可能不会对法官的裁判义务产生丝毫影响,正如罗森贝克所指出的:"法官因对事实问题怀有疑问而使有关的法律问题不予裁决的可能性是不存在的。只要判决的诉讼条件基本具备,法官总是要么对被请求的法律效果已经发生予以肯定,要么对该效果未发生予以否定,因此,在民事诉讼中,要么对被告作出判决,要么驳回诉讼。法官的判决不可能包含其他的内容"[10]。而古罗马的法官遇到不能克服的事实问题的疑点时通过宣誓真伪不明结束程序的做法早已成为历史的陈迹。既然司法机关不能因事实真伪不明而拒绝裁判,就必须有某种法律机制能够化解事实真伪不明状态。当然这里的化解不是说使事实由"不明"变为"明",而是说通过某种机制使判决超越事实真伪不明,即通过某种机制使判决的作出虽然仍是在事实真伪不明情形下做出,但通过这种社会认可的机制或法律装置,能够获得当事人以及社会民众的信赖。在我们无法保证可靠性的情形下,我们惟一能够做到的是使这种判决尽可能的获得某种意义的可信赖性。

---

[7] 杨荣馨主编:《民事诉讼原理》,北京:法律出版社,2003 年,页 49。
[8] 陈刚:《证明责任法研究》,北京:中国人民大学出版社,2000 年,页 6。
[9] 埃尔曼:《比较法律文化》,贺卫方、高鸿钧译,北京:清华大学出版社,2002 年,页 139。
[10] 罗森贝克:《证明责任论》,庄敬华译,北京:中国法制出版社,2002 年,页 2。

3. 事实真伪不明解决途径的历史演变

司法裁判中的事实作为法官在裁判中的认知对象,根据被法官认知的最终结果,在逻辑上可分为"真"、"假"和"真伪不明"三种状态。与真和假不同,真伪不明在法律发展特别是裁判机制发展的不同阶段具有极为不同的意义(当然,在裁判被正当化这一点上意义大致相同),它经历了由被吸收且不具有独立法律地位的附属变为具有独立法律意义和地位的法律裁判机制重要部分的历史演进。

(1) 神明裁判与真伪不明

神明裁判实质上是依神意确定事实,让伪证者遭受天罚,是一种"超凡的发现真实"[11]机制。通常是置嫌疑者于一种危险(或生命危险或肉体痛苦的危险)的境地,看他是否能够安然无恙。如果单从纯客观的角度看,无论在任何时代真伪不明是必然会存在的,但在神明裁判时代,这种真伪不明并未获得独立的地位和法律意义。因为神示裁判的这种发现真实的机制是一种"是非"机制或者说是一种二者必居其一的机制。比如在一些国家或地区曾存在过的"水判",将涉嫌犯罪者或被认为主张虚假事实者放入水中,若其没入水中,说明其有罪或不诚实;若其不没入水中,则说明其无罪或诚实。由于把人放入水中只有两种结果:沉没和不沉没,因而这种裁判机制不存在中间可能。因此,神明裁判机制实际上是在法律上通过"程序形式主义"[12]绕过了真伪不明或者说神明裁判机制排除了真伪不明具有独立法律意义的可能,这种神判机制在不受人类理性支配的意义上,是一种"非合理的决定"[13]。

(2) 法官任意裁判与真伪不明

法官任意裁判即法官凭其主观意志强行认定事实以决定裁判的后果。与神明裁判相比,法官任意裁判作为一种依法官内心判断进行裁量的法律机制,更有可能使真伪不明取得独立的法律意义和地位。因为与神明裁判相比,法官任意裁判毕竟是一种理性的人取代假定的神的裁判机制,其科学性和准确性是后者所无法比拟的,它是人类文明进步在法律领域的表现。但这种比较而言的科学性无法掩盖其致命的弱点,即法官的任意性。[14] 这种"一人司法"[15](忽

---

[11] 普维庭:《现代证明责任问题》,吴越译,北京:法律出版社,2000年,页177。
[12] 伯尔曼:《法律与宗教》,梁治平译,北京:中国政法大学出版社,2003年,页27。
[13] 棚濑孝雄:《纠纷的解决与审判制度》,王亚新译,北京:中国政法大学出版社,2004年,页15。
[14] 当然,这里的任意性并非意味着在这种裁判机制下法官总是胡作非为,至少在裁判者本人看来通常并不是随心所欲的,因为他要遵从自己的职业训练和价值观念。这种任意性其实是相对于有某种规范指引而言的,即在缺乏制度制约的情况下法官很有可能有意无意地偏离正确的裁判。
[15] 吴泽勇:"诉讼程序与法律自治——中国古代民事诉讼程序与古罗马民事诉讼程序的比较分析",载《中外法学》2003年第3期,页358。

视甚至否定当事人的诉讼主体地位和必要的程序约束)中的任意性使法官任意裁判与神明裁判一样在法律上绕过了真伪不明,因为在法官任意裁判的情形下,即使在某一案件中客观上存在事实真伪不明的情形,由于法官可以任意将这种真伪不明强行认定为真或假,因而,这种情形下的真伪不明也没有在法律上独立存在的余地。

(3) 法定证据制度与真伪不明

所谓法定证据制度,是指法律事先规定出各种证据的证明力和评断标准,法官在审判中必须严格遵守这些规则,没有自由裁量权。从神明裁判到形式化的证明力规则,对事实的认定从"超凡"回到"平凡",只是这种事实认定的决定权力不在法官,而在于各种类型的立法者手中。在这种证据制度下,法官成为了一个法律的奴仆或一台计算器。虽然法定证据制度由于过分形式化因而缺少灵活性并且由于对某些证据形式的极端化倚重造成了相当的负效应(如由于过分倚重口供而导致的刑讯逼供的泛滥),但不可否认的是,法定证据制度提高了司法裁决的可预见性和权威性,与决斗和神明裁判等息纷止讼方式相比"对司法程序产生了巨大的人道主义影响,并向审判程序转向对事实进行理性调查迈进了一大步"[16]。但这种事实认定上的理性调查由于排除法官的自由心证进而排除了事实真伪不明在法律上的可能性。因为真伪不明"既不是认识客体的固有属性,也不是对当事人所提供的证据的证明力量对比关系的描述,这里表述的是裁判者对系争事实的存在与否无从把握的一种主观心理状态"[17]。作为法律奴仆和计算器的法官没有判断真伪不明的职权(他们没有自由心证的权力),他们的工作只是严格按照法律规定对案件中各种证据的证明力进行数学的运算,从而机械的得到事实"为真"或"为假"的结论,并以此为基础作出裁判。

(4) 自由心证与真伪不明——证明责任作用的前提条件

虚幻的全知全能的神、缺乏规则制约的人以及无法发挥主观能动性的人都通过某种方式或机制使事实真伪不明无法走向法律的前台。但是在现代自由心证裁判中,事实真伪不明终于得到上场的机会,因为自由心证的本质在于法官依据自己的良心和理性在法律规则范围内自由的判断证据,它在实质上同时承认了人的理性和人的理性的有限性(神判排除了人的理性的作用,而任意裁判则否认了人的理性的有限性),而这两者正是事实真伪不明独立存在的前提和基础。自由心证裁判使事实真伪不明在法律的台前得以存在,事实真伪不明意味着不确定性,而诉讼的最终目标是要消除争议或纠纷所造成的不确定状

---

[16] 梅里曼:《大陆法系》,顾培东、禄正平译,北京:法律出版社,2004年,页124。
[17] 吴宏耀、魏晓娜:《诉讼证明原理》,北京:法律出版社,2002年,页297。

态。自由心证无法独立承担起消除事实真伪不明的不确定性这一任务,如果法官在自由判断证据之后仍然无法形成心证,则单纯的自由心证是无能为力的。如果强行使自由心证负担这一使命即超越其本来意义和宗旨强行解决事实真伪不明的不确定性,将会使自由心证负担"不能承受之重",事实上将会在很大程度上否定自由心证本身。罗森贝克表达了类似的观点:"如果人们想强制法官,让他将真实性没有得到确认的主张作为不真实来对待,这恰恰是对自由心证的扼杀。"[18] 这就需要另外的法律机制对这种事实真伪不明状态进行制度上的克服,证明责任担当起这一历史使命。于是事实真伪不明成为证明责任作用的条件和前提,证明责任成为克服这种真伪不明的手段。在依证明责任进行裁判的情形下,真伪不明有了与神明裁判、法官任意裁判和形式化证据裁判情形下完全不同的意义。因为此时由法官作出事实真伪不明的判断具有了独立的法律意义和地位,在法律上已经不能被随意绕过,而是通过某种机制(证明责任)对这种真伪不明进行某种"法律的解决"。当然这里所谓的"法律的解决"是指依据特定的法律规则进行的解决,而不是指具有法律意义的解决。因为虽然在神明裁判和法官任意裁判情形下,真伪不明没有取得独立的法律地位甚至没有表现出来,但其毕竟在事实上通过当时法律认可的机制予以解决。象神明裁判"这些看似古怪荒谬的证验与裁判手段,曾经都是相对合理的"[19]。在当时的社会和心理因素下它们都是被普遍相信的、因而也被认为是实现了法律正义的方式。事实上"在法律诞生的早期,在人类的智慧还没有发展到运用足够(现代意义上的)理性的手段来调查案情的时候,诉诸不可知的神灵力量是很正常的选择"[20]。

4. 作为制度化、理性化机制的证明责任

现代证明责任的意义就在于,它对于事实真伪不明进行的是一种法律的普遍性拟制,而不是一种个案的拟制(如任意裁判的情形,虽然这种拟制是在当时法律允许的范围内);是一种理性的拟制(这种拟制是法律综合衡量各种因素并进行价值排序而做出的决断),而不是一种非理性的拟制(如古代社会的神明裁判,虽然由于历史条件的限制这种拟制在当时的人们看来并不是非理性的)。既然事实真相无法查明,那么最明智的做法是以人们能够普遍接受或认同的规则作出判决(虽然它并不能总是保证实质的正确),证明责任规则的真正意义正在于此,证明责任"意味着从方法和过程上已尽了最大努力仍不能确

---

[18] 罗森贝克:同上注[10]所引书,页15。
[19] 梁治平:《法意与人情》,北京:中国法制出版社,2004年,页29。
[20] 吴泽勇:同上注[15]所引文,页364。

定实体时,假定某个结果合乎正义是一种不得已的必要妥协"[21]。这种妥协的正当性还在于作为裁判机制的证明责任通过"由程序本身产生的正当性具有超越个人意思和具体案件的处理,在制度层次上得到结构化、一般化的性质"[22]。

司法的目标是要使判决具有对于社会而言的可理解性和意义性,司法就其本质而言只能保证裁判的终局性而不能保证其绝对正确性。法律问题不是一个真与假的事实判断问题,而是一个合理与否的价值判断问题。正如诉讼法大师罗森贝克所指出的:"对事实问题真假不明并不意味着对法律问题也真假不明。"[23]证明责任的存在是人类在不断完善认知手段和提高工具质量仍无法发现事实的情形下所采取的一种克服有限理性的制度性保障措施,是一种无奈的法律技术或方法。正如波斯纳所指出的:"法律制度常常对它必须解决的法律纠纷的是非曲直没有任何线索,但是,通过运用举证责任,以它来作为缺乏这种知识的代位者,法律制度就避开了这种耻辱。"[24]在要件事实真伪不明时依据证明责任进行裁判,实质是法律通过进行某种拟制——将要件事实拟制为"真"或"假"——进而依据法律规范作出裁判。或者也可以说,证明责任的本质意义,是在要件事实真伪不明状态下,为法官提供将不利益的诉讼后果判决给某一当事人承担的法律依据,从而显示在真伪不明情况下法官并不是任意的将不利后果分配给一方当事人。与历史上的神明裁判、法官任意裁判相比,证明责任的这一本质反映了现代法治国家极力强调的法的安定性、法的可预测性及司法信赖性原则[25],证明责任与法治的这种天然联系可能在相当程度上解释了为什么证明责任直到近代才被人们所认识并开始取得独立的地位。

"证明责任规则赋予了人民法院在事实真伪不明状态下作出裁判的权力,并使得这种裁判在法律上成为合法的和正确的。但另一方面,这种裁判毕竟是建立在事实并未查清基础之上的,这与民事诉讼的理想状态——人民法院在查明事实、分清是非的基础上,依法对案件作出裁判——相距甚远。"[26]这是我们不得不承认的现实,"证明责任判决的本质其实就是与事实状况完全分离的风险判决"[27],它确实包藏着实际上有理的当事人反而输掉诉讼的危险。但这丝毫不会有损证明责任的正面功能,因为依证明责任的裁判本身就是一个对于依形成的心证裁判的补充,一个无奈的选择。依据证明责任进行裁判所存在的事

---

[21] 谷口安平:《程序的正义与诉讼》,王亚新、刘荣军译,北京:中国政法大学出版社,2002年,页3。
[22] 同上注,页10。
[23] 罗森贝克:同上注[10]所引书,页15。
[24] 波斯纳:《法理学问题》,苏力译,北京:中国政法大学出版社,2002年,页272—273。
[25] 陈刚:同上注[8]所引书,页9。
[26] 李浩:《民事证明责任研究》,北京:法律出版社,2003年,页68。
[27] 普维庭:同上注[11]所引书,页256—257。

实认定错误的风险是我们为使司法裁判在事实真伪不明时仍为可能必须付出的代价。但即使这样,我们也必须看到,事实真伪不明情形下依据证明责任作出的判决在大体上是与案件事实的真相相符的。因为从理论上说,"如果一种民事诉讼制度不能保证大部分案件中认定的事实实际上就是客观真实本身的话,则该制度恐怕很难长久的存立下去"[28]。同时从证明责任分配的角度看,法律在对证明责任进行分配时绝不是任意的,而是充分考虑了诸如实体法要件、证据距离、事实性质等多种要素,从而使主张了真实(从原始真相上看)的事实的当事人通常可以容易的加以证明[29]。在法律诉讼中作为公正裁判第三人形象出现并给予争议当事人以较大可预见性的确定判决,是司法机关维持其自身的存在和在社会中的持久作用的基础,而对争议当事人而言,"对结果较高的可预见性可能使依赖于法院较依赖其他程序更为可取"[30]。证明责任非但没有因为其具有一定的或然性甚至是错判(相对案件真实情形而言)而降低判决的预见性和确定性,相反它通过制度化的克服事实真伪不明这一不确定状态作出判决而尽可能保证了司法裁判的可预见性(证明责任在诉讼之前被预置而且具有确定性,即不会在当事人之间转移)。

(二) 证明责任作为裁判机制正当性的证成——风险分配与裁判正义

1. 作为核心与难点的证明责任分配

证明责任作为一种为进行裁判而设置的法律装置,必然有一个正当性的问题,这种正当性包含了两个方面:一是作为整体(裁判机制)的正当性;二是具体案件(指某一类型案件)中的正当性。对于前者,正如笔者已经论述的,证明责任作为裁判机制产生的历史必要性和可能性已经证成了证明责任作为整体的正当性。但证明责任作为整体的正当性的证成,并不意味着在具体案件中正当性一并获得证成。证明责任作为一种无奈的法律技术或方法仅是为法官提供将不利益的诉讼后果判决给某一当事人承担的法律依据,从而显示在真伪不明情况下法官并不是任意的将不利后果分配给一方当事人。而这种法律依据本身是否合理(即是否"法官并不是任意的将不利后果分配给一方当事人"就必然意味着这种风险负担分配的合理)却仍存在疑问,因此证明责任在具体案件中的正当性证成在于证明责任分配的合理与否。

证明责任就其本质而言是一种败诉风险负担,证明责任作为裁判机制就是使经由法律公正分配而承担败诉风险的一方当事人承担不利后果。"由于事

---

[28] 王亚新:《社会变革中的民事诉讼》,北京:中国法制出版社,2001年,页55。
[29] 当事人或通过自己举证使法官确信其所主张的事实为真即证明成功而胜诉,或者通过自己的积极举证使对方当事人主张的事实在法官内心无法形成为真的确信时由承担证明责任的对方当事人承受败诉结果,从而获得事实上的证明(成功)效果。
[30] 埃尔曼:同上注[9]所引书,页134。

实的真相无法查明,即不能够揭开案件事实真实的面纱,就只能以某种人们普遍接受的公正性规则作出判决"[31],而这种作出判决的规则是否符合程序和实体的正义性要求,正是证明责任分配的使命之所在。如果说证明责任作为整体的正当性证成,仅仅是迈过了第一道门槛,那么具体案件中的正当性证成即证明责任的分配将是最后一道更具决定性的门槛。如果证明责任分配是合理的,那么根据证明责任作出的裁判就能证成其正当性和合理性,是一种合理的"拟制";反之,根据证明责任作出的裁判就等于是法律未有充分理由的情况下剥夺了一方当事人的实体权利(承担了不合理的败诉风险),而另一方当事人却获得了不当利益(因为他没有承担本来应当由其承担的败诉风险),这种裁判就是一种法律的"武断"。证明责任的作用机制是在事实真伪不明的情形下,假定事实存在或不存在,并以此为基础作出产生(或不产生)相应的法律效果的判断(即判决)。在上述任何一种假定中,都隐含着一种错误判定的危险,因为假定毕竟是假定,而不是事实。要使假定与事实相符合,必须依赖证明责任的科学划分标准[32]。也正是在这个意义上,证明责任分配是证明责任问题的核心。事实上,证明责任问题之所以极富争议却又使众多能人学者不断投身其中,也正是因为证明责任分配的合理化并不容易,而这正是最为重要的。我们必须能够向当事人表明根据什么合理的逻辑或价值准则,法律将证明责任分配给一方而不是另一方,因为证明责任之所在乃败诉之所在。

笔者认为,证明责任分配成为证明责任的难点,并具有引得众多能人学者投身其中的魅力,主要在于以下三个方面:

首先,证明责任分配是一个法律逻辑推理和价值排序的过程,逻辑推理与法律价值有可能出现冲突,因为推理本质而言是一个技术问题,技术与价值不是一个范畴内的问题。同时要在多种法律价值之间进行排序是一个艰难的衡平过程,因为从某种意义上讲,价值既是抽象的又是具体的,它既具有高度概括和广泛适用的特征,又是一个因时因地因人而异的范畴。

其次,证明责任本身的性质也导致了分配的困难。因为证明责任是当事人因要件事实真伪不明依法承担的败诉风险。风险的分配不是一个奖励或惩罚的问题,换句话说不是一个责任的承担问题[33]。正如普维庭教授所指出的,证明责任是"对事实状况的不可解释性的风险所进行的分配"[34]。法律是一种逻辑技术与价值伦理的结合,将损失分配给具有过错的一方或双方,无论在技术

---

[31] 张卫平:《守望想象的空间》,北京:法律出版社,2003年,页222。
[32] 叶自强:《民事诉讼制度的变革》,北京:法律出版社,2001年,页151。
[33] 因为责任针对的是当事人的行为即对行为人行为的否定性评价,而风险分配所要解决的问题是对于一种无法避免的损失的分配,因为从本质上说,任何一种损失都需要承担者,或者是社会,或者是个人。
[34] 普维庭:同上注[11]所引书,页27。

上还是在伦理上都是可行的,即容易证成其正当性与合理性,与人们的一般朴素观念也容易达成自然的直观的相符;相反,将风险分配给并无过错的任何一方无论在技术上还是在伦理上都是困难的,即很难证成其正当性与合理性,至少与将损失分配给具有过错的一方或双方相比要困难得多,而且与人们的一般朴素观念也并不总能达成一种自然的直观的相符。

再次,评价的前提是标准的制定,但法律关系的不同性质、当事人的实际提供证据能力以及证据搜寻成本的差异等因素决定了这种标准不可能是一个绝对单一的标准,而只能是一个多元的标准体系;但由于证明责任在具体诉讼中的适用要求具有极强的操作性,这又决定了这一多元标准体系必须有一个占主导地位的标准。没有主导的多元标准容易造成适用中的无谓的冲突有时甚至是错误,因为法官在审判中适用何种标准是一个主观心证的问题,没有主导性的标准会导致实践中的同类案件因法官的不同而出现截然相反的判决结果,不仅不利于法律适用的统一性与安定性,而且会损害法律和法院的权威性。

2. 证明责任分配标准——学说理论与立法选择

对于证明责任分配的标准,以德国为代表的国外学者形成了众多的学说理论,这些学说理论在被批判、修正或淘汰的过程中将证明责任问题的研究不断引向深入。这一现象至少说明了两点:一是证明责任分配问题极其复杂和具有挑战性,学者们都试图高度抽象出证明责任的分配标准,但这种极度的抽象必然会将一些影响分配的因素舍弃,而且实践中千差万别的案件以及随着社会的发展不断出现的新型案件对这种极度抽象的标准不能公正的一一对应也在所难免,这些都为众说纷纭的学说理论留下了被批判的伏笔。但这丝毫不会有损于这些学说理论的价值,因为理论本身是相对的,或者说相对是理论的一个构造性因素,它是一种"合理的相对",同时,在大陆法系确定一些抽象的标准要比在每一个案件中具体分配要实用也要现实得多。二是学说理论的发展史证明了证明责任分配标准只能是一个标准体系而非一个放之四海而皆准的单一标准。德国诉讼法大师罗森贝克的"规范说"[35]的命运就充分说明了这一点,规范说"着眼于事实与实体法的关系,以事实在实体法上引起的不同效果作为分配证明负担的依据"[36],以其强有力的逻辑分析,以精细的法律规范作依据,具有很强的操作性,因而在提出后获得了极大的声誉。它不仅在理论上开

---

[35] 对于罗森贝克"规范说"的内容,李浩教授概括为五个方面:(1)要件事实处于真伪不明状态时,法官将不适用当事人请求的对其有利的法律规范;(2)当事人对有利于他的法律规范所规定的要件事实负证明责任;(3)通过对法律规范进行分类来区分有利还是不利;(4)通过实体法形式上的结构、条文上的关系识别不同实体法规范;(5)证明责任分配应当由立法者作出规定。参见李浩:同上注[26]所引书,页115—118。

[36] 江伟主编:《中国证据法草案(建议稿)及立法理由书》,北京:中国人民大学出版社,2004年,页271。

创了新的视角与方向,也为实践中证明责任分配问题的解决提供了指导。而那种以符合抽象的公平正义要求的实质利益的考量为分配依据的做法,忽视了抽象的概括标准所带来的不确定性和较低的可预测性,对法官素质提出了过高的要求,它体现了吸引人的表象,在制度上却并不具有足够的可操作性。当然,规范说也绝不是一个天衣无缝的完美学说理论,它在提出后也招致了一些尖锐的批评,这些批评有的相当切中要害,如规范说具有某种形式化和教条化倾向影响实质公平的达成等等。虽然批评者们都没有能够提出一个新的更合理的标准取代规范说,这些批评实质上只是对规范说设置了一些重要的例外,以弥补规范说的缺陷和不足,但规范说的缺陷与不足却是不争的事实。当然这并不妨碍规范说仍然是目前大陆法系民事诉讼证明责任分配的主导学说,在德国、日本、韩国以及我国的台湾地区,规范说一直在实务界具有支配地位。对规范说的批评仍在继续,但规范说的统治性地位也仍在继续(虽然它不是证明责任分配的惟一标准,但它无疑是一个主导性的标准)。"任何一种具体的制度性规范都不可避免地存在着因其自身结构对某种价值要求的偏向而导致其制度的不足或缺陷。由于该制度结构的基本合理性,又使人们不可能因这种局部的不足或缺陷而否定该制度本身,只能以其他的方法来加以弥补。"[37]因此,确定一个占主导标准而辅之以其他标准从而形成一个以主导标准为核心的证明责任分配标准体系将是一个明智的选择。

我国正在进行这样的标准体系的实践,这种实践一方面体现为在我国证明责任的理论研究与民事证据立法中,对罗森贝克的规范说表现了特别的青睐,将其作为证明责任分配的一般原则,一个主导性的标准。由江伟教授主持的《中国证据法草案(建议稿)》就明确采纳了规范说,建议稿第73条规定:"主张请求权存在的当事人,应当就发生该请求权所需的事实承担证明负担。主张他方的请求权消灭或者主张该请求权的效力受制的当事人,应当就权利障碍的规定、权利消灭的规定、权利排除的规定的要件事实,承担举证负担。但法律另有规定的除外。"我国证据立法草案明确采纳规范说被认为主要基于如下的理由:(1)规范说在德国、日本等大陆法系国家和我国台湾地区经过长期实践检验,被司法实务证明是行之有效的;(2)我国属于大陆法传统国家,民事实体法与大陆法国家民事实体法的规范结构基本相同,法学教育中采用的也是法律要件的分析方法;(3)我国早有一些学者和法官主张依该学说分配证明责任,司法实务中也有不少法官自觉或不自觉地运用该学说分配证明责任;(4)规范说的分配标准比较明确,留给法官自由裁量的余地不大,就我国法官目前的总体

---

[37] 张卫平:同上注[31]所引书,页178。

素质和社会对法官的信任程度而言,选择自由裁量权小的规范说是适当的。[38]笔者认为这样的理由是成立的,事实上,规范说被我国采纳根本理由有两点:一是规范说自身相较于其他分配标准不可比拟的优势(正如笔者前文已经论述的);二是规范说运作的背景环境与我国相合(如民法规范结构)。正是这两点决定了规范说在我国落地生根是水到渠成的。

这种实践另一方面体现在对于规范说的不足也给予客观的承认并对其进行弥补,即在将规范说作为分配一般原则的前提下设置一些例外,以确保某些特殊类型案件的证明责任的公正分配。如江伟教授主持的《中国证据法草案(建议稿)》第86条规定:"因医疗纠纷引起的诉讼,提出抗辩的医疗机关,应当就医疗行为的及时性、科学性、适当性、医疗行为与损害结果之间不存在因果关系,以及法定免责事由存在的事实,承担举证负担。"该草案建议稿甚至对例外情形证明负担分配进行了原则性规定,《草案》第90条规定:"在本法没有规定的依据其他实体法的规定,适用严格责任的案件中,提出抗辩的当事人,应当就实体法所规定的免责事由存在的事实,承担证明负担。"[39]对于《中国证据法草案(建议稿)》的证明责任分配的规定,撇开具体条文规定的合理与否不谈,单就证明责任分配标准的结构体系而言是合理的,相对于以往不尽科学、不尽完善的证明责任分配的立法是一个重大的进步。

二、证明责任的效益功能——成本与激励的视角

现代社会对于效益给予了广泛关注,人们几乎可以在每一个重要的问题上都进行一番平等与效率、公正与效率的辩论,法律制度更是不能例外。简单地说效益问题主要是一个成本的问题,而法律从其制定到其实施无不贯穿着成本问题。面对不断发展的和日趋复杂的社会,如何节约制度实施成本应当也确实成为我们法律视野中永恒的主题之一。制度的成本应当包括两个方面,一是制度实施所需要的人力、物力、财力等外在的成本,在经济学上称为"显性成本",二是通过合理的制度激励机制本来能够预防的支出(损失),这相当于经济学上的"隐性成本",是一种制度规范本身的成本(因为这种对于损失或成本的预防决定于制度规范本身的质量)。对于制度实施的显性成本,由于其显性而一直受到关注,而这种隐性成本由于其隐性的特征并未引起足够的关注。这种状况在现代法治社会正在发生改变,这种改变不仅在于因资源的有限和人口的增长,对于损失的预防比补救更具有重要的意义,还在于现代法律不再像专制时代的法律那样强调硬性的惩罚,而是更强调软性的激励。证明责任的效益功能

---

[38] 江伟:同上注[36]所引书,页276。
[39] 同上注,页17—18。

不仅体现在节约显性成本上,更深刻的体现在对于隐性成本的节约上。

(一) 证明责任裁判与效益

证明责任作为解决事实真伪不明的法律方法和技术,它向法官表明了在现有的证据基础上仍无法通过自由心证发现案件真实的情形下可以依据某种法律的规则作出判决,即发现一种假定的真实,从而避免了幽暗的事实(事实真伪不明)面前法官的尴尬(无法裁判)。而证明责任的这种裁判功能本身又有助于司法效益的实现。首先,它使法官可以在"自由心证用尽"仍然真伪不明时直接作出裁判,从而避免了法官在事实真伪不明时仍然耗费大量的人力、物力、财力发现案件真相,为了排除或防止事实真伪不明而陷入对于客观真实的不切实际的盲目追求,这不仅可能导致在浪费了大量司法资源(一个社会中的司法资源又总是有限的)后仍无法查明事实的情形,而且即使能够查明真实,在耗费了过多的司法资源以及当事人的人力、物力、精力等的情形下,这种真实的意义却未必是当事人所追求的,甚至是当事人所始料不及的。在民事诉讼中,这种"迟来的正义非正义"也许是我们盲目追求客观真实的过程中所不得不面对的现实。证明责任裁判的效益功能就在于通过与"法律真实"的自然关联使盲目的"客观真实"追求止步,"以防止法院和当事人在漫无目的和不着边际的举证、认证活动中浪费诉讼资源"[40],从而节约司法资源,降低诉讼成本。这不仅限制了法官对于权力行使的任意和对于司法资源浪费的漠视,而且防止了过高的诉讼成本妨碍诉讼当事人权利的行使。其次,事实真伪不明时,"证明责任之所在乃败诉之所在"的现实使当事人双方积极提供证据参与诉讼。当事人之所以积极提供证据,对于承担证明责任的当事人来说是为了使法官形成有利于自己的心证(否则只有败诉),对于不承担证明责任的当事人来说是为了使法官形成有利于自己的心证或者至少是防止形成有利于对方的心证(因为对于此方当事人而言形成事实真伪不明足以得到有利于自己的判决结果)。当事人双方积极提供证据参与诉讼,一方面实践了当事人的主体性,使这种诉讼程序得到了相当的正当性证成,正如罗尔斯的程序正义观念所蕴涵的基础性思想:利益主体参与程序并自主行使权利足以确立程序结果在道德上的可接受性[41]。另一方面"法律为了诉讼目的而有意识地利用由确认风险所生的对当事人证明行为的压力"[42]而使诉讼证据提供显示出一种竞争的特性,诉讼当事人基于维护自己利益的需要竞相提供证据大大促进了诉讼真实的发现(在很多案件中尤其是民事案件中,没有这种激励机制,案件真实决不会被发现,因为有些事实的证据只可能存在于当事人手里,法院在这里是无能为力

---

[40] 李祖军:《民事诉讼目的论》,北京:法律出版社,2000年,页94。
[41] 宋英辉主编:《刑事诉讼原理》,北京:法律出版社,2003年,页40。
[42] 罗森贝克:同上注[10]所引书,页22—23。

的),而真实的发现本身就意味着一个重大的效益。在这一点上我们看到了公正与效益的完美结合,虽然这种结合并不总能够达成。

(二) 法律指引与效益

指引功能是证明责任的一个重要但却受到忽视的功能。言其重要在于法律的作用不仅在于提供事后的救济和惩罚,还在于提供事前的指引和对于预防的激励。言其受到忽视在于对于证明责任的认识还有待于深入和具体,对于证明责任的认识往往局限于其裁判功能,对其他功能缺乏应有的关注,虽然证明责任的裁判功能是其首要的也是最直接的功能。因此证明责任的指引功能在于"通过确立合理的举证责任规则去塑造人们未来的行为"[43],引导人们树立和增强证据意识和观念(行为时充分考虑出现纠纷的可能性及其后果,而不是一味单纯地寄希望于法院在出现纠纷后给予救济,事后的救济有时候是不可能的),从而有可能有意保留一些行为的必要证据,这样不仅使自己在未来有可能发生的诉讼中保持有利的地位,而且有利于案件事实的发现。因此这种观念与意识对于当事人(救济)、对于案件本身(真实)对于法官(信赖)乃至对于法律(权威)都不无意义。这在目前的中国社会实际意义尤为重大,这种证据观念和意识的确立有利于纠正传统熟人社会那种过强的"面孔意识"、"面子意识"[44],而树立现代抽象社会的"程式意识"、"非人格化意识"(对一个陌生人的范畴性理解或类型化知识)。因为前者是一种单纯的日常生活理性,它由于不稳定、不透明的特性而不能直接进入法律话语;而后者却因为其稳定性、格式化因而是透明的意义体系而进入法律话语。

(三) 主体预测与效益

通常来说,"诉讼开始前每方当事人都要对诉讼上的机会加以考虑并采取相应行动"[45]。而证明责任的预测功能就表现在它使人们能够在某种程度上对于自己的诉讼成败进行预测(如我们站在承担证明责任的当事人的视角,此方当事人通过衡量自己掌握的证据的分量形成某种确信:能否使法官形成有利于自己的心证。如果能够形成有利于自己的心证,则会作出自己胜诉的判决。如果不能形成有利于自己的心证,则意味着:或者法官形成了有利于对方当事人的心证,从而作出对方当事人胜诉而自己败诉的判决;或者法官未能形成心证即事实真伪不明,此时法官依据证明责任机制作出自己败诉的判决),从而决定是否进行诉讼,这种预测作用减少了行动的盲目性,提高了行动的实际效

---

[43] 何海波:"举证责任分配:一个价值衡量的方法",载《中外法学》2003 年第 2 期,页 138。

[44] 即基于对一个熟人的具体的道德判断和各种具体的根植性网络。过分拥有这种意识的人已经为此付出了不少的代价,比如借贷关系中围绕借据的争议常使真正的受害人无可奈何。我们固然谴责那些欺诈者良心沦丧,但对于受害者我们所给予的仅仅是一点点同情而已,事实上正是人们的证据意识薄弱才使这些骗子屡屡得手。

[45] 普维庭:同上注[11]所引书,页 29。

果,在某种程度上减少了一些"无谓的诉讼"[46]。证明责任的预测功能使人们能够对自己行为的后果形成合理的预期,而这种可预期性本身即意味着自由(通过这种预期自由选择是否进行诉讼)与效率(不进行无谓诉讼从而避免诉讼成本的浪费)。在现代法治社会,法律能够证成其正当性的标准之一在于其可预测(预期)性,法律的不可预测一方面意味着一些人能够以法律的名义对另一部分人进行专制,另一方面意味着主体因无法作出某种合理的预期而在实质上没有充分的选择自由。在这个意义上,我们进行的普法运动的意义不仅在于提高公民法律素质和权利意识,还在于对于法律正当性的证成。

(四) 证明责任倒置与效益

证明责任倒置集中体现了一种高层次的效益功能——达到了公正与效率的完美结合。首先,证明责任倒置通过某种例外(相对于证明责任分配的一般原则而言)的证明责任分配设置了一种激励机制,即法律将风险分配给了能以最低成本避免风险的一方(这种公正标准已为法律经济学所证明和推崇,它是一种极为稳定的标准)。这种激励主要是一种对于损失预防的激励,正是这种激励机制激励承担证明责任的当事人尽合理的注意义务或者采取合理的预防措施以避免损失和损害的发生。这种将法律作为一种激励机制进行考虑的视角的意义不仅仅在于其思考前提的稳定性和现实性(经济人假设和博弈论的互动关系),更在于它隐含着一种深层的民法理念:虽然损害赔偿的目的在于填补受害人遭受的损害,但这种损害若能通过风险的预先合理分配而避免则应尽量避免。因为,一方面,从损失发生到受害人得到补偿要耗费大量成本(包括当事人的成本和法院的成本),而且即使如此,由于证据等其他因素也未必能完全得到补偿;另一方面,即使受害人的损失得到完全补偿也仍未达到一种理想的补偿,因为虽然通过损害赔偿能使个人的损失得到填补,但对整个社会而言,损失仍是存在的。其次,证明责任倒置实质是"对当事人收集与提供证据的资源配置不平等的部分补偿"[47],是相对于证明责任的"正置"设置的例外情形,在这些情形中,"一方当事人被认为具有一种获取信息的特别条件。让较少有条件获取信息的当事人提供信息,既不经济,又不公平"[48]。它体现了法律对当事人由于形式化平等造成的利益极端失衡状态的矫正的努力和对形式与实质平等兼筹并顾的理想状态的追求。

---

[46] 这里所谓的"无谓诉讼"只是针对诉讼中客观存在的成本来说的,而并不是说这种诉讼的提起毫无意义。事实上,诉权的行使是当事人权利意识的重要表现,但成本问题仍是我们不得不面对的一个现实,既包括个人的成本,也包括社会的成本。

[47] 波斯纳:《证据法的经济分析》,徐昕、徐昀译,北京:中国法制出版社,2001年,页87。

[48] 贝勒斯:《法律的原则——一个规范的分析》,张文显等译,北京:中国大百科全书出版社,1996年,页67。

(五) 证明责任规范的实体性与效益

证明责任是预置在实体法中实现和发挥作用于程序中的"隐形"(陈刚教授语)的实体法规范,或者说证明责任规范的性质具有"实体性",这对于实体法和程序法学者而言是一个不争的事实,对于实践中的司法者而言更是一种应当树立的观念。在司法过程中,强调证明责任的实体法预置性有利于促进司法的效率,因为既然证明责任是预置在实体法之中的,那么民事诉讼中依据证明责任进行裁判时只要考察实体法的规定即可(当然我们不排除某些主要依赖于自由裁量的非规范性证明责任分配标准的适用,但其仅具有补充的性质),而不必在实体法之外寻求所谓的标准,从而在相当程度上避免了裁判者在寻找标准上的大量成本耗费。罗森贝克的规范说之所以能够长期在大陆法系民事诉讼证明责任分配领域占主导地位,就在于其强有力的逻辑分析,以精细的法律规范作依据,具有很强的操作性,并因而节省了审判中的成本。证明责任规范的实体法性质在一定意义上隐含了这样的观念,即证明责任的分配是裁判者发现法律的过程,而不是(至少主要不是)一个自由裁量的过程。当然这种发现法律的过程决不意味着效益可以轻而易举的实现,事实上这里的发现法律仍然需要裁判者优良的素质,它需要裁判者对于实体法规定的逻辑性和精神实质有一个准确的理解,否则即使有规范说这样操作性较强的分配标准,也无法保证法官在事实真伪不明时依据证明责任正确的作出裁判,当然也就更谈不上效益。

三、证明责任的批判功能——司法理念的重新审视与法学概念的重新界定

(一)"客观真实"标准之批判

近来,关于诉讼证明标准问题学界进行着激烈的争论,形成对立的两种观点即"客观真实论"与"法律真实论"。在法律真实论批判客观真实论的理由中,有一个依据是极为有力的,这就是证明责任的裁判机制。

首先,从证明责任作为裁判机制的前提看,证明责任是要件事实真伪不明时为不能拒绝裁判的法官能够进行裁判所进行的一种"事实的拟制",是法律面对事实真伪不明这种构造性现实的一种无奈的选择(当然如果从人类理性的有限和时间的不可逆性来看,这种拟制又是一种必然的选择),这种拟制本身就表明了诉讼中真实的发现是一种法律真实、相对真实,而不可能是一种哲学意义上的绝对真实、客观真实;是一种审判中的真实,而非数学上的真实。在这个意义上,证明责任在相当程度上批判了客观真实论,是对裁判中事实探知绝对化倾向的一种消解[49],从而使法院的基于"父爱情节"的发现真相的绝对

---

[49] 张卫平:"事实探知:绝对化倾向及其消解——对一种民事审判理念的自省",载《法学研究》2001年第4期,页70。

化观念不得不止步。

其次,从证明责任与证明标准的关系看,法官自由心证用尽是适用证明责任进行裁判的前提,而法官的自由心证用尽在很大程度上取决于证明标准,所以说证明标准在很大程度上决定着证明责任适用的范围。假设证明标准划分为客观真实与法律真实(证据优势)两个标准,现有承担证明责任的当事人 A 与对方当事人 B,(1) 如果适用"法律真实"(证据优势)标准,无论是 A 还是 B 都容易通过提供证据使法官形成心证(有利于 A 或有利于 B),即使不能形成心证也可以依据证明责任作出裁判——判决 A 败诉。(2) 如果适用"客观真实"标准,则无论 A 还是 B 都很难通过证据的提供而使法官形成心证,其结果就是事实真伪不明情形的大量出现,相当多的案件要依据证明责任作出裁判。正如笔者前文论述的,证明责任是一种为使法官能在事实真伪不明时作出裁判而设置的一个法律装置,是一种无奈的制度选择,与法官形成心证而作出裁判的机制相比,它只能是一种例外或补充而不是主导。而客观真实标准扩大了证明责任的适用范围,大大降低了证据在民事诉讼中发现真实的价值,压缩了法官自由心证的适用空间,极易产生一种裁判简单化的武断倾向,即法官不注重对于证据的全面的考量(因为法官已经形成了这样一种思维定势——相当数量的案件中提供的证据对于事实的证明不能达到客观真实标准),而倾向于直接依据证明责任作出裁判。而这种武断倾向已经偏离了法律设置证明责任的初衷("最后的救济"、"最后一招"[50]),其导致的不公可能淹没证明责任本应具有的正面功能。

再次,有人可能会认为证明责任的裁判机制不足以反驳客观真实论,因为证明责任的适用以事实真伪不明为前提,事实真伪不明又是自由心证用尽的结果,而自由心证用尽就是要想尽一切可能(而不是可行)方法达到客观真实,而这正是客观真实论者的潜意识,在他们看来,只要没达到客观真实就说明自由心证未用尽。这种观点其实是站不住脚的,对此笔者将从两个方面加以论述。

一方面,作为现代证明责任适用前提和基础的事实真伪不明是自由心证用尽的结果,即只有在综合评价各方提出的所有证据并用尽一切证明手段仍无法在法官心中就案件事实形成某种心证时的证明状态,但自由心证用尽中的"用尽"是在法律范围内的用尽,或者更具体地说是在制度、价值、成本等因素制约下的用尽。诉讼是在特定时空、资源条件(人力、物力、财力等)和制度框架内的程序性过程。虽然发现案件真实、解决争议是其主要目标,但主要目标不等于惟一目标、孤立的目标、不受任何制约的目标。"对特殊意愿的追求永远

---

[50] 普维庭:同上注[11]所引书,页 28。

要受制于多重价值间的权衡。"[51]因此,"一切证明手段用尽"绝不意味着我们可以为了打破或防止事实真伪不明情形而不顾其他条件和价值因素甚至超越法律去穷尽一切证明手段。此时,其结果能否达成理想的实质正义已经无关紧要(即使可以在某些个案中达致一种人们理想中的实质正义标准),因为在现代法治社会的司法中,"法律之善优于事实之真"[52],超越"法律之内的正义"本身已经是一种对于正义的践踏。

另一方面,"司法只是从现有的材料出发,通过法官的活动,描绘出一个可以理解的、有意义的世界来"[53]。因此,"用尽"的含义不仅指在客观的意义上已经没有证明手段可以证明案件事实(当然,这里的"没有"绝不是就绝对意义而言,而是指根据现有的证据和其他情形,依据经验法则和一般人的社会观念可能性极小,而绝不是排除任何理论上的可能),在很多情形下,"用尽"也指这样的情形,即本来依据某一或某些证据可以达成某种心证,但出于法律价值或政策的考量而排除对于这一或这些证据的采纳,或者是虽然当事人声称在将来有可能找到至关重要的证据证明案情,但由于审限等的限制不能将案件拖到不确定的将来(除非能够证明达到了法律认可的可能性和必要性,才有可能被法律所考虑)。

只要我们本着实事求是的态度,只要我们尊重诉讼实践,我们就不得不承认诉讼中案件事实真伪不明的现实性存在。法院按照法律规定的程序履行了自己的职责之后出现的事实真伪不明是一种必然,也是正常的结果;而如果法院为了打破事实真伪不明而强行认定事实的真伪,那么法院才是犯了一个致命的错误。[54]证明责任的意义在于为事实真伪不明情形提供一种制度化的确定性机制,以避免对于相同或类似情形而作出不同的判决结果。但我国司法实践中出现了对于事实真伪不明情形采取诸如调解、拖延、各打五十大板[55]等错误

---

[51] 柯武刚、史漫飞:同上注[6]所引书,页87。
[52] 郑成良:《法律之内的正义——一个关于司法公正的法律实证主义解读》,北京:法律出版社,2002年,页105。
[53] 左卫民:《在权利话语与权力技术之间——中国司法的新思考》,北京:法律出版社,2002年,页199。
[54] 假定当事人A应承担证明责任,如果法院强行认定A的诉讼请求依据的事实为真实,则意味着剥夺了对方当事人B依据证明责任应得的利益,剥夺了B的实体性权利;如果强行认定A的诉讼请求依据的事实为不真实,此时的结果虽然与依证明责任裁判的结果一样即A的败诉,但这种判决的公正性却令人怀疑,因为后一情形中,A会把败诉原因归结于自己或是作为整体的法律,而前一情形中,A会把败诉原因归结于法院的任意或擅断。
[55] 这种各打五十大板的做法在一定程度上反映了中国人的文化传统和思维方式。正如日本著名学者滋贺秀三教授所指出的:"中国人喜欢相对的思维方式,倾向于从对立双方的任何一侧都多少分配和承受一点损失或痛苦中找出均衡点来。"见滋贺秀三等:《明清时期的民事审判与民间契约》,王亚新等译,北京:法律出版社,1998年,页13。依据证明责任的裁判与各打五十大板的裁判根本在于性质的差异,前者的性质可以概括为"all or nothing",而后者的性质可以概括为"some and some"。

做法,究其原因主要在于审判人员还没有将事实真伪不明作为一种与事实为真、事实为假相并列的认知结果,事实探知绝对化的倾向仍存在于众多法官的潜意识里,从而阻碍了对事实真伪不明客观性和作为法律解决机制的证明责任的意义和作用的认识。

(二) 传统举证责任概念之批判

证明责任的独特功能(裁判功能)和本质(风险分配)在事实上批判了我国长期以来理论和司法实践中使用的"举证责任"概念。传统的举证责任概念主要在提供证据的责任的意义上使用,而并未包含证明责任的含义,将举证责任认为是可以转移的就是一个明证(因为证明责任是预置在实体法之中的,在逻辑上是先于具体的诉讼的,而传统的举证责任的转移则是存在于具体的诉讼之中的)。我国长期以来一直在提供证据责任的意义上使用举证责任或"证明责任"概念,至少有以下两个原因。一方面,举证责任或"证明责任"是在清末民初大规模借鉴西方法律的过程中,经由一衣带水的日本传入我国的德国法概念,而日本一直按照德国传统民事诉讼理论的解释在提供证据责任的意义上使用举证责任或"证明责任"概念[56],当时实际上是照搬了日本通行的概念和学说。另一方面,新中国成立后,我国法学理论的建构受到苏联的极大影响,而苏联的民事诉讼理论将"证明责任"解释为提供证据的责任。"由于断言遵循客观真实原则的社会主义国家的法院总是能够查明案件的真实情况,法学家们在研究证明责任时大多有意或无意对事实真伪不明这一客观存在的诉讼现象保持缄默。这就导致了只能从提供证据的角度来解释证明责任。"[57]经过一些学者(如李浩、张卫平、陈刚等教授)对国外证明责任理论的介绍和研究努力,证明责任作为为解决事实真伪不明而配置给当事人一方的风险负担的基本含义在理论界已经有相当的共识。如在《中国证据法草案(建议稿)立法理由书》中就将证明责任做了这样的定义:"证明负担,又称举证责任、证明责任,主要是指作为裁判基础的法律要件事实处于事实真伪不明状态时,一方当事人因此而承担的不利诉讼后果。"[58]虽然在《中国证据法(建议稿)立法理由书》中已经对证明责任作了比较科学明确的界定(对这一界定并非无人反对),但无论在

---

[56] 被清政府邀请来华讲学并参与起草《大清民律草案》和《大清民事诉讼律草案》的日本学者松冈义正就在其著作《民事证据论》中指出:"举证责任者,即当事人为避免败诉之结果或蒙受利于自己之裁判起见,有就其主张之特定事实加以证明之必要也。"见[日]松冈义正:《民事证据论》,张知本译,北京:中国政法大学出版社,2004年,页32。虽然日本学者雉本郎造博士于大正六年(1917年)发表《举证责任的分配》将"'证明责任'双重含义说"介绍到日本,但日本法学界是从昭和五十年代(1975年)以后,才逐渐开始就证明责任是"证明责任"的本质方面达成共识。见陈刚:同上注[8]所引书,页52—53。

[57] 李浩:同上注[26]所引书,页10。

[58] 江伟:同上注[36]所引书,页271。

理论界还是在实务界,仅仅作出这样的概念界定还是不能保证对证明责任本质和意义的正确认识,尤其是将举证责任笼统等于证明责任并非适当。事实上,我们在很多时候还是有意无意地将证明责任放在我们已有的举证责任概念框架中认识[59],而举证责任概念本身却是一个极具误导性的概念,因为举证责任无论就其当初的意义还是就汉语的词义都更容易将我们引向提供证据责任。虽然我们在探讨证明责任概念时都要与提供证据责任进行辨析与比较[60],使我们能够将证明责任区分于提供证据责任,但仍有相当数量的学者在理论探讨中以及大多数的法官在实践中在不同意义上笼统使用举证责任概念,从而使这种区分的实际效果大打折扣。

笔者认为,证明责任概念必须真正实现独立化。抛弃了仅仅将举证责任理解为提供证据责任的认识,20 世纪 80 年代学者们开始提出应将举证责任划分为客观的举证责任与主观的举证责任,其目的在于将证明责任添加进传统的举证责任概念之内。从本质上说这种做法并无不妥,但在传统的举证责任概念根深蒂固的我国理论与司法实践中,这种在旧有的举证责任概念内部划分为客观与主观的做法,其实际意义会大打折扣。笔者认为,将二者在举证责任的大概念之下区分为客观的举证责任与主观的举证责任,在理论上并不能准确反映二者的性质(前者是一种举证"负担",而后者是一种举证"必要")与功能从而使这种概念界定的意义大打折扣,在理论研究和司法实践中也容易引起混乱。"举证责任转移理论的引入,使举证责任的分配更加符合公正和效率的要求"[61]这样的论述实质上就是在不同的意义上使用了"举证责任"这一笼统概念。因而应在实质上和法律语言使用上将提供证据责任与证明责任分开,而不宜笼统称之为"举证责任",即将客观意义上的举证责任直接称为证明责任,将主观意义上的举证责任直接称为提供证据责任。在这方面日本的做法为我们提供了经验,在日本,最初举证责任、证明责任和立证责任三个用语是可以互换的,以后为了防止使用中产生混乱,似乎有些约定俗成地将实质上的举证责任,称为证明责任[62]。

证明责任概念的独立化一方面带来概念使用的清晰与明确和交流的有效

---

[59] 虽然在 1991 年《民事诉讼法》实施以后,学术界和司法界共同提倡将加强当事人的"举证责任"作为民事诉讼体制以及民事审判方式改革的主要切入口,但这种主张并不是以证明责任理论为基础展开的,而只是在提供证据责任层面上提出的设想,即这种主张的根本宗旨是要求将当事人提供证据的行为责任和结果责任相结合,简言之,提倡在当事人提供不出证据或不能证明其主张时,直接判决其承担败诉结果。见陈刚:同上注[8]所引书,页 59。

[60] 李浩教授在其著作《民事证明责任研究》中对证明责任和提供证据责任的区别进行了全面的论述。见李浩:同上注[26]所引书,页 23—33。

[61] 何海波:同上注[43]所引文,页 132。

[62] 张卫平:《诉讼构架与程式——民事诉讼的法理分析》,北京:清华大学出版社,2000 年,页 247。

与畅通,使理论上的研究能够在相对确定的对象和范围内进行,也使实务中能够容易接受理论的指导。另一方面使一些有争议的理论问题迎刃而解,如举证责任的转移问题。"证明责任转移理论"之所以在理论上引起广泛争论,根本原因在于作为对话前提的证明责任的概念界定不同,认为证明责任可以转移的学者将证明责任界定为概括的举证责任概念即主观举证责任和客观举证责任的综合;而否定证明责任可以转移的学者仅在客观举证责任的意义上使用证明责任概念。由此造成了在不同的对话平台上进行辩论,可谓公说公有理,婆说婆有理。只要我们对证明责任进行了统一的界定,这一争论就可迎刃而解:证明责任不会发生转移,发生转移的是提供证据的责任。

(三)"谁主张谁举证"之批判

证明责任尤其是分配标准的不断深入研究(尤其是"规范说"以实体法律规范为出发点,区分主张的性质分配证明责任),在事实上对于"谁主张谁举证"这一中国传统举证责任分配原则给予了严厉批判。

区分主张的性质是探讨证明责任分配问题(包括正置与倒置)的前提。对于同一案件事实,如果对于主张性质不加区分,就会出现双方当事人都承担证明责任的悖论,这与证明责任设置的目的(在事实真伪不明时为不得拒绝裁判的法官提供作出裁判的机制和理由)和功能(将法律要件事实真伪不明时的败诉风险课加于一方当事人)是相悖的。我们可以举这样一个例子予以说明:某甲请求法院确认其与某乙不存在买卖合同关系,某乙进行了否认。如果以"谁主张谁举证"来分配证明责任,就会出现诸如这样的结果:由于作为原告的某甲先主张,因而要就合同不成立承担证明责任;又由于某乙进行了主张(否认),因而某乙要就合同成立承担证明责任。当合同成立之事实真伪不明时,若是按照上述的分配方式,法院既可以基于合同不成立之事实真伪不明而作出对原告不利的驳回请求判决,也可以因合同成立之事实真伪不明而作出对被告不利的承认请求判决,但对于同一请求而言,就不能作出既驳回又承认的矛盾裁判。"证明责任应当只能由其中的一方当事人负担,而且,也不能以诸如'某一事实存在不存在'这样从正反两方面对事实证明进行分隔的形式来分配证明责任,而必须是以'事实的存在与否'这样的形式由一方当事人整体地予以负担。"[63]

具体到证明责任倒置问题上,基于谁主张谁举证的正置原则就会出现诸如这样的证明责任倒置概念:提出主张的一方就某种事由不负证明责任,而由反对的一方负证明责任。这种界定似乎并无不妥,但只要跳出谁主张谁举证的思维定势就会看到它犯了与谁主张谁举证同样的错误。在上面所提的例子中,关

---

[63] 高桥宏志:同上注[4]所引书,页424。

于合同成立的证明责任应当由某乙承担,但如果按照这种与谁主张谁举证相对应的证明责任倒置概念,似乎这是成立了证明责任倒置,因为提出主张的一方(某甲)就某种事由(合同的成立)不负证明责任,而由反对的一方(某乙)负担证明责任。但事实上在这一例子中,争议的事实是合同的成立问题,按照主张的性质的划分,它属于权利发生的主张,按照证明责任分配的一般原则(规范说)主张权利发生者应承担证明责任,即主张合同成立者(某乙)应当对合同的成立承担证明责任,因此也就绝不可能出现证明责任倒置问题。

谁主张谁举证的传统观念由于对主张的性质不加区分,导致了在证明责任的正置与倒置问题上的混乱,体现了一种对于证明责任分配研究和适用的简单化倾向,导致了理论的片面(仅仅从原告方面理解证明责任)与实践的偏差(实践中很容易造成证明责任分配的错误)。谁主张谁举证感性地承认了主张与证明责任承担的一致性,其实质是将原告与被告这种诉讼程序上的称呼与实体法上当事人的位置绝对对应起来,但却忽视了程序的发动与实体权利并非总是一致这一事实。谁主张谁举证这种提法被长期使用,即使现在仍有不少学者有意无意地使用这一概念,但其自身的逻辑错误(作为法律概念的不周严性)和对实践的误导已被越来越多的理论界和实务界人士所认识。"长期使用"并不能证明其正当性和正确性,思维定势是讲求逻辑的法学研究所应当竭力避免的。

四、证明责任的归责功能——民事判决正当性证成的平衡

(一)民事诉讼基本模式与判决正当性证成

民事判决的正当性证成是与民事司法制度相伴而生的,如果没有这种正当性证成,那么人类从自力救济解决争议和冲突转向通过诉讼(通过第三人以中立的立场进行裁判)解决当事人之间的争议和冲突的努力就很难说是明智的。应当说任何民事诉讼制度都有一套判决的正当化机制,但在不同的民事诉讼体制下,这种正当化有着不同的路径和程度。而特定民事诉讼体制所表现出来的基本特征即为民事诉讼基本模式,即反映或表现某一民事诉讼中诉讼主体之间基本关系特征的结构方式,与民事判决正当性的证成具有了一定程度的内在联系。通说认为有两种民事诉讼基本模式是最主要和最具有代表性的,即当事人主义诉讼模式和职权主义诉讼模式。

职权主义诉讼模式的质的规定性在于民事裁判所依据的诉讼资料可以不依赖于当事人,裁判者可以在当事人主张的事实以外,依其职权独立地收集和提出证据,并以该证据作为裁判的根据。[64] 这种诉讼基本模式的基本结构是

---

[64] 张卫平主编:《民事诉讼法教程》,北京:法律出版社,1998年,页23。

法院(法官)在民事诉讼程序中占据主导地位,强调一种裁判者的职权性和积极地位与当事人的被动性和消极地位,作为裁判者的法官高高在上,并且主动调查取证尽力发现诉讼真实;作为纠纷争执双方的当事人在下聆听,由于法官的主导地位,他们之间的对抗处于一种从属的地位。这种类似于"家长—子女"的诉讼地位结构的"缺陷最明显的是直接使作为民事诉讼程序的核心的辩论程序空洞化,并最终导致整个民事诉讼程序的空洞化"[65],其结果是无法使当事人进行充分的诉讼攻击和防御,造成当事人诉讼主体的客体化,无法通过正义的程序而实现结果的正当化。对当事人而言最直接的结果是,民事判决正当性的证成基本上完全在法院(法官)方面,当事人对于案件判决的"错误"(主要是指真相或事实未被发现)将直接归责于裁判者。而裁判者要证明其判决的正当性并进而赢得当事人以及社会的信赖在更大程度上依赖于裁判者的无与伦比的素质,因而这种诉讼机制对判决的正当性证成面临相当大的压力。可以说在这种民事诉讼体制下,法院(法官)"主导一切"同时意味着"承担一切"。

当事人主义诉讼模式的质的规定性在于:其一,民事诉讼程序的启动、继续依赖于当事人,法院或法官不能主动依职权启动和推进民事诉讼程序;其二,法院或法官裁判所依赖的证据资料只能依赖于当事人,作为法院判断的对象的主张只能来源于当事人,法院或法官不能在当事人指明的证据范围以外,主动收集证据。[66] 当事人主义诉讼模式由于强调法院的中立地位和民事诉讼的处分原则和辩论原则等,使当事人具有了真正主体性的地位,这种主体性一方面意味着纠纷当事人在诉讼中主动性和对抗性的加强,这种加强不仅使当事人双方有足够的空间和时间提出自己关于权利和事实的全部主张从而能够进行充分的诉讼攻击和防御,而且使双方当事人在维护自己利益的意识驱动下尽可能的提出于己有利的事实从而能够使法院的裁判建立在充分的事实证据之上;这种主体性另一方面也"使诉讼主体陷入了一个自我归责的囚笼中,当事人因为在诉讼过程中举证不力等等原因失败后,就会把失败的原因归结为自己的能力等方面的欠缺,或者对方当事人的诡辩(也只能怪自己的运气不好,遇上了这么恶的一个相对人)等,总之是自己的原因"[67]。实际上,这种民事诉讼基本模式一方面通过正义的程序实现了结果的正当化,因为在判决结果是从正义程序中产生的情形下,当事人即使遭受了不利判决也不得不接受这样的结果;而且"也对社会整体产生正当化效果。因为人们判断审判结果的正当性一般只能从正当程序是否得到保障来认识"[68]。另一方面通过弱化法院(法官)的职权

---

[65] 张卫平:同上注[31]所引书,页59。
[66] 张卫平:同上注[64]所引书,页19。
[67] 左卫民:同上注[53]所引书,页182。
[68] 张卫平:同上注[31]所引书,页64。

主义倾向使其由主导地位转化为中立地位和通过强化当事人的主体性参与,而使民事判决正当性的证成达到一种平衡而不是也不可能全部归责于法院(法官)。这种平衡的达成既大大减轻了法院(法官)的判决正当性证成的负担,又适当增加了当事人的证成负担,但这种负担增加的另一面就是对作为程序主体的当事人的充分尊重。

(二)证明责任的归责功能——可能性及其意义

无论是在职权主义诉讼模式还是在当事人主义诉讼模式下,作为裁判机制的证明责任并无实质的差别,因为事实真伪不明在这两种诉讼模式下都是一种客观的存在。正如有学者所指出的:"这一问题可在任何一个程序中出现,不管是盛行辩论主义还是纠问主义。"[69] 但事实真伪不明时"证明责任之所在乃败诉之所在"的现实使维护自己利益的当事人积极的提出主张、充分的提供证据以避免不利判决,可以说证明责任的作用机制与当事人主义诉讼模式有着更为密切的内在联系,有学者将其称为"证明责任上的对抗制印痕"[70]。当事人通常最有积极性(利己意识)和可能性(切身相关)通过诉讼攻击和防御而使作为法官裁判基础的案件事实尽可能的明了,在案件事实尽可能明了或者说自由心证用尽的情况下,证明责任作为裁判机制正当性得到了最大限度的证成。这在相当程度上源于证明责任是一种"最后的无奈的手段",它的存在是人类在不断完善认知手段和提高工具质量仍无法发现事实的情形下所采取的一种克服有限理性的制度性保障措施,是一种无奈的法律技术或方法。因此,虽然我们不能说证明责任只与当事人主义相联系,但我们却可以说证明责任裁判机制在当事人主义诉讼模式下能够最大化地发挥其应有的积极功能,并能促进或强化某些我们应当树立的民事诉讼理念如对程序主体尊严和自由处分权利的尊重。

对当事人作为诉讼主体的尊严尊重和权利保障即主体性是证明责任与当事人主义诉讼模式内在关联点,证明责任作为主体性设计的重要环节,具有极强的自我归责功能;事实上也正是证明责任的主体性特质才使自我归责具有了正当性。证明责任是当事人双方在提供证据不足以形成法官的心证时(事实真伪不明时)法律分配给一方当事人的败诉风险,而且这种败诉风险的分配从根本上说是预置在实体法当中的,在逻辑上是先于具体的诉讼而存在的。因此依据证明责任的判决可以说在相当程度上免去了裁判者的正当性证成义务,而将这种判决所可能产生的消极后果(主要指不能发现真相)归责于当事人。正如有学者指出:"缺少证明责任,法院将无法向败诉的当事人清楚解释其败诉的理由。败诉的当事人自然有理由怀疑法律、法院及法官的公正性和社会对其

---

[69] 奥特马·尧厄尼希:《民事诉讼法》,周翠译,北京:法律出版社,2003年,页268。
[70] 达马斯卡:《漂移的证据法》,李学军等译,北京:中国政法大学出版社,2003年,页113。

的公正性。"[71]在证明责任所产生的当事人自我归责中,其可能性一方面在于事实真伪不明状况的出现是当事人提供的证据不足以形成裁判者的心证的必然结果,如果当事人提供的证据使法官形成自由心证,那么证明责任就不会成为这一案件的裁判依据;另一方面在于证明责任是法律预置的,而不是裁判者在诉讼中临时分配的[72],从而抽象的法律而不是法官成为归责的对象或者说是怨恨的对象,但"对法律的怨恨只是一种抽象的怨恨,但是人又怎么可能怨恨一种抽象的东西呢?就像我们不能怨恨'人',而只可能怨恨具体的张三李四一样"[73]。

虽然无论在职权主义诉讼模式还是在当事人主义诉讼模式中,证明责任都在发挥某种判决正当性证成的作用,但这种作用发挥的程度和意义却仍有差别。正如英美学者所指出的:"在当事人各自建构证据主张的情形下,未能完成说服责任而至诉讼失败,乃因个人直接造成。然而在由法庭负责收集证据和由法院主动收集证据的环境下,未尽说服责任而败诉的缘由则另有内涵,甚至从某一程度上说成为一个问题。在某些情况下,失利方持有的下列观点可能是有道理的:如果他被允许收集、展现证据,并得以按照自己的意愿独立地开发利用各种信息源,那么证明标准本应得到满足。因此,从某种意义上说,正是法官而非当事人未能尽到建构事实的责任。"[74]因此证明责任对于判决正当性的证成在当事人主义诉讼模式下要远比在职权主义诉讼模式下更为有效和更具决定性。从这里我们也深深感到,我国正在进行的民事审判方式改革尤其是诉讼模式的改革是一个涉及众多制度、理念、价值等的系统全面的改革,它的影响将是多方面而且深远的。

在现代社会的民事诉讼中,证明责任所具有的这种(当事人)自我归责功能实际上是在寻求一种新的平衡——判决正当性证成义务的平衡——由传统的"职权主义"民事诉讼模式下的法院归责发展为"辩论主义"民事诉讼模式下的当事人自我归责与法院归责的混合归责(当然这种归纳仅具有相对的意义)。这种混合归责特别是对于当事人自我归责强调的意义表现在以下三个方面:一是在相当意义上避免了在幽暗的事实(事实真伪不明)面前法官的尴尬,是法官的一个"安全指路牌"[75],因为法官在相当程度上被免于归责,从而避免由于"事实幽暗"而可能产生的信任危机,进而在更深层的意义上避免了

---

[71] 王成:"证明责任的理念及配置——以民事诉讼为背景",载《法律适用》2002 年第 2 期,页 6。

[72] 当然,我们不排除证明责任问题上法官的自由裁量,但这种裁量是受到严格程序限制的,而且仅作为一种补充而存在;法官依据证明责任进行裁判是对于证明责任的实体法预置的发现而非创造。

[73] 左卫民:同上注[53]所引书,页 185。

[74] 达马斯卡:同上注[70]所引书,页 114—115。

[75] 罗森贝克:同上注[10]所引书,页 68。

法律(司法)作为整体的尴尬;二是在一定程度上降低了国家的司法成本(如由于自我归责而不再上诉),对当事人也有相当的警示作用(行为时要有必要的谨慎);三是由于自我归责与主动性、对抗性相联系,因而对于法院职权主义倾向具有一定的限制作用,从而有助于法院中立地位的真正确立。

当然,我们强调证明责任甚至现代民事诉讼的(当事人)自我归责功能绝不是要完全免除裁判者对于判决正当性的证成义务,事实上裁判者作为国家的司法机构,对于判决正当性的证成是其永恒的目标、永恒的话题(我们永远也无法排除法院或法官对诉讼的干预,在这个意义上,职权主义诉讼模式绝不是一无是处,而只是走向了一个极端;当事人主义诉讼模式也绝不是十全十美,而只是更符合民事诉讼的本质和发展趋势)。我们只是强调由于民事法律关系的私人性以及由此决定的民事诉讼目的和指向的私人性,当事人应当成为诉讼中行动的主体,当然也就成为自我归责的主体,即所谓"自主行动"、"自负其责"。强调当事人的自我归责实际上是在强调当事人的主体性地位(区别于客体性和从属地位),强调法院(法官)的中立性地位(区别于主导性地位),而当事人的主体性地位加上法院的中立地位正是现代民事诉讼的和谐结构。

五、证明责任的立法技术功能——以民事实体法为中心

(一) 证明责任规范的实体法性质

1. 证明责任规范的实体法性质解说

在要件事实真伪不明的情形中,一方面法院不能拒绝作出裁判,另一方面裁判又不能随法官的主观臆断,于是规范的指引成为必要,证明责任规范正是适应这一需要而存在的。从这一角度看,证明责任的规范性既超越了古罗马法官在事实真伪不明面前结束程序的无奈,又使裁判建立在法治的原则之上(裁判是根据法律规范的指引作出的)。证明责任作为法官裁判时的规范必然有一个所属法域的问题,对此,国内外理论界一直争议不绝、众说纷纭,其中有代表性的观点主要有四种:一是证明责任规范属于诉讼法法域;二是证明责任规范属于实体法法域;三是折衷说即认为证明责任规范是具有实体性质的司法法;四是适用法规所属法域说,即根据证明责任适用的法律所属的法域具体判断其属性。

笔者认为,就涉及的实体权利义务而言,证明责任实质上是预置于实体法而主要实现于诉讼程序中的实体性规范。

"证明责任不过是实体法上的风险分配。……证明责任就像别的实体法一样,实际上必须通过立法者依法设定的"[76],虽然并非所有的证明责任分

---

[76] 普维庭:同上注[11]所引书,页30—31。

配都在条文中以明确的法律语言加以表述。陈刚教授贴切地称证明责任规范为一种实体法的"隐形规范",并指出,每一位实体法学者都应当清楚,每一条法律都内含有证明责任法的设置,否则,实体法上的请求权将无法在诉讼的"场"中得到实现。[77] 证明责任体现着实体法的规范目标和意旨,在相当程度上决定着实体权利义务的分配与实现。我们长期以来忽视证明责任的实体性,而将其仅仅作为一个诉讼法范畴,恐怕与"谁主张谁举证"这种与原被告地位相关的分配标准不无关系。导致忽视证明责任实体性的另一个可能是更深层的原因在于,我们长期以来在提供证据责任的意义上理解证明责任,而提供证据责任在诉讼中可以在当事人之间来回转移,这实际上是与证明责任作为风险负担的实体法预置相矛盾的。事实上,仅仅在提供证据责任意义上理解证明责任导致我们在很多问题上出现理论混乱。这一误识使我们在相当时期内将相当多的研究放在诸如证明责任的概念、性质等最为基本的问题上,影响了对证明责任问题更深入更全面的研究,从而也使我国对证明责任的研究处于很初级的阶段。

证明责任一方面提供了一种事实真伪不明时的裁判手段(诉讼法范畴),另一方面提供了裁判的具体内容(实体法范畴)。从这个角度看,将证明责任规范界定为"具有实体性质的司法法"是有一定道理的。但如果仅仅因为证明责任规范提供了裁判规范就将其归入诉讼法范畴是值得商榷的,因为民法规范本身也既是当事人的行为规范,同时又是法官的裁判规范。证明责任规范与一般的实体法的差异并不足以说明证明责任规范的诉讼法范畴。在作为裁判的指引规范这一点上,证明责任规范与一般实体法规范并无本质区别。李浩教授认为证明责任本质上是一个"两栖"问题,它横跨民事实体法与民事程序法两大法域,是实体法与程序法在诉讼中的交汇,因此,单从任何一个法域研究都无法把握它的真谛。[78] 两栖性观点实际上是将证明责任的实体内容和证明责任的作用场域联系起来进行考察,这种观点有助于通过证明责任促进实体法与诉讼法的联结和沟通。对于这种两栖性,德国诉讼法大师罗森贝克的名作《证明责任论》的副标题"以德国民法典和民事诉讼法典为基础撰写",也提供了证据。笔者也同意此意义上的两栖,但笔者认为两栖观点并不是对证明责任规范性质的界定,因而实际上并不构成对证明责任实体性的反对。实际上,证明责任的实体规范性与两栖性观点处于一种补充和共存的状态。因为将证明责任规范界定为实体法规范并不意味着将诉讼法从证明责任理论中驱逐出去,事实上离开了诉讼的场域证明责任不可能也没有必要存在,而且诉讼法决定着证明

---

[77] 陈刚:同上注[8]所引书,页298。
[78] 李浩:"民事举证责任分配的法哲学思考",载《政法论坛》1996年第1期,页36。

责任规范适用的前提,比如采用法定证据制度还是采用自由心证证据制度,证明责任将呈现不同的命运,正如罗森贝克指出的:"我们必须从诉讼法中推断出,是否允许适用证明责任规范"[79]。

2. 证明责任实体法规范性质确定的意义

证明责任的实体法性质的确定决不仅仅是追求一种理论上的确定,而是有着积极的理论研究意义和立法、司法实践的重要意义。

首先,明确证明责任规范的实体法性质能够唤起实体法学者对于证明责任问题的关注,从而在某种更为深远的意义上提供实体法与程序法联结的一个契机。因为实体法与程序法本来就是不能截然分开的,人为割断它们的联系必然导致我们认识的狭隘。从历史上看,无论是在国外理论界还是国内理论界,证明责任问题长期以来一直是民事诉讼法的专有研究课题(在国内这种倾向尤其严重),这种严重违背证明责任本质的研究必然带有先天的缺陷。仅仅从程序的角度(而不是或不主要是从实体法的角度)研究证明责任,所带来的问题是证明责任的分配在很多时候难以准确反映实体法的精神和宗旨,而证明责任从根源上说应该是实体法的一部分。[80] 证明责任的研究必须"从单纯研究具体的提供证据责任中解脱出来,把目光对准大量的实体法规范,展开客观证明责任的研究,因为客观证明责任和与此相关的举证责任问题的主战场不在民事诉讼和民事诉讼法自身,而在实体法领域"[81]。当然,我们强调由于证明责任规范的实体法性质实体法学者应当更加关注证明责任问题,绝不是说证明责任问题仅应当由实体法学者研究。事实上,证明责任属于程序法的传统领域,从而使程序法学者在证明责任问题上具有先行优势,同时证明责任主要以诉讼程序为作用场域,这些都决定了程序法学者在证明责任问题上的发言权和继续研究的必要性。只有得到实体法和程序法学者的共同关注,证明责任问题的研究才能深化,而民事诉讼中的证明责任分配问题也才能得到合理的解决。可喜的是,近年来证明责任问题受到越来越多的实体法学者的关注,同时诉讼法学者对于证明责任问题的研究也越来越紧密地和实体法相结合。

其次,明确证明责任规范的实体法性质有利于理论研究者从实体法的视角探讨证明责任分配的合理与公正,更有利于司法实践中的法官们树立"证明责任分配主要是一个'发现'而非'发明'的过程"的观念。如果我们确定了证明责任规范的实体法性质,在证明责任分配问题上,我们的目光就主要集中于实体法规范,因为证明责任的分配已经隐含于实体法规范之中。因而在司法中适

---

[79] 罗森贝克:同上注[10]所引书,页87。

[80] 说得极端一点,如果不考虑实体法规范的体系化和相对简约化以及我们自身能力的限制,我们完全可以把所有的证明责任问题在相应的实体法中予以规定。

[81] 吴越:"从举证责任到客观证明责任的跨越",载普维庭:同上注[11]所引书,页5。

用证明责任进行判决的过程主要是一个发现这种隐形规范的过程而非法官根据具体案件的创造性过程（虽然法官对证明责任的分配可能存在自由裁量，但这仅是一种例外）。从这个意义上讲，学者们对证明责任的分配学说主要是一个如何发现这种实体法隐形规范的过程。也正是由于这个原因，罗森贝克的规范说获得了广泛的认同，规范说与证明责任的实体法隐形规范性质具有一种自然的逻辑的一致。"证明责任分配主要是一个'发现'而非'发明'的过程"的观念不仅为理论研究指出一条正确的研究进路，更使司法实践中的法官们能够从实体法规范宗旨或原则的角度考虑证明责任的分配，而不是仅仅依靠诸如"谁主张谁举证"之类过于简单化的标准或抽象的公平原则[82]分配证明责任，从而也在事实上限制了法官的自由裁量，防止了法官的任意。

再次，明确证明责任的实体法性质，一方面有助于在民事实体立法中贯彻证明责任的规范内置，从而不仅使民事实体立法规范化、精细化和操作性强，而且有助于司法实践中节约裁判成本和防止主观随意进而实现诉讼的经济性和提高裁判的权威性。简言之，证明责任的规范内置有助于民事实体立法的科学化和合理化，减少民事实体法从"行为规范"到"裁判规范"的成本耗费。另一方面，立法中对证明责任的规范内置的充分考虑将有助于降低事实真伪不明产生的可能性。正如吴越博士所言："立法学与证明责任的联系在于，立法者对成文法的请求权规定得越具体，请求权自身的真伪不明的可能性就越小，同样，立法者对请求权的证明责任的分配规定得越具体，请求权的证明责任分配产生真伪不明的可能性就越小。"[83]

（二）证明责任分配的民事立法技术功能——以法律行为制度和侵权行为制度为例

埃尔曼在《比较法律文化》中引用一位极其著名的美国法官在观察了两个法系（英美法系与大陆法系）之后得出结论说："举证规则可能使实体法规则完全不起作用。"[84]这在相当程度上揭示了证明责任规则对于实现实体法规范目标和宗旨的重大意义，同时从一个反向的角度我们似乎可以得出这样的结论，即实体法规范的制定必须合理考虑证明责任的分配和内置，这是其在实践中真正获得立法者所期望的有效性所必需的。而证明责任对于实体法规范的有效性具有的意义，我们可以称之为证明责任分配的立法技术功能，即通过证明责任的分配使实体法规范的目标或法律政策在法律技术上能够实现。对于这一

---

[82] 公平原则的高度抽象性决定了它主要是一个理想目标、只能充当某种指导而不是具体的分配标准，它的具体适用只有在根据实体法规范或原则无法正确分配证明责任时，才有直接适用的余地。如果我们将证明责任的惟一分配标准定为公平原则，那么就等于没有任何标准。

[83] 吴越：同上注[81]所引文，页12。

[84] 埃尔曼：同上注[9]所引书，页146。

功能,民法上的法律行为制度和侵权行为制度提供了最好的例证。

1. 以法律行为制度为例

"私法自治原则经由法律行为而实践,法律行为乃实践私法自治的主要机制。"[85] 法律行为是指,以意思表示为要素,因意思表示而发生一定私法效果的法律事实。法律行为概念本身就为立法者设置了一个难题,即如何建构法律行为制度才能以确保私法自治的精义——"自主决定"与"自我负责"。自主决定强调意思表示实质上的自由,是对人的自由意志本质的尊重;自我负责强调因表意人意思表示给善意信赖的相对人造成的不利亦需负责以维护交易安全。意志自由与交易安全乃经济发展和社会进步不可或缺的两个重要价值,只有兼筹并顾才能达致一个平衡与和谐的状态。民法上的法律行为制度所以设详细规定就在于调和自主决定与自我负责两项原则,不致因对其中任何一项原则的强调而损害甚至摧毁另一项原则,从而损害私法自治的根基。

在调和自主决定和自我负责两项原则基础上构建法律行为制度的过程中,证明责任的规范内置起了关键性的作用。如我国台湾地区《民法典》第86条对心中保留(又称单独虚伪表示)作出规定:"表意人无欲为其意思表示所拘束之意,而为意思表示者,其意思表示,不因之无效。但其情形为相对人所明知者,不在此限。"这一规定在意思与表示不一致时采折衷的立场,即原则上采表示主义(意思表示有效),例外采意思主义(意思表示无效)。这种折衷的观点体现了现代民法在当事人自主决定与交易安全(相对人信赖)之间寻求平衡和协调的努力与发展趋势。但我们却不得不看到实体法的这种规范目标离开了证明责任的分配将无法真正贯彻。事实上,作为原则的表示主义和作为例外的意思主义正是以证明责任的分配为基础,即之所以称为表示主义乃是因为将"表示并非其真意且情形为相对人所明知"的证明责任配置给表意人,而意思主义的效果只有在表意人能够证明"表示并非其真意且情形为相对人所明知"时才会出现。可以说证明责任的分配在法律技术上解决了意思自主与相对人信赖的难题,证明责任的分配具有保护交易安全的功能[86],如果没有将"相对人恶意"的证明责任配置给表意人就无法实现保护交易安全的功能,因为没有这种证明责任的配置就会使法律对交易安全(相对人信赖)的保护走向另一个极端——否定意思自主;而如果将"相对人善意"的证明责任配置给相对人又会使保护相对人信赖的规范目标名存实亡。

2. 以侵权行为制度为例

如果说侵权行为法的发展是说明证明责任的立法技术功能的又一个典型

---

[85] 王泽鉴:《民法概要》,北京:中国政法大学出版社,2003年,页79。
[86] 同上注,页108。

例证,作为侵权行为法的重要部分的归责原则的变迁则是典型中的典型。所谓侵权行为法的归责原则,是指行为人的行为或物件致他人损害的情况下,根据何种标准和原则确定行为人的侵权民事责任。回溯法律发展的历史长河,过错责任原则、过错推定原则、无过错责任原则都已经登上了法律舞台,并仍在继续表演。[87] 如果我们仔细考量这些原则,就会发现所谓的归责原则问题在相当程度上是一个证明责任配置问题。这些原则既体现了理念的不同与变迁,又因证明责任的法律内置而折射出民法的技术性。

过错责任原则意味着行为人仅对其具有过错(故意或过失)的行为负侵权责任,而是否具有过错由受害人负证明责任。过错推定原则就其本质而言并不是一项独立的归责原则,而是从属于过错责任原则,是对过错责任原则的一种修正。此项原则先推定加害人具有过错,非经反证不得免责,即所谓的证明责任倒置。无过错责任原则,又称严格责任原则,"在这种责任原则下,道德上的耻辱与责任无关,因为被告承担的责任并不是以其有过错为前提的"[88]。无过错责任反映了"法律的关注点已经开始由对个人过错的惩罚转向对不幸损害的合理分担"[89]。乍一看来,无过错责任与证明责任似乎没有什么关联,但实际上无过错责任乃是以过错推定中证明责任配置为基础所进行的一种超越,是对受害人的进一步保护。从过错责任原则到过错推定原则,再到无过错责任原则,在证明责任的配置上,即从受害人要证明侵害人具有过错方可要求侵害人承担侵权责任,到侵害人除非证明自己没有过错否则便要承担侵权责任,再到侵害人即使能够证明自己没有过错亦不能免责(除非具有法律特别规定的免责情形)。于是侵权行为法的归责原则从立法技术的角度看乃是证明责任的配置问题。

从法律行为制度和侵权行为制度这两个典型例子可以看出:证明责任的配置绝不仅仅是作为预置在实体法中的隐形规范而在诉讼程序中出现事实真伪不明时发挥裁判功能(虽然这是证明责任的主要的和原初的功能),而且能够通过某种技术性构造促进法律的制度设计。从这个意义上说,证明责任分配对于民事立法意义重大,它应当成为民事立法中的思维自觉。[90]

---

[87] 对于过错责任原则、过错推定原则、无过错责任原则的排列并不意味着这些归责原则必然具有前后相继的历史性,这种排列实际上反映了这些原则在我国当前民事法中的实际地位。

[88] 罗伯特·考特、托马斯·尤伦:《法和经济学》,张军等译,上海:上海三联书店、上海人民出版社,1999年,页464。

[89] 韩世远:《合同法总论》,北京:法律出版社,2004年,页31。

[90] 民法是理念的,但更是技术的。没有技术的支撑,理念是虚幻的。对于正在制定中的民法典,我们必须给予其技术性以更多的关注。因为没有完善的立法技术,就没有逻辑严谨、操作性强的民法规范,也就无法贯彻民法的理念,更无法做到对社会生活的精细调整。

余 论

证明责任理论是一个复杂抽象的理论体系,关于证明责任本质和分配标准的学说犹如泉涌;证明责任理论又是一个极具实践性意义的理论体系,它直接对法官(裁判)和当事人(诉讼成败)发生影响,甚至是决定性的影响。也正是由于以上两点决定了证明责任理论具有挑战性的巨大魅力,引无数法学大师投身其中而乐此不疲。与证明责任问题的重大理论与实践意义不相协调的是我们对证明责任理解的简单化和片面化,"谁主张谁举证"这一曾经被深信不疑的证明责任分配标准就是一个简单化的典型例证,对于证明责任除了裁判功能以外其他相关问题诸如证明责任与诉讼标的、证明责任与诉讼自认等缺乏应有的深入的关注以及将证明责任仅限于诉讼法问题,从而妨碍了我们从实体和程序全面的看待证明责任问题,反映了我们的片面化倾向。

但我们看到这种简单化和片面化的倾向正在发生可喜的变化,"谁主张谁举证"的批判和证明责任分配标准的重新讨论,证明责任相关问题开始得到关注,更多的实体法学者开始关注证明责任问题以及民事证据立法对证明责任的格外关注和对先进理论成果的采纳等等,都显示了我们朝向正确方向的努力。这种变化一方面要归因于改革开放后的法制恢复和学术自主,这种大环境使我们能够以一种开放的观念重新审视我们的制度,并将对一些基础但曾被我们想当然的制度和问题的研究引向深入。这种变化另一方面的原因和动力要归因于社会的发展、时代的变迁,这种发展与变迁或者使原来的问题更加突出(如借贷尤其是私人借贷引发的证据问题引起了人们广泛关注,引发如此大的关注一方面源于人们对这一问题的道德评价——还有谁可以信任,另一方面源于人们对这一问题的法律疑问——法律到底应该相信谁),或者提出了一些新的问题(如污染问题等产生了保护弱者等价值考虑而将证明责任倒置的问题)。

证明责任理论精深、复杂而又极具实践意义,它需要我们持续的深入的关注和研究。本文从证明责任功能的视角对证明责任问题进行了一定的剖析,试图从多个功能角度看待证明责任而不是局限于其裁判功能,试图解析证明责任作为一种裁判机制所体现和蕴涵的多种理念与价值。笔者期望这种研究对于证明责任本质、证明责任分配以及我国正在进行民事证据立法能有所即使是微小的助益,但这种研究只是一个初步的也许是肤浅的探讨。证明责任研究仍在继续,证明责任理论之树常青。

(初审编辑:王斯曼)

论私法中的优先购买权

丁春艳

Right of Preemption in Private Law

Ding Chun-yan

内容摘要：本文系统地考察我国现行私法中的优先购买权。在考察它的含义、分类、性质和特征之后，通过法律解释和漏洞补充的方法，本文详细讨论了优先购买权的行使要素，包括出卖人之出卖标的物、出卖人之通知义务、同等条件和行使期限。之后，本文讨论了优先购买权的行使效果和权利人的救济。本文的最后试图解决几种优先购买权之间的冲突，并平衡优先购买权制度与民法上的其他制度。

关键词：优先购买权　优先购买权的性质　优先购买权的行使要素　优先购买权的行使效果　优先购买权间的冲突

Abstract: This article reviews systematically all current provisions of right of preemption within the private laws in China and expounds the meaning, the classification, the nature and the characteristics of right of preemption, reflecting its values within the whole system of the private law. Then through legal interpretation of the current provisions and filling their lacunae, this article discusses the elements for exercising right of preemption, which include the subject of matter sold by the seller, seller's duty to give notice, the equivalent conditions and the time limitation, thus providing a set of precise, reasonable and effective rules for the persons who exercise right of preemption. In addition, it focuses on the effects of right of preemption and its twin problem i. e. the remedies for the person whose right has been infringed, which is essential for protections of the right. This article lastly tries to resolve the conflicts of several rights of preemption and to balance right of preeimption and other principles in private law since such conflicts constantly occur in practice.

Keywords: right of preemption the nature of right of preemption the elements for exercising right of preemption the effects of right of preemption the conflicts of rights of preemption

引 言

私法以"意思自治"和"主体平等"为本,尤其体现在财产性质的法律关系中;而优先购买权制度实属上述原则的一项例外。因优先购买权人,在出卖人出卖其标的物之时,享有以同等条件优先于他人而购买的权利。从出卖人的角度,优先购买权是对出卖人处分权所作的限制,主要体现在限制其自由选择买受人以履行给付的权利,此系对"意思自治"的限制;从买受人的角度,其又使优先购买权人处于明显优于一般买受人的法律地位,亦有悖于"主体平等"之原则。

然而,私法上的优先购买权自古有之,迄今大陆法系各国的立法也都普遍认可这一制度。在我国现行法下,优先购买权的规定散见于各个部门法和各类法律渊源中。从目前优先购买权的判例可知,实务急需学术界为其在操作层面上提供相对明确、合理的甄别和阐释,但是这一需求还未得到后者的积极响应。[1] 因此,本文选择私法中的优先购买权为题,拟对分散的各种优先购买权规定作一总论性的梳理和分析,聊解实务之需。具体而言,本文将围绕私法上的优先购买权,力图达到如下目标:(1) 解释现行法的具体规定,填补存在的法律漏洞;(2) 协调相关规范间的冲突;(3) 协调不同价值间的冲突。本文拟将多数笔墨着于第一点上。

就文章结构而言,本文由四个部分组成。第一部分针对我国优先购买权制度作一概述性地研究,其内容涉及权利的含义、现行相关规定的整理、权利的分类和权利性质及特征。本部分是全文的理论铺垫,其后就优先购买权更为细化

---

[1] 就探讨优先购买权的论文而言,从 1994 年至 2004 年 8 月 10 年间的文章发表于法学核心期刊中的,仅有 7 篇,由此略见一斑。

的讨论都以此为基础而展开。第二部分就优先购买权的行使要素,分述"出卖人之出卖标的物"、"出卖人之通知义务"、"同等条件"和"行使期限"等内容。本部分主要针对的是优先购买权于操作层面的问题,通过解释现行规定和填补存在的法律漏洞,为优先购买权人行使权利提供更为明确、合理且具可操作性的规则。第三部分探讨的是优先购买权行使效果和权利人救济的内容,本部分对切实保障优先购买权人的权益而言,意义重大。由于救济方式与权利的效力密切关联,因此将两者一并讨论。第四部分则就实务中数个优先购买权发生冲突、优先购买权与民法上其他制度间抗衡的情形,展开孰优孰劣的讨论。本部分涉及较多规范和规范背后价值之间的平衡,因此有较大的讨论空间。

一、优先购买权概述

(一) 优先购买权的含义

所谓优先购买权(Right of Preemption, Vorkaufrecht, Droit de Préemption),系特定人依约定或法律规定,于处分权人出卖不动产、动产或权利时,有依同样条件优先购买之权利。[2]

优先购买权法律关系涉及三方主体,即优先购买权人、出卖人和第三人。[3]"优先购买权人"系指依法定或约定而享有优先购买权之人。虽然有些地方规章对特定标的物受买人的条件作出限定,如仅持房屋所在地户籍之人方可享有该房屋之所有权,但此种限制为其他法律所附加,并非对优先购买权主体资格所作的限定。优先购买权人与出卖人之间的买卖合同仍然成立,但会因为优先购买权人并非合法的房屋所有权享有人而使出卖人无法履行移转房屋所有权之义务。"出卖人"系对标的物有处分权之人。在多数情况下,其为该标的物之所有权人;但在特殊情形下,也可能是有处分权的非所有权人,例如所有权人之代理人、标的物上之抵押权人、质押权人或留置权人,在有些立法例中,还可能是国家的强制执行机关。因优先购买权系围绕特定标的物之买卖而生,是故所有对标的物享有合法处分权的主体,都可能成为优先购买权法律关

---

[2] 优先购买权是民法优先权的一种。须辨析的是,在私法中,多个权利并存于有限的法律利益上的现象时有发生,例如针对同一标的物的物权和债权间之竞争,由此产生了决定何者具有优先效力的相关规则。然而,优先权有别于优先效力:前者系约定或法定的权利,其仅向权利人提供优先获得某一法律利益之可能性,该优先性能否真正实现取决于权利人是否有效行使该优先权以及该优先权的效力得否对抗第三人;而后者为数个权利相冲突时,依权利性质或法律规定的标准而确定的法定且当然的效力序位。因此,物权效力优于债权、同一抵押物上数个抵押权的行使次序等仅属优先效力问题,而非属优先权讨论之范畴。蔡富华所著《民事优先权研究》一书将优先权和权利的优先效力都归为"民事优先权"的范畴,而笔者以为,两者虽都冠以"优先"一词,但本质不同,不宜作如此归类。

[3] 本文在行文中即使用"优先购买权人(权利人)"、"出卖人"、"第三人"来指称优先购买权法律关系的三方主体。

系所指的"出卖人"。[4] 而"第三人",是指除优先购买权人外,欲与出卖人就标的物订立买卖合同之人。

(二) 现行规定之总览

我国私法中优先购买权的规定散见于各类法律渊源中。为了便于整理,笔者主要按照优先购买权的不同主体进行归类,具体如下[5]:

1. 共有人的优先购买权

此处对按份共有和共同共有,又适用不同的规则。按份共有人对应有份额之优先购买权,见《民法通则》(1987年1月1日)第78条第3款。共同共有人对分割后某原共有人之分得财产之优先购买权[6],见《关于贯彻执行〈中华人民共和国民法通则〉若干问题的意见(试行)》(1988年1月26日)第92条。就房屋共有人的优先购买权[7],见《城市私有房屋管理条例》(1983年12月17日)第10条、《城市公有房屋管理规定》(1994年3月23日)第36条、《城市房地产抵押管理办法》(2001年8月15日)第42条。依《合同法》(1999年10月1日)第340条,技术合同合作方对共有的专利申请权亦有优先购买权。

2. 承租人的优先购买权

该权利最初由《城市私有房屋管理条例》(1983年12月17日)第11条确立,其后《关于贯彻执行〈中华人民共和国民法通则〉若干问题的意见(试行)》(1988年1月26日)第118条加以重申,而《合同法》(1999年10月1日)第230条再次肯定了承租人的此项权利,虽然三者在表述上略有差别。此外,《关于贯彻执行民事政策法律若干问题的意见》(1984年8月30日)第57条、《城市公有房屋管理规定》(1994年3月23日)第36条、《城市房地产抵押管理办法》(2001年8月15日)第42条也述及了承租人的优先购买权。

3. 合伙人的优先购买权

依《合伙企业法》(1997年8月1日)第22条,其他合伙人对某一合伙人依法转让的份额,有优先购买的权利。

---

[4] 有不少学者,将"出卖人"称为优先购买权之义务人,笔者认为此种称谓并不适宜。从下文的分析可知,优先购买权性质上乃形成权,其无相对义务之存在,也无从有相对义务人。至于出卖人对优先购买权人负通知义务,此乃另一个独立之法定义务,与优先购买权不应混为一谈。

[5] 本文所指我国之现行法,系包括法律、国务院的行政法规和规章、最高人民法院司法解释以及适用于全国范围的习惯法等法律渊源。就优先购买权而言,相关的地方性法规和规章目前大致有312例;其所涉及的法律关系与本文归纳的种类大同小异,所以此处不加引述。

[6] 严格说来,共同共有人的优先购买权应表述为"原共同共有人的优先购买权",因为该权利的行使发生在共有物分割后,部分原共有人出售分得财产的场合。本文依循一般的表述,虽然其并非很准确。

[7] 就房屋共有人的优先购买权,上述行政规章仅概括地规定,出售共有房屋时,房屋共有人有优先购买权。严格说来,与法律所规定的按份共有人对应有份额之优先购买权和共同共有人对分割后某原共有人之分得财产之优先购买权相比,该规定赋予房屋共有人以更大范围的优先购买权。对该规章之理解,值得进一步探讨。

4. 股东的优先购买权

早在 1992 年《国家体改委有限责任公司规范意见》（1992 年 5 月 15 日）第 20 条第 5 项已规定了出资转让中股东享有的优先购买权。《公司法》（1994 年 7 月 1 日）第 35 条正式确立：有限责任公司的股东对经股东同意转让的出资，享有优先购买权，又见《中外合资经营企业法实施条例》（2001 年 7 月 22 日）第 20 条。《最高人民法院关于人民法院执行工作若干问题的规定（试行）》（1998 年 7 月 8 日）第 55 条亦保障股权被强制执行时，其他股东享有的优先购买权。《中国证券监督管理委员会关于规范基金管理公司股东出资转让有关事项的通知》（2002 年 12 月 26 日）第 5 条强调了基金管理公司股份转让中的优先购买权。此外，《外商投资企业清算办法》（1996 年 7 月 9 日）第 30 条，针对外商投资企业的股东享有的对清算财产的优先购买权作了规定。《金融资产管理公司吸收外资参与资产重组与处置的暂行规定》（2001 年 10 月 26 日）第 7 条也规定了资产管理公司重组或处置资产时，股东对所处置资产的优先购买权问题。

5. 联营方的优先购买权

联营是个比较模糊的法律概念，其可能是合伙性质，也可能是法人性质。《关于印发〈关于审理联营合同纠纷案件若干问题的解答〉的通知》（1990 年 11 月 12 日）第 7 条第 3 项、《关于贯彻执行〈中华人民共和国企业破产法（试行）〉若干问题的意见》（1991 年 11 月 17 日）第 60 条规定联营清算时，对转让或变卖的联营一方出资和收益，其他联营方有优先购买的权利。由于联营与合伙企业或有限责任公司在法律性质上有着很大的重合，适用于后两者的规定原则上亦按具体联营企业的主体性质而适用之。

6. 原承典人的优先购买权

在出典的房屋回赎后被出卖的，原承典人享有优先购买权，参见《关于贯彻执行民事政策法律若干问题的意见》（1963 年 8 月 28 日）第 4 条。

7. 技术成果的优先购买权

职务技术成果的完成人享有对该职务技术成果的优先购买权，见《合同法》（1999 年 10 月 1 日）第 326 条。委托技术开发合同的委托人对专利申请权享有优先购买权，见《合同法》（1999 年 10 月 1 日）第 339 条。

8. 基于政策性考虑的优先购买权

该部分的权利源于政策性的规定，对某些稀缺资源的流通和分配做出调整，以保护公共利益或国家利益。具体内容如下：

（1）国家对公民出售个人所有的传世珍贵文物享有优先购买权，见《国务院关于加强和改善文物工作的通知》（1997 年 3 月 30 日）第 4 条；国家对文物拍卖企业拍卖的珍贵文物拥有优先购买权，见《文物拍卖管理暂行规定》（2003

年7月14日)第16条。

(2) 国家重点企业对用电权的优先购买权,见《国务院批转能源部、国家计委关于改进现行电力分配办法请示的通知》(1990年5月31日)第5条;综合利用电厂在核定的上网电量内享有优先购买权,见《国务院批转国家经贸委等部门关于进一步开展资源综合利用意见的通知》(1996年8月31日)第4条。

(3) 住房体制改革中的优先购买权。主要包括原售房单位或当地人民政府房产管理部门对职工以标准价购买的住房享有优先购买权,见《国务院办公厅关于转发国务院住房制度改革领导小组鼓励职工购买公有旧住房意见的通知》(1988年2月25日)第8条和第9条、《国务院住房制度改革领导小组〈关于全面推进城镇住房制度改革的意见〉》(1991年12月31日)第8条、《国务院关于继续积极稳妥地进行城镇住房制度改革的通知》(1991年6月7日)第7条、《国务院关于深化城镇住房制度改革的决定》(1994年7月18日)第21条、《已购公有住房和经济适用住房上市出售管理暂行办法》(1999年4月22日)第6条第5项。

(4) 政府对一定条件的城镇国有土地使用权的优先购买权,具体规定见《城镇国有土地使用权出让和转让暂行条例》(1990年5月19日)第26条、《国家土地管理局关于加强宏观调控管好地产市场的通知》(1993年7月26日)第7条、《城市国有土地使用权价格管理暂行办法》(1995年12月1日)第14条、《国务院关于加强国有土地资产管理的通知》(2001年5月30日)第4条;《国土资源部关于整顿和规范土地市场秩序的通知》(2001年6月21日)第4条进一步规定了政府之优先购买权的行使条件。

(5) 国有企业改革中的优先购买权。依《国家体改委关于加快国有小企业改革的若干意见》(1996年6月20日)第11条,当出售国有企业产权时,本企业职工可以优先购买。依《国务院办公厅转发国家经贸委、财政部、人民银行关于进一步做好国有企业债权转股权工作意见的通知》(2003年)第17条,债转股而设立的新公司转让股权的,原企业享有优先购买权。

(6) 中国企业或经济组织对外资企业清算处理的财产有优先购买权,见《外资企业法实施细则》(2001年4月12日)第78条。

(三) 优先购买权的分类

1. 法定优先购买权和约定优先购买权

依照权利发生的原因,优先购买权有法定和约定之分。前者依据法律的明文规定,当事人无需约定亦能取得;而后者系依合同自由原则,当事人基于交易需要,而为约定而发生。[8] 作此区分的意义在于:(1) 约定优先购买权原则上仅有债权效力[9],而法定优先购买权的效力则需通过考量该条文的文义、立法原意等法律解释的方法,以确定其效力,或为债权效力,或为物权效力。(2) 约定优先购买权的内容和具体的行使方式、行使期限,依当事人之间的约定,并须借助意思表示解释的规则加以确定。因其基于当事人之意思自治,是故弹性较大。而法定优先购买权的内容,则由法律作出相应的规定,所借助的是法律解释的相关规则。(3) 就优先购买权能否让与或继承,约定优先购买权与法定优先购买权亦适用不同的规则。约定优先购买权,其系依合同自由原则和交易需要,由当事人约定而产生,并非基于特定立法意图。正因如此,对约定优先购买权之转让并无绝对限制之必要。如果合同当事人间约定允许单独转让的,法律得予准许,如《瑞士债法典》第216条b、《澳门民法典》第414条即允许当事人为特别之约定,使其得以让与或继承,且应遵循与优先购买权设立相同的方式让与之。而法定优先购买权,乃以特定的基础法律关系(如共有、承租、合伙、承典、有限责任公司股东等关系)的存在为前提,或者出于保护特殊利益团体(如在政策性优先购买权之情形)之考虑,因此单独地让与或继承法定优先购买权,而不顾及该权利所适用的法律关系,并不合宜。[10]

学者对我国是否承认约定优先购买权存有争议,不少文章直接将"法定性"视为优先购买权的一般特征[11],笔者不敢苟同。现行法并无明确排除约定优先购买权的规定;相反,依循私法中"法无明文禁止即可为"的理念和合同自治的原则,持"所有优先购买权均为法定"的观点,甚为武断。由于约定优先购买权原则上仅具有债权效力,对第三人不生对抗效力,无损于交易安全的保护[12],因此,我国法律宜持认可态度,允许当事人间自由约定优先购买权。而且在我国当前法律实务中,当事人间为优先购买权之约定,并得到法院认可的案例也时有发生,如合资双方在《合资经营合同》中约定一方在另一方出资转让时享有对该出资的优先购买权。[13]

---

[8] 如《澳门民法典》第408条明文确定了约定优先购买权:"优先权之约定为一种协议,基于此协议一方承担在出卖特定物时他方优先权之义务。"

[9] 当然,不排除立法可能明确赋予约定优先购买权以物权效力,如德国允许物权效力优先购买权得依合意加登记方式设立。

[10] 当优先购买权所赖以存在的基础法律关系发生移转时,优先购买权随同移转,但这与优先购买权的单独转让并非同一概念。

[11] 黄萍:"优先购买权问题探讨",载《上海市政法管理干部学院学报》2002年第4期,页41;彭志强:"优先购买权的确认及其他",载《法学杂志》1994年第5期,页32。

[12] 在承认预登记的立法例,若优先购买权人为担保基于行使优先购买权所形成的买卖合同上之请求权而为预告登记,则使出卖人所为妨害其利益之处分,对其不生效力。但须澄清的是,此对抗效力系于预告登记,与优先购买权本身并无关联。

[13] "香港辉展有限公司与天津市轻工实业总公司合资合同纠纷上诉案"(法公布[2002]第57号),中华人民共和国最高人民法院民事裁定书(2001)民四提字第5号。

此外,还需考虑的是,法定的优先购买权与约定的优先购买权内容不一致时,何者优先的问题,亦即两者间的效力等级问题。如《澳门民法典》第416条概括地规定:"约定优先购买权不优于法定优先购买权";《瑞士民法典》第681条第3款原则上规定:"法定优先购买权优先于约定优先购买权",但其后第681条b第1款,又允许具备公证形式的约定得变更或排除法定优先购买权。笔者认为,此处关键取决于某一具体的法定优先购买权的条文性质,其属于强行性规定,抑或任意性规定。若为前者,则当事人间的不同约定不能优于法定的优先购买权;如果是后者,那么依"当事人约定优先"的原则,可以排除或改变法定的内容。[14]

2. 债权效力的优先购买权和物权效力的优先购买权

依照权利的效力强度,可分为债权效力和物权效力的优先购买权。此项分类为《德国民法典》明文确立,而分别在债权编(第504—514条)和物权编(第1094—1104条)加以规定。该分类关系到优先购买权对第三人有无约束力、决定优先购买权人权益受损时的救济方式,同时还为处理同一个标的物上并存数个优先购买权时的冲突问题提供依据,因此相当重要。

债权效力的优先购买权和物权效力的优先购买权有如下差别:(1) 债权效力的优先购买权对第三人并无约束力,其只能影响权利人和出卖人之间的关系。第三人与出卖人之间的法律关系(包括买卖合同和标的物所有权的变动[15])并不因优先购买权的行使而受到影响。如果出卖人对第三人为履行,即违反了其对优先购买权人所负的合同义务,此时后者仅能向出卖人提出救济,如请求其为损害赔偿,而无权向第三人主张权利。而物权效力的优先购买权对第三人具有约束力,即第三人与出卖人之间的物权变动并不能约束权利人。即使出卖人已经将标的物让与给第三人,优先购买权人仍能追及购买。基于优先购买权的物权效力,优先购买权人被赋予撤销权,或得请求涂销所有权的变动登记,从而直接影响到第三人与出卖人之间的法律关系。详细内容可参见下文对物权效力优先购买权之对外效力的分析。(2) 设立的方式可能不同。原则上,债权效力优先购买权的设立仅需按照合同一般的成立方式,当事人双方合意即可,而无须公示,因为其效力不及第三人;虽然立法仍可能要求该合同以书面形式作出,如《瑞士债法典》第216条第3款、《澳门民法典》第409条即作如是规定。相反,为保障交易安全,有立法例要求物权效力的优先购买权须具备

---

[14] 以股东对转让出资的优先购买权为例,该规定究为强行性,还是任意性,值得探讨。该典型优先购买权的设置,旨在保护股东之间的人身信赖利益,保障有限责任公司股东构成的稳定性。笔者认为,此立法本意于公司与其他股东利益的保护,甚为关切,故宜解释为强行性规则。

[15] 由于学术界对我国是否承认物权行为还未能达成共识,本文以"所有权的变动"或"物权的变动"来概述如下概念:在承认物权行为的情况下,即为物权行为;在不承认物权行为的观点下,即为合同的履行。

公示性,以便第三人查询。例如德国对物权效力的优先购买权,即规定其成立必须符合物权行为成立的"合意+登记"的要求。[16]

此外,还需廓清当前学术界的两个误区:

第一,具有物权效力的优先购买权,并不能等同于物权,两者属于不同的概念。[17] 所谓物权,系直接支配一定之物,而享受利益之排他的权利。物权具有排他效力、优先效力、物权请求效力和追及效力。而物权效力的优先购买权并非物权,即无权直接支配标的物,其仅借用了物权得对抗第三人之效力(或追及效力)之意,而冠以"物权效力"的称谓。故两者不应混淆。

第二,学术界流行着这样一种判定优先购买权效力的观点:其效力取决于优先购买权所基于产生的原法律关系的性质,如果是基于物权而产生(如共有关系),则系物权效力;如果是基于债权而产生(如租赁合同),则为债权效力,从而确定数个优先购买权相冲突时的序位关系。[18] 笔者以为,优先购买权与其基础关系是相互独立的法律关系,各个优先购买权应根据各自的权利内容和立法目的来判定效力。在私法中,与其基础关系性质不同的法律关系比比皆是,如建设工程合同的承包人就工程折价或者拍卖的价款即享有物权效力的优先受偿权。[19] 此外,参考其他国家和地区的立法例,基于物权关系产生的但仅有债权效力的优先购买权有之;反之,基于债权关系产生的却有物权效力的优先购买权亦有存在。例如,依谢哲胜先生的观点,我国台湾地区的基地承租人享有物权效力的优先购买权,而共有权人享有的优先购买权却是债权效力的。[20] 因此,简单地从基础关系性质即得出优先购买权之效力的推论缺乏令人信服的学理依据。

(四)优先购买权的性质

1. 学术界的各种学说

大陆法系的传统,习惯将权利按照不同的标准分为不同的类别,并将某一具体的权利归于特定类别,从而确定其性质。探讨权利性质的意义在于:首先,有助于对特定权利的分析和理解。以优先购买权为例,其权利性质将关系到优先购买权的行使方式、行使期限、形式效果、侵害可能及救济途径等问题。其次,明确了

---

[16] 孙宪忠:《德国当代物权法》,北京:法律出版社,1997年,页171。

[17] 蒋人文:"论优先购买权",载《社会科学家》2001年第3期,页50,该文开篇即言:"优先购买权是一种特殊的物权"。又如,张弛:"关于优先购买权的若干法律问题探讨",载《淮北煤师院学报(社哲版)》2001年第Z1期,页76,即言:"优先购买权是法定的且具有对抗善意第三人的效力,理所当然是一种物权。"

[18] 如王利明:"优先购买权研究",载《民商法研究》第二辑,北京:法律出版社,1999年,页379。

[19]《合同法》第286条。

[20] 谢哲胜:"土地共有人和用益权人优先承购法律性质与优先顺序之探讨",载《财产法专题研究》,台北:三民书局,1995年版,页139。

权利的性质,则便于确定该权利所生之法律现象的法律适用,尤其当缺少有关该权利的特别规定时,依循其权利性质,仍能准确快捷地找到适宜的法律。

目前我国学者对优先购买权性质的讨论,有两种主流观点[21],即"附条件之形成权说"[22]和"期待权说"[23]。除此之外,学理上还存在"形成权说"和"缔约请求权说"这两种解释可能。为便于展开讨论,笔者将上述四种观点简要陈述如下:

第一种,"附条件之形成权说",该说虽然也认同优先购买权为形成权,但其进一步认为,权利行使以出卖人出卖标的物于第三人为条件,故为附条件的形成权。

第二种,"期待权说",其认为因基础法律关系的存在,优先购买权已具备了权利的部分要件,优先购买权人在标的物出卖于第三人之前享有的是期待权,其法律上的地位应受到保护;待出卖人出卖标的物于第三人时,权利人才获得完全的权利。

第三种,"形成权说",即优先购买权人得依一方之意思,形成以出卖人出卖与第三人同等条件为内容的合同,而无须出卖人之承诺。

第四种,"缔约请求权说",其指优先购买权人对于出卖人仅享有买卖合同之订立请求权。出卖人出卖标的物时,若优先购买权人依同等条件声明承买的,前者有承诺出卖之义务。

2. 对上述学说之评析及本文见解

首先,对"附条件之形成权说"之评析。从该说的基本观点来看,其与"形成权说"的差别仅在于,该说强调优先购买权之行使须以出卖人出卖标的物于第三人为条件,此为"附条件"的由来。对此回应如下:(1) 就出卖人将标的物卖与第三人,系优先购买权之成立要件抑或行使要件,本有争论。王泽鉴先生曾特别著文《耕地承租人事先抛弃优先承买权的效力》讨论,并持耕地承租人于耕地租赁契约成立时即取得优先购买权,出租人将标的物卖与第三人仅为权利之行使要件的观点。[24] 然笔者认为,将出卖人之出卖标的物于第三人视为优先购买权之成立要件,在学理解释上亦无不可。此两种观点的分歧源于如何赋予"优先购买权人事先为抛弃优先购买权之意思表示"以效力。因为原则上

---

[21] 其实,学说的意见比较纷杂,并不限于本文列举的这几种,如"物权取得权说"、"准物权说"等等,但是这些概念本身与优先购买权相去甚远,因此不加讨论。

[22] 蔡养军:"我国法律中的优先购买权评析",载《学海》2002年第5期,页49;又如黄萍:"优先购买权问题探讨",载《上海市政法管理干部学院学报》第17卷第4期,页41。

[23] 王利明:同注[18],页379;王利明:"共有人优先购买权研究",载《民商法研究》第二辑(修订版),北京:法律出版社,2001年,页388。

[24] 王泽鉴:"耕地承租人事先抛弃优先承买权的效力",载《民法学说与判例研究》(1),北京:中国政法大学出版社,1998年,页494。

权利得事先抛弃[25],即使持"成立要件"之观点,亦不妨碍权利人此项意思表示之实现。此外,依"行使要件"之观点,约定优先购买权于合同订立之时、法定优先购买权于权利人成为特定主体(如承租人、共有人等)之时即行发生,则可类推得知其他如合同之撤销权、解除权、追认权等权利亦发生于合同订立之时,这与传统理解有相当出入,且无争辩之实益。所以,笔者认为出卖人出卖标的物于第三人,系优先购买权的成立要件。[26] (2) 私法上"条件"一词有其特定的含义,即法律行为效力之发生或消灭,系于将来成否客观的不确定事实之附款。[27] 然此处所指"附条件"并非指影响法律行为效力的事件,而指使优先购买权得以成立之要件。一般而言,每个权利都有特定的成立要件,但并不表述为"附条件"。(3)依形成权的特性,其不可附条件或附期限。[28] 因此,"附条件的形成权"在表述上即存有疑问。所以,"附条件之形成权"之"附条件"的表述并未体现优先购买权之本质,反而容易引起误解;依笔者之见,该表述并无必要,该说本质上即为"形成权说"。

其次,对"期待权说"之评析。期待权系因具备取得权利部分要件,受法律保护,且依社会经济观点,使之成为交易客体,特赋予权利性质之法律地位。[29] 其或因时间之经过,或因条件之成就,而取得完全权利。由于期待权最终因条件完成而获得完全权利,而形成权的行使效果也将产生新的权利,故两者均属于取得新的权利发展过程中之中间形态。正是由于这一点相似性,两者容易引起混淆。但究权利的行使方式、权利的内容等,两者本质各异。如前所述,在出卖人将标的物卖与第三人之前,优先购买权尚未发生,基础关系的存在仅是权利发生的前提,并非权利的部分要件;否则若依照这一逻辑,几乎所有以一定基础关系为前提但尚未发生的权利都可以被理解为期待权[30],这显然不合情理。因此,"期待权说"并无充分的学理依据。

最后,尚存在着两种可能的学理解释,即"缔约请求权说"和"形成权说"。依不同解释,权利人、出卖人和第三人间则会产生不同的法律关系,具体分析如下:

---

[25] 优先购买权因权利人之放弃而消灭。权利人可以积极地明示放弃行使优先购买权,像《瑞士民法典》第681b条第2款即规定,在优先购买权成就后,权利人以书面方式放弃行使法定优先购买权。权利人亦可在权利行使期限内消极地不作为,待行使期限经过后,优先购买权即告消灭。有疑问的是,若权利人在权利产生之前即宣告放弃优先购买权,法律是否认可。笔者认为,权利是为满足个人之利益而依法赋予的力量,原则上权利得被抛弃,且可以被事先抛弃,除非法律做出特别的限制。因此,原则上优先购买权亦可被事先抛弃。

[26] 当然,出卖人将标的物出卖与第三人同时也是优先购买权的行使要件。

[27] 洪逊欣:《中国民法总则》,台北:三民书局,1997年,页415。

[28] 见本书页658。

[29] 王泽鉴:"附条件买卖买受人之期待权",载《民法学说与判例研究》(1),北京:中国政法大学出版社,1998年,页149。

[30] 如合同关系中的因违约产生的损害赔偿请求权、代位权、撤销权、解除权、追认权等等。

依"缔约请求权说",优先购买权人得请求出卖人与其缔结买卖合同,合同内容等同或优于出卖人将标的物卖与第三人的条件;相对地,出卖人有承诺缔约之义务。由于优先购买权人享有的仅是请求权,当出卖人不履行其债务时:(1)如系约定优先购买权,其法律关系与预约合同之法律关系相类似。当事人间有约定的,依其约定而承担违约责任,在无特别约定的情形下,出卖人将承担与违反预约义务相同的违约责任。[31] (2)如系法定优先购买权,则即为违反"强制缔约"义务而产生的法律后果。缔约义务人拒绝缔约时,相对人得提起诉讼,申请强制执行,相对人因此而受到损害的,还可请求损害赔偿。[32] 如果出卖人履行其承诺缔约之义务,那么权利人和出卖人间即成立买卖合同。

依"形成权说",优先购买权人得依单方意思,形成其与出卖人间的买卖合同。此说与"缔约请求权说"的最大区别在于,当优先购买权人知悉出卖人出卖标的物于第三人时,其即可行使优先购买权,依单方意思形成与出卖人间的买卖合同关系,而无需后者的意思表示。此后,基于已形成的买卖合同,优先购买权人得请求出卖人交付标的物、转让该物的所有权;若出卖人不履行其债务,权利人则可依合同法的相关规定,要求其承担违约责任。因此,出卖人、优先购买权人和第三人间的法律关系,即相当于"一物二卖"的情形。

笔者认为,就优先购买权的性质,"缔约请求权说"和"形成权说"均是可能的学理解释,仅不同的解释会产生不同的法律效果,须结合优先购买权制度的立法本意作出适当的选择。以《德国民法典》第505条为例[33],从该条对优先购买权的行使方式所作的规定,即可推论在德国法上的优先购买权为形成权的性质。然而,我国现行法规定过于简单,只提及"优先购买权",并未规定具体的相关内容,因此只能基于优先购买权制度的设置本意,即以切实保障优先购买权人的权益并方便其权利行使为要,来选择合理的解释。

初看两种学说,无论是"缔约请求权说"抑或"形成权说",优先购买权人最终享有的均为债权,前者系请求出卖人缔结买卖合同的权利,后者为请求出卖人交付标的物并转让所有权的权利,因此,出卖人都可能选择不履行其债务,使得权利人只能通过主张违约责任或者法定债务不履行之责任获得救济,或要求实际履行,或请求赔偿损失。从这个角度看,"缔约请求权说"和"形成权说"对权利人的保护力度差别的确不大。但若作进一步比较,两种学说仍为优先购

---

[31] 目前对预约合同,我国法律未作特别的规定。依《合同法》第107条,在预约合同债务人拒绝订立合同的情形下,债权人得请求实际履行,除非有《合同法》第110条列举的情形。然有些国家则采用以定金规则代替实际履行预约合同的制度,如法国。

[32] 王泽鉴:《债法原理》(第一册),北京:中国政法大学出版社,2001年,页79。

[33] 《德国民法典》第505条规定:"行使先买权应以意思表示向先卖义务人为之。此项意思表示无需遵守对买卖合同规定的形式。一经行使先买权,先买权人与先卖义务人之间的买卖即按照先卖义务人与第三人约定的相同的条款而成立。"

权人的权利提供了不同强度的保障:(1)从救济成本看,虽然依"缔约请求权说",当出卖人不履行承诺缔约之义务,权利人得向法院起诉要求其实际履行,由法院判定形成买卖合同;但即便这样,之后出卖人仍可能选择不履行买卖合同所确定的债务,优先购买权人则还需通过再一次的违约救济以实现自己的权利。这不仅使法律关系曲折化,同时也增加了优先购买权人实现权利的成本。[34] 而依从"形成权说",优先购买权人凭其与出卖人之间的买卖合同,即可要求出卖人实际履行,即交付标的物并转让所有权,通过一次救济就得以切实保障其权益。(2)从损害赔偿的具体范围看,依"缔约请求权说",优先购买权人仅能请求出卖人赔偿其不履行承诺缔约义务而产生的损害,如为买卖合同之订立所支付的准备费用、或丧失其他可能买受的机会等,以信赖利益为限。而依"形成权说",优先购买权人得请求包括合理预期利润在内的履行利益。(3)从能否行使债权人之撤销权看,依"缔约请求权说",优先购买权人享有的是请求出卖人承诺缔结买卖合同的权利,即以出卖人之承诺为债之标的,而非以财产的给付为标的,这就为优先购买权人撤销权之直接行使设置了障碍,因为学理上享有撤销权的主体须享有以财产的给付为目的之债权。[35] 只有等其转化为损害赔偿之债时,"缔约请求权说"下的权利人方可能行使撤销权。而依"形成权说",权利人凭其一方意思就形成了其与出卖人之间的买卖合同,从而有权请求出卖人交付标的物,并转让所有权。该债权以财产的给付为债之标的,符合优先购买权人成为撤销权主体的基本条件,得直接行使债权人之撤销权。(4)在物权效力优先购买权的情形下,从权利人请求第三人直接向其移转标的物之所有权的时间看,依"缔约请求权说",权利人只有在出卖人履行承诺义务从而订立买卖合同之时,方可为之。而依"形成权说",在权利人为单方意思形成其与出卖人之间的买卖合同后,即可为之。显然,后者为物权效力的优先购买权人赋予了更为迅捷的保障。

综合上述分析,较之"缔约请求权说","形成权说"为优先购买权人提供了更为切实充分的保障,亦更便于权利人行使权利。因此,基于优先购买权制度的设立意旨考虑,笔者认为"形成权说"更为可取。[36]

3. 优先购买权因形成权的性质而具有的特征

为全面把握优先购买权的特征,并为下文的分析作好铺垫,这一部分将论述优先购买权基于形成权的性质所具有的特征。

---

[34] 当然,在法院判定形成买卖合同之时,出卖人已经表示拒绝履行交付标的物并转移所有权义务的,可通过合并审理解决。但在实践中,出卖人可能在判定形成买卖合同后,不履行上述义务,则优先购买权人须再次提起诉讼,以获得救济。

[35] 史尚宽:《债权总论》,北京:中国政法大学出版社,2000年,页479。

[36] 此结论并不排除于现实生活中当事人为仅具缔约请求权性质之约定,但该权利不属于本文所讨论的优先购买权之范畴。

(1) 无相对义务观念之存在

通常情形下,权利与义务相互对应、相伴存在,但也未必尽然。[37] 依笔者的理解,一般所说的权利义务相对应之情形,主要发生于请求权行使之场合,即权利人一方权利的实现,须依赖义务人一方义务之履行,包括作为义务和不作为义务。而那些仅依一方行为即可使权利得以实现的权利,通常就无相对义务观念存在之必要,优先购买权即属其列。[38] 优先购买权之行使,仅需权利人之单独行为即可使自己与出卖人之法律关系发生变动,其并不需要出卖人介入。至于出卖人须承受优先购买权人行使权利之后果,则为权利之效力问题,非"义务"之谓。由此,无相对义务观念之存在是优先购买权的特性之一。

(2) 无被侵害性

优先购买权的"行使",即指权利人为单独行为,关键在于为意思表示。在未行使之前,优先购买权对原先其与出卖人之间的法律关系,无任何影响;但一经行使,两者间的买卖合同即告成立。换言之,权利人实现优先购买权的方式即为"为单方意思表示",若欲阻碍其实现,则只能阻碍权利人为单方意思表示。但如此,即或侵害其人身之自由,或侵害其意志之自由;究其实质,其侵害的是权利人之其他权利,如身体权、人身自由等权利。如果要保护形成权人之"行使"不被阻碍,通过对其上述权利之救济即可实现。由此推知,优先购买权非侵权行为之客体。

(3) 不可附条件或附期限性

依其形成权之性质,优先购买权人可依其单方意思形成其与出卖人之间的买卖关系;换言之,出卖人必须承受权利人依其单方行为所产生的法律效果。然私法以意思自治为基本原则,当事人非依己意,不负担任何义务。可知,包括优先购买权在内的形成权,乃意思自治原则之例外。考虑到其于出卖人之利益影响甚巨,为尽快地确定法律关系,优先购买权人须迅捷行使权利为宜,因而不可附条件或者附期限。

(4) 适用除斥期间性

所谓除斥期间,即肯定权利随一定时间之经过而消灭的一种法律制度。绝大多数形成权适用除斥期间[39],优先购买权也不例外。除斥期间不同于消灭时效,原则上其不可中断、中止或延长(故其又被称为"不变期间")。经过除斥

---

[37] 法律上有只有义务却无相对应之权利,如服从义务;也有只有权利而无相对应之义务,如形成权。

[38] 当然,凡是权利,无论是请求权、支配权或是形成权,任何人均负有不得侵害之消极义务。此种意义上,任何人所负的不可侵害权利之义务,乃泛泛之尊重权利之意,故与此处讨论的"义务"含义不同。

[39] 当然,也存在部分形成权不受除斥期间所拘束,如共有人之分割共有物之权利,即无除斥期间之限制。

期间,优先购买权本身则当然绝对地消灭。

二、优先购买权的行使要素

所谓优先购买权的行使,即优先购买权人在知悉出卖人出卖标的物于第三人后,于行使期限内向出卖人为单方意思表示,表达其愿意以同等条件购买标的物之意思。就优先购买权的行使要素,本文将依次讨论"出卖人出卖标的物"、"出卖人之通知义务"、"同等条件"及"行使期限"。

(一) 出卖人出卖标的物[40]

1. 何谓"出卖"

优先购买权须在出卖人意欲出卖标的物的情形下始得发生,亦始得行使。需要探讨的是,此处所指"出卖"究为何意。现行法中就这一含义的表述极不统一,主要有"处置"、"处理"、"分出"、"出售"、"出卖"、"转让"、"变卖"、"处分"、"拍卖"等。这些表述中,部分不是严格的法律用语,如前四项;其余虽为法律用语,但其含义和用法在不同的语境中各异。用词的差异,或由法律词汇使用不严谨造成,如"处分"一词的含义远比"出卖"宽得多;或因优先购买权行使的不同场合而产生,如"变卖"和"拍卖"都是特定的买卖方式。为方便讨论,本文采"出卖"一词,并对其特征阐释如下[41]:

(1) 其限于标的物之有偿转让。优先购买权制度,系"意思自治"、"主体平等"原则的一项例外,其适用范围仅限于交易活动,对于其外的法律生活并无干涉之意图。因此,在交易活动外其他涉及标的物所有权转让的行为,均非在"出卖"之列。如继承、遗赠,均系基于一定的身份关系而产生的财产权属变动,且为死因行为,优先购买权制度与之无涉;再如赠与,依《合同法》第185条,其系赠与人无偿将自己的财产给予受赠人,受赠人表示接受赠予的行为。虽然赠与可以附义务,但这与"有偿"转让有着本质的区别。赠与的发生,多数基于赠与人与受赠人之间的人身信赖或特殊利益关系,其不属于交易的严格范畴。当然,出卖人与第三人可能会以赠与的方式规避优先购买权制度的适用,但这涉及虚伪表示、欺诈的问题,并不影响此处的分析结论。此外,即使是在私法交易领域中发生的买卖,在某些特殊情形下,亦不属于"出卖"的范畴,例如在出租人将房屋出卖给其家庭成员或者家属的,承租人就不能主张优先购买权,《德国民法典》第570b条第1款即有类似规定。

(2) 有偿的形式主要指支付价金,虽然并不局限于此。通过签订买卖合同而转让标的物所有权的方式,是"出卖"之常态,多数国家将优先购买权制度规

---

[40] 需说明的是,该标的物须为可流通之物或非专属性之权利,否则优先购买权无适用之可能。

[41] 虽然"出卖"多针对物而言,"转让"多用于权利,但本文不加区分,一律统称为"出卖"。

定在买卖合同项下,如《德国民法典》、《瑞士债法典》等。依我国《合同法》第130条,出卖人转移标的物之所有权,而买受人则以支付价款作为对价。当然,现实生活中,有偿受让标的物的方式还包括互易。笔者认为,以物易物的方式并不妨碍优先购买权之行使,只要权利人能交付与第三人的给付相同的标的物,如种类物,法律不应绝对地排除互易情形。如《俄罗斯联邦民法典》第250条第5款即确认互易场合优先购买权之适用。

(3) 出卖的方式多为以要约承诺订立买卖合同;然即使在公开拍卖中,优先购买权仍得行使。拍卖是出卖人在众多报价中,选择最高者与之订立合同的一种特殊的买卖方式,报价在法律上为要约性质,而出卖人之拍定则系承诺,其具有公开竞价、迅速成交的特点。以拍卖方式出卖标的物时,出卖人与第三人间的价款以最高的竞买价为准。为平衡保护优先购买权和发挥拍卖这一交易方式的优势,在操作层面需做一定程度的调整,从而可能影响到优先购买权人和竞价人的权益。第一,出卖人为方便履行通知义务,同时也不致贻误拍卖的顺利进行,应通知优先购买权人出席拍卖。第二,由于拍卖的特点在于交易的便捷与快速,那么在确定最高竞买价后,优先购买权人应立即做出是否以该价款优先买受的决定。这虽然剥夺了权利人在一定期限内行使优先购买权的权利,但是与维护拍卖这一交易方式的意义相比,这种调整是合理的,也是可行的。除了俄罗斯之外,多数国家都没有将拍卖排除于优先购买权的适用范围之外。我国《文物拍卖管理暂行规定》第16条规定,国家对文物拍卖企业拍卖的珍贵文物拥有优先购买权;《国务院办公厅转发国家经贸委、财政部、人民银行关于进一步做好国有企业债权转股权工作意见的通知》第17条也确认了拍卖方式下优先购买权的行使,如"采取招标、拍卖等方式确定受让人和受让价格,同等条件下原企业享有优先购买权"。

(4) 出卖多系以交易为目的,但并不排除为实现担保物权而出卖的情形。因标的物上设有抵押、质押或留置等担保物权,担保物权人为实现其权利,得将该物出卖于第三人,就所获价金优先受偿。此时,优先购买权仍受到保护。如我国《城市房地产抵押管理办法》第42条,即规定在抵押权人处分抵押房地产时,应当书面通知优先购买权人,以保障其及时行使权利。

(5) 出卖须为有权处分。正如上文所述,出卖人并不必须为标的物所有权人,有权处分之人亦得出卖标的物,而优先购买权人可向其主张权利。如果出卖人系无权处分之人,行使优先购买权而成立的权利人与出卖人间的买卖合同,其效力应适用相关无权处分的规定。[42] 虽然依"形成权说",出卖人与权利

---

[42] 虽然我国学者对《合同法》第51条规定的无权处分,针对的系债权行为,抑或物权行为,尚未达成共识,但该争论与本文讨论的优先购买权系两个独立的问题,此处不予详述。

人间的买卖合同是依优先购买权的行使直接成立,出卖人并未为意思表示;但就合同效力而言,因行使形成权而成立的合同与以要约承诺方式订立的合同应适用相同的规则。

2. 执行公法中的出卖是否得行使优先购买权

另需考虑的是,在具有公法性质的强制执行、破产清算中,优先购买权有无适用之可能。严格说来,为执行公法而"出卖"出卖人之标的物,并非出卖人依己意自由出卖标的物的行为,而是国家执法机关出售作为出卖人之责任财产一部分之标的物,以实现出卖人之债权人的利益。原则上,公法上的强制性规定不受私法权利的限制。具体而言,债权效力的优先购买权仅仅约束出卖人,其效力并不及于出卖人之外的第三人。当标的物为执法机关以强制执行或破产清算的方式出卖时,权利人无权向其主张优先购买权。因此,多数国家或地区的立法都排除了债权效力的优先购买权制度在执行公法场合的适用,如《德国民法典》第512条、《瑞士债法典》第216条(c)第2款、我国澳门地区《民法典》第416条。而对于物权效力的优先购买权,权利人对标的物有追及优先购买的权利,在执行公法的场合,部分立法例在一定范围内赋予其效力,如《德国民法典》第1098条第1款即允许优先购买权在破产管理人任意出卖土地时行使。

但我国的现行立法给予优先购买权更为宽泛的保护,法律概括地允许优先购买权在强制执行、破产清算等执行公法的情形下仍得行使,如《最高人民法院关于人民法院执行工作若干问题的规定(试行)》第55条、《关于贯彻执行〈中华人民共和国企业破产法(试行)〉若干问题的意见》第60条、《关于印发〈关于审理联营合同纠纷案件若干问题的解答〉的通知》第7条第3项、《外资企业法实施细则》第78条、《外商投资企业清算办法》第30条等等。在2004年的《关于执行中评估、拍卖、变卖若干问题的规定(征求意见稿)》第4条中规定:"第三人对查封财产依法享有优先购买权的,拍卖时应当保护其优先购买权";此外,第11条、第12条、第15条、第18条、第28条和第32条规定了在法院强制执行中行使优先购买权的具体操作,这些规定与优先购买权的一般行使存有如下差别:(1)拍卖估价的确定方法。依该《规定(征求意见稿)》第5条,强制拍卖的财产,除价值不贵重的动产、有市价或者其价格依照通常方法容易确定的财产外,应当委托依法设立并具有相应资质的资产评估机构进行价格评估。优先购买权人作为利害关系人,有权向法院提出对该估价的异议。(2)强制拍卖的公告时间和内容。针对动产与不动产,该《规定(征求意见稿)》适用不同的公告时期,并须列明标的物上存在的优先购买权等情形。(3)通知优先购买权人到场。在拍卖日3日前,法院应书面通知权利人于拍卖日期到场,经通知后未到场的,推定为放弃行使优先购买权。此规定系对出卖人所负之通知义务的调整。(4)同等条件的确定。拍卖中的最高出价即为"同等条件",优先购买权人应即时对该条件作出购买与否的表示。

3. 确定"出卖"的时点

出卖人之出卖标的物,仅当其与第三人对标的物订立买卖合同时,始得确定。因为在此之前,出卖人有权撤回或撤销出卖之意思表示,或者不为出卖之承诺;且其与第三人间的买卖条款,即"同等条件"的内容也无法最终确定。例如《德国民法典》第 504 条就明文规定,对标的物有优先购买权的人,在先卖义务人与第三人对标的物订立买卖合同时,可以行使优先购买权。同理,如果该合同因不符合合同之成立要件,而被事后宣告不成立的,优先购买权人即因不具备行使权利之要件,而无法主张优先购买权。[43] 虽然部分立法例规定,出卖人在与第三人订立买卖合同之前,得向优先购买权人为出卖意图之通知,如我国澳门地区《民法典》第 410 条第 1 款、《俄罗斯民法典》第 250 条第 2 款,我国《城市私有房屋管理条例》第 11 条和《关于贯彻执行〈中华人民共和国民法通则〉若干问题的意见(试行)》第 118 条,但这并不意味着"出卖"确定的时点被提前到出卖人通知义务的履行之时。正如下文[44]所论述的,该意图通知仅仅是出卖人向权利人发出的出卖标的物之要约,权利人当然可以对之表示承诺,从而于双方间订立买卖合同。但须明了的是,此时优先购买权得以行使的要素"出卖"尚未确定,因此权利人的优先购买权仍未发生,也无从行使。

有疑问的是,如果在出卖人与第三人间的买卖合同订立后,出现法律上的原因,致使该合同无效或者被撤销,对优先购买权人将会产生何种影响。此处所指的法律上原因,除《合同法》第 44 条、第 52 条至第 54 条所列举的情形外,还包括特别法中影响买卖合同效力的各种规定,如买受人因缺少法律规定的必要的资格或授权,导致合同无效的情形。笔者认为,出卖人与第三人间的买卖合同成立,即满足出卖人之出卖标的物这一要件;而合同效力存有的瑕疵,不构成妨碍优先购买权人行使权利的障碍。因为优先购买权的行使,以出卖人与第三人形成确定的买卖标的物之合意即足,而并非必须存在有效之买卖合同。不然,这将使得优先购买权的行使过分受限于出卖人与第三人间的法律关系。另外,撤销权人得在一定除斥期间内决定是否行使撤销权,这也会造成优先购买权之法律关系的不稳定。因此,优先购买权的行使不以出卖人和第三人间存在有效合同为必要。基于同一原因,如果事后该合同被协议或法定解除,也不影响优先购买权人的权利状态。像《瑞士债法典》第 216d 条即规定,上述合同之效力变动,对优先购买权人不发生效力。

---

[43] 优先购买权人是否得向出卖人请求赔偿因此遭受的信赖利益的损失,且依循什么法律依据,是值得进一步思考的问题。如果权利人可以获得赔偿,当合同未成立源于第三人之过错,出卖人可将对权利人的赔偿作为其损失,要求向第三人赔偿。

[44] 见本书页 668。

（二）出卖人之通知义务

优先购买权的行使都需以权利人实际知晓出卖人之出卖标的物为前提。尽管法律规定出卖人向权利人负通知义务,但这并不意味着优先购买权人行使权利,必须以出卖人的通知为前提。此系当前学理界普遍存在的一个误解,应予澄清。其实,在现实生活中,权利人完全可能通过其他途径,得悉出卖人之出卖标的物。在此种情形下,即使出卖人未为通知,也不妨碍优先购买权人主张权利的行使;否则将不合理地限制了优先购买权的行使可能。例如《瑞士民法典》第681a条第2款作如下规定:优先购买权人欲行使优先购买权的,须在知悉契约的缔结和内容之日起的3个月内行使该权利。

当然,作为欲与第三人订立买卖合同的缔约当事人,出卖人最为便利知晓有关将标的物卖与第三人的信息,包括出卖标的物的意图、买卖合同缔结的情况和相关的合同内容。为此,所有认可优先购买权的立法例都无一例外地规定了出卖人向权利人负法定的通知义务,以方便后者及时行使权利。在优先购买权的制度设计中,出卖人的通知义务系出卖人所承担的为方便优先购买权人行使权利的法定附随义务,且出卖人不得以权利人已经知晓通知的内容,作为其不履行该义务的抗辩理由。此外,另有国家承认第三人可代为通知义务,如《德国民法典》第510条第1款即许可,第三人的通知可以代替出卖人的通知。此时,第三人系出卖人之通知义务的履行辅助人。虽然我国法律无类似规定,但如果第三人向优先购买权人为通知,依一般法理,亦能推得相同之法律效果。

通知义务虽为附随义务,但其在整个优先购买权的制度架构中举足轻重。首先,于绝大多数情形下,优先购买权人系因出卖人之通知得悉其出卖标的物的意图和具体条件。虽然它并非权利人知晓权利得以行使的惟一途径,但依多数情形,权利人获取相关信息有赖于出卖人通知义务的履行。而通知义务的不履行往往造成优先购买权人丧失行使权利的机会,特别对债权效力的优先购买权而言,因其无法对抗第三人,权利人除请求出卖人赔偿损害外,别无他法。其次,有不少立法例,将收到通知作为优先购买权行使期限的起算点,如《德国民法典》第510条第2款;即使将以权利人的知悉作为起算点的,如《瑞士民法典》第681a条第2款,在现实法律生活中,通知义务的履行也往往成为权利人的知悉时点,从而起算期限。再次,向优先购买权人为通知系出卖人的强制性义务。从条文的字面解释看,所有的立法例都采用"应当"或"必须"的表述,因此宜将其理解为强制性的规定,而不能为当事人约定排除或更改。

为更细致地理解出卖人之通知义务,首先,本文将对该义务的性质作进一步的分析,因为不同的性质理解将产生相异的法律效果,从而影响到出卖人与权利人之间的法律关系。

考察各种立法例,就通知的内容看,对通知义务的规定大致有两种模式。

第一种，出卖人应当将其与第三人订立的买卖合同之内容通知于优先购买权人，如《德国民法典》第510条第1款、第1099条第1款，《瑞士民法典》第681a条第1款。在优先购买权制度中，出卖人该项法定通知义务之履行，使权利人知悉了出卖人之出卖标的物，从而得以考虑是否行使优先购买权。

第二种，出卖人应当将出卖之计划及有关合同条款通知权利人，如我国澳门地区《民法典》第418条第1款，《俄罗斯民法典》第250条第2款等。在出卖人为通知之时，其仅有出卖标的物之意向，还未与第三人正式订立买卖合同，即出卖的时点和影响优先购买权人决定是否行使权利的"同等条件"还未最终确定。依笔者之见，在未与第三人订立买卖合同之前，出卖人所为有关出卖意图的通知，在法律上当解释为出卖人向优先购买权人发出的要约，其中含有出卖人愿意受权利人承诺之拘束的意思表示。[45] 而且，从实务的操作看，出卖人往往在出卖意图确定后，向权利人发出要约，告知其出卖意向和有关条款，当后者表示不予买受标的物之后，出卖人再考虑其他的买受人。显然，这一做法能避免使出卖人处于必然向第三人和权利人其中一人承担违约责任的尴尬境地。依此解释，法律规定出卖人的通知义务，即出卖人向优先购买权人为要约的法定义务，在通知到达后，依要约承诺等基本原理，权利人可自主决定是否作出承诺，从而与出卖人订立买卖合同。

需要强调的是，采"意图通知"的立法例并未排除出卖人的上述第一种通知义务。换言之，虽然出卖人为意图通知，权利人承诺买受，双方依要约承诺的方式订立了买卖合同，但是当出卖人事后又与第三人就标的物以不同的条件订立了买卖合同的，出卖人仍须向权利人履行第一种通知义务，即向权利人告知其与第三人所订立合同的相关内容。如果权利人决定行使优先购买权的，依权利人单方意思表示即形成其与出卖人间就原标的物的买卖合同，并以此替代原先以要约承诺方式订立的买卖合同。如果权利人决定不行使优先购买权的，双方的法律关系仍以原先的合同为准。仅如此，既能避免出卖人必向第三人和权利人其中一人承担违约责任的为难处境，又能切实保障权利人实现优先购买的权益。此外，在"意图通知"的立法例下，物权效力优先购买权人与出卖人以要约承诺方式订立买卖合同的，并不影响该权利人享有的对第三人的对外效力。

我国现行法未对出卖人的通知义务模式作出明确的规定，除了承租人优先购买权的情形，法律要求出卖人在向第三人出卖之前向承租人履行通知义务。就此条文的表述可知，出租人须为"意图通知"，其性质系出租人向承租人发出出卖的要约。至于其他未作规定的优先购买权，有待立法就上述两种立法例中

---

[45] 如果该意图通知的内容不够具体确定，依《合同法》第14条的规定，当然无法构成要约。但是此处讨论的意图通知的内容包括出卖的意图和有关的合同条款，故得以要约视之。

做出明确的选择。在笔者看来,从对上述两种模式的分析看来,后一种模式更为合理。

本文将从如下三个方面来具体阐释出卖人的通知义务。(1)通知义务的履行期限,即出卖人何时应向优先购买权人履行通知义务。除《德国民法典》第510条第1款规定,出卖人应将其与第三人订立的合同的内容"立即"通知优先购买权人外,其他国家的立法例并未明确规定通知义务的履行期限。我国《合同法》第230条虽对承租人优先购买权,规定出租人应当在出卖之前的合理期限内(《城市私有房屋管理条例》第11条和《关于贯彻执行〈中华人民共和国民法通则〉若干问题的意见(试行)》第118条明确到"提前3个月")为通知,但该条的实际效果在于,限制出卖人与第三人仅能在履行通知3个月后,订立买卖合同,而对通知的履行期限并未作真正的规定。故而,依照通知义务的设置目的,即保障优先购买权迅速快捷地行使,并使利害关系人间的法律关系尽早确定,宜作出如下解释:出卖人应在其与第三人订立买卖合同之后,立即向优先购买权人为通知。至于"立即"应作何理解,视乎个案中的具体情形来确定,如考虑出卖人与权利人间联络的便利程度、可能的通讯方式等因素。(2)通知义务的履行方式,即出卖人的通知是否必须以书面形式作出。考察各国或各地区的立法例,除《俄罗斯民法典》第250条第2款、我国台湾地区《耕地三七五减租条例》第15条明确要求出卖人须以书面形式向权利人通知其出卖意图外,其他均无类似规定。我国现行法下,除《城市房地产抵押管理办法》(2001年8月15日)第42条规定在抵押权人处分抵押房地产时,应当书面通知优先购买权人之外,其他有关优先购买权的法律都未明文要求书面形式。笔者认为,采书面形式的立法例,多出于明确法律关系、在处理纠纷时便于提供有效证据、敦促当事人谨慎行事等考虑,然在出卖人履行通知义务的场合,更为重要的是,快捷便利地使优先购买权人尽快获悉出卖人之出卖意图,从而得以行使权利、尽快确定法律关系,书面形式的要求反倒增加通知的成本,降低履行的速度。所以,原则上不以书面形式为通知的履行方式,更符合优先购买权制度的本旨。(3)通知的内容。已如上述,部分立法例规定通知的内容为出卖人与第三人间买卖合同的缔结和合同的相关内容,另有立法例要求出卖人通知出卖计划和有关条款。虽然两者因通知的履行时段不同存有差异,但通知的实质内容并无差别:最关键的内容即为构成"同等条件"的合同条款,包括标的物出卖价格在内的若干条件,具体内容详见下文有关"同等条件"之讨论。

最后,还需讨论"再行通知"的问题。在为第一次通知后,无论权利人是否已行使优先购买权,当"同等条件"发生变更时,均需考虑出卖人是否应再次履行通知义务的问题。无论是通知出卖人与第三人买卖合同的缔结和内容的立法例下合同当事人协议变更合同内容,抑或仅通知出卖人之出卖计划的立法例下出卖人产生新的要约内容,只要通知的实质内容,即"同等条件"发生变更,出卖人均须再行通知权利人,而不管变更后的同等条件是否比之前更为优惠。或有观点认为,如果于优先购买权人而言,变更后的条件劣于先前,如出卖价格增加,出卖人无再次通知之义务,但笔者以为,"同等条件"的变更应产生新的通知义务,法律不应自行替代优先购买权人作出买受与否的抉择,此有悖于意思自治之原则。而且因市场价格的变动、各种因素的作用,现实中权利人完全有可能拒绝先前的低价,却接受了事后的高价,法律不应剥夺其自由选择的机会,哪怕是看似不够理性的选择。

(三) 同等条件

仅在同等条件下,权利人得优先购买标的物,此系优先购买权之特征。同等条件作为优先购买权制度中的关键要素,实有探讨之必要。在笔者看来,"同等条件"主要针对"买受人的给付义务"而言。然而到底哪些因素构成"同等条件",这是困扰优先购买权司法实践的一个难题。

在具体界定同等条件之前,需说明如下问题:(1) 于个案中,应由法院来确定同等条件的具体内容。因现实生活的多样性,法律无法提供能包容所有可能性、放之四海而皆准的规定,只能将决定空间留给司法实践,待在不同个案中具体解决。当然,立法应该列举若干属于同等条件范畴的常见因素,以供司法实践准照及参考。(2) 宜采"相对同等说"。就同等条件,学者间有"相对同等说"和"绝对同等说"之争。"绝对同等说"主张优先购买权人的购买条件应与第三人的绝对相同,这一观点过于严格,在实践中易使优先购买权难以行使,优先购买权制度形同虚设。而"相对同等说"则较之宽松,仅要求主要的出卖条件相同即可,更符合生活经验,更具灵活性和可操作性。(3)"同等条件",以可量化的因素为准,如出卖价格系重要的一个因素。此外,其他虽非以价值表现,但在法律上亦能量化为金钱的条件,也可构成同等条件的内容。(4) 确定"同等条件"的难度在于,出卖人以较优的条件向第三人出卖标的物时,多数缘于其他非纯交易因素。因权利人不能当然享受这些优等条件,而产生如何调整出卖条件的难题。

具体而言,下文列举了构成"同等条件"的内容的若干因素,但并不以此为限:

(1) 标的物的出卖价格。于买卖合同,买受人的主给付义务为向出卖人支付价款,并受领标的物。对买受人而言,标的物的价格当属最为关键的买卖条件。权利人应以高于或等同于第三人的买受价格而优先购买。然而在现实生活中,出卖人与第三人之间因存在特殊的人际关系(如亲情、友情或恩情等),或者其他利益关系,可能以较低的价格出卖标的物。若完全忽略这些关系的存在而以明示的价格作为同等价格,对出卖人有失公允,但若将这些因素折价,不仅有悖于善良风俗,亦缺少可操作性。在此种情形下,笔者认为可以标的物的市场价作为同等价格,由权利人决定是否优先承买。

(2) 价款的支付期限和方式。首先,优先购买权人向出卖人支付价款的时间不晚于第三人向出卖人的支付期限。换言之,如果出卖人与第三人约定,在一定期限内履行付款义务,那么权利人也不能在晚于此期限之末日为给付。其次,如果出卖人与第三人间的合同允许第三人延期支付价金,或者分期支付价金的,优先购买权人不能当然享受该同等条件。因为该延期或分期支付的允许,系出卖人基于对第三人的个人信赖。若优先购买权人欲享受延期或分期支付的待遇,其可通过以下几种方式,来弥补出卖人对其履行债务之信赖的缺失:一是权利人为延期或分期支付的价金提供担保,包括人保和物保;二是以不动产或以登记为物权变动对抗效力条件的动产作为标的物的,权利人在该标的物上为延期或分期付款设定抵押权;三是权利人为抵充延期或分期支付的价金,而承担在标的物上设有抵押权的债务。

(3) 为付款设定担保。如果第三人为其付款债务设定了担保,那么该担保也属于"同等条件"的内容,若优先购买权人意欲行使权利,其也应该提供相应的担保。

(4) 从给付。买卖合同中买受人的主给付是指其承担支付价金并受领标的物的义务。相对于主给付,买受人之从给付不在于决定合同类型,而在于确保出卖人的利益能获得最大的满足。从给付,或由法律规定,当事人约定,或依诚实信用原则、合同补充解释而产生,如在买卖合同中,双方约定买方自行负担办理标的物所有权变动手续的费用,即为买方所承担的一项从给付。从给付系同等条件的内容之一,第三人所承担的从给付,权利人亦应履行,但下述两种情形除外:一是出卖人与第三人约定该从给付,系为排除优先购买权的行使;二是该从给付不致影响出卖人与第三人间买卖合同的成立,即使未约定该从给付,出卖仍将发生。当优先购买权人不能履行从给付时,其得以金钱补偿;若从给付不能以金钱估价的,则权利人不得行使优先购买权。

(四) 行使期限

为尽快确定权利人、出卖人和第三人之间的法律关系,稳定社会交易关系,优先购买权须在一定期限内行使。[46] 其他承认优先购买权的立法例都规定了

---

[46] 除了下文将要论述的"行使期限"外,有些国家立法例还规定了优先购买权的绝对期限,该期限不适用中断和中止,且以优先购买权产生的时间为起算点。如《瑞士债法典》第216a条即规定当事人得协商就不动产的优先购买权之权利期限,但最长不得超过25年。我国《民法通则》第137条规定的20年长时效,对形成权性质的优先购买权有无适用余地,亦值得探讨。此外,也有立法例对优先购买权的行使期限作出间接的限制,即当第三人成为标的物之所有权人之状态达到一定期限的,优先购买权不得行使。如《瑞士民法典》第681a条第2款规定:新所有权人在不动产登记簿上的登记已逾两年的,优先购买权不得再行使。但我国法律并无类似规定。

权利的行使期限,唯我国法律除对承租人优先购买权的行使期限作了间接表述外,此外并无明确规定,实为立法之缺憾。因此,本文意欲通过学理的解释,并参考其他立法例,对这一问题展开如下的探讨,以弥补我国现行规定的缺失,并为将来完善相关立法作些学理准备。

1. 行使期限的性质

在私法上,有消灭时效和除斥期间之分。一般而言,前者多适用于请求权,后者则适用于形成权。依上文所述,优先购买权系形成权性质,其行使期限为除斥期间。依除斥期间之特性,原则上该期限不适用中止或中断,亦不能延长,除非法律另有规定。如果行使期限经过,权利人未予行使的,优先购买权即告消灭。

2. 期限的长度

首先,对于不同类别的标的物,多数国家立法例规定了不同长度的行使期限。若针对不动产或者以登记作为物权变动对抗效力要件的动产,优先购买权人得在较长的时间里决定是否优先买受;而对动产或者权利为标的物的,其行使期限较前者要短。虽然具体的期限长度不同,但如德国、俄罗斯的立法都对不同性质的标的物作分别对待。这一规定系考虑到前者的经济价值高于后者,交易成本远大于后者,买受人需要更多的时间来获悉各种信息以供其谨慎作出买受与否的决定;而动产的市场价值往往变动较大,若买受人过长时间的悬而未决将对其他当事人产生较多的消极影响,坐失商业良机。

其次需考虑的是,在约定的优先购买权情形下,能否以约定的行使期限代替法定期限。因为约定优先购买权原则上仅具有债权效力,约定对第三人无约束力。如果当事人对行使权利约定有期限的,约定期限可以代替法定期限,无论增长或减短。这既符合私法自治之原则,也不会妨碍合同外第三人的利益。像《德国民法典》第510条第2款,我国澳门地区《民法典》第410条第2款,即作如是规定。

再次,合理的期限长度。对此,各个立法例规定各异。但一般说来,以不动产等为标的物的,多以月计;其他的则多以日计。就具体的长度,宜依据本国的市场发展程度、交易信息的流通程度等因素来确定。我国《合同法》第230条针对承租人优先购买权,规定出租人应当在出卖之前的合理期限内为通知,而《城市私有房屋管理条例》第11条和《关于贯彻执行〈中华人民共和国民法通则〉若干问题的意见》第118条明确到"提前3个月"通知权利人。从上述规定的实际效果看,出卖人只能在履行通知义务后一定合理期限(3个月)后,才能与第三人订立买卖合同,移转标的物之所有权。由此可推知,优先购买权人得在收到通知后,在一定合理期限(3个月)内,得行使权利。若经过这一期限不行使的,出卖人有权出卖标的物于第三人。可见,承租人优先购买权的行使期限为一定合理期限(3个月)。至于其他优先购买权的期限长度,现行法并未提及。对此,今后我国立法宜针对不同类别的标的物作出概括的规定;如有必要,亦可同时在典型的优先购买权中规定特别期限。

3. 期限的起算点

就此,有两种不同的立法例。第一,规定优先购买权行使期限自权利人知悉出卖人之出卖标的物为起算点,如《瑞士民法典》第681a条第2款,《瑞士债法典》第216e条。第二,将优先购买权人接到通知作为期限起算点,德国、俄罗斯和我国澳门地区的立法均是如此。前者的规定,基于权利人未因出卖人之通知而知晓出卖情形之时亦得行使优先购买权的观点,因此将权利人实际的知悉作为起算点比较符合逻辑,但因举证较难而不易确定。而后者规定行使期限一律以接到通知为始,则便于确定起算点,不仅增加法律的可操作性,也使权利人和出卖人均能准确明了自己的权利状态。另外,如果出卖人不为通知,则行使期限将不起算,这加强了出卖人通知义务的法律力度,进一步保障了权利人的利益。笔者认为,起算点的规定主要是个技术问题,更需考虑其可操作性,故宜采用第二种立法例。即使在出卖人怠于通知、权利人却仍获悉出卖信息的情形下,权利人依然有权行使优先购买权,仅行使期限尚未起算。须注意的是,如因同等条件发生变更等原因而生"再行通知"之义务,行使期限应重新起算。

三、优先购买权的行使效果和权利人的救济

优先购买权的行使效果,主要解决法律赋予优先购买权以多大效力范围和效力强度的问题,同时它也决定了优先购买权人在权益遭受侵害时可能采取怎样的救济方法。优先购买权的行使效果和权利人的救济,均关系到对优先购买权人权益的切实保障,因此,笔者将两者一并在本部分进行探讨。

(一) 优先购买权的行使效果

在具体展开讨论之前,先就优先购买权行使效果的范围,说明两点。(1)优先购买权之行使是否扩及标的物之从物。就约定优先购买权,当事人间当然可以自由约定;而在法定优先购买权的情形下,依"主物之处分,及于从物"的一般原理,则当推定优先购买权的适用及于从物,《德国民法典》第1096条即做如是规定。(2)当出卖人将设有优先购买权的标的物和其他标的物一起,以总价金出卖的,权利人得对前者标的物行使优先购买权,并按比例支付总价金的一部分。如果非造成相当损害即无法将两者分离的,权利人和出卖人均有权要求优先购买权扩及全部标的物。至于何为"相当损害",则需在个案中由法院自由裁量。

就优先购买权的行使效力而言,物权效力的优先购买权有对内效力和对外效力之分。对内效力即指优先购买权的行使对权利人和出卖人间法律关系的

影响,对外效力则为对欲与出卖人订立买卖合同并受让标的物的第三人的影响。而债权效力的优先购买权仅有对内效力,且与物权效力的优先购买权相同。下文即分对内和对外效力两部分进行讨论。

1. 对内效力

优先购买权系形成权,当权利人向出卖人单方表示愿意购买标的物后,即在权利人和出卖人之间成立买卖标的物的合同。虽然该合同的形成并未通过当事人间要约承诺形成合同的一般方式,但其成立之后则适用与依合意成立的合同相同的规则和原理,除与"合意"有关的规则外,如意思表示不一致、意思表示不真实、缔约过失、情势变更等规定。

就合同的内容而言,应以优先购买权人所接受的"同等条件"作为合同内容的组成部分,主要针对买受人的给付内容。[47] 除标的物及其数额已经确定之外,该买卖合同的其他条款,当事人可以事后协议补充;协议不成的,则依循《合同法》第61条按照合同有关条款或者交易习惯而定,或依第62条的规定由任意性规定补充之。《德国民法典》第505条第2款提供了另一种解决方法,即权利人与出卖人间的买卖合同按照出卖人与第三人约定的相同的条款而成立,但笔者认为其并不合宜。因为"同等条件"系权利人决定其是否优先购买最为关键的因素,其自愿选择买受该标的物,系以接受同等条件为前提。而出卖人与第三人约定的条款范围远远大于同等条件所包含的内容,若法律作出如上述条款之规定,实质上即强迫权利人接受同等条件外的条款,而有违私法自治原则。如果扩大"同等条件"的内容,使之覆盖出卖人与第三人约定的所有条款,又将致使优先购买权难以行使,形同虚设。此外,并非出卖人与第三人间约定的所有条款都能为出卖人与优先购买权人之间的合同所采用,那些与第三人的特殊情况相关联的条款,如运输条款、对标的物为特殊包装的条款等等,即不一定适用于优先购买权人。

2. 对外效力

就债权效力的优先购买权而言,因其对第三人不具有对抗效力,所以当出卖人与第三人亦订立买卖合同的时候,其三者的关系即构成"一物二卖"的情形。因债权的相对性,数个债权不论其发生先后,均以同等地位并存,即权利人与出卖人间的合同和第三人与出卖人间的合同均为平等债权。在此情形下,出卖人有权自由决定履行任一买卖合同,交付标的物并移转所有权。但与此同时,应对另一个买卖合同的相对方承担因不履行给付而产生的违约责任。如果标的物已为未履行合同的相对方占有的,出卖人得以转让对标的物的返还请求权之方式代替现实交付。如果占有人对另一相对人有占有权源的,如承租人对

---

[47] 具体可参见上文对"同等条件"的界定。

买受人得主张"买卖不破租赁",返还请求权须待占有权源消灭时行使。如果拟履行的合同之相对方已占有标的物的,则出卖人通过占有改定的方式履行交付义务。

就物权效力的优先购买权而言[48],笔者认为,在讨论对外效力之前,首先应分清学理上两个不同的概念,即"其对权利人无对抗效力"[49]和"权利人得主张其无效"[50],因为两者的效力强度各异。就"其对权利人无对抗效力"而言,系指某一法律关系(如合同)或法律效果(如物权变动)对特定人不产生其应有的效果。在"其对权利人无对抗效力"的情形下,权利人只能消极地对抗法律关系或法律效果,仅得抗辩之用,且具有相对性。而依"权利人得主张其无效",权利人可以积极地主张某一法律关系或法律效果绝对地无效,经无效宣告后,任何人均不再受其约束。需澄清的是,该主张无效的权利,于性质上系撤销权。因为特定的法律关系或法律效果并非自始无效,仅权利人有权事后宣告其溯及地失去效力。显然,"权利人得主张其无效"的效力明显胜过"其对权利人无对抗效力"而产生的效力。

就物权效力优先购买权,即面临上述两种不同强度对外效力的选择。下文将分别针对出卖人和第三人间的买卖合同关系和因出卖人履行合同而致标的物所有权变动之效果,作如下分析。

首先,理解"对优先购买权人无对抗效力"的含义:

(1) 出卖人与第三人的买卖合同。债权具有相对性,对缔约人之外的第三人本无拘束力。据此,出卖人与第三人间的买卖合同,自始不约束包括权利人在内的非当事人,于权利人而言,当然不会产生该合同有无对抗力之问题。

(2) 标的物所有权的变动。因出卖人履行合同义务,向第三人移转标的物之所有权,该物权变动对优先购买权人并无对抗效力。依笔者之见,物权效力优先购买权对第三人的对抗效力,主要表现为对"债权平等性原则"之突破:不同于债权效力的优先购买权,行使物权效力优先购买权形成的权利人与出卖人间的买卖合同,其地位优于第三人与出卖人间的买卖合同。于此情形下,出卖

---

[48] 法律赋予部分优先购买权以物权效力,系更有效地保障权利人在同等条件之下能最终实现优先购买的利益,此乃立法设置优先购买权制度之本意。因此,当权利人买受的条件优于第三人买受的条件,法律即无需特别保护权利人;换言之,权利人对第三人不能主张对外的物权效力。例如,出卖人以 800 元的价格出卖标的物于第三人,优先购买权人表示愿意承买,双方形成以 800 元为价款的买卖合同。事后,出卖人与第三人间变更价款,升至 1000 元,并通知优先购买权人,权利人不愿以该价格承买。虽然此时出卖人与权利人间以 800 元为价款的合同仍然有效,但因权利人买受的条件低于第三人买受的条件,其不能向第三人主张对外的物权效力。

[49] 如我国台湾地区《土地法》第 104 条规定:"出卖人未通知优先购买权人,而与第三人订立买卖契约者,其契约不得对抗优先购买权人。"

[50] 如我国《关于贯彻执行〈中华人民共和国民法通则〉若干问题的意见(试行)》第 118 条规定:"出租人未按此规定出卖房屋的,承租人可以请求人民法院宣告该房屋买卖无效。"

人无权自由选择向哪一个合同的买受人履行给付义务,法律赋予权利人和出卖人间的合同以优先履行之效力,以真正实现权利人之"优先"购买的权利。如果出卖人已经向第三人交付标的物并转移所有权的,该所有权变动对权利人不生效力,即出卖人不得以给付不能为由仅承担损害赔偿责任,权利人仍得请求其实际履行之。像在明确承认物权行为的立法例中,如德国、我国台湾地区等,通说认为:所谓出卖人与第三人间的"合同"不得对抗优先购买权人,系指以买卖为原因而成立的"移转物权行为",对于权利人不生效力。[51] 这种理解与"标的物所有权变动对权利人无拘束力"的表述,实质含义相同。

其次,理解"权利人得主张其无效"的含义:

(1) 出卖人与第三人的买卖合同。一般而言,出卖人与第三人间存在的买卖合同本身的效力,并不因优先购买权的行使而受到影响。因为该合同对权利人自始无拘束力,不致影响权利人权利的享有和行使。假设权利人得主张该合同无效,不仅不会增加权利人的利益,反而消极地影响了第三人的权利:使之丧失请求出卖人承担违约责任的救济可能,而只能依合同无效恢复原状,主张出卖人的缔约过失责任。

(2) 标的物所有权的变动。优先购买权人能否主张标的物所有权的变动绝对无效,是个值得思考的问题。笔者以为,物权效力优先购买权的对外效力之设置,旨在通过该制度设置充分保障权利人的利益。如果较低强度的效力不足以实现这一目标,则应赋予权利以更强的效力;反之,则无需借助后者。当标的物所有权的变动不对权利人产生对抗效力时,权利人得以获得的救济即为请求出卖人履行交付标的物并转移所有权的给付义务。在出卖人不为给付的情形下,其得提起诉讼,要求法院判决出卖人实际履行,并可申请强制执行,移转标的物之占有和所有权于权利人。

但是,在仅生对抗效力的情形下,仍然存有两点缺陷:其一,由于出卖人与第三人间的买卖合同仍有效力,对作为合同当事人之一的出卖人即具有约束力。若标的物为动产,第三人对该动产的占有,即以其与出卖人的买卖合同作为占有本权。对出卖人而言,该占有系有权占有,出卖人无权要求其返还标的物或者移转占有于权利人。若标的物为不动产,第三人已被变更登记为所有权人的,出卖人亦无权请求注销登记。这即妨碍了出卖人向权利人履行给付义务,使得"所有权变动对权利人不生效力"的效果无法切实保障权利人得到优先买受的利益。其二,虽然所有权变动对权利人不具有约束力,但对其他人而言,第三人仍是标的物合法的所有权人。其通过自主占有动产,或变更登记为

---

[51] 王泽鉴:"优先承买权之法律性质",载《民法学说与判例研究》(1),北京:中国政法大学出版社,1998年,页509。

不动产之所有权人,向外界公示对标的物之所有权。其他第三人由该第三人处取得标的物上物权的,理应得到法律的保护。但是,这需以牺牲优先购买权人的利益为代价:因其他第三人受让标的物之所有权,而致使权利人优先受让的权利落空;或者因标的物上设有了其他第三人的限制物权,权利人只能获得附有负担的所有权。

依上述分析可知,如果物权效力优先购买权的对外效力仅仅表现为"所有权变动对权利人不生效力",则不足以充分保障权利人之利益,实现优先购买权制度设置之本意。所以,法律应赋予权利人以更强效力的权利,即允许其主张标的物的所有权变动绝对无效。其法律效果为,标的物的所有权状态恢复原状,仍由出卖人所有。就动产而言,权利人得请求第三人将标的物返还于出卖人;若出卖人已表示愿意履行给付的,权利人可直接请求第三人向其交付,并以向第三人直接支付标的物之价款的方式履行其对出卖人之付款义务。就不动产而言,权利人得请求登记部门涂销所有权的变动登记,随后其即可请求出卖人履行移转标的物所有权之义务。需要说明的是,权利人该项主张所有权变动无效的权利,于性质上,并非代位行使出卖人权利之代位权;因为依上文所述,出卖人对第三人本无此权,故无从由权利人代位行使。相反,该权利系物权效力优先购买权的一项权能,仅由权利人享有,出卖人仅因撤销所有权变动后所生恢复原状之效果而获得反射的法律利益而已。[52]

我国《关于贯彻执行〈中华人民共和国民法通则〉若干问题的意见(试行)》第118条规定,当出租人未履行通知义务,并就该标的物与第三人订立买卖合同的,承租人可以请求人民法院宣告该房屋买卖无效。依据上文分析,条文中的"房屋买卖"宜解释为因房屋买卖合同所引发的所有权变动,而不理解为出卖人与第三人间的房屋买卖合同。当出租人擅自将房屋转让于第三人时,承租人得请求法院宣告该房屋所有权之变动无效,而出租人与第三人间的房屋买卖合同效力不受影响。换言之,如果出租人仅与第三人签订买卖合同,但尚未移转房屋所有权的,承租人即无从行使该撤销权。

(二)优先购买权人之救济

因其形成权之性质,优先购买权本身并不具有被侵害性,但优先购买权人的权益可能因其他的原因而遭受侵害。下文将列数权利人得请求救济的几种情形和具体的救济方式。

(1)权利人行使优先购买权后,其与出卖人间形成就标的物的买卖合同,

---

[52] 我国台湾地区《土地法》第104条、《耕地三七五减租条例》第15条,就其条文表述"其契约不得对抗优先购买权人"而言,其采"对权利人无对抗效力"而非"权利人得主张其无效"的效力。但其学说同时认为"从而优先购买权人得请求涂销登记"(见王泽鉴:"优先承买权之法律性质",载《民法学说与判例研究》(1),北京:中国政法大学出版社,1998年,页509),则似有矛盾。

但出卖人仍擅自与第三人订立买卖合同并转让标的物所有权。于此情形,权利人的救济方式为:其一,在债权效力的优先购买权下,权利人仅得要求出卖人因其不履行债务而承担违约责任。因其仅具债权效力,无法对抗标的物的所有权变动,故不能请求出卖人实际履行,而只能要求其承担损害赔偿责任。其二,在物权效力的优先购买权下,依上文对优先购买权之对外效力的分析,标的物所有权的变动不得对抗权利人,且权利人得撤销该所有权变动,使之恢复原状。因此,除请求出卖人损害赔偿之外,其还可提出实际履行之请求。

（2）出卖人违反通知之法定义务。出卖人未向优先购买权人履行通知义务,致使权利人因不知出卖人之出卖标的物和同等条件的内容,而未能行使优先购买权;或者因同等条件发生变更时,出卖人未能履行"再行通知"之义务。由于优先购买权自权利人获得出卖人之通知时方才起算行使期限,因此在上述情形下,权利人仍得行使优先购买权,因其行使期限尚未起算。行使之后,则依照上文第1点所述的内容请求救济。与此同时,因出卖人怠于履行法定的通知义务而给权利人造成的损失,权利人仍得请求赔偿。

（3）出卖人与第三人串通为虚伪意思表示,表面上以较高的条件转让标的物,并以此为"同等条件"通知优先购买权人,然实际上却以较低的条件转让,即构成"价格之虚伪";或者出卖人与第三人间以名为赠与或遗赠,实为买卖的虚伪表示转让标的物,以规避优先购买权制度的适用,构成"行为性质之虚伪"。其后果即,对于真实的法律行为亦即隐藏行为,并不会因为其没有被表达出来(亦即它处于隐藏状态)而无效,相反应按照假如并无隐藏时而本应如何解决的办法予以法律上的处理;对于虚伪法律行为之无效,为任何一个利害关系人,即任何在法律上或在实际上受到虚伪法律行为所影响而又非虚伪人本身亦非其继承人的某一关系之主体,都可以主张,也可以由法院依职权宣布的。[53] 优先购买权人当属在法律上受到虚伪法律行为所影响的利害关系人,因此其有权主张该虚伪行为无效,并要求依出卖人与第三人间的隐藏行为之效力予以处理,即主张出卖人与第三人间存在就标的物基于一定条件的买卖关系,从而便于其行使优先购买权。同时,出卖人与第三人串通的欺诈行为,亦可构成对权利人的侵权,权利人因此而遭受损失的,其得向出卖人和第三人请求损害赔偿。此救济方式系基于虚伪表示和侵权的相关制度,因此无论债权效力抑或物权效力的优先购买权,均得适用。

权利人就优先购买权的行使而向法院提起诉讼的,为确认之诉还是给付之诉,当依权利人之诉求而定。如果仅要求法院确认其与出卖人间就标的物的买

---

[53] Carlos Alberto da Mota Pinto:《民法总论》,澳门:法律翻译办公室,澳门大学法学院,1999年,页277。

卖合同成立的,则为确认之诉。如果权利人另行请求出卖人履行给付义务的,并有相关证据表明出卖人确实怠于履行的,法院则为给付之诉,判令出卖人实际履行并承担损害赔偿责任。如标的物已让与第三人的,在债权效力优先购买权下,法院得判决出卖人承担违约责任;在物权效力优先购买权下,法院得依权利人之请求,撤销该所有权变动,并直接判令标的物所有权转归第三人,以代替履行出卖人之给付义务。

四、优先购买权的冲突

(一)同种优先购买权之间的冲突

实践中可能出现数人共同享有同种优先购买权,如数个共有人得就某一共有人欲转让的应有份额共同行使优先购买权。若数个优先购买权人出价不一,则由出价高的优先购买权人买受。如我国《外商投资企业清算办法》第30条规定:"清算财产变卖时,企业投资者有优先购买权,由出价高的一方购买。"若对同一价格数个权利人均欲行使优先购买权的,则依照共有的一般规则,应由全体共同行使该项权利。优先购买权之共有份额,当比照之前各人所占有的对标的物之共有份额的比例,在其间进行分配。若其中一人之优先购买权份额消灭,或者不行使其权利的,则其份额添予其他权利人享有。如果该优先购买权仅能由一人行使的,且无法确定行使权利人的,则全体优先购买权人得竞价购买,而超出"同等条件"之价金的金额转归出卖人。

(二)异种优先购买权之间的冲突

在同一标的物上,可能共存数个异种优先购买权,从而发生权利行使冲突的问题。笔者于行文之初整理了我国现行法有关优先购买权制度的规定,由此可知现存如下几类典型的优先购买权:(按份和共同)共有人的优先购买权、承租人的优先购买权、合伙人的优先购买权、股东的优先购买权、联营方的优先购买权、原承典人的优先购买权和其他基于政策性考虑的优先购买权。首先须明了的是,并非上述所有种类的优先购买权都可能发生冲突,由于各类优先购买权所涉及的标的物不同,如股东的优先购买权指向股份、合伙人的优先购买权指向合伙份额,其不致与其他以有体物为标的物之优先购买权发生冲突。另外,由于不同权利不能并存的特性,如标的物上的典权和承租权不能并存,承租人的优先购买权与原承典人的优先购买权亦不致发生冲突。其次,一般说来,如果债权效力的优先购买权和物权效力的优先购买权并存于同一标的物上,由于后者对第三人具有对外效力,而对物权效力优先购买权人而言,债权效力的优先购买权人也属于该"第三人"之列,所以物权效力优先购买权应当优先于债权效力优先购买权而行使。如果同为物权效力的优先购买权,则当考量各个优先购买权的立法意旨和可能的法律后果,以解决其间的冲突。如果同为债权效力的优先购买权,由于其均无对外效力,出卖人得自由选择向何者履行交付并转让标的物所有权之义务,因此无需考虑权利冲突的问题。

由于笔者不便对所有可能存在的优先购买权间的冲突一一列举[54],此处仅对各类优先购买权的立法意旨略作探讨,为今后具体解决各类优先购买权间的冲突问题作必要的准备。(1)政策性的优先购买权之确立,本身即源于诸多纯政策性因素之考虑,其中多数为国家对稀缺性资源(如文物、电力、职工住房、国有土地使用权、国有企业之产权等)之分配作出的调整,以保护特殊利益团体(如国家、国家重点企业、职工原单位、当地人民政府、国有企业职工等)的利益。除非法律另有规定,基于对公利益的切实保护,政策性的优先购买权宜被解释为具有物权效力。当其与为保护私权益的物权效力优先购买权冲突时,公利益应得到优先考虑,即政策性的优先购买权得以优先行使。(2)依据《关于贯彻执行〈中华人民共和国民法通则〉若干问题的意见(试行)》第92条的规定,原共有人得优先购买其他原共有人分得财产,但以该财产与前者分得的财产属一个整体或须配套使用为条件。该制度的设置,系为了便于对彼此相配套之财产的利用,使物尽其用。就其是否具有物权效力,法律并未作明确规定,笔者认为其仅具债权效力为妥。因为从其立法目的看,该制度的设立实质上系因分割后之物彼此具有配套性,这与保障第三人的平等交易地位相比,无法同日而语。(3)原承典人的优先购买权,即典物回赎后出卖的,原承典人有优先购买的权利。典权的期限一般较长,多以年计,即权利人对典物的占有、使用、收益曾维持较长的一段时间。虽然因出典人的回赎,典权已经消灭,此时权利人与其他潜在的买受人于资格上并无差别,但是法律赋予原承典人以优先购买权,意在维护其曾经对典物占有、使用、收益的事实状态。与共同共有的优先购买权相似,原承典人的优先购买权宜仅有债权效力。(4)联营方的优先购买权,即在联营清算时,联营一方转让或变卖出资或收益的,其他联营方得优先购买。《外商投资企业清算办法》第30条也对外商投资企业财产清算时的优先购买权作了类似的规定。这一规定,旨在保护营业的完整性。由于完整的营业往往要比构成营业的各个部分之总和,具有更大的使用价值和交换价值,即使联营解体或联营一方分出,若仍能保持营业的整体性,则有利于对其的有效利用,或者得以更高的价值出售。这一用意在商事领域具有较大的重要性,且联营各方的构成也具有公示性,易被第三人所知悉,笔者认为宜将此权解释为具有物权效力的优先购买权。

(三)按份共有人的优先购买权与承租人的优先购买权间的冲突

虽然按份共有人的优先购买权与承租人的优先购买权间的冲突亦属于异

---

[54] 但在下文,笔者将就学界争议较大的按份共有人之优先购买权和承租人之优先购买权间的冲突展开讨论。

种优先购买权之间的冲突问题,但由于目前我国学界对此关注甚多,因此笔者对其单独进行讨论。[55] 在探讨之前,应先考虑的是,按份共有人的优先购买权与承租人的优先购买之间是否确实存在冲突。例如甲与乙共有三栋房屋,均出租于丙,甲与乙的应有份额比例为2:1。当甲欲转让其应有份额时,或者依"多数决原则"[56]决定出卖两栋房屋时,乙与丙均有买受之意图。此时,乙作为共有人,丙作为承租人,是否发生优先购买权的冲突问题。

第一种情形,当甲欲转让其就共有房屋享有的应有份额。根据按份共有人对应有份额的优先购买权,乙当然可以主张优先购买的权利。而丙能否以其享有的承租人之优先购买权为依据行使权利,则需作进一步探讨。从我国现行法对承租人之优先购买权的条文表述看,法律将其限制适用于出租人出卖"租赁房屋"的情形。在学理上,"共有房屋的应有份额"和"共有房屋"系两个不同的概念,依严格的文义理解,承租人对所承租房屋的应有份额,并无优先购买权。但从立法目的的角度考虑,是否应对"租赁房屋"这一表述作扩大解释,使之包括"所承租房屋的应有份额",仍需思考。我国台湾地区法律规定了基地承租人就出卖基地的优先购买权,就"出卖基地"是否包括"出卖基地的应有部分",同样也成为台湾地区学者探讨的问题。[57] 应有部分即按份共有之各共有人对于共有物所有权之成数(比例),各共有人对共有物仍享有完整的所有权,仅其占有、使用、收益和处分的权能受到其他共有人的限制。因此,转让租赁房屋的应有部分,与转让该房屋完整的所有权并无本质差别,虽然其权能受到其他共有人的限制。是故于学理上,这两个概念间的差异并非不可逾越。另外,从立法目的考虑,赋予房屋承租人以优先购买权,旨在使房屋使用人和所有权人合

---

[55] 民法实务中还存在"应有份额"的出租问题,即按份共有人约定将其按应有份额对于共有物所具有的使用收益权,于合同关系存续期限内,由承租人享有。当出租份额之按份共有人转让其应有份额时,或者共有物上其他共有人转让份额时,或者共有人决定出卖部分或全部共有物时,该应有份额承租人能否享有承租人之优先购买权存有争议。如果答案是肯定的,那么在和按份共有人之优先购买权发生冲突时,孰优孰劣,仍待回答。笔者认为,首先应解决房屋承租人之优先购买权是否适用于房屋应有份额承租人的疑问。由于房屋应有份额出租,实质上使承租人享有按应有份额对于共有房屋所具有的使用收益权,承租人得与其他共有人一起就共有房屋享有使用收益的权利,因此这与房屋承租人就房屋享有使用收益的权利具有相同本质,仅其就房屋的使用收益权受到其他按份共有人的限制而已。因此,笔者认为,房屋应有份额承租人可依现行法对房屋承租人优先购买权的规定,主张优先购买权。就其与按份共有人之优先购买权冲突的问题,笔者主张,按份共有人得主张优先行使优先购买权。

[56] 依传统民法理论,对共有物之处分应征得全体共有人的同意。然"多数决原则"已陆续为各个国家立法所采纳,如《瑞士民法典》第647a条第2款、《德国民法典》第745条第1款、我国台湾地区《民法典》第820条第3款和《土地法》第34条之一、《中华人民共和国物权法》(征求意见稿)第91条即采"多数决原则",以共有人人数或/和应有份额之多数计。

[57] 如王泽鉴先生即考量该条文的规范目的后主张肯定说,采广义解释(王泽鉴:"共有人优先承购权与基地承租人优先购买权之竞合",载《民法学说与判例研究》(3),北京:中国政法大学出版社,1998年,页346)。

二为一,从而享有对房屋的处分权能,能更为便捷地发挥房屋的使用价值。承租人的这一法益不宜在租赁房屋系为共有的情形下即被剥夺。所以,笔者主张采广义解释,在出租人转让租赁房屋的应有份额时,承租人仍对此享有优先购买权。至于该权利与共有人之优先购买权冲突时孰优孰劣,则属另一个问题,留待下文讨论。[58]

假设丙仅承租了甲乙共有房屋中的其中两栋,当甲欲转让其于共有房屋上的应有份额时,丙作为承租人,对甲欲转让的房屋应有份额享有优先购买权,但其权利仅及于所承租的两栋房屋上的应有份额。因为丙的该项优先购买权应以其承租人的法律地位为前提,所以对于第三栋房屋上的应有份额,丙无权主张优先购买,亦无从与乙作为共有人所享有的优先购买权发生冲突。

第二种情形,当甲凭借2/3的多数份额优势,在"多数决原则"下,欲出卖共有的两栋房屋。根据承租人对租赁房屋的优先购买权,丙得主张优先购买,应无争议。然乙作为按份共有人,能否以对共有物应有份额之优先购买权,主张优先购买,值得探讨。"多数决原则",旨在便于共有人就共有物之管理和处分事宜达成共识。然此原则的采用,不应给少数份额共有人之权益造成不利影响。共有物之出卖,亦可理解为各个共有人(包括多数份额共有人和少数份额共有人)于共有物上应有份额之出卖,所以少数份额共有人就拟出卖之共有物主张优先购买的,实为对该物上其他共有人享有的应有份额主张优先购买权。如此解释,就能避免少数份额共有人的权益因"多数决原则"受到消极影响。

综合上述两种情形,在实务中,按份共有人的优先购买权与承租人的优先购买权可能发生冲突,由此产生何者优先的问题。虽然我国现行法律赋予承租人以物权效力之优先购买权,而对按份共有人之优先购买权并未作类似规定[59],但并不能简单地得出前者优先于后者的结论。对此,笔者将从立法本旨的角度,并借助上文述及的案例加以讨论。就按份共有人的优先购买权而言,虽然各按份共有人对共有物享有完整的所有权,均可以行使占有、使用、收益和处分的权能,但是因共存数个所有权人,在行使各项权能之时,必然受到他共有人的限制[60],可能滋生诸多摩擦或纠纷。优先购买权制度的设置,旨在减少按份共有人之人数,简化共有关系,降低物之利用成本和纠纷发生之可能,同时又

---

[58] 在周缘求文"论共有人优先购买权与承租人优先购买权之竞合"(载《华东政法学院学报》2003年第1期,页61—62)中,作者在分析承租人能否享有对应有份额的优先购买权时,就引入共有人优先购买权与承租人优先购买权孰优孰劣的讨论,在逻辑上不够严密。笔者认为,此系两个层次的问题,在肯定了承租人对房屋应有份额得主张优先购买权后,才能考虑两者何者优先的问题。

[59] 参见上文对我国现行优先购买权规定的整理。

[60] 此限制表现在对共有物的用益、管理、所生费用和法律责任之承担、设置担保物权等方面。

维持原共有人之间的信赖关系。而承租人的优先购买权,旨在促使承租人与所有权人合二为一,以避免使用人与所有权人间可能产生的利益冲突。虽然"买卖不破租赁"的规定已赋予承租权以一定的物权效力,但其目的仅在于保存承租人现有的对租赁物之用益状态,使其不因物之所有权的移转而变更或终止。而优先购买权制度对权利人的保护则更进一步,其使权利人结束承租人之身份,而以所有权人之身份,长期、稳定、自主、有效地使用原租赁房屋。

第一种情形,即甲欲转让其共有房屋之应有份额时,乙丙均有买受之意。如果承租人的优先购买权优先于按份共有人的优先购买权,丙将替代甲在房屋共有中的地位,与乙共有该三栋房屋。此外,在房屋租赁合同存续期间,丙同时又是该三栋房屋的承租人。[61] 反之,如果按份共有人的优先购买权具有优先性,乙买受甲所享有的应有份额,成为惟一的所有权人,结束共有关系。而这一所有权关系的变更,并不影响丙在租赁期限内继续承租该三栋房屋,即"买卖不破租赁"。

第二种情形,即甲凭其多数份额,在"多数决原则"下,欲出卖共有之两栋房屋,乙与丙均有买受之意。若承租人的优先购买权具有优先性,则丙成为该两栋房屋之所有权人,就该两栋房屋上的原租赁合同也因为债权与债务同归一人而终止。甲与乙仍共有第三栋房屋,并继续其与丙的租赁关系。若按份共有人的优先购买权优先于承租人的,乙单独享有对该两栋房屋的所有权,甲与乙仍然共有第三栋房屋,而丙得继续租赁该三栋房屋。

无论上述何种情形,若采按份共有人的优先购买权优先于承租人的优先购买权,共有法律关系都因乙行使优先购买权而得到简化,或减少了共有人的人数,或缩小了共有物的范围。由于丙没有加入共有关系,甲、乙、丙间的法律关系较权利行使之前更为简洁。同时,依"买卖不破租赁"原则,在租赁期限内,丙仍得继续承租原三栋房屋。当然,由于丙未能行使优先购买权,使用人和所有权人合一的法益未能实现。反之,如果让承租人优先行使优先购买权,共有关系的人数非但不会减少,还可能增加(如第二种情形),共有法律关系并未得到简化,租赁关系也没有终止。相反,共有物范围的变化却引起原先的租赁法律关系相应发生变化,或变更了出租人的构成,或变更了租赁房屋的范围。最关键的是,由于乙这一共有人的存在,使得承租人优先购买权的立法目的——促使所有权人和使用人合二为一,从而避免两者间可能存在的冲突,保证使用人得以所有人身份长期、稳定、自主地利用房屋——并未真正得到实现。因为丙非房屋惟一的所有权人,其占有、使用、收益和处分的权能仍然受到乙之限

---

[61] 在本案中,丙还可凭借其所占多数份额,变更或终止原甲乙其订立的租赁合同。当然若乙作为少数份额共有人对此有不满的,即可行使分割共有物请求权(实为形成权性质),以保障其自身之权益。

制;且乙得行使分割共有物请求权,使得丙还面临失去房屋所有权的危险。[62] 综上分析,笔者主张,在按份共有人的优先购买权与承租人的优先购买权发生冲突时,按份共有人之优先购买权具有优先性。

(四)优先购买权制度与民法上其他制度间的抗衡

如本文开篇所述,优先购买权制度,特别是物权效力的优先购买权,与私法自治原则、主体平等原则、交易安全原则存在价值上的冲突。由此,一方面,应适当界定优先购买权制度的适用范围;另一方面,当优先购买权制度可能受到民法上其他原则或制度的限制。

由于我国法律并未要求公示物权效力优先购买权(如德国法律即要求物权效力优先购买权的设立须以登记为要件),也没有规定强制为租赁登记,因此,第三人完全可能基于对不动产登记或者动产权利外观状态之信赖,却不知也不得而知出卖人的处分权受到了优先购买权之限制,而从出卖人处善意买受标的物。在物权效力优先购买权的情形下,即发生优先购买权制度和物权法上"公信原则"间的抗衡。所谓公信原则,系指依公示方法所表现之物权纵不存在或内容有异,但对于信赖此项公示方法所表示的物权,而为物权交易之人,法律仍承认其具有与真实物权存在之相同法律效果,以为保护之原则。[63] 在交易生活中,基于物权法上的公信原则,第三人信赖由登记而公示的不动产之权利状态,法律对其信赖利益应予保护;第三人因信赖让与人有处分权,且占有并善意受让动产的,纵然该让与人无移转所有权之权利,第三人对该动产仍然取得所有权,此分别为不动产公示制度和动产善意取得制度之要旨。然而,从前文[64]对该对外效力的讨论可知,在物权效力优先购买权的情形下,出卖人对标的物并非缺失处分权,仅该处分权的行使效果受到了物权效力优先购买权之对外效力的限制。若采"标的物所有权变动对权利人无对抗效力"的对外效力,优先购买权人得消极对抗出卖人所为处分的效果;若采"权利人得主张标的物所有权变动无效"的对外效力,优先购买权人得撤销出卖人所为处分的效果。所以不能直接适用不动产公示制度和动产善意取得制度。但是,依不动产公示制度和动产善意取得制度,纵然出卖人无处分权,因信赖公示方法所表现的物权而为物权交易的第三人尚且受到法律保护,那么从有处分权的出卖人处善意受让标的物,仅不知其处分效果受到优先购买权限制的第三人,更有获得法律保护的必要。此外,就所冲突的价值而言,笔者认为:保护第三人信赖利益和交易安全的整体价值应高于优先购买权制度保护特殊利益团体之价值。所以,第三人得类推适用不动产公示制度和动产善意取得制度,主张其从出卖人处获得

---

[62] 除非双方以原物分配并金钱补偿的方式分割共有物,且丙必须为获得原物所有权之人。
[63] 谢在全:《民法物权论》(上册),北京:中国政法大学出版社,1999 年,页 60。
[64] 见本书页 674。

的所有权应受到法律的优先保护,从而使物权效力优先购买权的对外效力受到限制。

此外,优先购买权制度当然适用于一般的禁止权利滥用原则,即优先购买权之行使,虽然在权力的范围内,但其行使却以损害他人为主要目的,则为法律所禁止。优先购买权人亦受诚实信用原则之拘束,当以诚信方式行使其权利。当优先购买权的行使与社会公益发生冲突时,仍存在其让位于社会公益之可能。如最高人民法院《解答关于处理房户行使优先购买权案件,发生疑义问题的函》(1952年5月17日法 监字第8012号)曾如此答复:"房户固然有优先承买房屋的权利,但这并不等于容许他们用不正当的手段,把持垄断房屋的买卖","允许房户有优先承租、承典、承买的权利,就是说房主行使产权,也须服从社会利益,如房屋不宜分割出售,承买人虽不是房户之一,但买下全幢房屋确有利于工商业的发展,同时又能适当照顾原房户的居住或迁让等困难问题,这样处理是适当的。否则,仅着眼于房户行使优先购买权而忽视了社会的利益,就违背了城市房屋管理暂行条例的基本精神"。

结 论

行文至此,已对我国现行私法中的优先购买权制度作了总论性的梳理和阐释。由于我国现行法律就优先购买权的规定甚为单薄,以致实务上产生了诸多因立法不明确或者立法空缺导致的疑惑。本文立足于现行规定,对此做了必要的学理分析和解答,现将具体的观点总结如下:

(1) 优先购买权是特定人依约定或法律规定,在出卖人出卖标的物于第三人时,享有依同等条件优先购买的权利。优先购买权包括法定的优先购买权和约定的优先购买权,由于两者设置的立意不同,因此其在优先购买权的效力、权利内容、行使方式及得否转让等方面均适用不同的规则。现行法律并未明文禁止合同当事人为优先购买权之约定,且实务中常有约定优先购买权之案例,基于"意思自治"原则,应解释为我国法律对约定优先购买权持认可态度。优先购买权又有债权效力和物权效力之分,两者的区别主要体现在针对第三人的对外效力之上。

(2) 就优先购买权之性质,笔者持"形成权说"。因形成权性质,优先购买权具有"无相对义务观念之存在"、"无被侵害性"、"不可附条件或附期限性"和"适用除斥期间性"等特征。上述特征对进一步分析和理解优先购买权、准确快捷地确定优先购买权的法律适用,有着重大的意义。

(3) "出卖人之出卖标的物"系优先购买权的成立要件,同时亦为其行使要件。就"出卖"的含义,其特指就标的物的有偿转让,包括以价金为对价的出卖、以物易物的情形、以拍卖方式进行的出卖以及为实现担保物权所为的出卖等。在为执行公法（如强制执行、破产清算）而进行的出卖中，仍有优先购买权适用之余地。出卖的时点，当且仅当出卖人与第三人就标的物订立买卖合同之时方才确定，且不受事后该合同效力变化之影响。

(4) 出卖人的法定通知义务系助于优先购买权人行使权利的附随义务，即出卖人应当将其与第三人所订立买卖合同的内容通知于权利人。在规定"意图通知"的立法例下，宜将其解释为出卖人之出卖要约，该解释并不排除出卖人一般的通知义务，也不影响优先购买权自有的效力。在出卖人与第三人订立买卖合同之后，应立即通知权利人，且不以书面形式为要，通知内容即为构成"同等条件"的合同条款。当同等条件发生变更时，出卖人有"再行通知"之义务。

(5) 法律宜列举"同等条件"的相关要素，以供实务准照和参考。同等条件的内容包括标的物的出卖价格、价款的支付期限和方式、为付款所设定的担保条款以及从给付条款。实务上的操作不应以此为限，而应当衡量个案的具体情形，由司法自由裁量之。

(6) 优先购买权应在行使期限内行使，该期限为除斥期间性质，以权利人接到通知作为期限之起算点。针对不动产和动产（包括权利），法律宜规定不同的期限长度。在约定优先购买权的情形下，约定的行使期限得代替法定期限。

(7) 债权效力的优先购买权仅有内部效力，而物权效力的优先购买权则有外部效力，从而影响出卖人与第三人之间的法律关系。该外部效力，并不影响出卖人与第三人间买卖合同的效力，仅对标的物所有权之变动产生作用。就"所有权变动对权利人无对抗效力"和"权利人得主张所有权变动无效"的立法选择，笔者认为后者能更切实保障物权效力优先购买权人的权益。在出卖人擅自出卖并转让标的物所有权于第三人、出卖人违反通知义务以及出卖人与第三人串通为虚伪意思表示的情形，优先购买权人得采取相应的救济方式，以保护其权益。

(8) 同种优先购买权发生冲突的，由出价高的权利人买受；如果出价相同的，比照共有的一般规则解决。异种优先购买权发生冲突的，物权效力优先购买权优于债权效力优先购买权；同为物权效力的，当考量其立法意旨和可能的法律后果来作出选择。按份共有人的优先购买权与承租人的优先购买权发生冲突的，前者优先于后者适用。同时，优先购买权制度还受到物权公信原则、禁止权利滥用原则、诚实信用原则以及公共利益之限制。

尽管上述的讨论能为实务中就优先购买权的疑惑提供学理建议，但是笔者以为，从立法层面为优先购买权制度提供一个较为完备、具有可操作性的规范体系,是系统解决实务困惑的最有效的方法。借目前我国正在起草民法典的契机,宜在法典中对优先购买权制度的相关规则作出系统规定。且考虑到法律生活的复杂性,各种利益和价值的冲突时有发生,所以不宜将优先购买权相关规则(如"同等条件"的内容)的边界设定得过于呆板。相反,立法宜通过弹性条款的规定为司法实务留出一定的余地,使得优先购买权制度能够包容某些特殊的情形。

另外就某些法律问题,还必须结合各个典型优先购买权的特殊立法本旨加以讨论,例如实务中中外合资双方在合资合同中约定:在破产清算时,如将该企业清算财产出卖于其关联企业的,则不适用股东享有的对清算财产的优先购买权。就此约定的效力问题,必须结合股东对清算财产之优先购买权的立法目的加以分析和判断。然而,本文不及对各个典型优先购买权展开进一步讨论,此部分还留待今后著文探讨。

(初审编辑:罗彧)

论合同法上信赖利益的概念及对成本费用的损害赔偿

许德风[*]

On the Definition of Reliance Interest and the Recovery of Expenditures

Xu De-feng

内容摘要：本文首先指出，违约损害赔偿的基本目标是赔偿履行利益，赔偿信赖利益只是退而求其次的手段。通过研究履行利益的构成，本文指出，对于大多数的商业合同来说，信赖利益只是履行利益的一个组成部分。之后，讨论了信赖利益本身的不足，并指出，履行利益、信赖利益和返还利益的划分对于违约合同赔偿的分类来说是有意义的，而对于实践中救济的数量和形式几乎没有任何影响。本文的最后一部分试图在此基础上提出作者自己解决损害赔偿的理论。

关键词：履行利益　区分假设　赢利性推定　信赖利益　成本费用的损害赔偿

Abstract：The basic goal of the breach of contract rules lies in the protection of

---

[*] 法学博士。现为中国人民大学博士后流动站研究人员。本文的写作，是在德国戴姆勒—奔驰基金会资助的"北大—奔驰博士海外研修项目"下完成的，在此感谢基金会的资助和支持。

expectation interest. By contrast is the claim on damages in reliance interest only a secondary alternative for the creditor. After analyzing the composition of expectation interest, this paper argued that, for most commercial contracts, the reliance interest is in essence a part of expectation interest (expectation interest less profit). This paper also points out several defects in the concept and justifications of the reliance interest, and argues that although the classification — expectation, reliance and restitution interest — is useful to sort different kinds of damages out of breach of contract, it has in practice little impact on the decision about the amount and the form of the remedy. In the final part of this paper the author tries to advance his own theory about the compensation for the loss of expenditure.

Key Words: expectation interest Differenzhypothese Rentabilitätsvermutung reliance interest   recovery of loss of expenditure

一、违约损害赔偿的目标

（一）违约救济的基本目标

无论是德国民法还是英美法，在违约救济时都有同样的目标：使受害人恢复到合同已经得到完全正确履行的状态。[1] 但是，合同已经得到履行的状态是什么样的？历史是无法假设的，法律人在这里的任务是找到一个合适的方法，使这种假设尽量合理地得到满足。方法之一是"采取补救措施"（修理、重做）和"继续履行"，同时赔偿履行迟延的损失；方法之二是彻底放弃履行的尝试，通过"损害赔偿"来弥补非违约方所遭受的损害。[2]

和前两个救济措施不同的是，损害赔偿虽然也着眼于最终恢复履行的状态，但却不是通过履行行为来实际完成这个任务，而是通过鉴别、确认损失（原因、大小），再用金钱弥补这个损失来"虚拟地"达到这个目的。[3] 因此，"什么是非违约方的损害"是损害赔偿法中的核心问题。

（二）英美法确定损害的规则

概括说来，损害的确定，在英美法上主要通过赔偿期待利益（expectation interest）原则和对该原则的必要限制规则来完成。有关的限制主要包括以下几

---

[1] Farnsworth, *Contracts*, Third Eidtion, Aspen Law & Business, 1999, New York, pp. 755—756; G. H. Treitel, Remedies for Breach of Contract, A Comparative Account, Clarendon Press, 1988, Oxford, p. 76.《德国民法典》第280条—284条，第249条。

[2] 我国《合同法》第107条。

[3] 这也就是通常所说的"无损害即无赔偿"原则：在损害赔偿中，违约行为本身不能成为要求损害赔偿的根据。我国《合同法》第113条第1款（"损失赔偿额应当相当于因违约所造成的损失"）、《民法通则》第112条第1款（"当事人一方违反合同的赔偿责任，应当相当于另一方因此所受到的损失"）清楚地体现了这个原理。

种:其一,可预见性规则(foreseeability),即债务人不赔偿其不能合理预见的损害。[4] 其二,是减损规则(the mitigation rule),即非违约方应采取适当措施避免和减少损害。[5] 另外两个限制期待利益赔偿的规则在英美法中的意义不如前两个重要,分别是合理确定规则(reasonable certainty)[6]和因果关系规则。[7] 最后,原则上英美合同法中的损害赔偿不包括惩罚性赔偿。[8]

(三) 德国法确定损害的规则

1. 区分假设

在德国法上,损害的确定主要通过《德国民法典》第249条至第254条所规定的恢复原状原则来完成。其中最核心的制度,是第249条第1款所确立的区分假设(Differenzhypothese)。根据该款规定,损害赔偿应当使受害人的财产状况恢复到损害事件发生前的状态。在具体确定损害赔偿的范围时,首先要找到损害事件,即导致损害发生的原因,然后再确定假设没有这种损害的状态。债务人应赔偿现实状态(损害后的状态)与假设状态的差值。

具体到违约损害赔偿中,如果合同成立后一方违约,则导致损害的原因是违约行为,假设没有违约行为,合同将会得到履行(而不是合同自始就不存在),因此,按这样的推理,债权人只能请求履行利益的损害赔偿。在债务人因错误或债权人因受欺诈胁迫撤销其所为的法律行为时,导致损害发生的事件是错误、欺诈、胁迫以及后来的撤销行为。债权人因相信法律行为的有效成立所支出的费用和成本(如交通费),是债务人的错误与欺诈、胁迫行为所引起的——假设没有这些行为,双方就不会进行合同协商,从而也不会支出有关的

---

[4] 该规则一方面可以激励债权人公开他对履行的价值判断(即便履行对其有异常重大的价值,但如果不告知对方合同当事人,还是可能构成另一方的不可预见,从而免除该方超过正常预见范围的违约责任),另一方面也使债务人在行为之前有充分的信息,以确定自己在行为时所应采取的注意程度。假如标的物价值巨大,则加以较多的注意;相反,如果标的物价值很低,则可以少些注意。比如在运输合同中,承运人可以根据标的物的价值(确切地说,是托运人所告知的标的物的价值)确定其对标的物的处理方法(比如是放到船舱内还是甲板上)。

[5] Goetz/Scott, The Mitigation Principle: Toward a General Theory of Contractual Obligation, 69 *Va. L. Rev.* 967, 970 ff. (1983).

[6] Farnsworth, 同上注[1]所引书, pp. 829—835.

[7] Eric A. Posner, *Contract remedies*: foreseeablity, precaution, causation and mitigation, Law and Economics Encyclopaedia (http://allserv.rug.ac.be/~gdegeest/4620book.pdf), p. 163 (2005年3月访问).

[8] Farnsworth, *Farnsworth on Contracts*, Second Eidtion, Aspen Law & Business, 1998, New York, p. 192.

费用,因此债权人可以请求赔偿。[9]

严格按照第249条第1款进行推理,在合同成立后一方违约的情况下,债权人并不能单独地请求赔偿其因信赖履行而支出的费用:在债权人为接受履行支付了100元交通费的情况下,如果债务人没有违约,他也要支出这100元交通费,而且该支出完全是债权人自愿的。即债务人的违约并不是导致他支出这100元交通费的原因,二者之间缺乏因果关系。如果一定要说债务人的违约行为和这100元支出有某种关系,那也只是债务人的违约行为使这100元交通费支出白费了——这100元的支出不能实现其原来的目的。

2. 赢利性推定

对目的不能实现的损失可否获得赔偿,不能一概而论。正如很多德国学者指出的一样:按照《德国民法典》的逻辑,这种目的不能实现的损害是一种非财产性(精神性)的损害(immaterieller Schaden)。[10] 而根据《德国民法典》第253条的规定,精神损害赔偿以法律有明文规定为前提。因此,如果想赔偿这类损害,必须有站得住脚的根据:法条的明文规定或理由充分的法律解释(包括类推)。

德国法上通过判例发展起来的"赢利性推定"(Rentabilitätsvermutung)就是一项这样的解释:如果一项支出是为赢利性目的做出,且该支出能从未来的赢利中得以补偿,则债权人可以请求赔偿该笔支出。[11] 该解释是"区分假设"制度的重要补充。[12] 比如,某人接受订单按他人需要生产一套机器,为此投入了相当的成本和研发费用。显然,如果一切顺利,出卖人所付出的这些成本和费用可以通过日后出卖该机器的收益得以补偿。如果定做人事后拒绝购买此机器,则其至少应当赔偿出卖人成本与费用的支出。可见,在这个推理中,实际上

---

[9] 该费用(交通费)的支出,造成了债权人财产的减少:如果以债权人原来的财产状况为数轴的原点,则这些支出是在负的方向上的支出,所以被称作是负的(negative)损害,也就是我们所说的消极利益(negatives interesse)的损害。这种损害的根源在于债权人对债务人的合理信赖未能得到公平的回报——假如债权人没有相信债务人,就不会支出费用,从而不会有损害),所以这种损害又叫做信赖利益(Vertrauensinteresse)的损害。《德国民法典》第122条第1款、第179条第2款、第523条第1款、第524条第1款、第600条、第694条,被认为是规定了信赖利益的损害赔偿。另外,该法第1298条还规定了婚约解除所造成的信赖利益损害的赔偿(参见 Staudinger-Medicus (1983), § 249, Rn. 22)。相对而言,履行利益是一种在债权人原有财产基础上增加的利益,是债权人财产在正(positive)方向的增长,而"positiv"又有"积极"的意思(和"negative"同时也有"消极"的意思一样)。这也就是为什么履行利益(Erfüllungsinteresse)又叫积极利益(positives interesse)的原因。

[10] Canaris, Schuldrechtsmodernisierung 2002, C. H. Beck 2002, Einführung XVII; Jan Stoppel, Der Ersatz frustrierter Aufwendungen nach § 284 BGB, AcP 204 (2004), 81 (87).

[11] 这是从帝国法院时期开始的做法。代表判例如:RGZ 127, 245, 248 ff;德国债法修订前联邦最高法院的判例如:BGHZ 143, 41 = NJW 1999, 2269。

[12] Beate Gsell, Aufwendungsersatz nach § 284 BGB, in: Dauner-Lieb/Konzen/Schmidt (Hrsg.), Das neue Schuldrecht in der Praxis, S. 321, 322 ff.

并不是把成本与费用的支出看作消极利益(信赖利益)的一部分,而是看作积极利益(履行利益)的一部分。[13] 另外,不难看出,赢利性推定和英美法上的预见性原则有某种程度的相似,只不过德国法上更强调事物的客观发展而不是当事人主观上是否有所预见。[14]

根据"赢利性推定"规则,德国民法中赢利性目的不能实现的问题基本可以合乎逻辑地解决了,但非赢利性目的(即精神性的目的)不能实现的损失能否获得赔偿?这是个很值得考虑的问题。原因是:非赢利性目的不能实现的损失常常无法计算(无法比照赢利性推定规则)。比如乘出租车去体育馆看演唱会,演唱会因为演员违约而取消,出租车费应不应赔?如果是租直升机来去演出,租金应不应赔?这些问题很难简单做答,因为演唱会的价值对某些人来说连门票都不值,对某些人来说却值得租直升机赶去。为了解决这个问题,德国在2002年的债法改革中制定了《德国民法典》"新"第284条。具体见下文详述。

二、对期待利益损害赔偿的限制

如上文所述,从损害赔偿法整体来看,无论英美法上赔偿期待利益的原则还是德国法上的区分假设,在具体执行中都受到一定的限制。

进行限制的最主要的客观原因是:现实生活中有些损失是很难准确预见的。例如一个烤箱生产商准备到一个展览会上展出自己的产品,由于铁路运输公司的过失,没有按合同将产品的一个重要部件运抵目的地。[15] 该托运人的损失是什么?没有参加展览?可没有参加成展览是一种什么损失呢?——谁确切知道展览的效果,也许还是负效果呢?例如,甲租了乙的林地,准备伐木并在加工后出售。乙签订合同后拒绝履行合同。而甲的木材加工厂尚未建立,伐木也尚未开始,还不能证明自己将来会获得多少赢利。[16] 例如,甲请乙为其卖

---

[13] 这也在某种程度上印证了笔者的观点,即信赖利益和履行利益并不是"井水"与"河水"互不相犯的关系,而是既有区别,又有重合,具体请参见下文"三"中的有关论述。类似的观点,还可参见 G. H. Treitel, 同上注[1]所引书, pp. 88—105.

[14] 德国法上的主流学说不承认"可预见性"这个标准。卡纳里斯(Canaris)教授认为:可预见性是英美法的制度,对德国法而言是陌生的。如果债权人花费过多,可能会构成《德国民法典》第254条所规定的与有过失,从而可以减轻债务人的损害赔偿责任。Canaris, Die Reform des Rechts der Leistungsstörungen, JZ 2001, 499 (517 ff.). 当然,也有一部分德国学者认为,"可预见性"这项标准在法国法(《法国民法典》第1150条)、《联合国国际货物销售合同公约》(第74条)以及英美法上都被承认,德国法没有理由完全摒弃。并认为《德国民法典》第254条第2款第1句就是"可预见性"这项标准的法条依据。Marc Leonhard, Der Ersatz des Vertrauensschadens im Rahmen der vertraglichen Haftung, AcP 199 (1999), 660 (675—679).

[15] Security stove & Manufacturing Co. v. American Railway Express Co., 51 S. W. 2d 572 (Mo. App. 1932).

[16] Rogers v. Davidson, 21 A. 1083 (Pa. 1891).

保险,保险代理人乙为此租了办公室并准备了其他的必要条件。在甲违约时,乙的业务还未展开,很难估计将来的利润是多少或者究竟能否获得利润。[17]例如,双方当事人约定进行仲裁,一方已经支付了律师费、证人作证的费用等,另一方违约,拒绝签订仲裁协议,这种情况下,也很难计算未违约时另一方的期待利益是多少。[18]例如,当事人租一个剧院进行演出,剧院经营人在合同签订后拒绝履行合同,承租人也很难证明如果合同得以履行其收入将是多少,因为剧目的受欢迎程度还不得而知。[19]例如,原告是一个圣诞卡制造商,与被告签订了代销合同。合同约定被告将为原告寻找批发商,并向其提供批发商的名单。在贺卡做好后,被告拒绝履行合同。这里原告也很难证明有多少贺卡可以被卖出以及可能获得多少利润。[20]

类似的难题在德国法上也同样存在,因为即便不采取可预见性的标准,在适用"赢利性推定"这个原则时,也还是要确定未来合同履行后的状态,而这有时是很困难的。如甲办一个学校,与乙餐馆签订合同,约定其学校学生每天有约 800 人到乙处吃午饭。乙为此添置了设备、扩大了厨房。实际上每天中午只有约 15 人到乙处吃饭。乙的损害是什么？全部 800 名学生真的都来就餐,乙就一定有赢利么？[21]

另外,严格贯彻赢利性推定原则,对非赢利性目的的不能实现不予赔偿的态度,有时对受害方也很不公平。下面以著名的"讲堂案"为例加以说明。

在该案中,原告是一个注册的政治社团,在德国北威州 1982 年的宪法保护报告和 1983 年的联邦宪法保护报告中,被列为极右团体。被告是 O 城的公有公司,负责经营和管理作为公共设施的市政会议厅。1984 年 3 月 15 日,原告和被告签订书面的租赁合同,准备在 1984 年 4 月 7 日租用市政会议厅举办演讲会。双方在租赁合同中约定,如果计划中的会议可能损害公共安全以及损害 O 城或被告公司的声誉,出租人可以解除合同。另外约定,如果出租人行使了解除权,不负任何损害赔偿责任。承租人在合同签订后支付了 600 多马克的租金,并提交了一个最高额为 2 百万马克的责任保险证明(确保即使市政会议厅内的设施受到损害,也能充分赔偿)。1984 年 4 月 6 日,在演讲会举办的前一

---

[17] Wells v. National Life Ass'n, 99 F. 222 (C. C. A. 5th, 1900). 当代类似的案例,如 Pop's Cones, Inc v. Resorts International Hotel, Inc, 307 NJ Super 461, 704 A2d 1321 (1998).

[18] A. L. Corbin, Corbin On Contracts, West Publishing Co., 4th. 1964, Reprint 1988, Vol. 5, p. 198 (§ 1031).

[19] Corbin, 同上注[18]所引书, p. 198.

[20] 本案中法院因此判决被告赔偿原告基于信赖而支出的制作贺卡的成本费用(贺卡的制造成本减去事后处理过期卡片的收入)。Gruber v. S-M News Co., 126 F. Supp. 442 (D. C. N. Y. 1954), Corbin, 同上注[18]所引书, p. 200.

[21] BGH WM 1977, 1089.

天,被告收到第三人的书面抗议书,要求不要出租报告厅。被告遂于4月6日下午,先以电话,后以传真的形式提出解除合同。原告对此均提出异议,要求被告履行合同。并要求被告赔偿其印制宣传手册、海报等费用支出(数万马克)的损失。

审理该案的德国最高法院(BGH)认为,原告的损害并不在于其费用支出,而在于其没有开成会,以及使公众熟悉该党派主张的这种精神性(非财产性)目的没有实现。而这种非财产性目的与有关的费用支出无论在形式上还是价值上都不相同或对等。"这是一种非财产性目的,而《德国民法典》第253条原则上不保护非财产损害,除非法律有明文规定。"[22]这种论证显然对那些为精神目的而支出费用的债权人不公平,但在现行法典的框架下,逻辑上又找不出什么漏洞(核心在于德国法对保护非财产性利益的保守态度)。[23]

正是因为这种不公平的存在[24],在2002年债法改革中,特别增加了关于成本费用支出损害赔偿的规定。虽然该规定没有根本性改变原来赢利性推定制度,但为基于非财产性目的而支出的费用和成本的损害赔偿提供了新的依据。

修订后的《德国民法典》第284条规定:"在满足替代履行的损害赔偿[25]的构成要件时,债权人也可以不主张替代履行的损害赔偿,而要求赔偿其基于信赖会获得履行所合理支出的成本费用,但是,即使债务人没有违反义务债权人也无法实现目的的除外。"

该条和德国民法典以前的规定以及此前的审判实践相比,主要的变动有以下几点:

其一,改变了以前在一方违约情况下,对基于非财产性目的(精神性目的)而支出的必要费用不予赔偿的态度,从而可以避免再次出现前述讲堂案中的不公平的现象。[26]

其二,根据该条后半句的但书,对于费用支出是否合理,由债务人负担举证

---

[22] BGH JZ 1987, 516.
[23] 实际上,在美国合同法研究中,也有这样的思想。例如科宾就认为,仅证明有关费用是基于对合同的信任而支出的并不足以成为获得赔偿的理由。受害人必须进一步证明如果没有违约行为,他所支出的损害将会从履行收益中得到补偿。参见Corbin,同上注[18]所引书,p.7. 所不同的是,美国法没有德国法这样明确的对非财产损害赔偿的限制。
[24] 德国的Stoll教授认为,对这些成本费用的赔偿,并不意味着债权人比合同履行获得了更多的好处,因为合同的不履行使债权人所支出的成本费用都打了水漂。而且,债权人的非财产性目的并不意味着债务人就可以对这种"打水漂"的后果不负担任何责任。相反,债务人应当承担这样的风险。举例说来,一个人支付了必要的交通费用去画肖像,在画家拒绝履行合同时,可以要求画家赔偿该支出。Hans Stoll, JZ 1987, 519 f.
[25] 具体见《德国民法典》第281—283条的规定。
[26] 某种程度上说,这也是德国民法典在非财产损害赔偿方面的保守立场有所松动的一种体现。

责任。这也和通常消极利益的损害赔偿不同。

其三,以信赖(Vertrauen)作为检验债权人是否可以支出有关费用的标准。[27]

三、信赖利益损害赔偿的概念、应用及其局限性

可以说,合同关系本身便是一种信赖关系。照此说来,任何违约行为都是对信赖的侵犯,信赖利益涵盖的范围可以很宽。不过通常所说的"合同法上信赖利益的损害赔偿"中的"信赖利益"有其特殊含义。

(一)信赖利益的概念和发展

1. 信赖利益的概念

富勒与帕迪尤最早详细阐释了普通法上信赖利益的概念,该概念后来被《美国合同法重述》(第二版)所引用。[28] 富勒将合同损害分成三种,一是返还利益(restitution interest),指在合同中原告交付给被告一定价值的财产,但因被告没有履行承诺,为了防止被告获得不当得利,要求被告予以返还的利益。二是信赖利益(reliance interest),指原告因相信被告的许诺而改变了自己原来的状态。保护信赖利益,就是要使原告回到原来没有相信被告许诺的状态。三是期待利益(expectation interest),即原告根据有关许诺而可能从中获得的利益。[29]

2. 信赖利益赔偿的历史

对信赖利益进行赔偿,在英美法上是很早就有的制度。但原来只适用于某些特别的交易,如土地买卖。[30] 从历史上看,英美法对信赖利益进行赔偿的做法,是随着对履行利益赔偿原则的限制发展起来的。

---

[27] Münchener Kommentar zum BGB-*Ernst*, Bd. 2a, C. H. Beck 2004, § 284 Rn. 2—6.

[28] L. L. Fulle & William R. Perdue, The Reliance Interest in Contract Damages (Ⅰ), 46 *the Yale Law Journal* 52 (1936). The Reliance Interest in Contract Damages (Ⅱ), 46 Yale L. J. 373 (1936). 中译本见:富勒 帕迪尤:《合同损害赔偿中的信赖利益》,韩世远译,载梁慧星(主编):《民商法论丛》,北京:法律出版社,第 7 卷,1997 年,页 411 以下;第 11 卷,1998 年,页 198 以下。

[29] 富勒和帕迪尤的定义,实际上也是暗合了《德国民法典》上的区分原则。他们的论文发表于 1936 年,此时《德国民法典》已经颁行了相当一段时间,另外,富勒也的确引注了有关《德国民法典》中的规定和包括 Windscheid 等的论著。参见 Fuller & Perdue, 同上注所引书, p. 52(脚注 4、9)。

[30] 在 1776 年英国的一个案例中,一人将土地出卖,但实际上该人并没有地权(title),因此买方未能取得有关土地。法院只判决出卖人赔偿了买受人基于信赖的必要支出(信赖利益)和首付款(返还利益)。法院认为:"买方无权取得想象中的交易的好处"。Flureau v. Thornhill, 96 Eng. Rep. 635, 635 (C. P. 1776). 参见 Farnsworth, 同上注〔1〕所引书, p. 785. 当时美国的做法因州而异。一些州规定,对于土地买卖,不允许买受人获得土地买卖合同中约定的价格和市场价格之间的差额——所谓缔约的利润(profits of bargain)的赔偿,但是允许买受人获得必要费用支出的赔偿。而在赔偿缔约利润(土地的实际价值减去合同的价格)的州,则不允许主张赔偿土地所有权检索费用。Corbin, 同上注〔18〕所引书, p. 220.

在英国,从17世纪开始,普通法院(the common law courts)为了吸引当事人到法院进行诉讼,创设了由陪审团确定损害大小的制度。在此后大约两个世纪的时间里,法院并没有太多考虑对(由陪审团所确定的)损害赔偿数额进行限制的问题。不过,19世纪以后,普通法上开始发展出一系列的规则来限制陪审团的裁量。比如,由法官确定证据的采纳与否,给陪审员以指示,以及——最重要的一项限制措施——规定如果陪审团不听法院的指示而裁定过高的赔偿额,则法官可以另组织一个陪审团重新裁定。最初法官另组织一个陪审团的决定还是一个法律问题(matter of law),当事人可对此提出上诉,到了19世纪末,对此不得再提出上诉,从而彻底加强了法官在确定损害赔偿范围中的作用。此后,一系列限制赔偿期待利益的规则逐渐发展起来。因为有这些限制性规则,尤其是确定性规则等,债权人有时候很难证明自己将获得哪些利润[31],从而不得不退而求其次,要求信赖利益的赔偿。

(二)期待利益(履行利益)与信赖利益的关系

1. 损害赔偿数额的计算公式

有学者认为,在美国法上,合同债权人的损害可以用以下公式来计算:

债权人的损害(damage) = 因信赖所支出的成本费用(cost of reliance) + 净利润[32](profit) + 其他损害[33](other loss) - 所避免的损害(loss avoid)。[34]

在不能证明肯定能获得利润的情况下,债权人可以要求的赔偿是:

因信赖所支出的成本费用 + 其他损害 - 所避免的损害。

可以看出,合同成立后一方违约时,赔偿信赖利益还是期待利益,在结果上的区别主要在于是否赔偿净利润,通常只在不能合理计算利润的情况下,才会考虑信赖利益的赔偿:在能够合理计算利润时,有两种可能,一是正利润,一是负利润。在正利润的情况下,债权人当然会愿意要求赔偿其期待利益的损失,因为这样在数额上多于单纯要求信赖利益的赔偿;在负利润的情况下(债权人花了10万的原材料和劳务支出所生产的产品只卖了9万),债务人(违约方)肯定会要求减少损害赔偿(即可能最多只赔9万),而不会赔偿债权人的全部成本费用支出(10万)。即无论哪种可能,只要能够证明,当事人(债权人或债务人)都会倾向于要求按照期待利益的原则而不是信赖利益的原则进行赔偿。换句话说,即使一方仅要求成本费用的赔偿,在确定具体数额时,也还要考虑其未来是否能够获得利润这个因素。也正是在这个意义上我们说:在亏本的合同

---

[31] 如科宾所言:利润之难于证明,一方面在于债权人能否获得利润取决于多种尚未确定的因素,另一方面也在于有时很难确定履行的金钱价值。Corbin,同上注[18]所引书,p. 192.

[32] 注意这里是净利润,而不是毛利润。

[33] 这里的"其他损害"主要指因采取减损措施而受到的损害。

[34] Farnsworth,同上注[1]所引书,p. 795.

下,期待利益会对信赖利益发生限制作用。[35]

2. 可否同时要求赔偿积极损害和消极损害

"不得因损害赔偿而获利"(Bereicherungsverbot)是损害赔偿法的基本原则。也就是说,对债权人而言,在主张损害赔偿时,或者回到合同未订立的状态、或者达到合同已履行的状态,不能二者兼得。比如承办商举办某演员的独唱晚会,其所要支出的费用包括该演员的出场费(假设为10万)、场地费(2万)、广告费(10万)、筹办人员劳务费(5万)等,所获得的收益是门票收入(100万)。演员因过失而未能参加演出,承办商可以要求哪些赔偿呢?假设合同无效或者不成立,回复到未订立合同的状态,承办商可以获得对已支出的场地费(严格地说,可能不是全部的场地费,因为如果及时退租的话,也许只需支付部分的场地费)、广告费、人员的劳务费等的赔偿,共17万;假设合同有效成立,一方违约,则应赔偿到合同已履行的状态[36],从而应当赔偿门票的收入减去该演员出场费(这笔费用不必出了)共90万,而不是全部门票的收入(100万)。

按照富勒、帕迪尤以及后来《美国合同法重述》(第二版)的分类,根据演员和承办商之间的合同已支付给演员的酬金为返还利益,场地费、广告费和筹办人员劳务费是信赖利益,而门票收入是期待利益。可见,相比而言,信赖利益往往要小于期待利益,因为期待利益还包括了预期利润。[37] 从这个意义上说,该重述中所指的期待利益实际上是一种毛利润。按照一般逻辑,债权人不能同时要求门票收入和费用支出的损害赔偿。因为实际上期待利益中已经包含了成本支出(即包含了信赖利益)。

当然,不得同时请求信赖利益与履行利益赔偿的原则也不是没有例外。例如,在一个为期10年的房屋租赁合同中,承租人入住2年后发现房屋有不能消除的严重瑕疵。承租人被迫解除合同,再寻找新住处。承租人所受到的损害包括:找新房屋的费用、在找到新房屋之前临时的住宿费用(比如住旅馆的房费。当然,按照损益相抵规则,要减去其因此而节省的房租)、因信赖合同的正常履行而付出的装修费用等。在这些损失中,找新房的费用、临时的住宿费用是因为违约造成的,属于积极利益(履行利益)的损害,而装修费则是信赖利益的支出。在这个案例中,大概对二者同时进行赔偿才是合理的。

按照通常的合同法理,合同相当于当事人之间的法律,如果允许债务人随意地出尔反尔,合同将丧失其本有的威严,丧失其作为约束行为人"法锁"的作用。更简单地说,如果债务人在违约时仅赔偿信赖利益的损失,其完全可以在

---

[35] 具体请参见下文三、(三)的论述。

[36] 如前所述,在德国民法典的体系下,按因果关系的推理,合同成立后一方违约时他方只能请求积极损害(履行利益)的赔偿。我国《合同法》第113条也有同样的规定。

[37] Restatement 2d, § 344, Comment a.

合同签订后立即主张解除合同,此时债权人可能还没有基于对履行的信赖而支出任何费用。这样以来,合同便完全变成一纸空文了。[38] 因此,在合同损害赔偿中,信赖利益的赔偿并不是常态。

(三) 亏本合同中信赖利益和履行利益的关系

德国的赢利性推定规则某种程度上起到了限制信赖利益赔偿的作用。《德国民法典》第284条后半句也对所支出费用的范围做了限制:债务人应赔偿债权人合理的成本与费用支出,除非即使债权人不违约,债务人的目的也不能实现。这也就是我们平时所说的信赖利益不得超过履行利益的原则。[39] 这和《德国民法典》上原来就有的规定(第122条第1款、第179条第1款和第2款)在本质上是相同的。[40] 对于为非赢利目的而订立的合同,虽然无法准确计算目的不能实现的损失是多少,但第284条也提供了一个可供参考的标准——有关支出必须是"合理"(billigerweise)的。

英美法上相对应的是所谓"亏本的合同"制度。所谓"亏本的合同",是指那些即便合同得以履行,债权人也不能获得利润(净利润)的合同。

不能获得利润,并不意味着不能获得赔偿。如果债权人不能获得预期的利润,对于债权人应否获得赔偿,应比较债权人的信赖支出和其在合同履行情况下的净损害。如果所可能遭受的净损害比债权人的信赖支出还大,则其不应获得信赖利益的赔偿。[41] 但如果净损害小于信赖支出,则债权人应当获得该二者之差的赔偿。假设债权人投入1万元,在债务人履行合同时只获得9000元的回报(此时的净损害为1000);但如果债务人根本没有履行合同,将使这1万元的投入全部作废(比如是为债务人的特别需要而制造的机器,除此以外,别无他用)。显而易见,这时候债权人应当有权获得9000元的赔偿。

这种处理方式,质而言之,是信赖利益和期待利益赔偿规则相互作用的结果。债权人所依凭的是信赖利益赔偿原则,而债权人的反驳,则是根据期待利益赔偿原则。因此可以说:在亏本合同的情况下,期待利益赔偿原则会限制信赖利益赔偿的范围。

另外,在计算信赖支出和净损害时,也许还要考虑二者的同步性。债权人的信赖支出可以是在从合同订立后到债务人履行前这一期间内支出的,如果债

---

[38] 学说上对法律为什么保护期待利益有很多不同观点。有人主张,保护期待利益是为了保护当事人意志的实现;有人主张,保护期待利益是保护允诺的必然结果;有人主张,保护期待利益旨在实现受害人心理上的满足;有人主张,保护期待利益是出于经济和制度目的的考虑……参见王利明:《合同法研究》,北京:中国人民大学出版社,2003年,页622。

[39] 只不过德国法上不把成本费用的支出看作时信赖利益的损失而已。见前文一、(三)。

[40] 当然,这两条规定的都是在合同撤销时的损害赔偿问题。如前所述,受"区分假设"的羁绊,德国法上原来不承认在违约时可以请求消极损害(即信赖利益)的赔偿。

[41] Corbin,同上注[18]所引书,p. 205.

务人在这个时间段的中间位置违约,债权人可能只支出了一半的信赖支出,这种情况下,应将这部分信赖支出和相应比例的可得利润(或者净损害)进行比较,而不是和全部净损害或全部净利润进行比较。

从以上分析可以看出,信赖利益其实并不是一个与履行利益相对的独立概念,而某种程度是履行利益的一部分。因此,对当事人在订立、履行合同过程中所支出的成本与费用,不能简单地说其是信赖利益的损失,因为这些支出在赔偿履行利益时也同样会被予以考虑。如上文所述,德国法上根据"赢利性推定"规则把为获得财产性利益而支出的成本与费用看作是履行利益,也是基于这样的逻辑。[42]

(四)信赖利益概念及应用的局限性

在他们的论文中,富勒和帕迪尤认为赔偿信赖利益是自己的东西被他人拿走而要求返还的请求,所体现的是一种校正正义(corrective justice);而履行利益赔偿所保护的是自己应从交易中获得的利益,所体现的是一种分配正义(distributive justice)。[43] 在保护信赖利益时,法律所起的维护现状、保护的作用;在保护履行利益时,所起的是一种拟制的、积极的作用。相比而言,前者比后者更有合理性。[44]

在此后对期待利益、信赖利益与返还利益的发展和解释中,人们(至少法学院的学生)一个普遍的认识是,在进行违约损害赔偿时,某些情况应当赔期待利益,某些情况应当赔信赖利益,某些情况应当赔返还利益。

其实富勒与帕迪尤的推理和此后人们的这种认识,都有重新思考的余地。

第一,履行利益也未必就体现分配正义。如果认为当事人自合同签订时起就拥有了对未来利润的权利,那么一方违约就等于是剥夺了另一方"原本"(自合同签订之日起)拥有的利润,从而保护履行利益便也是体现校正正义了。[45]

第二,在"工具主义"(instrumentalism)的视角下,到底是否应当保护非违约方,到底应当让违约方承担多大的责任,取决于最终想要达到的目的,与抽象的正义观念并无直接的联系。也就是说,如果理由充分,法官可以从完全赔偿到

---

[42] 见上文一、(三)2。

[43] 在富勒和帕迪尤看来,返还利益是在三种利益中最值得保护的。因为"返还利益"描述了两层不公:一层是债务人让债权人损失了财产,另一层是债务人将该财产据为己有,得了不当利益。Fuller & Perdue,同上注[28]所引书,p. 56.

[44] "……再引用亚里士多德的概念,从对处境改变(信赖利益——笔者注)的赔偿走到对期待的赔偿,实际上是从校正正义的领域走进了分配正义的领域。(此时)法律不再仅仅是修复一个既定状态,而是在促成一个新状态。它不再扮演防御性或重建性的角色,而是获得一个更积极的角色。随着这种转变,法律救济的合理性便失去了其天经地义的性质。事实上,违约救济时应赔偿已允诺的价值,并不是一个很容易就能圆满论证的。" Fuller & Perdue,同上注[28]所引书,p. 56—57.

[45] Craswell, Against Fuller and Perdue, 67 *U. Chi. L. Rev.* 99, 125—127, (2000).

零赔偿这个区间上任选一点,完全不必顾及什么履行利益、信赖利益等概念上的限制。

某种程度上说,在损害赔偿法上,"为什么要赔偿非违约方的损害"这个问题比"非违约方的损失是多少"这个问题更重要。[46] 如果以经济学上促进财富最大化[47]为尺度的话,一个有效率的损害赔偿规则,应当不仅能让债务人合理选择是否违约以及违约的程度,也应当能让债权人有足够的动力去减少损失。[48] 如果违约行为不容易被发现或者不容易被起诉,可能最好的救济方式应该是赔偿超过期待利益的数额。[49] 在一个信息充分的市场中(比如违约会直接带来信誉上的损失),可能低于期待利益的赔偿就足以促使当事人有效率地行为。[50] 在一方当事人是风险中性,而另一方当事人是风险规避的情况下,可能一个低于期待利益的赔偿是更有效率的。[51]

第三,法律实践也远没有完全遵守履行利益、信赖利益与返还利益的三分法则。如前所述,在德国法上,违约损害赔偿中原本并没有赔偿信赖利益(消极利益)

---

[46] 富勒和帕迪尤很早就提出,只有结合其所要实现的目的,才能理解法律规则的意义。"Legal rules can be understood only with reference to the purpose they serve." Fuller & Perdue, 同上注[28]所引书, p. 52.

[47] 所谓的"wealth maximization principle"。该标准认为,如果 X 状态下的财富总和大于 Y 状态,则 X 状态优于 Y 状态。该标准其实是 Kaldor-Hick(卡尔多-希克斯)标准的"演化版"。Richard A. Posner, *Economic Analysis of Law*, 4. Edition, Little, Brown and Company, 1992, p. 13.

[48] Eric A. Posner, 同上注[7]所引书, p. 162.

[49] A. Mitchell Polinsky & Steven Shavel, Puntive Damages: An Economic Analysis, 111 *Harv. L. Rev.* 869, 936—938 (1998); A. Farber, Reassessing The Economic Efficiency of Compensatory Damages for Breach of Contract, 66 *Va. L. Rev.* 1443, 1455—64 (1980). 转引自 Craswell, 同上注[45]所引书, p. 110(脚注 44)。

[50] Richard Craswell, Deterrence and Damages: The Multiplier Principle and Its Alternatives, 97 *Mich. L. Rev.* 2185 (1999). 转引自 Craswell, 同上注[45]所引书, p. 110(脚注 45)。

[51] 假设出卖人是一个生产汽车配件的小企业,买受人是一个大型的汽车制造企业。如果小企业不履行义务,会造成大企业很多利润损失。"Vertrags nutzlosen Aufwendungen nur als besondere Form der Schadensberechnung im Rahmen des positiven Interesses an." Marc Leonhard, 同上注[14]所引书, S. 663.
Robert E. Hudec, Restating the "Reliance Interest", 67 *Cornell L. Rev.* 704, 717 (1982).
Fuller & Perdue, 同上注[28]所引书, p. 55 and p. 417—18.
见《德国民法典》第 284 条但书;在美国法上也是一样,如果债务人在拒绝履行后,主张债权人即便在获得履行的情况下也不能弥补其支出,应当举证证明之。Holt v. United Sec. Life Ins. Co., 72 A, 301, 76 N. J. L. 585 (1909). 转引自 Corbin, 同上注[18]所引书, p. 204. 笔者觉得,赔偿成本费用(乃至信赖利益)的合理性也许可以这样概括:虽然债权人不能证明将来合同得以履行自己肯定能获得利润,但债务人也不能充分反驳说债权人将来肯定会亏损,既然二者都相持不下,而债务人又确实有违约的行为,故不能让债权人毫无所得,从而便要求债务人赔偿债权人的成本与费用支出。显然小企业不能或不想承担导致大企业利润丧失的风险(即是一个"风险规避"的合同当事人),如果一定要它承担这些风险,则小企业将不得不提高其产品价格或者可能只好退出市场。在这样的情形下,可能一个稍低于期待利益的损害赔偿是合理的。Steven Shavell, *Foundations of Economic Analysis of Law*, The Belknap Press of Havard University Press, 2004, p. 351.

的概念。即使是为履行而支出的成本与费用,原来也是根据"赢利性推定"——借助履行利益的概念来救济的。[52] 而在英美法复杂的违约救济体系中,决定最后损害赔偿数额的,至少不只是这三个"利益",还有过错、因果关系等因素。[53]

信赖利益在概念上另外一个重要弱点是它包含了机会利益。[54] 这种包含关系在逻辑上是说得通的——本来已经得到的机会因为相信另一方会履行合同而被放弃,和因为相信对方会履行而被支出的费用是没有区别的。但在性质上,机会和实际支出的成本费用有巨大差别:一个只是一个"美丽"但难以量化的可能性,另一个则是实实在在的支出。或者说,成本与费用的数额无需其他辅证即可确定,而被放弃的机会的"含金量"却很难衡量,往往要通过比照未来将获得的履行利益来确定。这便在事实上模糊了信赖利益与履行利益这两个概念之间的界限。

四、成本与费用的损害赔偿

以下关于成本与费用损害赔偿的论述,主要是受《德国民法典》"新"第284条的启发,想避开讨论到底债权人可以主张信赖利益还是履行利益的损害赔偿。因为,一方面,如上文所述,这种分类只是概念界定的一种方式,其界限尚不够清楚不说,与实际的违约损害赔偿制度尚有很大出入;另一方面,对这个问题的解决,理论是无能为力的,因为"利润是否具有确定性"或"利润是否可预见"是一个事实问题,而不是法律问题。

无论是信赖利益赔偿中的成本与费用的赔偿,还是履行利益赔偿中的成本与费用的赔偿,其共同特点都是:债权人的举证负担轻。其只须证明自己实际支出了这些费用即可。在债权人仅请求成本与费用的损害赔偿时,关于债权人即便在合同得以履行后也将是亏本的情况,应当由债务人——违反了履行义务的人——负举证责任。[55]

债权人之所以不主张可得利润的赔偿,最重要的一个原因是根据案件的实

---

[52] 见前文一、(三)2。"Die deutsche Rechtsprechung ... sieht den Ersatz der durch die Nichterfüllung des Vertrags nutzlosen Aufwendungen nur als besondere Form der Schadensberechnung im Rahmen des positiven Interesses an." Marc Leonhard, 同上注[14]所引书, S. 663.

[53] Robert E. Hudec, Restating the "Reliance Interest", 67 *Cornell L. Rev.* 704, 717 (1982).

[54] Fuller & Perdue, 同上注[28]所引书, p. 55 and p. 417—18.

[55] 见《德国民法典》第284条但书;在美国法上也是一样,如果债务人在拒绝履行后,主张债权人即便在获得履行的情况下也不能弥补其支出,应当举证证明之。Holt v. United Sec. Life Ins. Co., 72 A, 301, 76 N. J. L. 585 (1909). 转引自Corbin, 同上注[18]所引书, p. 204. 笔者觉得,赔偿成本费用(乃至信赖利益)的合理性也许可以这样概括:虽然债权人不能证明将来合同得以履行自己肯定能获得利润,但债务人也不能充分反驳说债权人将来肯定会亏损,既然二者都相持不下,而债务人又确实有违约的行为,故不能让债权人毫无所得,从而便要求债务人赔偿债权人的成本与费用支出。

际情况很难证明未来的前景,或者未来的前景很难用金钱加以衡量。现在举证责任由债务人承担,虽然他证明的不是债权人会获得利润,而是债权人会遭受损害,但证明的难度(和非违约方证明自己会获得利润)是同样的。因此,从理论上说,主张的成本费用损害赔偿往往要比主张期待利益赔偿的成功率大。

(一)合同成立之前所支出的成本与费用

这里所说的合同成立之前,指的是当事人正式签订合同前的那段时间。这段时间又可以双方开始接触为切分点再分为两部分。

1. 缔约接触之前

通常而言,当事人在缔约接触之前所支出的费用并不是基于对合同对方当事人的信赖,充其量只能说是一种对市场的信赖。[56] 比如为出卖某产品而在报纸上刊登广告。这笔费用的支出,一方面出于某种相信会从市场上获得回报的期待(对市场的一般信赖),另一方面也是一种投机心理:反正费用并不多,万一有人回应了呢。因此,这些费用支出的损失,一般不能请求信赖利益的赔偿。

2. 缔约接触之后

随着债务人和债权人开始接触并进入协商,债权人可能开始拒绝其他人的要约,而在合同订立后,债权人便会拒绝任何要约,即合同协商及最后的订立,会使债权人放弃(或失去)其他的订约机会(也可以理解为是一种机会成本[57])。在债务人违约后,债权人所付出的成本(包括机会成本)与费用便变成了白费的支出。为了寻找新的合作方,债权人很可能还要重新支出相应的费用。英国法上有判例认为,如果这笔费用属于合理支出,并且能够在合同成立后从所获得的对价中(如在房屋租赁合同中,是承租人所获得的居住舒适和便

---

[56] Beate Gsell, 同上注[12]所引书, S. 331.

[57] 注意,缔约接触前所支出的费用在某种程度上可以转化为机会成本。因为机会的得来,很多时候就在于缔约前的费用支出(如广告宣传)。不过实践中对机会丧失的损害赔偿还是应当相对谨慎——如果债权人能够获得期待利益的赔偿,其也没有必要再主张丧失缔约机会的损害赔偿;而如果其期待利益的赔偿主张不成立,往往其对丧失机会的赔偿主张也不能成立。如果所丧失的是市场上普遍存在的机会,这个机会现在可能仍然还存在,很难说债权人还有损害。另外,如果是个别机会,则往往难以证明。不过,如果债权人能够证明这样的个别机会确实存在过,也有获得相应赔偿的例子。美国明尼苏达州最高法院在1981年的一个案件中,一个药剂师因信赖一个诊所提供的工作机会,辞掉了他原来在药房的工作,并拒绝了一个到某医院工作的机会。后来诊所违约,拒绝接受其工作。法院支持其机会丧失的损害赔偿,但是,因为该药剂师与诊所的合同中有双方都可以随时解除合同的条款,故药剂师也未能得到过多的赔偿。*Grouse v. Group Health Plan, Inc*, 306 NW2d 114 (Minn. 1981). 转引自 Farnsworth, 同上注[8]所引书, pp. 282—283.

利)得以补偿的话(reimburse),便应酌情予以赔偿。[58] 在英国1971年的一个案例中,双方就买卖一个农场进行协商。[59] 在正式的合同签订之前,原告将自己的家具搬到了农场,并在该农场上建了一个简易的住房(caravan),为此付出了一定费用。被告违约而没有履行合同。法院判决原告可以请求赔偿这些费用。Brightman法官说:当事人在进行合同协商时都明确知道:如果合同破裂,这些支出(expenditure)将白费。[60] 该意见后来又在 *Anglia Television Ltd. v. Reed* 案[61]的判决中被确认。[62]

应当强调的是,在谈判阶段或者订约准备的阶段,当事人通常并不希望受到法律行为的拘束。如果某一方在刚刚与另一方开始接触时就作出了相当的付出(如开始购置原料准备进行生产),只能被看作是一种过于轻率的举动(当事人应当知道,在现实的交易中,"谈不拢"是常态),因此而受到的损害也只能由其自己来承担。[63] 在德国法上,缔约过程中成本费用支出的损害赔偿问题,主要通过"缔约过失责任"制度来处理。总的原则是,随着协商的深入,当事人之间的告知、保护和照顾等关系也变得越来越紧密,其所做出的成本费用支出也就越有合理性。[64]

(二)合同订立后为获得履行和为利用标的物而支出的成本与费用

当信赖利益的支出是为获得履行利益时(如前述演唱会案中,场地费用的支出是举行演出的前提[65]),因为该费用支出是取得履行利益的必要成本,在把履行利益理解为毛利润的情况下,就不能都要求对二者都予以赔偿,因为后

---

[58] Corbin,同上注[18]所引书,p. 207. 强调该支出应当在未来的合同中获得补偿,正是法和经济学上不保护"无效率的信赖"(ineffcient reliance)的体现。参见 David D. Friedman, *Law's Order: What Economics Has to Do with Law and Why It Matters*, Princeton University Press, 2000, pp. 166—167.

[59] *Lloyd v. Stanbury* [1971] 1 W. L. R. 535 (M. A. Clarke, The Cambridge Law Journal, 1972A, pp. 22—24.).

[60] M. A. Clarke, C. L. J., 1972A, p. 23.

[61] [1972] 1 Q. B. 60.

[62] Lord *Denning* ([1972] 1 Q. B. 60. at p. 64.):"wasted expenditure can be recovered when it is wasted by reason of the defendant's breach of contract."

[63] 法和经济学的研究也表明,完全没有先合同责任和绝对严格的先合同责任都会导致前合同阶段投资的不效率。完全没有先合同责任将导致人们不敢进行先合同阶段的投资,而严格的先合同责任将导致人们在先合同阶段过度的投资。同时,这两个制度也都会扭曲人们进行协商的动机。合理的选择是一个中间路线:在特定前提下有限的损害赔偿责任(那种认为有先合同责任将降低人们协商接触的动力从而阻止交易的实现的观点是不成立的),例如某种赔偿信赖利益的责任——尤其当事人签订了意向书或做了其他先合同约定的情况下。Lucian Arye Bebchuk & Omri Ben-Shahar, Precontractual Reliance, 30 *Journal of Legal Studies*, 423—457 (2001).

[64] 关于缔约过失责任在成本费用赔偿方面的应用,可参见许德风:《对第三人具有保护效力的合同与信赖责任——以咨询责任为中心》,载易继明(主编):《私法》,北京大学出版社,2004年,总第8卷,第253至290页。

[65] 参见前文三、(二)2。

者已经包括了前者。当基于信赖的成本与费用支出不是为了直接获得履行,而是为了进一步使用标的物(如房屋租赁中承租人所付出的装修费用是为了住得更舒适)时,其支出并不一定都想通过将来的履行利益获得回报。对这类费用支出的白费(目的不能实现),当事人也许就可以在履行利益之外请求赔偿,因为后者并不包括前者。即,一般来说,为获得履行而支出的费用(erwerbsbezogene Aufwendungen),不能再和期待利益同时主张损害赔偿;而为进一步利用标的物所支出的费用(einsatzbezogene Aufwendungen),则往往可以同时主张,而无损"不得从损害赔偿中受益"的原则。[66]

不过,对于为进一步使用而付出的费用的赔偿,往往要非常谨慎。德国Stoll教授认为,对于信赖的保护(Vertrauensschutz),应当区别三种情况进行对待:

第一,最基本的信赖是债权人基于相信合同的效力所做的对待履行。在合同不能履行或者不能完全履行时,债务人应返还该给付。这无论是在法律规定还是在司法实践上,都是没有疑问的。[67]

第二,债权人因为相信合同的效力,为获得履行所支付的成本与费用。对这种成本与费用的赔偿,要多少谨慎一些。债权人有义务进行适当地计算,以确保所支付的成本和费用能够通过合同履行的回报得以补偿。

第三,最难认定的是基于相信合同履行而支付的与合同本身无关的其他费用。如卡车的购买人因相信买卖合同能够得到履行而修建了车库,或者将自己原来的旧车赠与了他人。对于这种情况,债务人很难施加影响,而且这种损害也和违约行为之间缺乏具有说服力的因果关系。对此,债权人可以寻求通过保险合同等其他方式来获得保护,或者在合同中作出明确约定。获得这种保护的前提应当是,债务人必须要求或促成了债权人的相应处置行为(Disposition),支付了相应的费用支出。[68]

类似的考虑在英美法上同样存在。科宾在论及信赖利益的赔偿时特别将这样的费用支出列为一类,直译是:基于对合同的信赖但不属于履行的一部分所支出的费用(expenditures in reliance on the contract but not in part performance

---

[66] Münchener Kommentar zum BGB-*Ernst*, Bd. 2a, C. H. Beck 2004, § 284 Rn. 25—26. 当然,有时候这种区分也不是完全清楚。比如买受人为了受领其所购买的画,专门制作了一个画框。而在制作该画框时,也考虑到将来挂在书房中时的美观、协调等因素。这里买受人既有为获得履行的目的也有为将来使用的目的。不过例外总是不能完全避免的,通常这样的区分还是合适的。

[67] 这实际上是富勒、帕迪尤所说的返还利益(restitution interest)。在德国法上,应当根据《民法典》第 346 条(解除的法律效果)进行返还。这种返还本质上相当于不当得利的返还。*Lorenz/Riehm*, Lehrbuch zum neuen Schuldrecht, Verlag C. H. Beck 2002, 6. Kapitel, Rn. 230.

[68] JZ 1987, 519 f.

thereof).[69] 即这类费用支出,不是对履行的准备,也不是履行的一部分。对于这样的支出,科宾认为,如果债务人有合理预期,知道债权人会支出这样的费用,则应当在违约时对这部分费用支出给予赔偿。

例如前面所引的烤箱展览案,制造商支出了运费、展览场地费、工作人员交通费和住宿费等费用以及时间。除运费以外的其他支出都和运输合同的履行没有直接联系。运费可以作为返还利益(restitution)返还,或者作为履行利益里的履行价值返还。运费以外的其他支出,则都属于基于信赖的费用支出。又如在 *Hayes v. James and Charles Dodd*[70]一案中,律师(被告)的陈述错误导致原告购买的企业不能获得预期的收入。原告要求赔偿为该笔买卖所申请的银行贷款的利息,法院支持了该请求。

又如,被告出卖给原告一个机器,并知道原告将为该机器建配套设施。结果机器有瑕疵,原告所建的配套设施也白费了。原告要求赔偿配套设施作废的损失。法院支持了原告的主张。对这项费用支出进行赔偿的理由是:该费用支出因为被告违约而作废。即被告的违约使原告丧失了通过使用合同约定的机器而将这笔建设费用赚回来的机会。当然,正如科宾所指出的,这个案件的前提(原告提出该请求的原因)是,原告无法证明使用该机器所能获得的未来利润。只有这样,原告才会要求赔偿其费用支出的损失。如果同时赔偿——既赔偿原告的利润,又赔偿原告的费用支出,就会导致双重赔偿。[71]

在另外一个案例中,被告和原告订立了一个运输合同。约定被告将原告的货物运到某一地点,原告计划到该地点出卖和使用这批货物,结果被告没有如约将机器运到。法院认为,如果被告不知道原告的这个目的,就不必赔偿原告为赶到该地点所支付的交通费,因为没有足够理由认为被告应当预见到原告的这项费用支出。

当然,正如科宾所指出的,对为利用标的物而支出的费用的赔偿,很容易走向极端而导致对债务人的不公平。科宾因此提出以下几个很值得参考的限制条件:其一,债务人的违约导致了债权人未来利润的丧失,而该利润很难被证明;其二,债务人应当合理预见到债权人可能会支出这些费用[72];其三,所支出

---

[69] 尽管科宾的书成于富勒的文章发表之后,但科宾并没有使用信赖利益(reliance interest)这个词,而是使用了费用的赔偿(recovery of expenditures)这样的提法。不知他是不是对 reliance interest 这个概念也有所保留。

[70] [1990] 2 All E.R. 815.

[71] *Accumulator Co. v. Dubuque St. R. Co.*, 64 F. 70 (C. C. A. 8th, 1894). 参见 Corbin, 同上注[18]所引书, p. 210.

[72] 在一个案件中,为了投资到被告的公司,原告卖掉了自己在另外一家公司的股票。被告没有履行合同,原告又出高于当初卖股票的价格将自己原来的股票买回。法院认为,原告的损害是不应得到赔偿的,因为被告没有理由遇见到原告出卖股票以获得资本的行为。*Collins v. Howard* [1942] 2 All Eng. 324, 65 T. L. R. 598, reversing 65 T. L. R. 188,参见 Corbin,同上注[18]所引书, p. 213.

的费用尚未被赚回,即仍然是纯损害;其四,债务人的违约行为阻止了这些费用被赚回的可能。[73]

总结来看,因相信未来会赢利而支出的费用,在很大程度上,应当由费用支出人自己承担。但如果所支出的费用对依约将获得的机器或者其他财产的使用是必要的,而且这也是合同的应有之意(合同的目的),则被告应当合理预见到这些费用的支出,同时也应当预见到他的违约会阻碍原告通过合同的履行获得收益以补偿这些支出。

五、结论

该文从损害赔偿的基本目标——期待利益的损害赔偿开始(第一部分),论及对期待利益损害赔偿的限制(第二部分)及退而求其次的解决方案——赔偿信赖利益的制度(第三部分)。笔者认为,信赖利益与期待利益的核心无非是净利润、成本与费用的支出这两个要素。能否获得利润、利润的多少主要是事实问题。因而在第四部分讨论了期待利益与信赖利益计算中的共同要素——成本与费用的赔偿规则。文章的主要结论有以下几点:

(1)相对于主张期待利益的赔偿,主张信赖利益的赔偿只是债权人退而求其次的选择。二者在结果上的区别在于履行利益包括了净利润。信赖利益主要是指成本(包括机会成本)和费用的支出。不过,成本和费用的支出并不等同于信赖利益。在计算期待利益(履行利益)时,成本与费用的支出是一个与净利润同等重要的要素。

(2)信赖利益概念本身及其应用还有一定的局限性。目前的普遍认识——违约损害赔偿应按履行利益、信赖利益和返还利益的划分来进行,并不符合法律实践。从目的论的角度来看,损害赔偿数额的确定,取决于最终想要达到的目的,不应受有关分类的限制。

(3)在成本与费用的损害赔偿中,债权人所负的举证责任较轻,即只需证明支出了有关的成本与费用。债务人若想减免其责任,须提出反证证明这些成本与费用的支出不能实现目的或不能从未来的收益中获得补偿。

(4)为获得履行而支出的成本和费用,在不是亏本合同的情况下,通常应当给予赔偿;为进一步利用标的物而支出的费用,在满足一定限制的情况下应给予赔偿。

(初审编辑:罗彧)

---

[73] Corbin,同上注[18]所引书,p. 213.

要命的地方:《秋菊打官司》再解读

赵晓力[*]

Fatal Injuries: An Interpretation of Qiuju goes to Court

Zhao Xiao-li

> 人面不知何处去,桃花依旧笑春风。
>
> ——摘自《秋菊打官司》片头曲

从苏力几年前在法学界讨论《秋菊打官司》开始,冯象、江帆、凌斌[1]等等关于这部电影的讨论随后,已经把《秋菊打官司》构造成在中国讨论"法律与社会"的一个经典电影文本。本文权且作为对以上几位讨论的补充。假定读者都看过这部电影,具体剧情就不多交待了。

一、说法

《秋菊打官司》让"说法"这个词不胫而走。随便用 google 搜索一下"讨说法",就会发现一大堆这样的新闻,比如,"美容'美'出'皮炎',官司受害者讨说

---

[*] 法学博士,清华大学法学院讲师(100084)。电子邮件:zhaoxiaoli@mail.tsinghua.edu.cn。
[1] 苏力:"秋菊的困惑和山杠爷的悲剧",载苏力:《法制与本土资源》,北京:政法大学出版社,1996年,页23—40;冯象:"秋菊的困惑",载《读书》1997年第11期;江帆:《法治的本土化与现代化之间:也说秋菊的困惑》,载《比较法研究》1998年第2期;凌斌:"普法、法盲与法治",载《法制与社会发展》2004年第2期。

法","1.68万亿不良贷款要讨说法","母亲为女儿之死讨说法被精神病院强制治疗22天","蛋糕里吃出苍蝇讨说法消费者遭厂家电话恐吓","哥哥讨'说法'讨来一顿乱棍",等等,"讨说法"似乎已经成为法律上"争取权利"的一个通俗说法,或者"要公道"的一个当代表达。

看这些报道,人们在"讨说法"的时候,好像都知道自己要讨的那个具体"说法"是什么。但是电影里秋菊要的那个"说法"究竟是什么,却不是很清楚。秋菊第一次要说法,是丈夫万庆来被村长王善堂打伤之后,拿着医院开的检查证明,到村长家里:

秋菊:村长,庆来有没有伤,咱说了也不算,这是医院大夫开的证明,你看一下,咋办么?

村长:该咋办咋办。

秋菊:人是你踢的,你说咋办?

村长:要我说,问你男人去,我为啥踢他。

秋菊:你是村长么,再咋说也不能往要命的地方踢。

村长:踢了就踢了,你说咋办。

秋菊:总得给个说法吧。

村长:我给你个说法,你甭嫌不好听,我叉开腿,在当院里站着,让你男人还我一脚,咋样?

秋菊:要是这,就啥也不说了。

村长:那就啥也甭说了。

秋菊:我就不信没有个说理的地方。

从这段对话可以看出,秋菊要的说法是由某个"理"得出的说法,这个"理"似乎是这样的:村长把庆来踢伤了,是村长不对,村长就要对庆来的伤负责;但村长不承认秋菊的"理",认为自己踢庆来事出有因,是庆来骂人先失了理,踢庆来,是惩罚庆来的不对,两厢抵消,村长并不欠庆来什么;秋菊承认,王善堂作为村长,踢庆来本来也没啥,只是不能往要命的地方(下身)踢。这时村长提出了一个人类学家会称为"同态复仇"的解决方案:既然秋菊认为村长往庆来要命的地方踢不对,那就让庆来也向村长要命的地方踢上一脚,一脚还一脚,两家扯清。

秋菊不能接受村长的方案,到乡上李公安那里反映。李公安凭借多年农村工作经验,知道"一个巴掌拍不响",问清楚了事情的原委:

秋菊:我家是种辣子的,你知道不?

李公安：知道。

秋菊：我家总想盖个辣子楼，砖瓦都备好了，村长他就是不批，没办法，我就在我承包的地里拾掇了一块地边边，想在那地方盖了就算了，村长还是不批，他说有啥文件，那我说，你有文件可以，你有文件，你就把那文件拿来给我看一下，他说不用给我看，他说他就是文件，不给我看。

李公安：这你别说，还真格有这文件。这承包地是让种庄稼的，都在里头动开土木了，那咱吃啥？

秋菊：那文件上也没写打人这一条。他是村长，打两下也没啥，他也不能随便往那要命的地方踢。

李公安：一个巴掌就拍不响，没个因由他就能随便打人？到底为啥？（问秋菊小姑）为啥？

妹子：我哥气不过，骂了他一句。

李公安：你哥骂人啥呢？

妹子：骂他下一辈子断子绝孙，还抱一窝母鸡。

李公安：这就是庆来的不是了。谁都知道，王善堂四个女子没儿么，这话是戳老汉心窝子，去年计划生育刚给老汉计划了，这事就不能提么。

秋菊：再怎么说，他打人就是不对，他是村长，不能随便往那要命的地方踢。我找他去寻个说法，他说他不管，说踢了就踢了，你踢了，你不管谁管，你是村长，你还打人，你就是不对么。

李公安：就这事，是吧？

秋菊：噢。

李公安：我跟你说，他打人肯定是不对的……

秋菊：就是不对么，往那要命的地方踢，踢坏了，他……

李公安：我刚不是给你说了么，肯定不对么……

秋菊还是坚持自己的"理"，就是踢人不能往要命的地方踢。李公安作为国家公安人员，按公家的法律政策办事，并不认可"要命的地方"和"不要命的地方"的区分，打了人，不管是不是"要命的地方"，"肯定是不对的"。另外，骂人，尤其是骂只有女子没有儿又做了绝育手术的王老汉"断子绝孙"，也不对。李公安又到村上看了庆来的伤，找村长做工作，按照公家的"理"，给了秋菊一个说法：

李公安：秋菊你看是这，他打人不对，我也把他批评了，可你庆来说的那话也不好听，双方要各自多做自我批评，调解结果是个这：医药费、误工费由王善堂负责，一共200元，你看咋样？

秋菊:我就不是图那个钱。我就是要个说法。
李公安:那是个辈人,又是个村长,你瞎好得给一些面子。再说你庆来那伤也没啥。
秋菊:那还是没个说法。
李公安:他把钱都掏了,那就证明你对他错,这就算个说法了。

在李公安和他代表的公家的抽象意识形态看来,骂人都不对,骂什么话那是次要的,打人都不对,打什么地方也是次要的。既然骂人打人都不对,那么对骂人打人的都要批评,除了批评,双方还要做自我批评。这是一。第二,打人造成了身体伤害,要医治身体伤害,需要花费医药费,所以打人者要赔偿医药费;身体伤害还造成庆来卧床不起,干不成活,还要赔偿这个机会成本,就是误工费。根据这个"理",李公安做出了王善堂赔偿万庆来 200 元损失的调解方案。至于秋菊要的那个"理",李公安给不了,只能含糊过去。

但秋菊显然不认可这个"骂人不对、打人也不对"的抽象的"理"。打人并不是都不对,村长打村民两下也没啥,关键不能往要命的地方踢。踢人要命的地方,并不是医药费和误工费能够弥补的。但在李公安"他掏钱就证明你对他错"的劝说下,秋菊还是接受了这个调解方案,拿着发票收据去找村长。

如果不是村长要自己的面子,事情好像到此就结束了。

二、面子

秋菊拿着发票收据去找村长,村长掏出 200 元钱来,并没有直接给秋菊,手一扬,20 张票子散落在风里:

秋菊:村长,你这是啥意思?
村长:啥意思,别人的钱不是那么好拿的。
秋菊:我今天来就不是图个钱,我是要个理。
村长:理?你以为我软了?我是看李公安大老远跑一趟不容易,给他个面子,地下的钱一共二十张,你拾一张给我低一回头,拾一张给我低一回头,低二十回头,这事就完了。
秋菊:完不完,你说了也不算。

李公安设想的由村长掏钱来向秋菊证明"你对他错"的方案,不幸被村长也识破了。拿钱可以,服软是不行的。村长仍坚持他的理,就是他不欠庆来家什么;踢庆来,是对庆来骂人的恰当惩罚。给秋菊 200 元钱,是给李公安面子,并不是对万家认错。秋菊必须用低 20 回头为代价,拿这 200 元钱。

正是秋菊在这个时候的选择，引起了观众对她的钦佩和赞扬。因为在日常生活中，在大部分情况下，我们都会选择折腰，拿地上的钱。秋菊替我们做到了我们自己做不到的事情，秋菊的形象，是从这一刻高大起来的。但秋菊不可能理会坐在黑压压电影院里观众的心理活动。银幕上的秋菊没有选择低 20 个头去拿那 200 元钱，仅仅是因为这样拿到的钱，并不能证明"你对他错"。

秋菊挺着大肚子来到了县城。在别人的指点下，花 20 元钱，请邮电局门口给人代笔的张老汉，写了一份材料，要求追究村长"平白无故踢伤我丈夫"的"故意杀人罪"。听到这里，两个县公安笑了。观众也笑了。

县公安局的裁定下来了，内容是："建议由所在乡的公安员进行调解，双方各自多做自我批评，求大同存小异，以安定团结为重，经济上仍以第一次调解为主，维持原乡政府的调解方案，医药费、误工费由王善堂本人负责赔偿。"

然而，秋菊去县里打官司，却彻底把村长的面子摧毁了。在村长看来，秋菊此举纯粹是到县里坏他的名声，让他以后在村里没法工作：

村长：这跟上一回一样么，秋菊跑了趟县城就弄了个这，我以为县里要把我枪毙了呢。

李公安：这回你听我的，回去给秋菊两口子说些面子话，这事就了了。

村长：面子话，那面子话咋说呢？

李公安：你看你看，大家都忙忙的么，为这事我都跑了几回了。刚才县上裁决你又不是没看么，你不丢面子么。

村长：李公安，你说，有啥事乡里解决不了，凭啥到县里臭我的名声。

李公安：哎呀，她也不想把你怎么样。

村长：再说，我大小是个干部，以后我在村里没法工作么。

李公安，她也不想把你怎么样，她就是要个说法，你回去就给她个说法。

村长：钱我给，说法，说法，我想不通。

做不通村长的工作，李公安只好自己花钱买了三盒点心，谎称是村长买的，去秋菊家代村长赔不是。

李公安：王善堂那是个犟人，那在乡上都是有了名的，这回能让我把这个点心给你捎来，这就不容易了。秋菊，你不是说要个说法吗，这还不算赔礼道歉？该赔的赔，该报销的报销，经济上你们也不吃亏，再说，这个民事调解，咱又不是去法院打官司，县上裁定这算到了头了，这也是领导决定下的。

秋菊：李公安，这点心真是村长买的呀？

李公安：这话说的，不是他还是谁么？为这，昨天我跟他说了半天，人家是干部,总得给人家留点面子,这个点心往这儿一搁,这就等于来人,把不是给你陪了。

庆来:要是这样,啥事都好商量。他是村长,咱又能把他咋的。再说,日后都得在一个村里过,没完没了的没啥意思。县里定下的事,我们没意见。

秋菊公公:我也没意见,政府定下的,我也没意见。

秋菊:要是这,那就算村长给咱赔了不是了,钱不钱么,无所谓了。

李公安:该赔的还是要赔哩。那咱这事,就算完了,我也没白辛苦一回。

要不是秋菊问了代销员,得知点心不是村长买的,事情好像也就到此结束了。200 元钱不能证明的"你对他错",三盒不值 200 元的点心却可以证明。看来,秋菊和村长在这个回合争的,并不是钱,而是"面子"。李公安在这个回合的调解,围绕的也是面子的交换。他让村长看他的面子,给秋菊两口子说些"面子话",又让秋菊家看自己的面子,给村长留些面子。在这个回合,李公安实际上已经放弃了自己所代表的国家的"理",不得不按照村庄的"礼"来运作。国家"骂人打人都不对"的"理"没有再提起,但"国家"赋予"干部"的身份,还可以转化为村庄认可的"面子"资源,投入到"面子"的交换中。

然而,在秋菊得知点心并不是村长买的之后,这场面子的交换礼也就失效了。你敬我一尺,我敬你一丈;你不敬我一尺,我也不敬你一丈。秋菊把点心退给了李公安,继续到市里要说法。市公安局复议的结果,是维持乡里和县里的决定,只是赔偿数额加了 50 元钱。看来,市里的决定,基础仍然是李公安一开始就阐明的国家的"理",而不是秋菊的"理",那 250 元钱,仍然不过是对庆来看得见的身体伤害的赔偿。庆来接受了,但秋菊仍然没有接受!她把庆来拿的那 250 元,扔回到村长面前。村长需要低 25 回头,才能把那些钱拾起来。秋菊叫上妹子,装上辣子,卖了钱做盘缠,继续到市里要她的说法。

三、官司

看电影的人,会忽略这部电影的标题是《秋菊打官司》。这是一场官司。秋菊一开始到村长家,不仅是向王善堂个人要说法,也是向村长这个"公家人"要说法。她向乡里、县里、市里要说法,也是在向"公家"要说法。她"不信没有个说理的地方",因为她相信说理的地方在公家,在上级。头一回从村长家回来,她告诉家里人村长说不管,家里人都支持她去乡上要说法,显然大家都相信,公家并不只是一层层的官僚结构,还是公道、正义、理的承载者。

秋菊到乡政府找到李公安的时候,李公安正在断另一个打架的官司。一方当事人,在向公安员叙说打架的前因后果,而公安员关心的,却是谁先动手的问题。显然,公安员们假定,谁先动手,谁就有错,谁就应该负责。但当事人却坚持要把事情的起因说清楚,要表明并不一定是谁先动手谁就错,没有动手的一方也许有错在先。这预示了,公家只处理它的"理"能够涵盖的那些环节,并不就事情的整个是非曲直做出判断。所以,李公安并不关心为什么村长不给秋菊家批盖辣子楼的地方,而只是说,的确有不许在承包地里动土木的文件。村长为什么不给秋菊家批?这个问题,以后再也没有提起过。甚至秋菊到县上告状的时候,她找张老汉代笔写的材料,也不再提辣子楼的事,只说村长违反计划生育这个公家听得懂的"理":"村长养了四个丫头,不仅说明他没本事,更说明他严重违反了计划生育政策,他养不出儿子,就拿普通群众撒气,我丈夫顺嘴说了养母鸡的话,村长就对号入座,认为母鸡是指他女儿,是可忍孰不可忍,他平白无故踢伤我丈夫,犯了故意杀人罪,国法难容。"

县公安听了,却笑了。秋菊的努力归于白费。村长违反计划生育政策,不属于公安局管理的范围,公安局只能管归它管的那一部分。县公安继续问秋菊:"乡上公安员已经处理过了,你咋还找我们呢?"秋菊说:"我怕李公安偏向村长,我要求县上处理。"县公安接着告诉她,5日之内县公安局会从做出裁决,如再不服,还可以向市公安局提出复议。

念过中学的秋菊也无法理解这一套程序正义的安排。这套安排再精巧,也不能打消她的一个基本疑惑。为啥她找了这么多地方,这些地方都不理会她要的"理",而只是抛出一个个和李公安给的没啥区别的说法。

在村长眼里,自己遇到的也是一个"官司"。他也关心乡里的、县里的、市里的说法;关心"上面"对他的评价。不过在他看来,他给公家干事,公家就是他的靠山,县里的裁定维持乡里的调解,市里的复议维持县里的裁定,都是在为他这个公家人撑腰。他相信他和"上面"之间,存在这种交换关系。在市公安局的复议书下来之后,他得意地对秋菊丈夫说:"市公安局的复议书下来了,……人家认为,县里的裁决,乡里的调解,基本没错,让我在加50元,这是经过认真研究决定的,我按复议书给你们准备了250元……我听说秋菊在市里把局长的小汽车坐了,闹了半天,就是让我多给50元么。跟你说,我不怕你们告,我是公家人,一年到头辛辛苦苦,上面都知道,它不给我撑腰,给谁撑腰?"

村长对于公家的想象,比秋菊现实的多,他眼里的公家,是所有公家人的庇护者。但实际上他对公家的想象也是一厢情愿的,这一点和秋菊没什么不同。正在建设法制的公家其实也不是他的庇护者。公家一意孤行照的是自己的逻辑,而不是秋菊或者村长的希望。公家的逻辑不光秋菊不理解,村长也不可能理解。

最先是秋菊发现了这一点。公家花样很多,但结果一样,公家那里,是不是有什么未曾言明的默契?秋菊不服市公安局的复议决定,第二次找到市公安局

严局长的时候,表达了她的这个怀疑:

> 严局长:我忘了问你,你对复议决定同意不同意?
> 秋菊:我就是不服,你看这事情,我告到乡上、县上,又到你这里,结果都一样,都没有让村长给我认个错。我就不是图多给我五十块钱,我就是不明白,村长咋就不能给我认个错?我是老百姓,你们都是公家人,谁知道你们是不是在底下都商量好了?
> 严局长:秋菊,你完全可以这样怀疑,我们的工作也不是没有差错,你要是不服,倒有个办法,可以向法院直接起诉。

严局长告诉秋菊可以向法院提起行政诉讼,并向她介绍区律师事务所的小吴("这人很好,可以帮你解决问题"),显然也是为了打消秋菊的怀疑。他准备和秋菊平等地站在法庭上,共同接受法庭的判决,以证明秋菊的怀疑没有根据。但站在被告席上的局长,也是公家人。当法院判决维持市公安局的复议决定的时候,秋菊的怀疑仍然有效:"我是老百姓,你们都是公家人,谁知道你们是不是在底下都商量好了?"

四、肋骨

秋菊的怀疑没错。所有的公家人其实不用商量都商量好了。乡上李公安一开始就是按照这一套不用商量的东西做的。打人是不对的,打哪儿都不对;如何处理,要看有没有伤,是轻伤还是轻微伤。是轻微伤就按照民事调解来,是轻伤就要治安拘留。李公安来村里专门看了庆来的伤,认为没有啥;秋菊上诉后,二审法院来庆来家调查,主要也是看庆来的伤,并让庆来去市里拍个 X 光片子。

庆来拗不过,去拍了片子。因为秋菊要生了,顾不上看结果,就回来了。在这期间,秋菊难产,是村长在深夜组织人把秋菊抬到了医院,母子保全,成了秋菊一家的恩人。

庆来的片子结果出来了。在儿子过满月那天,公安局来人,把准备去喝喜酒的王善堂抓走了,行政拘留 15 天。

> 李公安:庆来,你那片子拍出来了,是肋骨骨折,虽然已经好了,但案情性质发生变化了,是轻度伤害罪,中级人民法院已经依法把王善堂行政拘留 15 天。
> 秋菊:拘留了?!
> 李公安:就是让公安局抓走了。
> 秋菊:抓走?我就要个说法么,我就没让他抓人么,他咋把人抓走了呢?

秋菊跑到了村口大路上,望着远去的警车,脸上充满了迷惑。

秋菊不知道,法律有一套关于关于"人"和"身体"的意识形态,这就是"劳动力身体"的意识形态。现代经济学已经把"人"建构成"劳动着的主体"[2],在当代中国的语境中,农民尤其是这样的主体,或者只能是这样的主体。秋菊丈夫的身体,只不过是普遍劳动力的具体承载者。所以打击这个具体身体无非是破坏普遍劳动力,法律重视肋骨的伤,因为是肋骨的伤让庆来气短,干不了重活。医药费、误工费是对劳动力身体的补偿。这是用金钱这个普遍等价物,补偿那个受损的普遍的劳动力。下身?在秋菊看来那才是要命的地方,但相对于数量庞大,取用不竭的农村劳动力总量来说,踢坏万庆来的下身并不造成劳动力的多大损失,法律完全可以对此视而不见。

庆来是家里的劳动力,这没有错。但人仅仅是劳动力么?人仅仅是劳动着的主体么?人活着要劳动,但劳动仅仅是为了活着么?你要问秋菊和庆来劳动为了啥?他们会说:劳动还不是为了咱娃!

五、睾丸

是的,秋菊从一开始要的说法,就是有关睾丸的,而不是关于肋骨的。电影一开始,秋菊和小姑子拉着被踢伤的丈夫找大夫,找的就是"看下身的名医"。

村长为啥踢万庆来的下身?还不是庆来骂村长"断子绝孙,抱了一窝母鸡"。而村长也的确生了四个女儿,去年又做了计划生育手术,这不是一般的辱骂,而是戳到了命中已无儿的王善堂的心窝子,老汉最大的伤心事。在四个女儿都出嫁之后,在老两口百年之后,王家的血脉将从西沟子村彻底消失——甚至在这个世上彻底消失。你骂我断子绝孙,我也让你断子绝孙,善堂飞起一脚,踢向庆来下身的时候,他们都知道那一脚要踢什么。

秋菊第一次到村长家里要说法,带去大夫开的证明,让村长看的就是关于下身的部分,而不是关于肋骨的部分。村长提出的同态复仇的解决方案,也是关于下身的:"我叉开腿,在当院里站着,让你男人还我一脚。"——既然秋菊也认为那是要命的地方,秋菊当然不可能接受这个解决方案;再说,踢村长的下身,已经失去意义了。

其实,万家人和王家人都明白秋菊要的是啥说法。如果万庆来真的被村长把要命的地方踢坏了,如果秋菊生的不是儿子,万庆来又是独子,那万家也将面临绝嗣的命运!这就是为什么当秋菊深夜难产的时候,庆来和接生婆去找村长帮忙,村长仍然不计前嫌,去王庄叫人,把秋菊送往医院的原因。那些正在看戏

---

[2] 参见福柯:《词与物:人文科学考古学》,莫伟民译,上海:上海三联书店,2001年,页329—341。

的村民,二话不说,抬上秋菊就走。显然,他们都知道要命的地方在哪儿,要命的事是什么事。要是秋菊没有生出儿子,要是万庆来真的被王善堂踢坏了下身,即便村长深夜抬秋菊上医院搭救了她,恐怕都无法解开两家从此结下的世仇!

在这部电影里,可能只有李公安一个公家人明白,这是万、王两家一件关于睾丸、关于血脉的争执。但他这个公家人,却无法将这个村庄的真理纳入公家的逻辑。当秋菊拿着医院的诊断证明第一次去找他,李公安念诊断证明"右侧肋骨软组织挫伤,左侧睾丸轻度水肿"的时候,又把"轻度"两个字下意识地重复了一遍。是的,公家并不认为睾丸比肋骨重要,也不会认为睾丸是要命的地方。公家的字典里只有"重伤、轻伤、轻微伤"。要命的地方?当然重伤也能是要命的,轻度水肿的睾丸怎么会是要命的呢?公家理解的"命"是"个体现在的生命",西北乡西沟子村村民理解的"命"是子孙后代,是命脉,是香火。在这方面,他们并没有重叠共识,所以,当秋菊锲而不舍一遍遍向公家要说法的时候,公家怎么可能给她?秋菊打官司遇到了不少好人——有些敏锐的观众看到这一点,尤其看到电影里严局长不受礼,还拉着秋菊在小摊子上吃饭,总怀疑这部电影在歌颂什么,在讨好谁。但我们必须指出,秋菊之所以受到这些优待,比如严局长用小车把她送回来,在小摊子上吃饭的时候,秋菊说"身子沉,坐不下"的时候,严局长会说"那就站着吃"——这些,其实都是看在她怀着娃、快生的份上。在秋菊眼里,这是些奇怪的公家人,他们似乎也看重她看重的东西,知道她肚中的娃儿要紧,但他们怎么就不理解,她肚中的娃儿,就是万家的血脉,就是她要的说法嘛。

其实喜欢秋菊的观众也不理解她。观众喜欢她的倔强,认为那是她的性格,但却不理解她的倔强从何而来。当县里的公安念秋菊找人写的材料——"他平白无故踢伤我丈夫,犯了故意杀人罪,国法难容"——县公安笑了,观众也笑了,笑秋菊和代笔的张老汉夸大其词。但我们何以能断定,那不是秋菊的真实指控呢?王善堂踢万庆来"要命的地方",要的就是万家一门的命脉啊。

观众中的一部分学法律或爱法律的人,则把秋菊想象成一个维权先锋。如果他们明白了秋菊要的那个说法的实质意义不过是生儿子,他们中的大部分大概会撤回对秋菊的赞美。西沟子村村民想儿子,也疼爱女儿,但儿子和女儿在传宗接代续香火的意义上显然是不一样的。女儿也是传后人,但女儿传的是她夫家的后,就像秋菊生娃传的是万家的后——电影中的秋菊,是没有姓的,也不需要有。在观众看来,秋菊作为一个上过中学的女性,一遍遍上访告状要说法不过是为了维护西沟子村落后的重男轻女的观念,这又有什么值得赞美的呢?!

然而,无论如何,最后给秋菊说法的,却是她肚中的娃儿。秋菊生了之后,帮忙抬秋菊去医院的一个村民羡慕地对庆来说:"庆来,你运气还好,福大,头一胎就生了个男孩。"庆来掩饰道:"就是个子小了一点,才五斤七两。"那村民仍然强调:"关键还是个儿子嘛。"最后,让王善堂服气的也不是秋菊的倔强,而是她生了儿子这一事实。当秋菊抱着儿子去请村长喝满月酒的时候,王善堂接过秋菊的孩子,骂自己的老婆道:"你看人家,想生儿子,就生儿子,你看你,一撇腿一个女子,一撇腿一个女子,一撇腿还两个女子(村长有一对双胞胎女儿——作者注),你真把我气死了!"

秋菊对村长说:"村长,咱娃能过上满月,多亏你了。"

村长说:"我没啥,还是你的本事大。"

在村长看来,秋菊一遍遍到乡上、县里、市里告他,那不算啥本事,生出儿子才是本事!明白了这一点,我们也就明白,是什么动力促使秋菊不辞辛苦地一遍遍往乡上、县里、市里跑!

秋菊准备第一次去县里告状的前夜,庆来担心秋菊肚里的孩子,秋菊道:"该掉的咳嗽一声就掉了,不该掉的,擀面杖压也压不下来。"显然,秋菊相信一种生命力的原始观念。而张艺谋的这部电影,歌颂的正是这种原始的生命力。从《红高粱》开始,这就是张艺谋电影的一个基本主题。在那部电影中,他问,中国人还有没有种?结果,在一帮做烧酒的土匪、寡妇——一些中国的边缘人那里,找到了这种原始的生命力,这种生命力最终在一场与日本鬼子的殊死搏斗中迸发出来,证明中国人还是有种的;在《活着》中,他讲述了一个最没种的普通中国人富贵,在经历了战争、革命、运动,赌钱气死了父亲,在大炼钢铁中失去了儿子,在"文革"中失去了女儿,仍然顽强地活着,并且鼓励别人活着的故事。这种生命力到了秋菊这儿,就体现在她一遍遍上访告状的行动中。如果说秋菊是一个维权先锋,那么她要维护的,并不是什么她或她丈夫的个人权利,而是一种普遍的生育的权利,一种对于生殖的古老信仰:破坏生殖是最大的犯罪。在张艺谋的电影里,正是这种原始的生命力,这种老百姓生儿育女的基本的本能(basic instinct),让我们这个民族度过战争、革命、运动的劫难,也度过平凡日常生活中的消耗和杀机。这是这个民族之所以生生不息、无法从总体上消灭的真正原因。

正如《秋菊打官司》片头曲所唱:"'人面不知何处去,桃花依旧笑春风!'那个戏谑、自信的调子告诉鼠目寸光的观众:什么是暂时的,什么是永恒的。

整个公家的、现代的法律体系可以不承认这种本能,但却不能无视这种本能的力量。显然,让西沟子村村民生生不息的不光是他们种植的玉米或者辣椒,还有这个生儿育女的基本本能。基于这种本能,他们生存、竞争,在孩子满月的时候,捐弃前嫌,举村庆祝新生命的诞生。不合时宜的警笛是这场庆典的不和谐音。它按照自己的逻辑飞奔而来,又疾驰而去,它实现了自己的正义,然而却是和秋菊的要求南辕北辙的方式。县公安局的裁定书曾要求万、王两家

"以安定团结为重",但公家不知道,真正让他们安定团结的,不是公家苦心经营的调解、裁定、复议、诉讼这一套程序,而是那个襁褓中新生的婴儿。他的诞生消弭了所有潜在的仇恨。秋菊生不出儿子来,西沟子村的安定团结就是无望的。可以想象的是,在警车把村长带走之后,秋菊要做的,就是抱着自己的孩子,去公安局要人——把孩子的恩人放回来。

如果我们的法律真的关心西沟子村的安定团结,那就老老实实放下架子,听一听秋菊要的,究竟是什么。你可以不答应她,但你一定要听懂她。

(初审编辑:胡凌)

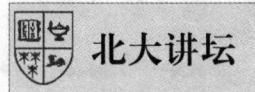

寻求比较公司治理恰当的理论视角与方法论[*]

约翰·H. 法勒[**] 著
洪艳蓉[***] 译

In Pursuit of an Appropriate Theoretical Perspective and Methodology for Comparative Corporate Governance

John H. Farrar
translated by Hong Yan-rong

  过去二十年里,公司治理已发展成为与公司法有着难解关系的一个主题,而近来比较公司治理文献的增长也带来了它与比较法的难解关系。在这篇论文里,我将简要地讨论一般意义上的公司治理概念,而后集中探讨比较公司治理,侧重理论和方法的问题。作为讨论的一部分,我会考虑诸如路径依赖和全球化现象这些问题,并将会阐述比较法因过于狭隘和混乱而无法为处于复杂变革时期下的比较公司治理提供一个恰当的理论上和方法论上的进路。而且,我将考虑解决之道在何种程度上有赖于社会科学方法,尤其是这是否有赖于一种专门的经济学方法。我基本上认为,在现实世界里我们正见证着以实际合同与网络为基础的体制的日益浮现和公司与民族国家的相对式微。比较公司治理

---

[*] 首次发表于(2001)13 Australian Journal of Corporate Law。
[**] John H Farrar,庞德大学和墨尔本大学教授。
[***] 洪艳蓉,法学博士,北京大学法学院讲师,北京大学金融法研究中心成员。

需要反映这些发展。

公司治理的概念

公司治理的概念可以看作是一个核心和系列外围的术语。[1] 核心是指有关董事责任、各种会议、股东权利与救济的法律。第一圈外围可以被描述为强行性软法(hard soft law)。

——例如在公司法中得到某种确认的澳大利亚证券交易所(ASX)上市规则和会计实践的报表这类事项。

接下来是习惯法

——公司惯例和行为导引[2]以及 IFSA 指南[3]和最佳实践报告[4]。

之后是正日益成为公司法典主题的商业伦理这一外围。[5]

显而易见,公司治理的概念超越了法律本身而考虑了大量非法律规范或者自治规则和其他商业惯例。这当中的一些以规则形式出现,其他的则采取了"最佳实践"的行为标准形式。[6]

比较公司治理

比较公司治理包括对不同国家体制下公司治理的比较,且应当与在全球公司治理上的尝试,例如 OECD 的《公司治理准则》[7]相区别,后者声称要成为一种 Edward Lambert 于 1900 年在巴黎举行的世界博览会上提出的"普遍人权"(droit commun de I'humanité)[8]模式。

许多比较公司治理的论文关注与微观比较相对的宏观比较。[9]宏观比较关注一般性的方法而微观比较关注特定的手段和问题。尽管如此,它们之间的界限划分仍然还是有弹性的。[10]

---

[1] Farrar, *JH Corporate Governance in Australia and New Zealand*, Oxford University Press, Melbourne, Chapter 1.

[2] 3rd ed. FT Pitman Publishing, Melbourne, 1995.

[3] IFSA, *Corporate Governance: A Guide for Investment Managers and Corporations*.

[4] 例如参见 the Institute of Directors of New Zealand Inc's Statements of Best Practice.

[5] See Farrar, Supra note[1], Chapter 32.

[6] Ibid., Chapter 1.

[7] 1999 年 5 月 26—27 日通过。

[8] See Lambert E, *La Function du Droit Civil Compare*, Paris, 1903.

[9] Waston, A, *Legal Transplants: An Approach to Comparative Law*, Scottish Academic Press, Edinburgh, 1974, 2.

[10] Ibid.

比较公司治理和比较法

比较法差不多是一个有关方法的学科。[11] 这一学科的内容相当灵活。许多人已试图证明它是一门科学[12],但这些努力常常陷入到对语言的辩论中。[13]

另一种观点认为,比较法不只包括一个学科而是有三个。Lambert[14]认为它们是:

叙述性比较法;

比较法制史;

比较立法。

第一个是有关过去和现存的制度与规则的总清单。第二个是试图建立一套普适的法制史并去考察社会现象的规律或自然法则。第三个则试图去界定规则的共同核心。

Wigmore[15] 将这一学科划分为:

比较立法文本(nomoscopy)

比较立法根据(nomothetics)

比较法律传统(nomogenetics)

第一个是对制度的描述,类似于 Lambert 的第一个类别。第二个是对制度的价值分析,第三个则是对世界法制理念发展的研究。

Alan Watson[16] 认为,凭其本身是研究法律制度内,或一个以上制度内的规则之间的关系,特别是历史关系这一点来看,比较法就是一门学术学科。Watson 将比较法的问题界定为:表面性;陷入外国法的错误;系统性的不可能;寻求发展模式的错误需求。[17]

近来的更多的批判已强调了比较法学术中的模糊不清和不够严谨。[18]现代的趋势远不是检测发展模式和趋同化,而是接受差异的合法性。[19]另一方

---

[11] Gutteridge H, *Comparative Law*, 2nd ed. Cambridge, 1949,1; See Corcoran S, "Comparative Corporate Law Research Methodology" (1963)3 Canb. LR 54; Clark E, "Comparative Research in Corporate Law", Ibid., p.62.

[12] Schmitthoff M. "The Science of Comparative Law"(1939—41)"7 CLJ 94.

[13] Watson, Supra note[9], p.2.

[14] Lambert E, *Encyclopedia of the Social Sciences Vol 4*, London, 1931,126 et seq.

[15] Wigmore JH,"A New Way of Teaching Comparative Law", (1926)JSPTL 6.

[16] Watson, Supra note[9], p.6.

[17] Ibid., Chapter 2.

[18] 例如参见 Rogers CA, "Gulliver's Troubled Travels, or the Conundrums of Comparative Law", (*1998*)*67 Geo. Washington L. Rev.149*; Mattheill and Reimann, Introduction (1998), *46 American Journal of Comparative Law* 597.

[19] Mattheill and Reimann, 同上注,页 600 以及下列等等。

面,受共产主义崩溃和全球化兴起的启发,近来美国法律、经济学的著作[20]主张趋同化,并且有些认为美国体制的最终胜利意味着历史理论的某种终结。[21]我将会在后文中论及此点。

在接受当代比较法学术停滞不前现状的同时,我们也必须面对这样一个现实,即,当我们谈及比较公司治理时,问题将变得更为复杂,因为我们考察的不仅仅包括法律,也涉及自治规则与惯例。这不可避免地使争辩拓展成为一个更加难以捉摸的文化论题。在其中,不仅要应对国家,也要应对人们所创造的"活法"(living law)。[22]

比较公司治理和社会科学

理论和方法问题

假如比较法上几乎不存在能达成一致的基本理论和方法,那么就会产生我们是否要去别处对此予以寻求的问题。就比较法本身不时标榜自己是一门科学[23],而其也仅可能被视为一门社会科学而言,社会科学的理论和方法能否应用于比较公司治理的考虑似乎是适当的。

社会科学方法

为了便利研究,我们将社会科学的研究方法分类如下[24]:

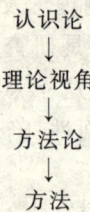

认识论是内含于理论视角和方法论的知识理论。[25]理论视角是激发方法论

---

[20] 例如参见 Romano, R, The Genius of American Corporate Law, The AEI Press, Washington DC, 1993. Roberta Romano 对经由比较公司法得出的教训抱有怀疑。参见她"A Cautionary Note on Drawing Lessons from Comparative Corporate Law"(1992—3), *102 Yale LJ* 2021.

[21] Hansmann H and Kraakman R, "The End of History for Corporate Laws", Discussion Paper No. 280, The Centre for Law, Economics and Business, Harvard Law School, 比较 Fukuyama F, The End of History and The Last Man, Penguin Books, London(1992).

[22] Ehrlich, E, Fundamental Principles of the Sociology of Law(1936)Foreword.

[23] 参见 Schmitthoff M, 同注[12]。

[24] Crotty M. The Foundations of Social Research: Meaning and Perspective in the Research Process, Allen and Unwin, St Leonards,1998,4. 也可参见 Tomasic, R"Using Social Science Research Methods in the Study OF corporate Law"(1996)3 Canb. LR 24 and Bottomley, S. "Corporate Law Research and the Social Sciences: A Note of Encouragement", 同上,页 33.

[25] 同上注,页 3。

的哲学方法,它为进程提供前后联系,并为进程的逻辑与方法论提供基础。[26]

方法论是隐藏于特定方法选择背后的行动策略或者计划,它将方法选择与预期结果联系起来。[27]

方法是用于收集和分析资料的技术。[28]

下表举例说明所有的四个要素。[29]

认识论	理论视角	方法论	方法
客观主义结构主义	实证主义(和后实证主义)	实验研究 调查研究	抽样 测量和定标 调查表
主观主义(及它的变种)	注释主义 *符号的 相互作用主义 *现象学 *解释学 批判式调查 男女平等主义 后现代主义 等等	人种学、现象学研究 基础理论 启发式调查 行为研究 推理分析 女权主义立场的研究 等等	观测 *参与者 *非参与者 访谈、典型人群(Focus Group)、案例研究、传记、叙述、可视人种(Visual ethnographic)方法 统计分析、数据缩图、主题界定、比较分析、认知映射、解释方法 文件分析、内容分析、会话分析 等等

社会科学研究方法的适用

常规的被普遍接受的法律研究并不易适应这个框架,但采用了客观主义方法论和实证主义的理论视角进行运作。社会科学方法论和方法很少被使用。实证研究的应用通常是在一个相当基础的水平上进行的。

20 世纪 70 年代,我作了有关公司破产的比较法研究[30],其后进行了公司法的一般研究[31],并应用了英国和澳大利亚的经验数据。[32]

80 年代早期,我对英国和新西兰上市公众公司的所有权和控制做了实证

---

[26] 同上注。
[27] 同上注。
[28] 同上注。
[29] 同上注,页 5。
[30] Farrar JH,"Corporate Insolvency and the Law" (1976) JBL 214.
[31] 参见 Farrar JH and Hannigan B, Farrar's Company Law 4th ed., Butterworths, London, 1998.
[32] 参见 Farrar JH "Ownership and Control of Listed Public Companies Revising or Rejecting the Concept of Control", in Petter B(ed) Company Law in Change, Stevens, London, 1987,36; Farrar and Hannigan, 同注[31].

研究[33],并拓展到机构投资。[34] 第一个研究建立于年度报告数据之上,第二个研究除此之外还有许多其他数据来源,包括通过一份设计好的调查表进行的访谈。尽管20世纪70年代我已参加了一个剑桥大学为法学教师举办的有关社会科学研究方法的Nuffield暑期学校,但这是我第一次有机会将它应用于经久不衰的公司法研究。我早期从事的是有关小额请求权和获取法律服务途径的问卷调查研究。此外,那一时期在公司法上进行社会科学研究的学者还有Tom Hadden。

后来在20世纪70年代末期和80年代早期,我们当中的一些人受到了美国法和经济学派的影响,但研究似乎通常限于将这些理论应用于英国或者考察股票市场的价格运动上。那时我关心的是一些推理中的同义反复实质。[35]

在澳大利亚,作为少有的几个称得上是法社会学者之一的Roman Tomasic,进行了内幕交易的问卷调查研究。[36] 这已对法律改革产生了相当的政治影响。Roman 和 Stephen Bottomley 后来通过对来自澳大利亚上市公司500强的高级管理人员的访谈进行了董事责任方面的问卷调查研究。[37] Roman Tomasic 已对东南亚和中国公司法下的破产作了常规的比较法研究。[38] Ian Ramsay 和经济学家已做了有关1995年[39]和1999年[40]股票回购的研究工作,近来已在诸如股东救济[41]、遵循澳大利亚证券交易所对公司治理的披露要求[42]、集团[43]和代理投票[44]问题上做了颇有价值的实证研究。这些研究部分是和经济学家或者其他社会科学家合作完成的,并且时常再次使用问卷调查和统计分析的方法。大部分这些研究受到了美国文献的影响,但其关注点仍是澳大利亚。

---

[33] Farrar,同注[32]。

[34] Farrar JH and Russell M., "The Impact of Institutional Investment on Company Law" (1984)5 Co. Law 107.

[35] 参见Farrar,同注[32],页61。然而,一场有关支持理论建设上同义反复的有趣辩论,参见 Jensen, M "Organisation Theory and Methodology" LVⅢ The Accounting Review 319, 329—332 (1983).

[36] Tomasic, R, Casino Capitalism: Insider Trading in Australia, Australian Institute of Criminology, Canberra,1991.

[37] Tomasic, R and Bottomley, S, Directing the Top 500: Corporate Governance and Accountability in Australian Companies, Allen and Unwin, 1993.

[38] Insolvency Law and Practice in Asia, 1997(ed. With Tyler ELG).

[39] Harris and Ramsay (1995)4 Aust. I Corp L 393.

[40] Share Buybacks An Empirical Investigation, Centre for Corporate Law and Securities Regulation (CCLSR), Melbourne, 2000.

[41] Ramsay, I. "An Empirical Study of the Use of the Oppression Remedy" (1999)27 ABLR 23.

[42] Ramsay, I and Hoad, R, Disclosure of Corporate Governance Practices by Australian Companies, CCLSR, 1997.

[43] Ramsay, I and Stapledon, G, Corporate groups in Australia, CCLSR, 1998,.

[44] Stapledon 等人, Proxy Voting in Australia's Largest Companies, CCLSR, 2000.

Geoff Stapledon 使用统计资料和问卷调查对英国和澳大利亚的机构投资者进行研究,这样的研究已对该领域提供了有益的说明。[45] 他进而将澳大利亚机构投资者的实践和其他制度下的进行了比较。[46] 他也做了独立董事在何种程度上增加了价值[47]和 Berle 与 Means 假设在何种程度上适用于澳大利亚的研究。[48] 这种研究进行了与海外制度的比较。

Katherine Hall[49],Sonya Ballinger[50],Belinda Fehlberg[51] 和 Peta Spender[52] 已对当前的澳大利亚公司法作了富有意义的女权主义视角的评论。这些评论部分参考了美国和英国法,但是目前就我所知,澳大利亚还没有从女权主义视角进行比较公司治理研究的重要文献。

这里正在使用什么理论和方法呢?

我认为我们大部分人一般按照下面的方式进行操作:

客观主义或者结构主义或者主观主义
　→实证主义或者女权主义
　　→调查研究
　　　→统计分析

或者把它更准确地表述为:

认识论	理论视角	方法论视角	方法视角
客观主义 结构主义 主观主义	实证主义 或者 女权主义	调查研究 或者 女权主义式研究	抽样 问卷调查 访谈 案例研究 统计分析 比较分析

〔45〕 Stapledon, G., Institutional Shareholders and Corporate Governance, Glarendon Press, Oxford, 1996.

〔46〕 例如参见"Disincentives to Activism by Institutional investors in Listed Australian Companies"(1996)18 Syd. LR152.

〔47〕 Lawrence J. and Stapledon G., Do Independent Directors Add Value?, CCLSR,1999.

〔48〕 Stapledon,G., "Shareownership and Control in Listed Companies"(1992)2 Corporate Governance International 17.

〔49〕 Hall,KH, "Starting from Scilence: The Future of Feminist Analysis of Corporate Law" (1995) Corporate and Business LJ 149.

〔50〕 Ballinger S.,"Women and the Public Company Director"(1998)9 Aust Jnl of Corp L 81.

〔51〕 Fehlberg B., "Working in Family Company: English and Australian Experiences"(1997)15 C&SLJ 347.

〔52〕 Spender, P., "Exploring the Corporations Law using a Gender ANALYSIS"(1996)3 Canb. LR 82;"Corporations Law: Women as Directors of Companies "in Graycar R. and Morgan J. (eds) Work and Violence Themes, Including Gender Issues in the Core Law Curriculum(1996);"Women and the Epistemology of Corporations Law"(1996) Legal Education Review;"Family Companies and Women's Proprietary Entitlements"(1997)11 austr. J. of Family Law 196.

我们需要考虑以下的替代品:

结构主义	解释学 后现代主义	实验研究 启发式调查	上述所列的其他方法

有关自然与社会科学的基本原则和客观可能性的争论仍然存在。两门科学可以被看作是注释这一传统的产物,它们的规范和标准反映了这些传统的偏见。像 Gadamer 的著作《真理与方法》(Truth and Method)[53]就"试图复活知识的对话概念"。[54]关于我们自身历史和其他人偏见的知识,在形成知识和理性得以逐渐发展的整体观点方面,既是一个起点,也是一个局限。

在公司治理研究上,我们有必要超越法律去考察大量的自治规则和惯例。在比较公司治理领域,我们正在考察比较文化,尤其要从人类学和政治学那里吸取教训。当我们想要去把握后现代主义和全球化时,这就显得无比正确。

法和经济学如何适应于此

法和经济学学术可分为两代,或者可能是三代。[55] 第一代法和经济学(像 Coase, Becker 和 Director 等人),致力于将理性人模型应用于非市场行为经济学上。他们的工作集中于经济学的应用但只是作为法律的一个新的基础理论予以适用。它在应用上采取了基本需求律、机会成本和市场效率的形式。[56]

Kornhauser[57]认为法和经济学学术有四个前提:

(1) 一个行为上的论断,即经济学能为预测法律性规则下的行为提供有用的理论;

(2) 一个标准化的论断,即法律应是有效率的;

(3) 一个明确的事实论断,即普通法是有效率的;

(4) 一个传承性的论断,即尽管不是每个规则都有效,但普通法可以挑选有效率的规则。

事实上这并不是所有的法和经济学学术的特征,尤其是对第二和第三代的法和经济学而言。

从 20 世纪 80 年代中期开始的第二代法和经济学学者[58]的著作通过阐述

---

[53] Gadamer, H.G., Truth and Method, Seabury Press, New York, 1975.

[54] Warnke, Georgia, Gadamer, Hermeneutics, Tradition and Reason, Stanford U. Press, Stanford, 1987, 4. 参见 Eskridge, WN "Gadamer/Statutory Interpretation" (1900) 90 Colum. L Rev. 609, 614—632. Dworkin 和 Posner 已受到解释学方法 (Hermeneutic Approach) 的影响。

[55] Minda, G, Postmodern Legal Movements: Law and Jurisprudence at Century's End, NYU Press, New York, 1995, Chapter 5. 参见 McEwin RI "Law and Economics as an Approach to Corporate Law Research?", 同上, 页 48.

[56] 同上注, 页 88—95。

[57] Kornhauser, LA, "The Great Image of Authority" (1984) 36 Stanford L Rev. 349.

[58] Minda, 同注[54], 页 95—101。

现代行政管理国家的问题表达了对改革的偏好。他们是一个多样化的群体,关注了诸如官僚主义、机构行为、公共选择和利益集团多元论等一系列主题。

到20世纪90年代,最初的芝加哥学派有了进一步的分化——界定为第三代还有所争议——变得更少科学性的论断,而更强调一般意义上的工具性视角。[59] 因而,波斯纳在近来他的法理学著作上就强调了这些"起作用"的事项,换言之,即实用主义。[60]

法律研究常常关心公平和政策问题。经济研究则主要关注效率问题。效率与政策问题相关。法律和经济学都建立了行为模型,但理性人并不总是经济人。

法和经济学对公司的研究主要关注交易成本并已发展出了相当复杂的公司理论分析。这些理论在考察公司制度是否有一个共同的核心上是有用的。

早期的比较公司治理研究强调了英美模式和德国与日本模式之间的差异。[61]在20世纪80年代晚期的一段时间,这是以美国需要借鉴那些制度为基础。近来,随着美国模式的胜利,出现了一种美国必胜等同于全球化的趋势。[62] 近来更加深入的研究已承认了差异性的价值,并已在发问英美制度是否在公司雇员作用方面可以向那些制度有所借鉴。[63]

我们已做了大量的双层董事会制度的工作并已描述了共同决策行为,但现在我们正开始看到来自德国的更有趣的实证研究,它表明这些制度在实践中是怎样运作的,有何成本与受益结果。[64]

当人们跨越描述转向差异性和相互关系的问题时,人们必须面对独立和非独立的变量。选择一个适当的研究框架就要求理解因果论断的逻辑和对特定研究环境的控制度。

在涉及独立董事和专门委员会是否增加了价值和有关守法与业绩的一般关系的研究上,其中的因果关系是复杂的问题。

绝大部分澳大利亚比较公司治理的研究工作,是:

(1)派生于美国和英国的研究,并且

(2)运用了第一代法和经济学学术的思维。

其结果是,我们没有充分注意到澳大利亚和新西兰公司治理作为后殖民制

---

[59] 同注[54],页101及以下。

[60] 同注[54],页103。

[61] 参见 Roe, MJ, Strong Managers, Weak Owners: The Political Roots of American Corporate Finance, Princeton University Press, Princeton, 1994 及引用的资料。

[62] 参见上述注[20]、[21]所引用的资料。

[63] 参见 Blair MM and Roe MJ, Employees and Corporate Governance, Brooking Institution Press, Washington DC(1999).

[64] 参见 Hopt, K, Kanda H, Roe MJ, Wymeersch, E and Prigge S, Comparative Corporate Governance: The State of the Art and Emerging Research, Oxford University Press, Oxford, 1998, Part Ⅱ and Ⅲ.

度的独特性。Geoff Stapledon[65]和 Gordon Walker[66]已经展示了在两种制度中的内部股份持有度和外国的所有权使得 Berle 和 Means 的理论无法适用。这些事实也引发了公司代理理论与当地情况相关度大小的问题。第二代很少深入研究的类型已推广到 ASIC 和 ACCC。很少有人能与此相抗争并推翻波斯纳的最新理论。[67]

路径依赖和法律模式

当前很时兴使用路径依赖术语来谈论公司治理的历史,并且认为就像在自然科学里一样,复杂的制度可以精简为一些简单的规则。通常认为公司的结构,部分依赖于一个国家早期的结构,尤其依赖于其经济萌发时的结构。这些结构也受一个国家中有效的法律规则和决定选择这些规则的利益集团的政策影响。

Bebchuk 和 Roe[68]认为有两种路径依赖来源。"一种路径依赖是结构驱动。通过结构驱动的路径依赖,我们所指的是在一个经济体中初始的所有权结构直接影响后继的所有权结构这一方式。正如我们应看到的,一个经济体的所有权结构通过两种方式依赖于它最初的公司所有权结构模式。"他们认为另一种路径依赖来自于公司规则。"这样的规则能影响公司的所有权和治理结构。尤其是,这些规则能在有和没有控股股东的所有权结构之间形成选择。公司规则至少在三个方面影响所有权和治理结构。第一,通过法律规定,金融机构更难于或者要花更多的成本累积和持有大额股份,从而可以挫败集中的所有权。这样的规则设置在美国很强盛,但在其他国家并不强。第二,在那些控制者可以抽取大量私人控制利益的公司制度下,'租用—保护'(rent-protection)的考虑可能导致集中的所有权。当私人控制利益很大,那些在公司首次股票公开发行时建立了公司结构的人将不愿放任控制权被人哄抢。因为这样做,将诱发争抢控制权并导致已选定的结构不稳定。而且,当私人控制利益很大时,公开交易公司的控股股东在筹集额外资本时将会不愿意放弃他们的控制锁(lock on control)。因为他们并不会因放弃与控制锁相连的更大利益而得到现有股东的补偿。第三,一些国家有强制性的公司规则,其中包含治理结构的选择,或者在特定的指引中去推进治理结构的选择。例如,一些规则影响董事会的组建和公司中劳工的影响程度。美国证券交易规则和州公司法原则施加了高比例独立董事的影响。日本的雇员导向的规范带来了内部人主导的董事会。而德国的

---

[65] Stapledon,同注[48]。

[66] Walker G. (ed), Securities Regulation in Australian and New Zealand, 2nd ed., Law Book, N Ryde, 1998, Chapter 9 by Mark Fox and Gordon Walker.

[67] 参见 Minda,同注[54],页 103—105。

[68] Bebchuk LA and Roe MJ "A Theory of Path Dependence in Corporate Ownership and Governance" (1999) 52 Stanford L Rew. 127, 137—8.

规则强行规定在大公司里劳工应占一半的董事席位。"

路径依赖在某种程度上是对显而易见的事物的精心阐述,在某种程度上是借用科学比喻,为经济学提供一种替代性的分析视角,以应用于法律和经济现象。卡多佐大法官[69]许多年前曾警告我们比喻的危险诱惑。其中的一个危险是简单化的倾向。促成任何特定事态的历史力量之间的相互作用常常是纷繁而复杂的。对于经济学的历史和法律与经济的关系而言,尤其如此。

Rodolfo Sacco 教授的法律形成理论[70]是一种更富有潜力的理论方法,该理论认为每个国家的法律是彼此协调或不协调的形成性要素相互作用的结果,这些因素之间可能彼此适合或者不适合。他指出如果一个人彻底地进行了情况调查,那么法律制度间的差异常常比现实更为明显。这方面的许多问题是由语言的问题和法律术语翻译的困难所造成的。人们常常错误的设想一个法律概念在另一个法律体系内有一个单一的对应词。人们应该像研究规则一样去研究惯例。这可以展示矛盾和一致的因素。Sacco 认为"比较方法是教条主义的对立面。比较方法建立在对一个给定的法律制度起作用的因素的实际观察上"[71]。

应对全球化现象

我们生活在一个复杂的转型时期和二战之后建立起来的世界秩序正在瓦解的后果中,这增加了我们问题的难度。下列多样化的现象刻画了这一转型期的特色[72]:

(1) 1944 年在布雷顿森林达成的世界货币基金秩序的崩溃;

(2) 1945 年以来跨国公司、企业的成长;

(3) 计算机、电讯的快速发展带来的国际资本市场交易费用的降低;

(4) 国际金融变革;

(5) 国际机构投资的兴起;

(6) 储蓄率、投资机会的差异和国际贸易失衡(如 OPEC 和后来日本的生产过剩)引起的资本市场失衡;

(7) 前苏联和东欧共产主义的崩溃;

(8) 中央集权的下降和公共企业公司化、私有化的增长;

(9) 地区主义的发展,例如欧盟和北美自由贸易协定(NAFTA)组织,通过

---

[69] Berkey v. Third Avenue Railway Co 244 NY 84(19250,94—5.

[70] Sacco, R, LA Comparaison Juridique Au Service De la Connaissance Du Droit, Economica, paris(1991). 缩略译稿见 Sacco R, "Legal Formants: A Dynamic approach to Comparative Law" (1991) 39 American Journal of Comparative Law 1—34,343—401.

[71] 39 American Journanl of Comparative Law 25.

[72] 这建立在 Farrar JH, "The New Financial Architecture and Effective Corporate Governance" (1999)33 The International Lawyer 927,930.

APEC 激活亚太地区的尝试,后者因美国和加拿大的加入而显得复杂;

(10) 贸易壁垒的削减和国际竞争的加剧;和

(11) 一些富有经济潜力的发展中国家的崛起,例如中国、印度。

我们试图用变化多端的"全球化"术语来对这些现象予以概括。全球化的概念并不是新事物。探索、贸易和移民一直伴随着我们。一个例子就是经由贸易路线进行长距离的信息传递。前述的一些事件是有内在联系的,但有时因果关系的问题很复杂。全球化目前是许多著作和论文的主题。其中之一《质疑全球化》("Globalisation in Question")[73]有一个相当模棱两可的题目。在金融时报出版的《统领全球商业》("Mastering Global Business")[74]一书的一个有益的短小篇章里,Vijay Govindarajan 和 Anil Gupta 教授将全球化界定为"国家间不断增长的经济相互依赖度并反映在不断增长的货物、服务、资本和专有技术的跨境流动上"[75]。他们引用了如下的趋势为证:

(1) 1989 年至 1996 年间,跨境货物和服务贸易以年均 6.2% 的速度增长。

(2) 从 1980 年至 1994 年,外国直接投资占世界 GDP 的比例从 4.8% 增长到 9.6%。

(3) 1970 年,在美国、德国和日本,跨境债券和股票交易占 GDP 的比例都在 5% 以下。到了 1996 年,则分别占到了 152%,197% 和 83%。

(4) 全球化可以被看作是一个特定国家或者特定产业或者特定公司层次上的全球化。例如中国在 1980 年到 1994 年间,其经济的全球化程度就比印度快得多。而在制药产业,从 1980 年到 1994 年,全世界的产量每年增长 7.4%,跨境贸易每年增长 10.9%,跨境投资每年增长 14.9%。丰田公司是全球化公司的一个典范,公司全球三分之一的产量来自于其分布在 25 个不同国家的关联公司。

当前全球化进程中的崭新点在于新技术在何种程度上压缩了时空,及其已经对公司的融资模式和投资风险扩散产生的影响。

全球化是个事实,但很大程度上也是个进程,确实,它可以被看作是与世界经济相互依赖性不断增强相关的一系列交叠进程。这一进程以不断增长的跨国制造业和已触发国际金融变革的通讯革命为特色。东欧共产党的崩溃和中国加入 WTO 都是同一进程中的一部分。

全球化已带来了国际机构投资的增长,而这已促进了公司治理自治规则的发展。在刚过去的两年,OECD 已起草了《公司治理准则》(Principles of Corporate Governance),现在它已被世界银行所采用。

所有的这些发展都指向公司治理核心思想的趋同化上。然而,关于趋同化

---

[73] Hurst PQ and Thompson G, Globalisation in Question, 2en ed., Polity Press, Cambridge (1999).

[74] Mastering Global Business, FT Pitman, London(1999).

[75] 同上注,页 5。

的论断可能还未成熟。许多现代的公司治理理论很自然地关注公司,并以 Berle 和 Means 的所有权与控制权的分离假设为前提。Berle 和 Means 在第一次股票市场崩溃时所写的著作认为,当公司变得更大时,公司的股东就会很分散,由此导致主要势力集团分裂局面下管理层权力的提升。这就需要法院或者立法机关的监管。

国家经济研究总署1998年出版的一份由哈佛三位经济学家撰写的关于世界范围内公司所有权的工作论文[76],列出了世界范围内公司所有权方面的一些有用事实,它们包括:

(1) Berle 和 Means 所展望的上市公众公司所有权和控制权的分离一点也不普遍。

(2) 许多最大的公司是被家族所控制的。

(3) 在有着良好的股东保护制度的国家,股权分散的公司是最普遍的。

(4) 在股东保护薄弱的国家,公司由家族控制则更为普遍。

(5) 国家控制,尤其是在一些股东保护薄弱的国家,是普遍的。

(6) 在家族控制的公司里,所有权和控制权很少分离。

(7) 在股东保护薄弱的国家,金字塔式控制股权和对一股一权的背离是最为普遍的。

(8) 有控股股东的公司很少有其他大股东。

由 Ghent 大学的 Eddy Wymeersch 引领的研究团队所作的研究也表明英美模式——这一主导了 OECD 辩论的模式并不具有典型性。[77]

全球化另一个被忽视的方面是合同应用的增加。[78]所有权和控制权可能比获得特定的服务和信息来得更不重要。因此就出现了关联合同、网络、合资和战略联盟。

这是因为以合作战略替代竞争和扩张、合并与收购的公司战略意识的增长。一些评论员将其视为另一种更有效率的竞争方式。它甚至还被赋予了一个新名称——合作竞争(coopetition)。这已被界定为联合了竞争与合作并应用了博弈论策略的革命性的思维倾向。

这三个术语中的每一个——合资、战略联盟和网络——都有些模棱两可,战略联盟或者网络可能可以归为一个综合的类别,但彼此可能存在可区别的特质。这三个都可归为合作战略这一一般类别之下。

一个合资或者是合伙,或者有时是与合伙紧密相关的某种形式,尽管它可以采用合资公司的形式。

合资有四种主要类型:

---

[76] Corporate Ownership Around the World, NBER Working Paper no. 6625(1998).
[77] 参见 Hopt ET AL (eds),同注[63],页1045。
[78] 参见 Farrar,同注[1],这个建立于第35章之上。

- 核心业务合资
- 销售合资
- 生产合资
- 发展合资

一个核心业务合资是全面的,而其他三种合资都与某一特定的功能相联系。

战略联盟可以涵盖与合资相同的领域,但其关系更为松散,更类似于一个网络关系。通常并没有建立独立的公司。产品互换、生产、许可、技术联盟便是实例。这使得双方可以开拓新产品市场、分摊风险与成本。

尽管战略联盟和网络是经常可以交替使用的术语,但网络所表明的是一种密切而非排他的关系。一个网络关系的目的在于:

(1)减少市场的不确定性;
(2)提供灵活度;
(3)提供获取额外生产能力的途径;
(4)提供速度;
(5)提供获取公司所不具有的资源和技能的途径;
(6)提供产业情报与信息。

这一方面最新的变异是虚拟公司(visual corporation),这是一个松散结合的企业,其中各部分通过高级信息技术包的媒介结合在一起。像网络一样,虚拟公司可以是一个平等的合伙关系或者是控制关系。其关系是动态的,但可大体表述如下表:

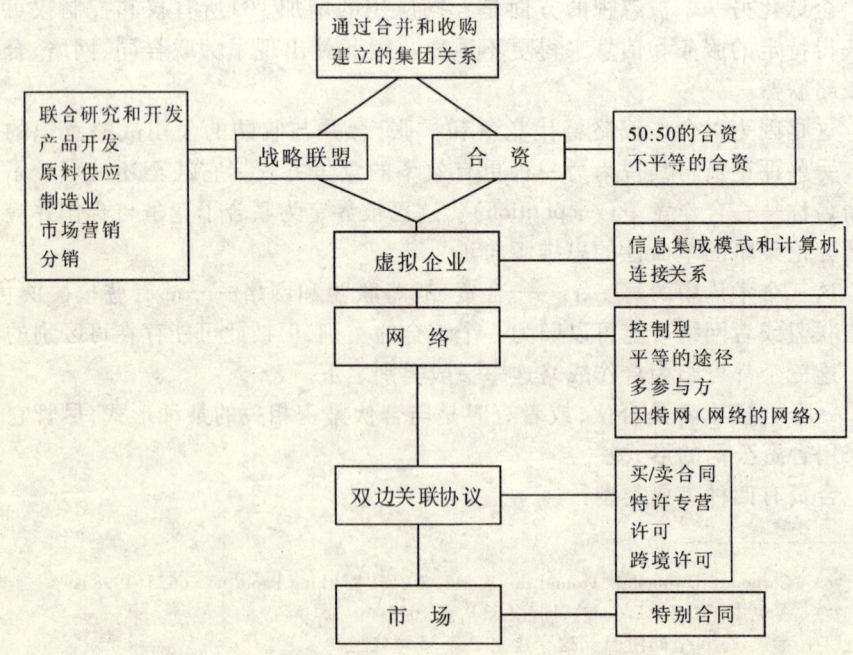

如上表明,正式的公司集团是合并过程的最后阶段,而商业社会正日益在选择公司层级关系的替代品,这些替代品就像现代融资模式,是特别的,合同性的,而且期限更短。术语"heterarchy"已被用于描述这样的结构。这并不是说公司本身是个合同,而是说越来越有必要用这种合同性的安排来对公司集团进行补充。

公司法历史的终结

Henry Hansmann 和 Reinier Kraakman 在其尚未发表的题名为《公司法历史的终结》的论文[79]中认为,趋同化的情形建立在公司经理人应专门为股东的经济利益而行为这样的标准共识基础之上。他们认为之所以如此,部分是因为其他模式,诸如德国和日本模式的失败所导致的,并且认为这个模式的成功代表着公司法历史的终结。

首先,这个论断假设了其他模式的失败;其次,它设想了如上所述的被称为英美模式的胜利这一有待证明的事项。

与其他历史终结理论一样,这不仅过于简单而且完全站不住脚。[80] 历史在延续而模型不断地修改和变化。在关于公司的新知识里,重点是关键的员工,而股东的重要性相对减弱。公司变得比在实际合同主题下的复杂变种更不重要。这些并不代表着历史的终结而是一个相应变异的持续发展。

结 论

在比较公司治理学术上,我们继续按传统的比较法方式运作,并受到了一些有限的实证研究、法和经济学与女权理论的撼动。我们的方法一般是客观而实证的,我们运用社会科学研究方法论和方法的尝试很有限。在澳大利亚,我们倾向于踏着美国学术研究的轨迹。我们需要考虑我们的研究是否包含了解释的因素并考虑是谁的解释。我们必须得承认我们有关公司和公司治理的概念是根植于时代和一定程度种族中心主义之上的文化建筑。我们需要意识到到我们的偏见。我们需要对差异性保持敏感,而不要为法和经济学理论、全球化、历史终结理论和美国胜利的伪装所完全主宰。

我们需要更多关注世界上不同所有权和控制权模式的形成原因,需要更多

---

[79] 参见注[21]。

[80] 对这些理论的评判,参见 Lyotard and Derrida discussed in Sim S., Derrida and the End of History, Icon Books Cambridge, 1999. 历史的终结被 Derrida 认为是一种意识形态信仰上的诡计。参见 Derrida, J., Specters of Marx: The State of the Debt, the Work of Mourning, and the New International trans. by Kamuf, P., Routledge, New York, 1994.

关注它们对公司治理系统作为合同治理一部分和合同治理作为更广泛概念上的社会治理一部分的影响。[81] 如此,我们就会对自治规则的本质与作用有新的见识。自治规则和合同治理代表了法治与民族国家的真正替代品。[82] 在全球化和民族国家衰退方面已著述颇多。但所需要的是对正在发生的突变进行详尽的研究。这必然就包括了复杂的因果关系问题。将来,全球性的合同概念和自治规则网络可能会比公司和民族国家更重要。

面对着快速而复杂的变化,我们必须保持头脑清醒,避免为精心构建的比喻和根植于狭隘的种族主义之上的有关公司法历史终结的专横主张所诱惑。我们必须有全球的视角,但论断要谨慎。特立独行的英国诗人 Edith Sitwell 女爵士曾说过:"我常常希望我有时间来培育谦逊……但我忙得没有时间思考自我。"[83] 读过近来许多有关比较公司治理的文献之后,我想我开始理解她所言之意了。

(初审编辑:陈天一)

---

[81] 参见 Farrar,同注[1],Chapters 33 and 35.
[82] 同上注,Chapter 35.
[83] "Observer", 30 April 1950 quote in The Oxford Dictionary of Quotations 4th edition (1992), 648.

编后小记

1998 年,《北大法律评论》的缔造者们试图构造出两种相异相承的学术载体,即"自觉地对理论建构的研究对象和日常经验的社会现实有所区分,使学术语言与日常语言得以区分,并使两者形成有机的互动",于是,"论文"与"评论"成为《北大法律评论》两个最主要且分别承载了不同内容与使命的栏目。"论文的贡献在于理论的点滴积累,它要求我们将所研究的问题建立在此前已有的学术成果与学术脉络上,通过概念或范式的演进逐步形成学术研究的传统。评论的贡献在于思想上的突破与创新,它的灵感可能直接来源于生活现实,它的论证也许不够严密,概念使用也许不够规范,但它的深刻、它的洞见、它的文采足以展现思想的魅力。""因此,论文与评论的区分不在于研究的对象而在于表达的风格,论文正是对评论中所体现出来的思想和概念加以形式化,将思想所激起的浪花纳入到延绵不绝的学术研究长河之中。"

2005 年,当我们重新回顾并审视自己时,意识到"评论"已被压缩至一个偏僻的角落,尽管有大量的"论文"以"评论"之名出现于这个栏目之下。于是,在学术共同体中,《北大法律评论》几乎是朝向严格、规矩的学术范式努力的同义词,我们所收到的投稿也几乎没有少于万字的,动辄三四万字也不稀奇。这诚然是因为扎实的学术上的增进必须累积于既有学术成果之上,因此对学术脉络的梳理是建言立说不可逾越的第一步;此外将思想概念化并通过规范的学术语言表述,也需要对所有逻辑上和现实中可能的情形作尽可能周延的考察;这一切都使得文章的篇幅被大大拉长。作者们也都怀有近乎神圣的学术自觉与使命感,只有将学术思想孕育孵化成严谨的"论文"时才会交给《评论》。

然而,学术积累是一个漫长而艰辛的过程,将思想与智慧的火花纳入到严格得有刻板之嫌的学术规范之中,在完成了拣选过程的同时,也抹煞甚至扼杀了激情;而这激情才是为学术者头顶的星空与内心的道德律,它所激起的常新的、永无止息的惊喜与满足,充溢和慰藉着学者的灵魂,成为学术进步的动力之源。作为中国的法律评论,《北大法律评论》不能也不希求获得美国 Law Review 那样的在法学研究中的垄断地位。那么,我们存在的意义又在哪里?仅仅是又多一种严肃的法学刊物?创刊之初发起人们所担忧的"法学论文通篇不加注释是常有的事,即使有一两个注释其功能也不外是用来做权威论据"的情形已经成为往事,我们推进学术规范的努力和使命是否该告一段落?回答是:对于学术规范的坚守不会减之一分,然而我们不希望看到,在严谨学术规范的外壳之下,是苍白了的思想、激情退却了的智慧。我们愿以己身搭建一个平台,让各种思想的火花碰撞,点燃智者争鸣的火把,令人类的不懈追寻的智慧薪火相传。本辑中,陈兴良先生《关于死刑的通信》、赵晓力先生《要命的地方:〈秋菊打官司〉再解读》,以及过去几卷中赵晓力先生《民法传统经典文本中"人"的观念》、王涌先生《法律关系的元形式:分析法学方法论之基础》,等等,都是令我们激动的思想。未来,我们期待着更多。

王斯曼
2005 年 4 月 28 日